21世纪经济学系列教材

金融经济学二十五讲

徐 高■著

Lectures on Financial Economics

中国人民大学出版社
·北京·

献给我的父亲徐宗健，母亲莫文卿

他们让这一切变得可能

前　言

本书是面向大学本科生的金融经济学教材，旨在将人引入金融学大门，让其领略金融理论之概貌，并掌握现代金融的核心思想。本书涵盖了金融理论的主体部分，可与各门金融专业课衔接，因而也可作为研究生、MBA学生的金融入门教材。

从2015年开始，我每年春季学期在北京大学国家发展研究院给双学位同学开设金融课，至今已近4年。这本书即是在这门课的教学过程中逐步写成的。我之所以没有选用市场上已有的金融学课本作为课程教材，而要自讨苦吃地写这么一本教材，主要原因有三点。

第一，现在市场上的金融经济学教材数学程度要么过浅、要么过深，均不太适合想深入了解金融理论的本科生使用。现代金融学是一门令人激动的学科，数学在金融分析中的大量使用不仅塑造了人们对金融问题的思考，也改变了真实世界中的金融运行。因此，任何对金融理论的严肃介绍都不可能离开数学。但这恰恰是本科生学习金融学的一个很大障碍。现有以本科生为对象的金融经济学教材往往将其数学表述控制在较为浅显的程度上，因而很难让同学们领略到现代金融学的精髓。而以研究生为对象的金融教材，则在追求数学严谨性的同时将很多本科生挡在了门外。

我相信，在本科生可以接受的数学水平上，完全可以把抽象的金融核心思想传递给同学们。在本书中，我将数学水平控制在了经济类高等数学的水平，读者只要会求微分，会做代数运算，就应该能掌握课程的所有内容。本书中虽然有几处涉及向量和矩阵，但也只是将它们当成简写记号来用，并不要求读者懂得线性代数。概率统计方面，读者只要学过计量经济学，相关知识储备就已足够。在过去几年选修我这门金融课程的同学中，既有来自数学学院、物理学院的数理基础很扎实的学生，也不乏文、史、哲这样纯文科背景的同学。但不管背景如何，同学们在付出了努力后都能掌握课程内容，领略到现代金融学的美。

第二，市场上现有金融经济学教材虽然大多能较好呈现金融理论的逻辑架构，但在其介绍中往往缺乏历史维度，因而难以让人看到金融理论的内在活力。金融经济学是一个仍在生长的生命体，而非僵死的标本。看到理论中不同知识点之间的逻辑关系固然重要，但并不足够。我们还必须要有历史的眼光，深入到刺激理论发展的一个个关键问题中，了解这些问题之间承前启后的关系，才能置身于理论体系的发展演进过程中，体会到理论所蕴含的澎湃生命脉动，进而对理论体系有更深的理解。

所以在这本教材中，我沿横向和纵向两个维度展开论述，既介绍不同知识点之间的逻辑关系，也点出串起知识点的历史追问。比如，绝大多数金融学教科书都把均值-方差分析作为期望效用理论的一个特例来介绍。但最早提出均值-方差分析的马科维茨（Markowitz）可不是这么想的。马科维茨的问题是：如果投资者既关心回报率的均值，又关心其方差，那么他会如何进行投资？从这样一个简单问题出发，马科维茨掀起了第一次金融学革命。所以在这本教材中，我会一开始就讲均值-方差分析及资本资产定价模型（CAPM），然后才进入期望效用理论和一般均衡的分析。在我看来，用这样更符合理论发展历史进程的架构来组织教学内容，更容易让同学们有代入感，感受到刺激理论发展的关键动机。

第三，在这本教材中我有意采用了一种现行教科书中少见的风格。这种风格主要体现在三个方面。

首先，在本教材中我不求面面俱到，但求让读者看清大图景。我所写的不是一本传统意义的教科书，更不是一本常备手边的工具书。俗话说，师傅领进门，修行在个人。这本教材的目的只是把读者领进金融学大门，帮助他们弄清其中的逻辑主线和重要分析方法。为此，写教材时我对金融理论按照自己的主观偏好做了取舍。但正如艺术家在演绎乐谱时都会加上自己的个性一样，我相信这种主观性是这本教材的长处而非短处。甚至可以说，这种主观性正是这本教材的存在意义之一。相信读者们在读完本书后，可以按照我所选择的路线，领略到金融理论的美丽景致，并为未来更专业的金融理论学习做好准备。

其次，这本教材不求言简意赅，但求把道理说透。教科书多用凝练的书面用语来撰写，但我这本教材想更平易近人地面对金融学的初学者。考虑到他们的接受力及偏好，本书采用了口语化的文字，试图营造一种课堂讲课的氛围。对于各处关窍，我也力求用平实的语言从多方面详加解释。我不怕别人说我啰里啰唆，就怕有读者因为一句话没被点透而不得其门而入。而且我相信，透过耳边絮语式的文字，能把有些只可意会的东西传递给读者。

最后，我要写的是一本"自学友好"型教材。我本科和硕士都在西南交通大学读工科，直到博士才考到北京大学中国经济研究中心学习经济学。在相当长的时间里，我都是一个人通过书本自学经济学知识。因此，我深知一个人独自啃教材的不易，仍记得读书时被一个个小问题给绊住却无人可问的懊恼。所以，我在这本教材中会时常自问自答。这一来能激发读者思考，二来则是为阅读扫清障碍。我追求的是让人读书时少些磕磕绊绊，少摔些跟头。

因为这三方面的风格，这本教材已经深深打上了我的烙印，反映了我对金融的理解，因而可以说是独特的。经过近 4 年的打磨，这份独特的教材到现在总算大致成型了。我自认为撰写这本教材的初衷已基本达到。

如书名所示，这本教材总共包含 25 讲，涵盖了均衡定价、无套利定价和金融摩擦三块当代金融学的核心内容。这 25 讲可被分成五大部分。第一部分包含第 1 讲到第 4 讲，是本书的介绍部分，意在让初次接触金融学的读者了解金融的一些基本概念。第二部分包含第 5 讲到第 12 讲，是均衡定价的部分，介绍了均值-方差分析、CAPM、基于消费的资本资产定价模型（C-CAPM）等内容。第三部分包含第 13 讲到第 19 讲，是无套利定价的部分，介绍了风险中性定价、二叉树、对冲等内容。第四部分包括第 20 讲到第 24 讲。这部分内容相对繁杂，重点在于把信息不对称、有限套利、非理性等摩擦因素引入金融分析，以增强金融理论对现实世界的解释力。第 25 讲自成一部分，该讲是站在更高层次来看金融理论的方法论基础和应用边界。

这本教材以资产定价理论为主，对均衡定价和无套利定价的介绍占到了全书一半以上篇幅。这当然不是说其他内容不重要。比如，公司金融理论就是金融学的一个庞大而又重要的分支。又比如，行为金融学正是当前金融学发展的一个前沿，有大量成果持续涌现。但正如前文中所说的，我写的并不是一本面面俱到的参考书，而是将读者领进门的导引。资产定价理论无疑是金融理论的主干，能否抓住其中的思想，是读者能否走入金融大门的关键。因此，书中会在此处大量着墨。其他部分的内容可看成主干上的枝叶，在本书中指出其大致脉络就够了。有兴趣的读者可借由本书给出的阅读材料来深入学习这些内容。

在所有的 25 讲中，除第 18 讲“连续时间金融与布莱克-斯科尔斯公式”的技术要求高一些之外，其他各讲的内容本科生掌握起来都应该没有太大困难。我考虑了很久，还是决定将布莱克-斯科尔斯公式的推导放入本书中，因为这是掀起了金融学第二次革命的神奇公式。对那些有志跨入金融领域的人来说，布莱克-斯科尔斯公式是他们未来学习的一个起点。而对那些并不打算进入金融业的同学来说，这里的推导将是他们人生中唯一近距离接触这个神奇公式的机会。无论哪种情况，讲讲布莱克-斯科尔斯公式都是很有意义的。

就课堂教学来说，本书的每一讲都严格对应一次 2 学时的课堂授课。在 2017 年春季学期的教学中，我本人就是按照本书的内容讲了 25 堂课。根据我的经验，只要课堂上抓得紧一点，差不多都能把本书的正文部分讲完。这 25 讲的内容，再加上几节穿插的专题讲座——我曾经请过金融业界人士在课堂上给同学们做演讲——足够装满一门 4 学分课程的教学内容。本书中的第 1、3、5、6、7、8、10、11、12、14、15、16、19、24、25 讲是核心内容。如果学时有限，教师可优先安排讲授这部分内容。本书其余部分则可视时间情况做灵活安排。而对自学者来说，最好的阅读办法则是从第 1 讲开始，依次看到第 25 讲，尤其注意本书中对金融思想的阐述。

本书的附录中有些相对技术性的内容，将其跳过不会有太大的损失。从第 2 讲开始，在每一讲最后，都有“进一步阅读指南”。想更深入了解相关内容的读者可以按照其中的指引阅读更多材料。

这本教材能够出现，并成长到今天这个样子，离不开方方面面的帮助。首先，我要感谢北京大学国家发展研究院邀请我在这里开课，感谢北京大学国家发展研究院双学位办公室的老师们提供的帮助，从而让我可以有在北大得天下之英才而教之的机会。没有这门课的教学，这本教材估计永远也不会面世。其次，我要感谢曾经给我这门课做过助教的梁方、郑宗威、徐腾、李潇潇、金洋同学。他们卓有成效的工作大大减轻了我的压力，让我有更多时间来完善这本教材。我还要感谢课上的龚玉柱、许若凡、戴雯、李嘉宇、陈琳、许一鸣、张宇航等同学，他们帮我指出了书中的许多错误。在本书的出版过程中，我还得到了中国人民大学出版社高晓斐编辑的大力支持。当然，我所得到的帮助绝不仅止于列出的这些。虽因为篇幅关系不能一一致谢，但我心中的感激是一样的。

现在的这本教材并非十全十美。事实上，我相信这本教材永远无法达到最好，而只能是不断地变得更好。从某种意义上来说，这本教材已经变成了一个独立于我的生命体，在未来还会不断成长。当然，我个人对教材中存在的种种问题负全部责任，并希望在读者们的帮助下消除这些错漏，让这本教材变得更加完善。读者们如果有意见或建议，请发邮件到 xu_gao2000@163. com。大家也可以关注我的微信公众号"徐高经济研究"，与我互动（微信号：XuGaoResearch)。我热切地期待来自你们的反馈。

徐高

2018 年 5 月 1 日

目　录

第 1 讲　导论 …… 1
1.1　什么是金融和金融经济学? …… 1
1.2　金融经济学的主要内容 …… 2
1.3　金融经济学在经济学科中的位置 …… 13
1.4　教学目标 …… 14
第 2 讲　金融市场概览 …… 16
2.1　金融市场的功能 …… 16
2.2　金融市场的分类 …… 17
2.3　主要金融机构 …… 21
2.4　中国金融市场概况 …… 23
2.5　金融经济学能带给我们什么? …… 27
附录 2.A　真实世界中的货币创造过程 …… 28
第 3 讲　利率及债券价值分析 …… 34
3.1　真实世界中的利率 …… 34
3.2　计息习惯 …… 36
3.3　金融决策 …… 38
3.4　债券价值分析初步 …… 41
第 4 讲　股票价值分析 …… 49
4.1　引言 …… 49
4.2　股利贴现模型 …… 50
4.3　股票市盈率 …… 52

4.4　股份公司的经营决策 …… 56
4.5　对股票估值的再评论 …… 60
4.6　结语 …… 61
第5讲　均值-方差分析 …… 63
5.1　引言 …… 63
5.2　对均值和方差的解释 …… 66
5.3　资产组合的均值-方差特性 …… 71
5.4　市场组合与共同基金定理 …… 77
第6讲　资本资产定价模型（CAPM） …… 80
6.1　从组合选择到市场均衡 …… 80
6.2　论证 CAPM 的准备性讨论 …… 81
6.3　CAPM 的第一种论证 …… 82
6.4　CAPM 的第二种论证 …… 85
6.5　证券市场线和资本市场线 …… 88
6.6　一个数值算例 …… 89
第7讲　对 CAPM 的讨论 …… 92
7.1　从 CAPM 的视角看风险 …… 92
7.2　CAPM 的估计 …… 97
7.3　CAPM 的应用 …… 98
7.4　CAPM 的不足 …… 102
第8讲　期望效用理论 …… 106
8.1　从 CAPM 到一般均衡定价 …… 106
8.2　风险状况下的选择理论——期望效用 …… 108
8.3　风险厌恶程度的度量 …… 113
8.4　作为期望效用特例的均值-方差偏好 …… 118
附录 8.A　随机占优 …… 119
附录 8.B　对数正态分布的期望 …… 122
附录 8.C　期望效用、正义与经济学方法论 …… 123
第9讲　风险偏好与投资储蓄行为 …… 127
9.1　投资者参与风险资产的条件 …… 127
9.2　风险资产上的投资量 …… 129
9.3　风险资产投资占总财富的比重 …… 131
9.4　风险中性投资者的特例 …… 133
9.5　风险与储蓄 …… 133
9.6　小结 …… 137
附录 9.A　微小风险 …… 138
第10讲　求解完备市场中的一般均衡 …… 142
10.1　资产市场 …… 142

10.2 完备市场和阿罗-德布鲁市场 …… 144
10.3 完备市场中的均衡 …… 148
10.4 均衡算例 …… 151
10.5 一般均衡与部分均衡 …… 155
第11讲 完备市场中一般均衡的性质 …… 159
11.1 最优风险分担 …… 160
11.2 代表性消费者 …… 165
11.3 均衡中的资产价格 …… 167
附录11.A 威尔逊定理的证明 …… 170
附录11.B 式（11.11）的推导 …… 172
第12讲 C-CAPM及其讨论 …… 174
12.1 C-CAPM定价理论 …… 174
12.2 无风险利率的决定 …… 176
12.3 风险溢价的决定 …… 179
12.4 C-CAPM与真实世界：两个谜题 …… 180
12.5 对资产定价逻辑的再思考 …… 183
附录12.A 汉森-贾格纳特界限 …… 186
附录12.B 本讲用到的几个近似关系的推导 …… 186
附录12.C 从静态到动态 …… 187
第13讲 多因子模型与套利资产定价理论 …… 190
13.1 从绝对定价到相对定价 …… 190
13.2 从单因子到多因子 …… 191
13.3 多因子模型的直觉 …… 192
13.4 套利资产定价理论 …… 195
13.5 对多因子模型的评论 …… 200
13.6 多因子模型的应用 …… 201
第14讲 无套利定价初探 …… 206
14.1 远期与期货 …… 207
14.2 期权 …… 209
14.3 衍生品定价的三种方法 …… 213
14.4 对三种定价方法的评论 …… 217
第15讲 无套利定价理论基础 …… 219
15.1 套利的严格定义 …… 219
15.2 资产定价基本定理 …… 221
15.3 风险中性概率 …… 226
15.4 小结 …… 229
第16讲 多期二叉树定价 …… 231
16.1 单期向多期模型的拓展 …… 231

16.2 叠期望定律 …… 235
16.3 衍生品定价的两期二叉树模型 …… 237
16.4 资产价格的鞅性 …… 239
16.5 二叉树的现实应用 …… 240
附录 16.A 从期权定价的多期二叉树模型到布莱克-斯科尔斯公式 …… 244
第 17 讲 最优停时 …… 247
17.1 美式期权的行权时间 …… 247
17.2 最优停时的计算思路 …… 250
17.3 美式期权的定价 …… 253
17.4 按揭贷款定价 …… 254
第 18 讲 连续时间金融与布莱克-斯科尔斯公式 …… 261
18.1 准备知识：正态分布与对数正态分布 …… 262
18.2 连续时间金融基础 …… 264
18.3 布莱克-斯科尔斯公式的偏微分方程推导 …… 269
18.4 布莱克-斯科尔斯公式的鞅方法推导 …… 271
18.5 小结 …… 274
第 19 讲 动态对冲 …… 276
19.1 引言 …… 276
19.2 不成功的对冲思路 …… 277
19.3 Delta 对冲 …… 278
19.4 Gamma、Vega 与其他希腊字母 …… 282
19.5 组合保险 …… 285
第 20 讲 道德风险与信贷配给 …… 290
20.1 从阿罗-德布鲁世界到金融摩擦 …… 290
20.2 信息不对称与委托代理 …… 291
20.3 信贷配给 …… 292
20.4 信贷配给理论的应用 …… 296
第 21 讲 逆向选择与资本结构 …… 300
21.1 逆向选择 …… 300
21.2 资本结构的经验事实 …… 301
21.3 MM 定理 …… 301
21.4 信息不对称条件下的资本结构 …… 303
21.5 分离均衡与增发股票带来的股价下跌 …… 307
21.6 小结 …… 310
第 22 讲 银行与期限错配 …… 311
22.1 问题的提出 …… 311
22.2 戴蒙德-迪布维格银行模型 …… 313
22.3 对银行的讨论 …… 320

第 23 讲 行为金融学初探 …… 324
23.1 引言 …… 324
23.2 有限套利简介 …… 325
23.3 投资绩效约束下的有限套利 …… 326
23.4 非理性认知偏差 …… 332
第 24 讲 风险管理与次贷危机 …… 336
24.1 引言 …… 336
24.2 微观层面的风险管理 …… 337
24.3 次贷危机 …… 344
附录 24.A 连接函数 …… 349
附录 24.B 真实世界与风险中性世界概率的对比 …… 351
第 25 讲 金融理论与金融艺术 …… 354
25.1 金融理论体系 …… 354
25.2 金融艺术 …… 359
25.3 小结 …… 367

参考文献 …… 369
索引 …… 372
出版后记 …… 384

第 1 讲

导 论

作为这本教材的第 1 讲，在这里我们会简要介绍金融经济学所涵盖的内容、基本的问题、主要的方法和核心的思路，以便让读者对这门课有一个大致了解，对即将学到的内容有一个基本预期。

1.1 什么是金融和金融经济学?

顾名思义，金融经济学（financial economics）是以金融为研究对象的经济学分支。金融（finance）是什么，也就决定了金融经济学是一门什么样的课程。所以，我们对金融经济学的介绍从金融这个定义开始。不过，给金融这个概念下准确的定义相当困难。一个概念的定义包括内涵和外延两个部分。内涵是判断某一事物是否属于这个概念的标准，回答的是这个概念“是什么”。外延则是从属于这个概念的事物的集合，回答的是这个概念所涵盖的事物“包括些什么”。由于金融涉及的面非常广，所以其概念的外延很大，甚至很难给出清晰的边界。相应地，这一概念的内涵也就有许多种不同的版本。金融概念的模糊性是金融经济学内容丰富多彩的原因之一。

尽管如此，金融这个概念还是可以把握的。从汉语字面来解释，**金融是资金融通的简称**。而根据维基百科给出的定义，**“金融是资产和负债随着时间的推移在确定及不确定状态下分配的动态过程。”**我们还可以从金融经济学（也可简称为金融学）的定义中侧面了解金融的概念。在由兹维·博迪（Zvi Bodie）等人所著的著名教材《金融学》（*Financial Economics*）中，有如下定义：**“金融学是研究人们在不确定的环境中如何进行资源的时间配置的学科。金融决策的成本和效益是在时间上分布的，而且是决策者和任何其他人无法**

预先明确知道的。”

将前文中给出的几个定义结合起来，我们可以看出金融的两个要点：第一，**金融处理的是金融资产在不同主体之间的分配**。一般的经济活动的本质就是分配资源。而将金融与一般经济活动区别开来的一个标准，就是金融分配的是资产、负债、资金等金融资源。当然，这些金融资源其实只是其背后实物资源的指代（比如，股票代表的是对应企业的所有权）。但将这些实物资源金融化之后，就出现了不同的特征和规律，形成了较为特殊的金融活动。

第二，**时间和不确定性是金融活动两个不可缺少的维度**。金融活动永远牵涉现在和未来。比如我们到银行去存款，就是牺牲了当前的资金持有，以获得未来银行的本息支付。未来尚未发生，是不确定的，存在许多种可能（在金融经济学中，我们把未来的不同可能叫作不同的状态）。这种不确定性是金融活动无法避免，且必须要加以应对和处理的，因此也是金融经济学研究的核心内容。

从以上给出的宽泛定义来看，金融这个概念的外延一定不小。在权威的《金融经济学手册》中，如下这个定义大致给出了金融活动的范围。它是这么说的：**“金融经济学运用经济分析的技术来理解个人的储蓄与投资决策，公司的投资、融资、分红决策，利率、金融资产和衍生品价格的水平和性质，以及金融中介所发挥的经济作用。”**由此可见，金融活动主要包括个人金融决策、公司金融决策、金融资产价格的变化，以及金融中介的活动。尽管金融活动千差万别，金融创新也层出不穷，但金融活动大致都可归入这几类。这些活动也就是金融经济学研究的主要对象。

为了清晰理解金融是什么，还必须知道它不是什么。货币金融与公共财政这两个概念很容易与金融混淆。货币金融是一个有计划经济特色的概念。虽然可以将其直译为“monetary finance”，但这种用法在英文中很少见。在计划经济中，金融活动是很少的，我国曾在相当长的时间里都不存在商业银行，就更别说股票、债券了，所以，在相当长时间里，我国都将金融理解为与货币相关的经济活动。在早期 2002 年版的《现代汉语词典》中，金融被定义为货币的发行、流通和回笼，贷款的发放和收回，存款的存入和提取，汇兑的往来等经济活动。而在当前主流经济学的架构中，这种对货币的研究属于货币经济学（monetary economics）的范畴，是宏观经济学（macroeconomics）的一个分支。公共财政的英文名叫“public finance”。事实上，政府作为一个独立的主体，也会发生借贷等金融行为。但在传统上，经济学将这些政府的金融行为和政府的财政税收、货币政策合在一起加以研究，统称为公共财政，以与研究个人和公司金融行为的金融经济学相区别。

需要注意，以上所做的这种划分并不严格，不同学科之间的边界也是相当模糊的。当我们在讨论金融资产价格（特别是利率）时，货币政策的影响是无论如何都必须要考虑进来的。而当我们在研究金融机构和金融市场时，政府的金融监管政策也是绝对不能忽略的。因此，我们这本书必然会触及一些货币金融与公共财政的内容，不过，这些内容在本书中只是居于从属地位。

1.2　金融经济学的主要内容

在给出了金融经济学的定义后，接下来我们利用如下这张图（图 1-1），以金融行为的逻辑关系为脉络来介绍金融经济学的主要内容。在此过程中，我们还会穿插一些揭示金融思想的趣味问题，以管窥金融理论能带来的洞察。

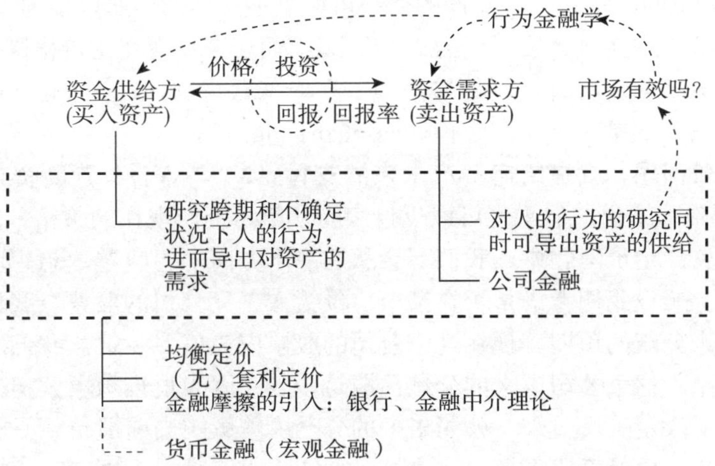

图1-1 金融理论的逻辑关系

1.2.1 资产和资产的回报率

金融是资金融通，这是通过资产的交易来完成的。根据国际会计准则理事会（International Accounting Standards Board）给出的定义：**"一项资产是指由过去的事件所形成的为某实体所掌握的资源，这一资源预计在未来会给这一实体带来经济利益。"**买入资产就是用手里的资金换取未来的经济利益，卖出资产则正好相反。所以，资产的买卖就是在不同时间和不同状态下配置资源。这就回到了前文定义中给出的金融的本质：金融交易的本质是资源在不同时间和不同状态下的调配。

可以用简单的树图来描述一项资产（图1-2)。树的根节点代表现在。由于现在已经确定发生，再没有别的可能，所以根节点只有一个。从根节点引出分支，指向未来。未来尚未发生，存在多种可能。所以从根节点引出的分支会有多个。在图1-2的二叉树中，从表示现在的根节点向未来引出了两条分支，表明在这里未来存在两种可能。我们不妨将未来的两个状态分别叫作u状态和d状态。如果未来有多期，那么可以再从u和d两个节点往更远的未来引出分支。为简单起见，这里我们只画一层的分支。在每一分支上，我们还可以标出对应未来状态发生的概率。这里，u和d两个状态发生的概率分别为q与$1-q$。这种图叫作单期二叉树图。在后文中我们会看到，这种二叉树图虽然简单，却有很强的表现力，是金融分析的重要工具。

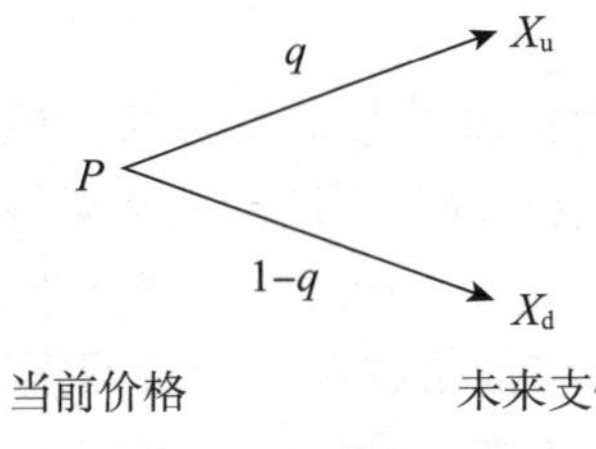

图1-2 单期二叉树

在树图中表示一项资产，需要描述出资产在未来的支付（payoff）和现在的价格。**所谓支付，就是资产能够给其所有者带来的经济利益。资产的支付也叫作资产的回报或收益**（return）。在未来不同的状态中，资产的回报可能是不一样的，所以在图 1-2 中，我们将资产在未来两个节点的支付分别标记为 X_u 与 X_d，而资产在现在的价格则标记为 P。投资者在决策是否购买某项资产时，就是权衡为了在未来获得 X_u 或 X_d 的支付，在当前付出 P 是否合算。这实质上是一个资产定价（asset pricing）问题。

所谓资产定价问题，就是给定资产未来的支付（X_u 与 X_d），判断资产现在应该值多少钱（P）。从逻辑上来说，似乎也可以反过来问，给定资产现在的价格，未来需支付多少才算合适？但在资产定价问题中，我们不会从后一个方向来想问题。想想真实世界中的金融行为就清楚了。假设我们考虑是否在某个价位买入一只公司的股票。我们的思考是，基于对公司股票未来分红的预期，现在这个公司的股票应该值多少钱。我们不会问，给定公司现在的股票价格，这个公司未来的分红预期是多少。因为很难想象公司未来的分红决策会为当前的股价所决定。反过来，公司未来的分红决策影响当前股价倒是很合理。而对于债券这样未来的支付已经确定的资产（所以它们叫作固定收益类资产），投资者就更只能问其现在该值多少钱了。

给定资产当前的价格和未来的支付，我们便能够计算资产的**回报率**（rate of return，又称为收益率）。由于在未来不同的状态下，资产的支付是不一样的，所以不同状态下的资产回报率也是不一样的。对前文二叉树中所表示的这种资产，可以计算对应 u 和 d 两个状态的回报率分别是

$$r_u=\frac{X_u}{P}-1,\quad r_d=\frac{X_d}{P}-1$$

注意，在计算回报率时我们在比率后减 1。如果不减这个 1，那么计算的就是总回报率。由于未来是未知的，所以资产未来究竟能实现 r_u 与 r_d 中的哪个回报率也是未知的。但现在我们能够计算这一资产在未来的期望回报率，即以状态发生概率为权重计算的未来回报率的加权平均，如下所示，

$$\begin{aligned}E(\tilde{r})&=qr_u+(1-q)r_d\\&=q\left(\frac{X_u}{P}-1\right)+(1-q)\left(\frac{X_d}{P}-1\right)\\&=\frac{1}{P}[qX_u+(1-q)X_d]-1\\&=\frac{E(\widetilde{X})}{P}-1\end{aligned}$$

其中，$E(\cdot)$ 是期望符号。头顶上有波浪符号的变量是随机变量（random variable），取值不确定。由上式可知，资产的期望回报率等于资产的期望支付除以其当前价格再减 1。

从上式中还能看出，给定资产未来的支付后，资产当前的价格与资产的期望回报率之间有确定的反向数量关系。**资产当前价格越高，期望回报率越低**。反过来，**资产当前价格越低，期望回报率就越高**。所以，**资产定价问题也可以表述为，给定资产未来的支付，其**

期望回报率应该是多少。

> **专题框 1-1：好资产的期望回报率应该高还是低?**
>
> 对于金融初学者而言，这个问题的答案往往是好资产的期望回报率应该高。因为期望回报率高说明资产的未来支付丰厚，即这个资产好。但正确答案恰恰相反，好资产的期望回报率反而应该低。
>
> 很多人之所以会给出错误答案，是因为对什么叫好资产理解得不正确。初学者可能会觉得，好资产的期望支付 $E(\widetilde{X})$ 应该高，所以期望回报率 $E(\tilde{r})$ 也就高。但是，不同的资产可能有相同的期望支付，但有不同的价格，因而有不同的期望回报率。换言之，从期望支付高并不能推出期望回报率高。所以，期望支付 $E(\widetilde{X})$ 并不是评价资产好坏的标准。
>
> 我们说一个资产好，意思是说这种资产对人们的吸引力强。就算这种资产的期望支付与别的资产一样，人们也更愿意持有这种资产。因此，这种好资产当前的价格就会高，其期望回报率就会相应较低。换句话说，正因为这种资产好，所以人们宁可忍受其较低的期望回报率也愿意持有它。在这里的逻辑中包含着均衡的思想。毕竟最终所有的资产都被人持有着，因此，坏资产必须要给人提供一些额外的“甜头”来让人愿意持有它。这个额外的甜头就是其更高的期望回报率。如果坏的资产期望回报率反而低，那么就没有人愿意持有它，这种资产也就根本不应该存在于资产市场之中。只有好资产期望回报率低，坏资产期望回报率高，资产市场才会处于均衡之中。至于如何判断一种资产是好还是坏，这是资产定价理论的一个核心课题。

1.2.2 资产定价

资产的回报率可被理解为给资产购买者的补偿，补偿他为了获取资产未来的支付而牺牲的当前资金。由于资产的买卖对应资金的融通，所以资产回报率还可理解为资金需求方（资产的供给方）为了获取资金，给资金供给方（资产需求方）提供的补偿。资金融通是否能实现，取决于资金的供需双方能否在回报率上达成一致。从这个意义上来说，判定资产的回报率是否合适（也就是资产定价）是金融业务的核心，自然也是金融经济学的主要内容。给资产定价有均衡定价（equilibrium pricing，也称为均衡资产定价）和无套利定价（no arbitrage pricing，也称为无套利资产定价）两条思路。这两条思路衍生出了资产定价理论的两块主体内容。

（1）均衡定价。

任何一个学过经济学的人都应该听过“价格是由供需决定的”这句话。既然要给资产定价，那把资产的供给和需求弄清楚，就自然能推导出资产价格了。这就是均衡定价的核心思想，即从资产的供给和需求入手，通过分析资产市场的均衡来确定资产的价格。这种方法的好处是，只要把供需状况弄清楚了，哪怕我们一点儿资产价格的信息都没有，也能从无到有地给出资产的定价。所以，均衡定价又叫作**绝对定价**（absolute pricing）。

我们先来看对资产的需求。一般认为，在市场经济中，资产的需求来自居民。当然，企业也会购买资产。但只要企业的所有权为居民所拥有，企业对资产的需求就反映了作为其股东的居民的偏好。所以，要了解资产的需求，就要研究居民是怎样看待不同资产的。

资产是能在不确定的未来带来经济利益的资源，所以，居民对资产的评价最终取决于居民对未来的不确定性的看法。居民在不确定性下的行为就决定了他们对资产的需求，所以，金融经济学的一块核心内容就是研究人在跨期以及不确定条件下的行为。不确定性带来风险（risk），所以这部分研究又可称为对风险的研究。我们需要回答：什么是风险？如何刻画风险？什么叫高风险？什么叫低风险？如何刻画人对风险的偏好？人在风险下会如何行动？

专题框 1-2：圣彼得堡悖论

面对不确定的结果，一个很容易想到的思路是：人会用对未来的期望（如期望回报）来做选择。但是，大数学家丹尼尔·伯努利（Daniel Bernoulli）的堂兄尼古拉斯·伯努利（Nicolaus Bernoulli）在 18 世纪提出的一个概率期望值悖论说明了这种想法不正确。这个悖论以圣彼得堡悖论（St. Petersburg paradox）为名而流传了下来。

假设有这么一个抛硬币的赌局。第 1 次抛硬币，如果出现正面，赢 1 元，赌局结束。如果出现反面，则不输也不赢，再继续抛第 2 次。第 2 次如果抛出正面，赢 2 元，赌局结束。如果还是出现反面，仍然不输不赢，再抛第 3 次。如此继续，只要没有抛到正面，就一直抛下去，直到出现正面为止。期间抛出反面都是不输不赢，但如果是第 n 次抛出正面，则赢 2^{n-1} 元。请问在这个赌局中赌徒的期望回报是多少？你愿意为参与这个赌局支付多高的门票价？

很容易计算，这一赌局给出的期望回报是无穷大。

$$\frac{1}{2}\times 1+\frac{1}{4}\times 2+\cdots+\frac{1}{2^n}\times 2^{n-1}+\cdots=\frac{1}{2}+\frac{1}{2}+\frac{1}{2}+\cdots=+\infty$$

但显然不会有人愿意为参加这个赌局而支付太高的门票价。事实上，就算找一个愿出 10 元来参加这个赌局的人都很难。这说明，期望回报并非是人在不确定性下做选择的好标准。我们将在介绍期望效用理论时再回到这个悖论。

要理解资产定价的逻辑，离不开人在风险下是如何行动的理论。比如，绝大多数人都是风险厌恶的（risk averse），更偏好于确定性的结果。由此可知，资产的风险度就是决定资产在人心中是好是坏的一个重要因素。风险大的资产就必须给出更好的期望回报率作为持有风险的补偿。这部分因为风险而增加的期望回报率叫作**风险溢价**（risk premium）。如果一个人是**风险中性**的（risk neutral），即完全不在乎风险，那么他对资产的看法就完全取决于资产的期望回报。对这样的人，高风险的资产也无须提供风险溢价。

不过，对资产需求的分析并不止步于不确定性下人的行为理论。诺贝尔经济学奖得主马科维茨的资产组合理论，是导出资产需求的又一关键环节。在一篇发表于 1952 年的经典文章中，马科维茨（Markowitz，1952）提出了**均值-方差分析**（mean-variance analysis）的概念，这篇文章彻底改变了人们对金融的思考。如果把不同资产比作餐厅里的不同菜肴，那么在过去人们认为，人对不同菜肴的需求取决于不同菜肴各自的特性。如果一道菜味道好，那么大家对它的需求就大。但在马科维茨之后，人们认识到，人对某种菜肴的需求不仅仅取决于这道菜肴本身的味道，还取决于这道菜是否能够与别的菜肴搭配起来配成一桌好宴席。某盘菜可能本身味道很一般，但如果与其他菜品搭配起来，能够极大提升其他菜肴的口感，那么对这盘菜的需求也会很大。

基于风险和投资组合的理论，我们能够推导出对资产的需求。由于可以认为资产的买家和卖家都是人，所以导出了人对资产的需求，也就对称导出了对资产的供给（负的需求就是供给）。当然，也可以比较取巧地假定资产的供给是外生给定的，将资产的供需结合在一起求取均衡，就能确定资产的定价。资本资产定价模型（capital asset pricing model，简称 CAPM）和基于消费的资本资产定价模型（C-CAPM）就是这样的资产定价理论。从如下专题框所举出的几个例子中可以看到，这些理论会让我们在面对不少现实金融问题时，得到反直觉却合乎道理的结论，这正是金融理论的有趣之处。

专题框 1-3：几个有关投资的有趣问题

■ 假设我们面对老甲和小乙两个性格迥异的人。老甲很厌恶风险，很难接受自己的投资出现较大亏损。而小乙则更加激进，愿意通过承担风险来博取更高的投资回报。假设老甲和小乙只能在两只股票 A 和 B，以及无风险的银行存款上投资。股票 A 的期望回报比股票 B 低，但波动也更小（股票 A 低回报、低风险）。理财经理是不是应该建议老甲多买些股票 A，而小乙多买些股票 B?

看上去，按照投资者风险偏好的不同来建议其购买不同的股票是恰当的，这就像一个装修公司需要按照客户的偏好来装修客户的房子一样。但金融理论认为，不管投资者的风险偏好是怎样的，他们都应该购买同样的“一篮子”股票。风险偏好只影响投资者将资金在无风险资产和“一篮子”股票上的分配。我们将在介绍两基金分离定理的时候详细阐述这一逻辑。

■ 假设一家药品研发公司和一家钢铁公司的股票有相同的期望支付（红利）。但因为药品研发不确定性很高，因此药品研发公司红利支付的波动性会更大。具体来说，药品研发公司的一只股票在未来有 1/2 概率分红 40 元，1/2 概率不分红。而钢铁公司的一只股票在未来有 1/2 概率分红 25 元，1/2 概率分红 15 元。算起来，两家公司股票的每股期望支付都是 20 元，但显然药品研发公司红利支付的波动性要大很多。请问在这两家公司中，当前哪家的股票价格应该更高?

从直观上来看，药品研发公司的红利支付波动性很大，蕴含巨大风险，所以相比钢铁公司，应该算坏公司。为了补偿投资者对其股票的持有，其股票的回报率应该更高。相应地，其当前股价应该更低。所以，药品研发公司当前的股价理应低于钢铁公司的股价。但事实上，药品研发公司的股价应该比钢铁公司高。这里的关键是究竟如何度量一家公司的风险。药品研发公司红利支付的波动确实更大，但这就说明药品研发公司风险更大了吗? 在对风险的本质有更深刻认识后，我们就能知道其实相对而言，药品研发公司风险更小。所以，大家应该更偏好药品研发公司，而其当前股价应该比钢铁公司更高。在学习了 CAPM 之后，我们就能知道这个反直觉答案背后所具有的深刻洞察了。

■ 假设有甲和乙两个基金经理。在过去 3 年中，甲的投资回报率比乙更高，而且甲的投资回报率的波动也比乙更小，那么可不可以说甲比乙更优秀？答案似乎是肯定的。甲的投资回报率高，风险又低——因为甲的投资回报率的波动更低——显然就这段考察期来说，甲做得比乙更好。但还是像上个问题一样，波动就是衡量风险的恰当指标吗？在学习了 CAPM，特别是詹森阿尔法（Alpha）这个概念后，我们就能知道正确的答案其实是“不一定”。

（2）无套利定价。

均衡定价只是资产定价的一条思路。均衡定价有长处，但也有短处。均衡定价的长处在于可以不依靠任何价格信息，从无到有地得出对资产的定价。而且，均衡定价可以将资产价格与经济环境联系起来，从而帮助我们研究资产价格与其他经济变量的关系。但均衡定价的短处也非常明显，那就是不精确，在金融实务中不易使用。设想一位投资者在决定是否买入某只金融产品。如果运用均衡定价的方法，则需要首先设定市场中各个投资者的偏好，弄清市场中各类资产的供给，然后求解市场中的均衡，最后得出对这种资产的定价，这显然是不现实的。此外，均衡定价对人的偏好的假设，对经济环境的假设必然是不太精确的，用这样的方法自然无法给出精度足够的定价结论。所以，均衡定价更多还是运用在金融理论界，是一种研究工具而非实务工具。

与均衡定价并行的，是金融理论中另一条资产定价的思路——**无套利定价**（no arbitrage pricing）。无套利定价的野心没有那么大，并不追求从无到有地把资产价格确定下来。它只是问：**基于一些已知的资产价格，怎样把其他一些相关资产的价格确定下来**？为了回答这个问题，无套利定价并不要求做出偏好、禀赋等假设，而只是要求市场中没有套利机会。

所谓套利，是无风险无成本获利的机会。举个例子，如果一个汉堡卖 1 元，一杯可乐也卖 1 元，那么如果由一个汉堡和一杯可乐组成的套餐价格不是 2 元，就出现了套利机会。如果套餐价格比 2 元高，就可以分别购入汉堡和可乐，组合成套餐售出获利。而如果套餐价格低于 2 元，则可以买入套餐，将其拆为汉堡和可乐单卖获利。这样，无套利原则就将汉堡、可乐和汉堡可乐套餐的价格联系在了一起。知道了其中两样的价格，就能知道第三样的价格，这就是**一价定律**（law of one price，简称 LOOP）的体现。**一价定律说的是，同样的东西要卖同样的价钱。如果同样的东西卖不一样的价钱，套利机会就出现了**。

基于无套利原则，可以从一些已知的资产价格出发，给出另一些相关资产的价格。这就是无套利定价的核心思想。不过我们说的时候为了简便，也可以把它叫作套利定价（arbitrage pricing，也称为套利资产定价）。这两个名字指的是同样的方法。

由于无套利定价总是基于一些已知的资产价格信息，所以这种定价方法也叫作**相对定价**（relative pricing）。容易想到，**无套利是均衡的必要但非充分条件**。换句话说，**均衡的市场一定是无套利的，但无套利的市场未必是均衡的**。原因在于，在市场达到均衡时，所有投资者都应该做到了最优。如果市场中还存在套利机会，那么投资者一定可以通过发掘这样的套利机会而做得更好，这样，市场就不可能是均衡的。但反过来，就算市场中的资产价格都符合无套利原则，它也未必能保证市场均衡。无套利是比均衡更弱的条件，运用时不要求对偏好、禀赋、市场结构等做出假设，而只需要给出一些已知资产价格的信息，因而它能够做得非常精确。

此外，无套利定价本质上是通过复制某种资产来为这种资产定价的（就像前面用汉堡和可乐来复制汉堡可乐套餐），在定价的过程中，同时给出了复制资产的方法，这种复制方法也就给出了对冲资产的方法。某个金融机构卖出一项金融资产，就承担了这个金融资产空头的风险，有遭受损失的可能。换言之，如果卖出的金融资产的价格走高，卖出的金融机构就可能亏损。为了对冲风险，金融机构可以再构造一个该金融资产的反向头寸。这样，无论这个金融资产的价格如何变化，金融机构都不需承受损失，稳定赚取中间的手续费就行了，而金融机构也就有能力和动力大量创设和卖出金融产品。

有了定价和对冲，无套利定价理论就给金融市场发展带来了强大的推动力。现代金融衍生品市场就建立在无套利定价理论体系之上，而金融市场的发展反过来又促进了无套利定价理论的壮大。可以说，从来没有一个理论像无套利定价理论这样迅速而深刻地改变了它的研究对象。这套理论的思想和术语已经成为当代金融市场的基本语汇。

专题框 1-4：转换魔盒值多少钱？

假想有这么一个魔盒，在其中放入 1 元，1 年后能收获 1.02 元。换句话说，这个魔盒可以确定性地给出 2%的利率。如果现在银行给出的存款利率是 3%，请问这个盒子值多少钱？

现在市场上 3%的利率高于魔盒所能给出的 2%的利率，应该没有人会愿意使用这个魔盒，所以这个盒子似乎应该一文不值。不过我们还要考虑到，银行给出的利率是会变化的。如果未来银行利率降到了 2%以下，这个魔盒就能发挥作用了。因此，这个魔盒提供的是一种期权（option），给了它的所有者获得 2%无风险利率的权利（而非义务）。盒子的所有者可以选择不使用这种权利，但这并不意味这个权利不值钱。所以，尽管目前没人愿意使用这个盒子，但这个盒子仍然是值钱的。

如果要给这个盒子定价，均衡定价方法显然是难以适用的。这个盒子是一个假想的产物，在真实世界中的市场上并不存在。似乎很难知道投资者会如何看待这个盒子，就更别提给它定价了。要对这个盒子定价，只能依靠无套利定价方法，可以将这个盒子理解为银行利率的一个衍生品（derivative），用利率变化的规律来推导盒子的价格。

有人可能会质疑，给这么一个不存在的假想物定价无聊不无聊。事实上，这非但不无聊，还非常重要。金融创新很大程度上就是在不断创设市场中没有的新金融产品，这些金融产品要发展起来，买卖双方必须要对这种产品的定价有把握。如果一个产品不能被有效定价，那就没有多少人愿意对该产品进行交易，这个产品的市场就发展不起来。从这个意义上来说，如果没有无套利定价给我们提供为新金融产品定价的能力，就不会有过去几十年中金融行业（尤其是其中的衍生品行业）的爆发式成长。

如果再深思无套利定价的思路，我们还能得到更多有趣的结论。要注意，套利机会是无风险获益的机会，因此，无论一个投资者风险偏好如何，发现套利机会后都不会无动于衷。所以，如果一个市场处于无套利状态，那么在各种风险偏好的人看来，市场都会是无套利的。特别地，在风险中性的人眼中，这个市场也是无套利的。前文中我们说过，由于风险中性的人不会要求风险溢价，所以他们给资产定价很简单，直接计算资产未来支付的期望就可以，这就给了我们一条定价的捷径。

现实世界中的投资者都是风险厌恶的，所以，资产价格中一定包含风险溢价。但即使在风险中性投资者眼中，现实世界中的资产价格体系也必然是无套利。所以，我们可以假设存在一个风险中性投资者，以他的视角来审视现实世界中的资产价格体系。这个风险中性投资者在基于无套利原则下给出的资产价格，应该等于现实世界中无套利原则规定的资产价格。这样，我们就把资产定价转换成了一个简单的求取资产期望支付的问题，定价问题就大大简化了，因此，**无套利定价又被称为风险中性定价**（risk-neutral pricing）。

后来，研究者又发现，如果用风险中性投资者的眼光来看资产价格，资产价格的运行符合鞅性。**鞅**（martingale）是数学随机过程理论中的一个关键概念。简单来说，鞅是一个时间序列，在任何时刻对其未来的期望都等于它现在的取值。把资产价格的运动转化为鞅，随机过程中的许多数学结论就可以直接套用到资产定价上了，因此，无套利定价又被称为**鞅方法**（martingale method）。与这个高大上名称相对应的，是高等数学知识和工具的大量应用，从而让无套利定价理论变成了“火箭科学”（rocket science）。

1.2.3 金融摩擦与金融契约理论

在前文介绍的资产定价理论中，并不存在金融中介，也看不到金融体系的结构，金融交易被假设在资金供需双方之间直接进行。但现实中的金融市场比这复杂得多。企业是金融市场的重要参与者。而像银行这样的金融中介也普遍存在，并处于金融市场的核心地位。相应地，公司金融和金融中介理论就是针对这些领域中的问题而形成的金融理论分支。

如前文所述，在分析人的行为时，可以对称得到资金供给和需求。但在现实中，资金的需求者往往是企业。在理想的状况下，私人所拥有的企业仅仅是蒙在其股东身上的一层面纱，企业的行为与其股东行为并无区别。在这种情况下，完全忽略企业并不影响金融分析。但在现实中，信息不对称在企业与金融机构之间、企业与其股东之间，以及企业内部均广泛存在。有时，必须要将这些信息摩擦考虑进来，才能对我们所关心的金融问题给出令人满意的解答，这方面的内容主要属于公司金融（corporate finance）理论。公司金融理论研究企业的投资、融资、分红决策和行为，以及企业的资本结构等问题。

在现实世界中，金融市场往往为一些大的金融中介机构（如银行）所主导。金融中介从本质来说是一种促进金融交易，实现资金融通的机构。它们存在的意义是克服金融交易双方之间存在的摩擦，因此，有必要从克服摩擦的角度来理解金融中介的功能和意义。在分析金融中介的文献中，戴蒙德（Diamond）与迪布韦格（Dybvig）于 1983 年发表的讨论银行的文章是经典。这篇文章在一个很简单的框架中展现了银行最本质的功能，以及银行挤兑危机发生的机制。基于这篇文章的思想，我们可以对银行和金融危机有更深的认识。

专题框1-5：互联网金融会消灭金融中介吗？

互联网打破了信息流动的障碍，使资金的供求双方可以直接对接，所以，互联网会消灭银行这样的金融中介。这种观点对吗？看起来这不无道理。互联网带来的便捷信息流动会打破信息不对称，消除一切中心。事实上，整个互联网就是一个去中心的、扁平化的网络。把互联网的逻辑应用到金融上，自然很容易得出金融网络也会变成一张无中心网络的结论。

但这种对互联网金融的认知是错误的，是误读金融中介功能后得出的错误结论。互联网无法消灭金融中介，反而会增强金融中介的规模优势。这是因为像银行这样的金融中介并不是简单起到克服信息不对称的作用，而是有其更本质的功能。这种更本质的功能无法被互联网取代。在学过了戴蒙德-迪布韦格银行模型（简称DD模型）后，我们就能深入地理解这一点，并对金融体系运行、金融危机有更达本质的认识。

1.2.4 有效市场之争与行为金融

金融理论中有一个著名的争论至今仍未有定论，那就是市场是否有效。**在有效市场中，资产价格充分反映了可获得的所有信息，因而有效市场是资产得以合理估价的市场。**2013年诺贝尔经济学奖被颁给了笃信有效市场的尤金·法马（Eugene F. Fama），以及反对有效市场理论的**行为金融学**旗手罗伯特·希勒（Robert J. Shiller）。①

1970年，法马发表了有效市场理论和经验证据的综述，扛起了有效市场（efficient market）的大旗。但在1980年，格罗斯曼（Grossman）与斯蒂格利茨（Stiglitz）提出了格罗斯曼-斯蒂格利茨悖论，从理论上给了有效市场沉重一击。这个悖论说的是，搜集信息是有成本的，如果市场是有效的，那么就没有人会愿意付成本来搜集信息，那么信息又怎么能被包含到价格里去呢？

专题框1-6：能在大街上捡到钱吗？

有这么一个讽刺经济学的笑话。一位经济学教授和他的学生走在大街上。突然，学生指着地上的一张10元纸币对教授说："老师，地上有10块钱。"听了学生的话后，老师却头也不回地说："那不可能。如果有的话早就被别人捡走了。"

很显然，这位教授是有效市场的坚定拥护者。在有效市场中，像地上有10元纸币这样的事情是不可能发生的。因为只要有钱掉在地上，马上就会被人捡走。因此，教授不会愿意花一丁点儿精力在可能掉落的钱上。但是，如果所有的人都像教授这样想，都对掉在地上的钱视而不见，那么地上的钱又怎么会被人捡走呢？这就是格罗斯曼-斯蒂格利茨悖论的思想。所以，在经济学教授坚信大街上捡不到钱的时候，我们这些老百姓还是别管那么多，看到了钱就赶紧捡起来。

---

① 2013年的诺贝尔经济学奖还颁给了拉尔斯·彼得·汉森（Lars Peter Hansen），以表彰他发展了广义矩估计（GMM）这种计量方法的成就。GMM方法可被用来检验资产价格是否有效，所以可以玩笑地说，2013年诺贝尔经济学奖被颁给了一个相信有效市场的人，一个不相信有效市场的人，以及一个检验市场是否有效的人。

对有效市场理论的经验反驳来自希勒。在他 1981 年发表的一篇文章中，希勒令人信服地论证了股价的波动无法为红利变动所解释，股价波动中含有大量非理性的成分（Shiller，1981）。但法马显然没有认输，他在 1993 年提出了著名的三因子模型，指出资产的回报可以由他所找到的三个因子（市场溢价、规模溢价和价值溢价）来很好地解释（Fama，French，1993）。

事实上，格罗斯曼-斯蒂格利茨悖论的提出已经从逻辑上证明了市场是不可能有效的。但争论的关键是，有效市场是否是现实中资本市场的一个不错的近似？在这一点上，争论的双方谁都不能说服谁。所以，诺贝尔奖委员会也只能采取“和稀泥”的态度，把经济学奖颁给观点对立的双方。毕竟，两派的研究都为我们理解资产价格做出了贡献，并各自拥有数量庞大的拥护者。

反对有效市场的金融理论主要是行为金融学（behavioral finance）。按照维基百科的解释，“行为金融学是金融学、心理学、行为学、社会学等学科相交叉的边缘学科，力图揭示金融市场的非理性行为和决策规律。行为金融理论认为，投资者心理与行为对证券市场的价格决定及其变动具有重大影响。它是和有效市场假说（efficient market hypothesis，EMH）相反的一种学说，主要内容可分为套利限制（limits of arbitrage）和心理学两部分。”

这个定义中给出的行为金融学的两部分内容，对应着市场无效所需要的两个前提。如果要让我们相信市场是无效的，那么市场中必须要存在一些产生无效的非理性因素。这是心理学研究的部分，但仅仅这样还不足够。如果市场中套利力量很强大，就会很快消灭任何无效的因素（因为市场无效意味着有套利的机会）。所以，市场无效如果要长期存在，还需要在市场中存在制约套利力量发挥的因素，这便是**有限套利**（limited arbitrage）。相应地，心理学和有限套利便成为行为金融学研究的主要方向。

行为金融学认为市场中的套利力量并非完美，会因为种种原因在市场中留下未被发掘的套利机会。这类文献中比较有代表性的一篇是施莱弗（Shleifer）与维什尼（Vishny）发表于 1997 年的《有限套利》一文。这篇文章论证了当理性投资者所持有的资金量有限时，他们会无法纠正市场中非理性投资者所造成的定价偏差。其逻辑简单说起来，就是市场可能在证明你正确之前先消灭你。因此，即使投资者发现了市场定价的错误（无效之处），也不敢大量套利来对其加以纠偏。

行为金融学的另一大分支，是用在心理学研究中发现的人所普遍具有的认知偏差（如厌恶损失、过度自信等）来替换经济学中理性人假设的相关理论。具有行为偏差的人自然就会在市场中形成不一样的资产价格。比如，人往往具有过度自信、厌恶损失等行为偏差，因而导致资产价格并不像有效市场理论所认为的那样符合鞅性，而是产生很多**异象**（anomalies）。

专题框 1-7：行为偏差的例子

- 过度自信：在一个群体中，让每个人自我评价自己的能力是否属于群体的前 1/2，一般会有超过 1/2 的人做出肯定的回答。这显然是不可能的，这便是过度自信的体现。过度自信的投资者可能会过于相信自己的判断，而对外部信息重视不够，于是，资产价格就可能对新的信息反应不足，从而呈现出动量态势（momentum）。

■ 处置效应：假设用50元成本购买的股票现在的价格是40元，现在存在两种选择。第一，立即卖出股票，并兑现10元钱的损失；第二，继续持有股票，未来有1/2概率股价进一步下跌到30元，还有1/2概率股价回升到50元。尽管这两个选择会带来相同的期望回报，且第二种选择的风险更大，但大多数投资者都会选择第二个选项，把股票继续持有下去，这就是处置效应，即投资者并不是前向地来看待投资决策，而是让本应被忽略的过去行为影响当前决策。这样的人往往过早卖出盈利股，并过久持有亏损股。在投资经验不足的人身上，这种倾向更加明显。在我国A股市场中，某一基金亏损之后赎回未必很多，但等到基金亏损后再涨回到成本线，往往会被基金持有者（往往是散户）大量赎回。这里就有处置效应的影子。

1.3 金融经济学在经济学科中的位置

1.3.1 金融学与经济学的差异

尽管在真实世界的需求推动之下，金融学已变成了一个庞大的学科，甚至愈发有与经济学分庭抗礼的姿态，但它与经济学仍然有密切的联系，仍然可算为后者的一个分支。均衡定价所用的均衡分析方法，以及研究公司理财、金融结构所用的契约理论，均是经济学的分析工具。从这一点来说，相当一部分的金融学内容与经济学的差异只是在研究对象和关注点上不同而已。

金融学中的无套利定价部分则相对特殊。套利分析处在均衡经济学范式之外，除了人会充分发掘所有套利机会这一假设外，它并不对人的偏好做出更多假设。它只是从已知资产价格出发，机械地推导出相关资产的价格。从这一点来看，套利分析与工程学类似，但与以人和人类社会作为研究对象的社会科学（包括经济学）截然不同。相应地，套利分析能够像工程学那样得到数量上相当精确的结果，从而在量化精度上远远超过经济学。

1.3.2 经济学家与投资者的差异

在价值判断和对待模型两方面，经济学家与投资者之间存在根本性差异。

经济学家的分析经常会涉及价值判断（一件事好还是不好，应该还是不应该）。这是**规范经济学**（normative economics）的范畴。当然，这种价值判断都是从社会福利的角度出发，与从哲学、伦理学等角度做出的价值判断不同。有了价值判断之后，经济学家还会提出政策建议，指出政策、机制等“**应该是怎样的**”。

而投资者在运用金融分析时更多在进行**实证经济学**（positive economics）的思考——既不做价值判断，也不提出应该有怎样的政策建议。投资者总是用很谦卑的心态看待经济和市场，试图弄清它们“**是怎样的**”（哪怕这样的现状是不应该、不合理的），并从中发掘出投资机会。当然，投资者也并不是完全不考虑价值判断。但他对价值判断的考虑，还是为了更好地分析预测“是怎样的”。因为在通常情况下，政策应该是怎样的，往往就会变成那样。

经济学家和投资者都要利用模型来分析现实，但二者在对待模型的态度上也有不同。对经济学家来说，模型与现实有差异，表明模型解释能力不足，需要修正自己的模型。而对投资者来说，模型和现实的差异一方面要从建模方面去考虑修正；另一方面还需要想到有这样的可能性，那就是现实中的人偏离了最优化的理性，或是没有充分把握套利的机会。犯了错，这有可能反而是投资机会。究竟应该在多大程度上相信自己的模型而不是相信市场，是投资者必须要做出的决策。

在这本金融经济学教材中，我们要站在**投资者**的角度，试图借助金融理论来理解金融市场的运行，以及更重要的，从中找到获利的机会。尽管学完了本书，大家并不会自然成为投资高手，但本书的内容对我们理解市场逻辑和价格运动是大有帮助的。不过，市场就像一个调皮的孩子，不管你怎样试图去把握它，它总能做出让你吃惊的行为。因此，在这本教材中，我在试图通过理论给大家展现热闹的（甚至可以说是混乱的）市场行为背后的秩序时，也要让大家感受到投资者面对强大（有时甚至相当任性的）市场力量时的**谦卑和敬畏**。

1.4　教学目标

我希望通过本书的教学达成三个目标：

第一，让大家了解金融分析的核心思路和方法，感受到金融理论透过纷繁复杂的金融表象直达问题核心的穿透力。前文中介绍的均衡定价、无套利定价、金融摩擦、行为金融是本书的四大块主要内容。这些内容基本勾勒出了金融理论体系的大致结构，将为未来金融理论的进一步学习打下基础。

第二，让大家了解现代金融的语汇。金融学是一门非常独特的学科，因为它的发展在很短的时间里就改变了它的研究对象——金融市场。比如，庞大的衍生品市场就建立在金融的套利分析之上。所以，学术象牙塔中的许多金融语汇已经变成了金融从业者的日常用语和思维载体。因此，我希望通过本书的学习，大家能了解诸如均值-方差分析、CAPM、夏普比、阿罗-德布鲁定价、完备市场、有效市场、套利定价理论（APT）、期权定价、鞅测度、久期、德尔塔（Delta）、行为偏差、噪声这样的语汇，能够与金融从业者交流。

第三，最重要的，我希望通过本书的学习，让大家理解金融理论背后的核心金融思想。所谓金融思想，是隐藏在金融理论深处看问题的关键视角和分析问题的关键思路。这些思想有时甚至能够颠覆我们对某些问题根深蒂固的认识，对这些思想的把握比掌握模型的技术细节更为重要。

由于这是金融学的一门导论性质教材，读者们的背景可能差异很大，数学基础大概也参差不齐。为了让本书能够尽可能符合不同读者的口味，本书包含考察内容和提高内容两部分。考察内容是本书的主体，是期望读者能够掌握的部分。考察内容尽力以较为浅显直接的数学语言呈现金融经济学的思想，其难度水平应该能够适合包含文科生在内的广大读者。此外，本书还包含一些技术性的提高内容，如布莱克-斯科尔斯（Black-Scholes）公式的推导，以拓展读者们的眼界。这些拓展性内容会以星号（*）标出，将这些内容跳过不会影响对本书核心内容的理解。

尽管本书会尽量做到在数学要求方面平易近人，但由于当代金融经济学本身是一门高度数学化的学科，有鲜明的数量化特征，所以数学要求不可能降得太低。有意于严肃学习本书的读者需要具有中级微观经济学和计量经济学的知识储备，并有与之相称的数学基础。本书中有些地方虽然会用矩阵向量的记号来简化书写，但读者并不需要有线性代数的知识准备。事实上，本书中的绝大多数推导都仅用到了初等数学的知识。要学习本书中的数学部分，读者们更多需要的是推导数学公式的耐心，以及不畏惧数学的精神。

练习题

1.1 什么是金融？请举出一些金融行为和金融决策的例子。

1.2 有两种资产，一种比另外一种更加吸引人。请问这两种资产当前价格谁更高？二者的回报率又是谁更高？

1.3 既然资产价格可以在市场上被观察到，为什么还要研究资产定价？

1.4 什么叫绝对定价？什么叫相对定价？二者之间有何差异？

第 2 讲

金融市场概览

在第 1 讲中，我们勾勒了金融经济学的理论范围，介绍了它的主要内容。金融经济学理论不是空中楼阁，而是对现实金融问题的回应，并真切推动了现实世界中的金融发展。所以，需要将金融经济学理论放在现实世界的背景中来理解。为此，在这一讲中我们会简要展现真实世界中金融市场的面貌，介绍其基本结构、主要玩家、交易的主要资产，以及主要的业务形式。

2.1 金融市场的功能

在第 1 讲中说过，金融是通过交易金融资产来实现的资金融通。顺着这个定义可以很容易地想到：**金融市场**（financial market）**是通过交易金融资产来实现资金融通的市场机制**。

金融资产（financial asset）**是一类特殊的资产，其本质是承诺了未来经济利益的契约。金融资产的交易实质上是交易双方跨期、跨状态的经济利益互换契约的达成**。金融资产是无形的，与土地、房屋、机器等价值依赖于特定物质属性的**有形资产**（tangible asset）不同。金融资产还被称为**金融工具**（financial instrument）或**证券**（security）。在本书中，这三个名词代表同样的概念，将被交替使用。

金融资产所代表的资源交换契约未必一定要在市场中达成，但在市场中，这样的契约更容易达成，这是金融市场出现的原因。金融市场的三大功能便捷了金融资产的交易，从而提升了经济社会中的资源配置效率。

第一，金融市场具有**价格发现**（price discovery）的功能。金融资产价格隐含着金融资产所能提供的回报率，反映了定价者的时间偏好（在现在和未来之间的权衡）。某人如果对某资产的当前定价较低，就意味着他对回报率的要求较高，因而更不愿意牺牲当前的资金来换取未来的经济利益。反之，如果某人愿意接受资产当前较高的定价，则表明他更愿意为了未来而牺牲当前（所以他所需要的回报率较低）。当两人对回报率的要求不一样（也就意味着两人对现在和未来的评估不一样），两人之间就可以通过跨期资源交换来提升双方的福利。由此可见，资产价格在引导资源配置方面起着重要的信号作用。金融市场能更迅速地发现资产价格（同时也会发现不同市场参与者的市场偏好），因而能更迅速地实现资源的交换和有效配置。

第二，金融市场能够提供流动性，从而便捷资产的交易。**流动性**（liquidity）衡量了找到交易对手的难易程度。流动性高的资产很容易找到交易对手，而流动性低的资产则较为困难。金融市场从两方面增加了金融资产的流动性，从而提升了交易的活跃度，促进了资源配置的效率。首先，金融市场汇聚了大量参与者，参与者数量多了，自然就容易找到交易对手。其次，金融市场增加了处置金融资产的灵活性，因而也提升了金融资产的吸引力，令交易对手更容易获得。以一张1年后到期的债券为例，如果没有金融市场，其持有者只能等到1年后债券本息偿付时才能收到回报。而在金融市场中，就算这只债券没有到期，持有者也可以将其转售给其他人，提前获得回报。因此，这只债券的流动性就大大增强了。提供流动性是金融市场的重要功能，也是区分不同金融市场的关键依据。

第三，金融市场能降低交易成本。金融资产本质上是契约，自然需要一定的力量来保证交易双方履约。如果让交易双方自己来提供确保对方履约的力量，成本则会很高。而在金融市场中，可以通过特定的机制来系统性、规模化地提供这种履约保证，从而降低总体成本。此外，人在市场中可以更容易地找到自己决策所需的信息，更容易找到愿意与自己做交易的对手，从而大大降低搜寻成本。

2.2 金融市场的分类

在英语中，经常会以单数形式来说金融市场（financial market），这是对金融市场的统称。事实上，金融市场是由数量庞大的一个个具体市场所组成的庞大集合。不同的具体市场可能在规模、资产特性、交易时效性、交易方式、地域等性质上有巨大差异，可以用许多不同的标准来对这些市场进行分类。在这里，我们给出几种常用的分类方法。

2.2.1 按照交易资产的特性分类：权益市场、固定收益市场

金融资产大致可以分为两大类——**债务工具**（debt instrument）和**权益工具**（equity instrument）。债务工具，是指给持有者带来固定经济利益的金融资产。比如，**债券**（bond）会列明在什么时候向持有者支付多大数量的利息和本金。而权益工具则是一种**剩余索取权**（residual claim），代表了对某种实物资产的所有权，事先并不规定未来会带来多少经济利益。**股票**（stock）是典型的权益工具，股票的分红数量并不固定，且分红必须要在公司支付了债务之后才可以进行。

不过，债务工具和权益工具的边界是模糊的。一些金融资产兼有二者的属性。例如，**优先股**（preferred stock）是股票的一种，但会向持有人支付固定数量的红利。又比如，**可转换债券**（convertible bond）是债券的一种，但其持有人可在一定条件下将其转换为股票。

由此可见，支付固定收益的金融资产远不止债务这么简单。所以，一般会依据资产特性，将金融市场分为**权益市场**（equity market）和**固定收益市场**（fixed-income market）。前者特指股票市场，而后者则包含除股票市场之外的其他所有金融市场。后文中我们会看到固定收益市场所包含的庞大范围。

2.2.2 按交易和发行的先后关系分类：一级市场、二级市场

按照金融资产的交易是在新发行时还是发行之后，金融市场可分为**一级市场**（primary market）和**二级市场**（secondary market）。一级市场是企业和政府等机构将其新发行的证券出售给最初购买者的金融市场，而二级市场是交易已发行证券的金融市场。

在一级市场中，企业和政府要将自己的新发行证券销售出去并不容易。如何达到监管机构提出的各项要求，发行的证券如何定价，怎样找到足够的买家来完成预定的发行数量，这些都是难题。所以，证券发行需要**投资银行家**（investment banker）这种专业人士来协助。相关的证券发行业务便叫作投资银行业务。**投资银行**（investment bank），也叫作**证券公司**（security firm），就是专门从事这种业务的金融机构。在当前金融混业经营的大潮下，商业银行（commercial bank）也能从事投资银行业务。

新证券的发行包括**公开发行**（public offering）和**私募发行**（private placement）两种方式。公开发行是将证券卖给不特定的、数量庞大的公众。公开发行能够比较容易地发出较大规模的证券，筹集大量资金。但因为将证券发行给大量公众后影响比较大，所以监管者对发行主体的经营状况和信息披露有较高要求。而私募发行是向数量有限的特定投资者（往往是经验丰富的机构投资者）发行证券的方式。私募发行的门槛较低，但能够筹集的资金量相对较小。

已发行的证券在二级市场中交易。与一级市场中资金从购买者流向证券发行主体（如企业和政府）不同，在二级市场中，资金从证券的买者流向证券的卖者（之前的持有人）。二级市场中的大量交易提供了各种证券的价格信息，从而有助于提升一级市场的定价准确度。二级市场还为证券提供了流动性，因而能提升对新发行证券的需求量，便利一级市场的发行工作。所以，一级市场和二级市场是相互联系，相互促进的。没有一级市场，自然不会有二级市场。而没有二级市场，一级市场也很难发展。

2.2.3 按交易交割时间分类：现货市场、衍生品市场

最常见的交易形式是一手交钱、一手交货，这叫作现货交易（spot trade），发生在**现货市场**（spot market）。但还有很多交易标的的交割发生在未来。比如，一位农场主可以在夏天签订一个**远期合约**（forward contract），承诺以合约中约定的价格在秋天卖出其收成。这样，这位农场主就可以锁定自己未来的卖价，而无须承担从夏天到秋天这段时间内价格波动的风险。远期合约就是一种**衍生品**（derivative）。

随着金融创新的不断推进，衍生品的种类已经越来越丰富。标准化的远期合约叫作**期货**（futures），可在期货市场中交易。**期权**（option）是另外一种常见的衍生品，提供给其持有人一种权利而非义务。比如，一位投资者买入了股票的买入期权（call option）后，可以在期权合约中约定的时间，以约定的价格买入股票，而不管当时市场上的股价是多少。如果当时市场价格低于期权中约定的买入价格，持有人则可以选择不行权，让期权作废（因为在市场上可以用更便宜的价格买到股票）。而如果市场价格高于期权中约定的买入价格，持有人则可以通过行权来获益。除了期货和期权这样常规性的衍生品之外，近几十年来西方发达国家的金融市场中还出现了许多复杂的衍生品。这些衍生品的过度发展是 2008 年次贷危机（subprime crisis）发生的一个重要原因。

对于金融衍生品的发展，不少人持否定态度，认为它们是金融机构为了赚钱才创设出来的，交易中充斥着投机。有人甚至将衍生品市场比作赌场，但这种观点并不公允。在后文中，我们会介绍衍生品在完善市场、促进资源有效配置方面的作用。当然，衍生品的过度发展和滥用也会带来不小的风险，所以，对金融衍生品我们需要采取折中的态度，既不能将其视为洪水猛兽敬而远之，也需时时关注其中风险而加以控制。

专题框 2－1：金融衍生品与次贷危机

2008 年 9 月 15 日，当时美国第四大投资银行，有着 158 年历史的雷曼兄弟公司（Lehman Brothers）倒闭，震惊了全球市场，也标志着次贷危机进入了高潮期。次贷危机的爆发缘于美国房地产泡沫的破灭。但危机爆发前美国金融衍生品发展对房地产泡沫的助推，以及危机爆发后金融衍生品对损失的放大，都让金融衍生品成为关注焦点，为许多人所诟病。

从 20 世纪 90 年代开始，美国房地产市场进入了长期繁荣，房价持续上涨。进入 21 世纪后，随着房价多年的连续上涨，越来越多的人开始相信房价只涨不落，因而引发了更强的购房热潮。而美国的商业银行也乐意发放房屋按揭贷款。因为就算借款人没有工作，没有固定的收入来源，只要他借钱买了房，未来房价涨上去之后总是能还清按揭贷款的。在这样的背景下，大量的次级按揭贷款（subprime loan，简称次贷）被发放了出去。所谓次级按揭贷款，就是那些发放给信用度不高的人的按揭贷款。按照银行通常的信用评估标准，这些人本来是不够资格申请贷款的。但在房价持续上涨的预期下，银行显然大幅调低了发放房屋按揭贷款的标准。情况严重的时候，甚至连“忍者贷款”（即 Ninja 贷款，Ninja 是“No Income No Job and No Assets”的首字母缩写，指没有收入、没有工作、没有固定资产的人）也大行其道。

按揭贷款的大量发放消耗了银行的资金。为了有更多的资金发放贷款，银行通过资产证券化的技术，将其手中的按揭贷款打包为担保债务凭证（collateralized debt obligation，CDO）在金融市场上卖出。

简单来说，CDO 是这样构造的。银行将许多笔房屋按揭贷款（包括次贷）打成一捆，然后将这一捆贷款所产生的现金流分层。其中大概有 70%～80%属于优先级，可以比其他人更早拿到现金支付。由于相信所有的按揭贷款不会同时违约，所以这部分优先级贷款被认为非常安全，信用可被评为最高级 AAA。在满足了优先级的现金需求后，如果现金流还有富余，则再满足评级略低的中间级，最后才是评级最低的垃圾级。于是，次级按揭贷款就这样摇身一变，变成了最高评级的资产，为养老金等审慎的投资者所购买。有些投资者甚至在次贷危机爆发之后才知道自己买入的资产实际上是次级按揭贷款。CDO打包出来的垃圾级产品不太好找销路，所以金融机构又将多个垃圾级的产品打包成捆，从中再划分出高评级的优先级产品，以AAA级出售，这样就构造出了衍生品的衍生品——CDO^2。这一过程甚至还可以再嵌套，构造出CDO^3和CDO^4。

这种疯狂的“金融魔术”让参与其中的投资银行、评级机构等金融机构赚得盆满钵满，也增加了对按揭贷款的需求，从而促使商业银行更加激进地发放贷款。于是，房地产泡沫就这样越吹越大，而金融风险也不断累积。

2007年，美国房价触顶回落，导致按揭贷款的违约状况越来越严重。其中，次级按揭贷款尤甚。这导致打捆后的按揭贷款所产生的现金流越来越少，甚至都不能满足优先级的现金支付。于是，之前被认为绝对安全的AAA级资产也发生了违约。最后，雷曼兄弟公司的倒闭终于成为压垮市场的最后一根稻草，美国的金融市场在雷曼兄弟公司倒闭后进入了整体崩溃的状况。

雷曼兄弟公司倒闭之后，投资者对市场上交易的金融资产质量的信心降到冰点，对自己交易对手的信心也完全丧失（雷曼兄弟公司都能倒闭，谁还不能倒闭）。所以，所有人都急于出售手中的金融资产以换取现金，也没有人愿意向外借款。于是，银行停止了向外的放贷。那些依赖金融市场来满足日常资金需求的企业也无钱可用，美国的金融机构和非金融企业大面积地面临流动性枯竭，濒临倒闭的局面。

为了平息危机，美国联邦储备系统（简称美联储）和美国政府拿出了超过万亿美元的资金来购买金融资产和刺激经济增长，以重建市场的信心。在强有力的政策干预下，美国的金融市场终于避免了整体崩塌的最坏情形，但次贷危机对全球金融市场和全球经济的巨大负面冲击已经造成。在次贷危机过去了十年的现在，全球经济仍然未能完全走出次贷危机的阴影。

2.2.4 其他分类方法

除了前文中的三种分类方法，还可以依据其他特性来对金融市场分类。比如，按交易的金融资产所产生经济利益的期限，可将金融市场分为**货币市场**（money market）与**资本市场**（capital market）。货币市场中金融资产带来的经济利益（往往是现金支付）在1年内实现，而经济利益的实现超过1年时间的就属于资本市场（包括股票市场、长期债券市场等）。

还可以依据交易组织形式的不同，将金融市场分为**交易所市场**（exchange market，又叫**场内市场**）和**场外交易市场**（又称**柜台市场**，over-the-counter market，简称**OTC市场**）。过去，交易所市场和场外交易市场从物理上很容易区分。交易所市场的交易在某个特定地点（如交易所大厅），采用集中竞价方式进行。**集中竞价**（centralized bidding），指有两个以上的买者和两个以上的卖者通过公开竞争出价的方式来确定证券买卖价格的情况。在集中竞价中，买者和买者之间、卖者和卖者之间均存在竞争关系，这样得到的价格较为透明和公允。而场外交易是在交易所之外，分散于各个证券交易商柜台上进行的交易，这是场外交易市场又叫柜台市场的原因。在场外交易市场中，并无集中竞价的机制，交易都在一个买者和一个卖者之间进行，价格由双方协商得到。

随着信息技术的发展，证券交易逐步演变为在信息网络上完成，所以，交易所市场和场外交易市场的物理界限已经逐渐模糊。交易是采用集中竞价还是一对一协商成为区分二者的最关键标准。在我国，A 股市场——上海证券交易所（简称上交所）、深圳证券交易所（简称深交所）是交易所市场，而我国最大的债券市场——银行间市场——则是场外交易市场。

金融市场还可分为国内市场与国际市场。国内市场处在一国的领土范围内，受该国政府的监管。而国际市场则会跨越多个国家的领土，很难被单一某国监管。比如，外汇市场是全世界交易量最大的金融市场，根据国际清算银行（Bank for International Settlements）的估计，2016 年国际外汇市场一天的交易量有大概 5 万亿美元（而全球一年的总 GDP 不过大概 70 万亿美元）。外汇市场的交易在全球各地发生，一天 24 小时连续进行。

2.3　主要金融机构

看完了金融市场的分类之后，我们再来看金融市场中的主要玩家。金融市场存在的意义是在经济中实现更有效的资源配置，以获得尽可能高的经济总产出和居民福利。从这个意义上来说，金融市场是为居民和非金融企业服务的。一种不算严格，但较为形象的说法是把金融称为**虚拟经济**（fictitious economy），而把居民和非金融企业合起来称为**实体经济**（real economy）。按照这种说法，金融应该为实体经济服务，事实也的确如此。金融资产大多是由非金融企业发行，而金融资产的购买者也主要是居民。不过，金融市场中还存在一些专门的**金融机构**（financial institution），以帮助实现实体经济主体之间的资金融通。这些金融机构才是金融市场中的主角，也是这一小节要介绍的重点。以是否参与货币创造过程为标准，金融机构可以分为**存款类金融机构**（depository financial institution）和**非存款类金融机构**（non-depository financial institution）。

2.3.1　存款类金融机构

我们一直说金融是资金融通，但并未给出资金的定义。在现代经济社会和金融市场中，资金特指法定货币。**法定货币是本质上无价值，只是依赖政府法令而成为交易媒介的货币。法定货币还可被称为法币或纸币，又或者简单地被称为货币**。法定货币的英文名叫作“fiat money”。“fiat”这个英文单词的含义是“命令”（别想成造汽车的那个菲亚特公司了）。从英文字面的意思来看，“fiat money”就是“命令货币”的意思。法定货币是一种支付工具，主要以钞票和银行存款两种形式出现。法定货币是由包括中央银行和商业银行在内的存款类金融机构创造的。这里我们简要介绍货币的创造过程，以展现存款类金融机构的功能。以下介绍比较简略，读者如想看到对货币创造的更详细分析，请参阅本讲的附录。

中央银行（central bank，简称央行）是货币的终极创造者。央行的这种货币创造能力表现在两点。第一，央行设有造币厂，可以直接印制钞票。第二，央行可以向商业银行发放基础货币（base money）。这二者都是支付工具，印刷出来的钞票可以作为日常交易的支付工具。此外，还可以通过银行系统来完成支付（比如利用信用卡付款、向别人银行账户转账等）。而银行体系中的支付是通过央行掌握的清算系统来完成的，央行投放的基础货币就是这个清算系统中的支付工具。比如，当我们把自己在 A 银行的存款转账到 B 银行时，在央行的清算系统中，A 银行需要向 B 银行支付基础货币。

央行投放给商业银行的基础货币除了作为商业银行之间支付的工具外，还可作为商业银行的“种子”，以贷款形式发放给非金融企业和居民。商业银行发放贷款的行为能扩张全社会的存款总量，因而也就增加了全社会的广义货币（在商业银行中的存款是非金融企业和居民的支付工具）。

为了更形象地展示这一存款创造的过程，我们来看一个例子，假设有一家银行向一家企业发放了 1 亿元的贷款。对企业来说，获得了银行的贷款，当然就增加了对银行的负债。而在发放这笔贷款时，银行直接在企业的存款账户上给企业增记 1 亿元存款就行了。这样，企业的存款就增加了 1 亿元。而在银行这一方，1 亿元的贷款当然应该记为银行对企业的债权，是银行的资产。但同时，企业在银行的存款是银行对企业的负债，所以银行的负债也随之增加 1 亿元。以上银行与企业的资产负债表变化可用图 2－1 表示出来。

银行资产负债表变化

资产	负债
+1亿元贷款（贷款是银行对企业的债权）	+1亿元存款（存款是银行的负债）

企业资产负债表变化

资产	负债
+1亿元存款	+1亿元对银行负债

图 2－1　银行放贷所导致的银行与企业的资产负债表变化

在以上放贷的过程中，我们看到了全社会的总存款“无中生有”地增加了 1 亿元。这样，银行就创造了 1 亿元的存款，也就让全社会货币总量增加了 1 亿元。

商业银行的放贷能力主要受到两方面因素的影响。第一，商业银行持有的基础货币（“种子”）有多少。第二，给定基础货币，商业银行放贷的能力有多大。这是由**存款准备金率**（required reserve ratio）决定的。毫不奇怪，存款准备金率是由央行设定的。中央银行通过调控基础货币的数量和存款准备金率，随时控制着商业银行的放贷能力，因而也就控制了全社会的货币总量。中央银行如果增加基础货币数量，或是降低存款准备金率，就能扩大银行放贷能力，扩张全社会货币总量。反之，如果减少基础货币数量，或提高存款准备金率，就能减少全社会货币总量。由于中央银行的重要任务就是调控全社会货币总量，所以中央银行还被称为**货币当局**（monetary authority）。

中央银行（一个国家只有一家）与商业银行（一个国家会有很多）合起来被称为存款类金融机构。它们是全社会货币的源头，自然也是金融市场中资金的源头。存款类金融机构的行为（尤其是中央银行）决定了资金的供给，影响着资金的价格——利率——进而影响着所有金融资产的价格。

2.3.2　非存款类金融机构

与以银行为主的存款类金融机构不同，非存款类金融机构没有货币创造的能力，组成也更加丰富。证券公司、基金公司、保险公司、信托公司、期货公司等金融机构都属于非存款类金融机构。

证券公司（简称券商）也叫作投资银行，其主要功能是帮助证券发行者发行证券。换而言之，证券公司干的就是把各种经济利益包装成金融资产出售。因此，证券公司也被叫作卖方（sell side）。对证券公司来说，声誉是非常重要的。一家证券公司声誉越高，企业就越愿意找这家券商来发行证券，这家券商包装出来的金融资产也越容易找到买家。为了打造声誉，证券公司会愿意花大价钱打造研究团队，对外发布研究报告。这除了能通过出售研究服务来赚取收入，更重要的是能塑造自己公司的品牌形象。

在大萧条时期，美国政府出于控制金融风险的考虑，出台了《格拉斯-斯蒂格尔法案》(Glass-Steagall Act)，也叫作《1933 年银行法》。该法案规定投资银行业务和商业银行业务需要被严格划分开，以让商业银行远离证券业的风险。直到这一法案在 1999 年被废除之前，美国的商业银行和投资银行一直都是井水不犯河水。有观点认为，这一法案被废除之后金融的混业经营为次贷危机埋下了种子。

有证券公司这种包装和出售金融资产的卖方，就应该有购买金融资产的买方（buy side）。买方包含的范围很广，会出钱购买金融资产的金融机构都在此列。基金公司、保险公司、养老金、主权基金是常见的买方机构。基金公司向广大公众募集资金，进而投资到金融市场中。保险公司、养老金等机构会持续收到保费和养老金缴纳，因此会聚集起数量庞大的资金。它们投资金融市场获取收益，以应付未来保险和养老金支出的需求。

信托公司是一种与基金公司类似，但又有区别的金融机构。与基金公司相同，信托公司也是向外募集资金来投资。但信托公司所募集资金的投向更广（基金公司主要投资于股票和债券市场），且信托公司能够做到破产隔离。某人如果将其资金投入一个信托计划中，即使这人破产了，其信托计划中的资产也不会被清算，所以在国外，家族信托是很常见的。富有的家庭将其资金投入一个信托计划中，委托信托公司加以运营，并将信托计划的收益交给指定的受益人。而在我国，家族信托尚不发达，信托公司在一定程度上成为其他金融机构（主要是银行）规避监管的手段。

2.3.3　金融监管机构

金融资产本质上是契约。自然，金融市场的正常运转需要参与者都依照规矩行事。给金融市场制定规则，并且确保这些规则得到遵守的机构就是金融监管者（regulator）。国内金融市场的监管者往往是政府机构。在国内，金融监管者就是俗称的“一行三会”——中国人民银行、中国银行业监督管理委员会（简称银监会）、中国证券监督管理委员会（简称证监会）、中国保险监督管理委员会（简称保监会）。其中，银监会与保监会已于 2018 年合并。除此以外，交易所、行业协会也会承担一些监管职能。在国际金融市场上，不同国家的监管者会相互协商，形成一些跨国组织来行使监管职能。

2.4　中国金融市场概况

在泛泛而谈了金融市场和金融机构之后，现在我们来看看中国金融市场的状况。中国金融市场格局可用银行主导、银行独大来概括（图 2－2）。

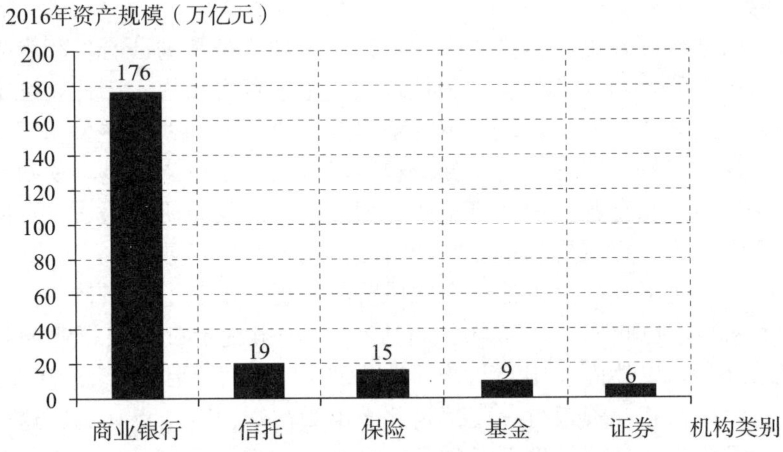

图 2－2　银行资产规模在金融行业中一枝独秀

资料来源：Wind

在规模上，银行是我国金融市场中绝对的霸主。截至 2016 年年底，我国商业银行总资产已达到 176 万亿元人民币，是同期我国 GDP 的 2.4 倍。如果将政策性银行等非商业银行也算上，我国银行业金融机构资产总计达 226 万亿元人民币。从资产规模来看，银行业比其他金融行业规模大了整整一个数量级，其他所有金融行业的资产规模加起来都远不及银行的总资产。

我国金融行业资产规模排名第二的是信托。2016 年信托行业的信托资产接近 20 万亿元人民币。不过需要注意，信托公司是吸收委托人的资金代为管理，信托资产并不是信托公司资产负债表里的资产。如果看信托公司本身的资产，规模则会远远小于信托资产。不过，信托资产是信托公司可以加以运用的金融资源，体现了信托公司在金融市场中的影响力，所以在比较时我们选取这个指标。

信托行业的规模之所以能够在金融行业中排名第二，关键在于它在次贷危机之后的高增长。为了应对次贷危机带来的不利冲击，我国在 2008 年、2009 年出台了强有力的四万亿元经济刺激计划，投放了天量的信贷。从 2010 年开始，宏观政策逐步转向紧缩，对信贷投放的控制越来越严。在这种情况下，许多银行利用信托的通道，将之前的贷款转换为信托产品，从而规避监管者对信贷投放的管控。在这样的背景下，信托业务得到了大发展，规模高速跃进，但这也带来了影子银行（shadow banking）的风险。

在规模上，我国保险、基金和证券行业远逊于银行，甚至不及信托。正是看到了信托业的“成功经验”，基金和证券行业也开始积极与银行合作，希望搭上银行庞大规模的“顺风车”。

银行在我国金融市场中的主导地位还可以从金融体系的融资构成中看出来。我国有一个具有中国特色的金融指标叫作**社会融资规模**（total social financing，又叫**社会融资总量**），这是中国人民银行统计和发布的数据。按照中国人民银行给出的定义，“社会融资规模是指实体经济（境内非金融企业和住户）从金融体系获得的资金。”具体来说，它衡量了非金融企业及居民从银行信贷、股票市场、债券市场等渠道所获得的融资总量。需要注意，金融机构和政府的融资不包括在其中。

截至 2016 年年末，我国社会融资规模的存量已达 156 万亿元人民币，接近同期 GDP 的两倍。在这 156 万亿元中，各类银行信贷占 84%，非金融企业债券融资占 12%，非金融企业股票融资仅占 4%。很显然，我国实体经济所获得融资的绝大多数是通过银行渠道获得的（图 2-3）。

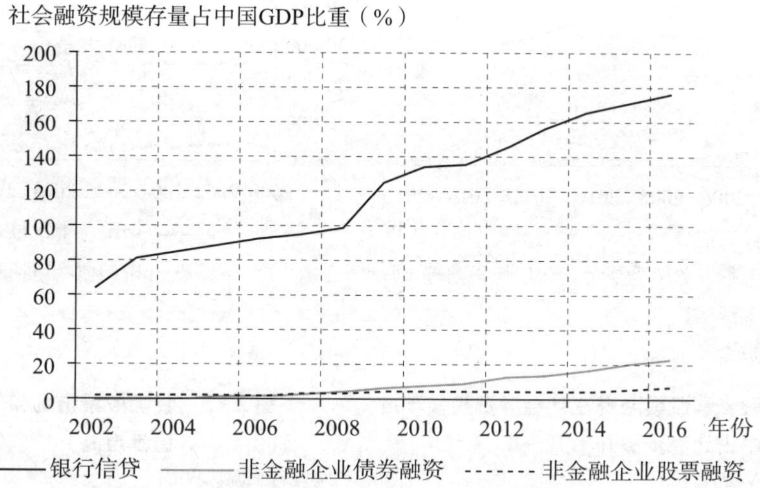

图 2-3　中国社会融资规模存量构成

资料来源：Wind

我国这种银行主导的金融市场结构有其历史成因。在我国从计划经济向市场经济的转型过程中，银行是所有金融行业中最先发展起来的。随后，银行又通过其数量庞大的网点，以及和工商企业长期建立起来的紧密关系，进一步增强了其竞争优势。不过，银行信贷是一种债权型融资，并不适合所有非金融企业的融资需求。比如，新兴的成长型公司就更需要股权型融资的支持。此外，我国银行大多国有，在发放贷款时更偏好于国有大型企业，而对民营企业的信贷支持相对较弱。为了改变这一状况，我国在次贷危机之后逐步推进了利率市场化和金融自由化的改革，希望通过发展股票和债券这样的直接融资来优化我国金融市场结构，更好推进实体经济转型。

这些改革举措取得了一定成效，但也带来了副作用。如果观察社会融资规模的年度增量，可以发现其中债券融资和股票融资的占比在近年逐步提升（图 2-4）。同期，我国股票市场和债券市场的总市值也在稳步走高（图 2-5）。同时，随着对银行信贷管控的增强以及金融创新的加速，很多规避监管的金融业务也被大量创设出来。比如，房地产开发商一直是银行的优质客户，银行对其放贷很多，但在房地产调控的时候，银行向房地产开发商的放贷受到限制。此时，银行就可以找信托公司成立一个信托计划，将其本来用于放贷的资金注入这个信托计划中，让信托公司再把信托计划中的资金借给房地产开发商。通过这种银信合作（银行和信托合作）的方式，银行虽然名义上没有向开发商发放贷款，但实质上还是把钱借给了开发商，这种有实无名的银行业务被统称为影子银行业务。影子银行业务以规避监管为目的，游离于监管者的视线之外，野蛮生长，风险极大。在 2013 年，委托贷款和信托贷款这样的影子银行业务占社会融资规模年度增量的比重接近 1/4，引发监管者高度关注。最后，中国人民银行不惜以“钱荒”这样的极端手段来抑制影子银行的快速发展。

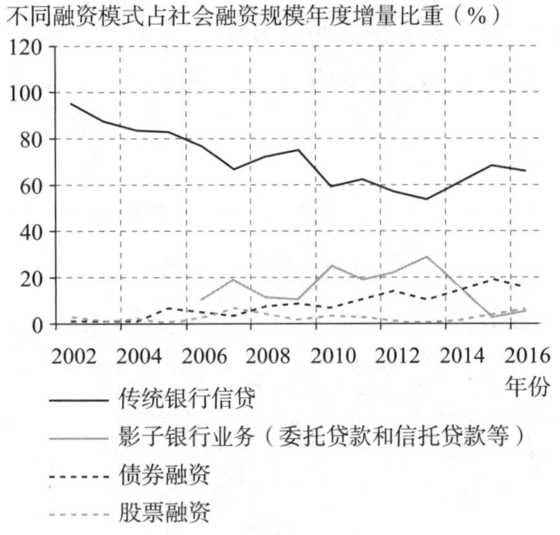

图 2－4　债券融资和股票融资在社会融资规模年度增量中占比稳步提升

资料来源：Wind

图 2－5　我国股票市场和债券市场的总市值稳步走高

资料来源：Wind

在次贷危机之后，我国金融衍生品市场的发展也在稳步推进。毫无疑问，金融衍生品的过度发展是次贷危机产生的一个重要原因，所以在次贷危机之后的几年，我国金融衍生品市场的发展也受到了负面影响，发展停滞。不过，金融衍生品终归还是金融发展的内在需求，在完善市场、分散风险方面有其不可替代的作用。所以近年来，国内金融衍生品发展又再次加速，国债期货、股指期货、资产支持证券（ABS）、信用违约互换（CDS）等衍生产品被逐次推出。不过，我国在金融衍生品发展上一直采取非常谨慎的态度，发生于20 世纪 90 年代的“327 国债”事件是所有市场参与者不能忘却的教训。因此，一旦出现不利，我国监管者都会第一时间抑制金融衍生品的交易活动来预防风险爆发。在 2015 年“股灾”中，监管者就大幅提高了股指期货的交易门槛，令股指期货市场陷入沉寂。

专题框 2－2：“327 国债”事件

发生于 1995 年的“327 国债”事件是被载入我国金融史册的一场金融地震。它让我国彼时刚推出不久的国债期货就此夭折，凸显了在法制不健全的情况下发展金融衍生品市场可能带来的风险。

“327”是“92（3）国债 06 月交收”国债期货合约的代号，对应的基础资产是于 1992 年发行，1995 年 6 月到期的 3 年期国库券（即国债）。该国库券的发行总量为 240 亿元人民币。在 1990 年以前，国库券的发行一直靠行政分配。直到 1990 年才形成全国性的国库券二级市场，但市场上交易很清淡。为了促进国库券的发行，1992 年 12 月 28 日，上海证券交易所首次推出国债期货合约。

1993 年 7 月，财政部颁布了《关于调整国库券发行条件的公告》，宣布在高通胀背景下，给一些国债品种进行保值补贴。也就是说，财政部增加国债利息的支付水平，以弥补国债持有人因通胀上升而蒙受的损失。于是，财政部是否贴息成为国债收益率的重要决定力量，国债收益率及价格开始出现相当大的不确定性，国债期货市场投机氛围升温。

1995 年，国内通胀水平已经在连续的宏观调控下开始走低。基于此，当时被尊为证券业“教父”的万国证券总经理管金生相信，“327 国债”的保值贴息率应该与之前的贴息率（7%～8%）持平或更低，而绝不可能上调。管金生因而相信当时的“327 国债”市场价格过高，所以联合辽宁国发集团（简称辽国发）在国债期货市场做空。而同时，隶属于财政部的中国经济开发信托投资公司（简称中经开）估计已经知道财政部将上调保值贴息率的消息，因而大量做多“327 国债”。

1995 年 2 月 23 日，财政部发布公告称提高保值贴息率，将“327 国债”价格推至高位。中经开顺势大量做多，进一步推高价格来逼空。而后，辽国发临阵倒戈，迅速翻多，令价格进一步上涨。价格的节节上涨让万国证券亏损达到 60 亿元。为维护自身利益，管金生孤注一掷，在收盘前 8 分钟，天量卖空国债期货，其卖单面值超过 1 500 亿元（“327 国债”的总发行量不过 240 亿元）。在如此巨量的卖单下，“327 国债”期货价格在几分钟内大幅跳水，令多头全部爆仓，在收市时亏损约 40 亿元。

1995 年 2 月 23 日晚 10 点，上交所在紧急会议后宣布：当日收市前 8 分钟内的所有空头卖单无效。这一决定让万国证券收市前打压价格的获利化为泡影，万国证券亏损 56 亿元，濒临破产。万国证券后于 1996 年与申银证券合并，成立了申银万国证券。

1995 年 5 月 17 日，中国证监会发出《关于暂停国债期货交易试点的紧急通知》，叫停了推出仅两年半的国债期货业务，我国第一个金融期货产品就此夭折。时隔 18 年后，国债期货才于 2013 年在我国重出江湖。

1995 年 9 月，国家监察部、中国证监会等部门公布了对“327 国债”事件的调查结果和处理决定。管金生于 1995 年 4 月辞任万国证券总经理，后因受贿、挪用公款罪名在 1995 年 5 月被捕，被判刑 17 年。“327 国债”事件中的多方并未因内幕交易和违规交易而受处罚，获利颇丰。

2.5 金融经济学能带给我们什么?

在概述了金融市场，尤其介绍了中国金融格局之后，我们回头来看金融经济学。金融经济学能带给我们什么？看上去很少，但其实很多。

金融理论的学习并不能立竿见影地让我们成为投资高手，在金融市场中赚取丰厚回报。任何理论都只是现实的简化，只能抓住现实中起作用的一条或几条逻辑线索。更何况在中国这个转型经济中，金融市场的运行表现可能与西方发达国家有较大不同，自然也很难用发展于西方的一些理论加以解释。因此，如果将金融经济理论生搬硬套到现实中，难免失之毫厘，谬以千里。因此，对那些急切地想用金融经济理论来赚钱的人来说，我们这本教材的内容恐怕难有直接帮助。

但如果就此认为金融经济学无用，那是大错特错。经济学是经世济民之学，金融经济学作为它的一个分支，当然也要学以致用。对于投资者来说，理应期望通过金融经济学的学习提升自己的赚钱能力；而对决策者来说，也需要利用金融经济学的知识来优化金融体系，提升资源配置效率，这些都是现实对理论提出的合理要求。金融经济理论从两方面回应了这些需求。

第一，金融经济学教给人金融的语言。从来没有一门学科像金融经济学这样深刻地改变了它的研究对象。在金融理论与金融市场携手并进的过程中，很多看似深奥的金融概念已经变成了金融业的日常语汇。比如，当听到一个投资者说他挣的钱来自阿尔法时，一般人可能摸不着头脑。而有金融经济学知识基础的人则会立即联想到 CAPM 理论所引申出来的投资绩效评价方法，从而领会到这位投资者想要表达的含义，以及这含义之外的那份自得。可以毫不夸张地说，如果没有金融经济学的相关知识储备，一个人则根本不具备与专业金融从业人士严肃交流的基础，就更别提要进入这个行业了。

第二，金融经济学教给人金融的思想。理性是不变的，但理性在不同的约束条件下表现出来的行为可能是千差万别的，所以，我们可以用基于理性的经济学分析方法来分析中国特有的经济现象。同样，不同具体环境下的金融现象可能有很大差异，但它们背后反映的金融思想可能是一致的。金融经济学所教的理论模型背后，蕴含的是透过现实迷雾直达本质的金融洞察。它们都是一个个杰出的金融学者思想的结晶，已被时间证明其价值。不学金融经济学的这些内容，就无法借助这些前人的思想成果，就像一个站在地面上的人要与站在巨人肩上的人比高度一样，必败无疑。

在本书中，我们会尽量将理论与现实结合。但这毕竟是一本系统介绍理论框架的学科入门教材，所以更多地会以理论框架的脉络来展开论述。在讲到那些看似抽象的理论时，读者还要多一些耐心。要相信这些东西终归是来自现实，最后还会回到现实的。我们还有很多时间和机会在真实世界的金融市场中踏浪，但系统学习这些金融现象背后的深层次逻辑，从而提升自己认识水平的机会却不多了。所以，好好抓住这些机会，让我们把你领入富丽堂皇而又妙趣横生的金融理论殿堂吧！

附录 2. A　真实世界中的货币创造过程

2. A. 1　货币的创造

货币，在现代社会中是用作交易媒介的金融工具，它同时还起着记账单位、价值储藏等其他功能。交易的形式是多种多样的，交易中的媒介也是多种多样的，货币因而也是多种多样的。我们钱包里的现金（纸币和硬币）、银行储蓄账户中的存款、证券公司户头里的保证金都是货币。当然，不同形式货币的流动性（支付时的便捷性）是不一样的，所以可以按照流动性的差异在不同的口径上统计货币的总量。最常用的口径是 M0、M1（狭义货币）和 M2（广义货币）。以下是它们在我国的定义：

M0＝流通中的现金

M1＝M0＋企业活期存款

M2＝M1＋企业定期存款＋居民储蓄存款（包括活期和定期）

从 M0 到 M2，口径越来越大，流动性越来越弱。

在真实世界中，货币从在央行那里被创造出来，到成为可被居民和企业使用的支付工具（M2）的整个过程被称为货币传导过程。这个过程分成两个环节：央行到银行体系，以及银行体系到实体经济。在当前的纸币（fiat money）体系下，中央银行是货币的终极创造者和调控者，但居民和企业所用的货币并不是直接从央行获得的。央行所发行的货币只是直接投放给金融机构（主要是商业银行），进入银行体系。这里央行发行的货币被称为基础货币（base money），或者高能货币（high-powered money）。在中国金融统计体系（也是国际货币基金组织的数据统计体系）中，基础货币对应着储备货币（reserve money）这个统计口径。

当前的商业银行实行的都是部分准备金制度（fractional reserve banking）。因为在一般情况下，银行储户不会全部同时提取存款，所以银行只需要保留一部分存款作为准备金，以备日常储户提款之需就可以了，这便是部分准备金制度。在部分准备金制度下，商业银行在获得央行投放的基础货币之后，可以以基础货币数倍的规模向非金融企业和居民发放贷款。这样，商业银行也就创造了货币。只不过商业银行的货币创造需要以央行投放的基础货币为"种子"来实现。商业银行能够以基础货币多少倍的规模向外发放贷款，则被称为货币乘数（monetary multiplier）。货币乘数受到央行所设定的存款准备金率的高度影响。

为了建立货币政策传导的直观感受，我们来看一下在这个过程中央行和商业银行资产负债表的变化。我们假设央行向商业银行投放了 1 亿元的基础货币。假设这 1 亿元是央行通过向商业银行发放贷款来发放的。[①] 在这个过程中，央行资产负债表的资产方增加 1 亿元对商业银行的贷款。注意，央行并不会用装甲车给商业银行运 1 亿元的钞票过去。事实上，央行只是在自己的资产负债表负债方简单增加一项负债——商业银行在央行 1 亿元的存款——就算完成贷款业务了。在这里可以看到，央行发放贷款的同时就创造了存款。相应地，商业银行资产负债表的资产方便增加 1 亿元"在央行的存款"，负债方增加 1 亿元"从央行获得的贷款"。这样，银行体系持有的基础货币便凭空增加了 1 亿元（图 2 - 6）。这便是基础货币的创造。

到这里，我们知道了什么是基础货币。基础货币，其实就是商业银行（或其他金融机构）在中央银行的存款。这些存款是商业银行用来支付的工具，这与我们个人可以用自己在商业银行的存款来支付货款是同一个道理。但与个人和企业在银行的存款不一样，商业银行在央行的存款要分成两部分，其中一部分是央行规定的不可动用的部分，叫作法定存款准备金（required deposit reserve）；另一部分银行可以自由使用，叫作超额存款准备金（excess deposit reserve）。法定存款准备金是央行规定的，商业银行应该为其存款准备的备付金。法定

---

① 央行向金融机构发放的贷款叫作再贷款。除了再贷款之外，央行还有其他很多工具也能用来发放基础货币。比如再贴现（rediscounting，央行贴现商业银行持有的票据），公开市场买入（open market purchase，央行用自己发行的货币向商业银行购买债券）等。

存款准备金与存款之间的比例叫作法定存款准备金率（required reserve ratio，简称 *RRR*）。

央行资产负债表

资产	负债
1亿元 （对商业银行贷款）	1亿元 （商业银行存款）

商业银行资产负债表

资产	负债
1亿元 （在央行的存款）	1亿元 （从央行获得的贷款）

图 2-6　央行通过向商业银行贷款 1 亿元来发放基础货币

基础货币可以被用来作为“种子”，让银行凭空创造广义货币——企业和居民在银行的存款。而法定存款准备金率便是决定银行创造货币规模的重要政策工具。我们继续通过前文中的例子，来看商业银行获得了央行发放的 1 亿元基础货币之后，创造广义货币的过程。我们假设央行设定的法定存款准备金率是 50%，即商业银行每吸收 1 元存款，就需要在央行的账户上锁定 0.5 元的法定存款准备金。

我们假设商业银行在获得央行 1 亿元贷款之前并未吸收存款，因此央行发放的 1 亿元都会变成商业银行的超额存款准备金，可以由商业银行自由支配。为了获取利润，商业银行有动力将这 1 亿元全部放贷给企业，以获取贷款利息收入（图 2-7）。商业银行的资产负债表首先减少 1 亿元超额存款准备金，然后，商业银行资产增加 1 亿元对企业的贷款。这里对企业的贷款也并不是直接用现金支付，而是直接给企业的存款账户上增记 1 亿元，所以，商业银行的负债就增加 1 亿元企业存款。从这里可以清楚地看到，商业银行的贷款直接创造了存款，而存款就是企业可以用来支付的货币，所以商业银行就创造了实体经济中的货币。

企业的存款会相应增加商业银行 1 亿元可存在央行的存款。只不过其中有 0.5 亿元会变成法定存款准备金，剩下的 0.5 亿元才是超额存款准备金。请注意，在这里我们为了叙述方便，把商业银行存款准备金的减和增分成了两个步骤。在现实中并不会这样，商业银行在发放贷款的时候并不会实际支取和收入存款准备金，而仅仅是按照法定存款准备金率的规定，调整法定存款准备金和超额存款准备金的数额罢了。

在这一过程结束之后，商业银行资产负债表的资产方仍然有 1 亿元的存款准备金。只不过里面的超额存款准备金从 1 亿元下降到 0.5 亿元。除此之外，商业银行还增加了 1 亿元贷款资产，相应地，商业银行负债增加了 1 亿元企业存款，所以商业银行总资产从之前的 1 亿元扩张到了 2 亿元（图 2-7 右侧）。于是，经济中的总存款就增加了 1 亿元。这便是广义货币的创造。

商业银行资产负债表变化

资产	负债
-1亿元 ① （超额存款准备金）	
+1亿元 ② （对企业贷款）	+1亿元 ③ （企业存款）
+0.5亿元 ④ （法定存款准备金）	
+0.5亿元 ⑤ （超额存款准备金）	

商业银行资产负债表

资产	负债
0.5亿元 （法定存款准备金）	1亿元 （从央行获得贷款）
0.5亿元 （超额存款准备金）	1亿元 （企业存款）
1 亿元 （对企业贷款）	

图 2-7　商业银行第 1 轮货币创造

以上只是商业银行的第1轮货币创造。在投放了1亿元贷款之后，商业银行仍有0.5亿元超额存款准备金可用，因而可以重复以上过程再做贷款投放。只不过这时由于超额存款准备金所限，贷款规模就只能是0.5亿元了。这一轮贷款投放和存款创造结束后，银行的法定存款准备金上升到0.75亿元，超额存款准备金相应降至0.25亿元。而银行对企业贷款增加到1.5亿元，负债方存款增加到1.5亿元。银行的总资产增加到2.5亿元（图2-8）。

商业银行资产负债表变化

资产	负债
-0.5亿元⑥（超额存款准备金）	
+0.5亿元⑦（对企业贷款）	+0.5亿元⑧（企业存款）
+0.25亿元⑨（法定存款准备金）	
+0.25亿元⑩（超额存款准备金）	

商业银行资产负债表

资产	负债
0.75亿元（法定存款准备金）	1亿元（从央行获得贷款）
0.25亿元（超额存款准备金）	1.5亿元（企业存款）
1.5亿元（对企业贷款）	

图2-8 商业银行第2轮货币创造

以上过程还可以进行很多轮。理论上，直到商业银行所有准备金都变成法定存款准备金，再没有超额存款准备金来发放贷款时，这个过程才会停止。现实中当然不是这样，商业银行总会保留一些超额存款准备金来应对储户的提款。但从理论上，我们假设这种广义货币的创造过程可以进行到极限（没有超额存款准备金），以便计算商业银行创造广义货币的能力。容易看出，如果央行设定的法定存款准备金率是RRR，那么银行用规模为H的超额存款准备金能够发放的贷款总额就是如下等比数列之和。

$$H+(1-RRR)H+(1-RRR)^2H+\cdots=\frac{H}{RRR}$$

其中的$\frac{1}{RRR}$就是货币乘数。显然，法定存款准备金率RRR越低，货币乘数就越高，商业银行用同样数量的基础货币就能创造出更多的货币。所以，法定存款准备金率是一个非常重要的货币政策工具。

2.A.2 现金的影响

以上讨论中我们并未考虑现金。事实上，用现金作为支付工具完成的交易并不会牵涉银行。但是现金从何而来？现金来自居民和企业从其银行储蓄账户的提现（提取现款）。我们假设一位储户从银行储蓄账户提现1万元，看看商业银行这边发生了什么。商业银行的负债方首先减少1万元的存款。同时因为要支付现金给储户，商业银行资产方减少1万元的库存现金（cash in vault）。但商业银行的库存现金最终还是来自中央银行（现钞由央行印制）。所以为了补足库存现金以备随时支付，商业银行需要将其存放在央行中的1万元超额存款准备金转变为现金。这样，商业银行资产负债表的资产方就减少1万元超额存款准备金，但增加1万元库存现金。储户提取现金的行为就让商业银行资产负债表规模相应减小，银行的超额存款准备金也减少同样的数量（图 2－9）。

因此，当经济中对现金需求比较大的时候——我国每年春节之前都是这样——现金需求的扩张就会导致金融市场超额存款准备金减少，金融市场资金抽紧。我国金融市场在春节之前都有所谓的“年末效应”，资金会变得比较紧张，原因就在于此（图 2－10）。

不过相对存款而言，现金的规模还是比较小的。2015 年 10 月末，我国金融机构各类存款的总额达到了 134 万亿元，而同期我国流通中现金的规模只有 6 万亿元。所以我们在前文中分析货币创造时忽略现金的存在也不会带来太大问题。

商业银行资产负债表变化

资产	负债
−1万元 (2)（库存现金）	−1万元 (1)（存款）
+1万元 (3)（库存现金）	
−1万元 (4)（超额存款准备金）	

图 2－9　储户提现时商业银行资产负债表变化

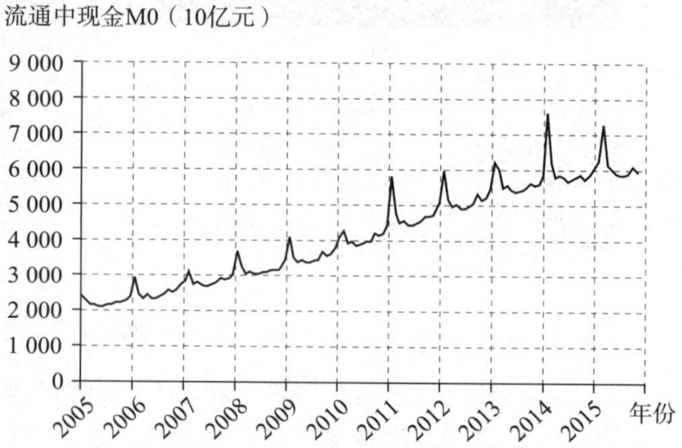

图 2－10　每年春节前，中国经济对现金的需求量都很大

资料来源：Wind

2. A. 3　银行间的结算

眼尖的人可能已经看出来了，在以上分析中我们假设只存在 1 家商业银行，所以银行贷款所创造的存款都会回存到这家商业银行。但现实世界中银行的数目很大，某家企业从一家银行获得了贷款，很可能会存到另外一家银行去。就算不这样做，企业在向别的企业支付的时候，它的存款也会转移到别的企业的开户银行那里去。这种存款在银行间的转移会怎样改变前文中的分析呢？答案是没有影响。

我们还是来看一个具体的例子，假设发生了 A 银行向 B 银行 1 万元存款的转移。这有可能是某人将其 A 银行存款账户上的存款转移到了他自己在 B 银行的存款账户中，还有可能是 A 银行的储户向 B 银行的储户做了一笔支付，还有可能是 A 银行的储户借了一笔钱给 B 银行的储户。可能性有很多，但核心是存款的转移。

在这种存款的转移中，A 银行和 B 银行之间需要做清算。银行间清算的工具就是银行的超额存款准备金，也就是各个银行在央行可自由动用的存款。在前述存款转移中，A 银行的负债减少 1 万元存款，B 银行的负债增加 1 万元存款。但同时，A 银行需要向 B 银行支付 1 万元超额存款准备金。所以 A 银行的资产会减少 1 万元超额存款准备金，而 B 银行资产则相应增加 1 万元超额存款准备金（图 2－11）。

在这一过程中，我们可以得出两点非常有意义的观察。

A银行资产负债表变化

资产	负债
–1万元 (2) （超额存款准备金）	–1万元 (1) （存款）

B银行资产负债表变化

资产	负债
+1万元 (4) （超额存款准备金）	+1万元 (3) （存款）

图 2－11　商业银行间存款的转移

第一，在这个过程中，超额存款准备金的总量没有发生变化，变化的只是超额存款准备金在银行间的分布。同时，银行体系的总资产规模也不变，变化的只是银行资产在银行间的分布。所以，银行间的存款转移和分布（对应企业和居民之间的相互借贷、支付行为）并不创造存款，也不带来货币总量的扩张。因此在前文中讨论货币创造的时候，我们并不关注贷款和存款在银行间的分布，我们可以把前文中所说的银行理解为整个商业银行体系。

第二，在银行间的支付清算中，支付工具是超额存款准备金。而由于几乎所有的交易（尤其是大额交易）都是借助银行来完成，所以超额存款准备金事实上是经济中的终极支付工具。而超额存款准备金的规模受到央行的高度控制，央行可以通过调节法定存款准备金率、公开市场买入等手段影响超额存款准备金的规模。这样一来，央行就对整个社会的经济活动有非常强的控制力。尤其是央行如果大规模收紧银行间市场的超额存款准备金规模，就会极大抑制经济活动，在严重的情况下，甚至可能直接引发金融危机。2013 年 6 月，我国金融市场发生的“钱荒”就是一个很好的例子。

进一步阅读指南

法博齐（Fabozzi）等人所著的《金融市场与金融机构基础》（*Foundations of Financial Markets and Institutions*）是了解金融市场的不错教材。如果想了解中国金融市场的具体情况，中国人民银行每年发布的《中国金融稳定报告》是很好的参考。中国债券信息网每年发布的《中国债券市场概览》是了解我国债市的优秀入门读物。

练习题

2.1　除了这一讲介绍的金融市场分类方法，你还能想出什么分类标准？

2.2　你怎么看待金融衍生品市场？你认为金融衍生品市场是次贷危机爆发的罪魁祸首吗？

2.3　中国金融市场的结构是怎样的？你认为是什么原因造成了我国这样的金融市场结构？

第 3 讲

利率及债券价值分析

3.1 真实世界中的利率

我们知道，无论是在实务操作还是在理论研究中，资产定价都是金融的核心问题。资产定价可以分为两步。第一步是对资产未来支付（回报）做出预测。第二步是基于对资产未来支付的预测，判断资产在当前应该值什么价格[①]。第二步也可等价地说成，给定对资产未来支付的预测，判断资产的期望回报率应该是多少。在这两步中，对未来支付做预测这一步没有通用的方法，需要按照资产类别的不同而具体分析。比如，预测一家上市公司的未来支付就和预测一片土地的未来支付很不一样。因此，金融理论更关心上述第二步，即如何基于回报的预期来定出资产的当前价格和期望回报率。

广义地讲，任何资产的回报率都可以叫作这种资产给出的利率。但利率这个词一般特指债务合约（如债券、银行存款等）给出的回报率。中央银行可以较为精确地调控银行间市场的短期利率。由于所有资产的回报率都是相互联系的（我们将在后文介绍这种联系），央行对短期利率的调控就会影响到各类资产的定价，因此，我们对资产定价的分析有必要从利率开始。而利率又直接与债券相联系，所以这一讲中还会涉及一些债券投资的问题。

碰到任何一个概念，第一步是把其定义弄清楚。在讲利率的时候，有两个相互联系但又容易混淆的概念：**利息**（interest）与**利率**（interest rate）。这二者通常都会出现在借款合同中。所谓利息，是借款人（borrower）向出借人（lender）支付的回报。举个例子，

---

① 本书中对价值与价格的使用不加以区分。

张三找李四借了 1 万元，并约定在 1 年后偿还李四 1.1 万元。在张三还给李四的 1.1 万元中，1 万元是**本金**（principle），剩下的 0.1 万元是张三为 1 万元借款提供的回报，也就是这笔借款的利息。而利息与本金之间的比值就是利息率，简称利率。所以简单来说，**利息是一笔钱，而利率是一个比值**。在这个例子中，利率就是 0.1 万元除以 1 万元所得的 10%。

现实中的利率有很多种，这些利率相互联系，但又不尽相同。初次接触的人可能会惊讶于这些利率之间巨大的差异，以及看起来似乎截然不同的运行规律。图 3-1 中绘制了我国经济和金融市场中非常基础的几种利率。

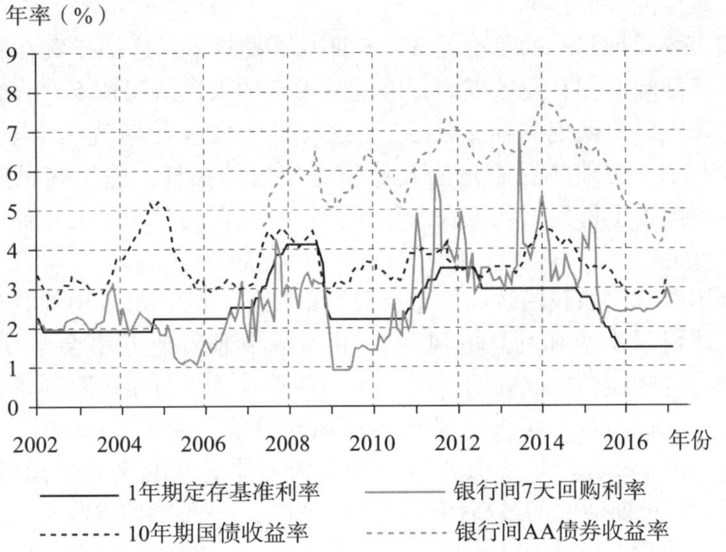

图 3-1　我国的几种代表性利率

资料来源：Wind

对一般人来说，接触最多的自然是银行的存贷款利率。在我国，存贷款基准利率一直由中国人民银行（我国的中央银行）制定，所以存贷款基准利率的时间序列图就很少有波动，并经常会保持平直。存贷款基准利率的变化都是中国人民银行调整的结果。

近年来，随着我国利率市场化改革的推进，商业银行在制定存贷款利率方面有了更大的自由度。在最开始的时候，商业银行必须按照央行公布的存贷款基准利率来设定其存贷款利率。后来，中国人民银行下放了更多自主权，允许商业银行在围绕存贷款基准利率的一个浮动范围内自由设定自己的存贷款利率。而这个浮动范围也在逐渐放大。2013 年 7 月 20 日，中国人民银行宣布取消贷款利率浮动限制，商业银行可自由设定贷款利率。2015 年 10 月 22 日，中国人民银行又取消了存款利率浮动限制，存款利率也可完全自由浮动。至此，我国存贷款利率理论上进入自由浮动状态，之所以说只是理论上完全自由浮动，是因为央行现在仍然对商业银行施加一些行政性调控（即所谓的“窗口指导”），从而影响商业银行设定存贷款利率的行为。

在前文中说过，银行间市场是全社会资金的源头。在银行间市场，包括银行在内的金融机构相互拆借资金，调节各自头寸的余缺。在中国的银行间市场，机构间短期资金的拆借主要通过**回购**（repo）业务来完成。我们以质押式回购为例来解释这是如何完成的。假设A银行要向B银行借入10亿元。A银行就是资金的融入方，B银行则是资金的融出方。在交易中，A银行向B银行质押一定量的债券以换取B银行提供的资金。双方约定，在未来某个时间，A银行向B银行归还本金，并按事先约定的利率支付利息，而B银行同时向A银行返还质押的债券。在这个过程中，质押的债券就是A银行向B银行提供的质押物。这样，就算A银行到期无法偿还资金，B银行也可获得质押的债券，B银行借出资金的风险就变得很小。银行间市场的金融机构一般通过回购来做资金的拆借，且期限都很短，一般集中于隔夜（1天）和7天。银行间市场的隔夜和7天回购利率就成为衡量我国金融市场短期资金松紧程度的关键指标。

我国银行间市场长期利率的基准是10年期国债收益率，这是投资在我国国债上获得的收益率。由于我国政府拥有发钞权力，因此其发行的人民币国债不存在违约可能（在最极端的情况下，印点钞票就把国债给还了）。这样，国债收益率就完全不包含违约风险，可被视为无风险利率。国债收益率是给其他债券定价的标杆。除了在风险度上占优势之外，投资者从我国国债上得到的利息收入还免税，所以在同一期限的债券收益率中，国债收益率一定是最低的。

除国债和准国债（比如我国政策性银行发行的债券）外，市场中的其他债券都包含一定信用风险（无法偿付本金和利息的风险）。因此，其债券收益率会比无风险利率更高，以补偿投资者持有这些债券所面临的风险。这些债券收益率与无风险利率之间的差异就是信用利差（credit spread），也可被广义地叫作**风险溢价**（risk premium）。市场中有专门的**评级机构**（rating agency）基于债券本身及发债主体的状况来做**信用评级**（credit rating）。在我国国内，长期债券的最高信用评级是AAA。AA的债券收益率是一个较有代表性的风险利率。在我国，一个债券的评级如果低于AA，愿意投资的机构数量就会大大下降。

以上只是有选择地介绍了国内几种代表性利率。目的是让大家对丰富多样的利率有一个感性直观的认识，并非是对国内利率体系做一个面面俱到的综述。事实上，我国债券市场在过去几年快速发展，就算要对其做一个不算太深入的全面介绍，都能写成一本专著，这里就不再展开了。但是，不管债券的品种有多复杂，分析它们的基本逻辑都是相通的，其核心都是对债券收益率的计算和评价。

3.2 计息习惯

把握利率概念的第一步是弄清利率是如何计息的。即给定一个利率后，应该给债券持有人多少利息。这看上去是一个简单得不能再简单的问题，但其实内有陷阱。

3.2.1 单利

按照利息是否计入本金而生息，计息可以分为单利和复利两种方式。我们先来看单利。**单利**（simple interest），是指利息不计入本金，即利息不会产生利息。在单利下，如

果把初始本金 A 存 n 年，且每年的利率都是 r，最后能得到的金额为

$$A(1+nr)$$

显然，单利对存钱的人是很不公平的，让其损失了利息的利息。过去我国的银行是按单利计息的，但随着市场化改革的推进，现在已经很难找到按单利计息的地方了。

3.2.2　复利

与单利相对的是**复利**（compound interest）。通俗地说，复利就是“利滚利”，产生的利息收入会被计入本金，也产生利息。在复利的情况下，一定的利率能产生多少利息收入就要取决于复利次数了。

我们来看一个具体例子。当我们说“1 年期利率是 10%”时，究竟该付多少利息，实际上是不清楚的。如果 1 年才复利 1 次。那么年初存入 100 元，到年末能够连本带息收到 110 元。其中利息是 10（=100×10%）元。但如果 1 年复利 2 次，即每半年计一次息呢？这会带来两个变化。第一，随着计息周期的变短，单位周期内的利率相应下降。由于 1 年的利率是 10%，所以半年的利率应该只有 5%。第二，在上半年产生的利息会被计入本金，并在下半年开始获得利息——产生利息的利息。在这种情况下，年初的 100 元到年末就会变成

$$100\times(1+5\%)^2=110.25(\text{元})$$

多出来的 0.25 元是上半年的利息（5 元）在下半年产生的利息，这就是复利频率不一样产生的差别。我们可以用公式来描述，假设把初始本金 A 存 n 年，每年的利率都是 r。如果每年仅复利一次，那么最后得到的金额为

$$A(1+r)^n$$

而如果每年复利 m 次，那么最后得到的金额为

$$A\left(1+\frac{r}{m}\right)^{mn}$$

容易看出，复利的频率越高，最后得到的金额则越多。这是因为复利频率越高，利息收入越能及时产生利息。

有一种特殊的复利叫作**连续复利**（continuous compounding），即每年计复利的频率无限大。在这种情况下，每一瞬间获得的利息收入都会立即开始产生利息，这样，n 年后得到的金额为

$$A\mathrm{e}^{nr}$$

其推导很简单，如下所示，

$$\lim_{m\to\infty}A\left(1+\frac{r}{m}\right)^{mn}=\lim_{m\to\infty}A\left(1+\frac{r}{m}\right)^{\frac{m}{r}\cdot nr}=A\mathrm{e}^{nr}$$

其中我们用到了自然常数 e 的定义式，$\mathrm{e}=\lim\limits_{x\to\infty}\left(1+\frac{1}{x}\right)^{x}$。

随堂问题：我们在计算利率时，时间单位选取是否会和最终计算出来的利息金额有关？比如，假设本金为 1，利率为 10%，那么 1 年时间产生的本息就应该是 $e^{0.1}$。但如果我们的时间单位选择的是月，1 年有 12 个月，是不是 12 个月产生的本息就应该是 $e^{12\times 0.1}$？

3.2.3 "72 法则"

在计算利率时，有个叫"72 法则"的简单经验法则很好用。它说的是，在每年复利一次的情况下，如果需要知道多少年可以把本金翻番，只需要用 72 除以年利率与 100 的乘积，得到的商即是所求年数。举个例子，如果年利率是 6%，由于 72÷6=12，所以只需要 12 年就能把本金翻番。如果年利率是 9%而非 6%，则本金翻番的年数就变成 8（=72÷9）年。这是一个近似法则，但在多数情况下够用了。

比如，我国建成小康社会的一个重要指标是，2020 年我国的 GDP 比 2010 年的水平翻一番。如果要在 10 年内达成这个目标，这段时间内 GDP 的年平均增速就应该大致是 7.2%（=72÷10÷100）。

72 这个神奇的数字是怎么来的呢？当每年复利一次的时候，要求数量翻番，也就是要求 $(1+r)^t=2$，其中的 t 就是翻番所需的年数。对这个公式两边取对数有 $t\ln(1+r)=\ln 2$。当 r 比较小的时候，有近似关系 $\ln(1+r)\approx r$ 成立，因此，$t\approx\dfrac{\ln 2}{r}$[将 $\ln(1+r)$ 在 $r=0$ 处做泰勒展开可得：$\ln(1+r)=\ln 1+r+\cdots$。略去二阶及更高阶项，就得到近似规则 $\ln(1+r)\approx r$]。而 $\ln 2\approx 0.693$，所以，更精确的近似法则是应该用 69 或 70 来除以年利率与 100 的乘积，以得到翻番的年数。相应地，还有"69 法则""70 法则"的说法，它们跟"72 法则"一样，都是估算翻番年数的近似规则。之所以大家更多采用 72 这个数，是因为相比于 70 或 69，72 这个数可以被很多整数除尽（72 可被 1、2、3、4、6、8、12 除尽），所以用起来更方便。但如果利率是计连续复利，那么用数字 69.3 会得到本金翻番时间更准确的估计，这就是应用于连续复利的"69.3 法则"。

3.3 金融决策

3.3.1 现值与贴现

前文中问的问题是，如果按照某个年利率进行投资，在未来的某个时期能够得到多少钱？这个问题也可以反过来问：在某个利率下，为了在未来某个时点得到一定数量的资金，现在应该准备多少钱？

可以用公式严格描述这两个问题。我们用 FV 表示**未来值**（future value，又叫终值），用 PV 表示**现值**（present value），在每年复利一次的情况下有

$$FV=PV(1+r)^n$$

$$PV=\frac{FV}{(1+r)^n}$$

在连续复利的情况下，以上两个公式变成

$$FV = PV \cdot e^{rn}$$
$$PV = FV \cdot e^{-rn}$$

上式非常清楚地表明了，同样数额的资金在不同的时点，其价值是不一样的。不同时点的资金价值由利率联系起来，所以，利率又被叫作**资金的时间价值**（time value of money）。用利率来计算未来一笔资金在当前的价值，就叫作**贴现**（discount）。而用来将未来的资金折算为现值的利率就叫作**贴现率**（discount rate）。

3.3.2　净现值法则

一项金融投资必然会在不同的时点带来或正或负的现金流。比如购买一只股票，在购买的时候需要支付股票价格，所以有资金流出（负的现金流），但在未来会持续收到股票分红带来的资金流入（正的现金流）。由于不同时点的资金价值是不一样的，所以要看一项投资是否值得投资，显然不能把所有现金流简单加起来看是正是负。正确的方法是把不同时点的现金流全部贴现到现在，然后计算所有现金流的**净现值**（net present value，简写为 *NPV*）。净现值衡量投资者财富因为参与投资项目而发生的变化。显然，如果项目让投资者的财富减少，还是不参与为好，这就是金融决策的**净现值法则：净现值为正的项目是值得投资的**。

举一个例子。有一个投资项目在初始的时候需要支付 100 元，但会在 1 年后、2 年后和 3 年后分别带来 30 元、60 元，以及 40 元的收入。可以用一种叫作**时间线**（time line）的图把这一项目的现金流形象地画出来（图 3-2）。

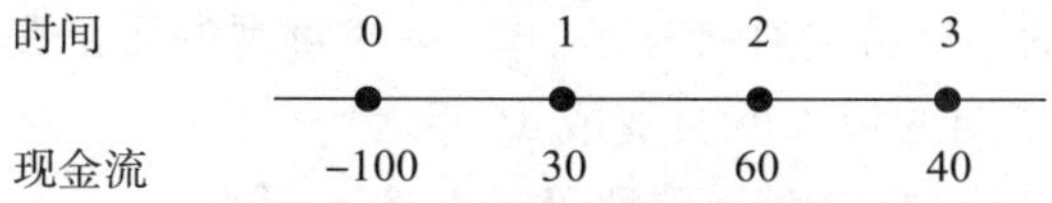

图 3-2　项目现金流图示

如果 3 年间的年利率都为 10%（每年复利一次），那么这个项目的净现值为

$$NPV = -100 + \frac{30}{1+10\%} + \frac{60}{(1+10\%)^2} + \frac{40}{(1+10\%)^3} = 6.9(\text{元})$$

这个项目净现值为正，因此值得投资。但如果年利率是 20%，那么这个项目的净现值就变成

$$NPV = -100 + \frac{30}{1+20\%} + \frac{60}{(1+20\%)^2} + \frac{40}{(1+20\%)^3} = -10.2(\text{元})$$

此时项目净现值为负，因此项目不值得投资。之所以会有这样的变化，是因为利率越大，未来那些正的现金流的现值就越小，项目的净现值因而变小。

3.3.3　内部收益率法则

计算项目的**内部收益率**（internal rate of return，简称 *IRR*）是另一个普遍使用的金融决策法则。内部收益率，是使项目净现值 *NPV* 恰好为 0 的利率。要注意，**内部收益率是对项目现金流状况的一个描述指标，与市场利率不是一回事**。给定了项目的现金流，每

个项目都有自己固定的内部收益率，与市场利率无关。还是以前文中的项目为例，其内部收益率 *IRR* 的计算公式是

$$0=-100+\frac{30}{1+IRR}+\frac{60}{(1+IRR)^2}+\frac{40}{(1+IRR)^3} \tag{3.1}$$

内部收益率一般无法解析求出，但可以用试错法试出来。具体来说，可以先猜一个 *IRR*，然后计算项目净现值，如果为正，说明猜的 *IRR* 太小了，下次换一个大一点的，反之就换一个小一点的继续试。这样重复迭代，很快就能找到解。这一过程无须人工，有数值计算方法可以自动完成。就这个项目来说，可以解出 $IRR=13.7\%$。

可以用内部收益率来做金融决策：**如果项目内部收益率高于资金成本，则项目值得投资**。上述项目的内部收益率是 13.7%，所以，当市场利率是 10%时，项目就值得投资。而当市场利率变成 20%时，项目就不值得投资。**在评价单个投资项目时，内部收益率法则与净现值法则是等价的**。

3.3.4 再投资风险

在计算内部收益率时，有几个潜在的假设。它要求投资者持有投资项目至到期，项目也不存在违约风险。也就是说，项目的所有现金流都必须如约实现。另外，还有一点非常**关键的假设：再投资的收益率与项目收益率一致**。

我们来看前文中的例子。这个投资项目可以被理解为在当前（第 0 期）投入 100 元，然后在 1、2、3 年后分别产生 30 元、60 元、40 元的收益。现在问这么一个问题：在 3 年后，这个项目初期投资的 100 元会变成多少元？一个直观的看法是，既然项目的内部收益率是 *IRR*，那么 3 年后初期的投入就会变成 $100\times(1+IRR)^3$ 元。是这样的吗？让我们把式（3.1）稍做变形，把初期的 100 元移到等号左边，可得

$$100=\frac{30}{1+IRR}+\frac{60}{(1+IRR)^2}+\frac{40}{(1+IRR)^3}$$

上式两边同时乘以 $(1+IRR)^3$，可得

$$100\times(1+IRR)^3=30\times(1+IRR)^2+60\times(1+IRR)+40$$

由上式可见，在用 *IRR* 计算项目的终值时，其实是假定了项目中间的现金流都能够以项目自身的 *IRR* 水平获得收益。但完全有可能发生的事情是，项目中间支付的现金找不到其他能够达到项目 *IRR* 水平的投资机会，这时，用 *IRR* 来计算的终值就不正确。

我们考虑一种极端的情况，假设这个项目第 1 年与第 2 年支付的 30 元与 60 元的收益只能投资在零收益的资产上。这样，当前投入在项目上的 100 元在 3 年后就只能变成 130(=30+60+40) 元，而不是用 *IRR* 计算出来的 $150[=100\times(1+13.7\%)^3]$ 元，这就是项目的**再投资风险**（reinvestment risk）。

对产业投资来说，再投资风险一般可以忽略。因为当你投资建起来一个企业，把这个企业产生的现金流再投入这个企业中一般是可行的。但对债券投资来说，再投资风险就不可忽略。

3.4 债券价值分析初步

乍看起来，债券投资似乎是一件很简单的事情。债券未来的现金流（本息支付）在发行债券时已经列明，投资者似乎只要简单计算出债券的收益率和价格就行了。但其实仅仅计算债券收益率就是一件困难的事情，中间牵涉好几个相互联系，却又不尽相同，且同等重要的利率概念。把债券收益率算对是做债券投资的前提。

在进行详细分析之前，我们要先做两点说明。第一，在以下分析中，我们是基于两只债券的已知本息支付状况和价格信息，来计算与债券相关的各种利率指标。列在表 3-1 中两只债券的信息，是后文中所有演算会用到的已知条件。我们的目的是基于这些已知条件，在计算不同利率的过程中，找出刻画债券收益率的指标，计算出用来给未来现金流贴现的贴现率，萃取出债券市场对未来利率走势的预期，并以之来给新的债券定价，在债市中发掘投资机会。由于我们是基于两只债券的已知价格信息进行推演，所以下文计算中的推演可以算是相对定价。

表 3-1　　已知债券信息

国债面值（元）	期限（年）	年票息（元）	国债价格（元）
100	1	0	95
100	2	5	97

注：假设票息每年支付一次

第二，在下文的讨论中，我们完全不涉及风险的维度。换言之，我们讨论的债券全部是无风险国债，计算出来的利率都是无风险利率（下文中凡是讲到债券，都应该被理解为国债）。这当然不是说风险不重要，恰恰相反，风险是金融研究的最核心对象。不过，在引入风险之前，有必要在无风险的情况下把收益率和利率的一些基本概念弄清楚，这样能够为未来对风险的讨论打好基础。

3.4.1 到期收益率

由于债券也可看成一项投资——现在支付价格以换取未来利息和本金的支付——所以在给定债券当前价格及未来本息支付后，每只债券都有一个内部收益率。在债券投资中，债券的内部收益率有一个特殊的名字，叫作债券的**到期收益率**（yield to maturity）。它是假定投资者持有债券直到债券到期所获得的收益率（忽略再投资风险）。

可以用计算内部收益率的方式来计算债券到期收益率。假设有一只 2 年期的附息国债，其面值是 100 元（即当国债 2 年后到期时会支付 100 元的面值），并且每年会支付 5 元的票息。在这里有一个比较容易混淆的地方大家需要注意。附息国债会按照债券标定支付票息（coupon），票息与债券面值之比为**票息率**（coupon rate），但这个**票息率不是债券的收益率**。而且不管市场利率如何变化，票息率都不会改变。因为债券的面值和票息都已经在债券合约中写明了，当然不会变化。显然，用票息率来讨论债券价格高低是没有太大意义的。**我们常说的债券收益率是债券的到期收益率。**

以上这只 2 年期债券的到期收益率可以这样计算。由于债券当前的市场价格是 97 元，我们假设其到期收益率为 y，按到期收益率定义可列公式如下，

$$97=\frac{5}{1+y}+\frac{100+5}{(1+y)^2}$$

从中可以解出 $y=6.65\%$，这便是 2 年期附息国债的到期收益率。

我们要再次强调一下，由于存在再投资风险，即将债券到期之前产生的利息收入投入市场后，可能无法获得如上式中求解出的这么高的收益率，所以当债券到期时所有现金流的终值不一定等于用到期收益率计算出来的终值。此外，债券收益率的高低也不是评价债券好坏的依据，因为债券收益率中已经包含了风险溢价等补偿因素。

此外，还有一点需要注意。在前文中讲内部收益率 *IRR* 的时候，我们说过一个项目的内部收益率为项目的现金流所决定，与市场利率高低无关。如果债券的到期收益率等于债券的内部收益率，那么债券的到期收益率与市场利率有没有关系呢？答案是肯定的。这是因为债券未来的本息支付虽然已经给定，但债券现在的价格会变化。对同一只债券来说（未来本息支付不变），只要市场利率不同，这只债券现在的价格就不同，其到期收益率也就不同，所以，债券到期收益率是与市场利率紧密联系的，与市场利率同步同向变化。

3.4.2 即期利率

前文中我们计算出了 2 年期债券的到期收益率。现在我们要问，如果要计算 2 年后一笔钱的现值，是不是应该用这个到期收益率来贴现呢？答案是否定的。这是因为在计算净现值时，我们使用的折现率的含义是，未来某个**时点**一定数量的资金，相当于现在多少数量的资金——对比的是两个不同时点资金的价值。而前文中计算出来的 2 年期附息国债 6.65%的到期收益率并非是对两个时点资金价值的比较，因为这只债券含有 3 个时点的现金流，所以，这只债券的到期收益率不是用来做净现值计算的恰当贴现利率。

恰当的贴现利率是**即期利率**（spot rate）。即期利率又被称为**零息利率**（zero rate）。**即期利率，是在现在投入资金，直到最后一天才获得现金支付（期间没有现金支付）的情况下所得到的收益率。零息债券**（zero coupon bond）的收益率就是即期利率。

零息债券是仅在到期日支付面值，期间不支付任何利息的债券。零息债券的期限一般不超过 1 年。零息债券在发行时都是折价发行的，即价格低于其面值，折价部分就隐含了债券带来的收益率。假设有一张面值为 100 元，1 年后到期的零息债券，现在以 95 元的价格出售。对这只债券来说，利率是 5.26%(=100÷95−1)。由于零息债券只在现在和到期日有现金流，所以它的利率就是即期利率。根据这只 1 年期零息债券的价格，我们就知道 1 年期的即期利率是 5.26%。

如果所有的国债都是零息债券，即期利率的计算就简单了。但在现实世界中，超过 1 年期的国债都是附息债券——在债券到期之前会定期按照事先约定的票息率和付息时间支付利息，这种债券的收益率就不是即期利率了。不过我们可以从现实世界的债券价格中计算出各期限的即期利率，一种常用的方法是**票息剥离法**（bootstrap method）。

我们用前文中给出的 1 年期零息债券和 2 年期附息债券的信息来演示票息剥离法。由

于 1 年期国债是零息债券，所以它的收益率就是即期利率。前文中已经计算出

$$r_1 = 5.26\%$$

2 年期国债在第 1 年年末会付票息 5 元，在第 2 年年末付第 2 年的票息及面值共 105 元。因此，在这只债券当前 97 元的价格中，有一部分是将第 1 年票息用第 1 年的即期利率折现的现值，剩余部分是将第 2 年年末支付的票息和面值用对应的 2 年期即期利率折现的现值。由于 1 年期的即期利率已经算出，所以可列公式并求解如下，

$$97 = \frac{5}{1+5.26\%} + \frac{105}{(1+r_2)^2}$$

$$r_2 = 6.69\%$$

这样，1 年期与 2 年期的即期利率分别为 5.26%与 6.69%。可以看到，这里求出的 2 年期即期利率（6.69%）与前文中 2 年期附息国债的到期收益率（6.65%）是不一样的。

如果市场上还有期限更长的国债，可以用类似方法递推得到各个期限的即期利率。有了各期限的即期利率，就能够给任何确定现金流定价。我们假设市场中还有第 3 只债券，面值 100 元，2 年到期，按年付息，票息率 6%（每年付息一次），其债券信息总结在表 3-2 中。

表 3-2　债券信息

国债面值（元）	期限（年）	年票息（元）	国债价格（元）
100	2	6	?

注：假设票息每年支付一次

有了前文计算出来的即期利率，我们可以给第 3 只债券定价。第 3 只债券会分别在 1 年后和 2 年后产生 6 元和 106 元的现金流。可用 1 年期与 2 年期的即期利率将其折现到现在，计算出的债券价格如下所示，

$$P_3 = \frac{6}{1+r_1} + \frac{106}{(1+r_2)^2} = \frac{6}{1+5.26\%} + \frac{106}{(1+6.69\%)^2} = 98.83(\text{元})$$

将不同期限的即期利率画在一张图上，就是**即期利率曲线**。类似地，还可以把不同期限国债的到期收益率也画在一张图上，这就形成了国债的**到期收益率曲线**，简称为**收益率曲线**（yield curve）。在金融市场的日常业务中，大家用得多，也谈得多的是收益率曲线。但要注意，这是债券到期收益率形成的曲线，不能用曲线中的利率来贴现现金流。要计算现金流的现值需要用即期利率曲线。

3.4.3 远期利率

看到了前文中的计算，又一个问题浮现出来：不同期限的即期利率为什么不一样？在前文的算例中，1 年期即期利率是 5.26%，2 年期即期利率是 6.69%（都是年利率），为什么会差别这么大？原因在于市场预期现在和 1 年后的 1 年期即期利率不一样。

考虑如下两种投资策略。在第一种策略中，将 100 元用当前 2 年期即期利率连存 2

年，那么会在第 2 年得到

$$100\times(1+6.69\%)^2=113.8(\text{元})$$

有人可能会问，在市场中并不存在 2 年期零息债券，怎么能实现这一操作？对这个问题的简单回答是，只要市场上存在两种不同的 2 年期附息债券，我们就能用它构造出 2 年期零息债券，所以这个操作在现实中是可以实现的。

在第二种策略中，将 100 元用当前和 1 年后的 1 年期即期利率连滚 2 年，即连买 2 年 1 年期零息债券。我们可以相信，每年市场中都会有 1 年期零息债券，所以这种策略实施起来很容易。我们用 fr 代表 1 年后的 1 年期即期利率。

如果不存在套利机会，那么以上两种策略在 2 年后得到的终值应该是相等的，即

$$100\times(1+5.26\%)\times(1+fr)=113.8$$

从中可以解出，

$$fr=8.13\%$$

fr 就是站在现在这个时点，预期 1 年后的 1 年期即期利率。前文计算出的当前 1 年期与 2 年期即期利率之所以不一样，是因为市场预期在 1 年后，1 年期即期利率会从 5.26%的水平上升到 8.13%。这里算出的 fr 就是**远期利率**（forward interest rate），远期利率代表了市场对未来即期利率的预期。

在这里，市场预期 1 年期即期利率在 1 年后会大幅上升。这可能是因为市场预期央行会在未来 1 年加息。如果有投资者不认同市场的看法，相信 1 年后的 1 年期即期利率不会上升到 8.13%，而仍然会保持在 5.26%，那么他可以通过做**收益率赌博**（yield curve play）来获利。具体来说，他可以借短买长，连续 2 年以 1 年期即期利率借入的资金来购买 2 年期债券（假设每一年市场上都存在 1 年期零息债券可供买卖）。

我们来做一下具体计算，假设未来 2 年的 1 年期即期利率都是 5.26%（而不是像市场所预期的那样第 1 年 5.26%，第 2 年 8.13%）。这位投资者如果在当前以 97 元的价格买入 2 年期国债，在第 1 年则会收到票息 5 元。投资者可将这 5 元投资到市场上赚取零息利率。到第 2 年，第 1 年的票息 5 元会变成 5.26［=5×(1+5.26%)］元。再加上 2 年期债券在第 2 年的本息支付 105 元，投资者当前用 97 元购买的 2 年期国债在 2 年后会变成 110.26(=5.26+105）元。

为了在当前筹集 97 元来买 2 年期债券，投资者可以用 1 年期即期利率来借入资金（即卖空 1 年期零息债券)。由于未来 2 年的 1 年期即期利率都是 5.26%，所以为了这一开始借入的 97 元，到第 2 年需偿还 108.21［=97×(1+5.26%)×(1+5.26%)］元。偿还了欠款后，投资者还赚 2.05（=110.26−108.21）元。这就是投资者收益率赌博的利润。这 2.05 元看上去不算什么，但我们要知道，债券投资的规模一般都很大，而且经常会利用杠杆，所以微小的收益率差异都能带来巨大收益。当然，如果对收益率运行方向判断错误，那么收益率赌博也会带来巨大亏损。有兴趣的人可以计算一下，如果 1 年后即期利率上升到了 10%，而不是如投资者所预期的那样保持在 5.26%，投资者最后会亏损多少？

3.4.4　久期

债券投资中有一个重要概念叫**久期**（duration）。**债券的久期就是债券投资者为收到债券所提供的所有现金流平均要等待的时间**。显然，一个 n 年到期的零息债券的久期就是 n 年。因为去除当前买价外，这种债券所带来的现金流在第 n 年才发生。而一个 n 年附息债券的久期小于 n 年，因为在第 n 年之前，这个债券已经通过利息支付了一些现金流。

接下来我们计算任意一种债券的久期。假设债券在第 n 年到期，在到期之前，会在 t_i 时刻给债券持有人提供现金流 c_i（$1 \leqslant i \leqslant n$）。为了简化，这里假设用连续复利计息。债券当前价格 P 与债券到期收益率 y 之间有如下关系，

$$P = \sum_{i=1}^{n} c_i \mathrm{e}^{-y t_i} \tag{3.2}$$

债券的久期（D）就是以每时刻现金流的现值与当前价格之比为权重，计算的债券各个现金流支付等待时间的加权平均，

$$D = \frac{\sum_{i=1}^{n} t_i c_i \mathrm{e}^{-y t_i}}{P} = \sum_{i=1}^{n} t_i \left[\frac{c_i \mathrm{e}^{-y t_i}}{P} \right]$$

我们来看看债券到期收益率 y 的一个微小变化会对债券价格造成什么影响。对式（3.2）做全微分，并将久期的公式代入其中可得

$$\begin{aligned} \mathrm{d}P &= \sum_{i=1}^{n} - t_i c_i \mathrm{e}^{-y t_i} \mathrm{d}y \\ &= -P \, \frac{\sum_{i=1}^{n} t_i c_i \mathrm{e}^{-y t_i}}{P} \mathrm{d}y \\ &= -P \cdot D \cdot \mathrm{d}y \end{aligned}$$

整理后将微分符号 d 换成 Δ 可得

$$\frac{\Delta P}{P} = -D \cdot \Delta y \tag{3.3}$$

上式等号左边的 $\frac{\Delta P}{P}$ 可被理解为债券价格的变化率。上式说明，债券到期收益率的变化幅度乘以债券的久期，就是债券价格变化的比率。举例来说，对一只久期 10 年的债券来说，如果债券到期收益率上升 1%，债券当前的价格则会下跌 10%。

在前文的推导中，我们为了简化计算，假设按连续复利计息。但在真实世界中，债券不会按连续复利来计息，最常见的付息频率是每半年一次。可以证明，当到期收益率为 y 的债券一年复利 m 次的时候，式（3.3）可近似为

$$\frac{\Delta P}{P} = -\frac{D}{1 + \frac{y}{m}} \cdot \Delta y$$

可以定义 D^* 为**修正久期**（modified duration），如下所示，

$$D^* \triangleq \frac{D}{1+\frac{y}{m}}$$

这样同样可以得到类似式（3.3）中收益率变化与债券价格变化率之间的关系式，如下所示，

$$\frac{\Delta P}{P}=-D^* \cdot \Delta y$$

上式只是把式（3.3）中的久期换成了修正久期而已。

我们还要注意，用久期来估算利率对债券价格的影响是一种近似，而且就像一阶泰勒展开一样，是一种一阶近似。所以严格地说，可用久期来估计利率的**微小**变化对债券价格的影响。如果利率变化的幅度较大，那就需要用到二阶甚至更高阶近似了。债券的曲率（convexity）就是用来做二阶近似的，对于曲率我们就不再做更详细的介绍了。

此外，用久期来估算利率的微小变化对债券价格的影响，事实上假设了各期限的利率都会同幅度变化。换言之，我们分析的是收益率曲线的平移对债券价格的影响。具体而言，当我们说利率上升 1%，久期 10 年的债券价格下跌 10%时，其实说的是未来 10 年里的市场利率都比之前预期的要高 1%。如果只是未来一两年利率升高 1%，而更远期限的利率预期保持不变，那么债券价格跌不了 10%那么多。

尽管用久期来估算只是一种近似，但它是一种很方便的近似，且在很多场合中有可以让人接受的精度。所以，当麦考利（Macaulay）在 1938 年首次提出久期概念后，它就被广泛使用。

对债券组合也能计算久期。一个由多只债券组成的债券组合的久期，是其中每只债券久期的加权平均，权重是每只债券的价格。债券组合的久期决定了组合价值对利率变化的敏感性。投资者可以通过组合配置的调整来人为改变组合久期，从而实现自己的投资目的。

债券市场中有一种常见的投资策略叫作久期策略，该策略是基于对未来利率走势的预测来主动调整债券组合的久期。具体来说，如果投资者预期利率水平会上升，则会缩短自己债券组合的久期（卖出长期债券）以减少组合价值下跌的幅度。而如果投资者预期利率水平会下降，则会拉长自己债券组合的久期（买入长期债券），以尽可能多地享受利率下降带来的债券价格上升的好处。在前一小节中，我们举了一个收益率赌博的例子。其实要赌收益率的变化不需要那么复杂的计算，简单记住“利率涨，短久期；利率降，长久期”的口诀就行了。

我们可以主动调整久期来赌利率的方向，也可以调整久期来尽可能消除利率变化对组合的影响。银行、保险这类金融机构的资产和负债中都会有大量债券，它们可以通过匹配自己资产组合和负债组合的久期（让资产和负债的久期相等）来消除利率变化带给自己的风险，这也是一种久期的用法。

3.4.5　债券价值分析小结

前文中出现了许多概念，这些概念相互联系，但又存在微妙差异。因此在最后，有必要把以上思路再重新梳理一下，以免混淆。

我们的第一个任务是给出一个衡量债券价格的较好指标。债券当前的交易价格显然是不能承担此任的。因为不同的债券未来的本息支付状况是很不一样的，仅凭这些债券当前价格的高低无从比较和筛选债券。而债券的内部收益率，即债券的到期收益率，则是一个在不同债券间可比的指标。

我们的第二个任务是找出给新债券定价的方法。这里的关键是如何找出把未来的资金贴现到现在的贴现率。债券的到期收益率是不堪此任的。只有包含两个时点的即期利率才是合理的贴现率，而超过 1 年的即期利率无法直接从债券价格中得到，这需要我们来构造。票息剥离法做的就是这个事情。有了各期限的即期利率，我们就能给各种债券定价了。

我们的第三个任务是从债券价格信息中萃取市场对未来利率走势的预期。这就要用到远期利率了，远期利率是现在对未来利率的预期，可以从现在不同期限的即期利率中推导出来。

在完成了这三个任务之后，我们还讨论了债券投资中常用的概念——久期，并结合久期简单介绍了债券投资的一些策略。

所以，尽管前文看上去只是不断介绍新的概念，但这些概念的提出都有其道理，概念之间也有清晰的逻辑线索来加以串联。这些概念和概念之间的逻辑关系，就是我们理解债券投资的基础知识。大家可以看到，尽管我们还没引入风险的概念，讨论的都是无风险国债，但分析起来已经比较复杂了。这种复杂度的增加恰恰表明我们已经逐步深入问题核心，而不再停留在表面上，这正是我们学习金融理论知识的用意所在。

进一步阅读指南

针对本讲的利率部分，赫尔（Hull）的《期权、期货及其他衍生产品》（*Options, Futures and Other Derivatives*）的第 4 章是一份难度与本书相当、内容更丰富的参考资料。如想更详细地了解固定收益的知识，法博齐（Fabozzi）的《债券市场：分析与策略》（*Bond Markets Analysis and Strategies*）是经典教材，值得一读。

练习题

3.1　小红喜欢留长发，每年只理一次发。她单次理发的花销很大，每次都要 500 元。一天，当小红在发廊理发时，理发师给她推荐了发廊的会员卡。只要向会员卡充值 1 200 元，小红就可以享受理发 8 折的优惠，一次理发只需 400 元就够了。小红如果当天买了这张 1 200 元的会员卡，就足以支付她当天，以及明年和后年的理发费用。请问，这张 1 200 元的发廊会员卡给小红带来的内部收益率（*IRR*）是多少？（提示：*IRR* 不是 0。）

3.2　市场中现有 1 年期无息国债，2 年期、3 年期附息国债（票息每年支付一次）各一只，其信息如下：

国债面值（元）	期限（年）	年票息（元）	当前价格（元）
100	1	0	90
100	2	5	95
100	3	6	96

基于这些信息，请计算：

（a）当前 1 年期、2 年期、3 年期的即期利率分别是多少？

（b）上表中的 2 年期和 3 年期国债到期收益率分别是多少？

（c）当前债券价格中所隐含的 1 年后和 2 年后的远期 1 年期即期利率分别是多少？

（d）当前债券价格中所隐含的 1 年后的远期 2 年期即期利率是多少？

（e）现有另外一只 3 年期附息国债，其面值为 100 元，年票息为 10 元。它当前的市场价格应该是多少？

3.3　本书 3.4.3 节中给出了一个收益率赌博的算例。请计算，按照本书中的投资方法（买入一只 2 年期债券，并用做空 1 年期债券来为其融资），如果第 2 年的零息利率不是稳定在 5.26%，而是上升到 10%，那么投资者会亏损多少？

第 4 讲

股票价值分析

4.1 引 言

第 3 讲介绍了无风险情况下债券价值的分析。债券与股票是最为常见的两种金融资产，可以说是构成金融市场的基石。自然地，在讨论完债券后，我们需要讲讲股票价值的分析。

与债券相比，股票在期限与回报上有两点主要不同。首先，除少数品种外（如永续年金），债券的存续期是有限的。在到期日付清本息后，这只债券就不存在了。而股票作为企业的所有权凭证，没有到期日的概念——只要企业没有倒闭，企业的股票就会一直存在下去。其次，债券发行时会在合约中列明回报，所以债券的回报是固定的（但未必是确定的或无风险的）。而股票则代表着在债权人的权利得到满足后，对企业盈利和财产的**剩余索取权**（residual claim）。换言之，债权人从企业拿走他应得的份额后，剩下的才是股东的。如果企业的盈利和资产还不够债权人分的，那股东就什么也得不到。因此，股票的回报必然是不固定、不确定的。

从这两大差异来看，股票与债券的定价会有不小的差异。很显然，无风险股票是根本不存在的。所以在股票价值分析中，风险是一个必不可少的维度，如何预测股票的回报，以及如何给这种不确定的回报定出现在的价格，是股票分析的两个关键点。在这一讲中，我们会以相当简便的方法来考察这两点——假设股票的分红按恒定增长率增长，并假设市场以某个高于无风险利率的贴现率来贴现股票未来分红。显然，在此简化假设下，我们对股票价值的分析必然是初步的。但即便如此，我们仍然能够得到股票估值的不少有意义的结论。这些结论以及从中引申出的更深层问题，将为我们未来的金融分析做好铺垫。

按照惯例，在进入股票价值分析之前，我们需要对股票这个概念加以阐述。**股票**（stock），是股份公司为筹集资本而发放的公司所有权凭证。股票持有者拥有对企业（支付了债权人回报后）的剩余盈利及资产的索取权，以及企业经营的参与权（权力大小取决于持股数量的多少）。股票持有者不能要求企业返还其出资。股票分成**普通股**（common stock）和**优先股**（preferred stock）。优先股是一种承诺了固定股息回报，并在参与企业经营方面权利小于普通股的特殊股票。我们一般所说的股票（包括前文定义中所指的股票）都是指普通股。本书中涉及股票的时候，如未特别说明，指的都是普通股。

4.2 股利贴现模型

在这一节中，我们来介绍估计股票价值的最常用模型——**股利贴现模型**（dividend discount model，简称 DDM）。这一模型在实务界被大量采用，是股票分析师最常用的股票估值模型。

4.2.1 DDM 定价方程的推导

前文中我们说过，资产是会在未来带来经济利益的东西。相应地，资产价值取决于它未来产生经济利益的能力。股票作为一种资产，其价值取决于它在未来能够给股票持有人带来多少现金——股票分红（dividend）。**分红**（又叫作**红利、股利**）是在股份公司盈利中以现金形式分配给股东的部分，是股份公司提供给股东的收益。

有人可能会问，很多人买股票不是为了获得股价上涨带来的收益吗？为什么又说股票价值取决于分红而非未来的股价？让我们用数学推演来回答这个问题。假设某只股票在第 t 期的分红为 D_t，t 期分红后的股价（ex-dividend price，也可叫作除红利价格）为 S_t。我们还假设在各个时期中，股票市场都用 r 为贴现率来贴现股票产生的现金流。在这些假设下，这只股票当前的价格 S_0 计算公式如下，

$$S_0=\frac{D_1+S_1}{1+r} \tag{4.1}$$

上式的意义不难理解，在第 1 期，股票会带来数量为 D_1 的分红。在分红之外，股票持有者还可以将股票出售，获得 S_1 的现金收入。这两部分现金流用 $1+r$ 贴现到现在，就应该等于当前的股价。

不过，要用式（4.1）来确定当前股价 S_0，就必须得知道第 1 期的股价 S_1。可以用前文中类似的方法得到

$$S_1=\frac{D_2+S_2}{1+r}$$

将上式代入式（4.1）可得

$$S_0=\frac{D_1+\dfrac{D_2+S_2}{1+r}}{1+r}=\frac{D_1}{1+r}+\frac{D_2}{(1+r)^2}+\frac{S_2}{(1+r)^2}$$

如此将第 t 期股价表示为第 $t+1$ 期的红利和股价，不断替代下去可得

$$S_0=\frac{D_1}{1+r}+\frac{D_2}{(1+r)^2}+\cdots=\sum_{t=1}^{\infty}\frac{D_t}{(1+r)^t} \tag{4.2}$$

这说明股价等于它未来所有预期红利的现值之和。因此，尽管股票投资者在决策时会评估未来股价，但未来股价只不过是更远未来红利的反映。所以归根结底，决定股价的是股票分红的预期，这正是 DDM 的核心思想。

如果我们假设市场预期红利以恒定的速率 g 一直增长下去，则可以把 DDM 定价方程整理为更简洁的形式。具体而言，将 $D_t=D_1(1+g)^{t-1}$ 代入式（4.2），可得

$$S_0=\sum_{t=1}^{\infty}\frac{D_t}{(1+r)^t}=\sum_{t=1}^{\infty}\frac{D_1(1+g)^{t-1}}{(1+r)^t}$$

我们可以假设 $g<r$，这是因为 g 是预期红利的平均增长速率（简称为红利增长率）。而实际中的红利增长率会围绕这一预期的红利增长率上下波动，存在不确定性。于是，市场中红利的贴现率就应该高于 g，以获取风险补偿。这样一来，上式就可以用等比序列的求和公式进一步整理为

$$S_0=\sum_{t=1}^{\infty}\frac{D_1(1+g)^{t-1}}{(1+r)^t}=\frac{D_1}{1+g}\sum_{t=1}^{\infty}\left(\frac{1+g}{1+r}\right)^t=\frac{D_1}{1+g}\,\frac{\frac{1+g}{1+r}}{\left(1-\frac{1+g}{1+r}\right)}$$

将其化简可得

$$S_0=\frac{D_1}{r-g} \tag{4.3}$$

这一定价方程叫作**戈登股利增长模型**（简称**戈登模型**），由戈登（Gordon）于 1959 年提出。

从戈登股利增长模型来看，股价正比于下一期的分红。这个道理很简单，红利越高，股价自然越高。此外，股价还同贴现率与红利增长率的差成反比。这也容易理解，贴现率越高，意味着未来红利在现在投资者的眼中越不值钱，自然就会压低当前股价。而红利增长率越高，则意味着未来的红利越多，现在的股价自然也越高。特别要注意，相比于分红金额来说，贴现率和红利增长率都是比较小的数字，它们的差就更小了。所以，贴现率和红利增长率的微小变化都能导致股价的大幅波动。

在戈登股利增长模型中，红利和红利增长率的确定都没那么困难，但是贴现率 r 究竟应该是多少仍然神秘。由于股票所产生的红利是不确定的，所以贴现股票红利时所用的贴现率 r 肯定应该高于无风险利率。换言之，前文中用国债价格求出的即期利率在这里不适用。事实上，如何确定 r 是一个困扰了投资者很久的问题，也是资产定价理论要解决的核心问题。直到资本资产定价模型（CAPM）问世，才在理论上较为令人满意地回答了这个问题，实务界的投资者们也才可以用系统的方法来取代过去的“拍脑袋”。在介绍 CAPM 之前，我们缺乏足够的知识储备来深究 r 的决定。因此，这里我们暂把疑问保留，先假设贴现率 r 是外生给定的。

4.2.2 横截性条件

对数学比较敏锐的读者可能会发现，在式（4.2）的推导中我们遗漏了一项。严格来说，应该有

$$S_0=\frac{D_1}{1+r}+\frac{D_2}{(1+r)^2}+\cdots=\sum_{t=1}^{\infty}\frac{D_t}{(1+r)^t}+\lim_{t\to\infty}\frac{S_t}{(1+r)^t}$$

即当前股价除了包含未来红利贴现和之外，还包含在无穷远未来股价的现值。只不过在前文推导中我们“偷偷”假设了这个极限等于 0，所以在推导过程中将其略去了。现在我们将这个“偷偷”做出的假设严格写下来，如下所示，

$$\lim_{t\to\infty}\frac{S_t}{(1+r)^t}=0 \tag{4.4}$$

这个假设叫作**横截性条件**（transversality condition）。

有人可能觉得这里有些小题大做了。在无穷远的未来，地球是否存在都是一个未知数，谁还会关心那时候的股价，当然也就更不可能在现在的定价中将它考虑进去了。但与这种直观认知相反，横截性条件其实很重要。这个条件成立时的股价走势会与条件不成立时截然不同。

让我们想象两个人。这两个人就算走路的方向、速率等因素完全一致，只要他们的出发点不一样，他们走出的轨迹也一定不同。而在资产定价中，永远是用对未来的预期来反推当前价格。在这里，对无穷远未来的预期就是预期形成的“起点”，这个“起点”决定了整个预期的形态，进而决定了当前的资产价格。

让我们来看看横截性条件不满足时会发生什么。由于股价不可能是负数，所以如果横截性条件不满足，必定是

$$\lim_{t\to\infty}\frac{S_t}{(1+r)^t}>0 \tag{4.5}$$

也就是说，股价的增长率要比贴现率更高，使得无穷远未来股价的现值为正。在这样的情况下，就算股票永远不分红，投资者也会因为预期中股价的快速上涨而有动力买入股票。因此，股价就在“击鼓传花”的过程中越走越高，这就是股价的**泡沫**（bubble）。

资产价格泡沫，就是投资者仅因资产价格上涨的预期而买入资产，从而推高资产价格的现象。历史上已有无数例子告诉我们，资产价格泡沫注定不会长久，一定会以泡沫破灭、资产价格大幅下跌收场。所以，那些不满足横截性条件的资产价格走势在现实中不会持续太久。在绝大多数情况下，资产价格的走势都不是由泡沫成分所决定的。所以，在金融理论中，我们会一直假设横截性条件的成立，而只在讨论资产价格泡沫时才放松这个假设。因此，横截性条件又被叫作**无泡沫条件**（no-bubble condition）。

4.3 股票市盈率

4.3.1 市盈率公式的推导

DDM 告诉我们，股票的价格取决于其预期分红。显然，企业有了盈利才会分红。在

这一节，我们从红利往前再推进一步，研究盈利与股价之间的关系。我们尤其关注一个在实务界常用的股票估值指标——市盈率。**市盈率**是**市价盈利比率**（price earnings ratio，P/E）的简称。市盈率是股票价格与每股盈利之比，而每股盈利则是公司总盈利除以公司的总股份数。

我们用 E_t 来代表第 t 期股票的每股盈利。我们又假设每期企业都将其盈利的固定比例（设为 k，简称为分红率）用以分红，即

$$D_t = kE_t$$

这样，盈利的增长速率（简称为盈利增速）也应该为 g。将上式代入戈登股利增长模型中可得

$$\frac{S_0}{E_1} = \frac{k}{r-g} \tag{4.6}$$

式（4.6）的左边就是市盈率。这个公式告诉我们，市盈率取决于分红率、贴现率和盈利增速这三个变量。

让我们通过一个具体的算例来建立对市盈率的形象认识。假设一个公司在第 1 期的每股盈利为 10 元（$E_1=10$），分红率为 40%（$k=0.4$），公司盈利增速为 16%（$g=0.16$），市场对公司的贴现率为 20%（$r=0.2$）。将这些数值代入式（4.6），容易算出这个公司的市盈率为

$$\frac{S_0}{E_1} = \frac{k}{r-g} = \frac{0.4}{0.2-0.16} = 10$$

所以，如果公司的每股盈利是 10 元，那么这个公司的股价应该是 100 元一股。

让我们做一个小小的修改，假设公司的盈利增速是 18%，而不是前文中假设的 16%。将 $g=0.18$ 代入市盈率的计算公式可知，此时的市盈率应该为 20。也就是说，如果每股盈利同样是 10 元，此时公司的股价应该是 200 元一股。由此可见，公司盈利增速预期的微小改变都会带来股价的大幅度变化。这反映的是复利的力量——盈利增速的微小差异在未来会变成盈利的巨大差距，自然会对当前股价产生明显影响，所以证券分析师在分析上市企业并推荐股票时，企业盈利增速预测是其最重要的假设。

在前文中我们看到了，企业盈利增速预期不同会导致企业有不同的市盈率，那么我们要问：给定前文中的两种盈利增速预期（以及对应的市盈率），投资者在哪种情形下投资于这只股票所获得的回报率更高？对应到现实中，面对市场中大量市盈率不尽相同的股票，投资者应该买市盈率高的还是应该买低的？

让我们用前文的算例来计算一下。在第 0 期，投资者购买股票的成本就是股票此时的价格 S_0。在第 1 期，投资者的回报是股票第 1 期的分红 D_1 和此时股票的价格 S_1。投资者在第 0 期和第 1 期之间的投资回报率就应该是

$$\frac{D_1+S_1}{S_0}-1$$

在盈利增速为 16%的情况下，

$$D_2 = D_1(1+g) = 4 \times (1+0.16) = 4.64(\text{元})$$

$$S_1 = \frac{D_2}{r-g} = \frac{4.64}{0.2-0.16} = 116(\text{元})$$

此时投资者从第 0 期到第 1 期的回报率为

$$\frac{D_1 + S_1}{S_0} - 1 = \frac{4+116}{100} - 1 = 20\%$$

而在盈利增速为 18%的情况下，

$$D_2 = D_1(1+g) = 4 \times (1+0.18) = 4.72(\text{元})$$

$$S_1 = \frac{D_2}{r-g} = \frac{4.72}{0.2-0.18} = 236(\text{元})$$

此时投资者的回报率为

$$\frac{D_1 + S_1}{S_0} - 1 = \frac{4+236}{200} - 1 = 20\%$$

可见，无论股票市盈率是高还是低（盈利增速是高还是低），带给投资者的回报率都是一样的，都等于我们用来贴现的贴现率。为什么会这样？道理很简单。当我们在利用戈登模型给股票估价时（计算 S_0、S_1），已经利用了贴现率的信息。换言之，我们在给股票定价时已经将盈利增速这个信息考虑进去了（所以算出来的市盈率才会不一样）。因此，只要我们用同样的贴现率来给不同的股票定价，那么不同股票就算市盈率有差异，带给持有者的回报率也一定是一样的。

在这里我们看到了贴现率的重要性。贴现率就是股票投资者所能获得的回报率，这是因为贴现率代表了投资者在这只股票上愿意接受的回报率。如果股票实际产生的回报率高于贴现率，那么会有更多投资者愿意持有这只股票。对这只股票更高的需求会压低其回报率，直到股票回报率等于贴现率为止。反过来，如果实际回报率低于贴现率，对股票的需求则会下降，股价随之下跌，从而令回报率走高。所以，贴现率才是股票定价的关键。贴现率决定了股票的价格（以及市盈率），从而决定了从股票上所能获得的回报率。在无法深究贴现率是如何被决定时，我们对股票价值的分析只能是初步的。

专题框 4-1：房价租金比高就一定存在房价泡沫吗？

我国大城市房价的高速增长一直是各方关注的焦点。关于我国房价是否泡沫化的争论也不绝于耳，论证我国房价过高、存在泡沫的一个常用证据是我国大城市较高的房价租金比。在我国一线城市，房价租金比接近 60 倍——房屋的价格差不多等于 60 年的租金。而美国大城市的房价租金比不过才 20 多倍。但是否能够从我国明显高于美国的房价租金比得出我国房价过高的结论？这一节对股票市盈率的讨论可以帮助我们思考。

我们可以把一套房屋看成一只股票，租金看成股票的盈利。房屋这种股票的分红率显然是 1——房屋产生的所有租金都流向房屋所有者。这样，房价租金比就等同于市盈率。我们用统一的折现率 10%来评估中国和美国的房产，并且假设中国房屋的租金增长率为 8%，美国房屋的租金增长率为 5%。利用前文中计算市盈率的公式（4.6），可以得到中国房屋和美国房屋的房价租金比（市盈率）分别为 50 倍和 20 倍。中美之间租金增长率的差异可以解释中美之间房价租金比的差别。

以上计算只是示意性的，所用的数据未必准确。但考虑到中国远高于美国的经济增速，中国房屋租金增长率高于美国是确定的。在租金增长率不一样的情况下，简单对比中美的房屋租金比没有意义，更不能从这种比较中得到中国房价包含泡沫的结论。

4.3.2　与市盈率相关的投资策略

根据前文中的计算，只要股票估值时选取的贴现率是一样的，投资者在低市盈率和高市盈率股票上所获得的回报率就应该是一样的。但在现实中，价值投资的一个普遍观点就是买入低价（低市盈率）股票。而在我国 A 股市场中，也时常有人建议投资者买入高市盈率股票。这些与前文中结论相悖的流行观点是否错误？

答案是否定的。这些推荐投资者购买低市盈率或高市盈率股票的建议有一定合理性。因为影响股票价格的因素很多，不仅止于戈登模型中列出的三个因素。而且，即使针对这三个因素，投资者的预期也可能随时变化。有些投资者相信低市盈率股票的价格之所以低，是因为市场在短期内忽略了这些股票中的积极信息。这样，买入并持有低市盈率股票就会带来更高回报率。

而如果投资者相信高市盈率公司未来发展还会超过目前市场的想象，那么投资这些股票也可能带来更高回报率［想想腾讯、脸书（Facebook）这样的公司曾经极高的市盈率］。而在 A 股市场中，流通市值小的上市公司（俗称总盘子小）炒作起来更加方便，所以有时也受投资者追捧，反而能在高市盈率的情况下继续（在短期）给出较高回报率。

以上列举的这些多种多样的复杂现实因素显然不能为前文中公式所刻画的简单框架所涵盖［式(4.6)］。因此，不能简单机械地认定这个框架给出的结论时时成立，但这并不意味着这个框架没有价值。这个框架（股利贴现模型、戈登模型）抓住了股票价值估计的两个最核心决定因素（贴现率、红利增长率），是分析股票价格运动的最核心逻辑。

让我们来看看我国 A 股市场的现实状况。在 A 股中，有“申万高市盈率指数”“申万中市盈率指数”“申万低市盈率指数”，可分别跟踪不同市盈率股票的价格走势。如果用一年的时间窗口来看不同市盈率股票的回报率状况，可以发现高市盈率股票相对低市盈率股票的超额回报率时正时负（图 4－1）。在 2007 年的 A 股大牛市中，低市盈率股票的表现大幅好于高市盈率股票。而在 2015 年的股市大牛市中，则是高市盈率股票价格走势明显领先低市盈率股票。但如果计算从 2005 年到 2017 年的累积回报率，高市盈率股票和低市盈率股票的差别不算太大。换言之，前文中理论框架所给出的结论在长期是成立的（图 4－2）。

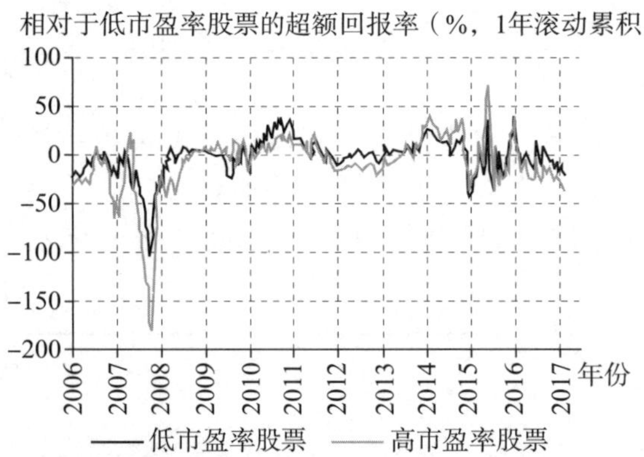

图 4-1　在 A 股市场，高市盈率股票相对于低市盈率股票的超额回报率时正时负

资料来源：Wind

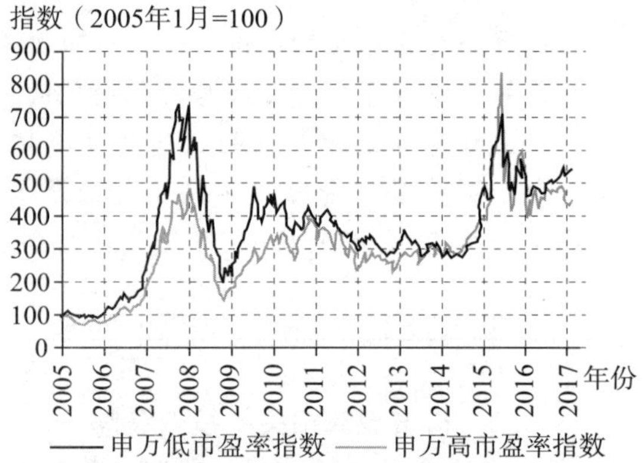

图 4-2　从长期来看，A 股市场中高市盈率股票和低市盈率股票的累积回报率相差不大

资料来源：Wind

4.3.3　投资实务中的市盈率

最后，我们用一个与实务相关的评论来结束这一节的内容。市盈率是一个股票投资实务中常用的指标，投资者需要经常性地计算和分析它。依据所选取盈利时间的不同，市盈率有几种不同的计算方法。

如果用最近 12 个月的累积盈利来计算，可得到**滚动市盈率**（trailing P/E，或者叫作市盈率 TTM）。用前文中的记号来表示，这个市盈率应该为 S_0/E_0，这是最常用的市盈率指标。它名字中之所以有“滚动”二字，是因为每个时点都是用最近 12 个月的盈利来计算，计算盈利的时间窗口在不断滚动。在现实世界中，上市公司一般每年会发布 4 次报告，详细公布其包括盈利在内的财务数据，所以市盈率 TTM 中的盈利一般是加总公司最近 4 次财务报告中的盈利数字。

还有一种市盈率计算方法是用当前股价除以未来 12 个月盈利的预测数，这叫作**动态市盈率**（forward P/E）。这种计算方法与前文公式中所用的市盈率公式一致，为 S_0/E_1。与滚动市盈率相比，这种计算方法将公司未来一年的盈利预期也考虑进来，因而更适用于分析和比较高成长性公司。

其实，除了各种市盈率指标外，还有市净率（price-to-book ratio，简称 P/B）——股票价格与每股净资产之间的比率，市销率（price-to-sales ratio，简称 P/S）——股票价格与每股销售额之间的比率，以及其他很多财务估值比率。不同比率是从不同角度对股价高低进行的刻画，有各自的应用范围。在实务中利用这些比率时，需要基于所研究公司的特性，以及各个比率的具体含义来选择使用。

4.4　股份公司的经营决策

前文中利用戈登模型来推导市盈率公式时，我们看到了公司分红率（k）与股价及市盈率之间的正相关关系。看上去，似乎只要股份公司分红越多，股价就应该越高。那么，股份公司为什么不可以把它所有的盈利都用来分红，从而尽可能推高其股价呢？如果股份公司在市场上借入资金来分红（让红利大于公司盈利），是不是会让公司股价走得更高呢？

仅仅用前文中的框架（股利贴现模型、戈登模型）是很难回答这些问题的，因为这个框架把股份公司的行为当成了外生给定。但实际上，股票的真正价值源于它所代表公司的所有权，源于股东对股份公司经营行为的支配力。在现实中，股份公司与股东之间会有密切的互动，股份公司的行为会受到股东的影响。把这种股东与股份公司的互动忽略掉，自然无法分析股份公司的行为，因而也难以从更基本层面理解股票价值。

在这一节中，我们会用一个两期模型的框架来分析股份公司的行为，探讨企业的经营决策，以及企业管理层与股东的关系，从而为股票估值提供更多洞察。

4.4.1　分红可能性边界

企业的盈利不是凭空而来的，而是需要前期投入才能获得的。可以说，企业盈利是对企业过去投资（购入机器设备等投资行为）的回报。为了在未来持续获得盈利，企业需要进行持续投资。所以，只有在企业盈利中扣除了投资后的剩余部分才能变成红利，写成公式如下所示，

$$企业盈利(E)=企业投资(I)+企业分红(D)$$

所以，要了解企业会分红多少，就要研究企业的投资行为。

我们用图形来研究这个问题（图 4－3）。图 4－3 中的横轴与纵轴分别代表第 1 期（现在）和第 2 期（未来）。图中凹向原点的曲线是企业的**分红可能性边界**（也叫作生产可能性边界），代表企业在第 1 期和第 2 期的可能分红组合。其中，横轴的 D_{1max} 代表企业在第 1 期最大可能的分红数量——企业将其第 1 期的盈利全部用来分红（假设企业不能借钱来分红）。这时，企业完全不为未来投资，其第 2 期的盈利和分红都将为 0（假设企业之前的资本在第 1 期已完全被消耗掉）。由于我们只考虑两期的情况，所以在第 2 期企业必然会将其所有盈利用来分红。纵轴上的 D_{2max} 代表企业在第 2 期最大可能分红数量，它对应着企业在第 1 期完全不分红，并将所有盈利都作为投资的状况。

连接 D_{1max} 与 D_{2max} 的曲线（分红可能性边界）之所以凹向原点，是因为企业投资的边际回报率会不断下降——企业第 1 期分红越大（投资越小），减少第 1 期的分红能够带来的第 2 期分红的增量则越大。企业两期分红的组合应该处于这根曲线和两条坐标轴所围成的面积之内。不过，我们相信企业不会浪费资源，所以只关心分红可能性边界上的状况。

我们再来看股东的意愿。假设股东会把每期所获得的分红全部用来作为当期消费。由于不同的股东可能耐心不一样，所以他们偏好的企业分红方式也不一样。在图 4－3 中，我们用两根凸向原点的无差异曲线代表两位偏好不一样的股东（无差异曲线之所以凸向原点，是因为在股东心中，第 1 期和第 2 期之间的消费替代率会随第 1 期和第 2 期之间消费的变化而变化）。耐心更好的股东（图中的 A）会偏好第 1 期少分红，第 2 期多分红。而耐心更差的股东（图中的 B）则偏好第 1 期多分红，第 2 期少分红。无差异曲线和分红可能性边界的切点就是股东偏好的分红计划。显然，不同股东的无差异曲线会与分红可能性边界相切于不同的点。

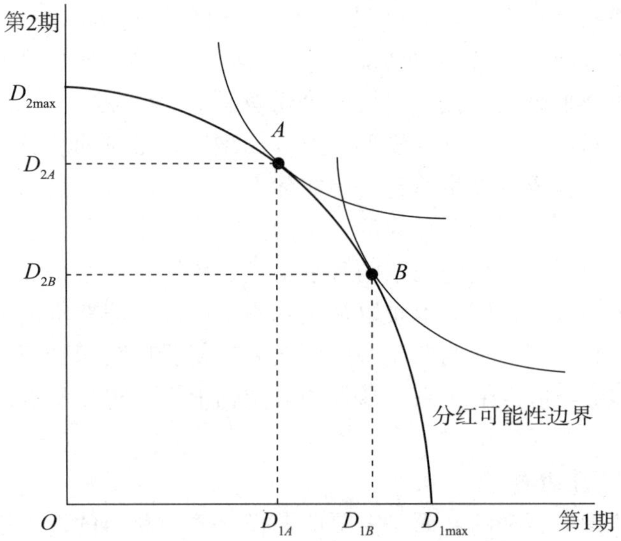

图 4-3　不同耐心程度的股东会选择不同的分红计划

4.4.2　费雪分离定理

前文中的分析带来了问题：在面对股东不同的分红偏好时，股份公司该听谁的？是不是应该等于所有股东偏好的加权平均（以股东持有的股份数量为权重）？经济学家欧文·费雪（Irving Fisher）在其 1930 年的名著《利息理论》（*The Theory of Interest*）中给出了答案。

为了阐述费雪的观点，我们需要先引入市场机会线的概念。**市场机会线**代表了用市场利率 r 在第 1 期和第 2 期之间调配资源所能形成的配置，这根线的斜率应该为 $-(1+r)$。图 4-4 中绘制出了两条不同的市场机会线（对应两个不同的市场利率 r_{big} 与 r_{small}）。两条线的截距都是 C_2，其与横轴的交点是用市场利率计算的 C_2 在第 1 期的现值 $\frac{C_2}{1+r}$。

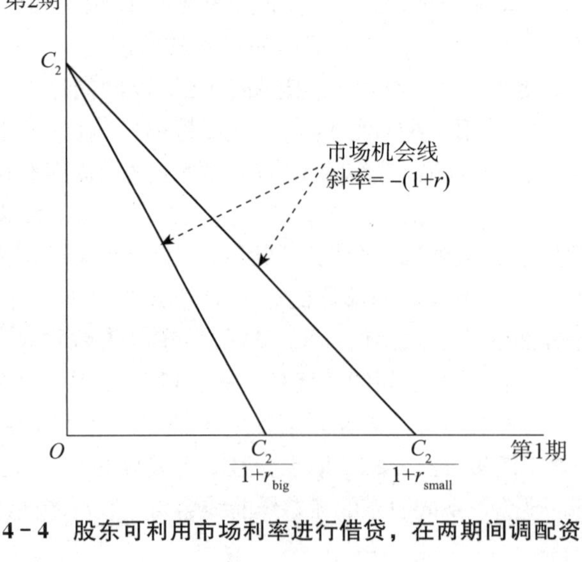

图 4-4　股东可利用市场利率进行借贷，在两期间调配资源

现在我们将分红可能性边界、市场机会线和无差异曲线放在一起，看看会发生什么（图 4－5）。当引入了市场利率以在两期之间调配资源后，股东所面对的选择集就不仅仅是分红可能性边界了。因为股东可以将企业的两期分红利用市场利率转换成自己想要的资源配置，只要所选配置的现值（用市场利率计算）与企业分红的现值一样就行。所以，我们可以找出那条与分红可能性边界相切的市场机会线，这条线上的点代表了企业分红所能达到的最高现值水平（用市场利率计算）。

很明显，股东 A 和股东 B 的无差异曲线与这条市场机会线的切点 A' 与 B'，有着比图 4－3 中无差异曲线和分红可能性边界切点（A 与 B）更高的效用水平。所以，不管股东有什么样的偏好，他们都会愿意让企业按照最大化分红贴现和的方式经营。所以，不管股东如何偏好，他们都愿意让企业按照市场机会线与分红可能性边界的切点 P 来决策。

可以从两个角度来给出切点 P 的经济含义。第一，它说明企业经营时应该让自己的边际投资回报率与市场利率相等。因为当企业的边际投资回报率高于市场利率时，把企业的资金分红给股东，让股东放到市场上去获取市场利率是不划算的，股东不会愿意。反过来，如果企业投资回报率低于市场利率，与其将钱放在企业那里投资，股东还不如将钱拿出来放到市场上赚取市场利率。所以，企业会选择恰到好处的分红量（也决定了投资量）以使企业的边际投资回报率等于市场利率。

第二，当分红可能性边界与市场机会线相切时，企业的两期分红用市场利率折算的现值为最大。而从前文中的股利贴现模型可知，该现值就是企业用市场利率估出来的股价。所以，股份企业的经营目标也可以说是最大化企业股票价值。

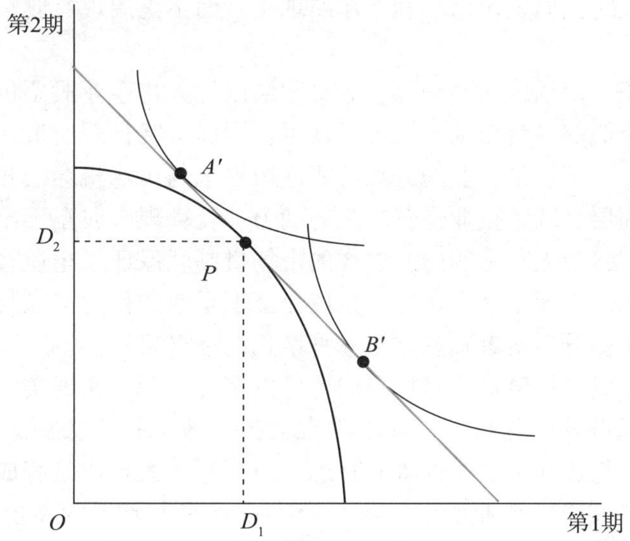

图 4－5　如果可以用市场利率进行借贷，不同耐心程度的股东会选择相同的分红计划

从以上分析中我们看出，企业股东（假设为消费者）在做决策时，包含两个相分离的步骤。第一步，让持有的企业遵循股票价值最大化的目标来进行经营决策（投资、分红）。第二步，在资本市场上借贷，将企业所提供的红利流转换为符合自己偏好的消费流。这两步决策相互独立，互不影响。这种投资决策和消费决策分离的结论叫作**费雪分离定理**(Fisher separation theorem)，由费雪于1930年首次提出。

4.5 对股票估值的再评论

基于前文中所介绍的知识，我们在这里可以更深入地讨论股票估值的意义，并以管窥豹，从股票这个窗口看到资产定价与资源配置之间的关系。

现在我们知道了，给股票估值其实就是用市场的眼光评价企业的经营状况。我们在股利贴现模型中会将市场利率作为贴现率来给股票估值，而市场利率反映了市场中所有参与者的偏好状况。因此，在用市场利率贴现未来分红以求取股票价格时，就是在以市场所有参与者的眼光来审视企业的经营行为，并最终将评价结果总结为一个分数，这个分数就是股票价格。

我们还知道了，决定企业行为的不仅仅是企业股东，还包括所有市场参与者。股份企业当然归企业的股东所有，所以看起来似乎应该是企业股东的想法决定企业经营活动。不过，当企业股份在市场上交易的时候，所有市场参与者都有购买企业股票的权利，都是企业潜在的股东。如果有人认为企业在现有股东的掌控下经营得不好，便会购入企业股票来取代现有股东。用通俗的话来说，“门口的野蛮人”随时可能出现在股份公司的门口。所以，是市场所有参与者的想法决定了企业的行为，而不仅仅是现有股东的想法。这也是为什么在贴现股票分红时我们要用市场利率作贴现率，而不是用现有股东偏好的加权平均收益率作贴现。

我们还可以相信，市场压力会确保企业管理层以最大化企业股票价值为经营目标。企业股价低迷，表明企业的经营活动不被市场认可，因而会降低现有股东的效用——用前文中的图形分析来阐述，那就是企业的分红可能性边界未与市场机会线相切。这时，现有股东就有更换企业管理层、调整企业经营决策的动力。就算现有股东不出手，市场中的其他参与者也可能变成“野蛮人”来闯门。这样的市场机制就保证了企业管理层必须以最大化企业股票价值为目标。实现了这个目标，也就保证了企业的行为与参与市场的消费者的偏好一致，从而服务于提升消费者福利这个经济增长的终极目标。

对于最大化企业股票价值这个目标我们还可以多说几句。在现实中我们经常能看到企业管理层与股东的观点发生分歧。管理层时常会抱怨股东过于关注股价波动这些短期因素，而不能理解自己打造伟大公司的雄心壮志。但打造伟大企业是有成本的，在收益与成本之间如何权衡，应该交给企业股东和整个资本市场来判断，而不能仅由企业管理层决定。当市场不认可管理层的雄心壮志时，市场的潜台词是：这个雄心壮志的回报率太低，与其将资源投注在它之上，还不如放在其他回报率更高的项目上。所以，我们固然可以钦佩某些企业管理者的远大理想，但同样也要警惕不要被这些理想所绑架，反而降低了资源配置效率，降低了所有人的福利。

事实上，如果管理层的雄心壮志确实能带来足够高的回报率，资本市场是会认可的。巴菲特（Buffett）的伯克希尔·哈撒韦（Berkshire Hathaway）公司从来不分红，但从未阻挡人们对该公司股票的追捧。在乔布斯（Jobs）在世时，苹果（Apple）公司也是资本市场上有名的“铁公鸡”，从不分红，但这也不改变市场对苹果公司的认可。而在乔布斯去世之后，因为市场相信苹果公司的发展前景不如以前，苹果公司在市场的压力下已经开始大量分红。

讲到这里，我们必须要回过头来谈谈中国特色和 A 股特色。前文中所讲的这些股价与资源配置、市场与企业经营之间的关系建立在两个重要前提下。第一，资本市场中的参与者（投资者）都是消费者，所以市场利率反映了消费者的偏好，体现了消费者对其福利的认知。第二，企业的股票掌握在消费者手中，所以消费者可以通过市场力量来影响企业经营行为。这样，市场机制可以保证企业的行为与消费者偏好一致，从而最大化消费者的福利。

但在我国，不少上市企业的股份较为集中在非市场化的大股东手中。在这样的市场中，企业管理层受到的市场压力较小，其行为可能长期偏离市场的偏好（具体表现为企业长期不分红，投资低回报项目）。此时，如果用前文中介绍的股票估值方法来看待这些企业，会发现它们没有什么投资价值。当市场中大量企业都是这类企业的时候，A 股市场中价值投资的氛围自然淡薄，炒作股票就成为这个市场中主要的赚钱手段。所以，A 股市场炒作氛围较浓的根本原因并非中国人好赌，而是这个市场的机制使然。因此，在 A 股市场中应用前文中的这些估值方法时，需把中国特色和 A 股特色考虑进来。

4.6 结 语

最后，我们以一个总结和一个疑问来结束这一讲的内容。这一讲我们主要介绍股票的估值方法，但我们一定要把资产价格和经济活动结合起来，才能深刻理解资产价格运行的道理。在股利贴现模型中，对未来红利和贴现率的预期是股价的决定性因素。但如果只是站在心理学的角度去探究这些预期是如何形成的，看到的资产价格就会悬浮于空气中，而没有落脚在客观世界里。很自然地，采用这种心理分析方法的投资者容易迷失在心理迷宫中，在市场情绪的起伏中随波逐流。

我们必须要看到，资产价格是引导资源配置的信号，资源配置又反过来决定了资产价格。只有这样，才能看到资产价格运行背后的决定性经济力量。所以在金融经济学的学习中，我们讲到资产定价时一定不会就价格讲价格，而是要把资产价格放在金融市场和宏观经济的背景中，把它与经济中其他因素的联系勾勒出来。就像在这一讲中一样：我们不能就股价讲股价，而必须要结合股份公司的经营行为来分析股票估值。

经过这一讲，大家应该对贴现率在金融分析中的重要性有了更深刻的认识。贴现率的选取决定了股票估值，也决定了在股票上能够获得的投资回报率。市场利率则反映了市场参与者对贴现率的总体认知，决定着企业的经营行为，那么，究竟应该怎样确定这个贴现率？这便是资产定价理论要回答的核心问题，也是本书未来几讲的主要内容。

进一步阅读指南

股票价值分析在理论上并不十分复杂，却是股票市场中最重要的实务活动。博迪（Bodie）等人所著的《金融学》（*Financial Economics*）第 9 章，以及法博齐等人所著的《金融经济学》（*Financial Economics*）第 2、3、4 章可作为本讲的参考读物。如果想更多了解现实世界中的股票分析和估值，多尔西（Dorsey）所著的《股市真规则》（*The Five Rules for Successful Stock Investing*）是一本名字俗气，但内容极佳的书籍，值得推荐。

练习题

4.1　在分析费雪分离定理的图形中，为什么股东的无差异曲线是凸向原点的？下图中已给出两条不同的无差异曲线，请判断哪条无差异曲线对应的人的耐心更好（不能用与分红可能性边界相切的方法来论证）。

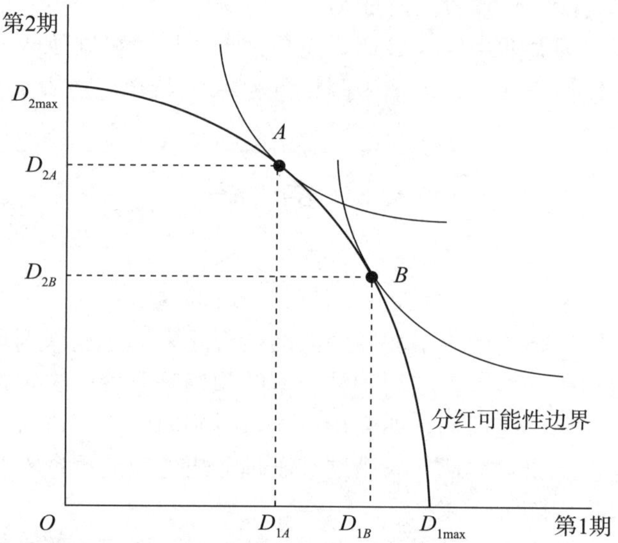

4.2　在一个两期模型中，假设某企业两期的分红可能性边界公式为

$$D_1^2+(D_2+1)^2=20$$

市场上第 1 期与第 2 期之间的利率为 20%。

（a）请计算在这样的设定下，企业两期的分红分别是多少。

（b）如果企业唯一股东的效用函数为 $u(C_1, C_2)=\ln C_1+0.9\ln C_2$。股东两期的消费完全来自企业的分红，以及利用市场利率进行的两期之间的交换。请计算股东的效用是多少。

（c）如果企业的分红可能性边界为 $D_1+D_2=20$，而其他条件都不变，请计算在这种情况下，企业两期的分红和股东的效用分别是多少。

第 5 讲

均值-方差分析

5.1 引言

在前文中，我们初步介绍了债券和股票的价值评估方法。从中可以看出，用什么样的贴现率来估计未来现金流的现值，是资产定价的关键。在引入不确定性之后，贴现率的确定变得更加困难。事实上，在相当长的时间里，金融理论界与实务界都没有很好的方法来确定合理的贴现率，以至于时常用无风险利率来计算风险项目的现值。

解决这个问题的契机出现在 20 世纪 50 年代。当时，马科维茨开始思考投资回报率中的风险因素。马科维茨并没有问贴现率应该是多少，而是问了一个更接近于投资的问题。在真实世界中，投资回报率是不确定的，时高时低，所以谈回报率均值比谈某一时点的回报率更有意义。显然，投资者会偏好更高的回报率均值，但在关心回报率均值的同时，如果投资者还关心刻画了风险度的回报率方差呢？这便是马科维茨当时提出的问题。

马科维茨提出的这个问题看上去并不起眼。他于 1952 年 3 月在《财务学期刊》(*Journal of Finance*) 上发表了一篇仅 14 页的题为《投资组合选择》(Portfolio Selection) 的文章，给出了自己的回答。在一开始，马科维茨回答这个问题所用的均值-方差分析还曾被其博士导师认为只是数学应用，缺乏经济学思维。① 但很快，马科维茨的思想就在金融学中掀起了一场新思想的革命，深刻改变了理论和实务两界。马科维茨也因为他 1952 年 3 月发表

① 马科维茨的这篇文章就是他的博士论文。在论文答辩时，货币经济学大师米尔顿·弗里德曼 (Milton Friedman) 是答辩委员会的成员之一。弗里德曼就认为这篇文章是一篇数学文章，而不是经济学论文。

在《财务学期刊》的这篇仅14页的文章而获得了1990年的诺贝尔经济学奖。

从回报率均值到回报率方差只是思维的一小步，却引发了金融学的第一次革命，将金融理论发展带上了一条快车道。从马科维茨均值-方差分析衍生出来的资本资产定价模型（CAPM）给出了确定资产贴现率的系统方法，从而也给出了资产定价的一个严谨理论框架。

接下来我们看看马科维茨的思想到底新颖在哪里。在以前思考投资的时候，人们往往会把思维聚焦到单一资产的特性上，研究这一种资产的回报状况，考虑它是否适合自己的偏好，自己应该在什么时点买卖。但马科维茨投资组合选择的思路并不仅着眼于一两个单独的资产，而是将所有可选资产看作一个整体，研究怎样组合这些资产使得在为投资者创造最大回报的同时，还将风险降至最低。

我们可以把投资比作到餐馆点菜。许多人是根据每个菜的做工、口味、价格等因素来决定是否点某道菜。但在马科维茨看来，正确的点菜方式应该以搭配出一桌最适合自己口味的宴席为出发点，并不仅仅看某一道菜的味道，而是要将各种菜品搭配起来的口味考虑进来。某些菜品单看起来可能没太大吸引力，但和其他菜品组合在一起，却能增添整桌菜的口味。如果每次只看一个菜，这些菜恐怕多半不会被选中。但如果通盘考虑整个宴席的搭配，这些菜有可能就变得很抢手了。因此，对所有菜品做整体而非个别的分析，并通过优化组合的方式来搭配，是最好的点菜方法。

既然涉及了选择——不管是对单一资产还是对投资组合——首先就必须明确选择的标准。在马科维茨看来，标准有两个，一个是回报，一个是风险。前者用资产的平均回报率（mean，或者说期望回报率）来衡量，后者则用资产回报率的波动程度，也就是回报率的方差（variance）来衡量，这是马科维茨的理论被称为均值-方差分析的原因。

事实上，均值-方差分析并不是一个刻画投资者对资产偏好的完善理论。我们似乎可以说，如果两个投资组合的期望回报率相同而方差不同，那么理性投资者一定会选择方差小的那个组合。而如果两个组合的方差相同而期望回报率不同，那么理性投资者一定会选择均值更大的那个组合（后文中我们会知道未必如此）。但如果两个组合的均值和方差都不同——一个组合的均值和方差都大于另一个组合，这时如果不加入更多的假设，均值-方差分析就无法判断理性投资者会更偏好哪个组合了。我们会在后文中介绍更加严谨的不确定性下的选择理论，大家到时可以看到均值-方差分析只不过是该理论的一个特例。尽管如此，均值-方差分析仍然是分析投资的一个不错出发点。基于均值-方差分析所得到的许多结论具有穿透力和普适性，在后文中介绍的更完善的投资理论中仍然成立。

在应用时，为了方便分析，我们将不同资产的均值-方差状况描绘在以标准差为横轴，回报率均值为纵轴的坐标平面上。标准差（standard deviation）是方差的平方根，也叫作波动率（volatility）。横轴之所以要用标准差而不是方差，是为了要让两条坐标轴的单位一致。而且在后文中我们会看到，从均值-方差分析推导出来的一些重要关系式在均值-标准差平面上会成为直线，方便我们的分析。

为了给大家一些直观的印象，以下两幅图给出了我国股票和债券类资产的均值-标准差特性。图5-1中的各个点代表了我国资本市场中主要股票和债券指数的均值-标准差状况。很明显，债券的回报率均值比股票低得多，但同时其标准差也远小于股票的标准差。

图5-2中绘出了股票市场中主要股指以及主要行业的均值-方差状况。从图中可见，包含了餐饮、医疗、纺织等子行业在内的必需消费品大类在各行业中属于均值和标准差都较低的。而金融、交通运输、TMT（科技、媒体和通信大类，为Technology、Media、Telecom三个英文单词的首字母缩写）三大类均值和标准差都比较高。而在主板、中小板和创业板中，创业板股指的回报率均值和标准差都最大。通过这样的图示，不同资产的回报和风险状况就一目了然了。

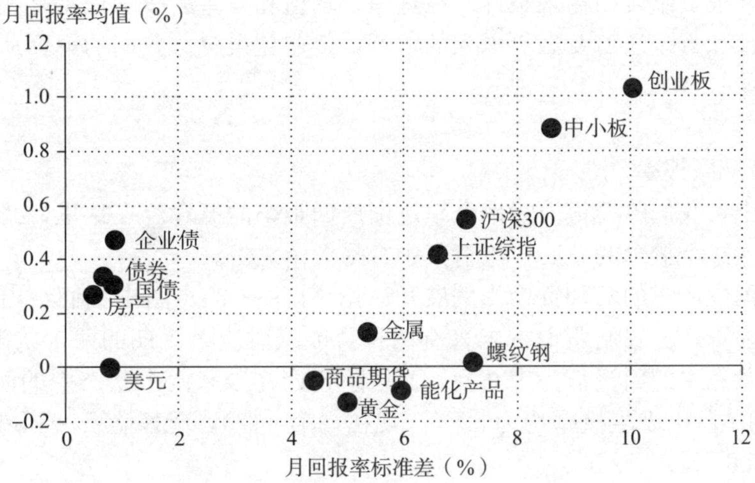

图5-1　中国各类资产的均值-标准差

注：用2011年至2017年的月数据估算

资料来源：Wind

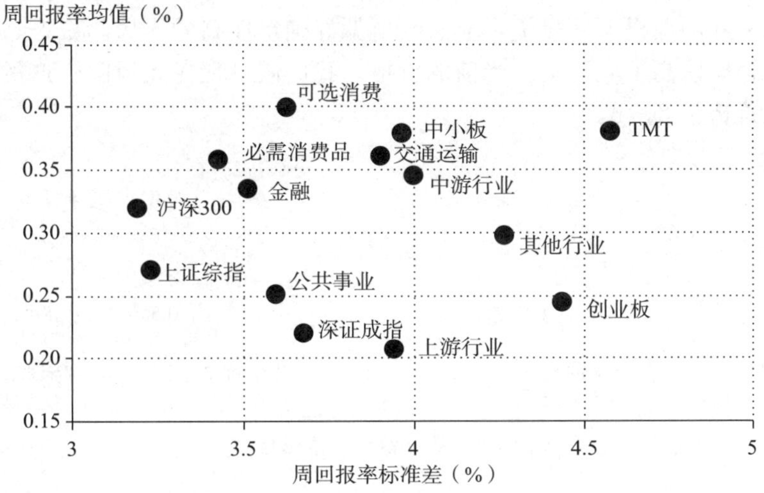

图5-2　A股市场行业均值-标准差状况

注：用2014年至2017年的周数据估算

资料来源：Wind

5.2 对均值和方差的解释

在均值-方差分析中，均值是一种资产过去历史回报率的平均数，而方差反映了这种资产过去历史回报率的波动状况。我们相信均值和方差分别刻画了资产的回报和风险状况，是我们构建投资组合的输入条件。在这里，均值和方差的概念似乎是相当清楚的，但事实上，对均值和方差还需要做更深入的解释，以避免误解。我们的解释从对资产回报率概念的分析开始。

5.2.1 资产回报率

在第 1 讲中，我们曾经很简短地介绍过资产回报率的概念。在这里，我们要在第 1 讲的基础上更深入这个概念的核心，澄清其中容易混淆之处。

我们以下图中所示的两种资产为例展开讨论（图 5 - 3）。图中我们给出了一种无风险资产和一种风险资产。我们假设在未来有两种可能（对应第 1 期的两个状态）。无风险资产在未来两个状态中的回报都为 100 元，而风险资产在未来两个状态中的回报分别为 120 元与 80 元。两个状态发生概率均为 50%。现在（第 0 期），无风险资产和风险资产的价格分别为 90 元和 80 元。

从现在（第 0 期）来看，未来尚未发生，世界究竟会处于两个状态中的哪一个并不清楚。所以，此时只能计算未来（第 1 期）资产回报的期望值（以状态发生概率为权重所计算的各状态下回报的加权平均）。容易算出，两种资产在第 1 期的期望回报均为 100 元。只不过无风险资产能确定性地给出 100 元的回报，而风险资产的回报则可能高也可能低。在期望回报都一样的前提下，投资者显然会更偏好确定性高的无风险资产，所以，无风险资产当前的价格应该高于风险资产当前的价格。我们假设现在无风险资产的价格是 90 元，而风险资产的价格是 80 元。

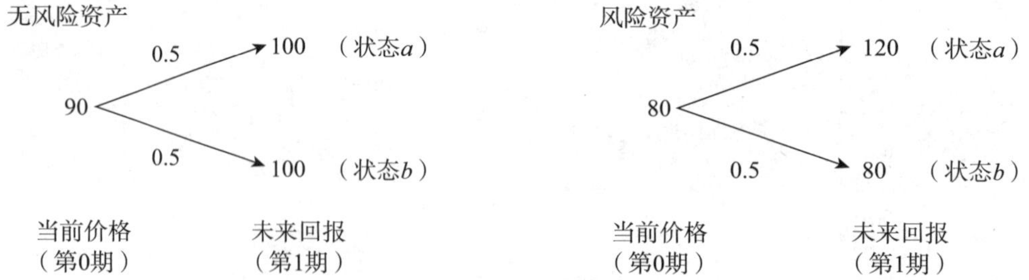

图 5 - 3 两种资产的价格与回报

5.2.2 事前回报率与事后回报率

基于以上设定，可以计算两种资产带给投资者的回报率。在计算回报率时，首先需要明确回报率计算的时点。按照计算时点在回报率对应时期的之前或之后，回报率可以分为**事前回报率**（ex ante rate of return）和**事后回报率**（ex post rate of return）。在前文的例子中，我们要计算第 0 期与第 1 期之间的回报率。如果站在第 0 期来算，得到的就是事前回报率。而如果站在第 1 期来算，得到的就是事后回报率。

事前回报率和事后回报率的最大差异在于是否存在不确定性。在计算事前回报率时，资产回报尚未实现，回报率究竟是多少还无法确知，而只能预期。所以，事前回报率又被称为**期望回报率**（expected rate of return），用资产未来的期望回报除以资产当前价格再减 1 后得到。而在计算事后回报率时，回报已经产生，计算回报率时没有任何不确定性。

对前文例子中的风险资产而言，第 0 期计算的事前回报率（期望回报率）为

$$E(r)=\frac{0.5\times 120+0.5\times 80}{80}-1=25\%$$

其中的 $E(\cdot)$ 是期望算符，代表对括号内的变量求取期望。而如果站在第 1 期计算风险资产在第 0 期与第 1 期之间的事后回报率，会得到两种可能的结果，如下所示，

$$r_a=\frac{120}{80}-1=50\%$$

$$r_b=\frac{80}{80}-1=0\%$$

r_a 与 r_b 都是事后回报率，分别对应在 a 和 b 两个状态下的资产回报率。

而对无风险资产而言，事前回报率为

$$E(r_f)=\frac{0.5\times 100+0.5\times 100}{90}-1\approx 11\%$$

按照惯例，我们用 r_f 来代表无风险回报率（无风险利率）。无风险资产对应于两个状态的事后回报率均为

$$r_{f\mathrm{a}}=r_{f\mathrm{b}}=\frac{100}{90}-1\approx 11\%$$

可以看到，事前和事后的无风险回报率都是相等的，这是无风险回报率的特性。

现在我们要引入风险溢价的概念。**风险溢价**（risk premium）**是风险资产的期望回报率超出无风险资产期望回报率的部分，是对风险资产持有者承担风险的补偿**。这里务必要注意，风险溢价是用期望回报率（事前回报率）之差来计算的，对事后回报率不能谈风险溢价。在前文的算例中，风险资产的风险溢价应该是 $E(r)-E(r_f)=14\%(=25\%-11\%)$，用 $r_{\mathrm{a}}-r_f$ 或 $r_{\mathrm{b}}-r_f$ 来计算风险溢价是错误的。

在资产定价中，我们都是站在现在，试图用资产的期望回报定出资产现在的价格。在期望回报给定后，只要再找出期望回报率，就能得到资产现在的价格，这里的期望回报率就是这一讲一开始说的贴现率。由于无风险回报率在现在就确定可知，所以风险资产定价的关键是找出其风险溢价，有了风险溢价，就有了期望回报率，也就有了资产价格。

5.2.3 事后回报率均值与期望回报率

期望回报率是对资产未来回报率的预估。但在现实中，我们往往用一类资产过去实现

的事后回报率来预测其未来回报率。让我们再来看前文算例中的风险资产。我们可以把这个风险资产想成某一类短期债券，观察这种债券过去的事后回报率表现，可以发现在差不多一半的情况下它的事后回报率是50%，而在另一半情况下事后回报率只是0%。可以算出这种债券在过去事后回报率的均值大致是25%。这样，我们在预估这个资产的未来回报率时，往往就会认为期望回报率等于过去的事后回报率的均值。

在均值-方差分析中我们就是这样做的，用过去的事后回报率均值来代表期望回报率。类似地，我们会用过去事后观察到的回报率方差来代表回报率未来的方差。但在这里一定要清楚，虽然我们分析的数据都是事后回报率的均值和方差，但实际关心的是期望回报率（事前回报率），以及期望回报率中包含的风险溢价。

5.2.4 方差与风险

在均值-方差分析中，用回报率的方差来表征风险，而回报率的方差可用历史数据计算，这似乎没什么好多说的。但我们还要追问一下：风险究竟是什么？当我们把一个代表资产的点画在期望-波动率（即均值-标准差）坐标系中时，这个资产对应的波动率究竟代表什么含义？

一个与之相关，但更为具体的问题是：怎样理解无风险利率在期望-波动率坐标系上的表示，为什么我们假定无风险利率的波动率是0？回忆第3讲中学到的知识，即使是无风险利率也会随时间的变化而变化。比如，在前文的图中也能看到，我国国债收益率的波动率就不是0。

我们以一个算例来开始对上述问题的回答：假设我们确切地知道资产A在未来三年的回报率分别是3%、2%与3%。资产B在未来三年的回报率分别是1%、4%与4%。容易计算出，资产A与资产B未来三年的平均回报率分别是2.67%与3%，未来三年回报率标准差分别是0.58%与1.73%，两种资产回报之间的相关系数为−0.5。请问投资者应该怎样运用这两个资产来构建其资产组合？

事实上，这里并不需要用到什么资产组合的概念。尽管在未来三年中两种资产的回报率都有波动，但这里其实没有不确定性——投资者事前就知道两种资产未来的回报率。因此，不管投资者的风险偏好如何，他都应该把所有财富在第一年投在A上，第二年和第三年投在B上。

当然，前文这个例题中假设的情况是非常不现实的——谁也无法确定知道未来会怎样。但把这个算例放在这里的意义是凸显均值-方差分析中一个可能的混淆之处——对波动率的理解。均值-方差分析，以及未来我们还会学到的其他金融理论，讨论的核心都是对风险的处理。虽然均值-方差分析中用波动率（或方差）来衡量风险，而且这个波动率还是用历史数据计算的（就像在前文例题中我们可以计算未来三年回报率的方差一样），**但风险的本质是不确定的未来**。我们之所以认为那些过去回报波动率更大的资产风险更高，是因为基于历史数据，我们判断这些资产未来回报率的不确定性更大。在前文这个例子中，我们已经假设投资者确知了资产A和资产B未来三年的回报率。所以尽管这两种资产未来的回报率仍然会有波动，但它们本身已经没有不确定性了。

再回到无风险资产。尽管从历史数据中可以看到，无风险资产的回报率也存在波动，但无风险回报率的本质特征是它在未来没有不确定性。当我们买入无风险资产时，可以精确预期其未来会实现的回报率。因此，在期望-波动率坐标系上，我们会把代表无风险回报率的点画在纵轴上，以表示其波动率是 0（尽管其历史数据的波动率不是 0）。

最后再回到期望-波动率坐标系。这一坐标系的横轴代表波动率，这个波动率是对资产未来回报率不确定性的一个表征。尽管这个波动率是用历史数据来计算的，但它的真实含义并非过去的历史波动率。如果非要给横轴的波动率找个更为贴切的含义，那么可以用这么一个相对烦琐的定义方法。

我们知道，一个随机变量在某个时刻会取什么值是不确定的。但我们可以通过一个概率密度函数来刻画这个随机变量，这个函数告诉我们随机变量取不同值的概率。如果一个随机变量的概率密度函数不随时间变化，那么通过对历史数据的分析，可以把这个概率密度函数尽可能精确地估计出来。在期望-波动率坐标系上，横轴的波动率其实应该是资产回报率这个随机变量在未来的概率密度函数对应的波动率。而无风险回报率虽然本身是可能随时间的变化而变化的，但它承诺是多少，最后一定会实现多少。所以，在已经承诺了无风险回报率的前提下，未来会实现的无风险回报率并不是一个随机变量，而是退化成一个常数。对这个常数来说，其波动率自然是 0。而如果是一个风险资产，其承诺的回报率在未来未必能够实现，因而其未来的回报率是一个随机变量，对应概率密度函数的波动率不是 0。当然，未来一个随机变量的概率密度函数是不可能知道的。所以在均值-方差分析的计算中，我们用过去历史数据计算出来的波动率代替了本该对应未来概率密度函数的波动率，但这并不表示历史的波动率就是我们所关心的风险。

5.2.5　均值、方差和标准差的数学描述

这里，我们给出均值、方差和标准差的严格数学描述。如果我们有某资产过去 N 个时期的回报率观测值，这里的回报率显然都是事后回报率，那么，均值-方差分析中用的回报率均值就是这 N 个观测值的平均数，即

$$\bar{r}=\frac{1}{N}\sum_{i=1}^{N}r_i \tag{5.1}$$

而回报率方差的计算公式是

$$\sigma_r^2=\frac{1}{N}\sum_{i=1}^{N}(r_i-\bar{r})^2$$

方差的平方根就是标准差，或者叫作波动率。

$$\sigma_r=\sqrt{\frac{1}{N}\sum_{i=1}^{N}(r_i-\bar{r})^2}$$

如果有两种资产，回报率分别为 x 与 y，那么这两种资产回报率的**协方差**（covariance）为

$$\sigma_{xy}=\frac{1}{N}\sum_{i=1}^{N}(x_i-\bar{x})(y_i-\bar{y})$$

可以把协方差标准化为**相关系数**（correlation coefficient）。相关系数在 -1 和 $+1$ 之间变

化，两个随机变量之间的相关系数如果是+1，则表明这两个变量完全正相关（同向变化）；如果相关系数是−1，则表明二者完全负相关（反向变化）。相关系数的计算方法如下所示，

$$\rho_{xy}=\frac{\sigma_{xy}}{\sigma_x\sigma_y}$$

用期望符号 $E(\cdot)$ 可将均值、方差、协方差的公式简单地写为

$$\bar{r}=E(r),\quad \sigma_r^2=E(r-\bar{r})^2,\quad \sigma_{xy}=E(x-\bar{x})(y-\bar{y}) \tag{5.2}$$

对于以上这种期望符号的写法我们必须要多讲几句。从严格意义上来说，期望是对未来做出的，因此将其写成数学公式后，应该如下所示，

$$E(r)=\sum_{j=1}^{M}p_j r_j \tag{5.3}$$

其中 j 是未来状态的指标，p_j 是未来第 j 种状态发生的概率，r_j 是第 j 种状态下的回报率。式（5.3）中所定义的 $E(r)$ 显然与式（5.1）中的 $\bar{r}$ 不是一回事。但是，我们相信，只要过去的模式会在未来不断重复出现，那么用过去的事后回报率的历史数据计算出来的均值就应该与未来回报率的期望值很接近。所以，对于式（5.2）中列出的几个公式，不要试着从数学上去理解它们（因为从严格的数学意义上来说它们并不成立），而要用金融学的思维来理解。

5.2.6 幸存者偏差

在均值-方差分析中，我们用过去的历史数据来预估未来。不仅均值-方差分析是这么做的，所有的金融分析（无论是理论还是实务）都是这样的。如果未来与过去全无关系，过去的模式不会在未来重演，那么预测就全无可能，资产定价也就无从谈起。因此，我们总是相信过去与未来是相联系的，过去的经验也适用于未来。但苏格兰的哲学家大卫·休谟（David Hume）可不这么想。这里我们虽然无意进入哲学层面的争论中，但还是有必要通过一个例子提醒大家注意这种做法的风险。

在用过去的事后回报率来推算未来的期望回报率时，**幸存者偏差**（survivorship bias）是必须要警惕的陷阱。假设有如图 5 - 4 所示的一种资产，它和前文中的风险资产类似，只是多了一种巨灾状态的可能。在巨灾状态发生时，资产的回报为−1 000 元。巨灾状态发生的概率仅有 1%，平时很难碰到。除此之外，资产分别有 50%和 49%的概率可得到 120 元和 80 元的回报。这一资产现在的价格为 70 元。

如果我们观察这一资产过去的事后回报率，会发现大概有一半情况的资产回报率为 71%(≈120÷70−1)，另一半情况的资产回报率为 14%(≈80÷70−1)。将这两个回报率做个简单平均，得到的回报率均值大概为 43% [=(71%+14%)÷2]。但如果就此认为这个资产的期望回报率为 43%，那就犯大错误了。这是因为我们在观察资产过去的表现时，其实并没有观察到巨灾状态的发生。而在市场定价时，是会把这种可能考虑在内的。如果把三种可能性都考虑在内，这种资产的期望回报率应该是

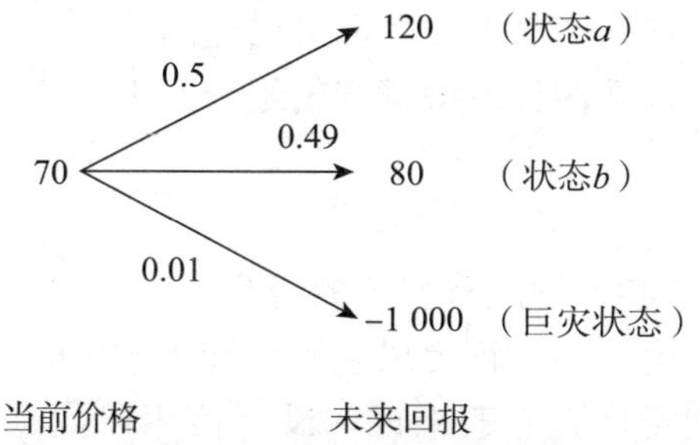

图 5-4　资产的三种可能回报

$$\frac{0.5\times 120+0.49\times 80+0.01\times(-1\ 000)}{70}-1\approx 27\%$$

很明显，在观察过去的历史数据时，我们没有看到巨灾状态的发生，因为那些遭遇了巨灾状态的资产已经退出资本市场了。事实上，在这个例子中，过去的模式是在未来不断重演的（我们假设每期资产落入三种状态中的一种的概率都是不变的）。但是，由于我们过去只是观察到了两种状态的可能，所以巨灾状态这种潜在可能的发生对我们来说还是“新事物”。

所以，尽管在金融分析中必须要假设过去会在未来重演，但我们对这种假设要时时警惕，随时注意关注过去与未来发生“断裂”的可能，这对真实世界中的投资者尤为重要。

5.3　资产组合的均值-方差特性

做了那么多铺垫之后，现在我们终于可以进入均值-方差分析的核心内容，开始分析资产组合了。**资产组合**（portfolio），是由多种资产组合起来的一个资产集合。组合的回报和风险特性当然会受到组合中各个资产的回报和风险特性的影响。但有趣的是，哪怕是同样的几种资产，只要组合的方式不一样，产生的资产组合的特性也会不同。正因为组合的方式对组合最后的结果有影响，所以才衍生出了最优组合的概念，这正是马科维茨的均值-方差分析要讨论的问题。

我们先从数学上来定义什么是资产组合。资产组合是投资者财富在多种资产上的分配状况。组合用财富在不同资产上配置的比例来刻画。比如，一个组合将财富分配在 n 种资产上，这个组合可以记为一个 n 元组（w_1，w_2，…，w_n）。其中的任意一个元素 w_i 是财富分配在第 i 种资产上的比例，分配在所有资产上的财富比例之和应该为 1，即

$$\sum_{i=1}^{n} w_i = 1$$

一般情况下，除了上式外，我们对比例 w_i 不做约束（w_i 可正可负也可为 0）。如果一个资产对应的比例为负数，则说明投资者在做空（short）这种资产。

要分析何为最优资产组合，就必须要知道不同回报和风险特性的资产组合在一起之

后，其回报和风险特性是怎样的。接下来我们会讨论两种基本的组合情况：一种无风险资产和一种风险资产的组合，以及两种风险资产的组合。由这两种组合方式就可以推演出更多种资产组合的结果。

5.3.1 一种无风险资产和一种风险资产的组合

我们首先从最简单的情况——一种无风险资产和一种风险资产的组合开始。无风险资产，是指回报率完全确定的资产。一般来说，没有信用风险（credit risk）的固定收益类（fixed income）资产可被视为无风险资产。而国债（government bond）正是这样的资产，因为国家拥有货币发行权，总是可以保证偿付以本币发行的国债本息。[①] 我们认为无风险资产回报率的波动为 0，因而其回报率是一个常数。在本章的最后一节，我们还会回到无风险资产的波动率，来更深入地认识均值-方差分析中的波动率。

假设无风险资产和风险资产的回报率分别为 r_f 与 r_s。风险资产回报率的均值与标准差分别为 $\bar{r}_s$ 与 σ_s。由于无风险资产回报率为常数，所以它与任何风险资产回报率的协方差都是 0。假设投在无风险资产和风险资产上的财富份额分别为 $1-w$ 与 w，则组合的均值和方差分别为

$$\bar{r}_p = E[(1-w)r_f + wr_s] = (1-w)r_f + w\bar{r}_s = r_f + w(\bar{r}_s - r_f)$$
$$\sigma_p^2 = E[(1-w)r_f + wr_s - (1-w)r_f - w\bar{r}_s]^2 = E[w^2(r_s - \bar{r}_s)^2] = w^2\sigma_s^2$$

随着 w 从 0 变化到 1（投在风险资产上的份额从 0%到 100%），可在组合的均值-标准差坐标系上画出一条连接无风险资产和风险资产的线段。如果允许 $w>1$（允许以无风险利率借入资金来购买风险资产），则该线段还会向右方延伸。容易算出，这条线的公式为（将 w 表示为 σ_p 的函数，再代入 $\bar{r}_p$ 的公式即可）

$$\bar{r}_p = r_f + \frac{\bar{r}_s - r_f}{\sigma_s}\sigma_p$$

说明一点，在均值-方差分析以及接下来要介绍的 CAPM 中，我们习惯于在均值-标准差坐标系上形象地描述资产组合。事实上，在均值-方差坐标系上也能做类似的形象图示。但正如前文中所说，之所以用标准差而不用方差做横轴，是因为在均值-标准差坐标系上，有一些重要关系是线性的，分析起来比较方便，如图 5－5 中无风险资产和风险资产所构成的组合。

5.3.2 两种风险资产的组合

将两种风险资产进行组合，情况变得更加有趣了。假设两种风险资产的回报率分别为 r_1 与 r_2，回报率均值分别为 $\bar{r}_1$ 与 $\bar{r}_2$，回报率标准差分别为 σ_1 与 σ_2，回报率的协方差为 σ_{12}。

---

① 欧元区成立后，欧洲中央银行（European Central Bank，ECB）拥有了欧元区内各个国家的货币发行权，因而剥夺了各国的货币发行权。这样，欧元区内各个国家的国债就从无风险资产变成了风险资产，出现了违约风险。在欧债危机时期，欧洲边缘国家（希腊、爱尔兰、西班牙、葡萄牙、意大利）的国债收益率曾经大幅上升。

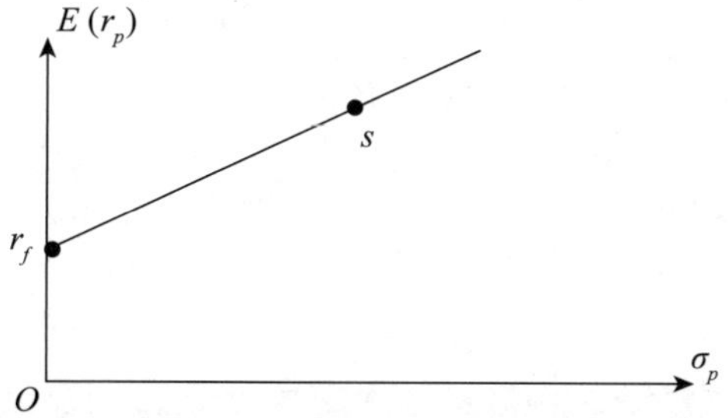

图 5-5 一种无风险资产和一种风险资产的组合

$$\bar{r}_1 = E(r_1), \qquad \bar{r}_2 = E(r_2)$$
$$\sigma_1^2 = E(r_1 - \bar{r}_1)^2, \quad \sigma_2^2 = E(r_2 - \bar{r}_2)^2$$
$$\sigma_{12} = E(r_1 - \bar{r}_1)(r_2 - \bar{r}_2)$$

投在两种资产上的份额分别为 w 与 $1-w$，则组合的期望回报率为

$$\bar{r}_p = E(r) = w\bar{r}_1 + (1-w)\bar{r}_2$$

组合的回报率方差为

$$\begin{aligned}\sigma_p^2 &= E[wr_1 + (1-w)r_2 - w\bar{r}_1 - (1-w)\bar{r}_2]^2 \\ &= E[w(r_1 - \bar{r}_1) + (1-w)(r_2 - \bar{r}_2)]^2 \\ &= E[w^2(r_1 - \bar{r}_1)^2 + (1-w)^2(r_2 - \bar{r}_2)^2 + 2w(1-w)(r_1 - \bar{r}_1)(r_2 - \bar{r}_2)] \\ &= w^2\sigma_1^2 + (1-w)^2\sigma_2^2 + 2w(1-w)\sigma_{12}\end{aligned}$$

随着 w 从 0 变化到 1，组合在均值-标准差坐标系上画出一条连接两个资产的双曲线。如果允许卖空风险资产（w 可能小于 0 或者大于 1），组合的曲线可以向两端延伸。曲线的最左侧点代表通过组合所能达到的最小波动率，这个组合被称为最小方差组合（图 5-6）。我们可以求出最小方差组合中两类资产的权重，其一阶条件为

$$\begin{aligned}&\frac{\partial \sigma_p^2}{\partial w} = 0 \\ &\Rightarrow 2\sigma_1^2 w^* - 2\sigma_2^2(1 - w^*) + 2\sigma_{12} - 4\sigma_{12}w^* = 0 \\ &\Rightarrow 2\sigma_1^2 w^* - 2\sigma_2^2 + 2\sigma_2^2 w^* + 2\sigma_{12} - 4\sigma_{12}w^* = 0 \\ &\Rightarrow \sigma_1^2 w^* - \sigma_2^2 + \sigma_2^2 w^* + \sigma_{12} - 2\sigma_{12}w^* = 0 \\ &\Rightarrow (\sigma_1^2 + \sigma_2^2 - 2\sigma_{12})w^* = \sigma_2^2 - \sigma_{12} \\ &\Rightarrow w^* = \frac{\sigma_2^2 - \sigma_{12}}{\sigma_1^2 + \sigma_2^2 - 2\sigma_{12}}\end{aligned}$$

将此权重代入组合期望回报率的公式，得到最小方差组合的均值为

$$\begin{aligned}\bar{r}_p^* &= w^*\bar{r}_1 + (1 - w^*)\bar{r}_2 \\ &= \frac{\sigma_2^2 - \sigma_{12}}{\sigma_1^2 + \sigma_2^2 - 2\sigma_{12}}\bar{r}_1 + \left(1 - \frac{\sigma_2^2 - \sigma_{12}}{\sigma_1^2 + \sigma_2^2 - 2\sigma_{12}}\right)\bar{r}_2\end{aligned}$$

$$=\frac{\sigma_2^2-\sigma_{12}}{\sigma_1^2+\sigma_2^2-2\sigma_{12}}\bar{r}_1+\frac{\sigma_1^2-\sigma_{12}}{\sigma_1^2+\sigma_2^2-2\sigma_{12}}\bar{r}_2$$
$$=\frac{\sigma_1^2\bar{r}_2+\sigma_2^2\bar{r}_1-\sigma_{12}(\bar{r}_1+\bar{r}_2)}{\sigma_1^2+\sigma_2^2-2\sigma_{12}}$$

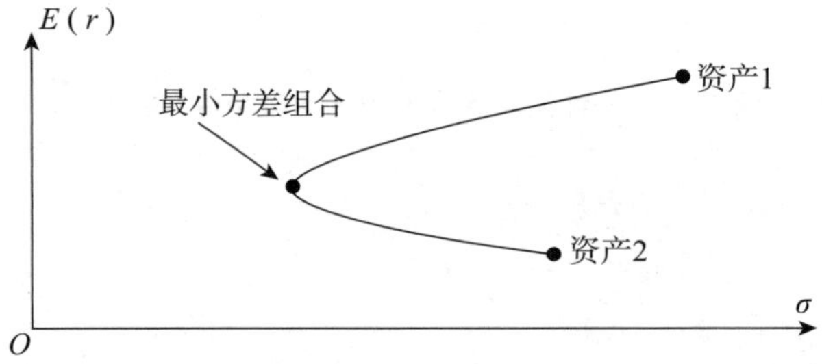

图 5-6　两种风险资产的组合

在组合两种风险资产时，两种风险资产之间的相关性有重要意义。两种资产之间的相关系数越低，能通过组合达到的最小波动率则越低。当两种资产完全负相关时（相关系数为－1），可以通过适当选择组合权重，完全消除组合回报率的波动性。相反，如果两种资产完全正相关（相关系数为＋1），则无法通过组合达到消除波动率的目的，组合在坐标系中变成一条通过两种资产的线段（图 5-7）。不过，两种资产相关系数为＋1 或－1 的情形在现实中不会发生，因而只有理论上探讨的意义。

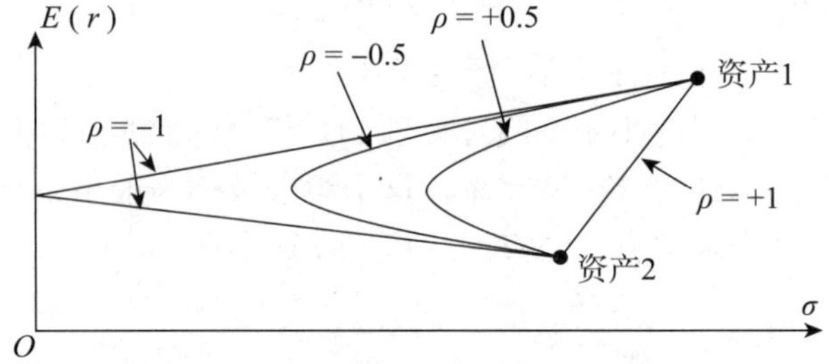

图 5-7　不同相关系数下两种风险资产的组合

通过以上分析能看到**分散化投资**（diversification）的好处。通过将彼此之间不完全正相关的资产组合在一起，可以有效地降低回报率的波动性。而如果把市场上所有可得的资产都放在一起，就能在最大程度上实现风险的分散。

5.3.3　多种风险资产组合的有效前沿

如果存在不止两种风险资产，情况就变得更加复杂。这时，投资组合的回报和风险状况就不再是在一条曲线上，而是变成一片区域。如果可以卖空风险资产，那么这片区域会在坐标系中向右无限延伸（图 5-8）。

我们关心的是这片区域的形状，因为它决定了利用这些风险资产所能得到的所有回报和风险的配对。更加重要地，我们还想知道这一片区域的边界是什么，因为它决定了组合所能得到的最优回报和风险配对。

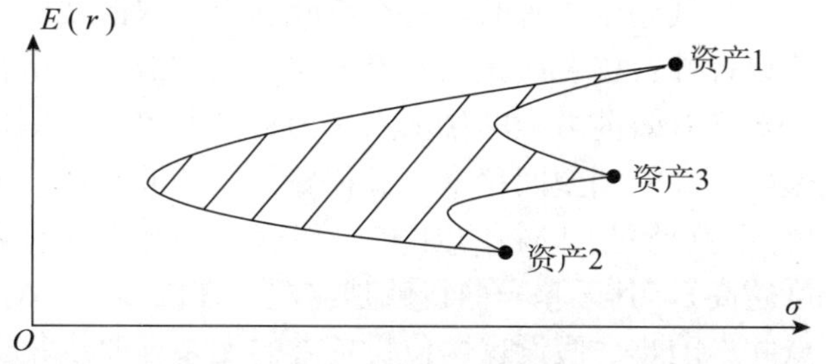

图 5-8　三种风险资产的组合

这一边界的形状可以通过求解一个优化问题来得到，我们将用一个简单的例子来展示求取这一边界的思路。假设存在三种风险资产，回报率分别为 r_1、r_2 与 r_3，回报率均值分别为 $\bar{r}_1$、$\bar{r}_2$ 与 $\bar{r}_3$，回报率标准差分别为 σ_1、σ_2 与 σ_3。为简化分析，我们假设这三种资产的回报两两之间都不相关，在三种资产上配置的权重分别为 w_1、w_2 与 w_3，则资产组合的期望回报率为

$$\bar{r}_p = w_1\bar{r}_1 + w_2\bar{r}_2 + w_3\bar{r}_3$$

组合的回报率方差为

$$\sigma_p^2 = w_1^2\sigma_1^2 + w_2^2\sigma_2^2 + w_3^2\sigma_3^2$$

给定一个回报率均值的要求 $\bar{r}$，选择组合权重来最小化组合回报率方差，如下所示，

$$\begin{aligned} \min_{w1,w2,w3}\ & w_1^2\sigma_1^2 + w_2^2\sigma_2^2 + w_3^2\sigma_3^2 \\ \text{s.t.}\quad & w_1\bar{r}_1 + w_2\bar{r}_2 + w_3\bar{r}_3 = \bar{r} \\ & w_1 + w_2 + w_3 = 1 \end{aligned} \tag{5.4}$$

构建拉格朗日函数如下，

$$\mathcal{L} = w_1^2\sigma_1^2 + w_2^2\sigma_2^2 + w_3^2\sigma_3^2 + \lambda(w_1\bar{r}_1 + w_2\bar{r}_2 + w_3\bar{r}_3 - \bar{r}) + \mu(w_1 + w_2 + w_3 - 1)$$

一阶条件为

$$\frac{\partial \mathcal{L}}{\partial w_i} = 0 : 2\sigma_i^2 w_i + \lambda\bar{r}_i + \mu = 0$$

其中，$i=1$，2，3。通过求解这一优化问题，我们可以对任意 $\bar{r}$ 计算出最优的组合权重，以及对应的组合波动率 σ，这样就可以得到边界的数学公式。

这是一个并不复杂但相当烦琐的优化问题，我们不再往下求解。如果我们不是假设了三种风险资产两两之间不相关，问题还会更加复杂。而在现实中，风险资产的数目成百上千，所以，要求出组合区域的边界必须借助计算机。在更高级的金融知识学习中，将会展示利用矩阵分析技术推导边界的方法。虽然听起来很复杂，但实质上就是在求解类似式（5.4）这样的优化问题。

我们不加证明地给出结论：**在均值-标准差坐标系上，多种风险资产形成的组合区域**

边界是开口向右、上下对称的双曲线。这条双曲线的上半边被称为投资组合的有效前沿(efficient frontier)。由于当波动率相等时，处在有效前沿（双曲线的上半支）上的组合有最高的期望回报率，所以理性投资者应该只选择处在有效前沿上的组合。①

至于投资者究竟会选择有效前沿上的哪一点作为自己的组合，则取决于投资者自己的偏好。由于投资者既偏好更高的期望回报率，又偏好更低的波动率，所以投资者的无差异曲线在均值-标准差坐标系就是向上倾斜的曲线。在均值-标准差坐标系中，投资者风险偏好度越低（风险厌恶度越高），其无差异曲线就越靠左。在图 5－9 中，A 的风险偏好度就低于 B，要看出这一点并不困难。假设这两位投资者的无差异曲线相交于 Z 点。我们来看另一个组合 Z'，相比于 Z，Z' 期望回报率更高，波动率也更大。对 A 来说，Z' 比 Z 更差；对 B 来说，Z' 比 Z 更好。直观来说，A 认为这一幅度期望回报率的上升不足以补偿波动率的上升，而 B 的看法正好相反。所以对 A 来说，要让他接受更高的波动率，需要给出更高的期望回报率的上升作为补偿。所以，A 更不喜欢波动率，因而更加厌恶风险。

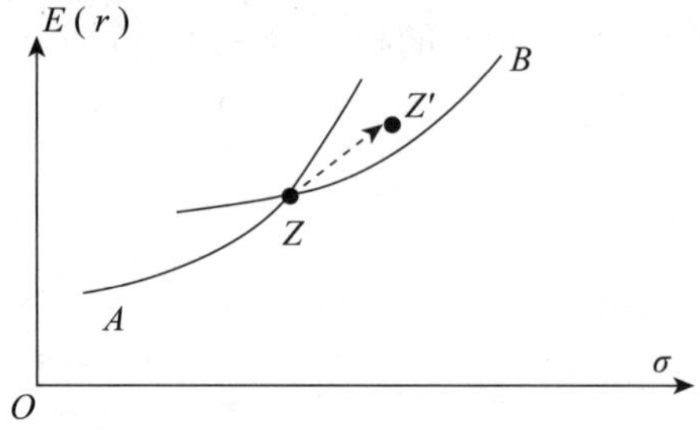

图 5－9　不同风险偏好度的无差异曲线

把无差异曲线和有效前沿放在一起，二者的切点就是投资者会选择的投资组合。直观地说，更加厌恶风险的投资者应该选择期望回报率和波动率都更小的投资组合。如图 5－10 所示，A 的无差异曲线与有效前沿的切点在 B 的无差异曲线与有效前沿的切点左下方。

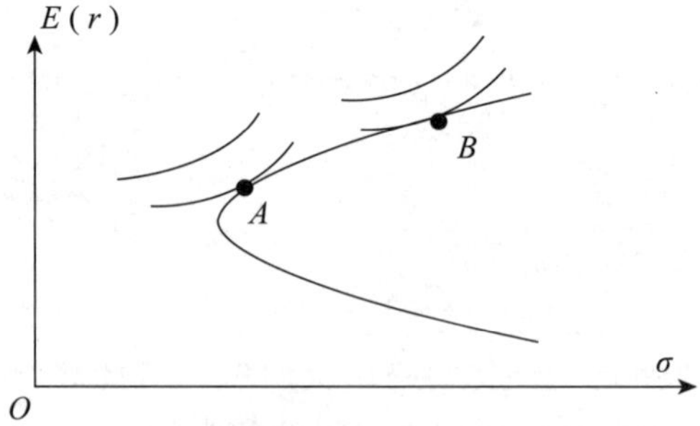

图 5－10　不同投资者对组合的选择

① 严格地说，在均值-标准差坐标系上绘制多种风险资产形成的有效前沿时，应该只画出双曲线的上半支。但把双曲线全部画出来也算不上错。大家记住有效前沿只是上半支，而不是双曲线全部就行了。

5.4　市场组合与共同基金定理

前文中推导了只包含风险资产的组合有效前沿，现在我们在组合中加入无风险资产。我们曾经推导过，一种无风险资产和一种风险资产的组合是一条起点为无风险资产的射线。自然，无风险资产和多种风险资产所有可能的组合就是从无风险资产出发，穿过风险资产组合可能范围的射线簇。在这些射线中，与双曲线上半支相切的射线有最高的期望回报率，这条射线就是包含无风险资产的组合有效前沿（有效前沿从一条双曲线变成了一条射线）。这条射线型的有效前沿在金融学中有一个专门的名字，叫作**资本市场线**（capital market line，简称 *CML*）。资本市场线与双曲线的切点就是**市场组合**（market portfolio），我们一般以字母 M 来指代市场组合。如果市场组合的期望回报率为 $\bar{r}_M$，波动率为 σ_M，则资本市场线的公式为

$$\bar{r}-r_f=\frac{\sigma}{\sigma_M}(\bar{r}_M-r_f)$$

理性的投资者只应该选择处在 *CML* 上的投资组合。而 *CML* 上的所有投资组合都可由市场组合和无风险资产组合得到。换言之，所有投资者，不管其偏好如何，都应该以市场组合的形式持有风险资产。投资者的偏好只是决定他将其财富的多大比例投资在无风险资产上，多大比例投资在市场组合上。正如图 5－11 所示，投资者 A 和 B 虽然有着不同的无差异曲线，但他们都会选择同样的风险资产组合，即市场组合。他们之间的差异只是分配在无风险资产和市场组合上的财富比例不同而已。

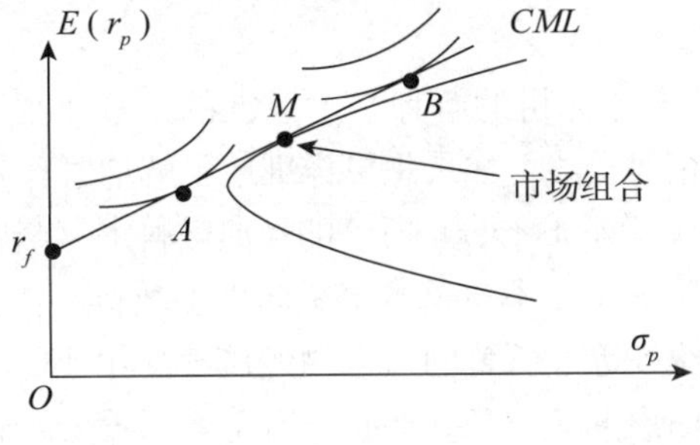

图 5－11　含无风险资产时的有效前沿

随堂问题： 根据均值-方差分析我们知道，在市场组合中，各类风险资产的权重取决于各类资产的期望回报率、方差和协方差。因此，很有可能出现的情况是，某些风险资产计算出来的配置权重小于这类资产在现实世界资本市场中的比重，甚至不能排除某些资产配置权重为 0 的情况。既然大家都以相同的方式——市场组合——来持有风险资产，那些计算出来的配置权重偏小的资产将碰到供大于求的问题，那么卖不掉的资产将会怎么样？

因此，投资经理在帮客户设计市场组合时，可以分两步来完成。第一步，基于各种风险资产的回报和风险特性，构建出市场组合。在这一步中，可以完全不考虑客户的偏好。第二步，根据客户的偏好，将客户的资产在无风险资产和市场组合之间进行配置。这一方

法，就是金融学中著名的**共同基金定理**（mutual fund theorem）所阐述的内容。

共同基金定理又被称为**共同基金分离定理**（mutual fund separation theorem）、**两基金分离定理**（two-fund separation theorem），或者简单称之为**分离定理**（separation theorem）。关于这个定理，有两点需要加以说明。

第一，尽管我们是在包含无风险资产的情况下导出了共同基金定理，但其实在没有无风险资产而只有风险资产时，共同基金定理也成立。只不过这时定理内容变成：**任何有效前沿上的组合均可以由两个处在有效前沿上的组合得到**（注意，是否包括无风险资产的情况都包含在这一宽泛定义中）。这就是说，投资者在做投资决策时，并不需要以所有风险资产为对象来构建资产组合。投资者要做的，只是找到两个处在有效前沿上的资产组合，然后按照自己的风险偏好在两者之间进行配置即可。这一结论也保证了在由风险资产组成的双曲线型有效前沿上任意找两个组合，它们构成的组合也一定在这条双曲线上，而不会落在由双曲线围成的面积之外。

第二，共同基金定理为共同基金行业奠定了理论基础，这是这个定理名称的由来。在思考投资问题时，人们往往认为个人的风险偏好会影响其资产组合。偏好低风险的人就会多买低风险的资产，少买高风险的资产。反过来，偏好高风险的人就会多买高风险资产，少买低风险资产。因此，构建资产组合就是一个高度个性化的事情。但共同基金定理告诉我们，不是这样的。不管投资者的风险偏好如何，他都应该持有相同的风险资产组合，他的风险偏好只决定他把财富的多大比例放到风险资产组合上。因此，基金经理就可以完全不考虑其客户的偏好，而只把精力放到构建具有最优回报和风险配比的资产组合上来。于是，资产组合的构建就不是个性化的事，而是一个可以标准化的产业。

进一步阅读指南

我们在这一讲中对均值-方差分析的解释是示意性的，重在阐释方法背后的金融思想。相应地，这里的论述在技术上相对较浅。如果想更详细地了解均值和方差的数学分析过程和结论，可参考黄奇辅和李兹森博格（Litzenberger）所著的经典教科书《金融经济学基础》（*Foundation for Financial Economics*）的第3章。不过这本书是博士生教材，在技术上要求不低。一个技术性没有那么强的介绍可见法博齐等人所著的《金融经济学》第13章。如果想了解均值-方差分析背后的动人故事，则必看伯恩斯坦（Bernstein）所著的《投资革命：源自象牙塔的华尔街理论》（*Capital Ideas: the Improbable Origins of Modern Wall Street*）的第2、3章。

练习题

5.1 根据以下信息回答问题。

	A公司	B公司
期望回报率	0.10	0.15
标准差	0.15	0.20

（a）如果两只股票之间的相关系数分别为－1、0、0.5，拥有最小风险（标准差）的 A 公司和 B 公司的资产组合是什么？最小风险组合的标准差是多少？随着相关系数由小到大，即从－1 分别移动到 0 和 0.5，组合中 A 公司的权重如何变化？为什么会这样变化？

（b）假设存在一种货币市场基金，可支付 0.05 的无风险利率，将其与 A、B 两公司股票构成组合。在 A、B 两公司股票相关系数分别为－1、0、0.5 的情况下，最优组合中 A 公司与 B 公司股票的相对比例分别是多少？

第 6 讲

资本资产定价模型（CAPM）

6.1 从组合选择到市场均衡

通过第 5 讲的分析我们知道，所有理性投资者都应该以市场组合 M 的形式持有风险资产。我们自然要问：**市场组合 M 是什么样的？**这个问题的答案很简单，却让人吃惊：市场组合 M 应当包含所有的风险资产，甚至包含诸如房地产、人力资本这样极少在市场上交易的资产，而 M 中各类资产的权重就是世界上各类风险资产价值占所有风险资产价值的比率。换言之，**市场组合就是包含了所有风险资产的整个市场**。

初次见到这个答案的人可能会感到十分惊讶。因为根据资产的期望回报率与波动状况，用均值-方差分析方法计算出来的组合权重完全有可能与市场中各类资产的组合比重不一致，甚至有可能计算出某些资产的组合权重为 0 甚至为负数。这么一个依赖于大量前提条件（各类资产的回报和风险状况）的复杂优化问题的结果，怎么会这么巧就和现实中的整个市场一模一样？

但结果就是这么巧，也必须这么巧。其中的关键是资产的回报和风险状况并非一成不变，而是会根据资产的供求状况来调整，以保证各类资产市场都出清（供需相等）。思考到这里，我们就从均值-方差分析的个人选择层面，进入了对市场是否出清，即经济是否达到均衡的思考。迈出这一步，我们就进入了均衡资产定价理论。

均衡（equilibrium），是经济学的一个关键概念，也是经济分析的基本思想。**简单来说，均衡就是所有人都和谐地做到了最好**。对其理解关键有二点：(1) 所有人都做到了最好。按照经济学术语来说，就是**所有人都实现了自己的理性**。(2) 和谐，即**所有人的最优行为融洽并存**。这个定义虽然简单，其结论却很强：**现实世界无时无刻不处在均衡之中**。

因为如果有人没有做到最好（比如明明知道有更好的获利机会而没有抓住），那他必然有偏离当前状态的冲动。而如果不同人的行为不相容，那在逻辑上就不可能发生。比如，“张三与李四都把屋子里唯一的西瓜全部吃下了肚”这句话就不可能在现实中发生。因为只有一个西瓜，如果被张三全部吃了，就不可能再让李四全部吃掉。反过来也一样，只有所有人都相容地做到了各自的最好（实现了各自的理性），所有人才都没有动力去偏离现状，现状才能持续存在下去。经济学认为只有这样的状态才会在现实中被观察到。

我们将均衡概念的更深入分析留到以后讨论投资艺术时。在这里，我们只需要记住，均衡是这么一种所有人相互联系的状态：所有人在此状态中都和谐地实现了自己的最优。每个人的最优由每个人的理性所保证，**而个人行为之间的和谐则由价格的调整来实现**。

回到均值-方差分析，如果计算出来的市场组合与市场构成不一致，那么一定意味着某些资产市场没有出清——供过于求或是供不应求。对那些供过于求的资产来说，其提供者一定有降价销售资产的动力（想卖而卖不掉一定不是最优选择），这样会提升资产的期望回报率，从而增加资产的需求。供不应求的状况则与之相反。所以，在均衡时，各类资产的价格应当处在恰当水平，从而保证每种资产在整个资产市场中的比重就是理性投资者组合优化会选择的组合权重。这样一来，投资者会选择的市场组合就变成了整个市场。简单总结一下逻辑：**如果市场组合与整个市场不同，那么某些资产的供需一定不平衡，从而必然引发资产价格调整，最终使得市场组合一定等同于整个市场**。

到这里我们不禁猜想，**在均衡的时候资产价格会不会满足什么特别的规律？**因为既然均衡时的资产市场会在资产价格的引导下形成这么一种巧妙格局——市场组合就是整个市场——那么资产价格在均衡时也应该呈现一种巧妙的局面。由夏普（Sharpe）首创的**资本资产定价模型**（capital asset pricing model，简称 CAPM）告诉我们这一猜测是正确的——均衡时不同资产的期望回报率满足一种线性关系。

6.2　论证 CAPM 的准备性讨论

正如我们接下来即将推导的，CAPM 表明均衡时不同资产期望回报率之间存在线性关系。我们的推导思路是，以市场已达到均衡作为前提条件，来论证资产期望回报率在均衡时应该满足何种条件。当市场达到均衡时，所有投资者都应该构建了对自己最有利的资产组合。根据第 5 讲的结论，我们知道所有投资者都应该以市场组合的方式来持有风险资产，这是对投资者最有利的组合。在均衡时，投资者没有动力偏离市场组合。这句话可以以两种形式来解读。第一种，投资者没有动力偏离市场组合，说明持有其他组合不会给投资者带来更高的效用。第二种，投资者不会偏离市场组合，也可说明市场组合给投资者带来了最好的回报和风险状况。下文中对 CAPM 的两种论证就沿着这两条思路分别展开。

不过，在进入具体的数学推证之前，我们还需要先回顾两个关系。第一个是**资产价格和资产期望回报率之间的关系**。在前文中我们已经多次说过了，资产定价理论研究的是给定资产未来的回报预期后，资产现在的价格应该是多少。而在回报预期给定的前提下，资产现在的价格与资产的期望回报率实际上是一回事。现在价格越高，期望回报率越低；现在价格越低，期望回报率越高。所以，资产定价问题也可描述为给定对资产的回报预期后，确定资产的期望回报率。CAPM给出了有关资产期望回报率的结论，后文中我们还会看到给出资产现在价格的定价结论。

我们要回顾的第二个关系是**资产过去的回报率均值与资产期望回报率之间的关系**。理论上，投资者应该基于资产的期望回报率状况来形成自己的资产组合。不过，期望回报率一般是难以刻画的，所以在利用均值-方差分析来构造组合时，投资者实际是利用资产过去回报率的均值和方差来作为分析的起点。在这里有一个隐含假设：**资产的期望回报率应该与资产过去产生的（事后）回报率的均值相差不多**。所以，利用均值-方差分析来构造最优组合时，仍然是基于对资产未来回报率状况的预期进行分析，尽管其中用了一个取巧的办法把预期换成了用过去历史数据得到的均值与方差。

在这里，我们似乎碰到了一个先有鸡还是先有蛋的问题。在均值-方差分析中，我们基于对资产未来回报率的预期（期望回报率、波动率）构建了资产组合，并得到了所有人都应该持有同样市场组合的结论。而在即将要讲的CAPM中，我们利用投资者均值-方差偏好下的最优组合结论作为前提，推导了资产期望回报率应该满足的关系。看起来，期望回报率似乎是均值-方差分析的前提条件和结论，但**投资者的资产组合构建行为与资产期望回报率之间究竟谁是因、谁是果、谁决定谁?**

对这个问题的简单答案是，这**二者互为因果，同时被决定**。这就是均衡分析的特点——所有因素同时被决定。比如，当我们在研究一个市场的供求时，当然可以问究竟是需求决定了供给，还是供给决定了需求。但事实上，供给和需求是在施加了市场出清条件后同时被决定的，无所谓谁因谁果。而在CAPM中，期望回报率和投资者的组合构建行为相互影响，并最终实现所有资产市场出清的均衡。在均衡时，二者之间的因果关系是双向的。

最后，我们还要做一个记号上的说明。在第5讲，我们假设资产的期望回报率等于其过去历史回报率的均值，即

$$E(\tilde{r}_i)=\bar{r}_i$$

其中，字母上方加上波浪符号表明这是一个随机变量（random variable）。而字母上方加上一条短横线，则表明这个字母代表的是某个变量的均值。在均值-方差分析中，我们总是用均值（字母上加短横线）来作为输入变量。而在这里讨论资产定价时，我们会把期望回报率用更严格的形式（放在期望算子 E 中）写出来，以避免读者发生混淆。同时，我们会略去表示随机变量的波浪符号，以简化书写。读者应该很容易从上下文中看出哪个变量是随机变量，哪个不是随机变量。

6.3 CAPM的第一种论证

6.3.1 CAPM的假设

前文中我们给出了CAPM的直觉，现在我们来严格推导前文中所猜测的不同资产期望回报率之间的关系。为此，我们引入如下几个假设。

（1）没有交易成本（佣金、买卖价差等）。

（2）没有税收。

（3）所有资产都可以任意交易，并且无限可分。

（4）完全竞争，即所有人都是价格的接受者，没有影响价格的能力。

（5）所有人都以均值-方差的方式选择资产组合，即偏好更高的期望回报率，以及更低的波动率。

（6）所有资产（包括无风险资产）都可以任意买空卖空。

（7）一致预期，即所有人针对相同的时间区间（第 1 期）考虑投资问题，并对资产的期望回报率和波动率状况 $\{E(\tilde{r}_1), E(\tilde{r}_2), \cdots, E(\tilde{r}_n), \sigma(\tilde{r}_1), \sigma(\tilde{r}_2), \cdots, \sigma(\tilde{r}_n)\}$ 有相同预期。

假设（1）～假设（4）是对市场所做的简化假设。假设（5）～假设（7）合起来则意味着所有人都会考虑第 5 讲介绍的均值-方差组合优化问题，并且会以同样的组合权重来持有风险资产。注意，我们并没有假设所有人的风险偏好都是一样的，所以不同人在无风险资产和市场组合之间的财富分配比例是不一样的。但是，一个人只要持有风险资产，就应该以市场组合的形式持有所有风险资产，这正是共同基金定理的结论。

6.3.2　基于效用函数的 CAPM 论证

有多种方法可以推导出 CAPM 定价方程。这里，我们先来看较为直观的一种方法。根据均衡的定义，在均衡的时候，所有投资者都达到最优化，因而没有偏离现状的动力。反过来说，只要有一个投资者有偏离其当前组合选择的动力，当前状态就不是均衡。特别地，对于只持有市场组合，完全不持有无风险资产（也不用无风险利率借贷）的投资者，其组合选择也应该是最优的。我们假设他的偏好可以用如下效用函数来刻画，

$$u(r)=E(r)-A\sigma^2(r) \tag{6.1}$$

其中，A 是一个衡量风险厌恶程度的恰当常数（A 严格大于 0 以确保投资者是风险厌恶的），使得这个投资者在均衡时只持有市场组合，而完全不持有无风险资产。A 的数值目前暂时未知。

有人可能会疑惑，为什么我们一定要找一个完全不持有无风险资产的投资者来进行证明？如果这样的投资者不存在，是不是后文中的结论就不成立了？答案是否定的，这个假设只是为了简化后文中的推导。在后文中我们会留一道习题，让大家用任意一个投资者（可能同时持有无风险资产和市场组合）来证明 CAPM 的结论。

那么，在这个投资者已持有市场组合 M 的前提下，如果让他将投资在 M 上资产的一小部分投资到其他任意一种资产 i 上会怎样呢？我们为投资者构建一个新的组合，其中 $1-w$ 份额的财富仍然投资在市场组合 M 上，剩下的 w 份额财富则投资在资产 i 上。假设资产 i 的期望回报率为 $E(r_i)$，回报率方差为 σ_i^2，回报率与市场组合回报率的协方差为 σ_{iM}。我们不妨将组合 M 和资产 i 合成的新组合叫作组合 p。组合 p 带给投资者的效用为

$$\begin{aligned}u(r_p)&=u[wr_i+(1-w)r_M]\\&=E[wr_i+(1-w)r_M]-A\sigma^2[wr_i+(1-w)r_M]\end{aligned}$$

$$
\begin{aligned}
&= wE(r_i) + (1-w)E(r_M) - A[w^2\sigma_i^2 + (1-w)^2\sigma_M^2 + 2w(1-w)\sigma_{iM}] \\
&= wE(r_i) + (1-w)E(r_M) - A(w^2\sigma_i^2 + \sigma_M^2 - 2w\sigma_M^2 \\
&\quad + w^2\sigma_M^2 + 2w\sigma_{iM} - 2w^2\sigma_{iM}) \\
&= wE(r_i) + (1-w)E(r_M) - Aw^2(\sigma_i^2 + \sigma_M^2 - 2\sigma_{iM}) \\
&\quad - 2Aw(\sigma_{iM} - \sigma_M^2) - A\sigma_M^2
\end{aligned}
$$

可以计算将 w 份额的财富从市场组合 M 转移到资产 i 上，带给投资者的边际效用为

$$
\frac{\mathrm{d}u(r_p)}{\mathrm{d}w} = E(r_i) - E(r_M) - 2Aw(\sigma_i^2 + \sigma_M^2 - 2\sigma_{iM}) - 2A(\sigma_{iM} - \sigma_M^2)
$$

由于 M 是投资者的最优选择，所以在 $w=0$ 处，边际效用应该等于 0——把财富从市场组合分配到其他任意一种资产上不会给投资者带来效用的提升（想想这个边际效用能不能小于 0）。

$$
\left.\frac{\mathrm{d}u(r_p)}{\mathrm{d}w}\right|_{w=0} = E(r_i) - E(r_M) - 2A(\sigma_{iM} - \sigma_M^2) = 0 \tag{6.2}
$$

由于这个边际效用对任何一种资产都是 0，所以理应对无风险资产 r_f 也是 0。将 r_f 代入上式可得

$$
r_f - E(r_M) + 2A\sigma_M^2 = 0
$$

从中推出

$$
A = \frac{E(r_M) - r_f}{2\sigma_M^2}
$$

将计算出来的 A 代入式（6.2），可得

$$
\begin{aligned}
&E(r_i) - E(r_M) - \frac{E(r_M) - r_f}{\sigma_M^2}(\sigma_{iM} - \sigma_M^2) = 0 \\
&\Rightarrow E(r_i) - E(r_M) + E(r_M) - r_f = \frac{\sigma_{iM}}{\sigma_M^2}[E(r_M) - r_f] \\
&\Rightarrow E(r_i) - r_f = \frac{\sigma_{iM}}{\sigma_M^2}[E(r_M) - r_f]
\end{aligned}
$$

如果定义 $\beta_i = \sigma_{iM}/\sigma_M^2$，则上式变形为常见的 CAPM 定价方程，所下所示，

$$
E(r_i) - r_f = \beta_i[E(r_M) - r_f] \tag{6.3}
$$

式（6.3）表明，均衡时所有资产的期望回报率之间存在一个线性关系。线性关系的自变量是各个资产的 β，斜率则是市场组合的超额回报率。

6.3.3 对第一种论证的说明

在上文的推导中，我们引入了投资者的效用函数。这可能会让人怀疑这一证明是否依赖于这种特定效用函数的某些性质，其实并非如此。我们接下来还会给出一个不引入效用

函数的 CAPM 证明。事实上，对 CAPM 来说，真正重要的假设是投资者用均值-方差方式来构造自己的资产组合。

而对于式（6.1）中的效用函数，我们也需要做一些说明。应该说，这个效用函数是相当奇怪的——效用被定义为回报率的函数，而不是通常那样作为最终消费的函数。后文中当我们介绍期望效用理论时，可以知道这样的效用函数实际对应两种期望效用的特殊情况——回报率服从正态分布，或者消费者对消费的效用函数是二次型。目前，请大家暂时抛开对这个效用函数的怀疑，把它理解为投资者对不同资产组合的偏好排序。

在解释了两个技术性的问题之后，现在来看这个证明给我们带来的直觉。前文中说过，当市场达到均衡的时候，所有的市场参与者都应该实现了自己的最优，没有动力改变自己的行为来偏离现状。在式（6.1）中定义的效用函数刻画了组合带给投资者的效用。我们要求，对只持有市场组合 M 的投资者而言，任何对其组合的微小调整（对市场组合 M 的偏离）都无法增加其效用。否则，M 一定不是投资者的最优选择，投资者也一定有动力偏离 M，从而使得当前的状态不是均衡。从这个意义上来说，CAPM 定价方程所呈现的不同资产期望回报率之间的关系，是使得在均衡时所有资产对投资者都显得无差异（分不出谁好谁坏）的条件。

最后我们要说明一下前文中证明的一般性。在证明中，我们假设存在一个只持有市场组合 M，而在无风险资产上无任何头寸的投资者。如果这样的投资者不存在，是不是以上论证就失效了？答案是否定的。我们可以给定任意一位投资者，他的财富在无风险资产和市场组合上的权重分别为 $1-\mu$ 与 μ。本讲的一道练习题会要求读者从这位投资者的角度出发来证明 CAPM 的结论。

6.4　CAPM 的第二种论证

现在，我们给出第二种推证 CAPM 定价方程的方法。这种方法不依赖于对效用函数的假设，而且能够从另外一个角度引出 CAPM 背后的直觉。

6.4.1　基于组合构建的 CAPM 论证

令 $[\sigma_M, E(r_M)]$ 代表市场组合 M。在均衡时，所有理性投资者所选择的资产组合都应该处在资本市场线上。容易得到 CML 的公式为

$$E(r)=r_f+\frac{E(r_M)-r_f}{\sigma_M}\sigma$$

其中的 $E(r)$ 和 σ 是资本市场线上任意一种组合的期望回报率和标准差。我们可用某一风险资产 i 和市场组合 M 构建出一个新的组合，假设这个新组合中的资产 i 和市场组合的份额分别为 w 与 $1-w$。我们将这个新组合的回报率记为 r_w，显然，这是一个受到 w 影响的随机变量。可以计算 r_w 的期望为

$$E(r_w)=wE(r_i)+(1-w)E(r_M)=w[E(r_i)-E(r_M)]+E(r_M) \tag{6.4}$$

标准差为

$$\begin{aligned}\sigma(r_w)&=[w^2\sigma_i^2+(1-w)^2\sigma_M^2+2w(1-w)\sigma_{iM}]^{\frac{1}{2}}\\&=(w^2\sigma_i^2+\sigma_M^2+w^2\sigma_M^2-2w\sigma_M^2+2w\sigma_{iM}-2w^2\sigma_{iM})^{\frac{1}{2}}\\&=[w^2(\sigma_i^2+\sigma_M^2-2\sigma_{iM})+2w(\sigma_{iM}-\sigma_M^2)+\sigma_M^2]^{\frac{1}{2}}\end{aligned}\tag{6.5}$$

当 w 变化时，构建的组合在 $[\sigma,E(r)]$ 平面上画出一条穿过 $[\sigma_M,E(r_M)]$ 和 $[\sigma_i,E(r_i)]$ 的曲线。当 $w=0$ 时，构建的组合就是市场组合 M。因此，这条曲线与资本市场线相交于 $[\sigma_M,E(r_M)]$ 处。但是，这条线又不可能高于资本市场线 CML，否则意味着通过资产 i 和市场组合 M 构建的组合可以达到比资本市场线更优的均值-方差组合，从而与资本市场线的定义矛盾。因此这条曲线只能与资本市场线相切于 $[\sigma_M,E(r_M)]$ 处（图 6-1)。

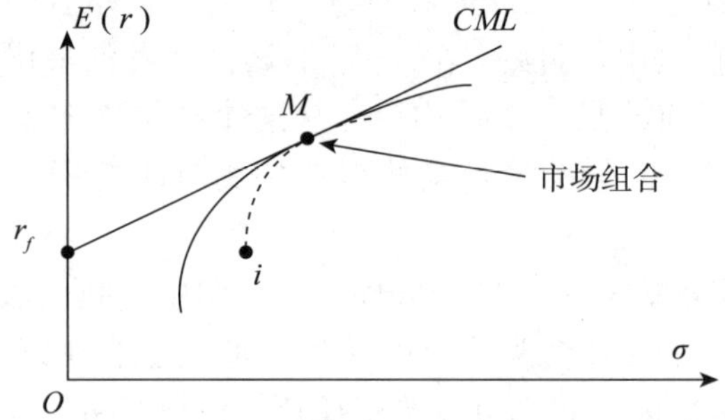

图 6-1　市场组合与某一风险资产的再组合

因此，这条曲线在这一点的斜率应该与资本市场线的斜率相等，即

$$\left.\frac{\mathrm{d}E(r_w)}{\mathrm{d}\sigma(r_w)}\right|_{w=0}=\frac{E(r_M)-r_f}{\sigma_M}\tag{6.6}$$

从求导法则我们知道

$$\frac{\mathrm{d}E(r_w)}{\mathrm{d}\sigma(r_w)}=\frac{\dfrac{\mathrm{d}E(r_w)}{\mathrm{d}w}}{\dfrac{\mathrm{d}\sigma(r_w)}{\mathrm{d}w}}$$

从式（6.4）可知

$$\frac{\mathrm{d}E(r_w)}{\mathrm{d}w}=E(r_i)-E(r_M)\tag{6.7}$$

而从式（6.5）可知

$$\begin{aligned}\frac{\mathrm{d}\sigma(r_w)}{\mathrm{d}w}&=\frac{1}{2}[w^2\sigma_i^2+(1-w)^2\sigma_M^2+2w(1-w)\sigma_{iM}]^{-\frac{1}{2}}\\&\quad\times[2w(\sigma_i^2+\sigma_M^2-2\sigma_{iM})+2(\sigma_{iM}-\sigma_M^2)]\end{aligned}$$

不要被上式的复杂形式吓倒，我们其实只需要知道这个导数在 $w=0$ 处的取值即可，将 $w=0$ 代入上式可得

$$\left.\frac{d\sigma(w)}{dw}\right|_{w=0}=\frac{1}{2}(\sigma_M^2)^{-\frac{1}{2}}\cdot[2(\sigma_{iM}-\sigma_M^2)]=\frac{\sigma_{iM}-\sigma_M^2}{\sigma_M} \tag{6.8}$$

式（6.7）中 $E(r_w)$ 对 w 的求导对所有 w 都成立，自然在 $w=0$ 处也成立。将式（6.7）与式（6.8）代入式（6.6），可得

$$\frac{E(r_i)-E(r_M)}{\dfrac{\sigma_{iM}-\sigma_M^2}{\sigma_M}}=\frac{E(r_M)-r_f}{\sigma_M}$$

$$\Rightarrow\frac{\sigma_M[E(r_i)-E(r_M)]}{\sigma_{iM}-\sigma_M^2}=\frac{E(r_M)-r_f}{\sigma_M}$$

$$\Rightarrow\sigma_M^2E(r_i)-\sigma_M^2E(r_M)=\sigma_{iM}E(r_M)-\sigma_{iM}r_f-\sigma_M^2E(r_M)+\sigma_M^2r_f$$

将其化简可得

$$E(r_i)-r_f=\frac{\sigma_{iM}}{\sigma_M^2}[E(r_M)-r_f]$$

如果定义 $\beta_i=\dfrac{\sigma_{iM}}{\sigma_M^2}$，则上式变形为 CAPM 定价方程，如下所示，

$$E(r_i)-r_f=\beta_i[E(r_M)-r_f]$$

6.4.2　夏普比及对第二种论证的说明

我们来想想在第二种论证中，我们究竟在做什么。简单来说，我们是在分析是否可能通过将市场组合 M 与其他资产组合起来，以获得高于市场组合的**夏普比**（Sharpe Ratio，简称 SR）。

夏普比，是一个在证券投资中被普遍使用的指标。**一项资产（或是一个组合）的夏普比等于其风险溢价（期望回报率减去无风险利率）除以资产的标准差。**对资产 i 来说，其夏普比为

$$SR_i=\frac{E(r_i)-r_f}{\sigma(r_i)}$$

夏普比衡量了通过承担更多的风险（更大的波动率）来获得更高期望回报率的效率。夏普比越高的资产，承担同样风险则能获得更多期望回报率的上升。显然，投资者会偏好夏普比更高的资产（或组合）。

由于期望回报率 $E(r_i)$ 和波动率 $\sigma(r_i)$ 都是无法观测的，所以在实际计算夏普比时，是用过去的回报率均值和标准差来代替的。因此，金融实务中所使用的夏普比公式是

$$SR_i=\frac{\bar{r}_i-r_f}{\sigma_i}$$

其中的 r_i 与 σ_i 是用回报率历史数据计算出来的。

容易看出，**在所有由风险资产构成的组合中，市场组合 M 有最高的夏普比。**市场组

合 M 的夏普比就是资本市场线的斜率。可以回忆一下，在第 5 讲中我们是如何导出资本市场线的。资本市场线是一条穿过无风险利率的线。这条线与风险资产组合所形成的双曲线型边界的上半支相切。换言之，资本市场线是所有穿过无风险资产和风险资产组合的线中斜率最大的一条线。而所有这些线的斜率都是其穿过风险资产（组合）的夏普比。

显然，所有投资者都会偏好于夏普比更高的资产，也会尽力去持有这样的资产。当市场达到均衡时，所有投资者应该都已经穷尽了手段，找到了自己能够找到的最高夏普比的资产。由于均衡时所有投资者都持有市场组合（均值-方差分析的结论），所以市场组合理应是市场中夏普比最高的资产。因此，将市场组合与其他任意一种资产再作组合，一定无法得到更高的夏普比，否则市场就不在均衡中了。这样，我们也就推导出了均衡时资产价格之间的关系——CAPM 定价方程。

6.5 证券市场线和资本市场线

前文中谈到的资本市场线是从均值-方差的组合分析中导出的一个结果。在讲完了 CAPM 之后，我们可以来看一条与之相关，且极易混淆的直线——证券市场线。

CAPM 表明不同资产的期望回报率之间存在线性关系：β 越大的资产，期望回报率应该越高。理论上，如果以 β 为横坐标，资产期望回报率为纵坐标，表征不同资产的点应该处在一条斜率为正的直线上，这条直线就是**证券市场线**（securities market line，简称 *SML*）。证券市场线是 CAPM 导出的可以被验证的数量结论，而用早些年的现实数据，确实可以得到相当优良的 *SML* 拟合。

需要注意，*SML* 虽然看起来与资本市场线 *CML* 很类似，名字也很相像，但表达的是不同的意思。资本市场线 *CML* 是在均值-标准差坐标系上的线，表示由无风险资产和市场组合再组合之后能够实现的回报和风险特性。而证券市场线 *SML* 则是在均值-β 坐标系上的直线，表征的是不同资产的期望回报率随 β 变化而做线性变化的规律。

为了便于比较，我们将证券市场线 *SML* 和资本市场线 *CML* 的公式放在一起，如下所示。

$$E(r_i)=r_f+\beta_i[E(r_M)-r_f]$$

$$E(r_i)=r_f+\frac{\sigma_i}{\sigma_M}[E(r_M)-r_f]$$

可以看到，这两个公式具有类似的形式，都是把资产的期望回报率表示为两部分，如下所示，

期望回报率＝资金的时间价值(无风险利率)＋风险溢价

风险溢价＝风险的度量×风险的价格

两个公式的差别在于，**在 *SML* 中，风险用 β 度量**，风险的价格为 $E(r_M)-r_f$；**而在 *CML* 中，风险用 σ 衡量**，价格为 $\frac{E(r_M)-r_f}{\sigma_M}$。

这个地方很容易产生混淆。因为从数学上来看，*SML* 与 *CML* 同时成立，但它们又把资产的期望回报率表现为不同的形式，这同时成立又不尽相同的两个公式如何调和？其关键在于，这两个公式所应用的对象其实是不一样的。**SML 对所有资产都成立，而 CML 只对那些由所有资产（包括无风险资产及风险资产）组合起来的“有效组合”成立。**所以，*SML* 是一条对所有资产都成立的定价方程，而 *CML* 只是用来描述有效资产组合的“辅助线”。

为了建立更直观的形象，我们绘制了一条证券市场线（图 6－2）。在这条线的附近分布有 A、B、C、D 四项风险资产，它们在均值-β 坐标系上呈线性排列。在均值-标准差坐标系上，我们绘制了 A、B、C、D 四项风险资产（图 6－3），它们都处在风险资产组合的双曲线边界内，但未必会在一条直线上。

市场组合 M 会同时在证券市场线与资本市场线上。在证券市场线上，市场组合 M 正好对应（1，r_M）这一点。相应地，证券市场线的斜率为 r_M-r_f。而在资本市场线上，市场组合 M 对应（σ_M，r_M）这一点。相应地，资本市场线的斜率为 $\frac{r_M-r_f}{\sigma_M}$。

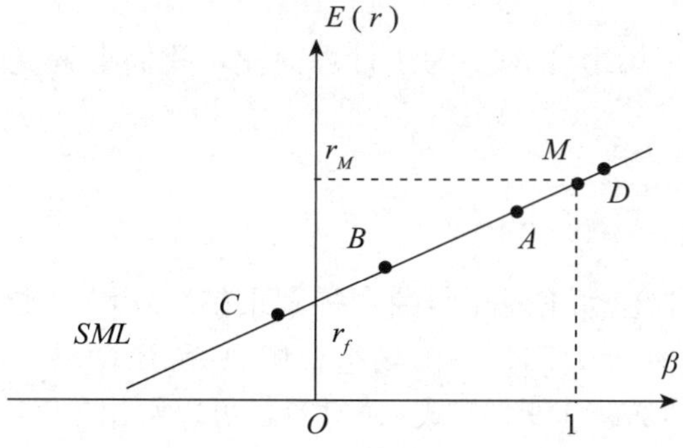

图 6－2　证券市场线与 5 种资产

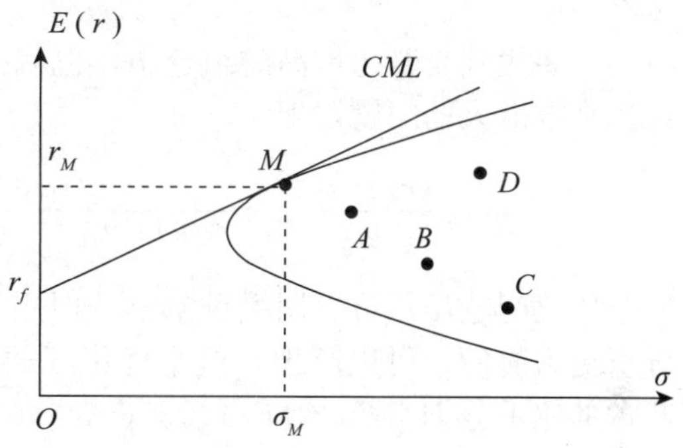

图 6－3　资本市场线与 5 种资产

6.6　一个数值算例

前文中我们从均值-方差分析的最优组合问题，推进到了资产定价的 CAPM，引出了资本市场线、证券市场线等概念。在进入更进一步的讨论之前，用一个具体的算例把这些概念串一下是有益的。

假设整个资产市场中只有三种资产。第一种是无风险资产，支付无风险利率 3%。剩余的两种资产都是风险资产，不妨将其叫作 A 与 B。A 与 B 的期望回报率分别为 $E(r_A)=10\%$ 与 $E(r_B)=6\%$，波动率分别为 $\sigma_A=12\%$ 和 $\sigma_B=8\%$。两种资产的相关系数为 $\rho_{AB}=0.5$。

接下来我们求解这个市场里的市场组合 M 是怎样的。由于这个市场中只有两种风险资产 A 和 B，所以市场组合一定由这两种风险资产构成。我们设一个组合中 A 和 B 的比重分别为 w 与 $1-w$，并把这个组合叫作 p。市场组合就应该是有最高夏普比的组合 p。

根据第 5 讲介绍的均值-方差分析，我们知道，组合 p 的期望回报率为

$$\bar{r}_p = w\bar{r}_A + (1-w)\bar{r}_B$$

注意，按照均值-方差分析的习惯，我们在上式中把回报率的期望写成了回报率均值（字母头上加一短横线）的形式。为什么可以这样写，写成这样时又需要注意些什么，前文中已经有过详细的讨论，此处不再赘述。组合 p 的方差为

$$\begin{aligned}\sigma_p^2 &= w^2\sigma_A^2 + (1-w)2\sigma_B^2 + 2w(1-w)\sigma_{AB} \\ &= w^2\sigma_A^2 + (1-w)2\sigma_B^2 + 2w(1-w)\sigma_A\sigma_B\rho_{AB}\end{aligned}$$

其中，我们将协方差表示成两者标准差和相关系数的乘积，即 $\sigma_{AB}=\sigma_A\sigma_B\rho_{AB}$。

将前文给出的已知条件代入两公式中，可知

$$\bar{r}_p = 0.1w + 0.06(1-w) = 0.06 + 0.04w \tag{6.9}$$

$$\sigma_p^2 = 0.0112w^2 - 0.0032w + 0.0064 \tag{6.10}$$

组合 p 的夏普比为

$$SR_p = \frac{\bar{r}_p - r_f}{\sigma_p}$$

我们只要找到夏普比最高的组合 p，也就找到了市场组合 M。为了计算简便，我们求解夏普比平方最大的问题，即

$$\max_w \frac{(\bar{r}_p - r_f)^2}{\sigma_p^2} = \frac{(0.03+0.04w)^2}{0.0112w^2 - 0.0032w + 0.0064}$$

这个优化问题虽然可以用笔算求解，但用计算机（比如 Excel 中的“规划求解”功能）来分析更为简便。可以解出，这个优化问题的解是 $w=0.76$——市场组合中 A 和 B 两种资产占的比重分别为 76%和 24%。将 $w=0.76$ 代入式（6.9）与式（6.10），可以解出

$$\bar{r}_M = 0.09$$

$$\sigma_M = 0.10$$

组合 p 与资产 A 的协方差为

$$\begin{aligned}\text{cov}(r_p, r_A) &= \text{cov}[wr_A + (1-w)r_B, r_A] \\ &= w\text{cov}(r_A, r_A) + (1-w)\text{cov}(r_B, r_A) \\ &= w\sigma_A^2 + (1-w)\sigma_{AB}\end{aligned}$$

类似地，组合 p 与资产 B 的协方差为

$$\begin{aligned}\text{cov}(r_p, r_B) &= \text{cov}[wr_A + (1-w)r_B, r_B] \\ &= w\text{cov}(r_A, r_B) + (1-w)\text{cov}(r_B, r_B) \\ &= w\sigma_{AB} + (1-w)\sigma_B^2\end{aligned}$$

将 $w=0.76$ 代入以上两式，可以得到市场组合 M 与 A、B 两种资产的协方差分别为 0.012 与 0.005。进一步，可以算出 A 与 B 两种资产的 β 分别为 $\beta_A=1.159$，$\beta_B=0.497$。用 CAPM 定价方程可以计算出

$$\bar{r}_A = r_f + \beta_A(\bar{r}_M - r_f) = 0.03 + 1.159\times(0.09-0.03) = 0.10$$

$$\bar{r}_B = r_f + \beta_B(\bar{r}_M - r_f) = 0.03 + 0.497 \times (0.09 - 0.03) = 0.06$$

与前文已知条件中给出的资产 A 和资产 B 的期望回报率相等。这当然不是偶然的，CAPM 的理论体系保证了必然会得到这样的结果。

当然，如果组合 p 不是市场组合（未能最大化夏普比），那么即使我们按照以上方法算出 β，也不能得到与已知条件相等的两个风险资产的定价。这再次验证了，CAPM 只是在市场达到均衡时才成立。

进一步阅读指南

CAPM 是任何金融学教材必然会涉及的内容。兹维·博迪等所著的《金融学》的第13 章名为“资本资产定价模型”，是一个较为浅显的介绍。理解本讲内容有困难的读者可以用它来入门。法博齐等人所著的《金融经济学》第 14 章对 CAPM 的介绍比本讲更为宽泛，可以作为本讲的扩展性阅读材料。

练习题

6.1　在 6.3.2 节的证明中，我们假设存在一个只持有市场组合 M，而在无风险资产 r_f 上无任何头寸的投资者，证明了 CAPM 的结论。在这里，要用一个任意投资者的效用最大化来论证 CAPM 的结论。假设这位投资者的财富在无风险资产和市场组合上的权重分别为 $1-\mu$ 与 μ，请大家仿照 6.3.2 中的证明过程，证明 CAPM 的结论。

6.2　假设整个资产市场中只有三种资产。第一种是无风险资产，支付无风险利率 5%。剩余的两种资产都是风险资产，分别为 A 与 B。A 与 B 的期望回报率分别为 $E(r_A)=15\%$和 $E(r_B)=10\%$，波动率分别为 $\sigma_A=10\%$和 $\sigma_B=8\%$，两种资产的相关系数为 $\rho_{AB}=0.5$。请求出这个市场里的市场组合 M 是怎样构成的。（提示：用 Excel 的“规划求解”功能可以较为简便地计算出结果。）

6.3　有人可能会有疑问：在均值-标准差坐标上，从无风险资产的点向风险资产组合所引出的所有射线中，一定会有一条与双曲线的上半支相切吗？从数学上来看，如果无风险利率足够高，似乎就能够出现找不到与双曲线上半支相切的情况。下图中的两条虚线是双曲线上下半条的渐近线。当无风险利率高于两条渐近线的交点时，从无风险利率这一点引出的射线就无法与双曲线的上半支相切了。这样一来，资本市场线就不再存在，CAPM 定价方程也不再成立。这种情况会发生吗？为什么？

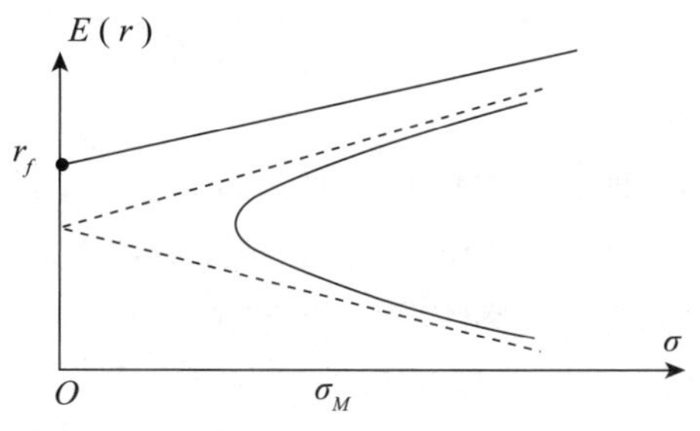

第 7 讲

对 CAPM 的讨论

第 6 讲推导了资本资产定价模型（CAPM）的定价方程。CAPM 说的是，如果所有投资者都采用均值-方差分析来确定其最优组合，那么在理想的状况下（一致预期、无摩擦），均衡时不同资产的期望回报率之间会具有一种线性关系——证券市场线。即 β 越高的资产期望回报率越高，β 越低的资产期望回报率越低，如下所示，

$$E(r_i)-r_f=\beta_i[E(r_M)-r_f] \tag{7.1}$$

不过，CAPM 能够带给我们的收获远不止于这个定价方程。在这一讲中，我们要利用 CAPM 的框架来探讨一些金融问题。大家将会看到，从 CAPM 这个简单框架中得到的结论有时甚至会颠覆我们之前对金融的认识。更加重要的是，在 CAPM 中得到的很多结论在后文的其他定价模型中也成立。相应地，CAPM 带给我们的洞察会在未来的金融分析中一直伴随我们，而这一讲就是对 CAPM 所包含的金融洞察的集中呈现。

7.1 从 CAPM 的视角看风险

7.1.1 风险与分散化

风险是金融分析的核心课题，是判断资产是“好”是“坏”的最主要考虑因素，当然也是资产期望回报率（同时也是资产价格）最重要的决定因素。在学过均值-方差分析和 CAPM 之后，现在我们对风险的认识可以深入一层了。

马科维茨均值-方差分析的一个重要理念是“有得必有失”。投资者既偏好更高投资回报，又厌恶投资中的风险，因而会在二者之间做权衡。在均值-方差分析中，回报由回报

率的均值（资产的期望回报率）来刻画，而风险则由回报率的标准差（又叫作波动率）来表示。顺着这样的思路想下去，我们很容易认为波动率越高的资产在投资者看来越不好，因而需要提供更高的期望回报率来补偿投资者。但 CAPM 告诉我们情况不是这样：**决定资产期望回报率的不是资产回报率的波动率，而是资产回报率与市场组合波动的相关性（由 β 来衡量）**。

之所以会有这样违反直觉的结论，关键在于对风险的定义。风险是对未来回报不确定性的度量。在均值-方差分析中，这一不确定性由资产回报率的波动率来刻画。但在资产定价的时候，必须把投资者对不确定性的应对也考虑进来。**如果某些不确定性可以通过投资者自己的处理而被消除，它就不应该算作真正的风险，市场也就不应该对持有这些不确定性给出奖励**。均值-方差分析的核心逻辑是通过恰当地构造由多种风险资产形成的资产组合，将自己的财富分散投资到组合中的各种资产上，投资者可以将资产回报中的一部分不确定性（波动率）消除掉。

在这里，我们看到了分散化的价值。分散化可以消除资产回报率中的一部分不确定性，从而降低投资者需要承担的不确定性。所以，当我们在金融学中讨论风险时，永远要把风险和分散化联系起来分析。只有那些无法通过分散投资消除掉的不确定性才是真正的风险，才是需要在期望回报率中加以补偿的“坏东西”。

我们可以再追问一句，**无法通过分散投资消除掉的不确定性是什么**？为了回答这个问题，我们先要问：**分散投资的极致是什么**？答案很简单，持有所有资产，就做到了分散投资的极致。而所有资产合起来，就是市场组合。市场组合的波动率就是不能被分散的不确定性，是资产定价时需要加以补偿的风险。

那从市场组合的波动率又怎么能跳到单一资产的风险和定价呢？市场组合是由所有资产组合起来的，市场组合的波动率来自组合中所有资产的波动率，但不同资产对市场组合波动率的贡献不一样。对每一种资产来说，只有那些与市场组合波动率正相关的波动才贡献了市场组合的波动率，剩余的不相关部分则可被分散化消除掉。因此，任意一种资产所包含的真正风险就由其波动与市场组合波动的相关性，更严格地说，由 β 来衡量。因此，完全可能发生的情况是，一种资产回报率的波动率很大，但它所包含的风险其实很小（因为它与市场组合波动的相关性小）。

在文献中，一般把市场组合所包含的不可通过分散化而加以消除的波动叫作**系统性风险**（systematic risk），而各类资产所包含的可以通过分散化消除的波动叫作**个体风险**（idiosyncratic risk）。用这样的术语，CAPM 可概括为**资产价格只奖励对系统性风险的持有**。

7.1.2　三个反直觉的问题

理清了思路之后，我们可以来看几个答案有些反直觉的金融问题，这些问题可以帮助我们加深对风险的理解。

第一个问题我们在第 1 讲就问过。假设一个药品研发公司和一家钢铁公司有相同的期望红利支付，但药品研发公司红利支付的波动性更大。问题是这两家公司中哪一家当前的股票价格应该更高？没有学习 CAPM 之前，我们可能会说，因为药品研发公司红利支付的波动更大，风险更高，所以它更不受投资者欢迎，因而需要给出更高的期望回报率来吸引投资者，所以药品研发公司当前的股价更低。

但这是基于对风险的错误认知而得出的错误结论。市场组合可以被认为反映了整个宏观经济的走势，钢铁公司的经营状况显然与宏观经济有更高的相关性，因而会与市场组合的波动有很高相关性（β 高）。而药品研发虽然不确定性很大，但它的波动应该与宏观经济没太大关系（β 低）。从 CAPM 告诉我们的风险的真正定义来看，钢铁公司的风险高于药品研发公司，所以钢铁公司当前的股价会低于药品研发公司，以便给投资者提供更高的期望回报率作为补偿。

第二个问题我们要问：有没有可能存在期望回报率低于无风险利率的风险资产？当我们说一项资产是风险资产时，这项资产的回报率显然会有波动。如果仅仅把波动理解为风险，那就会很容易认为不可能有期望回报率低于无风险利率的风险资产。因为这样的资产看上去在期望回报率和风险两个维度上都劣于无风险资产，自然不会有人愿意持有它。但是，回报率的波动未必总是个“坏东西”。如果这个波动与市场组合的波动正相关，那它确实增加了资产持有者面临的风险。但如果这个波动与市场组合的波动负相关，那它反而可以对冲掉其他资产带来的一部分风险。此时，回报率的波动就变成了一个“好东西”，投资者会愿意牺牲一点期望回报率来持有它。所以，期望回报率低于无风险利率的风险资产是完全可能存在的。

如果还不容易理解，可以想想保险的例子。购买保险的期望回报率显然应该是负的，因为保险公司需要从保费收入中获得正的期望回报率来维持其经营。汽车事故发生的概率比较小（那些严重汽车事故发生的概率就更小了），这意味着，一个车主购买保险所累积缴纳的保费，会比他不买保险所预期的支出（事故发生的概率乘以事故发生情况下的支出）要高。但绝大多数人愿意购买保险，并承受保险的低期望回报率。低 β 资产类似于保险，可以帮助我们平滑其他资产带来的波动。相应地，投资者会愿意为低 β 资产支付“保费”，对其要求较低的期望回报率。

第三个问题更加复杂一些。我们要问：**面对两种期望回报率一样的资产，投资者是否一定会选择波动率小的资产而不选择波动率大的？**类似可问，面对两种波动率一样的资产，投资者是否一定会选择期望回报率高的而不选择期望回报率低的？

回答是：**是，又不是！**先来说“是”这一部分。从均值-方差偏好来看，答案显然应该是肯定的。我们再把第 6 讲中推导 CAPM 定价方程时使用过的效用函数展示如下，

$$u(r)=E(r)-A\sigma^2(r) \tag{7.2}$$

从这个效用函数来看，如果两种资产的波动率相等（σ 相等），那一定是期望回报率高的资产能带来更高效用。又因为 A 是个大于 0 的数（人都是风险厌恶的），所以两种期望回报率一样的资产，一定是波动率小的资产带来的效用更高。

我们再来说“不是”的这一部分。在讲均值-方差分析时，我们曾把挑选资产的投资者比作在饭店点菜的食客。我们再用这个比喻来分析面对两种资产时投资者如何进行判断。当把两盘菜呈现给点菜食客的时候，食客所想的并非只是这两盘菜，而是会想到，这两盘菜和自己已经点好的其他菜品组合在一起，还能形成许多种不同的宴席搭配。所以**食客并非是在两盘菜中做非此即彼的二选一，而是在这两盘菜所带来的无数种可能中找寻最**

对自己口味的选择。投资者的想法是类似的。当面对两种期望回报率一样而波动率不一样的资产时，投资者并非是在做二选一的选择题。完全有可能的是，将波动率高的资产加入投资者的组合中，反而会改善整个组合的回报和风险特征（获得更高的夏普比），因而投资者也会愿意持有波动率高的资产。事实上，正如我们在均值-方差分析和 CAPM 中所看到的那样，市场上所有的资产（不管其回报率均值和波动率是怎样的）都会被投资者持有。

但这个“不是”的答案不是和式（7.2）中列出的效用函数矛盾了吗？从该效用函数来看，在期望回报率相同的情况下，不是方差越大，效用越低吗？这里其实没有矛盾。**关键是两个资产各自的方差并不是进入效用函数的方差**。投资者在计算自己的效用时，一定是以最优组合的方式持有了所有资产之后，再计算自己的效用。所以，在这个效用函数中的方差只能是投资者持有的最优资产组合的方差，而不是各个资产自身回报率的方差。

有些人可能会问，如果是这样，我们一开始设定投资者的均值-方差偏好又有什么意义？是不是可以不要做出这样的偏好假设？答案当然是否定的。我们至此得到的所有结论都是基于均值-方差偏好而得到的。不过，**均值-方差偏好只能用来做评价最优组合的判断标准**。在这些最优组合中，所有可被分散的风险都已被分散，只存在系统性风险。在这些最优组合中，如果两个组合期望回报率一样，而波动率又不同，那么投资者一定会选择波动率小的那个最优组合。而对（风险未被充分分散的）任意两种资产，不能用均值-方差偏好来说投资者会选择一个，而不选择另一个。这就好比对一位只关注宴席整体感受的食客，只有在配好的不同宴席之间才能说哪个更好吃、哪个更难吃，而在两个单独的菜品之间，这位食客没法说谁更好、谁更差。

7.1.3　一个例子

我们现在通过一个比较极端的例子来进一步凸显 CAPM 中风险的含义。假设某个世界中有两个聚宝盆 A 和 B，所有投资者只能选择这两种风险资产。明天，有 1/2 可能性聚宝盆 A 里出现 1 元钱，同时 B 里什么也没有；还有 1/2 的可能性聚宝盆 B 里出现 1 元钱，同时 A 里什么也没有。假设今天到明天的无风险利率为 0——今天借 1 元，明天还 1 元（无风险利率为 0 纯粹是个简化假设，对后面的结论没有本质影响）。请问聚宝盆 A 和 B 在今天的价格分别为多少？

我们首先来计算聚宝盆 A 和 B 在明天的期望回报。注意，这里我们要算的不是“回报率”，而是“回报”。也就是说，持有一个聚宝盆，明天期望能收到多少钱。由于聚宝盆 A 和 B 完全对称，所以我们只要算出了 A 的期望回报，也就得到了 B 的期望回报。我们以 $E(\mathrm{A})$ 来表示聚宝盆 A 明天的期望回报，$\mathrm{var}(\mathrm{A})$ 来表示聚宝盆 A 明天回报的方差。容易计算出

$$E(\mathrm{A}) = 0.5 \times 1 + 0.5 \times 0 = 0.5$$

$$\mathrm{var}(\mathrm{A}) = 0.5 \times [1 - E(\mathrm{A})]^2 + 0.5 \times [0 - E(\mathrm{A})]^2 = 0.25$$

显然，聚宝盆 A 和 B 的回报存在不确定性。因此，天真的人可能会认为，为了吸引人在今天持有聚宝盆 A，聚宝盆 A 今天的价格应该小于它明天的期望回报 0.5，从而令持有聚宝盆的期望回报率大于 0 这个无风险利率。但事实并非如此。

我们要以资产组合的思路来审视这个问题。这个世界中由于只存在 A 和 B 两种风险资产，所以包含所有风险的市场组合 M 也就只可能包含这两种资产。假设某个组合 P_w 是由 w 份额的聚宝盆 A，以及 $1-w$ 份额的聚宝盆 B 所组成，则组合 P_w 明天的期望回报为

$$E(P_w)=0.5\times w+0.5\times(1-w)=0.5$$

而组合回报的方差为

$$\begin{aligned}\text{var}(P_w) &= 0.5\times[1\times w+0\times(1-w)-0.5]^2+0.5\times[0\times w+1\times(1-w)-0.5]^2\\ &= 0.5\times(w-0.5)^2+0.5\times(0.5-w)^2\\ &= (w-0.5)^2\end{aligned}$$

显然，当 $w=0.5$ 的时候，组合回报的方差最小，其值为 0。也就是说，持有 1/2 个聚宝盆 A 和 1/2 个聚宝盆 B 的组合变成一个无风险的资产，明天的回报确定性地为 0.5。所以，这个组合的回报率应该就是无风险利率。相应地，这个组合在今天的价格一定为 0.5。组合 $P_{0.5}$ 一定就是市场组合 M，只不过这时情况很特殊，市场组合就是无风险资产。而市场组合与聚宝盆 A 或 B 的回报的协方差均为 0，所以 A 和 B 的 β 均为 0。①因此，根据 CAPM，A 和 B 的回报率都不含有风险溢价，应该等于 0。相应地，A 和 B 今天的价格都应该等于它们明天的期望回报，也就是 0.5。

接下来我们验证这一点。由于 A 和 B 完全对称，所以 A 和 B 在今天的价格应该完全相同。如果 A 和 B 的价格小于 0.5，那就出现了套利机会。这时，各买半个 A 和半个 B 所付出的价格会小于 0.5。而到明天，半个 A 和半个 B 加起来会确定性地提供 0.5 的回报。这样，理性的投资者会大量套利，推高 A 和 B 的价格，使其今天的价格等于 0.5。如果 A 和 B 的价格大于 0.5，则可以通过在今天卖空半个 A 和半个 B 的组合来套利。所以当达到最终均衡的时候，A 和 B 的价格一定等于 0.5。

在这个例子中，我们可以看到回报（率）本身的波动并不一定导致市场的风险补偿。也就是说，市场并不会因为投资者承担了波动，就提供风险溢价。原因在于，聪明的市场知道，像本例中 A 和 B 单个回报的波动，可以通过分散投资的方式加以消除。对于这种可以消除的波动，市场就不会给予补偿。

当然，不排除有人会单买 A 或单买 B。但理性人应该知道，这样的做法其实不好，因为我们完全可以通过同时持有 A 和 B 来达到同样的期望回报，同时降低回报的波动。换言之，单买 A 或 B 的行为是"犯傻"了，市场不会奖赏投资者的"犯傻"。

放在 CAPM 的语境中来说这个逻辑，就是任意资产的回报率波动中，有一部分是可以被分散掉的个体风险，还有一部分是不能被分散掉的系统性风险。理性的投资者要持有风险资产，应该是以消除了所有个体风险的市场组合的方式持有。某个投资者可能会以别的方式持有风险资产，但他这么做必然会导致他承担过多的风险，市场不会补偿这样愚蠢的行为。

需要注意，上述例子的求解是在部分均衡的框架下进行的。也就是说，我们把无风险利率当成给定的，也不关心各种资产的供给和需求状况。因此，这里给出的两个聚宝盆的

① 严格地说，由于此时市场组合的方差为 0，所以没有办法计算 β，但我们可以通过协方差为 0 来判断 $\beta=0$。

定价，其实是基于一系列隐含假设。换句话说，这里我们计算出来的价格未必就是对的。我们会在讨论资产市场的一般均衡时回到这个问题，在这里，我们先把视线聚焦在资产相互组合从而消除风险这一点上。

在结束这个例子的讨论之前，我们还可以从这个例子中得到一个重要的观察。用 CAPM 的框架来看，无风险利率的 β 一定是 0。**但 $\boldsymbol{\beta}$ 是 0 的资产一定是无风险资产吗？未必。**从这个例子中，我们看到聚宝盆 A 和 B 的 β 都应该是 0，但它们单独来看都不是无风险的。β 为 0 的资产只是期望回报率应该等于无风险利率，但未必是无风险资产。

随堂问题：如果有很大一部分投资者就是愿意一直“犯傻”，那么他们的行为难道不会让市场价格偏离 CAPM 所预期的价格吗?

7.2　CAPM 的估计

理论的目的是解释现实，指导实践，所以在运用 CAPM 之前，我们需要知道这一理论是否符合现实。我们已推导出了 CAPM 定价方程——证券市场线 *SML*，这是用真实数据来检验的数量关系，因此我们对 CAPM 的估计就从这个直线方程入手。

我们定义某资产 i 的超额回报率（回报率减去无风险利率）为 $\tilde{r}_i$，市场组合 M 的超额回报率为 $\tilde{r}_M$。根据式（7.1），应该有如下的公式成立，

$$E(\tilde{r}_i)=\beta_i E(\tilde{r}_M) \tag{7.3}$$

不过，CAPM 只是从一个角度给出的资产定价的结论，除了与市场组合的相关性这一决定因素以外，真实世界中还会有其他因素也在影响资产期望回报率。所以，当用真实世界中的数据来检验时，式（7.3）应该不会那么精确地成立。因此在实践中，我们估计 CAPM 的计量模型采取如下形式，

$$\tilde{r}_i=\alpha_i+\beta_i\tilde{r}_M+\tilde{\varepsilon}_i \tag{7.4}$$

式（7.4）又被叫作**单一指数模型**（single-index model）。其中，α_i 为截距项，是一个常数。$\tilde{\varepsilon}_i$ 为残差项，是一个随机变量。α_i 与 $\tilde{\varepsilon}_i$ 都代表了资产回报率中不能为市场组合所解释的部分。如果 CAPM 理论精确成立，市场只补偿资产所含有的系统性风险，而不补偿资产中的个体风险，那么 α_i 与 $\tilde{\varepsilon}_i$ 都应该是 0，但现实中往往不是这样。

我们可以用**最小二乘法**（ordinary least square，简称 OLS）来估计式（7.4）的计量模型。假设我们已搜集到了第 0 期到第 T 期的历史数据。第 t 期（$t=0,1,\cdots,T$）某资产 i 和市场组合的超额回报率分别记为 r_{it} 与 r_{Mt}。其中，r_{it} 是资产 i 的回报率减去无风险利率，但市场组合的超额回报率 r_{Mt} 需要多说两句。所谓市场组合，理论上是包含所有资产的资产市场——除股票、债券等常见证券外，甚至包含房地产、人力资本等交易没那么活跃或是干脆无法交易的资产。显然，这种严格意义下市场组合的回报率是无法获得的，所以在实践中，往往用股票市场的总指数来代表市场组合。由于股票指数的波动远远大于其他资产价格的波动，市场组合的波动应该接近股票指数的波动，因此，用股票指数来代表市场组合也算一个不太差的近似。

现在我们来估计式（7.4）的计量模型。如果已经知道了 α_i 和 β_i 的取值，那么在每一个时期 t 都可以计算出一个残差，如下所示，

$$\varepsilon_{it}=r_{it}-\alpha_i-\beta_i r_{Mt}$$

OLS 估计就是要通过选取 α_i 和 β_i 的取值来使得各期的残差平方和最小，如下所示，

$$\min_{\alpha_i,\beta_i}\sum_{t=0}^{T}\varepsilon_{it}^2=\sum_{t=0}^{T}(r_{it}-\alpha_i-\beta_i r_{Mt})^2$$

学过计量经济学的人应该知道，通过 OLS 得到的 β_i 的估计值是

$$\hat{\beta}_i=\frac{\text{cov}(\tilde{r}_i,\ \tilde{r}_M)}{\text{var}(\tilde{r}_M)}=\frac{\sigma_{iM}}{\sigma_M^2}$$

也就是说，估计出来的 β_i 应该等于资产 i 的 β，这就给出了一种用计量方法找出每种资产 β 的方法。

上文中的计量模型为我们分解资产 i 的风险（用回报率方差来衡量）提供了一条思路。在式（7.4）中，按照定义，$\beta_i\tilde{r}_M$ 应该与 $\tilde{\varepsilon}_i$ 不相关，这是因为 $\tilde{\varepsilon}_i$ 按定义应该是不能被 $\tilde{r}_M$ 解释的部分。如果 $\beta_i\tilde{r}_M$ 与 $\tilde{\varepsilon}_i$ 相关，那就说明 $\tilde{\varepsilon}_i$ 中还有能被 $\tilde{r}_M$ 解释的部分，从而与定义矛盾。因此，我们有

$$\text{cov}(\beta_i\tilde{r}_M,\tilde{\varepsilon}_i)=0$$

所以

$$\begin{aligned}\text{var}(\tilde{r}_i)&=\text{var}(\alpha_i+\beta_i\tilde{r}_M+\tilde{\varepsilon}_i)\\&=\text{var}(\beta_i\tilde{r}_M)+\text{var}(\tilde{\varepsilon}_i)+2\text{cov}(\beta_i\tilde{r}_M,\tilde{\varepsilon}_i)\\&=\beta_i^2\text{var}(\tilde{r}_M)+\text{var}(\tilde{\varepsilon}_i)\\&=\beta_i^2\sigma_M^2+\sigma_{\varepsilon_i}^2\end{aligned}$$

因为无风险利率被认为是个常数，所以资产 i 的超额回报率（$\tilde{r}_i$）的波动就是资产 i 回报率的波动。在资产 i 回报率的方差中，$\beta_i^2\sigma_M^2$ 叫作系统性风险，$\sigma_{\varepsilon_i}^2$ 叫作个体风险，它们就是系统性风险和个体风险的具体表征。而在金融业，人们往往用 β 来简单指代市场中的系统性风险。

7.3 CAPM 的应用

7.3.1 运用 CAPM 确定贴现率

有了 CAPM 之后，我们可以来回答在股票价值分析中提出的问题：贴现风险现金流时，该用什么样的贴现率？对于一个现金流不确定的项目，可以用它过去回报率的历史数据计算这一项目的 β，进而用 CAPM 定价方程［式（7.1）］来计算对这个项目而言合理的贴现率。

举个例子，假设我们要用戈登模型来估计一只股票的价格。我们知道这只股票下一期的分红为 10 元，未来红利预期增长率为 10%。此外，我们还知道这个公司的 $\beta=1.5$，无风险

利率为 5%，市场组合的风险溢价为 10%。于是我们可以知道，评价这个公司的恰当贴现率应当是 20%（=5%+1.5×10%）。这样，按照戈登模型，这只股票的价格就应该是 100 [=10÷(20%−10%)]元。

在公司财务中，经常需要计算公司的资金成本，以供投资决策参考。公司的资金来自发行股票和债券，公司的资金成本就是股权和债务融资成本的加权平均。债务成本很容易知道，看债券收益率就知道，但股权成本需要财务人员自行估算，常用的方式就是用 CAPM 来估算股权成本。具体来说，先估计公司股价的 β，然后用 CAPM 定价方程计算出股权融资的资金成本。

在诸如电力、供水等管制行业，商品或服务的价格往往是由监管者制定的。为了制定合理的价格，监管者需要考察企业包括财务成本在内的成本。而资金成本就可以在估计出企业的 β 后，用 CAPM 定价方程加以推算。

7.3.2　运用 CAPM 来简化投资组合优化问题

运用均值-方差分析来做组合优化时，需要知道所有资产（假设共有 N 种）的回报率均值、回报率方差，以及两两之间的回报率协方差。可以将这些所需的已知条件写成如下矩阵形式，

$$\bar{\mathbf{r}}=\begin{bmatrix}\bar{r}_1\\ \bar{r}_2\\ \vdots\\ \bar{r}_N\end{bmatrix}\quad \mathbf{\Sigma}=\begin{bmatrix}\sigma_1^2 & \sigma_{12} & \cdots & \sigma_{1N}\\ \sigma_{21} & \sigma_2^2 & \cdots & \sigma_{2N}\\ \vdots & \vdots & \ddots & \vdots\\ \sigma_{N1} & \sigma_{N2} & \cdots & \sigma_N^2\end{bmatrix}$$

N 种资产的均值共有 N 个。而由于 N 种资产形成的方差-协方差矩阵 $\mathbf{\Sigma}$ 是一个对称方阵，所以其中总共有 $\frac{N(N+1)}{2}$ 个独立的元素。这样，为了进行组合优化的计算，总共需要估计 $N+\frac{N(N+1)}{2}$ 个指标。在 N 很大的时候，估计工作会面临很大的挑战。如果按照我国 A 股目前超过 3 000 只股票的数量来算，需要估计的参数数目则在百万量级。

运用 CAPM，可以大大减少需要估计的参数的数量。前文中我们说过，任意一种资产 i 的超额回报率可以表示为式（7.4）的形式。两种资产回报率之间的协方差等于二者超额回报率之间的协方差，即

$$\sigma_{ij}=\mathrm{cov}(\tilde{r}_i,\tilde{r}_j)$$

将式（7.4）代入上式，注意任意两种资产个体风险间的协方差应该为 0[$\mathrm{cov}(\tilde{\varepsilon}_i,\tilde{\varepsilon}_j)=0$]，且个体风险与市场组合回报率之间的协方差也为 0，可以得到

$$\begin{aligned}\sigma_{ij}&=\mathrm{cov}(\tilde{r}_i,\tilde{r}_j)\\&=\mathrm{cov}(\alpha_i+\beta_i\tilde{r}_M+\tilde{\varepsilon}_i,\alpha_j+\beta_j\tilde{r}_M+\tilde{\varepsilon}_j)\\&=\beta_i\beta_j\,\mathrm{cov}(\tilde{r}_M,\tilde{r}_M)+\mathrm{cov}(\tilde{\varepsilon}_i,\tilde{\varepsilon}_j)\\&=\beta_i\beta_j\sigma_M^2\end{aligned}$$

这样，就可以把 N 种资产的方差-协方差矩阵改写为（略去残差项 $\tilde{\varepsilon}_i$ 的方差）

$$\mathbf{\Sigma}=\sigma_M^2\begin{bmatrix}\beta_1^2 & \beta_1\beta_2 & \cdots & \beta_1\beta_N\\ \beta_2\beta_1 & \beta_2^2 & \cdots & \beta_2\beta_N\\ \vdots & \vdots & \ddots & \vdots\\ \beta_N\beta_1 & \beta_N\beta_2 & \cdots & \beta_N^2\end{bmatrix}$$

于是，去除市场组合的方差 ${\sigma_M}^2$ 外，只需要估计 N 种资产的 N 个 β 就足够写出方差-协方差矩阵了。在这样的情况下，做组合优化所需的参数数目就变成了 $2N+1$，远小于之前的 $N+\frac{N(N+1)}{2}$。如果对 A 股 3 000 多只股票做组合优化，运用 CAPM 所需要估计的输入参数数目就降到了千这个量级。

7.3.3 运用 CAPM 来衡量投资业绩

衡量一只投资基金的业绩有两个主要指标，夏普比和詹森阿尔法，后者就源自 CAPM。我们先来看夏普比，前文中说过，夏普比的定义如下所示，

$$SR_i=\frac{\bar{r}_i-r_f}{\sigma_i}$$

它衡量了承担单位风险所获得的回报率提升的幅度。显然，夏普比越高的基金能够给基金持有人带来更好的回报风险配比。夏普比由于理解起来比较容易，且容易计算，所以被广泛使用。

但是，夏普比只应该被用来衡量那些被提供给最终投资者的**资产组合**的表现。对单个资产计算夏普比的意义很小，因为单个资产并未享受到分散化带来的好处，其夏普比理应低于市场组合。所以，如果某个基金直接面向最终客户——消费者，那么它就有义务通过分散投资将个体风险在组合中消除掉。对这样的基金来说，夏普比就是衡量其表现的一个不错指标。

在现实世界中，还有些基金只专注于投资某一个领域。比如，市场上有专门投资黄金、成长股、消费股、债券、未上市公司的基金。这种基金还可以数出很多，这些基金在设立之时就明确表示不会尽可能地做分散投资。这些基金的客户（主要是投资领域广泛的基金）会在这些行业基金的基础之上，再来构造自己的基金。**母基金**（fund of funds，简称 FOF）就属于这一类基金。

对于这些行业性或局域性的基金，夏普比不是一个公允的考核指标。因为这些行业性基金本来就不会尽可能分散投资。对于这些基金来说，β 而非波动率是更合适的风险刻画指标。1968 年，迈克尔·詹森（Michael Jensen）利用 CAPM 的思想构造了一个衡量共同基金表现的指标——**詹森阿尔法**（Jensen's Alpha，简称 Alpha），这个指标又被称为詹森指数（Jensen Index）。简单来说，詹森阿尔法是某只共同基金平均回报率相对证券市场线的垂直偏离。

$$\text{Alpha}=(\bar{r}_i-r_f)-\beta_i(\bar{r}_M-r_f)$$

詹森阿尔法其实就是式（7.4）中OLS回归方程的截距项 α_i，这是詹森阿尔法得名的由来（图7-1）。

如果某只共同基金的Alpha为正，即使这只基金的夏普比低于市场组合，也应该判断这只基金的基金经理表现优异。原因在于，我们可以通过将Alpha为正的基金与市场组合再做组合，得到夏普比高于市场组合的资产组合，也就打败了市场（图7-2）。在本讲练习题中会要求大家在一个具体的例子中验证这一点。

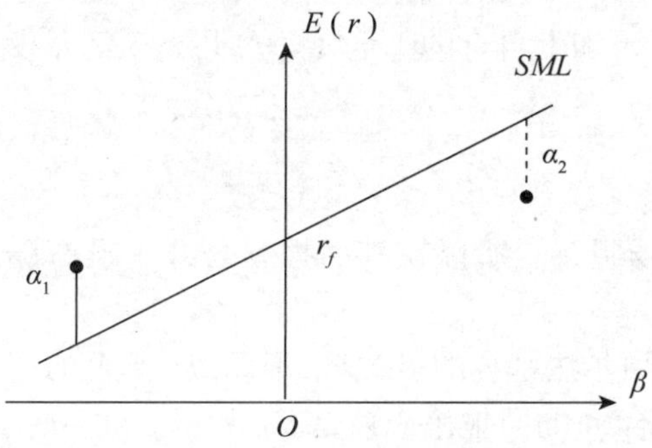

图7-1 利用证券市场线来判断投资经理业绩

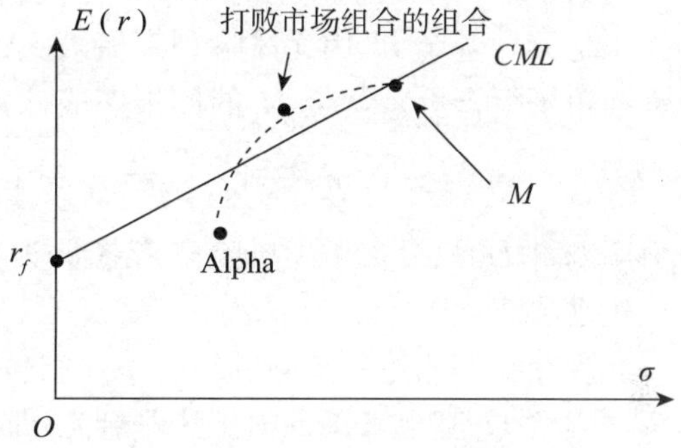

图7-2 将Alpha为正的基金与市场组合再组合，可以得到打败市场组合的资产组合

现在我们可以回答第1讲中提出的有关投资经理的问题了。假设在同一段时间里，基金经理A实现了15%的平均年回报率，而基金经理B只实现了10%的平均年回报率。在这段时间里，基金经理A回报率的波动率也小于B。是不是可以说基金经理A比B做得更好？答案是不一定。给定了基金的回报率，要评价基金经理A和B的业绩到底谁更好，更应该关注两只基金的Alpha，而非波动率。如果基金经理B的Alpha高于A，就算B的回报率均值低于A，回报率的波动也大于A，那么基金经理B的表现也比A更优异。这是因为一个基金经理的Alpha越高，将他的基金与市场组合再组合起来就能得到更高的夏普比。

事实上，在均衡时应该所有资产（包括所有基金）的Alpha都为0。但市场总是在不断发展变化的，有可能有些基金经理会因为自己能力出众，做出了正的Alpha。如果有基金出现了正Alpha，就表明市场没有处在均衡状态。这时，市场就会调整，把这个正Alpha基金吸收到新的市场组合中，从而得到比原来市场组合更高的夏普比。

现在大家应该知道为什么基金经理总喜欢说自己赚的是Alpha，而不是Beta。

7.3.4 Alpha与Beta的分离

前文中我们说过，如果能够找到一个正Alpha的基金，可以把这个基金与市场组合再组合一下，获得比原来的市场组合更高的夏普比。但在实践中，其实不用那么复杂，我们完全可以在组合构建中把这个正的Alpha提取出来，这种策略叫作**Alpha与Beta的分离**（Alpha Beta separation）。这个分离出来的Alpha可以被加到其他组合中，以帮助其他组合获得更高的回报率，所以这种策略又叫作**Alpha转移**（Alpha transport），或者叫**可携Alpha**（portable Alpha）。

我们用一个实际例子来展示这是如何实现的。假设有一只基金名为阿尔法基金，其规

模为 1 亿元，回报率 r_α 表示如下，

$$r_\alpha = r_f + 0.03 + 1.5(r_M - r_f) + \varepsilon$$

可以看出，这只阿尔法基金的 Alpha 为 0.03，Beta 为 1.5。这只基金的 Alpha 为正可能是因为基金经理选股能力较强，总能找出行业中表现较好的股票。由于基金的表现还存在一些与市场组合波动不相关的因素，所以基金回报率公式中还有 ε 这个随机扰动项。

为了把阿尔法基金中的 Alpha 分离出来，我们构造一只对冲基金 H。基金 H 规模也为 1 亿元。基金 H 用无风险利率借入 5 000 万元，再加上自有的 1 亿元，总共 1.5 亿元投资在市场组合上。基金 H 的回报率应该为

$$r_H = -0.5r_f + 1.5r_M = r_f + 1.5(r_M - r_f)$$

由于基金 H 只投资于无风险资产（负头寸）和市场组合，所以在其回报率公式中没有随机扰动项。

现在我们构造一个新的组合 p，它包括 1 亿元阿尔法基金的多头，1 亿元 H 基金的空头（卖空 H 基金来买入阿尔法基金）。那么这个组合 p 的回报率应该是

$$\begin{aligned} r_p &= r_\alpha - r_H \\ &= r_f + 0.03 + 1.5(r_M - r_f) + \varepsilon - r_f - 1.5(r_M - r_f) \\ &= 0.03 + \varepsilon \end{aligned}$$

如果阿尔法基金构造得不错，基金中的个体风险 ε 比较小，那么我们就能通过组合 p 来获得接近于 0.03 的回报率。注意，组合 p 的净规模是 0——它有 1 亿元阿尔法基金的多头和 1 亿元 H 基金的空头。这样，我们就通过组合 p 获得了近乎无风险的 0.03 的回报率。

在实践中，Alpha 带来的总回报可能不大。比如，前文中这只规模为 1 亿元的阿尔法基金产生的 Alpha 回报总共只有 300 万元，这么小的规模无法让基金公司发行太大规模的基金。事实上，产生 Alpha 收益很困难，其规模一定是不大的。但是，基金公司可以把这些分离出来的 Alpha 转移到其他规模更大的基金中（在其他基金中加入组合 p），从而把 Alpha 作为一个卖点，来促进其他更大规模基金的销售。把 Alpha 从原来的阿尔法基金分离出来，再转移给其他基金，就是在做 Alpha 转移，被分离出来的 Alpha 就是可携 Alpha。

在实际操作中，我们其实并不需要构建对冲基金 H，直接利用股指期货做对冲就行了。股指期货可以被理解为对应市场组合的期货，其 Beta 为 1。通过选择合适的股指期货头寸规模，就能够对冲掉一个组合中的 Beta 风险，而只留下 Alpha。

7.4 CAPM 的不足

CAPM 体现了很多深刻的金融思想，并被广泛使用。但由于其理论和实践上的不足，CAPM 只是均衡定价理论体系的起点。CAPM 所留下的各种问题，成为后来各种定价理论发展的主要动力。

我们先来看 CAPM 在理论上的不足。CAPM 是一个均衡资产定价理论，但它只是部

分均衡（partial equilibrium）的理论。也就是说，CAPM 只研究资产市场中的均衡，而将资产市场所处的宏观环境当成外生给定。此外，CAPM 还是一个静态模型（static model），只研究单期决策的问题。这样，CAPM 就难以把资产价格和宏观经济的各种因素联系起来，无法探究资产价格的最终决定因素。另外，用 CAPM 也没法分析资产价格的动态变化规律。基于消费的资本资产定价模型（C-CAPM）和跨期资本资产定价模型（ICAPM）就是针对这两点不足发展出来的更成熟的定价理论。

CAPM 在实践中的不足也是很明显的。在用数据估计 CAPM 所对应的单一指数模型时，估计的结果很不理想（表 7－1）。在图 7－3 中，我们列出了用 2001 年 1 月到 2017 年 2 月我国 A 股市场月度数据估算的证券市场线（图 7－3）。市场组合用万得（Wind）全 A 指数表示，股市中各个行业的股价则用申万一级行业指数来表示。从图中可以看到，拟合优度 R^2 只有令人失望的 0.05。回归出来的证券市场线的斜率倒是正的，但低 β 行业的回报率有巨大的分化。

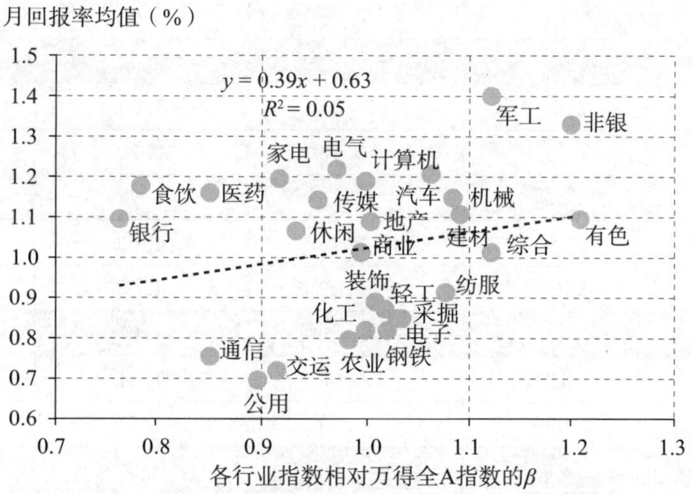

图 7－3　用中国股票市场数据估算的证券市场线

资料来源：Wind

对 CAPM 与现实的偏离可以从以下几个角度来解释。（1）验证 CAPM 时采用的市场组合不能完全代表真正的、完全分散了风险后的市场组合。理论上，市场组合应该包含股票、债券、信托、贷款、房产、黄金、大宗商品等所有的资产。而在图 7－3 中，我们只是把股票市场的总股价指数作为市场组合，显然与 CAPM 理论所指的市场组合有不小偏离。（2）CAPM 未能考虑到现实世界的复杂性。如税收政策、交易的限制等摩擦因素普遍存在。（3）除市场组合外，可能还有一些其他因素（如经济增速、通胀水平、股份公司规模大小等）也对股价有影响。为了把这些其他因素也纳入定价理论的框架，多因子模型（multifactor model）被开发出来。我们将在后文中介绍套利定价理论（APT）时引入多因子模型。

尽管存在以上这些不足，均值-方差分析与 CAPM 仍然给了我们一个思考回报与风险的框架。尽管原始的 CAPM 版本因为过于简单而与现实数据不符，但其中所蕴含的思想在其修正后的模型中得以继承与发扬。从这个角度来说，CAPM 是理解现代投资学的起点。

表 7-1　　中国 A 股各行业基本状况

	β	Alpha (%)	月回报率均值 (%)	月回报率方差
农林牧渔	0.98	−0.12	0.80	9.79
采掘	1.03	−0.10	0.85	10.68
化工	1.00	−0.11	0.82	9.24
钢铁	1.02	−0.13	0.82	10.13
有色金属	1.20	−0.02	1.10	11.74
电子	1.03	−0.11	0.85	10.37
家用电器	0.92	0.35	1.20	9.09
食品饮料	0.78	0.45	1.18	8.05
纺织服装	1.08	−0.08	0.92	10.26
轻工制造	1.02	−0.07	0.87	9.70
医药生物	0.85	0.37	1.16	8.72
公用事业	0.90	−0.13	0.70	8.52
交通运输	0.91	−0.13	0.72	8.76
房地产	1.00	0.16	1.09	10.21
商业贸易	0.99	0.09	1.02	9.42
休闲服务	0.93	0.20	1.07	9.44
综合	1.12	−0.03	1.01	10.82
建筑材料	1.09	0.10	1.11	10.51
建筑装饰	1.01	−0.05	0.89	9.82
电气设备	0.97	0.32	1.22	9.71
国防军工	1.12	0.36	1.40	11.55
计算机	1.00	0.26	1.19	10.39
传媒	0.95	0.26	1.15	10.37
通信	0.85	−0.03	0.76	9.14
银行	0.76	0.39	1.10	9.29
非银金融	1.20	0.22	1.33	13.04
汽车	1.06	0.22	1.21	10.17
机械设备	1.08	0.15	1.15	10.04

注：行业分类采用申万一级分类，估计时间为 2001 年 1 月至 2017 年 2 月

资料来源：作者依据 Wind 数据估算得出

进一步阅读指南

本讲内容是第 6 讲的自然延续。本讲的扩展性阅读资料仍然是法博齐等人所著的《金融经济学》，该书第 14 章对 CAPM 的介绍比本讲更为宽泛，可以作为本讲的扩展性阅读材料。

练习题

7.1　在某段时间内，市场组合的周回报率均值为 0.8%，周回报率标准差为 2.5%。这段时间内无风险利率的年化值为 5.2%（化成周度值为 0.1%）。同一段时间内，基金 A 的周回报率均值为 0.5%，周回报率标准差为 2.0%。基金 A 的 β 为 0.5。请问：

（a）市场组合与基金 A 的夏普比分别为多少？

（b）基金 A 的 Alpha 为多少？

（c）通过将市场组合与基金 A 组合在一起，能够获得的最高夏普比是多少？

7.2　市场上的无风险利率为 2%，市场组合（相对无风险利率）的超额回报率是 6%，市场组合的波动率（标准差）为 15%。市场中有一家名为 XYZ 的公司，其红利支付的波动率为 20%，红利支付与市场组合之间的相关系数为 0.9。

（a）若 XYZ 公司股票明年每股预期红利支付为 1 元，且未来红利支付的预期增长率为 5%，请计算这只股票现在的价格应该是多少。

（b）若 XYZ 公司股票明年每股预期红利支付仍然是 1 元，明年到后年的红利预期增长率为 10%，后年之后的红利预期增长率都为 5%。请计算在这样的红利支付预期下，这只股票现在的价格应该是多少。

7.3　经济中存在两种风险资产：股票 A 与股票 B。在某段时间内，股票 A 的年平均回报率为 8%，股票 B 的年平均回报率为 12%。股票 A 和股票 B 的年回报率标准差分别为 15%与 20%。两只股票回报率之间的相关系数为 0.5。经济中还存在一种无风险资产，每年可以产生 4%的无风险利率。请问：

（a）用这三种资产构造出来的资产组合中，能够获得的最高夏普比是多少？

（b）在这样的资产市场中，市场组合的构成比例是怎样的？

（c）在这样的市场状况下，资本市场线（*CML*）与证券市场线（*SML*）的公式形式是怎样的？

（d）假设新出现了一位杰出的投资经理，他的资产组合相对问题（b）中求取的市场组合的 $\beta=0.5$，其资产组合与市场组合的相关系数为 0.5，而该资产组合的 Alpha 为 3%。请问，如果把这位投资经理的资产组合与原来的市场组合组合起来，投资者能获得的最高夏普比是多少？

第 8 讲

期望效用理论

8.1 从 CAPM 到一般均衡定价

第 5～7 讲从均值-方差分析出发，最终推导出了资产定价的 CAPM 模型。其推理思路非常直接：假设投资者对资产的偏好呈现均值-方差特性——投资者偏好尽可能高的期望回报率（回报率均值），但又想尽可能降低组合的波动率。从这一偏好出发，可以导出投资者最优的资产持有方式。如两基金分离定理所阐述的那样，用无风险资产和市场组合构成最终持有的资产组合。其中的关键是，所有人都以同样的组合方式（市场组合）持有所有风险资产。如果所有人都这样做组合选择，为了保证均衡时各种资产市场都出清（市场组合与市场上所有资产的供给相同），资产期望回报率则需要满足证券市场线所规定的线性关系——资产的期望回报率与其 β 线性相关。

作为一个经典的资产定价模型，CAPM 对真实世界中资产回报率的解释力不强，但这并不意味着我们就要抛弃 CAPM。事实上，所有的金融学模型都或多或少地与现实不符。毕竟，为了建立一个能够分析求解的模型，建模者必须要对世界做大幅度的简化和抽象，从而不可避免地导致模型与现实出现差距。但是，模型往往能够凸显出一条或几条在现实中起重要作用的逻辑线条，让我们对现实的理解更加深入。同时，模型与现实的不符之处也正是我们完善和发展理论的出发点。以是否增进了我们对现实的理解为标准来评价，CAPM 无疑是一个成功的理论。而后文中我们将会介绍的金融理论也会多次回应 CAPM 所提供的洞察。

从理论上来看，可以从两个方面来改进 CAPM。这两方面的改进会把我们带到基于消费的资本资产定价模型（consumption based CAPM，C-CAPM）——一个基于更合理偏好假设的一般均衡定价理论体系中。

改进 CAPM 的第一个方向是投资者偏好的假设。经济分析（当然也包含金融分析）的基础是对人选择行为的研究。而人要能够做出选择，首先得有能力对不同选择的优劣做排序。人拥有的这种对选择排序的能力在经济学中用偏好来体现。对任何一个理性人来说，我们要求他对任何两种选择都能排序，这叫作偏好的**完备性**（completeness）。此外，我们还要求当他说"A 比 B 好"，以及"B 比 C 好"的时候，还必须承认"A 比 C 好"，这叫作偏好的**传递性**（transitivity）。满足完备性和传递性的偏好才能被称为理性的偏好，才能用来作为分析人的行为的理论基础。

均值-方差的偏好并不是完备的。当两个回报率的均值一样，而方差不一样的时候，均值-方差理论可以明确地说方差小的更好。而当两个回报率方差一样时，均值-方差理论可以明确说均值大的那个更好。但是，当两个回报率中，一个均值和方差都大，另一个均值和方差都小的时候，均值-方差理论就无法判别谁好谁坏了。

有人可能会说，我们可以像证明 CAPM 的时候一样，假设投资者的偏好可写成如下效用函数

$$u(r)=E(r)-A\sigma^2(r)$$

这样不是就能对任意两种资产做比较了吗？对于这个效用函数，其实有很多疑问需要回答：为什么其中均值与方差做减法，而不是均值与标准差做减法［$u(r)=E(r)-A\sigma(r)$］？代表了投资者在均值与方差之间权衡的系数 A 该如何确定？以及更为基本的，为什么投资者的效用是定义在回报率之上，而不是消费之上的？虽然我们大胆地写出了这么一个效用函数，但在这些问题没有得到妥善回答之前，任何基于这一效用函数而得到的分析结果都是不牢靠的。

从概率论上也可对均值-方差这种偏好提出质疑。我们知道，对于任何一个随机变量 x，都可以定义其 k 阶矩为

$$E(x-c)^k$$

其中的 c 是一个常数，k 是一个正整数。随机变量的均值是它的一阶矩（$c=0$，$k=1$），方差是它的二阶矩［$c=E(x)$，$k=2$］。仅用均值和方差来比较随机变量，则会丢失随机变量三阶矩（偏度 skewness）、四阶矩（峰度 kurtosis）及更高阶矩的信息。我们看一个概率密度函数的图（图 8-1）。图中绘制了两个随机变量 x 与 y 的概率密度函数。x 与 y 有同样的均值和方差，但 x 更加右偏。显然，如果 x 与 y 分别代表了两个回报率，投资者不会认为它们相同。

建立在均值-方差分析之上的 CAPM 还有另一个大问题——它只是一个静态的部分均衡模型。所谓静态，是指它只考虑第 1 期的优化问题——投资者只在今天做投资的决策。因此，CAPM 无法用来分析投资决策在多期内连续做出，且不同期决策之间相互影响的动态情形。而部分均衡则是指，CAPM 只考虑资产市场这一个市场的均衡，而完全不考虑资产市场怎样与宏观经济的其他部分联动。因此，如果我们想要知道无风险利率与系统性风险是怎样决定各类资产回报率与投资者偏好、经济中资源禀赋的关系，CAPM 是难以回答

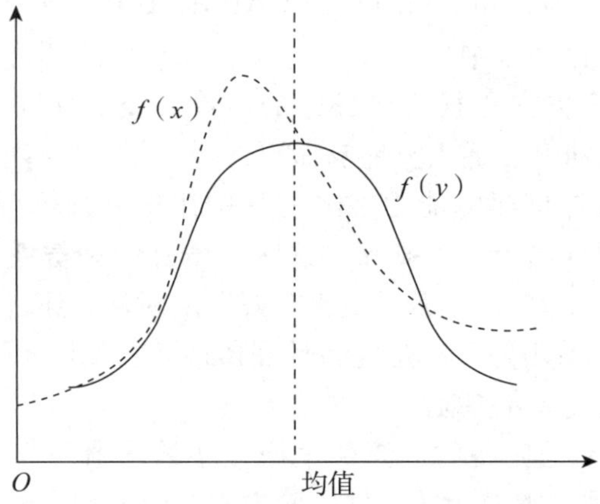

图 8-1　偏度不同的概率密度函数

的。因此，为了对投资者行为、金融市场运行、资产价格决定等重要问题有更深入的理解，我们有必要离开 CAPM，在一般均衡的框架下展开分析。这便是接下来几讲将要介绍的内容。

为了构建在一般均衡视角下金融问题的分析框架，我们有几项关键任务需要完成。第一，构建人在风险下决策的理论体系。其核心是建立一套不确定条件下人的偏好的理论体系。第二，对现实世界中复杂的金融资产、金融市场做合理抽象，构建起直达本质而又便于分析的理论描述。第三，将前两步的成果组合在一起，研究不同投资者互动所形成的一般均衡，并用其来解释我们所关心的问题。

我们接下来开始的第一步，是介绍人在风险下决策的理论体系，其核心是冯·诺依曼（von Neumann）与摩根斯坦（Morgenstern）于 1944 年所创立的期望效用理论（expected utility theory）。

8.2　风险状况下的选择理论——期望效用

8.2.1　引子：圣彼得堡悖论

人们早就开始思考人在面对不确定性时的决策问题。在 18 世纪初期，大数学家丹尼尔·伯努利的堂兄尼古拉斯·伯努利在一封信中提出了一个概率期望值悖论，它后来被叫作圣彼得堡悖论。它令人信服地显示了，不确定性结果的数学期望绝不是人在风险下决策的唯一考虑因素。

尼古拉斯提出了这么一个赌局：抛一个公平的硬币（正面与反面出现的概率各为 1/2），如果得到正面，则参与者获得 1 元，且赌博结束。但如果是反面，参与者并不会输钱，并可以继续再抛一次硬币。如果第 2 次抛出正面，则参与者获得 2 元，赌博结束。但如果第 2 次还是抛出的反面，则可以再抛一次。第 3 次抛正面，参与者赢 4 元……如此持续到永远。如果参与者等到第 n 次才抛出正面，可以得到的奖励则是 2^{n-1}。容易计算，这一赌局给参与者带来的期望回报是无穷大。

$$\text{期望回报}=\frac{1}{2}\times1+\left(\frac{1}{2}\right)^2\times2+\left(\frac{1}{2}\right)^3\times4+\cdots=\sum_{n=1}^{\infty}\left(\frac{1}{2}\right)^n\cdot2^{n-1}=\frac{1}{2}\sum_{n=1}^{\infty}1^n=\infty$$

对于这个赌局，人们会因为它能带来无穷大的期望回报，而愿意不顾一切地参与它吗？答案显然是否定的。事实上，愿意掏 20 元来参加这个赌局的人都少之又少。这是因为这个赌局虽然期望回报很大，但有超过 99%的概率只能给参与者带来不超过 64 元的回报。无穷大期望回报中的绝大部分来自非常小概率事件的发生（比如连续 20 次抛出了硬币的反面）。

丹尼尔·伯努利对他堂兄提出来的悖论做出了解释。伯努利认为，人看重的不是回报的期望，而是不同可能性下效用的期望。效用并不随回报的增加而线性增加，而是存在边际效用递减的现象。伯努利用对数效用来衡量人从某一回报中得到的效用，这样一来，这个赌局带来的期望效用就是

$$\begin{aligned}\text{期望效用}&=\sum_{n=1}^{\infty}\left(\frac{1}{2}\right)^n\cdot\ln(2^{n-1})=\ln2\sum_{n=1}^{\infty}\left(\frac{1}{2}\right)^n\cdot(n-1)\\&=\ln2\cdot\Big(\frac{1}{4}+\frac{1}{8}+\frac{1}{16}+\cdots\\&\qquad+\frac{1}{8}+\frac{1}{16}+\frac{1}{32}\cdots\\&\qquad\quad+\frac{1}{16}+\frac{1}{32}+\frac{1}{64}\cdots\\&\qquad\qquad+\frac{1}{32}+\frac{1}{64}+\frac{1}{128}\cdots\Big)\\&=\ln2\cdot\left(\frac{1}{2}+\frac{1}{4}+\frac{1}{8}+\frac{1}{16}+\cdots\right)\\&=\ln2<\infty\end{aligned}$$

所以对伯努利来说，他愿意为这个赌局支付的进门费只有 2（$=e^{\ln2}$）元。伯努利给出的这种计算不同情况下效用值的期望的方法，与现在广为使用的期望效用理论相一致。但在伯努利给出了这个期望效用函数之后又过了两百多年，期望效用理论体系才由冯·诺依曼与摩根斯坦完整搭建起来。

8.2.2　偏好与效用

在介绍期望效用理论之前，我们先回顾一下经济学中对确定性情况下偏好与效用的理论描述，这部分的内容可以在任何一本中级或高级微观经济学教材中找到。

在确定性情况下，人需要对不同的商品束（commodity bundle）做出评价。比如，某人需要在“2 个苹果和 1 个梨”以及“1 个苹果和 2 个梨”之间排序，这里的两种商品组合就是两个商品束。如果我们约定第 1 个位置代表苹果的数量，第 2 个位置代表梨的数量，那么以上两个商品束就可以分别表示为（2，1）与（1，2）。商品束中还可能包含更多种商品，我们只需要简单增加商品束的维度就行了。我们以 X 表示人可能选择的所有

商品束组成的集合（**选择集**）。如果商品束的维度为 M，那么 $X \subset R_{+}^{M}$ 。

我们以符号 $\succsim$ 来代表某人对两种不同选择的偏好关系。$x \succsim y$（x，$y \in X$）表示在某人看来 x 至少不比 y 差。我们将满足**完备性**与**传递性**的偏好关系叫作**理性**（rational）偏好。

定义 8.1（理性偏好）：一种偏好关系 $\succsim$ 被称为理性偏好，当且仅当它满足以下两个条件时：

(i) 完备性：对任意 x，$y \in X$ ，$x \succsim y$ 与 $y \succsim x$ 至少有一个成立。

(ii) 传递性：对任意 x，y，$z \in X$ ，如果有 $x \succsim y$ 与 $y \succsim z$ ，则必有 $x \succsim z$ 成立。

完备性指的是对任意两种选择，人都能做比较。传递性指的则是如果甲不比乙差，乙又不比丙差，那么甲就一定不比丙差。对一个正常人提出这两个要求应该是合理的。理性偏好如果还满足**连续性**（continuous）这么一个技术性的条件，就可以用一个连续的效用函数来描述。接下来先给出连续性的严格定义。

定义 8.2（连续性）：一种偏好关系 $\succsim$ 如果在极限下也能保留，就被称为连续的。具体来说，如果对一系列 $\{(x^n, y^n)\}_{n=1}^{\infty}$ 有 $x^n \succsim y^n(\forall n)$，那么对于 $x=\lim\limits_{n\to\infty}x^n$ 与 $y=\lim\limits_{n\to\infty}y^n$，必有 $x \succsim y$ 。

满足理性与连续性的偏好，必然可以用一个连续的效用函数来表示。也就是说，可以构造一个函数 $u(\cdot)$，使得当 $x \succsim y$ 时，必然有 $u(x) \geqslant u(y)$。我们将其总结为命题 8.1。

命题 8.1：如果一个偏好 $\succsim$ 是理性且连续的，那么它可以用一个连续函数 $u(x)$ 来表示。

在这里我们就不对这一结论加以证明了，有兴趣的读者可以查阅微观经济学教材。[①]

8.2.3 期望效用理论

将前文中介绍的确定性状况下的偏好和效用理论拓展到不确定性状况，有关键的三步。第一是对不确定性状况下人的选择对象的模型化；第二是给出人在面对不确定性时的偏好描述；第三是用一个效用函数来表达这种偏好。

第一步，我们先来看在不确定性状况下人的选择对象。在确定性状况下，人在不同商品束之间做选择。但在不确定性状况下，人最终会得到哪一种商品束是随机的。但我们可以假设人面对着 N 种可能的结果（为了避免数学上处理的困难，我们假设 N 不是无穷大），每种结果都是人可能得到的一个商品束。这样，人所面临的状况就以各种可能结果出现的概率来刻画。我们以彩票（lottery）的概念来做具体描述。

定义 8.3（简单彩票）：一张简单彩票 L 为一串数字 $L=(p_1,\cdots,p_N)$，其中 p_n 为第 n 种结果出现的概率。对所有 n，有 $p_n \geqslant 0$，且 $\sum\limits_{n=1}^{N} p_n = 1$。

定义 8.4（复合彩票）：如果有 K 张简单彩票 $L_k=(p_1{}^k,\cdots,p_N{}^k),k=1,\cdots,K$，以及

---

① Andreu Mas-Colell，Michael D. Whinston and Jerry R. Green. *Microeconomic Theory* [M]. Oxford：Oxford University Press，1995：47.

概率 $\alpha_k \geqslant 0$（$\sum_{k=1}^{K}\alpha_k=1$），复合彩票（$L_1,\cdots,L_K;\alpha_1,\cdots,\alpha_K$）以 α_k 为概率产生结果 L_k。

复合彩票（compound lottery），其实就是把简单彩票（simple lottery）以一定概率再次组合起来。容易计算，复合彩票给出第 n 种结果的概率为 $\sum_k \alpha_k p_n{}^k$。因此，定义 8.4 中的复合彩票可以用简单彩票的形式表示为（$\sum_k \alpha_k p_1{}^k,\cdots,\sum_k \alpha_k p_N{}^k$）。

例子： 假设可能的结果是两个商品束“2 个苹果和 1 个梨”以及“1 个苹果和 2 个梨”，不妨将其分别称为 A 和 B，那么简单彩票 $L_1=$（0.5，0.5）就表示以 1/2 的概率得到商品束 A（2 个苹果和 1 个梨），以 1/2 概率得到商品束 B（1 个苹果和 2 个梨）。而简单彩票 $L_2=$（0.25，0.75）就是以 1/4 概率得到商品束 A，3/4 概率得到商品束 B。复合彩票（L_1，L_2；0.5，0.5）就是以 1/2 概率得到彩票 L_1，1/2 概率得到彩票 L_2。通过复合彩票得到商品束 A 的概率为 37.5%（$=0.5\times0.5+0.5\times0.25$），得到商品束 B 的概率为 62.5%（$=0.5\times0.5+0.5\times0.75$）。

由于复合彩票可以被转化为简单彩票，所以我们就把简单彩票作为人在不确定性状况下的可选对象，并把所有可选的简单彩票所组成的集合叫作**彩票空间**（space of lotteries），标记为 $\mathcal{L}$。

接下来我们进入第二步，描述人在彩票空间中的偏好。显然，我们要求人对彩票空间中的选择对象有理性偏好（满足完备性和传递性）是合理的。命题 8.1 还可以保证，在理性和连续性的条件下，人在彩票空间中的偏好可以用一个效用函数来表达。不过，这个效用函数的具体形式仍然是未知的。为了给效用函数形式施加更多的限制，我们还要对偏好提出更强的要求，如定义 8.5 所示，这是期望效用理论的核心。

定义 8.5（独立性公理）：如果对任意 3 张彩票 $\boldsymbol{A}$、$\boldsymbol{B}$ 和 $\boldsymbol{C}$，以及任意 0 到 1 之间的数 $\boldsymbol{\alpha}$，以下条件总是成立：

$$A \succsim B \Leftrightarrow \alpha A+(1-\alpha)C \succsim \alpha B+(1-\alpha)C$$

那么对彩票的一种偏好关系 $\succsim$ 满足独立性公理。

独立性公理（independence axiom）说的是，将两张彩票与第三张彩票混合后，并不影响原来两张彩票的偏好顺序。而冯·诺依曼与摩根斯坦证明了，如果在理性与连续性之外，再加上独立性公理，那么这个效用函数就有期望效用这种特殊函数形式。这一结论可用命题 8.2 进行陈述。

命题 8.2（期望效用定理）： 如果定义在彩票空间 $\mathcal{L}$ 上的偏好 $\succsim$ 是理性和连续的，并且满足独立性公理，那么这样的偏好可用期望效用函数的形式表述出来。也就是说，我们可以为每种结果 $n=1,\cdots,N$ 指定一个效用值 u_n，使得对于任意两个彩票 $L=(p_1,\cdots,p_N)$ 与 $L'=(p'_1,\cdots,p'_N)$，必然有

$$L \succsim L' \Leftrightarrow \sum_{n=1}^{N} p_n u_n \geqslant \sum_{n=1}^{N} p'_n u_n$$

期望效用定理的证明相当复杂，这里我们略去。感兴趣的读者可以查阅高级微观经济

学教材。[①] 期望效用定理意味着，满足理性、连续性，以及独立性公理的偏好可以表示为期望效用的形式，如下所示，

$$U(L)=\sum_{n=1}^{N} p_n u(x_n)$$

其中，x_n 为第 n 种结果（对应的商品束）。这样的效用函数被称为冯·诺依曼-摩根斯坦效用函数。由于这个名字实在太长，我们一般简称其为 vNM 效用函数，或是期望效用函数。

利用期望效用我们就能进入第三步，给不同的不确定性状况排序了。这种排序依赖于人的偏好。对同样的两种不确定性状况（两张彩票），不同的人因为偏好不一样（效用函数不一样），做出的排序也不一样。这与确定性状况下不同的人会有不同偏好是同样的道理。但能否有一种独立于人的偏好的对不确定性状况的排序方法呢？换句话说，我们能否找到一种标准，使得所有人（不管其效用函数如何）在两个不确定性状况间有同样的排序？本讲附录 A 所介绍的随机占优的概念就是要来回答这个问题。在一定的情况下，我们可以在两种不确定性状况间排出随机占优的顺序，而且这种顺序是与人的偏好无关的——所有（风险厌恶的）人都会更加偏好一种情况。但不是所有的不确定性状况间都存在这种随机占优的关系。在不存在随机占优关系时，就需要利用人的偏好（效用函数）来做出排序了。

8.2.4 阿莱悖论

期望效用函数用起来非常方便，只需要把确定性状况下的效用值用概率加权平均起来，就得到了某种不确定性状况（某张彩票）的效用值。期望效用函数这种特殊的函数形式来自独立性公理，相比理性与连续性，独立性公理看起来没有那么直观。人们把欧几里得五大公理中的平行线公理替换掉之后，就得到了一套与欧氏几何完全不一样的非欧几何。自然，研究者也会将审查期望效用理论的目光聚焦在独立性公理上，争论它是否真的符合人在不确定性下做选择的习惯。对独立性公理最著名的反驳是阿莱（Allais）于 1953 年提出来的。这一反驳是如此有名，以至于经济学中专门出现了一个名词叫**阿莱悖论**（Allais Paradox）。[②]

阿莱悖论是这么说的。考虑以下三种可能的结果：第一，获得 250 万元；第二，获得 50 万元；第三，获得 0 元。比较以下两张彩票，

$$L_1=(0,\ 1,\ 0),\ L'_1=(0.10,\ 0.89,\ 0.01)$$

L_1 表示确定地获得 50 万元。L'_1 表示有 10%的概率获得 250 万元，89%的概率获得 50 万元，1%的概率什么也没有。人们一般会认为 L_1 优于 L'_1。因为 L'_1 虽然多了 10%的概率获得 250 万元，但有 1%的概率什么也没有。

---

① Andreu Mas-Colell, Michael D. Whinston and Jerry R. Green. *Microeconomic Theory* [M]. Oxford: Oxford University Press, 1995: 76.

② Allais, M. Le comportement de l'homme rationnel devant le risque: critique des postulats et axiomes de l'école Américaine. *Econometrica*, 1953, 21(4): 503-546.

再比较以下两张彩票，

$$L_2=(0, 0.11, 0.89), L'_2=(0.10, 0, 0.90)$$

L_2 表示有 11%的概率获得 50 万元，89%的概率什么也没有。L'_2 表示有 10%的概率获得 250 万元，90%的概率什么也没有。人们一般会认为 L'_2 优于 L_2。因为这两张彩票反正都以大概率什么也没有（89%与 90%的概率看上去没太大差别），还不如博一把大的，看看能不能得到 250 万元。

但是以上的选择结果违反了独立性公理。由于独立性公理（加上理性与连续性后）等价于期望效用函数，我们可以用期望效用函数很简便地来验证。由第一组选择我们知道

$$u_{50}>0.10\times u_{250}+0.89\times u_{50}+0.01\times u_0$$

上式左右两边加上 $0.89\times u_0-0.89\times u_{50}$，可得

$$0.11\times u_{50}+0.89\times u_0>0.10\times u_{250}+0.90\times u_0$$

这表明人们应该认为 L_2 优于 L'_2，出现矛盾。

对阿莱悖论通常会有四种回应：(1) 在阿莱悖论中，人的选择不理性；(2) 阿莱悖论涉及非常接近 0 或 1 的概率，因而不是普遍的；(3) 在理论中加入"后悔"；(4) 放弃独立性公理，从而构建更弱的理论。阿莱悖论及对该悖论的回应已经激发出了更多的研究，但从简便性上来说，新的理论都还没有超过期望效用理论，所以目前期望效用理论仍然是研究不确定性状况下人的行为的主要工具。

8.2.5　展望理论

我们还需要注意，期望效用是将效用定义在结果，而非回报之上的。也就是说，不管投资者的初始财富是多少，最终同样的财富和消费水平会带来同样的效用。因此，如果甲去年只有 1 万元，今年有 10 万元；而乙去年有 100 万元，今年也只有 10 万元，那么期望效用理论认为甲和乙今年的效用是一样的。但很显然，甲的幸福程度应该比乙更高，乙对那失去的 90 万元的懊悔会让他很难受。

因此，在定义效用时，似乎有必要把当前的状况与某个基准做比较。卡内曼（Kahneman）与特维尔斯基（Tversky）于 1979 年提出来的**展望理论**（prospect theory）就是这方面的一个代表。① 他们认为，失去一笔钱带来的效用损失的幅度，比得到同一数额的钱带来效用增进的幅度要更大。图 8－2 画出了展望理论所认为的效用的变化。效用曲线在当前财富水平（作为比较的基准）处有明显的弯折，效用的变化对损失更为敏感。我们将在本书第 23 讲介绍**行为金融学**（behavior finance）的时候再回到展望理论。

8.3　风险厌恶程度的度量

在均值-方差分析中，假定投资者不喜欢波动，其背后的思想是认为投资者厌恶风险。

① Kahneman, D. and A. Tversky. Prospect theory: an analysis of decision under risk. *Econometrica*, 1979, 47: 263－291.

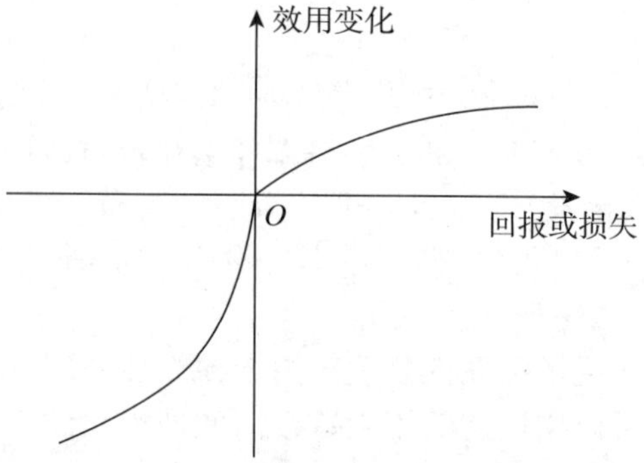

图 8-2　展望理论中人的效用变化函数

但投资者为什么会厌恶风险？他们厌恶风险的程度有没有差别，能否度量？这些是思考人在风险状况下的决策必然会想到的问题。这些问题的答案对理解金融市场运行也非常关键，因为人对风险的态度（厌恶程度）决定了人面对风险时的行为，因而会影响到资产的价格。所以，在构建了期望效用的框架之后，一个自然的延伸就是讨论对风险厌恶程度的度量。

8.3.1　图解风险厌恶程度

我们首先用图解的方式来得到对风险厌恶的直观感受。图 8-3 中画出了两根效用函数曲线，$u(\cdot)$ 与 $v(\cdot)$，其中，$v(\cdot)$ 对应的曲线曲率更大（更加弯曲）。消费者的消费存在不确定性，有 50%的可能性获得 $c+\Delta$，50%的可能性获得 $c-\Delta$。尽管消费者的期望消费为 c，但因为不确定性的存在，他们的效用低于 $u(c)$ 与 $v(c)$，只能分别达到 $E[u(c)]=\frac{1}{2}u(c-\Delta)+\frac{1}{2}u(c+\Delta)$ 与 $E[v(c)]=\frac{1}{2}v(c-\Delta)+\frac{1}{2}v(c+\Delta)$ 的水平。

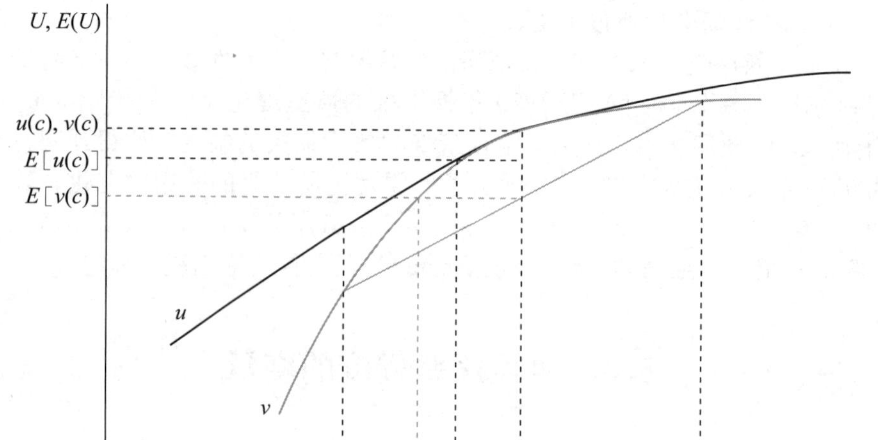

图 8-3　效用函数弯曲度越大，确定性等值越低

通过公式 $u(ce_u)=E[u(c)]$ 与 $v(ce_v)=E[v(c)]$，可以找出与不确定性消费效用相等的确定性消费水平 ce_u 与 ce_v，将其称为**确定性等值**（certainty equivalent）。从图 8-3 中可以看到 ce_u 与 ce_v 均小于 c，它们与 c 之间的距离就是消费者愿意为消除不确定性而牺牲的期望消费，也就是消费者愿意支付的风险溢价。由于 $v(\cdot)$ 的曲线曲率更大，所以 $ce_v<ce_u$。即效用函数为 $v(\cdot)$ 的消费者为了消除不确定性，愿意牺牲更多消费。

这样，风险溢价就可用来衡量消费者的风险厌恶程度。风险溢价越大，风险厌恶程度就越高。但是，这种形式的风险溢价（期望消费量与确定性等值之间的差）与期望消费量以及消费的波动幅度（Δ）都有关，使用起来不方便。我们希望找到一种与具体消费状况无关的，只是刻画消费者主观风险厌恶程度的指标。图 8-3 提示了我们，风险厌恶程度与效用函数的弯曲程度有关系，那么我们是否能够从这一点出发来构造衡量风险厌恶程度的指标呢？答案是肯定的。接下来将要介绍的绝对风险厌恶系数和相对风险厌恶系数就是这样的指标。

8.3.2　绝对风险厌恶系数

对一个拥有财富水平 y 的投资者提供一项投资。这项投资以 π 的概率赢得数额为 h 的货币，或者以 $1-\pi$ 的概率输掉数额为 h 的货币。假设 h 是一个很小的数。显然，投资者是否会参与这项投资，与 π 的大小密切相关。π 越大，愿意参与这项投资的投资者会越多。特别地，当 $\pi=1$ 的时候，可以确定性地赢得 h，所有人都会参与这项投资。

很容易想到，风险厌恶程度越高的投资者，越需要更高的赢钱概率 π 来吸引他加入这项投资。我们定义 π^* 为使得投资者在参与和不参与投资之间完全无差异的临界值，π^* 就可以被视为对投资者风险厌恶程度的一个度量。我们把 π^* 表示为投资者偏好的函数，按照 π^* 的定义，我们有

$$u(y)=\pi^* u(y+h)+(1-\pi^*)u(y-h) \tag{8.1}$$

将 $u(y+h)$ 与 $u(y-h)$ 在 y 处做泰勒展开，可得

$$u(y+h)=u(y)+hu'(y)+\frac{h^2}{2}u''(y)+o_1(h^2)$$

$$u(y-h)=u(y)-hu'(y)+\frac{h^2}{2}u''(y)+o_2(h^2)$$

其中，$o_1(h^2)$ 与 $o_2(h^2)$ 为高阶余项，在 h 很小的情况下可以被略去。将略去高阶余项后的上式代入式（8.1），有

$$u(y)=\pi^*\left[u(y)+hu'(y)+\frac{h^2}{2}u''(y)\right]+(1-\pi^*)\left[u(y)-hu'(y)+\frac{h^2}{2}u''(y)\right]$$

整理可得

$$0=(2\pi^*-1)hu'(y)+\frac{h^2}{2}u''(y)$$

从中解出

$$\pi^* = \frac{1}{2} + \frac{h}{4}\left[-\frac{u''(y)}{u'(y)}\right]$$

我们定义

$$R_A(y) \triangleq -\frac{u''(y)}{u'(y)} \tag{8.2}$$

定义的 $R_A(y)$ 就是**绝对风险厌恶系数**（coefficient of absolute risk aversion），也被称为阿罗-普拉特绝对风险厌恶系数（Arrow-Pratt measure of absolute risk-aversion，简称 ARA），因为这种方法最先由普拉特（Pratt）与阿罗（Arrow）提出。绝对风险厌恶系数 $R_A(y)$ 越大，为了吸引投资者参与投资，就需要越高的获胜概率。

8.3.3 相对风险厌恶系数

类似地，我们可以推导一个应用更为广泛的衡量风险厌恶程度的指标——**相对风险厌恶系数**（coefficient of relative risk aversion），这一指标又被称为阿罗-普拉特-德菲内特相对风险厌恶系数（Arrow-Pratt-De Finetti measure of relative risk-aversion，简称 RRA）。

在前文中推导绝对风险厌恶系数的时候，假设输赢的数量与投资者的财富规模无关。现在，我们假设输赢的数量是投资者财富的一个固定比例。我们对一个拥有财富水平 y 的投资者提供一项投资，这项投资以 π 的概率赢得数额为 θy 的货币，或者以 $1-\pi$ 的概率输掉数额为 θy 的货币。换言之，现在投资者面对的投资项目规模与其初始财富成正比（比例因子为 θ）。我们仍然假设 θ 是一个很小的数，我们同样定义 π^* 为使得投资者在参与和不参与投资之间完全无差异的临界值，公式如下，

$$u(y) = \pi^* u(y+\theta y) + (1-\pi^*)u(y-\theta y) \tag{8.3}$$

将 $u(y+\theta y)$ 与 $u(y-\theta y)$ 在 y 处做泰勒展开，并略去二阶以上的高阶余项，可得

$$u(y+\theta y) = u(y) + \theta y u'(y) + \frac{\theta^2}{2} y^2 u''(y)$$

$$u(y-\theta y) = u(y) - \theta y u'(y) + \frac{\theta^2}{2} y^2 u''(y)$$

将上式代入式（8.3），有

$$u(y) = \pi^*\left[u(y) + \theta y u'(y) + \frac{\theta^2}{2} y^2 u''(y)\right] + (1-\pi^*)\left[u(y) - \theta y u'(y) + \frac{\theta^2}{2} y^2 u''(y)\right]$$

整理可得

$$0 = (2\pi^* - 1)\theta u'(y) y + \frac{\theta^2}{2} u''(y) y^2$$

从中解出

$$\pi^* = \frac{1}{2} + \frac{\theta}{4}\left[-\frac{yu''(y)}{u'(y)}\right]$$

我们定义

$$R_R(y) \triangleq -\frac{yu''(y)}{u'(y)} \tag{8.4}$$

$R_R(y)$ 即为相对风险厌恶系数。

8.3.4　几种常见的效用函数

在前文中推导绝对风险厌恶系数和相对风险厌恶系数的时候，我们假设风险投资项目的规模都不大（h 与 θ 都是极小的数）。在这样的假设下，我们通过泰勒展开，在略去了高阶余项之后才推出了风险厌恶系数的形式。这种推导方法也意味着，我们得到的两个风险厌恶系数是效用函数的“局部”性质。换句话说，在**不同的财富水平上，投资者的风险厌恶程度可能不相同。**

而在现实中，我们分析的风险资产的规模都不可能非常小，这时，风险厌恶程度不随财富而发生变化的效用函数形式就显得很有吸引力。因为在使用这些效用函数的时候，我们不需要随时跟踪投资者的财富水平。有以下一些常用的效用函数，其风险厌恶程度表现出了“全局”的一致性，因而简化了我们的处理。

（1）**CARA**：绝对风险厌恶不变型（constant absolute risk aversion）。

$$u(c) = -e^{-\alpha c}$$

其对应的绝对风险厌恶系数为 $\boldsymbol{R_A(c)=\alpha}$。

（2）**CRRA**：相对风险厌恶不变型（constant relative risk aversion）。

$$u(c) = \frac{c^{1-\gamma}-1}{1-\gamma}$$

其对应的相对风险厌恶系数为 $\boldsymbol{R_R(c)=\gamma}$。我们也会经常把 CRRA 效用函数写成 $u(c)=\frac{c^{1-\gamma}}{1-\gamma}$，即省去分子中的 -1。当 $\gamma=1$ 的时候，CRRA 效用函数退化为对数效用函数 $u(c)=\ln c$。① 在经济学中，我们通常把 ln 写成 log，本书中我们也不加以区分。

（3）**HARA**：双曲绝对风险厌恶型（hyperbolic absolute risk aversion）。这种效用函数对应的绝对风险厌恶系数为

$$R_A(c) = -\frac{u''(c)}{u'(c)} = \frac{1}{ac+b}$$

解此微分方程，并舍弃解中的常数项和系数，可得对应的效用函数形式为

① 运用洛必塔法则，$\lim\limits_{\rho\to 1}\frac{c^{1-\rho}-1}{1-\rho} = \lim\limits_{\rho\to 1}\frac{-c^{1-\rho}\ln c}{-1} = \ln c$。

$$u(c)=\frac{(c-c_s)^{1-\gamma}}{1-\gamma}$$

其中，$\gamma=\frac{1}{a}$，$c_s=\frac{-b}{a}$。当 $a=0$ 的时候，HARA 效用函数退化为 CARA 效用函数。当 $b=0$ 的时候，HARA 效用函数退化为 CRRA 效用函数。当 $\gamma=-1$ 的时候，HARA 效用函数退化为二次型效用函数。

（4）**线性效用函数（风险中性）**。

$$u(c)=\alpha c$$

其中，α 为大于 0 的常数。由于 $u'(c)=\alpha$，$u''(c)=0$，所以其绝对风险厌恶系数和相对风险厌恶系数都为 0。

8.4 作为期望效用特例的均值-方差偏好

在两种特殊的情况下，期望效用表现出均值-方差的偏好特性（即投资者只关注均值与方差）。这两种特殊情况分别为二次型效用函数，以及在回报服从正态分布时的 CARA 效用函数，所以，可以说均值-方差偏好是期望效用的一个特例。自然地，建立在均值-方差分析之上的结论，也就是构筑于期望效用之上的金融理论的特例。

8.4.1 二次型效用

二次型效用函数（quadratic utility function）可以写为

$$u(c)=c-Ac^2$$

其中，c 为消费量，A 为一个正的常数。其期望效用为

$$\begin{aligned}E[u(c)]&=E(c-Ac^2)\\&=E(c)-AE(c^2)\\&=E(c)-A[E^2(c)]-A\text{var}(c)\\&=[1-AE(c)]E(c)-A\text{var}(c)\end{aligned}$$

其中的第三个等号用到了概率论中的一个结论，$E(c^2)=[E(c)]^2+\text{var}(c)$①，这就呈现出均值-方差的偏好特性。

8.4.2 CARA 效用函数与正态分布的回报

我们先来介绍对数正态分布（log-normal distribution）的性质。如果

$$z=\ln x\sim N(\mu,\sigma^2)$$

① $\text{var}(c)=E[c-E(c)]^2=E[c^2-2cE(c)+E^2(c)]=E(c^2)-2E(c)E(c)+E^2(c)=E(c^2)-E^2(c)$。

那么

$$E(\mathrm{e}^{z})=E(x)=\mathrm{e}^{\mu+\frac{1}{2}\sigma^{2}}$$

在本讲的附录中有对数正态分布期望的推导。如果资产的回报服从正态分布，那么投资者最后持有的财富（消费）也服从正态分布。假设投资者的效用函数是 CARA 型，即 $u(c)=-\mathrm{e}^{-\alpha c}$，那么期望效用为

$$E[u(c)]=E(-\mathrm{e}^{-\alpha c})=-\mathrm{e}^{-\alpha E(c)+\frac{1}{2}\alpha^{2}\mathrm{var}(c)}$$

因为指数函数是单调增的，且 α 是一个不为 0 的常数，所以最大化上式中的期望效用，等价于最大化

$$E(c)-\frac{1}{2}\alpha^{2}\mathrm{var}(c)$$

这便是我们在证明 CAPM 定价方程时用到的效用函数形式。

有人可能会问，证明 CAPM 定价方程中所给出的效用是定义在回报率之上的，而这里给出的期望效用是定义在最终消费之上的。不过，在初始财富给定，且消费占财富的比例保持不变的前提下，最大化未来的消费与最大化回报率是等价的。

附录 8.A　随机占优

期望效用理论给了我们判断随机回报在投资者眼中孰优孰劣的依据。但期望效用依赖于投资者的偏好（效用函数）。我们在这里想问的问题是，有没有一种不依赖于投资者的偏好而比较两个随机回报的方法。具体地，我们想问：有没有办法说一个随机回报比另一个随机回报更“好”，从而使得所有投资者（即使是风险厌恶的人）都偏好于前者？我们还想问，有没有办法说一个随机回报比另一个随机回报风险更低，从而使得所有风险厌恶的投资者都偏好于前者？这一节要讲的**随机占优**（stochastic dominance）的概念就是要回答这两个问题。

基本结论是：如果一个随机回报比另一个随机回报更“好”，则前者一阶随机占优于后者；如果一个随机回报比另一个随机回报风险更低，则前者二阶随机占优于后者。除了这两种情况之外，如果要比较两个随机回报，则需要了解投资者的偏好（效用函数）才能做出判断。

8.A.1　二阶随机占优

在均值-方差分析中，我们知道如果两个随机变量的均值相同，那么方差大的风险更高。我们可以把这个思想扩展一下。如果给一个随机变量 $\tilde{x}$ 再加上一个期望为 0 的另一个随机变量 $\tilde{z}$，这样得到的新的随机变量 $\tilde{y}=\tilde{x}+\tilde{z}$ 与 $\tilde{x}$ 比起来，期望一样，但波动更大，因此我们就能说 $\tilde{y}$ 的风险比 $\tilde{x}$ 更大。这样，$\tilde{y}$ 就被称为 $\tilde{x}$ 的保均展形（mean-preserving spread）。我们在定义 8.A.1 中给出了保均展形的严格数学定义。

定义 8. A. 1（保均展形）：随机变量 $\tilde{y}$ 是随机变量 $\tilde{x}$ 的保均展形，当且仅当存在一个随机变量 $\tilde{z}$ 使得 $\tilde{y}=\tilde{x}+\tilde{z}$，且对任意 $\tilde{x}$ 的实现值 x 都有 $E(\tilde{z}|x)=0$。

其中 $E(\tilde{z}|x)=0$ 是条件期望，意思是说当我们知道了随机变量 $\tilde{x}$ 最后出现的是多少之后，计算出的 $\tilde{z}$ 的期望。对 $\tilde{z}$ 不那么严格却更加易懂的理解方式，是把它想成一个与 $\tilde{x}$ 不相关，期望为 0 的随机变量。直观地说，保均展形会让随机变量的概率密度函数看上去更为平展，如图 8－4 所示。

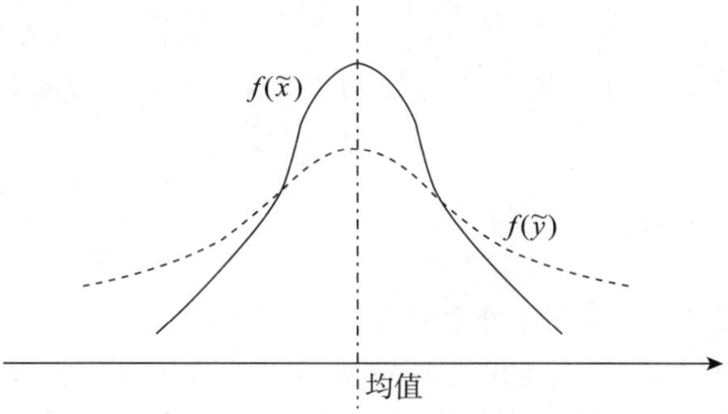

图 8－4　保均展形把概率密度函数压得更平

图中的 $\tilde{y}$ 就是 $\tilde{x}$ 的一个保均展形。接下来我们再用一个例子来形象地展示什么叫保均展形。

例子：假设有随机变量 $\tilde{x}$ 与 $\tilde{z}$ 如下（括号中的 prob 为随机变量的取值概率），

$$\tilde{x}=\begin{cases}4 & (\text{prob}=0.5)\\1 & (\text{prob}=0.5)\end{cases},\tilde{z}=\begin{cases}+1 & (\text{prob}=0.5)\\-1 & (\text{prob}=0.5)\end{cases}$$

随机变量 $\tilde{y}=\tilde{x}+\tilde{z}$ 则为

$$\tilde{y}=\begin{cases}5 & (\text{prob}=0.25)\\3 & (\text{prob}=0.25)\\2 & (\text{prob}=0.25)\\0 & (\text{prob}=0.25)\end{cases}$$

容易计算，$E(\tilde{x})=E(\tilde{y})=2.5$，但大家都会同意，$\tilde{y}$ 看上去风险更大。

定义 8. A. 2（二阶随机占优）：如果一个随机变量是另一个随机变量的保均展形，那么后者二阶随机占优于前者。

在前文的例子中，$\tilde{x}$ 就二阶随机占优于 $\tilde{y}$，这是**二阶随机占优**（second-order stochastic dominance，简称 SSD）的一个较为直观的定义。二阶随机占优还可以通过比较两个随机变量的分布函数来定义，但这种定义没有利用保均展形来定义那么直观，所以这里我们就不加以介绍了，感兴趣的读者可以查阅概率论教材。

8. A. 2　一阶随机占优

既然有二阶随机占优，那么自然也有**一阶随机占优**（first-order stochastic dominance，

简称 FSD)。这是一个比二阶随机占优更强的概念，其严格定义如下，

定义 8. A. 3（一阶随机占优）： 设 $F_A(\cdot)$ 与 $F_B(\cdot)$ 分别代表两个随机变量的累积分布函数。如果对这两个随机变量所有可能的实现值 x 都有 $F_A(x)\leqslant F_B(x)$，那么 $F_A(\cdot)$ 一阶随机占优于 $F_B(\cdot)$。

如果将 $F_A(\cdot)$ 与 $F_B(\cdot)$ 两个累积分布函数画在同一张图上（图 8－5），$F_A(\cdot)$ 将一直不超过 $F_B(\cdot)$，并且在一些位置低于 $F_B(\cdot)$。如果两个随机变量代表了未来回报，由于 $F_A(\cdot)$ 把更多的可能留给了更大的实现值，因此会更受青睐。

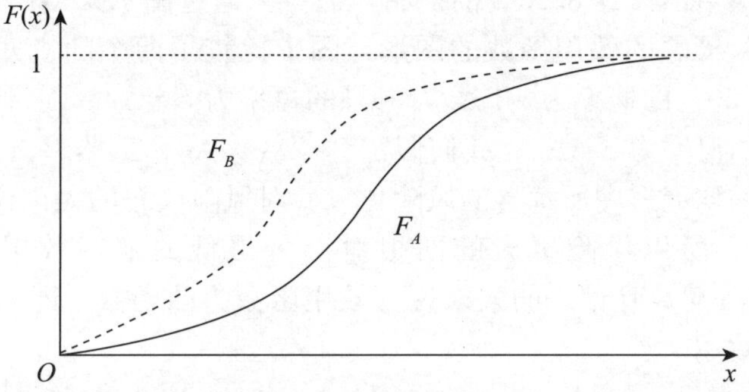

图 8－5　F_A 的累积分布函数一直处于 F_B 下方，因而 F_A 更受青睐

我们通过对比两个具体的投资项目来加深大家对一阶随机占优的印象。表 8－1 中列出了两个投资项目未来可能带来的回报。两个项目可能实现的回报是一样的（都有 3 种可能），但不同的项目带来各种回报的概率是不一样的。

表 8－1　　不同项目的回报分布

未来回报	100	200	300
A 项目概率	0.4	0.3	0.3
B 项目概率	0.4	0.5	0.1

容易计算，A 项目的期望回报为 190，方差为 6 900。而 B 项目的期望回报为 170，方差为 4 100。在均值-方差的框架下无法对这两个项目排序（A 虽然期望回报更高，但其方差也更大），然而我们都应该清楚 A 项目比 B 项目好。因为 A 项目至少不会比 B 项目差，而且还有机会超过 B 项目，这便是一阶随机占优的意思。

8. A. 3　随机占优与投资者偏好

我们以两个结论来结束对随机占优的讨论。

命题 8. A. 1： 设 $F_A(\cdot)$ 与 $F_B(\cdot)$ 是代表随机回报的两个累积分布函数。对所有效用函数 $u(\cdot)$ 来说，当且仅当 $E_A[u(\tilde{x})]\geqslant E_B[u(\tilde{x})]$ 时，$F_A(\cdot)$ 一阶随机占优于$F_B(\cdot)$。

这个命题说的是，对所有人，不管他是风险厌恶还是风险偏好，都会对一阶随机占优的分布有更高的期望效用水平。换言之，在两个随机回报之间，如果存在一阶随机占优的关系，所有人都会选择一阶随机占优的随机回报。

命题 8.A.2：设 $F_A(\cdot)$ 与 $F_B(\cdot)$ 是代表随机回报的两个累积分布函数。对所有凹的效用函数 $u(\cdot)$ 来说，当且仅当 $E_A[u(\tilde{x})]\geqslant E_B[u(\tilde{x})]$ 时，$F_A(\cdot)$ 二阶随机占优于$F_B(\cdot)$。

这个命题说的是，如果两个随机回报之间存在二阶随机占优的关系，所有风险厌恶的人都会选择二阶随机占优的随机回报。要注意，命题 8.A.2 对效用函数提出了更高的要求，需要效用函数是凹函数。这意味着 $u''(\cdot)<0$，表现出风险厌恶的特性。这是因为二阶随机占优是比一阶随机占优更弱的比较关系，为了在这种更弱的关系上得到特定结论，就需要对偏好施加更强的假设。

我们在这里并不给出命题 8.A.2 的证明，但可以通过图示来给出直觉，在图 8-6 中我们绘制了一个风险厌恶的效用函数的图形，图中比较了两个随机回报所对应的期望效用。随机回报 A 有 50%的概率为 $c+\Delta_A$，50%的概率为 $c-\Delta_A$。随机回报 B 有 50%的概率为 $c+\Delta_B$，50%的概率为 $c-\Delta_B$。我们假定 $0<\Delta_A<\Delta_B$。虽然 B 不能算是 A 的一个保均展形，但体现了保均展形中所蕴含的风险更大。对风险厌恶的人来说，由于他的效用函数是凹的（$u''<0$），所以风险更大的回报对应着更低的期望效用，即 $E_A[u(c)]>E_B[u(c)]$。反过来，对风险偏好的人来说（效用函数为凸函数，即 $u''>0$），更大的风险会带来更高的期望效用。

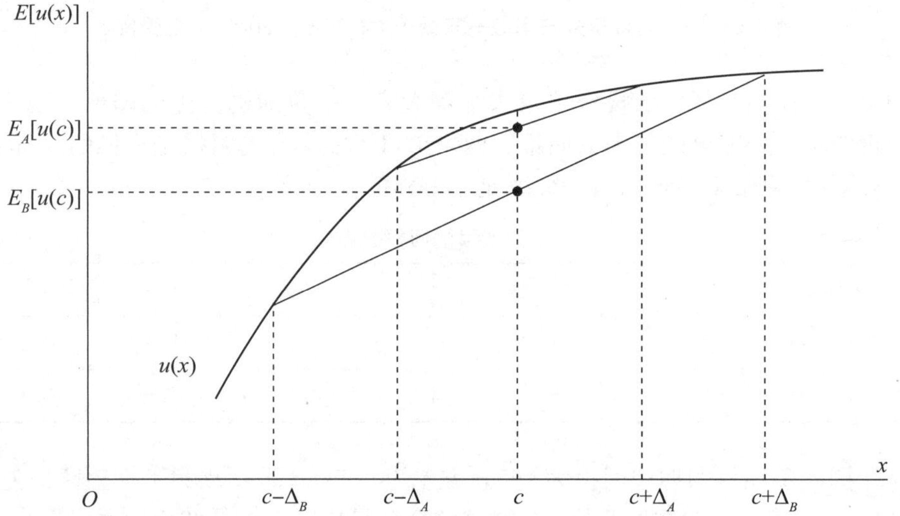

图 8-6　风险的上升会降低风险厌恶者的期望效用

那么如果两个随机回报之间既不存在一阶随机占优的关系，也不存在二阶随机占优的关系呢？在这种情况下如果要对两个随机回报排序，就需要计算两个随机回报带来的期望效用。也就是说，需要了解更多偏好信息来做决策了。

附录 8.B　对数正态分布的期望

一个随机变量 X 如果服从均值为 μ，方差为 σ^2 的正态分布（normal distribution）——我

们记为 $X \sim N(\mu, \sigma^2)$，那么它的概率密度函数可以写为

$$f(x|\mu,\sigma^2)=\frac{1}{\sigma\sqrt{2\pi}}\mathrm{e}^{-\frac{(x-\mu)^2}{2\sigma^2}}$$

在 X 服从正态分布的情况下，随机变量 $Y=\mathrm{e}^X$ 服从对数正态分布，记为 $Y \sim LN(\mu, \sigma^2)$。换句话说，服从对数正态分布的随机变量，取了对数后服从正态分布，即 $\ln Y \sim N(\mu, \sigma^2)$。对数正态分布的最重要性质是它的期望可以显式地写出来，我们将其总结为如下命题。

命题 8.B.1：如果 $Y \sim LN(\mu, \sigma^2)$，那么 $E(Y)=\mathrm{e}^{\mu+\frac{1}{2}\sigma^2}$。

证明：我们从简单的情况开始，先假设 $\mu=0$，可得

$$\begin{aligned}E(Y)=E(\mathrm{e}^X)&=\int_{-\infty}^{\infty}\mathrm{e}^x\frac{1}{\sigma\sqrt{2\pi}}\mathrm{e}^{-\frac{x^2}{2\sigma^2}}\mathrm{d}x=\int_{-\infty}^{\infty}\frac{1}{\sigma\sqrt{2\pi}}\mathrm{e}^{\frac{2\sigma^2x-x^2}{2\sigma^2}}\mathrm{d}x\\&=\int_{-\infty}^{\infty}\frac{1}{\sigma\sqrt{2\pi}}\mathrm{e}^{\frac{-(x-\sigma^2)^2+\sigma^4}{2\sigma^2}}\mathrm{d}x=\mathrm{e}^{\frac{1}{2}\sigma^2}\int_{-\infty}^{\infty}\frac{1}{\sigma\sqrt{2\pi}}\mathrm{e}^{\frac{-(x-\sigma^2)^2}{2\sigma^2}}\mathrm{d}x=\mathrm{e}^{\frac{1}{2}\sigma^2}\end{aligned}$$

注意，在最后一个等式之前，积分符号内的函数已经被整理成了一个正态分布随机变量 $(X-\sigma^2)$ 的分布函数。因此，积分积出来等于 1。

现在来分析一般的情况，即 $\mu\neq 0$。我们可以做代换 $y=x-\mu$，则有 $\mathrm{d}y=\mathrm{d}x$。

$$\begin{aligned}E(Y)=E(\mathrm{e}^X)&=\int_{-\infty}^{\infty}\mathrm{e}^x\frac{1}{\sigma\sqrt{2\pi}}\mathrm{e}^{-\frac{(x-\mu)^2}{2\sigma^2}}\mathrm{d}x=\int_{-\infty}^{\infty}\mathrm{e}^{\mu+y}\frac{1}{\sigma\sqrt{2\pi}}\mathrm{e}^{-\frac{y^2}{2\sigma^2}}\mathrm{d}y\\&=\mathrm{e}^{\mu}\int_{-\infty}^{\infty}\mathrm{e}^y\frac{1}{\sigma\sqrt{2\pi}}\mathrm{e}^{-\frac{y^2}{2\sigma^2}}\mathrm{d}y=\mathrm{e}^{\mu}\cdot\mathrm{e}^{\frac{1}{2}\sigma^2}=\mathrm{e}^{\mu+\frac{1}{2}\sigma^2}\end{aligned}$$

注意，上式中的倒数第二个等号用到了之前假设 $\mu=0$ 时得到的结论。至此，命题得证。

附录 8.C　期望效用、正义与经济学方法论

正义，是哲学家一直在争论的一个重大问题。而具体到权力、财富、名望等资源的分配上，正义一般表现为一个古老的观念：每人得其所应得。但什么是每人的应得（desert）？从亚里士多德（Aristotle）开始就有许多种观点相互激辩。

20 世纪最伟大的政治哲学著作无疑是罗尔斯（Rawls）所著的《正义论》（*A Theory of Justice*）。在这本书中，罗尔斯提出了著名的，同时也是颇多争议的正义原则。在罗尔斯看来，正当的分配应当满足他所说的差别原则：资源的分配应当平等；一种不平等的分配格局只有在最有利于最不利者时，这种不平等才是被允许的。

罗尔斯对他正义原则的论证沿着西方道德哲学长久以来的“社会契约”（social contract）的思路展开。罗尔斯说，对于什么是正义，我们做一个思想实验就能想明白。我们把大家聚集在一起，讨论怎样从无到有地构建一个社会制度。如果大家都能同意一种社会制度，那么它就是正义的。为了隔离掉个人因为自己的身份、财富、外貌等因素而带来的

先入为主的成见，讨论应该在“无知之幕”（veil of ignorance）之后来进行。也就是说，每个人在设计制度时并不知道自己会成为什么样的人，处在制度中的什么位置，因而不会在设计时对某个特定的状况或位置提供特别优惠。举个例子，某人可能长得很漂亮，但他在“无知之幕”之后设计制度时，并不知道制度运行起来后，自己会是漂亮还是丑陋。因此，他就不会接受一种对漂亮人有特别优惠的制度。罗尔斯认为，这样可以保证各人所同意的制度是公正的。

罗尔斯相信，在设计制度时，每个人都会担心自己可能会在“无知之幕”被撤除之后处于社会中最不利的位置。出于对这种不利后果的担忧，大家会设计一个对处于最不利位置的人最有利的制度，这便是罗尔斯差别原则的由来。

让我们从经济学的角度来审视罗尔斯的思想实验。在“无知之幕”之后做制度设计时，人们面对的是不确定性的状况——不知道自己在“无知之幕”被撤除后自己是怎样的人，处在社会中的什么位置。因此，要知道人会怎样在“无知之幕”之后选择，就必须对人在风险下的决策方式做出假设。很明显，罗尔斯假设人在“无知之幕”背后是极度风险规避的——他们只关心自己在最坏的可能下会怎样。因此，人们在设计制度时，其实是在最大化自己在最坏可能下的状况。在经济学中，我们将其称为极大极小（maximin）原则。

但罗尔斯的假设符合人在风险下的决策特征吗？不停与偏好打交道的经济学家会有不同意见。1975 年，经济学家约翰·海萨尼（John Harsanyi）发表了一篇文章，题为《极大极小原则能作为道德的基础吗？对罗尔斯理论的一个批评》。[①] 在文中，海萨尼认为极大极小原则会导致荒谬的行为选择，因而不应用作构建道德理论的前提。相比之下，期望效用是构建道德理论更好的偏好假设。而在期望效用的假设下，人在“无知之幕”之后的选择就会与罗尔斯所认为的有很大不同，也就不再能得到差别原则。

罗尔斯的极大极小，与海萨尼所倡议的期望效用，哪个更适合作为道德哲学的基础，不同的人可能会有不同的看法，但海萨尼的批评击到了罗尔斯理论的软肋。罗尔斯的“无知之幕”后的思想实验，与经济学求解效用最大化问题一样，只是一种在给定了偏好假设之后的推演工具。真正重要的是偏好。在“无知之幕”实验中放入极大极小原则，能够导出正义的差别原则；放入期望效用偏好，就导出另一套正义原则。这里的关键问题是，罗尔斯的正义理论是偏好依赖的，并不能导出唯一的结论。而涉及偏好，我们并没有达成，而且似乎很难达成共识。也正是因为这个原因，在《正义论》之后，罗尔斯的观点发生了很大变化，不再试图推导正义的一般性原则，而是致力于在不同世界观、价值观之间寻找观点的交集。

事实上，罗尔斯碰到的问题也是经济学的问题。经济分析的结论必然是偏好依赖的，给出什么样的偏好假设（效用函数），就有什么样的结果。在后文中我们将会看到，行为金融学的很大一部分内容就是用其他偏好替代了期望效用后导出的。事实上，任何一种偏好的假设（比如期望效用）都存在这样或那样的问题。在这样的情况下，我们怎么能够对

---

① J. C. Harsanyi. Can the maximin principle serve as a basis for morality? A critique of John Rawls's theory. *American Political Science Review*，1975，vol. 69，pp. 594－606. 海萨尼因为在博弈论方面做出了杰出的贡献，与纳什（Nash）和泽尔腾（Selten）分享了 1994 年的诺贝尔经济学奖。

特定偏好假设下的经济分析和金融分析抱有信心？

我们可以从实证研究和规范研究两个角度来回答这个关键的问题。所谓实证研究是对基本事实的研究，是追问“是什么”的研究，不做任何价值判断。而规范研究问的则是“应该是什么”，必然带有价值判断的色彩。

从实证研究的角度，我们可以用米尔顿·弗里德曼（Milton Friedman）的“工具论”观点来看待这个问题。在一篇题为《实证经济学方法论》的著名文章中，弗里德曼提出了：我们是否应该接受某个理论，与这个理论的假设是否符合现实无关；重要的是理论的结论是否与我们对现实的观察相符，是否有助于增进我们对现实的理解。① 弗里德曼举了这么一个例子。当我们需要研究树叶在树枝上的分布时，可以假设每片树叶都有自己的意识，可以在树枝上自由移动来寻找阳光最充足的地方，这个假设显然与现实不符。但它并不妨碍我们基于这样的假设来得到合乎现实的树叶分布理论。所以，从实证研究的角度来看，偏好假设是否完美地体现了人性并不重要，重要的是理论的结论是否“有用”。在均衡的金融分析中，我们一直都采取这么一种“工具论”观点来看待效用函数。而当进入套利定价的讨论时，我们就根本不需要再假设效用函数了。

从规范研究的角度，效用假设的问题不可轻而视之。因为规范研究要回答“应该是什么”这样的涉及价值判断的问题，而要做价值判断，就必须要先明晰什么是价值，什么东西有价值。经济分析是构建在功利主义（utilitarianism）之上的分析方法。在功利主义者看来，效用所衡量的快乐就是“善”，产生效用的东西就有价值。所以，当我们写下一个效用函数时，就已经对什么是好，什么是价值做出了断言——效用函数的自变量就是好，就有价值。因此，在规范研究中，我们必须对效用函数的选择持非常慎重的态度，尽量把研究建立在那些已取得广泛共识，没什么争议的偏好假设。至于究竟什么东西是人们所偏好的，以及人们应该偏好的，还是留给哲学家去讨论吧。

进一步阅读指南

期望效用理论是在经济学分析不确定性情况下决策问题的主要工具，也是每本微观经济学教材必然会介绍的内容。马斯-克莱尔（Mas-Colell）等人所著的《微观经济理论》（*Microeconomic Theory*）是研究生的权威微观经济学教材，其中的第 6 章包含期望效用理论的介绍。皮埃尔（Pierre）与唐纳德（Donaldson）所著的《中级金融理论》（*Intermediate Financial Theory*）的第 3 章与本讲内容接近，可做参考。此外，戈利耶（Gollier）所著的《风险和时间经济学》（*The Economics of Risk and Time*）的第 1 章也值得一读。

练习题

8.1　在确定性条件下，效用函数的任何单调增变换（即保序变换）仍表示相同偏好

---

① Milton Friedman. The methodology of positive economics. In Essays In Positive Economics，University of Chicago Press，1953，pp. 3 - 43.

的效用函数。然而对期望效用，我们只能使用单调增的线性变换。

请用下例验证该结论：小明参加某知名品牌牛奶企业赞助的竞猜节目，如果取得优胜，则有机会获得一份鲜奶奖励。奖励有两个选项，一个是直接获取 50 袋鲜奶，另一个是从抽奖箱中抽取奖励。在抽奖箱中，有概率 $p=0.5$ 抽到 100 袋鲜奶，或者概率 $1-p$ 抽到 10 袋鲜奶。假设小明的效用函数为

$$\begin{cases} u(A)=100 \\ u(B)=10 \\ u(C)=50 \end{cases}$$

A、B、C 分别对应 100 袋、10 袋、50 袋鲜奶的情况。

(a) 请验证在这样的初始效用函数下，期望效用理论认为小明将选择抽奖而不是直接获得 50 袋鲜奶。

(b) 有一种线性的函数变换为 $f(x)=a+bx$，$a\geqslant 0$，$b\geqslant 0$。请验证在该线性变换下，小明的选择不变，仍会选择抽奖。

(c) 有一种非线性的函数变换为 $g(x)=\ln x$。请验证在该非线性变换下，小明将选择确定的 50 袋鲜奶。

8.2 小明的总财富是 200 万元，其中包含价值 150 万元的一套房产和 50 万元的现金。已知小明的房产有 1%的可能性会发生火灾。火灾一旦发生，小明房产的价值将从 150 万元下降到 50 万元。小明可以向保险公司支付保费来为自己的房产投保，房产投保后，遭遇火灾时保险公司会向小明赔付 100 万元。假设小明的效用函数为

$$u(w)=\frac{w^{1-\gamma}-1}{1-\gamma}$$

请计算当 γ 等于 1、2 和 4 时，小明分别最多愿意为他的房产付多少保费。

8.3 请估计你自己的相对风险厌恶系数，并给出估计方法和结果。

第 9 讲

风险偏好与投资储蓄行为

在第 8 讲中我们介绍了期望效用这一描述风险下决策的理论体系，并推导了度量风险厌恶程度的绝对风险厌恶系数和相对风险厌恶系数。接下来自然就要用这一理论框架来研究人在面对风险状况时的行为。特别地，我们要研究投资者在各种风险条件下的投资行为。我们关心两方面的问题。第一，投资者的财富在不同资产之间，尤其是在无风险资产和风险资产之间如何配置——这是一个投资组合配置的问题。第二，资产回报的风险会怎样影响到投资者的储蓄行为——这是消费和储蓄决定的问题。在接下来的分析中我们将会看到，这些问题的答案与投资者对风险的态度直接相关。

9.1 投资者参与风险资产的条件

我们要问的第一个问题是：在面对回报不确定的风险资产时，投资者怎样才会愿意买入风险资产？我们可能会猜测，对风险厌恶的投资者来说，为了让他愿意投资风险资产，风险资产的期望回报率应该比无风险利率高出一截才行。但事实并非如此，只要风险资产的期望回报率比无风险利率高，风险厌恶的投资者就会将其一部分财富投资于风险资产。这个结论也可等价地陈述为：风险厌恶的投资者总会愿意参与微小的风险。接下来我们严格地证明这一点。

假设投资者拥有初始财富 w_0，可在无风险资产（无风险利率为 r_f）与一种风险资产（回报率为 $\tilde{r}$）之间分配。假设投资者从其初始财富中拿出 a 投资于风险资产，剩余的 w_0-a 则投资于无风险资产。这里我们只考虑一期的问题。在期末，投资者的财富变为

$$\begin{aligned}\tilde{w} &= (1+r_f)(w_0-a)+a(1+\tilde{r}) \\ &= w_0(1+r_f)+a(\tilde{r}-r_f)\end{aligned}$$

投资者通过选择 a 来最大化期末财富带来的期望效用，如下所示，

$$\max_a E[u(\tilde{w})]=\max_a E\{u[w_0(1+r_f)+a(\tilde{r}-r_f)]\}$$

其中 $u(\cdot)$ 是效用函数。由于效用函数总是增函数（财富越多，效用越高），所以必有 $u'(\cdot)>0$。至于效用函数二阶导数的符号，则视投资者风险厌恶状况而定。以上这一优化问题的一阶条件为

$$E\{u'[w_0(1+r_f)+a^*(\tilde{r}-r_f)](\tilde{r}-r_f)\}=0 \tag{9.1}$$

其中，a^* 是使期望效用最大的风险资产投资量。我们用如下命题给出 a^* 与风险资产超额回报之间的关系。

命题 9.1：如果 a^* 是优化一阶条件［式(9.1)］的解，投资者风险厌恶且其效用函数可导［$u''(\cdot)<0$］，那么有以下 3 个等价关系成立：

(i) $a^*>0$，当且仅当 $E(\tilde{r})>r_f$；

(ii) $a^*=0$，当且仅当 $E(\tilde{r})=r_f$；

(iii) $a^*<0$，当且仅当 $E(\tilde{r})<r_f$。

命题 9.1 说的是，如果风险资产的期望回报率高于无风险利率，投资者就必然会把一部分财富投在风险资产上。如果风险资产期望回报率等于无风险利率，那么投资者会完全不投资在风险资产上。如果风险资产期望回报率小于无风险利率，投资者则会卖空风险资产来购买无风险资产。我们先来证明这个命题，然后再讨论其意义。

证明：我们定义值函数如下，

$$V(a)=E\{u[w_0(1+r_f)+a(\tilde{r}-r_f)]\}$$

值函数 $V(a)$ 是当风险资产的投资量为 a 时，投资者期末的期望效用。随着风险资产投资量的变化，期望效用也会变化，所以 $V(a)$ 是 a 的函数。这样，投资者最优化的一阶条件又可以写为

$$V'(a^*)=E\{u'[w_0(1+r_f)+a^*(\tilde{r}-r_f)](\tilde{r}-r_f)\}=0$$

由于投资者是风险厌恶的，所以必然有 $u''(\cdot)<0$，因此对任何 a 都必然有

$$V''(a)=E\{u''[w_0(1+r_f)+a(\tilde{r}-r_f)](\tilde{r}-r_f)^2\}<0$$

这意味着 $V'(a)$ 是一个减函数［$V'(a)$ 随着 a 的增大而减小］，所以当且仅当 $V'(0)>0$ 时才有 $a^*>0$。因为如果 $V'(0)<0$，那么随着 a 从 0 开始增大，$V'(0)$ 会变得更小，一阶条件就不可能成立。而 $V'(0)$ 可以写为

$$\begin{aligned}V'(0)&=E\{u'[w_0(1+r_f)](\tilde{r}-r_f)\}\\&=u'[w_0(1+r_f)]E(\tilde{r}-r_f)\end{aligned}$$

其中 $u'[w_0(1+r_f)]$ 是个正数。要使得 $V'(0)>0$，就必须要有

$$E(\tilde{r}-r_f)>0$$

这样，就证明了等价关系 (i)，另两个等价关系类似可证。命题得证。

这个命题的结论让人很震撼。它说的是，只要风险资产的期望回报率高于无风险利率(哪怕幅度非常微小)，风险厌恶的投资者就会愿意买入风险资产（而不管投资者的风险厌恶程度是多么高)。这看上去似乎与直觉相违背。难道一个风险厌恶的人不会担心风险资产带来的风险，而选择全部投资在无风险资产上吗？为了吸引风险厌恶的投资者，风险资产的期望回报率难道不应该比无风险利率高出一些，给一个风险溢价吗（就像我们在前文中讨论确定性等值时看到的那样)？但这个命题告诉我们，只要风险资产期望回报率大于无风险利率，哪怕幅度非常微小，投资者也应当开始购买风险资产（当然，购买的量可能很微小)。附录9.A中给出了这个问题的正确直觉，我们可以把附录9.A中论证的基本思路简述如下。

对一个之前完全持有无风险资产的投资者来说，把一些财富重新分配到风险资产上的行为会对投资者效用带来两方面的影响。一方面，由于风险资产的期望回报率会高于无风险利率，所以消费者的效用会因为其总投资期望回报率的上升而上升。另一方面，由于风险资产的回报存在不确定性，所以投资者效用会因为这种不确定性的上升而下降。如果将投资者投入风险资产上的财富量记为 a，则可通过附录中介绍的阿罗-普拉特（Arrow-Pratt）近似推导出，当 a 很小的时候，期望回报率上升带来的效用上升幅度与 a 成正比，而回报不确定性上升带来的效用下降幅度与 a^2 成正比。这样，当 a 很小的时候，期望回报率上升带来的正面效应，总是压倒不确定性上升带来的负面效应。所以，只要风险资产的期望回报率高于无风险利率，投资者就一定会在风险资产上投入一些财富。

9.2 风险资产上的投资量

从前文中给出的一阶条件［式(9.1)］可以看出，投资者在风险资产上的投资量 a^* 是他初始财富 w_0 的函数。很自然地，我们想知道不同的初始财富对风险资产投资量的影响，我们以如下命题来总结其规律。

命题9.2：如果 a^* 是优化一阶条件［式(9.1)］的解，$E(\tilde{r})>r_f$，投资者风险厌恶且其效用函数二阶可导［$u''(\cdot)<0$］，那么有以下3个等价关系成立：

(i) $a^{*\prime}(w_0)>0$，当且仅当 $R'_A(\cdot)<0$(DARA)；

(ii) $a^{*\prime}(w_0)=0$，当且仅当 $R'_A(\cdot)=0$(CARA)；

(iii) $a^{*\prime}(w_0)<0$，当且仅当 $R'_A(\cdot)>0$(IARA)。

命题9.2说的是，当投资者的绝对风险厌恶系数随初始财富的增加而下降时（R_A 对 w_0 的一阶导数小于0)，初始财富越大，投资者投资于风险资产上的财富量则越大（a^* 对 w_0 的一阶导数大于0)。我们将这样的偏好称为绝对风险厌恶下降型（decreasing absolute risk aversion，简称DARA）偏好。类似地，绝对风险厌恶不变型（CARA）的投资者投资在风险资产上的财富量与初始财富无关。而绝对风险厌恶上升型（increasing absolute risk aversion，简称IARA）的投资者，由于风险厌恶程度随初始财富增加而增加，所以财富越多，投资在风险资产上的财富量越小。以上结果都非常符合直觉，但我们仍然要证明一下这些结论，以下证明中我们只给出最关键的部分。命题9.2与命题9.3的完整证明可以参见阿罗于1971年出版的专著。①

证明：我们先来证明DARA，也就是$R'_A(w_0)<0$的情形，其余两种情形类似可证。这里我们只证明必要性，即从$R'_A(\cdot)<0$推出$a^{*\prime}(w_0)>0$。优化问题的一阶条件如下所示，

$$E[u'(\tilde{w})(\tilde{r}-r_f)]=0 \tag{9.2}$$

其中，

$$\tilde{w}=w_0(1+r_f)+a^*(\tilde{r}-r_f)$$

式(9.2)左右两边对w_0求导，并注意到a^*本身是w_0的函数，可得

$$E\left\{u''(\tilde{w})(\tilde{r}-r_f)\left[(1+r_f)+(\tilde{r}-r_f)\frac{\mathrm{d}a^*}{\mathrm{d}w_0}\right]\right\}=0$$

整理如下，

$$(1+r_f)E[u''(\tilde{w})(\tilde{r}-r_f)]+E\left[u''(\tilde{w})(\tilde{r}-r_f)^2\frac{\mathrm{d}a^*}{\mathrm{d}w_0}\right]=0$$

由于$\frac{\mathrm{d}a^*}{\mathrm{d}w_0}$不是随机变量（因为$a^*$在一开始就会被确定下来），所以可以从期望符号中提出来。可以解出

$$\frac{\mathrm{d}a^*}{\mathrm{d}w_0}=-\frac{(1+r_f)E[u''(\tilde{w})(\tilde{r}-r_f)]}{E[u''(\tilde{w})(\tilde{r}-r_f)^2]} \tag{9.3}$$

由于$u''(\cdot)<0$，上式中的分母总是负的，因而$\frac{\mathrm{d}a^*}{\mathrm{d}w_0}$的符号与$E[u''(\tilde{w})(\tilde{r}-r_f)]$的符号相同。用绝对风险厌恶系数来替换效用的二阶导数（$u''=-R_A\cdot u'$），可以得到

$$E[u''(\tilde{w})(\tilde{r}-r_f)]=E[-u'(\tilde{w})R_A(\tilde{w})(\tilde{r}-r_f)]$$

为了便于分析，我们将期望符号写成连加号的形式，如下所示，

$$E[-u'(\tilde{w})R_A(\tilde{w})(\tilde{r}-r_f)]=\sum_{n=1}^{N}p_n[-u'(w_n)]R_A(w_n)(r_n-r_f) \tag{9.4}$$

其中r_n为第n种可能性发生时风险资产回报率的实现值，w_n为在这种情况下投资者期末财富的实现值，p_n为第n种可能性发生的概率。对任意一种状态n，只能有$r_n\geqslant r_f$或$r_n\leqslant r_f$两种可能。

我们先来看$r_n\geqslant r_f$的情况。由于$a^*>0$，所以如果$r_n\geqslant r_f$，则必有$w_n\geqslant w_0(1+r_f)$。考虑到DARA的性质，必然有$R_A(w_n)\leqslant R_A[w_0(1+r_f)]$，因此，必然有$R_A(w_n)(r_n-r_f)\leqslant R_A[w_0(1+r_f)](r_n-r_f)$。再来看$r_n\leqslant r_f$的情形，此时必有$w_n\leqslant w_0(1+r_f)$，以及$R_A(w_n)\geqslant R_A[w_0(1+r_f)]$。由于此时$r_n-r_f\leqslant 0$，所以也有

① Arrow, K. J. *Essays in the Theory of Risk Bearing*. Chicago: Markham, 1971.

$R_A(w_n)(r_n-r_f)\leqslant R_A[w_0(1+r_f)](r_n-r_f)$。因此对任何 n，都有以下不等式成立，

$$R_A(w_n)(r_n-r_f)\leqslant R_A[w_0(1+r_f)](r_n-r_f)$$

由于边际效用 $u'(w_n)$ 总是正的，所以对任何 n 都有

$$[-u'(w_n)]R_A(w_n)(r_n-r_f)\geqslant[-u'(w_n)]R_A[w_0(1+r_f)](r_n-r_f)$$

又由于风险资产的回报率不是无风险利率，所以在某些可能性下，会有 $r_n\neq r_f$。在这种情况下，上式中的不等号取严格不等号，于是

$$\sum_{n=1}^{N}p_n[-u'(w_n)]R_A(w_n)(r_n-r_f)>\sum_{n=1}^{N}p_n[-u'(w_n)]R_A[w_0(1+r_f)](r_n-r_f)$$

将不等式的右边再写回期望符号，并将其中常数提出，可得

$$\begin{aligned}\sum_{n=1}^{N}p_n[-u'(w_n)]R_A[w_0(1+r_f)](r_n-r_f)&=E\{[-u'(\tilde{w})]R_A[w_0(1+r_f)](\tilde{r}-r_f)\}\\&=-R_A[w_0(1+r_f)]E[u'(\tilde{w})(\tilde{r}-r_f)]\\&=0\end{aligned}$$

上式中最后等于 0 的这一步用到了一阶条件［式(9.2)］，所以，$E[u''(\tilde{w})(\tilde{r}-r_f)]>0$，从而$\frac{da^*}{dw_0}>0$，这样便证明了 DARA 情形下的结论。CARA 与 IARA 情形类似可证。必要性得证。

对这里的证明过程我们做两点说明。第一，整个证明过程其实就是对一阶条件做一些简单的微分和代数运算。即使这样，我们也已经得出一些有意义的结论了。我们在经济与金融分析中，关心的往往是一些人的行为规律，并非特定的数量。所以在经济与金融分析中，往往只是求出优化问题的一阶条件，然后就一阶条件展开讨论，并不用最终求出具体的数值。

第二，在金融分析中，经常会碰到涉及期望符号的公式。面对这些公式，初学者往往不知如何处理。发生这种情况时，永远记住我们可以把期望写成用概率做权重的加权平均公式，从而将期望公式改写为连加公式，就像我们在式（9.4）中所做的那样。连加公式更加容易处理，也更加容易理解。当然，在熟练了之后，就可以直接利用期望算子进行推导，而无须将其展开了。

9.3　风险资产投资占总财富的比重

在现实世界中，财富越多的人通常会在风险资产上投资越多。财富越多，风险资产的投资量却保持不变或下降的情形非常罕见，因此，从现实世界的观察来推断，人们大概应该都是绝对风险厌恶下降的。对于这样的人，其财富越多，投资在风险资产上的财富量则越大。但我们要追问一下，对于这样的人，其分配在风险资产上的财富比例会怎样随财富量的变化而变化？要回答这个问题，需要知道投资在风险资产上的财富量 a^* 对财富变化

的弹性。即在初始财富 w_0 增加 1%的情况下，a^* 会增加多少？

我们定义 a^* 对初始财富的弹性为 $e(w_0)$，所下所示，

$$e(w_0) \triangleq \frac{\frac{\mathrm{d}a^*}{a^*}}{\frac{\mathrm{d}w_0}{w_0}} = \frac{w_0}{a^*} \cdot \frac{\mathrm{d}a^*}{\mathrm{d}w_0}$$

上式中的弹性与初始财富 w_0 之间的关系可总结为如下命题。

命题 9.3：如果 a^* 是优化一阶条件［式(9.1)］的解，$E(\tilde{r}) > r_f$，投资者风险厌恶且其效用函数二阶可导［$u''(\cdot) < 0$］，那么有以下 3 个等价关系成立：

(i) $e(w_0) > 1$，当且仅当 $R'_R(\cdot) < 0$（DRRA）；

(ii) $e(w_0) = 1$，当且仅当 $R'_R(\cdot) = 0$（CRRA）；

(iii) $e(w_0) < 1$，当且仅当 $R'_R(\cdot) > 0$（IRRA）。

证明：利用命题 9.2 证明过程中推导出来的式（9.3）可知，

$$e(w_0) = \frac{w_0}{a^*} \cdot \frac{\mathrm{d}a^*}{\mathrm{d}w_0} = -\frac{w_0(1+r_f)E[u''(\tilde{w})(\tilde{r}-r_f)]}{a^* E[u''(\tilde{w})(\tilde{r}-r_f)^2]}$$

所以，

$$\begin{aligned} e(w_0) - 1 &= -\frac{w_0(1+r_f)E[u''(\tilde{w})(\tilde{r}-r_f)] + a^* E[u''(\tilde{w})(\tilde{r}-r_f)^2]}{a^* E[u''(\tilde{w})(\tilde{r}-r_f)^2]} \\ &= -\frac{E\{u''(\tilde{w})(\tilde{r}-r_f)[w_0(1+r_f) + a^*(\tilde{r}-r_f)]\}}{a^* E[u''(\tilde{w})(\tilde{r}-r_f)^2]} \\ &= -\frac{1}{a^*} \cdot \frac{E[u''(\tilde{w})(\tilde{r}-r_f)\tilde{w}]}{E[u''(\tilde{w})(\tilde{r}-r_f)^2]} \\ &= -\frac{1}{a^*} \cdot \frac{E[-u'(\tilde{w})R_R(\tilde{w})(\tilde{r}-r_f)]}{E[u''(\tilde{w})(\tilde{r}-r_f)^2]} \end{aligned}$$

其中最后一个等式用到了相对风险厌恶系数的定义，从最后一个等式往下的推导过程就与命题 9.2 的证明类似，因此命题得证。

命题 9.3 表明，当投资者是相对风险厌恶不变型（CRRA）时，其投资在风险资产上的财富比例不随财富的变化而变化，是一个常数（因为弹性为 1）。当投资者是相对风险厌恶上升（或下降）型时，其投资在风险资产上的财富比例会随财富总量的增加而减少（或增加）。在现实世界中，居民持有的财富在几百年来持续上升。如果投资者是相对风险厌恶上升型（IRRA）或相对风险厌恶下降型（DRRA）的偏好，那么我们应该观察到财富逐步被完全投资在风险资产上，或是被完全投资到无风险资产上。但在现实中，投资在风险资产上的财富比例大致保持不变，因此，CRRA 是贴近现实偏好的效用函数形式。而 CRRA 也是 DARA 偏好的一种特例，也符合基于命题 9.2 做出的观察，所以，在经济与金融分析中，CRRA 效用函数应用得最为广泛。

9.4　风险中性投资者的特例

以上分析显示，投资者在风险资产上的投资额与其风险厌恶程度直接相关。风险厌恶程度越高的投资者，对风险资产的持有就越小。那么如果投资者是风险中性的（风险厌恶程度为 0），其投资行为会是怎样的呢？

我们可以用线性的效用函数 $u(c)=\alpha c$ 来刻画风险中性投资者。容易计算，$u'(\cdot)=\alpha$，$u''(\cdot)=0$。因此，风险中性投资者的绝对风险厌恶系数与相对风险厌恶系数都是 0。对于这样的投资者，其组合优化问题可以写为

$$\begin{aligned}\max_a E[u(\tilde{w})] &= \max_a E\{\alpha[w_0(1+r_f)+a(\tilde{r}-r_f)]\} \\ &= \max_a\{\alpha w_0(1+r_f)+\alpha a[E(\tilde{r})-r_f]\}\end{aligned}$$

因此，只要 $E(\tilde{r})>r_f$，风险中性投资者就会尽可能多地买入风险资产。如果他不能借贷，他就会把自己的所有财富都投入风险资产中。而如果他可以以无风险利率随意借贷，那他就会借入尽可能多的钱投入风险资产中。在这种情况下，风险中性投资者会承担社会中所有的风险，而给其他风险厌恶的投资者提供无风险资产的供给。也就是说，所有的风险厌恶者把他们的钱借给风险中性投资者，让风险中性投资者购买所有的风险资产；而风险中性投资者向其债主承诺无风险的回报率。

9.5　风险与储蓄

资产的价值在于它们在未来会产生经济利益（如带来现金回报）。购买资产就是牺牲当前的现金以换取未来的利益。换言之，购买资产是通过牺牲当前的消费来获取未来的消费（因为可以用现金购买消费品）。所以，购买资产本质上是一种储蓄行为。一般来说，储蓄者就是消费者，因此，如果需要了解对资产的需求，就必须研究消费者的消费和储蓄行为，分析影响储蓄的各种因素。这便是这一节要解决的问题。

9.5.1　确定性状况

我们先从确定性状况开始。假设消费者在今天拥有初始财富 w，这些财富既可以用于今天的消费，也可以储蓄下来留到明天。设储蓄量为 s，可以投资在一种总回报率为 R 的无风险资产上。总回报率 R 等于回报率加 1（$R=1+r$），因此储蓄所形成的财富为 sR。我们这里只考虑两期的问题，即消费者在明天把所有财富全部消费掉，不再进行储蓄。我们还假设今天与明天之间消费者的主观时间偏好为 $\delta(0<\delta<1)$。消费者站在今天来看，明天 1 单位的效用只值今天 δ 单位的效用，之所以会打这个折扣，是因为欧文·费雪所说的“人性不耐”。

可以把消费者的优化问题写成

$$\max_{s} u(w-s)+\delta u(sR) \tag{9.5}$$

由于这里没有任何不确定性，所以无须使用期望效用。这一问题的一阶条件为

$$u'(w-s)=\delta R u'(sR)$$

我们感兴趣的问题是，当 R 增大时，储蓄 s 到底增加还是减少？将上式左右两边同时对 R 求导，并注意到 s 是 R 的函数，可以得到

$$-u''(w-s)\frac{\mathrm{d}s}{\mathrm{d}R}=\delta u'(sR)+\delta R u''(sR)\left(s+R\frac{\mathrm{d}s}{\mathrm{d}R}\right)$$

从中解出

$$\frac{\mathrm{d}s}{\mathrm{d}R}=\frac{\delta u'(sR)+\delta sRu''(sR)}{-u''(w-s)-\delta R^2 u''(sR)} \tag{9.6}$$

由于人都是风险厌恶的，所以效用函数的二阶导数应该小于 0 $[u''(\cdot)<0]$。式（9.6）中的分母因而总是大于 0 的，这样$\frac{\mathrm{d}s}{\mathrm{d}R}$的符号就由分子的符号决定。可以将分子简单变形为

$$\begin{aligned}\delta u'(sR)+\delta sRu''(sR)&=\delta u'(sR)\left[1+\frac{sRu''(sR)}{u'(sR)}\right]\\&=\delta u'(sR)[1-R_R(sR)]\end{aligned}$$

其中 $R_R(sR)$ 是相对风险厌恶系数在 sR 处的取值。当 $R_R(sR)<1$ 时，式（9.6）中的分子大于 0，所以有$\frac{\mathrm{d}s}{\mathrm{d}R}>0$。这时，储蓄会随回报率的增加而增加。类似可知，当 $R_R(sR)>1$ 时，储蓄随回报率增加而下降；而当 $R_R(sR)=1$ 时，储蓄与回报率无关。

9.5.2 必要的说明：不同时间与状态间的平滑配置

关于前文中得到的储蓄与回报率的关系，我们必须要做一点说明。回报率的上升会给消费者带来两重影响。一方面，R 越高，今天的储蓄在明天产生的财富则越多，从而促使消费者今天多储蓄、少消费——这是替代效应（substitution effect)。另一方面，R 越高，今、明两天可用来消费的总财富就越多，今天就应该消费更多——这是收入效应（income effect)。最终储蓄会怎样随 R 的变化而变化，取决于替代效应与收入效应谁更强。

初次见到这一结论的人可能会觉得很惊讶，决定替代效应与收入效应孰强孰弱的竟然是相对风险厌恶系数。一个衡量消费者风险偏好的指标怎么又和消费者的跨期优化决策联系起来了呢？这其实是一个很重要的问题，值得多解释一下。

我们先来做一个简单的数学推导，假设消费者可以把一定量的资源在今天与明天自由配置，他配置的结果是怎样的？我们将这一问题用数学语言描述如下，

$$\begin{aligned}&\max_{w_1,w_2} u(w_1)+\delta u(w_2)\\&\text{s.t.}\quad w_1+w_2=w\end{aligned}$$

这一优化问题的一阶条件为

$$u'(w_1)=\delta u'(w_2) \tag{9.7}$$

这说明，在考虑了贴现因素后，消费者会尽量在两个时点之间平滑财富的配置。

我们再来问一个类似的问题，假设消费者可以在两个不确定的状态中自由配置财富，他会怎样做？这一问题可以写为

$$\max_{w_1,w_2} p_1u(w_1)+p_2u(w_2)$$
$$\text{s.t.}\quad w_1+w_2=w$$

其中，p_1 与 p_2 分别是两个状态发生的概率。这一问题的一阶条件为

$$p_1u'(w_1)=p_2u'(w_2) \tag{9.8}$$

这表明，在考虑了概率之后，消费者会尽量在两个状态之间平滑财富的配置。

一阶条件［式(9.7)］与一阶条件［式(9.8)］在形式上类似，其经济含义也相近，这不是偶然。这是因为我们假设的跨期效用和目标函数形式与期望效用函数的形式是类似的，差别只是前者以贴现率为权重相加，后者以概率为权重相加。由于效用函数表现出边际效用递减的特性，要让不同时点（或不同状态）的效用之和最大化，不同时点（状态）下的效用就应该尽可能平滑。风险厌恶程度越高的人，希望跨状态平滑资源配置的意愿越强。相反，风险中性的人由于不存在边际效用递减的情况，因而对平滑资源配置没有任何偏好。由于跨期效用与期望效用在形式上是相似的，所以愿意跨状态平滑财富分布的人，也会愿意跨期平滑财富分布。

在前文提到的两种效应中，替代效应会促使人在不同时间做出非平滑的配置——哪个时点配置价值更高就多配哪里。而收入效应会促使人在不同时间做平滑配置。对于风险厌恶程度更高的人来说，其平滑配置的意愿更大，收入效应就会压倒替代效应，因而回报率越高，储蓄越少。

讲到这里，一个问题就浮现出来了。消费者在不同时间平滑配置的倾向，与在不同状态间平滑配置的倾向是不一样的两个概念。但在数学框架中，它们都用相对风险厌恶系数这一个指标来刻画，这不会带来什么问题吗？在后文中我们讲 C-CAPM 里的**风险溢价之谜**（risk premium puzzle）时，我们会发现这确实是一个问题。因为这种分析框架把两个本来不一样的经济概念拉到了一起，所以理论与现实之间就会出现一个非常明显的落差。而这种落差也反过来刺激了理论的发展，促使研究者去寻找分离这两个概念的数学表达。我们将在后文中介绍 C-CAPM 的时候再回到这个问题。

9.5.3　不确定性状况

我们仍然沿用确定性状况下的框架，讨论消费者的消费和储蓄决策问题。现在假设资产的总回报率是一个随机变量。这里，我们关心的问题是当 R 的期望不变，但风险变得更大的时候，消费者现在的储蓄会怎样变化。当我们说 R 的风险变大时，可以简单理解为 R 的方差变得更大。更为严格的说法是给 R 做一个保均展形，在附录 8.A 中有相关介绍可做参考。

我们先从直观上来想想这个问题。如果回报率的风险上升，那么意味着储蓄的价值下

降（可能更容易碰上不好的回报率实现值）。这时还不如减少储蓄，增加当前确定的消费，老话“两鸟在林不如一鸟在手”说的就是这个意思。我们可以把这种因回报率风险上升而压低储蓄的倾向理解为一种替代效应。然而，还有人可能会认为正因为未来不确定性上升，所以更应该多储蓄来为未来可能出现的不利局面做好准备。这种因为风险上升而增加储蓄的动机叫作**预防性储蓄**（precautionary saving）动机。替代效应与预防性储蓄动机哪一个更强，就决定了消费者面对风险时的储蓄行为。

可以把消费者的优化问题写成

$$\max_s u(w-s)+\delta E[u(sR)]$$

其一阶条件为

$$u'(w-s)=\delta E[Ru'(sR)]$$

我们可以这样来思考。当 R 的方差变大之后，如果这个一阶条件的公式右边变大，储蓄 s 则会增加。如果定义函数 $g(R)\triangleq Ru'(sR)$，要使 R 的方差变大后公式右边变大，$g(R)$ 必须是凸函数 $[g''(R)>0]$。

可以通过示意图来说明这一点（图 9－1）。假设 R 之前各以 0.5 的概率取 $R-\Delta$ 与 $R+\Delta$ 两个值。现在我们保持 R 的均值不变，但加大其方差（保均展形），令 R 各以 0.5 的概率取 $R-2\Delta$ 与 $R+2\Delta$ 两个值。从图 9－1 中可以清楚地看到，当 $g(R)$ 是凸函数时，$E[g(R)]$ 将会变大。

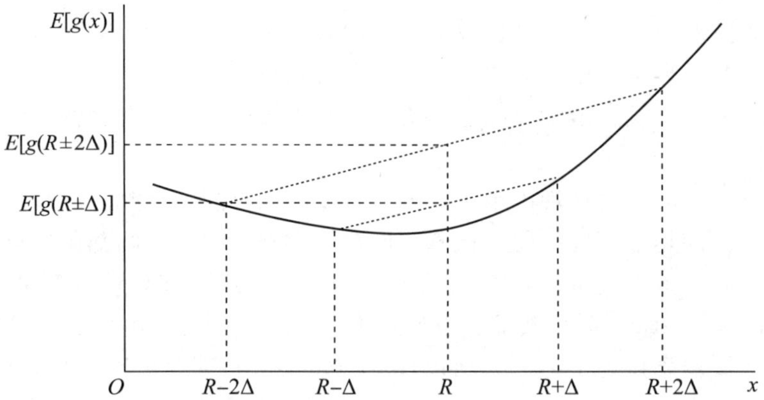

图 9－1　风险的增加会增加凸函数的期望

可以计算出，

$$g'(R)=u'(sR)+sRu''(sR)$$
$$g''(R)=2su''(sR)+s^2Ru'''(sR)$$

这里我们引入金博尔（Kimball）于 1990 年首次提出的审慎（prudence）的概念①，定义**绝对审慎系数** $P_A(y)$ 为

① Kimball, M. S. Precautionary savings in the small and in the large. *Econometrica*, 1990, 58: 53－73.

$$P_A(y) \triangleq -\frac{u'''(y)}{u''(y)} \tag{9.9}$$

定义相对审慎系数 $P_R(y)$ 为

$$P_R(y) \triangleq -\frac{yu'''(y)}{u''(y)}$$

于是

$$g''(R) = su''(sR)\left[2 + \frac{sRu'''(sR)}{u''(sR)}\right] = su''(sR)[2 - P_R(sR)]$$

由于 $s>0$，$u''(sR)<0$，所以只有当 $P_R(sR)>2$ 时，$g''(R)>0$，此时回报率风险的扩大将增大一期的储蓄。相反，如果 $P_R(sR)<2$，回报率风险的扩大将减少一期的储蓄。我们将这一结论总结为如下命题。

命题 9.4： 令 R_A 与 R_B 为两个随机回报率，且 R_B 是 R_A 的保均展形（R_B 风险更高）。若 s_A 与 s_B 分别是初始财富为 w 的风险厌恶投资者在面对 R_A 与 R_B 两种情况时的储蓄，那么有以下 3 个等价关系成立：

(i) $s_A>s_B$，当且仅当 $P_R(sR)<2$；

(ii) $s_A=s_B$，当且仅当 $P_R(sR)=2$；

(iii) $s_A<s_B$，当且仅当 $P_R(sR)>2$。

命题 9.4 说的是，当面对回报率风险上升时，越是审慎的人（相对审慎系数越大）越会增加储蓄。对于这些审慎的人，其预防性储蓄动机压过了替代效应。类似前文中对相对风险厌恶系数与风险资产在总财富中占比的分析，这里还可以讨论储蓄率（而非命题 9.4 中的储蓄量）与相对审慎系数（而非绝对审慎系数）之间的关系。具体细节我们这里就不展开了，但从道理上应该容易想到，如果一个投资者的相对审慎系数越大，那么他越可能在面对回报率的更高不确定性时增加自己的储蓄率。

作为示例，我们来算算 CRRA 效用函数的绝对审慎系数。容易计算 CRRA 效用函数的一、二、三阶导数分别为

$$u'(c) = c^{-\gamma}$$
$$u''(c) = -\gamma c^{-\gamma-1}$$
$$u'''(c) = \gamma(\gamma+1)c^{-\gamma-2}$$

将上式代入绝对审慎系数与相对审慎系数的定义式可得

$$P_A(c) = -\frac{u'''(c)}{u''(c)} = -\frac{\gamma(\gamma+1)c^{-\gamma-2}}{-\gamma c^{-\gamma-1}} = \frac{\gamma+1}{c}$$
$$P_R(c) = cP_A(c) = \gamma+1$$

所以对于 CRRA 型效用函数，相对审慎系数和绝对审慎系数都是常数。

9.6 小 结

在这一讲中，我们在期望效用的框架下分析了投资者风险偏好与投资行为之间的关

系。前文中几个命题的论证过程固然有些烦琐，但给出的结论从直觉上来理解是容易的。投资者越厌恶风险，在风险资产上投资的意愿就会越小。具体来说，投资者绝对风险厌恶系数越大，愿意在风险资产上投资的财富量就越小。而如果投资者相对风险厌恶系数越大，愿意投资在风险资产上的财富比例就越小。我们观察到全社会总投资中风险资产的占比并未因为全社会总财富的增加而趋势性地变化，所以投资者平均起来应当属于相对风险厌恶系数不变的类型，因此我们通常用 CRRA 效用函数来刻画投资者。对 CRRA 类投资者来说，其绝对风险厌恶系数会随财富的增加而减小（DARA），所以会随着自己财富的增加而增加在风险资产上的投资量。

较为复杂的数学论证只是证实了我们的直觉，看上去似乎没太大意义。其实不然，这些数学结论与直觉的吻合恰恰说明了我们所用的分析框架（期望效用理论）是靠谱的，并给了我们一个量化自己直觉的途径。此外，这个框架还能给出仅凭直觉难以得到的结论。比如，在考虑一个风险厌恶的投资者是否会参与一项风险投资时，直觉可能告诉我们只有这项风险投资的期望回报率高出无风险利率很多，投资者才会愿意参与。但这一讲给出的第一个命题就告诉我们，只要风险资产的期望回报率高于无风险利率，哪怕高出的幅度非常微小，风险厌恶的投资者也必定会愿意放一些财富在风险资产上。这背后的道理就是附录 9. A 中从阿罗-普拉特近似推导出来的结果——当风险很小时，期望回报的效应大于风险的效应。

另外，这一讲还推演了投资者审慎度与储蓄之间的关系。投资者的审慎度越高，就越倾向于在面对不确定性的未来时增加自己的储蓄。在后文中分析无风险利率的决定时，我们还能看到这种预防性储蓄动机的影响。

附录 9. A　微小风险

9. A. 1　阿罗-普拉特近似

在本附录中，我们研究当风险很小时，风险溢价表现出来的特性。我们设 $\tilde{x}$ 为一个均值为 0 的随机变量 $[E(\tilde{x})=0]$，我们来考虑对应于风险 $k\tilde{x}$ 的风险溢价。其中 k 是一个正的常数，当 k 变得越来越小的时候，风险 $k\tilde{x}$ 也就越来越小。假设人的初始财富为 w_0，是一个常数，$g(k)$ 为在这个初始财富水平上，对应 $k\tilde{x}$ 的风险溢价。由风险溢价的定义可知

$$E[u(w_0+k\tilde{x})]=u[w_0-g(k)]$$

很显然，$g(0)=0$。如果效用函数二次可微，那么将上式左右两边对 k 求导可得

$$E[\tilde{x}u'(w_0+k\tilde{x})]=-g'(k)u'[w_0-g(k)]$$

由于 $E(\tilde{x})=0$，所以 $g'(0)=0$。将上式左右两边再对 k 求导可得

$$E[\tilde{x}^2u''(w_0+k\tilde{x})]=-g''(k)u'[w_0-g(k)]+[g'(k)]^2u''[w_0-g(k)]$$

当 $k=0$ 的时候，由上式可以解出

$$g''(0)=-\frac{u''(w_0)}{u'(w_0)}E(\tilde{x}^2)$$

现在我们对 $g(k)$ 在 $k=0$ 处做泰勒展开，并略去高于二阶的项，可以得到

$$\begin{aligned} g(k) &\approx g(0)+kg'(0)+\frac{1}{2}k^2g''(0) \\ &=\frac{1}{2}k^2R_A(w_0)E(\tilde{x}^2) \end{aligned} \tag{9.10}$$

上式即**阿罗-普拉特近似**（Arrow-Pratt approximation）。从这个近似可以看出，一个微小风险的风险溢价与这一风险的方差成正比。如果我们把 k 看成对这个风险大小的一个衡量，那么当 k 趋近于 0 的时候，风险溢价以 k^2 的阶次趋近于 0。也就是说，风险溢价以比风险规模更快的速率趋近于 0，这一特性叫作**二阶风险厌恶**（second-order risk aversion）。

9.A.2　投资者参与风险资产的直觉

现在我们来解释只要风险资产期望回报大于无风险利率，投资者就一定会投入风险资产的直觉。假设风险资产的期望回报率为 $\mu=E(\tilde{r})$，我们来讨论 $\mu>r_f$ 的情形，可以将投资者期末财富写为

$$\begin{aligned} \tilde{w} &= w_0(1+r_f)+a(\tilde{r}-r_f) \\ &= w_0(1+r_f)+a(\mu-r_f)+a(\tilde{r}-\mu) \\ &= \bar{w}+a\tilde{\varepsilon} \end{aligned}$$

其中，$\bar{w}=w_0(1+r_f)+a(\mu-r_f)$，$\tilde{\varepsilon}=\tilde{r}-\mu$。显然，$E(\tilde{\varepsilon})=0$，$E(\tilde{\varepsilon}^2)$ 是 $\tilde{r}$ 的方差。接下来我们计算对 $a\tilde{\varepsilon}$ 的风险溢价 $g(a)$，如下所示，

$$E[u(\bar{w}+a\tilde{\varepsilon})]=u[\bar{w}-g(a)]$$

由阿罗-普拉特近似［式(9.10)］可知

$$g(a)\approx\frac{1}{2}a^2R_A(\bar{w})E(\tilde{\varepsilon}^2)$$

因此，

$$\frac{g(a)}{a^2}\approx\frac{1}{2}R_A(\bar{w})E(\tilde{\varepsilon}^2)$$

即$\frac{g(a)}{a^2}$约等于一个常数。于是，当 $a\to 0$ 时，有如下极限关系式成立，

$$\frac{a(\mu-r_f)-g(a)}{a^2}=\frac{\mu-r_f}{a}-\frac{g(a)}{a^2}\approx\frac{\mu-r_f}{a}-\frac{1}{2}R_A(\bar{w})E(\tilde{\varepsilon}^2)\to+\infty$$

因此，当 a 为足够小的正数时，必然有 $a(\mu-r_f)-g(a)>0$ 成立。因此，对足够小的 $a>0$，如下不等式成立，

$$\bar{w}-g(a)=w_0(1+r_f)+a(\mu-r_f)-g(a)>w_0(1+r_f) \tag{9.11}$$

由于效用函数是增函数，所以对足够小的 $a>0$，必然有

$$u[w_0(1+r_f)]<u[\bar{w}-g(a)]=E[u(\bar{w}+a\tilde{\varepsilon})]=E[u(\tilde{w})]$$

所以，只要风险资产的期望回报率高于无风险利率，在风险资产上投资一点就是有利可图的。

为了得到直觉，我们把式（9.11）再变形一下，把期末资产的确定性等值表示为

$$\begin{aligned}\bar{w}-g(a)&=w_0(1+r_f)+a(\mu-r_f)-g(a)\\&\approx w_0(1+r_f)+\underbrace{a(\mu-r_f)}_{\text{超额回报的效应}}-\underbrace{\frac{1}{2}a^2R_A(\bar{w})E(\tilde{\varepsilon}^2)}_{\text{风险的效应}}\end{aligned}$$

确定性等值衡量了期末财富产生的期望效用。基于这一刻画，在风险资产上投入 a 给期望效用带来了两方面影响：第一，风险资产的超额回报增加了期望效用，且提升幅度与 a 呈线性关系，这说明期望回报给期望效用带来了**一阶效应**（first-order effect）。第二，风险资产的波动降低了期望效用，这部分与 a^2 呈线性关系，因而是**二阶效应**（second-order effect）。当 a 足够小的时候，一阶效应会强过二阶效应。这时投资者会更看重投入风险资产带来的整个投资的期望回报率的上升，而不是风险的增大。所以，只要风险资产的期望回报率高于无风险利率，不管投资者的风险厌恶程度有多高，他都一定会愿意投入风险资产的（尽管投入的程度可能非常微小）。

进一步阅读指南

皮埃尔与唐纳德所著的《中级金融理论》的第 4、5 两章是本讲内容的一个不错扩展，值得一读。戈利耶所著的《风险和时间经济学》的第 2 章也是一个不错的参考。

练习题

9.1　考虑以下效用函数 $u(c)$ 的形式

$$\alpha c,\ c-Ac^2,\ -\frac{1}{c},\ -e^{-\alpha c},\ \ln c,\ \frac{c^{1-\rho}-1}{1-\rho}$$

请分别计算以上各种效用函数形式对应的绝对风险厌恶系数、相对风险厌恶系数、绝对审慎系数、相对审慎系数（如果存在的话）。

9.2　请证明命题 9.2 中第 3 个等价关系（IARA）的必要性成立（从右边推出左边）。

9.3　假设投资者的效用函数为

$$\frac{c_1^{1-\gamma}-1}{1-\gamma}+\delta E\left(\frac{c_2^{1-\gamma}-1}{1-\gamma}\right)$$

其中，c_1 与 c_2 分别为投资者在第 1 期和第 2 期的消费量。投资者在第 1 期期初拥有初始财富

$w_0=10$。初始财富在第 1 期消费后的剩余部分作为储蓄，可以投资在无风险资产和一种风险资产上。已知无风险利率 $r_f=0.05$。风险资产在未来的回报 r 是随机的，有 50%的概率为 8%，50%的概率为 4%。投资者的主观贴现因子 $\delta=0.9$。消费者在第 2 期会将所有储蓄所得都消费掉。当 $\gamma=1$ 时，消费者第 1 期和第 2 期的消费量分别是多少？

第 10 讲

求解完备市场中的一般均衡

我们可以回忆一下均值-方差分析和 CAPM 的分析思路。前文中，我们基于均值-方差偏好首先讨论了投资者最优组合选择问题。接着，我们分析了在所有投资者都按最优组合来行事的前提下，市场达到均衡时资产价格的特性——CAPM 中的证券市场线（*SML*）。

我们在一般均衡框架下对资产定价的分析沿着类似的思路展开。我们首先介绍了期望效用理论，这是一个比均值-方差分析更为普适的风险下偏好的理论（均值-方差不过是期望效用的一个特例）。基于期望效用，我们求解了投资者在风险情况下的投资决策问题，探讨了投资行为与风险偏好之间的关系。

在这一讲，我们会进入一般均衡，分析最优化的消费者怎样在资产市场中互动，进而决定资产价格。在运用均衡定价理论时，我们一般不需要把均衡价格求出来。通常的做法是给出均衡需要满足的条件（如消费者的优化一阶条件），再利用这些条件来讨论均衡的性质。但在这一讲中，为了展现求解一般均衡模型的全貌，我们会在具体算例中，从消费者的偏好和禀赋出发，求出均衡时的资产价格。这将充分展现均衡定价的绝对定价属性——从无到有地定出资产的价格。对均衡性质的讨论将留到第 11 讲。

10.1 资产市场

为了分析不同消费者之间的互动，我们需要把消费者生活在其中的经济环境用数学语言描述出来。而在金融研究中，我们尤其关注消费者投资行为的相互影响。所以，这里我们先要构建资产市场的模型，这涉及对不确定性、资产、资产市场结构的数学描述。

为了简便，我们假设经济中只有一种不可储存（non-storable）的商品可用作消费，且经济中没有生产活动，所有消费品都以禀赋的形式外生给定。这样的假设能够帮助我们把注意力集中在资产定价上，而不用考虑复杂的生产过程。后文中我们会解释，这种对生产活动的忽略不会降低结论的一般性。

10.1.1　不确定性的模型描述

我们现在给出对不确定性的数学描述。目前，我们先研究静态问题，即消费者只做一次决策。而后，我们会把分析扩展到动态，分析消费者需要在不同期连续做出决策的情形。相应地，这里我们假设只有两个时期——今天和未来——分别以第 0 期和第 1 期来描述。未来面临不确定性，我们将未来（第 1 期）的每一种可能情形都定义为一个**状态**（state），并以 s 来表示。假设未来总共有 S 种可能性，为了数学上处理起来简单，假设 S 是一个有限的数。我们再稍微做一些符号的混用，还用 S 这个字母来表示所有可能状态组成的集合。

记状态 s 发生的概率为 π_s，为外生给定。显然，对任意一个 s，有 $0<\pi_s\leqslant 1$（发生概率为 0 的状态可以直接被忽略掉，不放入集合 S）。另外还有 $\sum\limits_{s=1}^{S}\pi_s=1$。所有状态发生概率组成的集合 $\prod=\{\pi_s,\ s\in S\}$ 称为**概率测度**（probability measure）。当我们把不确定性用 S 种状态描述出来后，一个**随机变量**（random variable）就可被看成一个 S 维向量（vector）。向量的第 s 个元素就是这个随机变量在 s 这个状态下的取值。所以，一个风险资产的回报率既可以写成我们之前就见过的形式 $\tilde{r}$，也可以写成向量的形式，如$(r_1, r_2, \cdots, r_S)^{\mathrm{T}}$。注意，我们一般习惯把向量写成列向量的形式（各个元素竖着放），所以这里加上了表示转置的上标“T”。

10.1.2　资产及其支付

一项资产是一份对未来支付的索取权。它在第 1 期会给其拥有者带来支付，支付的数量取决于具体发生的状态。记 x_s 为资产在第 1 期状态 s 中的支付。这样一来，一项资产 j 就由它在各个可能状态下的支付来定义。可以将其写为如下 S 维列向量（包含 S 个元素），列向量中的每一个元素代表资产在某个状态下实现的支付。

$$\mathbf{x}^j=\begin{bmatrix}x_1^j\\ \vdots\\ x_S^j\end{bmatrix}$$

注意，其中我们按照数学惯例将代表向量和矩阵的变量用黑体表示。

假设市场中共有 J 种可交易的资产。将这些资产的支付列向量排在一起，就形成了描述整个资产市场的**支付矩阵**（payoff matrix）。

$$\mathbf{x}\triangleq\begin{bmatrix}x_1^1 & \cdots & x_1^J\\ \vdots & \ddots & \vdots\\ x_S^1 & \cdots & x_S^J\end{bmatrix}$$

矩阵中元素的下标代表状态，上标代表资产。矩阵中第 s 行，第 j 列的元素表示第 j 种资产在状态 s 下的支付。利用各种资产的资产支付向量，支付矩阵也能写成

$$x=[\mathbf{x}^1,\cdots,\mathbf{x}^J]$$

10.1.3 资产组合

对各类资产持有量组成的向量 $\boldsymbol{\theta}=(\theta_1,\cdots,\theta_J)^{\mathrm{T}}$ 叫作一个资产组合（portfolio）。其中第 j 个元素代表对第 j 类资产持有的数量。资产组合本身又是一个资产，容易看出，它在各个状态下的支付为

$$\begin{bmatrix}\sum_{j=1}^{J}x_1^j\theta_j\\ \vdots\\ \sum_{j=1}^{J}x_S^j\theta_j\end{bmatrix}=\mathbf{x}\boldsymbol{\theta}$$

记所有 J 种资产在第 0 期的价格（以第 0 期的消费品为计价物）为

$$\mathbf{p}\triangleq[p_1,\cdots,p_J]$$

则组合 $\boldsymbol{\theta}$ 在第 0 期的价格为 $\sum_{j=1}^{J}p_j\theta_j=\mathbf{p}\boldsymbol{\theta}$ 。

在这里需要对资产的支付和价格做一些说明，以免产生混淆。前文中我们说过，在资产定价理论中，我们研究的是在给定未来支付的前提下，给资产定出现在的价格。用本节中的数学语言来说，资产定价理论研究的是给定了支付矩阵 $\mathbf{x}$ 的前提下，确定资产当前的价格 $\mathbf{p}$。

10.2 完备市场和阿罗-德布鲁市场

10.2.1 完备市场

定义 10.1：如果任何一个 1 期的消费计划都可以通过某个资产组合来实现，我们称一个资产市场 $\mathbf{x}$ 是**完备**（complete）的。

具体来说，在一个完备市场中，任给一个 1 期的消费计划 $\mathbf{c}=(c_1,\cdots,c_s)^{\mathrm{T}}$，我们都能找到一组组合权重 $\boldsymbol{\theta}=(\theta_1,\cdots,\theta_J)^{\mathrm{T}}$ 作为如下方程组的解（其中的 θ_j 是消费者持有的资产 j 的数量），

$$c_s=\sum_{j=1}^{J}x_s^j\theta_j,s=1,2,\cdots,S$$

用矩阵的形式可以将以上方程组简洁地写成

$$\mathbf{x}\boldsymbol{\theta}=\mathbf{c}$$

要注意，这个方程组未必一定是有解的。比如，如果资产的数目 J 还不如状态的数目 S 多，那么方程数目就多于未知数的数目，方程组就无解。所以，在一个完备市场中，资产的数目至少要和状态的数目一样多，但这只是完备市场的必要条件，而非充分条件。如果某类资产的支付可由其他资产所构成的组合复制出来，那么这类资产就不能算是独立资产，应该从资产支付矩阵中消去。当能够找到与状态数目一样多的独立资产时，就说明市场是完备的。如果用线性代数的语言来说，只有可以找到与状态数目相同的回报线性无关的资产的时候，市场才是完备的。接下来我们给出几个实际的例子。

例子：（完备与非完备的资产市场） 几个资产市场的支付矩阵如下所示。矩阵的行表示状态，列表示资产（资产 A、资产 B）。

（1）两种状态，两种资产。

$$\begin{array}{c} \\ \text{状态 1} \\ \text{状态 2} \end{array} \begin{array}{c} \begin{array}{cc} \text{A} & \text{B} \end{array} \\ \begin{bmatrix} 1 & 3 \\ 2 & 4 \end{bmatrix} \end{array}$$

假设第1期两个状态下的消费分别为 c_1 与 c_2。如果资产市场是完备的，我们则可以用资产 A 和 B 的一个组合（θ_1，θ_2）来实现这个消费计划，那么应该有

$$\begin{cases} \theta_1 + 3\theta_2 = c_1 \\ 2\theta_1 + 4\theta_2 = c_2 \end{cases}$$

容易解出

$$\begin{cases} \theta_1 = -2c_1 + \dfrac{3}{2}c_2 \\ \theta_2 = c_1 - \dfrac{1}{2}c_2 \end{cases}$$

因此，这是一个完备市场。需要注意，各期的消费应该都是非负的。但在求解支持消费计划的资产组合时，我们忽略了这些非负约束。因为在不加非负约束时找不到资产组合，在加了非负约束后就更不可能找得到了。

（2）两种状态，两种资产，但两种资产不独立。

$$\begin{array}{c} \\ \text{状态 1} \\ \text{状态 2} \end{array} \begin{array}{c} \begin{array}{cc} \text{A} & \text{B} \end{array} \\ \begin{bmatrix} 1 & 2 \\ 2 & 4 \end{bmatrix} \end{array}$$

类似地，可以写出如下方程组

$$\begin{cases} \theta_1 + 2\theta_2 = c_1 \\ 2\theta_1 + 4\theta_2 = c_2 \end{cases}$$

除非 $c_2 = 2c_1$，否则此方程组无解。因此，这是一个不完备市场。

（3）有两个聚宝盆 A 和 B。明天，有 1/3 的可能性 A 里出现 1 元，同时 B 里什么也没有；另有 1/3 的可能性 B 里有 1 元，同时 A 里什么也没有；还有 1/3 的可能性 A 和 B 里

同时有1元。这两个聚宝盆是经济里所有可选的风险资产。另外，还有一种无风险资产，它在明天确定性地支付1元给其所有者。可以将这个资产市场表示为

$$\begin{array}{c} \\ \text{状态}1 \\ \text{状态}2 \\ \text{状态}3 \end{array}\begin{array}{c} \begin{array}{ccc} A & B & \text{无} \end{array} \\ \begin{bmatrix} 1 & 0 & 1 \\ 0 & 1 & 1 \\ 1 & 1 & 1 \end{bmatrix} \end{array}$$

假设明天的消费计划为（c_1，c_2，c_3），资产组合为（θ_1，θ_2，θ_3），可写出方程组

$$\begin{cases} \theta_1+\theta_3=c_1 \\ \theta_2+\theta_3=c_2 \\ \theta_1+\theta_2+\theta_3=c_3 \end{cases}$$

可以解出

$$\begin{cases} \theta_1=c_3-c_2 \\ \theta_2=c_3-c_1 \\ \theta_3=c_1+c_2-c_3 \end{cases}$$

因此，这也是一个完备市场。

看完了前文中的例子，我们再回过头来讲讲什么是完备市场。我们可以从经济学和数学两个角度来理解这个概念。**从经济学意义上来说，在完备市场中，消费者可以通过买卖市场上的资产，在任何两个状态之间调配资源。而从数学上来看，在完备市场中，可以找到与状态数目同样多的资产，这些资产支付构成了一个满秩（可逆）方阵。**因此，检验一个市场是否完备的更简单方法是直接看描述这个市场的支付矩阵 $\mathbf{x}$ 是否可逆。相比于前文例题中的求解方程组，判断支付矩阵是否可逆更简单。在前文例题的3个小问题中，问题（1）和问题（3）的支付矩阵是可逆的，因此对应的市场是完备的。而问题（2）的支付矩阵不可逆（不满秩），因此对应的市场是不完备的。而如果市场中资产的数目多于状态数目，这时的支付矩阵则不是方阵。此时判断市场是否完备就看支付矩阵的秩是否等于状态数目即可，秩等于状态数目就是完备市场，否则就是不完备市场。

我们为什么要特别地关心完备市场？原因有三点。第一，所有的完备市场都是等价的，等价于接下来就要介绍的阿罗-德布鲁市场。因此，在任意一个完备市场中得到的结论对所有完备市场都是适用的。第二，在完备市场中，由于可以通过买卖资产来实现任意两个状态中资源的转换，所以消费者有最高的灵活度，可以达到最高的福利。换言之，在完备市场中可以实现最有效的风险配置。第三，完备市场处理起来比非完备市场容易很多。完备市场都是一样的，但非完备市场各有各的非完备方式。

10.2.2 阿罗-德布鲁市场与阿罗证券

完备市场可以通过资产组合实现任意消费计划。我们容易看出，一种非常简单的资产市场一定是完备的。即资产数目与状态数目一样多，且每种资产仅在一种状态中有1的支付，而在其他状态中无支付，这种资产市场被叫作**阿罗-德布鲁市场**（Arrow-Debreu Market）。其支付矩阵是一个单位矩阵——仅对角线上的元素为1，其他元素为0，如下所示，

$$\mathbf{I} \triangleq \begin{bmatrix} 1 & 0 & \cdots & 0 \\ 0 & 1 & \cdots & 0 \\ \vdots & \vdots & \ddots & \vdots \\ 0 & 0 & \cdots & 1 \end{bmatrix}$$

阿罗-德布鲁市场中的资产叫作**阿罗证券**（Arrow security）。阿罗证券就是只在某一状态中有 1 单位支付，而在其他状态的支付为 0 的证券。我们以 $\mathbf{I}_s$ 来代表在 s 状态下有 1 单位支付的阿罗证券，其支付向量可以写成

$$\mathbf{I}_s = \begin{bmatrix} 0 \\ \vdots \\ 1 \\ \vdots \\ 0 \end{bmatrix}$$

以上向量就是矩阵 $\mathbf{I}$ 第 s 列的列向量。我们将阿罗证券 $\mathbf{I}_s$ 在当前（第 0 期）的价格记为 φ_s，所有阿罗证券的价格可以合起来写成

$$\boldsymbol{\varphi} \triangleq [\varphi_1, \cdots, \varphi_S]$$

阿罗证券的价格有一个专门的名称叫作**状态价格**（state price），因为它给出了第 1 期某个状态下 1 单位支付在第 0 期的价格。

阿罗证券价格是资产定价的关键。由于任何一个资产都可以表示成阿罗证券的一个组合，因此知道了所有阿罗证券的价格，就知道了所有资产的价格。以支付向量为 $\mathbf{x}^j$ 的资产 j 为例，用阿罗证券构造资产 j 的组合就为 $\mathbf{x}^j$。所以，资产 j 当前的价格就为

$$p_j = \boldsymbol{\varphi}\mathbf{x}^j = \sum_{s=1}^{S} \varphi_s x_s^j$$

所有 J 种资产的价格向量可写为

$$\mathbf{p} = \boldsymbol{\varphi}\mathbf{x} = [\boldsymbol{\varphi}\mathbf{x}^1, \cdots, \boldsymbol{\varphi}\mathbf{x}^J] = \left[\sum_{s=1}^{S} \varphi_s x_s^1, \cdots, \sum_{s=1}^{S} \varphi_s x_s^J \right]$$

反过来，如果我们知道了完备市场中 S 种线性无关的资产的价格，就可以找出所有阿罗证券的价格为

$$\boldsymbol{\varphi} = \mathbf{p}\mathbf{x}^{-1}$$

特别地，无风险资产是在各个状态中支付都为 1 的资产，其支付向量应该写成

$$\mathbf{1} = \begin{bmatrix} 1 \\ \vdots \\ 1 \end{bmatrix}$$

所以如果记无风险资产在第 0 期的价格为 ρ，它必然等于所有阿罗证券的价格之和，如下所示，

$$\rho = \boldsymbol{\varphi}\mathbf{1} = \sum_{s=1}^{S} \varphi_s$$

10.3 完备市场中的均衡

到现在，我们已经为将金融引入一般均衡的框架做好了准备。我们有了对时间、不确定性、资产市场的模型描述，也有了描述人在不确定性状况下选择方式的期望效用理论。接下来，我们把这些东西组合进一般均衡的框架，研究金融均衡。目前，我们仅把注意力集中在完备市场上，因此，接下来我们均假设市场是完备的。对非完备市场的研究会复杂很多，这里我们不做讨论。

10.3.1 消费者偏好和禀赋

我们假设消费者具有如下的 vNM 效用函数，

$$u(c_0) + \delta \sum_{s=1}^{S} \pi_s u(c_s) \tag{10.1}$$

式（10.1）其实就是前文中我们看到过的效用函数

$$u(c_0) + \delta E[u(c_1)] \tag{10.2}$$

只不过在这里我们将期望算子用连加号写开了而已。对这里面的记号需要做一下说明。在 c_0 中，下标 0 表示在第 0 期；而在 c_s 中，下标 s 代表在第 1 期的第 s 种状态，所以这里下标有点混用。更为严谨的表示方法是将第 1 期第 s 种状态下的消费记为 c_1^s，用下标表示时间，上标表示状态。但这种严谨的记法实在有些太过麻烦，所以这里我们采用了式（10.1）中不太严格的记号。大家需要注意，式（10.1）中的 c_1 指的是第 1 期第 1 种状态中的消费量，是一个数。而式（10.2）中的 c_1 指第 1 期的消费，是一个随机变量。只要仔细一点，这应该不至于造成混淆。

事实上，我们可以假设不同的消费者有不同的效用函数和不同的贴现因子，甚至对未来各种状态的发生概率有不同的判断。这样一来消费者的效用函数可以写为

$$u_k[c_0(k)] + \delta_k \sum_{s=1}^{S} \pi_s k u_k[c_s(k)]$$

其中，k 是不同消费者的标识。即使在这样宽泛的设定下，都可以利用一般均衡的方法加以分析。但是，如果不同消费者对未来概率的判断不同，处理起来会尤其困难。因此，为了简化分析，金融分析中一般假设消费者对未来的各种可能状态发生的概率有共同的信念（common belief）。

我们还需要对消费者的禀赋做出假设。假设消费者在第 0 期有消费品禀赋 e_0，在第 1 期的第 s 状态下有禀赋 e_s。由于我们假设消费品是不能储存的，所以消费者无法将第 0 期的消费品直接储存到第 1 期进行消费。消费者如果想在两期之间做消费品的转换，只能通

过对资产的买卖来实现。我们还假设资产市场中存在 J 种资产可供消费者买卖，并且消费者在第 0 期时对第 j 种资产的初始持有量为 $\bar{\theta}_j$。

10.3.2　均衡求解

消费者的优化问题就是选择对所有 J 种资产的持有量$(\theta_1,\cdots,\theta_J)$ 来最大化其期望效用。为了简化符号，我们在如下推导中略去用以标识消费者的下标 k，消费者的优化问题可以写为

$$\begin{aligned}&\max_{\theta_1,\cdots,\theta_J}\ u(c_0)+\delta\sum_{s=1}^{S}\pi_s u(c_s)\\&\text{s.t.}\quad c_0=e_0-\sum_{j=1}^{J}p_j\theta_j\\&\qquad\ \ c_s=e_s+\sum_{j=1}^{J}x_s^j\theta_j,s=1,\cdots,S\end{aligned}\tag{10.3}$$

其中，e_0，e_1，…，e_S 分别为消费者在第 0 期及第 1 期 S 个状态中的消费品禀赋。注意，我们完全可以假设消费在第 0 期期初还持有资产禀赋。这些资产禀赋可以在第 0 期被卖掉以换成第 0 期的消费品，也可以持有到第 1 期以带来消费品的支付。但这样的假设只会增加我们推导的复杂度，而不会带来不同的结论。所以我们假设消费者没有资产禀赋，在碰到存在资产禀赋的时候，只需要把资产在第 1 期各状态下的支付当成消费者在各状态下的消费品禀赋，就可以把问题转化成式（10.3）的形式了。

对上述问题的约束条件我们需要做一点说明。在对应第 0 期的第一个约束条件中，θ_j 前面乘的是 p_j，而在对应第 1 期的约束条件中，θ_j 前面乘的是 x_s^j。为什么会有这样的不同呢？原因是在两个约束条件中的计价物是不同的。在第 0 期的约束条件中，计价物是第 0 期的消费品；而在第 1 期的 s 状态下，计价物是第 1 期 s 状态下的消费品。一定要注意，不同时间、不同状态下的消费品不是同一种商品，不可以直接相互比较，更不可以加减。当我们给出资产支付 x_s^j 的时候，用的是第 1 期各个状态下的消费品做计价物。所以，当我们说某商品在第 1 期第 2 种状态下支付 2 单位时，意思是这种商品在第 1 期第 2 种状态下会带来在第 1 期第 2 种状况下即刻可以消费的 2 单位消费品。而当我们在第 0 期考虑买入 1 单位这一资产需要花费第 0 期多少单位消费品的时候，显然不能直接拿它的未来支付计算。因此，在第 0 期的预算约束中，需要在资产持有量 θ_j 之前乘以资产的价格 p_j，而不是资产支付 x_s^j。

对约束条件做完了说明，我们再回过头来看优化问题。当然，这个问题可以直接用我们熟悉的优化方法求解。但是如果对问题做一下小小的调整，可以简化分析过程。由于我们讨论的是完备市场，所以消费者对 J 种资产的组合选择问题可以简化为对 S 种阿罗证券的选择。而在前文中我们已经看到，阿罗证券在第 1 期的支付是非常简单的。这样，消费者的优化问题可以改写为

$$\max_{\theta_1,\cdots,\theta_S}\ u(c_0)+\delta\sum_{s=1}^{S}\pi_s u(c_s)$$

$$
\text{s.t.} \quad c_0 = e_0 - \sum_{s=1}^{S} \varphi_s \theta_s \qquad (10.4)
$$
$$
c_s = e_s + \theta_s, s = 1, \cdots, S
$$

注意，这里有一点记号的混用。在优化问题式（10.3）中，$\theta_1, \cdots, \theta_J$ 代表消费者对市场中存在的 J 种资产的选择量。而在优化问题［式(10.4)］中，$\theta_1, \cdots, \theta_S$ 则代表对 S 种阿罗证券的选择量。将第 1 期的预算约束代入第 0 期的预算约束中，消去所有的 θ_s，消费者的优化问题可改写为

$$
\begin{aligned}
&\max_{c_0, \cdots, c_S} \ u(c_0) + \delta \sum_{s=1}^{S} \pi_s u(c_s) \\
&\text{s.t.} \quad c_0 + \sum_{s=1}^{S} \varphi_s (c_s - e_s) = e_0
\end{aligned} \qquad (10.5)
$$

式（10.5）就是在完备市场中消费者决策问题的通常形式。构建拉格朗日函数为

$$
\mathcal{L} = u(c_0) + \delta \sum_{s=1}^{S} \pi_s u(c_s) + \lambda \left[e_0 - c_0 - \sum_{s=1}^{S} \varphi_s (c_s - e_s) \right]
$$

其一阶条件为

$$
\begin{aligned}
&\frac{\partial \mathcal{L}}{\partial c_0} = 0\text{：} \quad u'(c_0) = \lambda \\
&\frac{\partial \mathcal{L}}{\partial c_s} = 0\text{：} \quad \delta \pi_s u'(c_s) = \lambda \varphi_s, s = 1, \cdots, S
\end{aligned} \qquad (10.6)
$$

将一阶条件代入预算约束 $c_0 + \sum_{s=1}^{S} \varphi_s (c_s - e_s) = e_0$，可得

$$
u'^{-1}(\lambda) + \sum_{s=1}^{S} \varphi_s \left[u'^{-1}\left(\frac{\lambda \varphi_s}{\delta \pi_s} \right) - e_s \right] = e_0
$$

这是一个只包含拉格朗日乘子 λ 的方程，因而可以从中解出 λ。将其代入一阶条件，即可求出消费者的阿罗证券组合选择，它是阿罗证券价格的函数。

为了最终确定均衡时阿罗证券的价格，我们只需要将前文中求出的消费者的组合选择（它们是阿罗证券价格的函数）再代入市场出清条件——在每个时间、每个状态下经济中的总消费都应该等于总禀赋——就能求出阿罗证券的价格。这样，消费者的组合选择和消费也就都能确定下来，也就完全求出了均衡。

这一论述可能还过于抽象。在下一节中我们会用一个具体的例子来展现求取均衡的全过程。但现在，我们可以对前文中的一阶条件先做一点观察。一阶条件［式(10.6)］意味着

$$
\frac{\delta \pi_s u'(c_s)}{u'(c_0)} = \varphi_s \qquad (10.7)
$$

以及

$$\frac{\pi_s u'(c_s)}{\pi_{s'} u'(c_{s'})}=\frac{\varphi_s}{\varphi_{s'}} \tag{10.8}$$

其中，s，$s'\in S$。这意味着阿罗证券价格与对应状态发生的概率，以及消费者在这一状态中的边际效用成正比。在后文中我们会看到，从这里会衍生出很多重要而有趣的结论。但在这一讲中，我们还是把注意力集中在均衡的求解上。

10.4　均衡算例

在这一小节，我们用一个实际的例子来展现求取一般均衡的过程。我们先把求取一般均衡的过程做一个小结，大体来说，这个过程分成两步：第一步，把所有价格当成给定，求解所有消费者的优化问题。这可以把消费者的行为（消费、储蓄、资产组合构成）表示为价格的函数。第二步，把消费者的行为代入各个市场的出清条件，从而得到只包含价格的方程组。从这个方程组中就能够求得均衡的价格。有了价格，消费者的行为也就确定下来，这样，均衡中的所有变量就都确定下来了。

事实上，一般均衡求解分成这两步非常符合直觉。在真实世界中（我们假设是完全竞争的），消费者总是把自己面对的各种价格当成外生给定，基于价格来选择自己的行为，这是微观层面会发生的事情。而在宏观层面，价格会调整以保证所有消费者基于价格所做出的行为是相容的，从而让市场出清。所以在一般均衡中，我们先是在微观层面求解各个具体的消费者的最优选择问题。接下来，再在宏观层面通过市场出清条件来找出使得所有消费者行为相容的价格，这个价格就是均衡价格。

10.4.1　条件

先来看这个算例的前提条件。我们研究一个静态问题，模型中只有第 0 期和第 1 期两个时期，消费者的决策发生在第 0 期。

■ **状态**：在第 1 期有两个可能的状态 a 和 b，发生的概率各为 50%。

■ **资产**：市场中有两种资产。一种是无风险资产，它在两个状态中都有 1 的支付。另一种是有风险的股票，它在状态 a 中的支付为 0.5，在状态 b 中的支付为 2。如果用支付矩阵来描述，这个资产市场应该写成（其中行代表状态，第 1 列代表无风险资产，第 2 列代表股票）

$$\begin{bmatrix} 1 & 0.5 \\ 1 & 2 \end{bmatrix}$$

■ **消费者**：经济中有两个消费者。消费者 1 的即期效用函数为 $u_1(c)=\ln c$；消费者 2 的即期效用函数为 $u_2(c)=2c^{\frac{1}{2}}$（相对风险厌恶系数为$\frac{1}{2}$的 CRRA 型效用函数）。为了简化，我们假设两位消费者的主观贴现因子都为 1（$\delta_1=\delta_2=1$）。消费者的两期总效用就是其两期期望即期效用之和。

■ **禀赋：** 消费者 1 在第 0 期拥有 1 单位消费品，消费者 2 在第 0 期拥有 1 单位股票。由于 1 单位股票会在第 1 期的两种状态下分别带来 0.5 和 2 的消费品支付，所以消费者 2 的禀赋也可以理解为他在第 1 期的两个状态下分别拥有 0.5 和 2 的消费品。

容易验证这是一个完备资本市场，因此，可以构造出阿罗证券。假设状态 a 和 b 对应的状态价格（阿罗证券价格）分别为 φ_a 与 φ_b，那么消费者 1 与消费者 2 在第 0 期的财富（以第 0 期消费品为计价物）分别为 1 与 $\frac{\varphi_a}{2}+2\varphi_b$。

10.4.2　消费者 1 的优化问题

消费者 1 仅在第 0 期拥有 1 单位消费品的禀赋，所以消费者两期总财富在第 0 期的现值为 1。消费者的优化问题可写为

$$\max_{c_{1,0},c_{1,a},c_{1,b}} \ln c_{1,0}+\frac{1}{2}\ln c_{1,a}+\frac{1}{2}\ln c_{1,b}$$
$$\text{s.t.}\quad c_{1,0}+\varphi_a c_{1,a}+\varphi_b c_{1,b}=1$$

构建拉格朗日函数，并求解一阶条件得

$$\mathcal{L}=\ln c_{1,0}+\frac{1}{2}\ln c_{1,a}+\frac{1}{2}\ln c_{1,b}+\lambda_1(1-c_{1,0}-\varphi_a c_{1,a}-\varphi_b c_{1,b})$$

$$\frac{\partial\mathcal{L}}{\partial c_{1,0}}=0:\quad \frac{1}{c_{1,0}}=\lambda_1$$

$$\frac{\partial\mathcal{L}}{\partial c_{1,a}}=0:\quad \frac{1}{2c_{1,a}}=\lambda_1\varphi_a$$

$$\frac{\partial\mathcal{L}}{\partial c_{1,b}}=0:\quad \frac{1}{2c_{1,b}}=\lambda_1\varphi_b$$

将一阶条件代入预算约束，有

$$\frac{1}{\lambda_1}+\varphi_a\frac{1}{2\lambda_1\varphi_a}+\varphi_b\frac{1}{2\lambda_1\varphi_b}=1$$

从中解出 $\lambda_1=2$，所以

$$c_{1,0}=\frac{1}{2},\quad c_{1,a}=\frac{1}{4\varphi_a},\quad c_{1,b}=\frac{1}{4\varphi_b}$$

10.4.3　消费者 2 的优化问题

消费者 2 在第 0 期有 1 单位股票的禀赋。股票在第 1 期 a 和 b 两个状态下分别会带来 0.5 和 2 的支付，这样，消费者 2 的第 0 期财富现值为 $\frac{\varphi_a}{2}+2\varphi_b$。其优化问题可写为

$$\max_{c_{2,0},c_{2,a},c_{2,b}} 2\sqrt{c_{2,0}}+\sqrt{c_{2,a}}+\sqrt{c_{2,b}}$$

$$\text{s. t.}\quad c_{2,0}+\varphi_a c_{2,a}+\varphi_b c_{2,b}=\frac{\varphi_a}{2}+2\varphi_b$$

求解一阶条件为

$$\mathcal{L}=2\sqrt{c_{2,0}}+\sqrt{c_{2,a}}+\sqrt{c_{2,b}}+\lambda_2\left(\frac{\varphi_a}{2}+2\varphi_b-c_{2,0}-\varphi_a c_{2,a}-\varphi_b c_{2,b}\right)$$

$$\frac{\partial \mathcal{L}}{\partial c_{2,0}}=0:\quad \frac{1}{\sqrt{c_{2,0}}}=\lambda_2$$

$$\frac{\partial \mathcal{L}}{\partial c_{2,a}}=0:\quad \frac{1}{2\sqrt{c_{2,a}}}=\lambda_2\varphi_a$$

$$\frac{\partial \mathcal{L}}{\partial c_{2,b}}=0:\quad \frac{1}{2\sqrt{c_{2,b}}}=\lambda_2\varphi_b$$

将一阶条件代入预算约束，有

$$\frac{1}{\lambda_2^2}+\varphi_a\frac{1}{4\varphi_a^2\lambda_2^2}+\varphi_b\frac{1}{4\varphi_b^2\lambda_2^2}=\frac{\varphi_a}{2}+2\varphi_b$$

从中解出

$$\frac{1}{\lambda_2^2}=\frac{\dfrac{\varphi_a}{2}+2\varphi_b}{1+\dfrac{1}{4\varphi_a}+\dfrac{1}{4\varphi_b}}$$

所以

$$c_{2,0}=\frac{\dfrac{\varphi_a}{2}+2\varphi_b}{1+\dfrac{1}{4\varphi_a}+\dfrac{1}{4\varphi_b}}$$

$$c_{2,a}=\frac{1}{4\varphi_a^2\lambda_2^2}=\frac{\dfrac{\varphi_a}{2}+2\varphi_b}{4\varphi_a^2\left(1+\dfrac{1}{4\varphi_a}+\dfrac{1}{4\varphi_b}\right)}$$

$$c_{2,b}=\frac{1}{4\varphi_b^2\lambda_2^2}=\frac{\dfrac{\varphi_a}{2}+2\varphi_b}{4\varphi_b^2\left(1+\dfrac{1}{4\varphi_a}+\dfrac{1}{4\varphi_b}\right)}$$

10.4.4　市场出清

由于我们假设消费品是不能储存的，所以在各个时期的各个状态下，两位消费者的总消费都应该等于经济中的总禀赋。第 0 期消费品的来源只是消费者 1 所持有的 1 单位禀赋，所以，第 0 期两位消费者的总消费加起来只能是 1。而在第 1 期的 a 和 b 两个状态中，消费品仅仅来自消费者 2 所持有的 1 单位股票的支付，所以在 a 和 b 两个状态中，两位消费者的总消费只能分别为$\frac{1}{2}$与 2。由此可得以下方程组

$$
\begin{cases}
1 = c_{1,0} + c_{2,0} = \dfrac{1}{2} + \dfrac{\dfrac{\varphi_a}{2} + 2\varphi_b}{1 + \dfrac{1}{4\varphi_a} + \dfrac{1}{4\varphi_b}} \\[2ex]
\dfrac{1}{2} = c_{1,a} + c_{2,a} = \dfrac{1}{4\varphi_a} + \dfrac{\dfrac{\varphi_a}{2} + 2\varphi_b}{4\varphi_a^2\left(1 + \dfrac{1}{4\varphi_a} + \dfrac{1}{4\varphi_b}\right)} \\[2ex]
2 = c_{1,b} + c_{2,b} = \dfrac{1}{4\varphi_b} + \dfrac{\dfrac{\varphi_a}{2} + 2\varphi_b}{4\varphi_b^2\left(1 + \dfrac{1}{4\varphi_a} + \dfrac{1}{4\varphi_b}\right)}
\end{cases}
$$

这三个方程看起来复杂，但其实可以大幅简化。将第一个方程代入后两个方程中可得

$$\frac{1}{2} = \frac{1}{4\varphi_a} + \frac{1}{8\varphi_a^2}$$

$$2 = \frac{1}{4\varphi_b} + \frac{1}{8\varphi_b^2}$$

解出（舍去负根）

$$\varphi_a = \frac{1+\sqrt{5}}{4} \approx 0.81$$

$$\varphi_b = \frac{1+\sqrt{17}}{16} \approx 0.32$$

所以在第 0 期，无风险债券价格为 1.13（=0.81+0.32），股票价格为 1.05（=0.81÷2+2×0.32）。

随堂问题：在模型中我们假设两期之间没有贴现。也就是说，两个消费者对第 0 期和第 1 期确定的 1 单位消费无差异，但为什么我们解出来的无风险利率是 −11.5%（=1÷1.13−1），而不是 0？

决定无风险利率的除了消费者的时间偏好 δ 之外，还有禀赋在不同时间、不同状态下的分配。在算例中，第 0 期的总禀赋为 1，第 1 期的总禀赋为$\frac{1}{2}$（状态 a）或 2（状态 b）。其中，第 1 期状态 a 中的禀赋最少，出于平滑不同时间、不同状态下消费的需要，消费者有动力将资源转移到状态 a 来消费，而要实现这一点，无风险资产是最好的。因此，消费者购买无风险资产的动力会很足，所以第 0 期无风险资产价格会很高，其回报率（无风险利率）是负的。

10.5　一般均衡与部分均衡

在这一小节中，我们将通过回顾与比较在 CAPM 中曾经看到的一个算例，来展示一般均衡与部分均衡在思想上的差异。

10.5.1　算例

在讲 CAPM 的时候，我们曾经举了这样一个例子：假设某个世界中有两个聚宝盆 A 和 B，所有投资者只能选择这两个聚宝盆作为风险资产。明天，有$\frac{1}{2}$可能性聚宝盆 A 里出现 1 单位消费品，而同时 B 里什么也没有。明天还有$\frac{1}{2}$的可能性聚宝盆 B 里出现 1 单位消费品，而同时 A 里什么也没有。假设今天到明天的无风险利率为 0——今天借 1 单位消费品，明天还 1 单位消费品。问：聚宝盆 A 和 B 在今天的价格分别为多少？现在我们在一般均衡的框架下再来分析这个问题，来看看结果是否与之前得到的一样。

要求解一般均衡，就需要对消费者偏好和禀赋做出假设。我们将明天聚宝盆 A 中出现 1 单位消费品的状态称为状态 1，聚宝盆 B 中出现 1 单位消费品的状态叫作状态 2。为了简便，我们假设经济中只有一位消费者，该消费者拥有对数形式的即期效用，且在今天（第 0 期）和明天（第 1 期）之间的主观贴现因子为 1，则消费者两期的期望效用和可以写为

$$u(c_0,c_1,c_2)=\ln c_0+\frac{1}{2}(\ln c_1+\ln c_2)$$

假设消费者在第 0 期有 1 单位消费品禀赋，并持有 a 单位聚宝盆 A，以及 b 单位聚宝盆 B。如果我们以 φ_1 与 φ_2 来代表状态 1 和状态 2 对应的阿罗证券的价格，那么消费者在第 0 期的总财富（以第 0 期消费品为计价物）为 $1+\varphi_1 a+\varphi_2 b$。消费者的优化问题可以写为

$$\begin{aligned}&\max_{c_0,c_1,c_2}\ \ln c_0+\frac{1}{2}\ln c_1+\frac{1}{2}\ln c_2\\&\text{s.t}\quad c_0+\varphi_1 c_1+\varphi_2 c_2=1+\varphi_1 a+\varphi_2 b\end{aligned}$$

构建拉格朗日函数，如下，

$$\mathcal{L}=\ln c_0+\frac{1}{2}\ln c_1+\frac{1}{2}\ln c_2+\lambda(1+\varphi_1 a+\varphi_2 b-c_0-\varphi_1 c_1-\varphi_2 c_2)$$

求解一阶条件为

$$\frac{\partial\mathcal{L}}{\partial c_0}=0:\quad \frac{1}{c_0}=\lambda$$

$$\frac{\partial\mathcal{L}}{\partial c_1}=0:\quad \frac{1}{2c_1}=\lambda\varphi_1$$

$$\frac{\partial \mathcal{L}}{\partial c_2}=0\text{：}\quad \frac{1}{2c_2}=\lambda\varphi_2$$

解出

$$c_1=\frac{c_0}{2\varphi_1}$$

$$c_2=\frac{c_0}{2\varphi_2}$$

在第 0 期及第 1 期的两个状态下，消费品市场均要出清，所以有 $c_0=1$，$c_1=a$，$c_2=b$。将其代入一阶条件，可知均衡时阿罗证券的价格为

$$\begin{aligned}\varphi_1&=\frac{1}{2a}\\ \varphi_2&=\frac{1}{2b}\end{aligned}\tag{10.9}$$

式（10.9）就是聚宝盆 A 和 B 分别在第 0 期的价格。很显然，无风险资产（等于包含一个聚宝盆 A 和一个聚宝盆 B 的资产组合）的价格就是聚宝盆 A 和聚宝盆 B 的价格之和。如果记无风险资产在第 0 期的价格为 ρ，那么有

$$\rho=\varphi_1+\varphi_2=\frac{1}{2a}+\frac{1}{2b}\tag{10.10}$$

10.5.2 讨论

现在我们回忆一下在介绍 CAPM 的时候对这一问题的求解。当把 1 个聚宝盆 A 和 1 个聚宝盆 B 组合在一起的时候，就形成了无风险资产。因此，1 个聚宝盆 A 和 1 个聚宝盆 B 构成的组合的价格应该等于无风险资产的价格。这样一来，聚宝盆 A 和聚宝盆 B 都应被当成无风险资产来定价。而由于我们在前文中假设无风险利率为 0，所以聚宝盆 A 和聚宝盆 B 在第 0 期的价格应该等于其第 1 期支付在第 0 期的期望。由于状态 1 和状态 2 发生的概率均为 0.5，所以聚宝盆 A 和 B 在第 0 期的价格都应该是 0.5。

在前文中求解这一问题的时候，我们假设无风险利率是 0，即无风险资产第 0 期的价格是 1。从式（10.10）来看，这意味着

$$a+b=2ab\tag{10.11}$$

但从式（10.9）看到，即使在这一条件成立的前提下，只要 $a\neq b$，聚宝盆 A 和 B 的价格就不会相等，更不会都等于 0.5。于是，我们看到一般均衡的求解方法与之前的求解方法给出了不一样的结论。为什么会这样?

原因在于我们在之前求解这一问题的时候，只考虑了资产市场部分均衡。也就是说，我们之前并没有去问：谁会愿意要聚宝盆 A 和 B? 聚宝盆 A 和 B 的供给又分别是多少? 换言之，我们在之前并没有考虑资产的供给和需求，也未考虑资产市场供需必须要相等的问题。如果 A 和 B 的数量不相等，那么就会剩下一些不能组合成无风险资产的 A 或者 B。

这样一来，A 和 B 就都不能被视为无风险资产，其定价自然就不会都是 0.5。

事实上，在式（10.11）成立的前提下（即无风险利率是 0），只有当 $a=b=1$ 的时候，聚宝盆 A 和 B 的价格才会正好是 0.5。所以，我们在 CAPM 分析中所得到的解，其实只有在非常特殊的情况下才成立。当我们论证两个聚宝盆的价格相等时，事实上隐含假设了两个聚宝盆的供给量相等。

从这个角度来看，CAPM 所对应的部分均衡思想并非资产定价的完善框架。只有在一般均衡的框架下，把偏好、禀赋、资产供给、市场出清等因素全部纳入考虑，才能得到资产定价的正确结果。所以，我们在讲均衡资产定价时，说的其实是一般均衡资产定价。

进一步阅读指南

王江所著的《金融经济学》第 2、3 章内容与本讲相近，但论述更为详细，可作为本讲的拓展阅读材料。

练习题

10.1　支付矩阵的秩能否多于状态数？（没有学过线性代数的读者可以略过这一题。）

10.2　请判断以下各个资产市场是否完备。其中支付矩阵的（横）行代表状态，（竖）列代表资产。

(a) 状态 1：状态 2：状态 3：

$$\begin{bmatrix} 1 & 0 & 0 \\ 2 & 4 & 2 \\ 2 & 2 & 1 \end{bmatrix}$$

(b) 状态 1：状态 2：状态 3：

$$\begin{bmatrix} 1 & 2 & 0 & 0 \\ 1 & 4 & 1 & 2 \\ 1 & 2 & 1 & 2 \end{bmatrix}$$

(c) 市场中只有两只股票 a 和 b，其在第 0 期价格分别为 s_a 与 s_b。第 1 期有两个状态，状态 1 发生的概率为 p，状态 2 发生的概率为 $1-p(0<p<1)$。在状态 1 中，a 股票的价格为 us_a，b 股票的价格为 u^2s_b。而在状态 2 中，a 股票的价格为 ds_a，b 股票的价格为 d^2s_b。u 与 d 是正的常数。

10.3　某资产市场在第 1 期的支付矩阵如下，

状态 1：状态 2：状态 3：

$$\begin{bmatrix} 3 & 1 & 1 \\ 2 & 0 & 2 \\ 1 & 3 & 0 \end{bmatrix}$$

三种资产 A、B、C 在第 0 期的价格分别为 1.3、1.1 和 0.6。

(a) 请检验这一资产市场是否完备。

(b) 如何用 A、B、C 三种资产构建资产组合来复制资产 $D=(3, 4, 5)^T$？D 资产在第 0 期的价格应该是多少？

(c) 如何用A、B、C三种资产来构造三种阿罗证券？三种阿罗证券在第0期的价格分别是多少？

(d) 如何用阿罗证券来构造资产D？用阿罗证券价格给D资产定出的第0期价格是多少？这一价格与问题(b)中的价格一致吗？为什么？

10.4　某一般均衡模型如下所示，

■ **时间：** 模型中只有第0期和第1期两个时期，消费者的决策发生在第0期。

■ **状态：** 在第1期有两个可能的状态a和b，发生的概率各为50%。

■ **资产：** 市场中有两种资产。一种是无风险债券，它在两个状态中都有1的支付。另一种是有风险的股票，它在状态a中的支付为1.5，在状态b中的支付为0.5。如果用支付矩阵描述，这个资产市场应该写成（其中行代表状态，第1列代表无风险资产，第2列代表股票）

$$\begin{bmatrix} 1 & 1.5 \\ 1 & 0.5 \end{bmatrix}$$

■ **消费者：** 经济中有两个消费者。消费者1的即期效用函数为$u_1(c)=\ln c$，消费者2的即期效用函数为$u_2(c)=2c^{\frac{1}{2}}$（相对风险厌恶系数为$\frac{1}{2}$的CRRA型效用函数）。假设两位消费者的主观贴现因子都为$1(\delta_1=\delta_2=1)$。消费者的两期总效用就是其两期期望即期效用之和。

■ **禀赋：** 消费者1在第0期拥有2单位消费品。消费者2在第0期拥有1单位股票和1单位债券。

(a) 请求出模型中债券和股票的第0期价格。

(b) 如果在模型中再增加一种资产，这种资产在a状态中支付1单位消费品，在b状态中支付2单位消费品，那么这种资产的第0期价格应该是多少？

(c) 增加了问题(b)里的这种资产后，会改变两位消费者在第0期和第1期的消费量吗？为什么？

第 11 讲

完备市场中一般均衡的性质

在第 10 讲中，我们在完备市场（阿罗-德布鲁市场）中求取了一般均衡。均衡固然求解出来了，但关于均衡的讨论才刚刚开始。对于这个资产市场的一般均衡，我们想知道，均衡是否一定存在，均衡到底好不好，以及均衡中的资产价格是怎样的。

我们先来谈谈均衡的存在性问题。如果均衡都不存在，那就意味着各人自利的行为无法相容，这样经济社会都无法存在，问题就严重了。若我们能够求解出均衡，均衡就一定是存在的。但第 10 讲的求解是基于较为特殊的效用函数和禀赋假设，一般地来论证在什么样的条件下一般均衡是存在的，是一个意义重大的课题。由于这一课题过于技术化，所以在本讲中我们不去讨论它。大家只需要记住以下一点就够了：**经济学家已经证明了，在相当宽泛的条件下，一般均衡是存在的**。

但均衡的存在性只是我们要问的第一个问题。在确认了均衡存在之后，我们马上就会问：**一般均衡好不好？**而要回答这个问题，就必须要先回答：**什么是"好"？**对"好"的标准的追问，很容易把我们引入哲学的思辨中——古往今来的许多伟大哲学家都提出了"好"的标准。而对经济学以及金融学研究来说，涉入这些深层次的往往涉及世界观、价值观、人生观且尚无定论的讨论是不明智的。所以，经济学家用一个不包含哲学层面价值判断意义的标准——**帕累托最优**（pareto optimality）来评价一个均衡的结果是好还是不好。帕累托最优用对资源的利用效率来做评价标准。简单来说，如果能在不降低其他所有人福利（效用）的前提下，还能增加经济中某个人的福利（效用），那么当前的状况就不是帕累托最优。这表明，在当前的状况下，有经济资源没有被充分地利用起来。从经济的角度来看，当前的状况就不能算是"最好"。

在金融市场中，人们交易的是在不同时间、不同状态下的资源（交易的是阿罗证券），因此可以说金融市场中交易的是风险。相应地，金融市场中的一般均衡对应着风险的一个配置状态，这种均衡下的风险配置按照帕累托最优的标准来衡量到底好还是不好，风险配置的状态又是怎样的，是这一讲要回答的问题。

我们的目的是给资产定价，所以均衡中的资产价格是怎样的，是我们最想知道的事情。好消息是，为了达到这个目的我们并不需要完全把均衡价格求解出来。通过对均衡所要满足的条件的讨论，就能够知道均衡价格的很多信息了。在这里，我们要利用的最重要条件是消费者的跨期优化条件，它将资产价格与消费者的消费联系了起来，因此，这里所阐述的资产定价逻辑叫作**基于消费的资本资产定价模型**（consumption based CAPM，简称 C-CAPM）。C-CAPM 的核心定价方程是这一讲要介绍的另一个重要内容。

11.1 最优风险分担

11.1.1 完备市场中的一般均衡实现了最优风险分担

从前文中的均衡求解可以看到，消费者通过资产市场交易不同状态下的消费（交易阿罗证券），事实上是在做风险交换和**风险分担**（risk sharing）。自然地，我们会想知道均衡时的风险分担到底好还是不好。正如前文中所说的，经济和金融中对“好”的定义是资源是否得到了充分利用。基于这一视角，我们可以构造一个“好”的标尺。

在什么情况下资源得到了最有效的利用而没有任何浪费？假设有这么一位中央计划者（central planner），他拥有经济中所有资源的支配权，并且拥有所有信息。如果这个中央计划者精于计算，并且愿意尽可能提升所有人的福利，那么他会做出的资源配置就一定是最有效率的。在经济和金融分析中，这个中央计划者有无限的信息获取和资源配置权，并且关心所有人的福利。中央计划者做出的资源配置就是帕累托最优。

假设经济中存在 K 位消费者。每位消费者在中央计划者心中的相对重要性以权重 $\mu_k(\mu_k \geqslant 0)$ 来衡量。中央计划者在全社会预算总约束内（总消费不能超过总禀赋）任意调配资源，以最大化所有人的加权期望效用和。中央计划者的优化问题可以写为

$$\begin{aligned}
&\max_{\{c_{k0},c_{k1},\cdots,c_{kS}\}_{k=1}^{K}} \sum_{k=1}^{K}\mu_k\left[u_k(c_{k0})+\delta_k\sum_{s=1}^{S}\pi_s u_k(c_{ks})\right] \\
&\text{s.t.} \quad \sum_{k=1}^{K}c_{k0}=\sum_{k=1}^{K}e_{k0} \qquad (11.1)\\
&\qquad\ \ \sum_{k=1}^{K}c_{ks}=\sum_{k=1}^{K}e_{ks},s=1,\cdots,S
\end{aligned}$$

其中，c_{ks} 为第 k 位消费者在第 s 种状态下的消费，e_{ks} 为第 k 位消费者在第 s 种状态下的消费品禀赋。

对于这个中央计划者的优化问题需要做两点说明。第一，在目标函数中，各消费者的相对权重 μ_k 是任意选取的。在一个极端上，中央计划者可以只关心一个人的福利（除了这个人之外，其他所有人的权重取为 0）。而在另一个极端上，中央计划者可以同等地关心所有人（所有人的权重一样）。由此可以看出，我们在通过中央计划者问题求解帕累托最优时，并不涉及任何有关收入分配的价值判断。帕累托最优只要求没有资源被浪费而已，

至于不同人的权重应该如何选取，这是哲学问题，我们在经济与金融分析中不做讨论。

第二，中央计划者优化问题的约束仅仅是总消费不能超过总禀赋，其中没有任何价格。这是因为我们假设中央计划者可以不受任何约束地调配资源，而无须考虑资源在现实中流动所需要的机制。这样做的道理是，相比中央计划者来说，其他任何实际的资源配置方式（比如市场机制），都会在中央计划者面临的资源约束之外再增加新的约束条件。因此，中央计划者在宽泛约束下所选择的资源分配（以及福利状况）就代表了任何资源配置机制所可能达到的福利状况的上限——给定优化目标为式（11.1）中的目标函数，没有任何方式能够做得比中央计划者更好。这样一来，中央计划者就成为一个比较的标尺，可以用来检验其他资源配置方式是否有效。

为了求解中央计划者问题，构建拉格朗日函数如下，

$$
\begin{aligned}
\mathcal{L}= & \sum_{k=1}^{K}\mu_k\left[u_k(c_{k0})+\delta_k\sum_{s=1}^{S}\pi_s u_k(c_{ks})\right]+\eta_0\left(\sum_{k=1}^{K}e_{k0}-\sum_{k=1}^{K}c_{k0}\right) \\
& +\sum_{s=1}^{S}\eta_s\left(\sum_{k=1}^{K}e_{ks}-\sum_{k=1}^{K}c_{ks}\right)
\end{aligned}
$$

其一阶条件为

$$
\begin{aligned}
&\frac{\partial\mathcal{L}}{\partial c_{k0}}=0:\quad \mu_k u'_k(c_{k0})=\eta_0 \\
&\frac{\partial\mathcal{L}}{\partial c_{ks}}=0:\quad \mu_k\delta_k\pi_s u'_k(c_{ks})=\eta_s
\end{aligned}
\tag{11.2}
$$

从中可以解出

$$
\begin{aligned}
c_{k0}&=u'^{-1}_k\left(\frac{\eta_0}{\mu_k}\right) \\
c_{ks}&=u'^{-1}_k\left(\frac{\eta_s}{\mu_k\delta_k\pi_s}\right)
\end{aligned}
\tag{11.3}
$$

在第 10 讲中我们曾经在一般均衡的框架下求解过消费者的优化问题，其优化一阶条件为

$$
\begin{aligned}
&u'_k(c_{k0})=\lambda_k \\
&\delta_k\pi_s u'_k(c_{ks})=\lambda_k\varphi_s
\end{aligned}
$$

注意，在上式中我们加上了标识消费者的下标 k。其中 λ_k 是消费者 k 财富约束的拉格朗日乘子，从中可以解出

$$
\begin{aligned}
c_{k0}&=u'^{-1}_k(\lambda_k) \\
c_{ks}&=u'^{-1}_k\left(\frac{\lambda_k\varphi_s}{\delta_k\pi_s}\right)
\end{aligned}
\tag{11.4}
$$

比较式（11.3）与式（11.4）可以发现，如果令 $\lambda_k=\frac{\eta_0}{\mu_k}$，$\varphi_s=\frac{\eta_s}{\eta_0}$，那么在中央计划者问题中得到的配置和相应财富分布下的均衡配置完全一样。换言之，如果将各个消费者的初

始财富调整到适当水平（这相当于在调整 λ_k），就可以通过均衡来实现中央计划者问题中求取的最优风险分担，从而得到金融市场均衡中的福利经济学第二定理（second theorem of welfare economics）。

定理 11.1（福利经济学第二定理）：在完备市场中，任何一个帕累托最优配置都可以由某个对应某种财富初始分配的市场均衡来达到。

有福利经济学第二定理，自然就有福利经济学第一定理，如下所示。

定理 11.2（福利经济学第一定理）：在完备市场中，任何一个由市场均衡所形成的资源分配都是帕累托最优的。

福利经济学第一定理和福利经济学第二定理有两个含义，一个是规范经济学意义上的，一个是经济分析方法上的。福利经济学的两个定理说明了，用经济学的评价标准即帕累托最优来衡量，市场均衡是好的。当然，这种均衡与帕累托最优的等价关系是在一定前提条件下才能成立的。也就是说，福利经济学的两个定理要成立，除了完备市场之外，还需要其他诸多条件。只不过我们一般认为这些条件都是成立的（比如没有外部性，市场是完全竞争的等等），因此也就不特别提出来写在前文的定理中。

福利经济学的两个定理在经济分析方法上也有价值。在第 10 讲我们已经看过，要求解一个一般均衡（哪怕是比较简单的一般均衡），过程都是比较复杂的，有时甚至无法给出均衡的显式解。相比之下，求解中央计划者问题就简单多了。由于福利经济学的两个定理在均衡问题与中央计划者问题之间建立起了等价关系，所以当福利经济学的两个定理成立的前提条件都满足的时候，我们可以通过求解中央计划者问题来分析均衡。要注意，这时我们虽然是站在中央计划者的视角做资源调配，但实际是在研究均衡的各种性质，接下来我们对均衡时风险分担的研究就沿这条思路推进。

11.1.2 最优风险分担的特性

我们已经证明了帕累托最优（中央计划者问题）与均衡之间的等价性，现在我们可以说，完备市场中的均衡实现了最优的风险分担（帕累托最优意义上的“最优”）。除此以外，我们可以基于福利经济学的两个定理，利用中央计划者问题的求解来研究均衡的性质。接下来，我们就开始研究在最优风险分担下——同时也是均衡下——各个消费者的消费状况。利用式（11.3），我们可以加总出经济中的总消费，如下所示，

$$c_s=\sum_{k=1}^{K}c_{ks}=\sum_{k=1}^{K}u'^{-1}_k\left(\frac{\eta_s}{\mu_k\delta_k\pi_s}\right)$$

由于 $u_k(\cdot)$ 是凹函数 $[u''_k(\cdot)<0]$，所以 $u'^{-1}_k(\cdot)$ 是单调函数。由于 μ_k、δ_k、π_s 均为外生给定的参数，所以可以用上式把 η_s 表示为状态 s 下总消费 c_s 的函数。不妨将其写为

$$\eta_s=g(c_s)=g(e_s)$$

注意，上式中第二个等号用到了市场出清条件（每个状态中的总消费等于总禀赋，$c_s=e_s$）。将上式再代回式（11.3）可得

$$c_{ks}=u'^{-1}_k\left[\frac{g(e_s)}{\mu_k\delta_k\pi_s}\right]\tag{11.5}$$

式（11.5）给出了任意一个消费者在任意一个状态下的消费。注意，在决定 c_{ks} 的函数自变量中，只有状态 s 下的总禀赋 e_s（所有消费者在这个状态下的禀赋之和），而没有消费者 k 自己在这个状态下的禀赋 e_{ks}。

不过我们要记住，这里是在用中央计划者问题分析一般均衡，所以中央计划者问题中表示各消费者权重的 μ_k 应该按照一般均衡中各个消费者的财富多寡来设定。而消费者财富可以理解为他在各期和各状态中禀赋的第 0 期现值和。从这个意义上来说，式（11.5）中的 μ_k 还是包含了消费者个人的禀赋 e_{ks} 的。但要严格写出来，μ_k 的函数应该写成

$$\mu_k\left(e_{k0}+\sum_{s=1}^{S}\varphi_s e_{ks}\right)$$

所以，消费者 k 在 s 状态下的消费只与总禀赋 e_s 和消费者自己的财富有关。总禀赋 e_s（在不同状态中）的波动决定了消费者 k 个人消费的波动，而消费者的财富则决定了他自己在不同状态下的平均消费水平。我们将这一结论总结成如下定理。

定理 11.3：完备市场达到均衡时，消费者在不同状态中消费的波动只与各个状态中总禀赋的波动有关，而与消费者自己的禀赋在各个状态中的波动无关。

既然每个消费者的消费波动都只与总禀赋的波动有关，那么在总禀赋高的状态中，所有消费者的消费都应该相对较高。也就是说，均衡中所有消费者的消费都正相关。我们将这一结论以如下定理形式严格给出来。

定理 11.4：对于任意两个状态 s 与 s'，如果有 $c_s>c_{s'}$，则对任意消费者 k，必有 $c_{ks}>c_{ks'}$。

证明：用反证法。在 $c_s>c_{s'}$ 的前提下，假设存在某个 k，使得 $c_{ks}\leqslant c_{ks'}$。由中央计划者优化问题的一阶条件［式(11.2)］，我们知道，对任意一个不同于 k 的消费者 k' 有

$$\mu_k\delta_k u'_k(c_{ks})=\mu_{k'}\delta_{k'}u'_{k'}(c_{k's})$$
$$\mu_k\delta_k u'_k(c_{ks'})=\mu_{k'}\delta_{k'}u'_{k'}(c_{k's'})$$

由于 $u_k(\cdot)$ 是严格凹函数（二阶导数小于 0），所以 $u'_k(\cdot)$是单调函数。因此，$c_{ks}\leqslant c_{ks'}$ 必然意味着对任意一个 k'，必然有 $c_{k's}\leqslant c_{k's'}$。这样一来，就应该有

$$\sum_{k=1}^{K}c_{ks}=c_s\leqslant c_{s'}=\sum_{k=1}^{K}c_{ks'}$$

这与前文中的假设矛盾，因此，假设不成立，命题得证。

定理 11.3 和定理 11.4 表明了，**在均衡时消费者的消费只受到经济中总禀赋的影响，而不受消费者自己禀赋波动的影响。在不同的状态中，所有消费者的消费都同向变化。**在总禀赋多的状态中，所有人的消费都多；在总禀赋少的状态中，所有人的消费都少。

不过，所有消费者的消费在不同状态中虽然同向波动，但波动的幅度未必是一样的。可以直观地想到，风险厌恶程度更大的消费者，更愿意平滑其在不同状态下的消费（让各个状态下的消费差异变小）。反过来，风险厌恶程度较小的消费者就没有那么强的平滑消费的动力。因此，风险厌恶程度小的消费者，其在不同状态下消费的离散程度应该更大。相应地，他们就承担了更多的总体风险。而通过承担更多的总体风险，他们也能获得更高

的期望消费。这正是威尔逊（Wilson）定理所要阐述的内容。[①]

定理 11.5（威尔逊定理）：每位消费者所承担的边际总体风险等于他的绝对风险容忍度占所有消费者绝对风险容忍度总和的比重。如果定义**绝对风险容忍度**（absolute risk tolerance）T 为绝对风险厌恶系数的倒数，即

$$T(c) \triangleq \frac{1}{R_A(c)} = -\frac{u'(c)}{u''(c)}$$

那么消费者在某状态下的消费因总禀赋变化而变化的幅度，等于其绝对风险容忍度占社会总风险容忍度的比重，如下所示，

$$\frac{\mathrm{d}c_{ks}}{\mathrm{d}e_s} = \frac{T_k(c_{ks})}{\sum_{k=1}^{K} T_k(c_{ks})}$$

威尔逊定理的证明见本讲附录 11.A。这个定理说明，绝对风险容忍度越高（绝对风险厌恶系数越小）的消费者，其消费在不同状态下的波动性会越大。反过来，绝对风险容忍度越低的消费者，其消费在不同状态下的波动会越小。因此，实现最优风险分担的时候，绝对风险容忍度高的人会承担更多的风险。如果有一位消费者是风险中性的，他的绝对风险厌恶系数应该等于 0，那么他的绝对风险容忍度会是无穷大。因此，如果这位风险中性消费者的财富足够大，那么他会承担经济中的所有风险——只有他在不同状态下的消费会有波动，而其他所有人的消费都不随状态的变化而变化。

11.1.3　最优风险分担与风险的分类

11.1.2 节给出的三个定理完整地描述了完备市场中最优风险分担的特性。简单来说，**在最优风险分担的情况下，所有消费者的消费都完全正相关，而且只取决于各个状态中总禀赋的多寡。消费者各自拥有的禀赋只是决定了消费者所拥有的总财富，进而决定了消费者的期望消费，而与消费者的消费在各个状态中的分布无关。**

这是分散风险这一概念在一般均衡框架下的体现。在一般均衡中，总禀赋在不同状态下的波动被称为系统性风险。而消费者各自的禀赋在不同状态下的波动可能大于总禀赋的波动，这部分叫作个体风险。通过完备的金融市场，消费者可以通过分散化消除掉个体风险，而让自己只承受系统性风险。这样一来，我们就给出了系统性风险和个体风险的具体含义，而不像在均值-方差分析中那样无法给出它们的精确定义。

循着 CAPM 的分析逻辑，我们到这里应该知道，在资产定价中，只有系统性风险才应该享受风险补偿，从而提升资产的期望回报率。个体风险由于可以通过分散化来消除，所以不应与资产的期望回报率有关系。这便是我们接下来要介绍的基于消费的资本资产定价模型的内容。但在这之前，作为准备，我们需要先讨论不同消费者加总的问题。

---

① Wilson, R. The theory of syndicates. *Econometrica*, 1968, 36 (1), 119-132.

11.2　代表性消费者

11.2.1　消费者优化的一阶条件

从 C-CAPM 的名字能看出来，这是一个把资产定价和消费联系在一起的理论。其核心思想是，资产不过是在不同时间和不同状态下调整资源配置的工具。而消费者配置资源的目的是尽可能提升自己从消费中获得的效用。这样一来，消费者的消费行为就和资产价格之间有了紧密联系，可以用消费来决定资产价格。当然，这么做的前提是所有资产的需求都来自消费者，且消费者的效用仅仅来自其消费。在这里，我们假设这两个前提条件是成立的，而将讨论留待后文。

前文中给出的消费者优化问题如下所示，

$$\max_{\theta_1,\cdots,\theta_J} u(c_0)+\delta\sum_{s=1}^{S}\pi_s u(c_s)$$

$$\text{s.t.}\quad c_0=e_0-\sum_{j=1}^{J}p_j\theta_j$$

$$c_s=e_s+\sum_{j=1}^{J}x_s^j\theta_j,\ s=1,\cdots,S$$

其中，$\theta_1,\cdots,\theta_J$ 代表了消费者对市场中存在的 J 种资产的选择量。为了直接看到每种资产的价格，我们不把这个问题转化为对阿罗证券的选择问题。将约束条件代入目标函数，可以将优化问题改写为

$$\max_{\theta_1,\cdots,\theta_J} u\left(e_0-\sum_{j=1}^{J}p_j\theta_j\right)+\delta\sum_{s=1}^{S}\pi_s u\left(e_s+\sum_{j=1}^{J}x_s^j\theta_j\right)$$

对 θ_j 的一阶条件为

$$p_j u'(c_0)=\delta\sum_{s=1}^{S}\pi_s u'(c_s)x_s^j$$

将上式两边同时除以 $p_j u'(c_0)$，并注意到$\dfrac{x_s^j}{p_j}$应该等于资产 j 在 s 状态下的（事后）总回报率 $1+r_s$，可得

$$1=\delta\sum_{s=1}^{S}\pi_s\frac{u'(c_s)}{u'(c_0)}(1+r_s^j)$$

将连加号形式改写为期望形式，上式可以改写为

$$1=E\left[\delta\frac{u'(\tilde{c}_1)}{u'(c_0)}(1+\tilde{r}_j)\right]$$

我们把表示消费者的下标 k 加回上式，可得

$$1=E\left[\delta_k \frac{u'_k(\tilde{c}_{k,1})}{u'_k(c_{k,0})}(1+\tilde{r}_j)\right] \tag{11.6}$$

其中，k 代表消费者，$\tilde{r}_j$ 为资产 j 的回报率。式（11.6）对任何消费者 k 都成立。这里还要再次强调，在这里有一点小小的标记混用。$\tilde{c}_{k,1}$ 是表征消费者 k 在第 1 期消费的**随机变量**，与 $c_{k,1}$ 这个表征消费者 k 在第 1 期状态 1 下消费的**常量**是完全不同的概念。

式（11.6）是消费者优化的一阶条件，对所有资产 j 都成立。这个公式给出了各种资产期望回报率应该满足的条件，因而也是资产定价的公式。这个公式就是 C-CAPM 的核心定价方程，但在讨论这个定价方程带给我们的启示之前，我们首先需要解决一个技术性的问题，即代表性消费者的构造。

11.2.2 代表性消费者与加总

从理论上来说，任意找一个消费者，就可以用他的边际效用信息来给出任意一种资产的定价。但因为两个原因，这种定价方法在现实中并不可用。

第一，现实中我们很难精确获取某人的微观信息。相对而言，宏观层面的数据（如总消费、总投资等）则更容易掌握。

第二，前文中的所有分析都是假设人是理性的。但理性并非是经济学对个人行为做出的假设，而是对人们在竞争中所表现出来的行为所做的假设。也就是说，现实中某个人的行为未必是理性的，但是，市场竞争会使得人的行为平均起来接近理性。因此，直接利用某个消费者在均衡状态下的优化一阶条件来给资产定价，误差可能会非常大（这个消费者的行为恐怕未必是理性的）。而如果利用所有消费者的平均行为来定价，准确度会高很多。

基于以上两点，我们更愿意将资产定价的结果建立在经济总量信息上，而不是某个消费者的微观信息上。为了做到这一点，经济学引入了**代表性消费者**（representative consumer）的概念。

代表性消费者，是我们为了金融和经济分析人为构造出来的一个虚拟消费者。代表性消费者的消费和禀赋是经济中的总消费和总禀赋。代表性消费者的偏好是所有消费者偏好的平均。这样，我们就可以通过代表性消费者将资产价格和宏观数据联系起来。

当然，要将所有消费者加总成为一个代表性消费者，需要一定前提条件。正如我们在前文的例题中所看到的，禀赋在不同消费者之间的不同分布，所产生的均衡资产价格有可能是不同的。而在将所有消费者加总为代表性消费者的过程中，禀赋和消费在不同消费者之间的分布信息也必然会损失掉。由于金融关注的对象是资产价格，因而我们希望能够找到一种消费者的偏好形式，使得在这种偏好之下，禀赋在不同消费者之间的分布并不影响资产价格。这样，我们通过代表性消费者求得的资产价格，就会等同于在非加总情况下求取的资产价格。1974 年，鲁宾斯坦（Rubinstein）给出了这个条件。[①] 我们将其结论用定理的形式陈述如下。

定理 11.6： 如果所有消费者具有如下 HARA 效用函数，

---

① Rubinstein，M. An aggregation theorem for securities markets. *Journal of Financial Economics*，1974，1（3），225－244.

$$u_k(c_k)=\frac{(c_k-d_k)^{1-\gamma}}{1-\gamma}$$

其中，$\gamma>0$，那么这些消费者的行为可以用效用函数代表性消费者加以概括，如下所示，

$$u(c)=\frac{(c-d)^{1-\gamma}}{1-\gamma}$$

代表性消费者的消费为所有消费者的总消费（$c=\sum_k c_k$），禀赋为所有消费者的总禀赋。①

我们不用去管这个定理的证明，而只要看它意味着什么。首先，这个定理本身是个数学结论。这个结论告诉我们，如果所有消费者都具有 HARA 效用函数，那我们就不需要关心资源在不同消费者之间的分布，而只需要用总量指标进行分析即可。这样一来，就可以把所有消费者加总成为一个代表性消费者（假设经济中只有一个人，拥有所有禀赋），从而大大简化我们的分析。

我们之所以能够做出这样的简化假设，最关键的原因是前文中推导出来的风险分散的结论。在完备市场的均衡中，所有消费者的消费波动完全正相关，只取决于总禀赋在不同状态的分布。事实上，在均衡时，所有消费者的边际效用比都是一样的（这样他们才会同意同样的资产价格）。在这样的前提下，我们把所有消费者都加总成一个代表性消费者并未失掉太多一般性。

其次，HARA 效用函数本身是一个相当宽泛的效用函数族（包含了最为常用的 CRRA 效用函数），用它来刻画消费者并未在偏好上施加太强的假设。而从现实应用的角度来说，我们需要利用代表性消费者将资产价格与宏观指标联系起来。否则，如果均衡价格与财富在不同消费者之间的分布也有关系，理论就难以运用。基于以上考虑，我们以后的分析都基于建立在 HARA 效用函数上的代表性消费者。

11.3　均衡中的资产价格

现在我们来讨论在完备市场的一般均衡中，资产价格应该满足的条件，这个条件就是 C-CAPM 定价方程。在这里，我们只讨论这个定价方程在数学上的各种变形。在第 12 讲，我们再来分析这个定价方程所包含的金融含义。

11.3.1　C-CAPM 定价方程

有了代表性消费者之后，我们可以用他来替代一般均衡模型中的所有消费者。相应地，资产定价的方程就变成代表性消费者的优化一阶条件。由式（11.6）可以类似写出代

---

① 在这里，我们把代表性消费者定义为所有消费者的加总。我们也可以将代表性消费者定义为所有消费者的平均。也就是说，代表性消费者的消费为经济中的平均消费 $C=\sum_k \frac{c_k}{K}$，用平均消费更容易处理人口数量变化的问题。但在本书中，我们都假设人口数量不变，因而用加总法来定义代表性消费者，这样计算和阐述起来相对更简便。

表性消费者的一阶条件，如下所示，

$$1=E\left[\delta\frac{u'(\tilde{c}_1)}{u'(c_0)}(1+\tilde{r}_j)\right] \tag{11.7}$$

注意，式（11.7）中的消费为经济在第0期和第1期的总消费，这个公式将经济中的总量指标与资产价格联系起来了。如果我们定义 $\tilde{m}$ 为

$$\tilde{m}\triangleq\delta\frac{u'(\tilde{c}_1)}{u'(c_0)} \tag{11.8}$$

则式（11.7）可被改写为

$$1=E[\tilde{m}(1+\tilde{r}_j)] \tag{11.9}$$

事实上，式（11.8）中定义的 $\tilde{m}$ 是个非常重要的随机变量，它有一个响当当的名字叫**随机折现因子**（stochastic discount factor）。但在这里，我们仅把 $\tilde{m}$ 当成一个简化书写的符号。对它的详细讨论则留到第12讲。

对于无风险资产，其总回报率为 $1+r_f$（r_f 为无风险利率），将其代入式（11.9）有

$$1=E[\tilde{m}(1+r_f)] \tag{11.10}$$

将式（11.9）与式（11.10）相减可得（具体推导请见本讲附录）

$$0=E[\tilde{m}(\tilde{r}_j-r_f)] \tag{11.11}$$

我们知道，对于两个随机变量 x 与 y 的协方差，有以下公式成立，

$$E(xy)=E(x)E(y)+\mathrm{cov}(x,y)$$

利用上式，可将式（11.11）改写为

$$\begin{aligned}0&=E(\tilde{m})E(\tilde{r}_j-r_f)+\mathrm{cov}(\tilde{m},\tilde{r}_j-r_f)\\&=E(\tilde{m})[E(\tilde{r}_j)-r_f]+\mathrm{cov}(\tilde{m},\tilde{r}_j)\\&=\frac{E(\tilde{r}_j)-r_f}{1+r_f}+\mathrm{cov}(\tilde{m},\tilde{r}_j)\end{aligned}$$

将上式进一步整理，可得

$$E(\tilde{r}_j)-r_f=-(1+r_f)\mathrm{cov}(\tilde{m},\tilde{r}_j) \tag{11.12}$$

式（11.12）就是C-CAPM定价方程的又一种表达。

为了让这个公式的经济学含义更加清楚，我们将随机折现因子的形式写出来，即

$$\begin{aligned}E(\tilde{r}_j)-r_f&=-(1+r_f)\mathrm{cov}\left[\delta\frac{u'(\tilde{c}_1)}{u'(c_0)},\tilde{r}_j\right]\\&=-\frac{\delta(1+r_f)}{u'(c_0)}\mathrm{cov}[u'(\tilde{c}_1),\tilde{r}_j]\end{aligned}$$

这就是说，某项资产的回报率与未来消费边际效用的协方差越高［由于 $u'(\cdot)$ 为减函数，这意味着回报率与未来消费的协方差越低］，这项资产的期望超额回报率就越低。对回报

率的公式（$\tilde{r}_j=\frac{\tilde{x}_j}{p_j}-1$）两边取期望，有

$$
\begin{aligned}
E(\tilde{r}_j)&=E\left(\frac{\tilde{x}_j}{p_j}-1\right)\\
&=\frac{E(\tilde{x}_j)}{p_j}-1
\end{aligned}
$$

变形可得

$$
p_j=\frac{E(\tilde{x}_j)}{1+E(\tilde{r}_j)}=\frac{E(\tilde{x}_j)}{1+r_f-\frac{\delta(1+r_f)}{u'(c_0)}\operatorname{cov}[u'(\tilde{c}_1),\tilde{r}_j]} \tag{11.13}
$$

式（11.13）就是资产当前价格的现值公式。

11.3.2　作为 C-CAPM 一个特例的 CAPM

前文中所讲的 CAPM 事实上只是 C-CAPM 的一个特例。假设消费者的效用函数为二次型，即 $u(c)=-ac^2+bc$（其中 $a>0$），则消费者的边际效用为线性函数 $u'(c)=-2ac+b$。令市场组合 M 为对经济中总禀赋的要求权——组合 M 的回报就是经济的总禀赋（$x_s^M=e_s=c_s$）。将其代入随机折现因子的定义式（11.8），有

$$
\tilde{m}\triangleq\delta\frac{u'(\tilde{c}_1)}{u'(c_0)}=\delta\frac{-2a\tilde{c}_1+b}{-2ac_0+b}
$$

将上式代入式（11.12）有

$$
E(\tilde{r}_j)-r_f=-(1+r_f)\operatorname{cov}\left(\delta\frac{-2a\tilde{c}_1+b}{-2ac_0+b},\tilde{r}_j\right)=\delta\frac{2a(1+r_f)}{-2ac_0+b}\operatorname{cov}(\tilde{c}_1,\tilde{r}_j)
$$

注意，在第二个等号中，我们将常数$\frac{-2a}{-2ac_0+b}$从协方差符号中提取了出来，并且用其负号抵消了 δ 前的负号。如果代入市场组合回报率的公式 $\tilde{r}_M=\frac{\tilde{c}_1}{p_M}-1$（$p_M$ 是市场组合 M 在第 0 期的价格），那么上式可以继续变形为

$$
\begin{aligned}
E(\tilde{r}_j)-r_f&=\delta\frac{2a(1+r_f)p_M}{-2ac_0+b}\operatorname{cov}\left(\frac{\tilde{c}_1}{p_M}-1,\tilde{r}_j\right)\\
&=\delta\frac{2a(1+r_f)p_M}{-2ac_0+b}\operatorname{cov}(\tilde{r}_M,\tilde{r}_j)
\end{aligned}
$$

注意在上式的第一个等号处，我们在分子和分母上同时乘以 p_M，并且将分子的 p_M 移入了协方差符号（协方差里加上了一个-1）。上式对市场组合 M 本身也成立，所以有

$$
E(\tilde{r}_M)-r_f=\delta\frac{2a(1+r_f)p_M}{-2ac_0+b}\operatorname{var}(\tilde{r}_M)
$$

将以上两式相除可得

$$\frac{E(\tilde{r}_j)-r_f}{E(\tilde{r}_M)-r_f}=\frac{\mathrm{cov}(\tilde{r}_M,\tilde{r}_j)}{\mathrm{var}(\tilde{r}_M)}$$

稍微整理一下，并定义 $\beta_j \triangleq \frac{\mathrm{cov}(\tilde{r}_M,\tilde{r}_j)}{\mathrm{var}(\tilde{r}_M)}$，即得到 CAPM 定价方程，如下所示，

$$E(\tilde{r}_j)-r_f=\beta_j[E(\tilde{r}_M)-r_f] \tag{11.14}$$

现在，我们可以对 CAPM 中的市场组合下一个清楚的定义——市场组合就是整个宏观经济。宏观经济的禀赋部分来自经济中所有资产的总回报，但还有部分来自其他来源（比如劳动所得等），所以市场组合的涵盖范围大于经济中所有的资产。

附录 11. A　威尔逊定理的证明

为了证明威尔逊定理，我们首先构造一个**社会福利函数**（social welfare function），它就是中央计划者优化问题的值函数。

$$V(e_0,e_1,\cdots,e_S)\triangleq\max\left\{\sum_{k=1}^{K}\mu_k\left[u_k(c_{k0})+\delta_k\sum_{s=1}^{S}\pi_s u_k(c_{ks})\right]\middle|\begin{array}{l}\sum_{k=1}^{K}c_{k0}=\sum_{k=1}^{K}e_{k0}=e_0\\ \sum_{k=1}^{K}c_{ks}=\sum_{k=1}^{K}e_{ks}=e_s,\forall s\end{array}\right\}$$

其中 $e_0,e_1,\cdots,e_S$ 是第 0 期及第 1 期各个状态下的总禀赋。由于不同时间和不同状态下的效用值是加起来的，且每个状态（以及第 0 期）都分别对应一个独立的约束条件，所以可以把上式的优化问题重新写为

$$\begin{aligned}V(e_0,e_1,\cdots,e_S)&=\underbrace{\max_{\{c_{k0}\}_{k=1}^{K}}\left\{\sum_{k=1}^{K}\mu_k u_k(c_{k0})\middle|\sum_{k=1}^{K}c_{k0}=e_0\right\}}_{\triangleq u(e_0)}\\&\quad+\sum_{s=1}^{S}\pi_s\underbrace{\max_{\{c_{ks}\}_{k=1}^{K}}\left\{\sum_{k=1}^{K}\mu_k\delta_k u_k(c_{ks})\middle|\sum_{k=1}^{K}c_{ks}=e_s\right\}}_{\triangleq u(e_s)}\\&=u(e_0)+\sum_{s=1}^{S}\pi_s u(e_s)\end{aligned} \tag{11.15}$$

注意，在其中我们交换了消费者 k 与状态 s 的求和次序，并定义了第 0 期的值函数 $u(e_0)$ 和第 1 期各状态的值函数 $u(e_s)$。接下来，我们关心的是在某个状态中总禀赋增加后，各个消费者消费的变化情况。我们来研究式（11.15）中定义的值函数 $u(e_s)$，

$$u(e_s)=\max_{\{c_{ks}\}_{k=1}^{K}}\left\{\sum_{k=1}^{K}\mu_k\delta_k u_k(c_{ks})\middle|\sum_{k=1}^{K}c_{ks}=e_s\right\}$$

构建拉格朗日函数如下所示，

$$\mathcal{L}=\sum_{k=1}^{K}\mu_k\delta_k u_k(c_{ks})+\eta\left(e_s-\sum_{k=1}^{K}c_{ks}\right)$$

其一阶条件为

$$\frac{\partial\mathcal{L}}{\partial c_{ks}}=0:\quad \mu_k\delta_k u'_k(c_{ks})=\eta$$

由拉格朗日乘子的意义①我们知道，$\eta=u'(e_s)$，将其代入上式可得

$$\mu_k\delta_k u'_k(c_{ks})=u'(e_s)\tag{11.16}$$

对式（11.16）做全微分，有

$$\mu_k\delta_k u''_k(c_{ks})\mathrm{d}c_{ks}=u''(e_s)\mathrm{d}e_s$$

从中解出

$$\frac{\mathrm{d}c_{ks}}{\mathrm{d}e_s}=\frac{u''(e_s)}{\mu_k\delta_k u''_k(c_{ks})}$$

而由式（11.16）我们又知道，$\mu_k\delta_k=\dfrac{u'(e_s)}{u'_k(c_{ks})}$，将其代入上式可得

$$\frac{\mathrm{d}c_{ks}}{\mathrm{d}e_s}=\frac{u''(e_s)}{u'(e_s)}\cdot\frac{u'_k(c_{ks})}{u''_k(c_{ks})}=\frac{-\dfrac{u''(e_s)}{u'(e_s)}}{-\dfrac{u''_k(c_{ks})}{u'_k(c_{ks})}}=\frac{R_A(e_s)}{R_{A,k}(c_{ks})}\tag{11.17}$$

其中，$R_{A,k}(c_{ks})$ 是消费者 k 的绝对风险厌恶系数，$R_A(e_s)$ 是对应于值函数 $u(\cdot)$ 的绝对风险厌恶系数。由于绝对风险容忍度 T 为绝对风险厌恶系数的倒数，即

$$T(c)\triangleq\frac{1}{R_A(c)}=-\frac{u'(c)}{u''(c)}$$

式（11.17）可以改写为

$$\frac{\mathrm{d}c_{ks}}{\mathrm{d}e_s}=\frac{T_k(c_{ks})}{T(e_s)}\tag{11.18}$$

其中，$T_k(c_{ks})$ 为消费者 k 的绝对风险容忍度，$T(e_s)$ 为全社会的绝对风险容忍度。由于 $\sum_k c_{ks}=e_s$，所以有 $\sum_k \mathrm{d}c_{ks}=\mathrm{d}e_s$。因此，将式（11.18）对所有消费者加总可得

$$\sum_{k=1}^{K}\frac{\mathrm{d}c_{ks}}{\mathrm{d}e_s}=\sum_{k=1}^{K}\frac{T_k(c_{ks})}{T(e_s)}$$

$$\Rightarrow 1=\frac{1}{T(e_s)}\sum_{k=1}^{K}T_k(c_{ks})$$

---

① 请参见蒋中一所著《数理经济学的基本方法（第 4 版）》第 12 章 12.2 节拉格朗日乘数的解释。

$$\Rightarrow T(e_s)=\sum_{k=1}^{K}T_k(c_{ks})$$

再将其代回式（11.18）可得

$$\frac{\mathrm{d}c_{ks}}{\mathrm{d}e_s}=\frac{T_k(c_{ks})}{\sum_{k=1}^{K}T_k(c_{ks})} \tag{11.19}$$

式（11.19）意味着，某消费者在某状态下的消费因总禀赋的变化而变化的幅度，等于其绝对风险容忍度占社会总风险容忍度的比重。定理得证。

附录 11.B　式（11.11）的推导

式（11.9）与式（11.10）相减的等号左边显然是 0，而等号右边为

$$\begin{aligned}E[\tilde{m}(1+\tilde{r}_j)]-E[\tilde{m}(1+r_f)]&=E(\tilde{m})+E(\tilde{m}\tilde{r}_j)-E(\tilde{m})-E(\tilde{m}r_f)\\&=E(\tilde{m}\tilde{r}_j)-E(\tilde{m}r_f)\\&=\sum_{s=1}^{S}\pi_s m_s r_{j,s}-\sum_{s=1}^{S}\pi_s m_s r_f\\&=\sum_{s=1}^{S}\pi_s m_s(r_{j,s}-r_f)\\&=E[\tilde{m}(\tilde{r}_j-r_f)]\end{aligned}$$

这样就得到了式（11.11）。注意在上式第三个等号处我们把期望符号换成了连加号，这样就可以对连加号中的各项逐项处理了。

进一步阅读指南

本讲介绍的是一般均衡理论在资产市场中的应用。兰格维勒（Lengwiler）所著的《金融经济学微观基础——一般均衡资产定价导读》（*Microfoundations of Financial Economics: An Introduction to General Equilibrium Asset Pricing*）是这方面最好的教材，该书的第 5 章与本讲内容最为相关。

练习题

11.1　在一个静态经济（仅包含 0 时刻和 1 时刻两个时刻）中仅有两位消费者 A 和 B。他们的效用函数均为对数型 $u(x)=\ln x$，且他们都仅从 1 时刻的消费中获得效用。1 时刻可能处于 1 和 2 两个状态中的一个，每个状态出现的概率都是$\frac{1}{2}$，是两位消费者公共的信念。消费者 A 在 1 时刻两个状态中的禀赋分别为 2 和 2，消费者 B 在 1 时刻两个状态

中的禀赋分别为 3 和 1，这是消费者仅有的禀赋。消费者 A 和 B 可以在 0 时刻签订合约来交换自己未来的禀赋。

(a) 请计算均衡时消费者 A 和 B 的消费量。

(b) 通过交易，两位消费者在 0 时刻的期望效用水平提升了多少?

(c) 消费者 A 的初始禀赋没有任何不确定性（在两个状态中都为 2），而消费者 B 则面临禀赋的较大波动。消费者 A 会向消费者 B 提供保险吗（以增加自己消费波动性为代价来降低消费者 B 的消费波动性）? 如果答案是肯定的，那么消费者 A 为什么愿意这样做?

11.2　在问题 11.1 的经济中，消费者 A 和 B 在两个状态中的禀赋都为 2 和 2（在微观和宏观都没有禀赋的波动性）。不过，消费者 A 相信状态 1 出现的概率是$\frac{1}{3}$，消费者 B 相信状态 1 出现的概率是$\frac{2}{3}$。

(a) 请计算均衡时消费者 A 和 B 的消费量。

(b) 消费者 A 和 B 的消费在两个状态间有差异吗? 如果有，为什么?

第 12 讲

C-CAPM 及其讨论

我们已经计算了完备市场中的一般均衡，并讨论了均衡的性质。在这一讲中，我们会把视线聚焦在均衡中资产价格的性质上，基于消费的资本资产定价模型（C-CAPM）的结论就揭示了这些性质。相比部分均衡的 CAPM，C-CAPM 是在一般均衡框架下得到的结论。C-CAPM 将资产价格与全社会总消费这样可观测的宏观变量联系了起来，从而给了我们分析真实世界资产价格的更精确的标尺。也正是有了这样的标尺，我们才能发现理论与现实在数量上的不相符，从而看到了一些待解的谜题（puzzle）。这些谜题的出现表明我们对真实世界的认识又深入了一步，因而是金融理论发展的一个成就。

12.1 C-CAPM 定价理论

12.1.1 作为资产定价理论核心的随机折现因子

在第 11 讲中，我们在一般均衡的框架下推导出了如下资产定价方程，

$$p_j = E\left[\delta \frac{u'(\tilde{c}_1)}{u'(c_0)} \tilde{x}_j\right] \tag{12.1}$$

其中，$\tilde{x}_j$ 是资产 j 未来的支付，p_j 是现在的价格。这个方程是消费者的优化条件，也是均衡要满足的必要条件。如果定义 $\tilde{m} \triangleq \dfrac{\delta u'(\tilde{c}_1)}{u'(c_0)}$ 为随机折现因子，则上式可以写为

$$p_j = E(\tilde{m}\tilde{x}_j)$$

或者不那么严格，却更加简略地写成

$$p = E(mx) \tag{12.2}$$

式（12.2）是所有资产定价理论的核心，任何一种资产定价理论都可最终化成这样的形式，因此，资产定价问题也就归结为如何找出随机折现因子的问题。一个资产定价理论就是一种确定随机折现因子的方法：在理论上，必须要给出随机折现因子的构造方法，说明它反映了何种影响资产价格的力量；而在实践中，需要将随机折现因子和现实世界中可观测的指标联系起来，从而可以在实际运用中给各类资产定价。

第 10 讲与第 11 讲所阐述的完备市场中的一般均衡理论就是一个资产定价理论。我们知道，在均衡中所有消费者的消费完全正相关，所以至少从波动的角度来看，所有消费者的行为看上去都类似。更严格地说，所有消费者的随机折现因子都是一样的。因此，可以将所有消费者加总成为一个代表性消费者，这个消费者的消费就是全社会总消费。尽管在加总的过程中丢失了消费在不同消费者之间的分布信息，但这并不影响我们对资产价格，以及总消费等宏观变量的研究。

在这样的框架中，我们清楚地知道，随机折现因子决定了消费者的跨期边际效用比，反映了消费者对不同时间和状态下消费的主观看法，因而会通过消费者的资产购买行为来影响资产价格。而在加总代表性消费者之后，随机折现因子就和全社会总消费这个可以观测的指标联系在了一起，这就形成了从理论到实践的完整资产定价理论体系。由于在这里，决定随机折现因子的核心因素是消费，且 CAPM 可以作为一个特例放在这一框架中，所以这一资产定价理论就叫作**基于消费的资本资产定价模型**。

12.1.2　一般均衡思维与因果链条的选择

对于式（12.1），可以从两个方面来理解。一方面，在已知消费（c_0，$\tilde{c}_1$）和支付 $\tilde{x}_j$ 的前提下，这个公式可以告诉我们资产当前价格 p_j 应该是多少。另一方面，这个公式还可以稍微变形成

$$u'(c_0) = E[\delta u'(\tilde{c}_1)(1+\tilde{r}_j)]$$

这样，在已知资产的回报率 $\tilde{r}_j = \dfrac{\tilde{x}_j}{p_j} - 1$ 之后，上式告诉了我们消费者会如何选择消费。

有人可能会在这里产生“先有鸡还是先有蛋”的疑问：究竟是消费决定了资产价格和回报率，还是资产价格和回报率决定了消费？答案是，消费与资产价格都是内生变量，相互决定——这正是一般均衡的特点。**在一般均衡中，所有因素都相互影响，任意两个内生变量之间都存在着双向的因果关系。**由于这些因果关系都是成立的，所以我们究竟选取哪个方向的因果关系，完全视我们的研究课题而定。在金融中，我们关心的是资产价格，所以把视线聚焦在从消费到资产价格这个方向上。而在宏观经济学中，研究者的关注点有时会放在消费的决定上。比如，莫迪利亚尼（Modigliani）和弗里德曼（Friedman）在研究人一生的储蓄随其年龄变化的规律时，就是把资产的回报率当成给定，再来研究消费和收入之间的关系。

现实世界会比模型复杂得多，除资产价格和消费以外，还存在生产活动等其他因素。这些诸多因素相互影响，共同形成均衡。但要注意，我们前文中给出的 C-CAPM 定价方

程是均衡的必要条件（不是充分条件），在复杂世界的均衡中也必然会成立。所以，尽管我们是在一个禀赋经济（消费外生给定）的模型中得到的定价方程，这个方程也对现实有指导意义。只要我们设定的消费序列与现实世界中观察到的消费变化相同，那么模型给出的资产定价就应该与现实世界中的资产价格一致。

理清了 C-CAPM 的思路后，接下来我们用这个模型来分析一些重要的金融问题。我们知道，资产的期望回报率由无风险利率和资产的风险溢价共同决定，即

$$E(\tilde{r}_j)=r_f+[E(\tilde{r}_j)-r_f]$$

所以，对资产定价的研究需要从无风险利率和风险溢价两方面切入，接下来，我们就用 C-CAPM 的框架来对它们分别进行讨论。

12.2　无风险利率的决定

无风险利率代表了资金的时间价格，是资产定价的基础。在这里，我们用 C-CAPM 定价方程来分析无风险利率是怎样被决定的，受什么因素影响。

式（12.1）对所有资产都成立，当然对无风险资产也成立。如果无风险利率为 r_f，则有

$$1=E[\tilde{m}(1+r_f)]$$
$$\Rightarrow r_f=\frac{1}{E(\tilde{m})}-1$$

其中 $\tilde{m}$ 是随机折现因子 $[\triangleq\frac{\delta u'(\tilde{c}_1)}{u'(c_0)}]$。定义消费增长率为

$$\tilde{g}\triangleq\frac{\tilde{c}_1}{c_0}-1$$

因此，随机折现因子可以利用二阶泰勒展开变形为（略去三阶及更高阶项）

$$\begin{aligned}\tilde{m}&=\delta\frac{u'[c_0(1+\tilde{g})]}{u'(c_0)}\\&\approx\frac{\delta}{u'(c_0)}\left[u'(c_0)+u''(c_0)c_0\tilde{g}+\frac{1}{2}u'''(c_0)c_0^2\tilde{g}^2\right]\\&=\delta\left\{1-\left[-\frac{c_0u''(c_0)}{u'(c_0)}\right]\tilde{g}+\frac{1}{2}\left[-\frac{c_0u''(c_0)}{u'(c_0)}\right]\left[-\frac{c_0u'''(c_0)}{u''(c_0)}\right]\tilde{g}^2\right\}\\&=\delta\left(1-R_R\tilde{g}+\frac{1}{2}R_RP_R\tilde{g}^2\right)\end{aligned}$$

其中 R_R 是相对风险厌恶系数，P_R 是相对审慎系数。注意，相对风险厌恶系数与相对审慎系数都应是 c_0 的函数，但为了书写简便，这里我们略去了 c_0。

于是，随机折现因子的期望为

$$E(\widetilde{m}) \approx E\left[\delta\left(1-R_R\widetilde{g}+\frac{1}{2}R_R P_R \widetilde{g}^2\right)\right]=\delta\left[1-R_R E(\widetilde{g})+\frac{1}{2}R_R P_R E(\widetilde{g}^2)\right] \tag{12.3}$$

定义 $\bar{g} \triangleq E(\widetilde{g})$为消费增长率的期望值，又因为

$$\mathrm{var}(\widetilde{g})=E(\widetilde{g}-\bar{g})^2=E(\widetilde{g}^2)-2\bar{g}E(\widetilde{g})+\bar{g}^2=E(\widetilde{g}^2)-\bar{g}^2$$

在 $\bar{g}$ 比较小的时候，$\bar{g}^2$ 会很接近 0，所以有

$$E(\widetilde{g}^2)=\mathrm{var}(\widetilde{g})+\bar{g}^2 \approx \mathrm{var}(\widetilde{g})$$

将其代入式（12.3），可得

$$E(\widetilde{m}) \approx \delta\left(1-R_R\bar{g}+\frac{1}{2}R_R P_R \sigma_g^2\right)$$

于是，无风险利率可以表示为

$$\begin{aligned} r_f &= \frac{1}{E(\widetilde{m})}-1 \approx \frac{1}{\delta\left(1-R_R\bar{g}+\frac{1}{2}R_R P_R \sigma_g^2\right)}-1 \\ &= \frac{1-\delta+\delta R_R\bar{g}-\frac{1}{2}\delta R_R P_R \sigma_g^2}{\delta\left(1-R_R\bar{g}+\frac{1}{2}R_R P_R \sigma_g^2\right)} \\ &\approx \frac{1-\delta}{\delta}+R_R\bar{g}-\frac{1}{2}R_R P_R\,\sigma_g^2 \end{aligned}$$

上式中的最后一个约等号是因为 $\bar{g}$ 与 ${\sigma_g}^2$ 都是较小的数，所以在分母中忽略它们，将分母直接变成 δ（请参见附录 12.A）。如果再定义消费者的主观贴现率为 $\rho \triangleq \frac{1}{\delta}-1$，则上式可以简洁地写成

$$r_f=\rho+R_R\bar{g}-\frac{1}{2}R_R P_R \sigma_g^2 \tag{12.4}$$

式（12.4）在无风险真实利率与宏观经济基本面之间建立了联系。注意，在我们的模型中，一直是用消费品做的计价物，所以模型中的各个变量都是不包含货币通胀因素的**真实变量**（real variables），而非**名义变量**（nominal variables）。这里给出的无风险利率也是真实无风险利率。

对前文中这一连串的推导我们要先做一个技术性的说明。在推导中，我们使用一系列近似处理，这可能会让有些人对其结论的可靠性产生怀疑。但首先，以上近似均是基于泰勒展开，在本讲附录中有详细的数学推导。也就是说，这里的近似并非任意，而是有理可循。其次，如果把时间间隔取得越来越细，那么前文近似式中被忽略的小量就会趋向于无穷小，近似式就会收敛于严格等式，在后文介绍连续时间金融的时候我们将会看到这一点。所以，尽管前文的推演中近似了好几次，但其结论是可靠的，确实反映了真实的金融

逻辑。接下来，我们就来看看这个公式中隐藏的金融逻辑是什么。

式（12.4）表明（真实）**无风险利率由三股力量决定。第一股力量是消费者的“不耐”**（impatience），由消费者的主观贴现率 $\rho=\frac{1}{\delta}-1$ 衡量。消费者越不耐心，主观贴现率 ρ 就越大（贴现因子 δ 相应越小），无风险利率就应该越高。这是因为当消费者越不耐心的时候，就需要越高的利率来激励其进行储蓄。

决定无风险利率的**第二股力量是经济增长**。这由式（12.4）中相对风险厌恶系数 R_R 与消费增长率期望值 $\bar{g}$ 的乘积来刻画。经济增长越快，就意味着未来的消费越多，储蓄就越没有必要。在这种情况下，就需要更高的无风险利率来平衡消费者减少储蓄的动机。而经济增长对无风险利率影响的强度由消费者的相对风险厌恶系数决定。这是因为在我们所使用的效用函数设定中，相对风险厌恶系数同时决定了消费者在不同时间、不同状态间平滑消费的意愿强度。相对风险厌恶系数越高，消费者就越愿意在现在与未来之间平滑消费，这时，经济增长导致消费者降低储蓄的动机就越强。为了平衡这种更强的降低储蓄的动机，无风险利率就需要更高。

随堂问题：为什么消费者的相对风险厌恶系数越高，给定同样的消费增长率，无风险利率 r_f 则越高？

决定无风险利率的**第三股力量是预防性储蓄动机**。我们在前文讨论风险决策的时候已经遇到过这个概念。在式（12.4）中，预防性储蓄动机由公式$\frac{1}{2}R_R P_R \sigma_g{}^2$ 所刻画。如果经济增长的波动性增强（$\sigma_g{}^2$ 增大），那么消费者会有出于预防性储蓄动机而增加储蓄的动力。这样，无风险利率就会相应降低以与更强的储蓄动机匹配。预防性储蓄动机的强度由消费者的相对风险厌恶系数与相对审慎系数共同决定。

对于以上有关式（12.4）的讨论，我们要做三点评论。

第一，这是对真实无风险利率的描述。这几讲的模型中不存在货币，计价物是消费品。所以模型中所有变量都是真实变量，无风险利率的决定中并不包含货币因素。而在真实世界中，无风险利率往往指国债利率（因为国家有印钞机做后盾，总能保证国债的偿付）。国债利率作为一个名义变量，与真实利率之间差了一个通胀的预期——通胀预期越高，名义利率比真实利率则高得越多。如果要把这里推导出的无风险利率对应到现实世界中，比较好的对象应该是国债利率减去通胀预期（或者简单地减去通胀率）。

第二，无风险利率作为资金的时间价值，主要受到三股力量的影响，并不仅仅取决于人的主观耐心程度，消费者会试图平滑在不同时点间的期望效用。首先，消费者越有耐心，就越有动力储蓄，因而越不需要高利率来刺激消费者储蓄，无风险利率就相应越低。其次，经济增速越高，就意味着未来的消费越多，未来消费的边际效用越低。相应地，消费者储蓄的动力会比较弱。因此，需要一个较高的无风险利率与较低的储蓄动力相平衡，否则储蓄会无限减小下去，就不存在均衡了。所以，经济增速越高，无风险利率就越高。再次，增长不确定性越大，未来的期望效用越低，消费者储蓄的动力就越强，就会有越低的无风险利率。

第三，在对影响利率的三股力量的分析中，我们能够感受到均衡思想贯穿其中。所谓均衡，就是不同的力量相互之间达成平衡。所以，当我们发现有一股力量导致了消费者储蓄的意愿降低时，就必然会有更高的利率来与之平衡。否则，更低的储蓄意愿就会导致消费者不断减少储蓄，储蓄行为就处在不稳定的状态（总有偏离当前状态的倾向），这就不是均衡，因而也不应该在现实中发生——别忘了，经济学家相信现实无时无刻不处在均衡之中。

在这里，有一点非常容易让人迷惑的地方必须要提出来多说几句。我们在推导 C-CAPM 的时候，为了简便，假设消费品都不可储存。也就是说，消费者在每一时期都会把其禀赋全部消费完，而不留任何储蓄。但是在前文中分析利率决定因素的时候，我们又不断地用到了储蓄动机的逻辑，这是不是自相矛盾？答案当然是否定的。对这个问题的简单回答是，我们在前文中推导的所有结论在假设消费品可以储存，甚至可以生产的情况下仍然成立。换言之，前文中的所有结论并非来自消费品不可储存这个简化假设。

而对这个问题复杂一点的回答需要考虑到个体与宏观的区别。事实上，即使在物理技术上消费品无法储存，在宏观经济层面没有任何储蓄，但在微观层面，消费者是有储蓄的选择的。比如，某个消费者可以与其他消费者达成协议，把自己当前的消费品让给别人，以换取别人未来的消费品支付。这种通过签订金融合约来进行储蓄的选项，每个消费者都拥有。但是，每个微观消费者的决策需要与宏观层面技术的限制相匹配。当所有消费者都想储蓄的时候，宏观层面又不具有储蓄的技术手段，矛盾就产生了，这时，利率就会调整，使得每个人的储蓄意愿与宏观层面的储蓄技术相匹配。所以，尽管在技术手段上没有储蓄的可能，但我们同样可以用储蓄动机来分析利率的变化。事实上，也正是利率的变化保证了微观层面消费者的行为与宏观层面物理约束之间的匹配。

12.3　风险溢价的决定

风险资产的期望回报率由无风险利率和风险溢价决定。别忘了，在讲均值-方差分析时，我们专门强调过只有在期望回报率中才有风险溢价（忘记了的人赶紧复习一下）。讨论了无风险利率之后，还需分析风险溢价的决定，整个定价的理论体系才算完整。

在第 11 讲中，我们将 C-CAPM 定价方程转化为如下形式，

$$E(\tilde{r}_j)-r_f=-(1+r_f)\operatorname{cov}(\tilde{m},\tilde{r}_j) \tag{12.5}$$

将随机折现因子展开，可得

$$E(\tilde{r}_j)-r_f=-\frac{\delta(1+r_f)}{u'(c_0)}\operatorname{cov}[u'(\tilde{c}_1),\tilde{r}_j] \tag{12.6}$$

上式说明，任何一种风险资产的风险溢价由其资产回报率与代表性消费者边际效用之间的协方差决定。回报率与边际效用相关性越强的资产，即 $\operatorname{cov}[u'(\tilde{c}_1),\ \tilde{r}_j]$ 越大，其风险溢价就越低［$E(\tilde{r}_j)-r_f$ 越小］，当前价格就相应越高。由于边际效用是递减的——$u'(\cdot)$ 是减函数——这说明一种资产的回报率越是与代表性消费者的消费（也就是全社会总消费）负相关，其风险溢价则越低。

这背后的道理不难理解。一种资产如果在消费比较低，消费边际效用比较高的状态时

有较高回报，则说明它在消费者最需要消费的时候提供较多回报，属于“雪中送炭”型资产，消费者自然会更愿意持有这种资产，从而令这种资产的风险溢价和期望回报率较低，价格较高。相反，如果一种资产在消费很多的时候回报较高，那就属于“锦上添花”型资产，消费者对其评价不会太高，资产的风险溢价就会比较高，当前的价格也会较低。

就像在 CAPM 中，这里我们再次看到了风险溢价是由协方差而非方差所决定的结论，其原因也跟在 CAPM 中的解释类似，只不过在这里我们能够把整个逻辑理得更加清楚。消费的波动（不同状态下消费水平的不同）会降低期望效用，所以厌恶风险的消费者会尽量平滑在不同状态下的消费。通过完备市场达成最优风险分散后，所有消费者的消费都与总消费的波动正相关。这就是说，总消费的波动是消费者无论如何都无法消除的风险，消费者必须承担。资产回报波动中与总消费波动不相关的部分，可以在市场中被分散掉，因而无须在风险溢价中加以补偿。只有那些与总消费波动相关的部分才是消费者需要承担的，从而会影响风险溢价的高低。

12.4 C-CAPM 与真实世界：两个谜题

C-CAPM 将资产价格与总消费联系起来，这二者都是可以在真实世界中直接观测得到的。自然地，我们想要知道 C-CAPM 所给出的各种数量结论是否与真实世界相吻合。

12.4.1 无风险利率之谜

我们先用式（12.4）来计算基于消费的增长状况，以及无风险利率。为此，我们假设消费者的效用函数为 CRRA 型，如下所示，

$$u(c)=\frac{c^{1-\gamma}}{1-\gamma}$$

容易计算，对于这种效用函数，消费者的相对风险厌恶系数 $R_R=\gamma$，相对审慎系数 $P_R=\gamma+1$。于是，式（12.4）可以改写为

$$r_f=\rho+\gamma\bar{g}-\frac{1}{2}\gamma(\gamma+1)\sigma_g^2$$

对于年度数据来说，我们可以取 $\rho=0.02$（对应 $\delta\approx0.98$）。从微观实验数据我们知道 γ 大致等于 2。在 2005—2015 年这 11 年里，中国 GDP 真实增速的平均值为 0.097，增速的方差为 0.000 5，将这些数据代入上式可得

$$\begin{aligned}r_f&=\rho+\gamma\bar{g}-\frac{1}{2}\gamma(\gamma+1)\sigma_g^2\\&=0.02+2\times0.097-\frac{1}{2}\times2\times3\times0.0005\\&=2\%+19.4\%-0.15\%\\&=21.25\%\end{aligned}$$

从上式的计算可以看到，预防性储蓄动机的数量效果比其他两股力量至少差了一个数量级。因此，在分析利率决定时，完全可以把预防性储蓄动机的影响忽略掉。既然连预防性储蓄动机这个二阶效应都可以被忽略，那么我们在推导式（12.4）时把更高阶项给忽略掉就更没有问题了。所以在接下来的分析中，我们都略去了预防性储蓄动机项①，公式如下所示，

$$r_f=\rho+\gamma\bar{g} \tag{12.7}$$

在计算中，我们算出中国的真实无风险利率应该超过 20%，这是一个令人尴尬的结果。在 2005—2015 年这 11 年间，如果用 1 年期存款基准利率减去 CPI 来作为对真实利率的估计，那么真实利率的均值大概只有 0%，与模型的数量结果相差甚远。C-CAPM 与现实数据的落差并非只出现在中国（不过这一落差在中国尤其大）。C-CAPM 产生过高无风险利率的结论被叫作**无风险利率之谜**（risk free rate puzzle）。

12.4.2　风险溢价之谜

在效用函数为 CRRA 时，$\tilde{m}=\delta(1+\tilde{g})^{-\gamma}$，式（12.5）可变形为

$$E(\tilde{r}_j)-r_f=-(1+r_f)\delta\operatorname{cov}[(1+\tilde{g})^{-\gamma},\tilde{r}_j]$$

当 $\tilde{g}$ 不大的时候，$(1+\tilde{g})^{-\gamma}\approx 1-\gamma\tilde{g}$（推导请见附录 12.B）。将这一近似关系代入上式可得

$$\begin{aligned}E(\tilde{r}_j)-r_f&\approx-\delta(1+r_f)\operatorname{cov}(1-\gamma\tilde{g},\tilde{r}_j)\\&=\delta\gamma(1+r_f)\operatorname{cov}(\tilde{g},\tilde{r}_j)\end{aligned}$$

由式（12.7）可知，$1+r_f=\dfrac{1}{\delta}+\gamma\bar{g}$，将其代入上式可得

$$E(\tilde{r}_j)-r_f=\gamma(1+\delta\gamma\bar{g})\operatorname{cov}(\tilde{g},\tilde{r}_j) \tag{12.8}$$

梅拉（Mehra）与普雷斯科特（Prescott）分析了美国 1889—1978 年的数据。② 他们发现，就美国的数据来说，$\bar{g}=1.8\%$，$\sigma_g=3.6\%$，$r_f=0.8\%$，$r_{S\&P500}=7.0\%$，$\sigma_{S\&P500}=16.5\%$。其中，S&P500 是包含了股票分红的标准普尔 500 指数。股票回报率与消费增长率之间的相关系数大概为 0.5。这意味着 $\operatorname{cov}(\tilde{g},\ r_{S\&P500})=3.6\%\times16.5\%\times0.5=0.3\%$。我们再假设 $\delta=0.999$，将这些数据代入式（12.8），可以得到

$$6.2\%=\gamma(1+0.999\times1.8\%\times\gamma)\times0.3\% \tag{12.9}$$

从中解出 $\gamma\approx16$，这是个高得不可思议的相对风险厌恶系数。这就是说，为了解释在真实

---

① 如果忽略掉预防性储蓄动机的影响，利率的决定公式可以用绝对风险厌恶系数写为 $r_f=\rho+c_0R_A\bar{g}$。这意味着如果消费者绝对风险厌恶系数为常数，则经济中的真实利率会随着消费水平的上升而上升。但在现实中，尽管消费水平一直随经济增长而持续上升，真实利率水平却并非一路上扬。所以，从真实利率与消费规模的相互关系来看，消费者偏好应该表现出相对风险厌恶系数不变的性质。所以 CRRA 是比 CARA 更贴近现实的效用函数，这就是为什么我们在金融（包括宏观）模型中总是使用 CRRA 效用函数的原因。

② Mehra, R. and E. Prescott. The equity premium puzzle. *Journal of Monetary Economics*, 1985, 15: 145-161.

世界中所观察到的股票的风险溢价，我们必须假设消费者有高得不合理的相对风险厌恶系数。

即使我们接受相对风险厌恶系数就有这么高，同样也会有问题。将美国的数据，以及高达 16 的相对风险厌恶系数代入无风险利率公式（12.7）中，有

$$r_f=\rho+\gamma\bar{g}=0.1\%+16\times1.8\%=28.9\%$$

也就是说，在 16 的相对风险厌恶系数下，美国的无风险利率应该有 28.9%，远远高于数据中观察到的 0.8%的无风险利率水平。

所以，由于真实世界中股票的风险溢价很高，所以可以推断消费者的相对风险厌恶系数很大。同时，由于真实世界中的无风险利率不高，所以又能得到相对风险厌恶系数不大的结论。换言之，给定现实中所观察到的较低的无风险利率，较高的风险溢价，以及较低的消费增长率与资产回报率之间的协方差（因为消费增长率的波动很小），仍无法找到一个相对风险厌恶系数来同时满足式（12.7）与式（12.8）。

用经济学的语言来说，由于消费增长率与股票回报率之间的协方差不大，所以在消费者看来，股票的风险没那么大。因此，为了解释现实中所观察到的那么高的风险溢价（股票回报率与无风险资产回报率之间的差），必须要求消费者极度厌恶风险（拥有很高的相对风险厌恶系数）。但很高的相对风险厌恶系数同时也意味着消费者很不喜欢不同时期之间的消费波动，因而有很强动力在不同时间之间平滑消费。而宏观经济的波动又无法完全平滑，因此，为了打消消费者通过储蓄来平滑消费的动机，需要有很高的真实利率。但这一很高的真实利率在现实中并未被观察到，这便是**风险溢价之谜**。

专题框 12-1：相对风险厌恶系数的微观估计

我们可以用一个简单的微观实验来估计消费者的相对风险厌恶系数。假设消费者面对着风险，有$\frac{1}{2}$的概率其财富会增加 50%，还有$\frac{1}{2}$的概率其财富会减少 50%。现在我们问，为了消除这种不确定性，消费者愿意损失自己初始财富的多大比例？

我们可以假设消费者的效用函数为 CRRA 型，初始财富为 w。可以通过如下公式解出消费者愿意为消除不确定性而牺牲的初始财富比例 x，

$$\frac{[w(1-x)]^{1-\gamma}}{1-\gamma}=0.5\times\frac{[w(1-0.5)]^{1-\gamma}}{1-\gamma}+0.5\times\frac{[w(1+0.5)]^{1-\gamma}}{1-\gamma}$$

下表中列出了不同的相对风险厌恶系数 γ 所对应的 x：

γ	2	5	10	15	20
x	25%	41%	46%	47%	48%

通过消费者对 x 的回答，我们能够间接推知其相对风险厌恶系数的水平。一般而言，消费者不太可能愿意牺牲自己财富的 40%来规避前述风险，这意味着相对风险厌恶系数应该低于 5，超过 10 是很难令人相信的。

12.4.3 对风险溢价之谜的评论

怎样看待风险溢价之谜？第一，**风险溢价之谜是金融理论所取得的一个了不起的成就**。正是因为建立了理论框架，将资产价格与一些可观测的变量联系了起来，我们才能够知道基于这一理论，在一定的宏观经济状况下，风险溢价以及其他一些资产价格应该是什么样。尽管从这个理论上推导出来的"应该"状况与现实明显不符，但它仍然是我们向解释资产价格迈出的重要一步——因为至少我们现在有了可以与在现实世界中观察到的资产价格进行比较的标尺。

有人可能会问：在前文中也曾经看到 CAPM 与现实数据的吻合不好，为什么不在那里提出什么难题？这是因为 CAPM 其实是无法直接用现实数据来检验的，CAPM 是否与现实相一致，取决于：(1) CAPM 本身是否成立；(2) 检验时的市场组合找得对不对。这两个因素在检验中总是纠缠在一起，难以区分。就算 CAPM 的证券市场线无法用现实数据来证实，也完全可能是因为我们找的市场组合有误。此外，在 CAPM 这个部分均衡模型中，我们也很难找出导致理论与现实偏差的关键因素和逻辑，所以，CAPM 还不能算是一把比对现实的好标尺。标尺不够好，也就没法给出像风险溢价之谜这样能够促进后来研究发展的关键问题。

第二，毫无疑问，**风险溢价之谜暴露了理论的不足**。它说明，我们的理论框架与现实还存在着重大偏差，因而尚不足以解释现实，因此，风险溢价之谜为未来的金融研究指明了方向。事实上，自梅拉与普雷斯科特在他们 1985 年的文章中首次指出这个问题以来，已有大量的研究来试图解释风险溢价之谜，这些研究极大地丰富了我们对金融市场的理解。

第三，**风险溢价之谜产生的最重要原因是，在模型中用相对风险厌恶系数这个参数表征了两种不同的经济力量**。首先，这个参数表征了消费者在不同状态之间平滑消费的意愿。其次，这个参数还刻画了消费者在不同时间之间平滑消费的意愿。因为现实中我们看到了很高的风险溢价，因此可以推知消费者会有很强的意愿在不同状态间平滑消费。但是，这同时也意味着消费者会很愿意在不同时间之间平滑消费。因此，给定同样的经济增长率，消费者会有更强的动力增加当期消费，减少当期储蓄。为了平衡消费者减少储蓄的动机，则需要更高的利率（否则储蓄会无限减少下去，没有均衡）。而模型所要求的高利率与现实中观察到的较低无风险利率不相符。因此，有相当多的研究试图用不同的参数来刻画这两种力量。[①]

12.5 对资产定价逻辑的再思考

在前文中我们已经看到，C-CAPM 模型将资产价格与宏观指标联系在了一起，加深了

---

① Epstein, L. and S. Zin. Substitution, risk aversion, and the temporal behavior of consumption and asset returns: A theoretical framework. *Econometrica*, 1989, 57: 937-968. Weil, P. The equity premium puzzle and the risk-free rate puzzle. *Journal of Monetary Economics*, 1989, 24: 401-421.

我们对资产定价的理解。因此，尽管这个模型在数量上与真实世界还有很大差距，但其价值不能抹杀。事实上，如果我们对 C-CAPM 做更进一步的追问，还能从中看到资产定价更深层次的逻辑。

12.5.1 一种误导的逻辑

对资产定价来说，一个看似浅显，但同时非常深刻的问题是：**投资者为什么会买卖资产**？或者换个问法：**市场上为什么会存在资产交易**？很直观地思考这个问题，我们会说，投资者买卖资产是为了获取尽可能高的投资回报率。没有人会愿意通过买卖资产来降低自己的投资回报率，接下来我们沿这条思路再做推演。

资产如果有交易，一定是在某个价格上有人愿意买，同时又有人愿意卖。由于买卖双方都想通过交易来提高自己的投资回报率，所以卖者一定是认为当前资产价格太高了（期望回报率低），因而愿意卖；而买者必然认为当前资产价格太低（期望回报率高），所以愿意买。在这里，对同一种资产，买卖双方的估价不一样（一个认为价格高，一个认为价格低）。有人可能会说，买卖双方不一样的估价缘于双方对资产未来回报的预期不一致，但这种说法并不完全正确。让我们来想想无风险的国债，所有人对其未来的本息支付都会有一致的看法，但国债的交易从未停止。这样看来，不同的人对资产估价的不同看法（就算他们对资产的回报预期是一致的）是资产交易存在的一个重要原因。但这并没有回答我们在前文中提出的问题，而只是把问题向前推进一步。资产交易缘于不同投资者对资产估价的不同观点，那么不同投资者的不同资产估价观点又是怎么来的呢？

不同的人会有不同的观点是十分正常的事情，不仅仅发生在资产市场中，但我们往往关心谁的观点正确。对于同一资产，不同的人有不同的估价，那么一定至少有一个人的观点是错误的，观点错误的人理应在资产交易中遭受损失。如果两个人的观点都是错误的，那么错得更严重的那个人会遭受损失。从这样的角度来看，资产交易就是一个零和博弈，一方所得即为另一方所失。基于这样的视角，整个资产市场就是一个赌场。在其中，所有的人都尽力猜测各种资产的正确估价应该是什么，并且以各自报价与正确估价的距离来判断谁胜谁负。

但资产正确的估价是什么？什么是评价资产估价正确与否的标准？当然，对资产未来回报的预测是否准确，至少在回报实现之后是可以客观评价的。但对国债这种回报已知的资产，其当前正确估价又应该是多少？在这里似乎没有任何客观的标准来回答这个问题。看上去，资产估价是一个完全主观的问题，完全由投资者的意识决定。但对于任何一种资产来说，在其未来回报给定的前提下，其当前价格越低，期望回报率就越高。所以，试图获得尽可能高的投资回报率的投资者显然愿意尽量压低资产当前的价格。这样看起来，似乎资产价格越低，则越符合投资者的意愿，而这显然不是我们在真实世界中所观察到的现象。到这里，我们的分析进入了一个死胡同。

12.5.2 基于 C-CAPM 的资产定价分析的正确逻辑

前文中的分析错在哪里？错在我们一开始就假设了一个投资者买卖资产的错误目标。**投资者并不是为了买卖资产而买卖资产，投资者买卖资产也并不是要追求尽可能高的投资**

回报率——尽管这的确是很多人交易资产的第一反应。**投资者交易资产的最终目的是获得尽可能高的效用。**而效用来自消费，消费在不同时间、不同状态下的分布会影响效用的高低。通过买卖资产，投资者就能够调整在不同时间、不同状态下的消费，从而最大化其效用，所以，**资产的价值来自它对投资者未来消费分布的调整能力**。这样一来，必须要从给投资者带来效用的消费的角度才能对资产定价有正确的理解。

所以，**投资者买卖资产的目的是通过调整消费在不同时间、不同状态下的分布来最大化自己的效用，这是 C-CAPM 的中心思想，也是理解资产定价的核心。**可以说，直到学过了 C-CAPM，我们才终于有了对资产定价全面而深刻的理解。

现在我们再来理解什么是风险，以及为什么投资者会不喜欢风险。在经济学的框架中，人所不喜欢的，就是那些会降低效用的东西。在期望效用的框架中，对于风险厌恶者来说，在不同状态下波动的消费分布，与不同状态下平滑的消费分布比起来，效用更低。之所以这样，是因为风险厌恶者存在边际效用递减的偏好形式，所以，消费在不同状态下的波动就是风险，为风险厌恶者所不喜欢。

而消费的波动又来自哪里呢？对一个离群索居的人来说，他消费的波动完全来自其自身所拥有的禀赋的波动。但在经济社会中，人与人之间可以通过相互之间的资产交易，来降低自己禀赋的波动向自己消费波动的传导。前文中我们证明了，在完备市场中，只有全社会总禀赋的波动才会带来每个消费者在不同状态下的消费波动。所以，对任何一个消费者来说，只有全社会总禀赋的波动才是自己必须要承担的风险，我们将其称为系统性风险。消费者自己所拥有的禀赋的波动（称为个体风险），可以在一定程度上通过资产交易来加以消除。

那么资产当前的价格又是什么呢？它是消费者为了获取资产未来带来的回报，在当前需要付出的代价。那些消费者越愿意持有的资产，当前的价格就应该越高。而决定消费者对某种资产持有意愿的，是这种资产能够对消费者所承担的系统性风险带来的影响。那些回报与总禀赋波动负相关的资产可被用来降低消费者的消费波动，所以消费者会更愿意持有它们，相应地，它们当前价格就会比较高，期望回报率就比较低。所以，在 C-CAPM 看来，回报率与全社会总禀赋之间的相关性是决定资产价格的唯一因素。

现在我们可以来回答前文中一开始提出的问题：投资者为什么会买卖资产？这是因为他们要通过资产的交易来调整自己在不同时间和不同状态下的消费的分布，从而获得尽可能高的效用。尽管投资者似乎总是想获得尽可能高的投资回报率，但投资回报率其实并不是投资者最大化的目标。因为就算资产的回报率很高，而投资者从现在的消费中获得的效用可能更高，因此也可能不会愿意用太多资源来购买资产。之所以现实世界中的资产回报率不会走向无穷大，就是因为作为消费者的投资者在消费和购买资产之间会进行权衡，在这种权衡的背后，消费者比较的实际上是现在的消费和未来的消费。

当不同消费者对同一种资产的估价不一致的时候，可能两人都是对的。因为每个消费者的资产估价还会受到其消费在不同时间、不同状态分布的影响。而正是不同消费者对同一资产的不同估价，引发了不同消费者之间的资产交易，进而导致了双方资源分配的变化。在达到一般均衡的时候，不同消费者的消费分布完全正相关，此时不同消费者才会对同一资产给出同样的估价。

所以，**资产交易不是零和博弈，而是资源在不同消费者之间进行优化配置的过程。**在这个过程中，每个人的福利都能够得到提升。

附录 12.A　汉森-贾格纳特界限

本附录介绍风险溢价之谜的另一种阐述方式，在这种方式中，随机折现因子和夏普比联系在了一起。还是从式（12.5）出发。将 $1+r_f=\dfrac{1}{E(\tilde{m})}$ 代入式（12.5），并做变形可得

$$E(\tilde{r}_j)-r_f=-(1+r_f)\mathrm{cov}(\tilde{m},\tilde{r}_j)=\frac{\mathrm{cov}(-\tilde{m},\tilde{r}_j)}{E(\tilde{m})}=\frac{\sigma_{\tilde{m}}\sigma_{\tilde{r}_j}\mathrm{corr}(-\tilde{m},\tilde{r}_j)}{E(\tilde{m})}$$

所以有

$$\underbrace{\frac{E(\tilde{r}_j)-r_f}{\sigma_{\tilde{r}_j}}}_{\text{夏普比}}=\underbrace{\mathrm{corr}(-\tilde{m},\tilde{r}_j)}_{\leqslant 1}\frac{\sigma_{\tilde{m}}}{E(\tilde{m})}\leqslant\frac{\sigma_{\tilde{m}}}{E(\tilde{m})}=(1+r_f)\sigma_{\tilde{m}} \tag{12.10}$$

上式给出了**汉森-贾格纳特界限**（Hansen-Jagannathan bound），公式左边的夏普比衡量了风险的价格；右边的 $\dfrac{\sigma_{\tilde{m}}}{E(\tilde{m})}$ 是随机折现因子的离散程度，它定出了风险价格的上限。由于当 $\tilde{m}$ 在 1 附近做小幅波动时，$\mathrm{var}(\tilde{m})\approx\mathrm{var}(\ln\tilde{m})$（推导见附录 12.B），所以

$$\begin{aligned}\mathrm{var}(\tilde{m})&\approx\mathrm{var}(\ln\tilde{m})\\&=\mathrm{var}[\ln\delta(1+\tilde{g})^{-\gamma}]\\&=\mathrm{var}[\ln\delta-\gamma\ln(1+\tilde{g})]\\&\approx\mathrm{var}(-\gamma\tilde{g})\\&=\gamma^2\mathrm{var}(\tilde{g})\end{aligned}$$

因此，$\sigma_{\tilde{m}}\approx\gamma\sigma_g$，将其代入式（12.10），有

$$\frac{E(\tilde{r}_j)-r_f}{\sigma_{\tilde{r}_j}}\leqslant\gamma\sigma_g(1+r_f) \tag{12.11}$$

利用梅拉与普雷斯科特的数据，可以计算出标准普尔 500 指数的夏普比为 0.38（$=6.2\%\div16.5\%$）。而由于 $\sigma_g=3.6\%$，为了解释标准普尔 500 指数的夏普比，需要消费者的相对风险厌恶系数达到 10。要记住，这还只是 γ 的一个下限！这其实是风险溢价之谜的另外一种描述。

附录 12.B　本讲用到的几个近似关系的推导

12.B.1　当 x 很小时，$\ln(1+x)\approx x$

将 $\ln(1+x)$ 在 $x=0$ 处做泰勒展开，并略去一阶以上的项，可得

$$\ln(1+x)=[\ln(1+x)]_{x=0}+x\left[\frac{1}{1+x}\right]_{x=0}+\cdots\approx x$$

12. B. 2 当 x 很小时，$\frac{a}{(1+x)}\approx a$

将$\frac{a}{(1+x)}$在 $x=0$ 处做泰勒展开，并略去一阶以上的项，可得

$$\frac{a}{1+x}=a+\left[\frac{-a}{(1+x)^2}\right]_{x=0}x+\cdots\approx a-ax\approx a$$

12. B. 3 当 $\tilde{g}$ 很小时，$(1+\tilde{g})^{-\gamma}\approx 1-\gamma\tilde{g}$

将 $(1+\tilde{g})^{-\gamma}$ 在 $\tilde{g}=0$ 处做泰勒展开，并略去一阶以上的项，可得

$$(1+\tilde{g})^{-\gamma}=[(1+\tilde{g})^{-\gamma}]_{\tilde{g}=0}+\tilde{g}[-\gamma(1+\tilde{g})^{-\gamma-1}]_{\tilde{g}=0}+\cdots\approx 1-\gamma\tilde{g}$$

12. B. 4 当 $\tilde{m}$ 在 1 附近做小幅波动时，$\mathrm{var}(\tilde{m})\approx\mathrm{var}(\ln\tilde{m})$

$\tilde{m}$ 在 1 附近做小幅波动，表明 $\bar{m}=E(\tilde{m})=1$。将 $\mathrm{var}(\ln\tilde{m})$ 在 $\tilde{m}=1$ 处做泰勒展开，并略去二阶以上的项，可得

$$\begin{aligned}
\mathrm{var}(\ln\tilde{m}) &= \sum_s \pi_s(\ln m_s-\ln\bar{m})^2 \quad (\because \text{方差的定义式}) \\
&= \sum_s \pi_s(\ln m_s)^2 \quad (\because \bar{m}=1) \\
&= \sum_s \pi_s[\ln m_s]^2_{m_s=1}+\sum_s \pi_s(m_s-1)\left[\frac{2\ln m_s}{m_s}\right]_{m_s=1} \\
&\quad +\frac{1}{2}\sum_s \pi_s(m_s-1)^2\left[2\frac{\frac{m_s}{m_s}-\ln m_s}{m_s^2}\right]_{m_s=1}+\cdots \\
&\approx 0+0+\sum_s \pi_s(m_s-1)^2 \\
&= \mathrm{var}(\tilde{m})
\end{aligned}$$

附录 12. C 从静态到动态

我们一直在一个静态模型中讨论 C-CAPM——模型中只包含今天和明天两个时点，且消费者只在今天做一次决策。从数学上来说，这种静态的阿罗-德布鲁市场模型很容易扩展到包含多期的状况中。

在静态模型中，我们将消费者的优化问题写成如下形式，其中 c_s、e_s 与 φ_s 分别代表第 1 期 s 状态下的消费、禀赋及阿罗证券价格。

$$
\begin{aligned}
&\max_{c_1,\cdots,c_S} \ u(c_0)+\delta\sum_{s=1}^{S}\pi_s u(c_s) \\
&\text{s. t.} \quad c_0+\sum_{s=1}^{S}\varphi_s(c_s-e_s)=e_0
\end{aligned}
\tag{12.12}
$$

现在我们来考虑两期问题（包含今天、明天和后天三个时刻）。消费者的消费用时间和某个时间下的状态两个维度来标识，$c_{t,s}$ 的第一个下标表示时间，第二个下标表示状态。我们将不确定性用如下树图表示出来（图 12－1），可以看见，在第 1 期（明天）有 2 个状态，在第 2 期（后天）有 4 个状态。

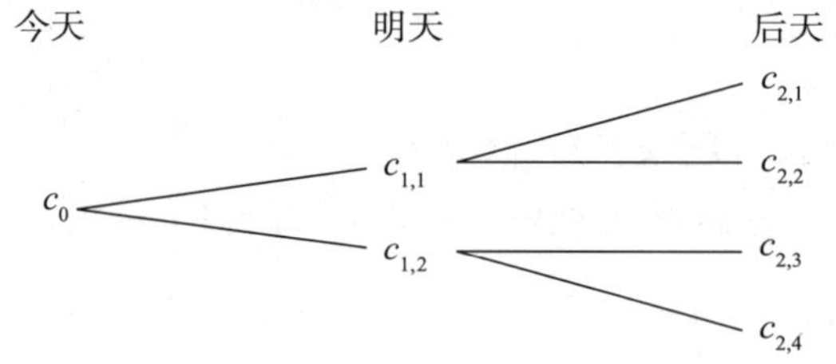

图 12－1　两期树图

上图中的两期尽管看上去与我们之前碰到的问题不一样，但实际上只需要做简单的记号上的改变，就可以被纳入我们在前文中曾经分析过的静态框架中。我们只需要把明天和后天总共 6 个状态重新定义为状态 1 到状态 6，将时间状态（1，1）定义为新状态 1，状态（1，2）定义为新状态 2，状态（2，1）定义为新状态 3，……，状态（2，4）定义为新状态 6，那么这个问题就与在前文中看到的问题没有什么区别了（图 12－2）。这样就又可以套用式（12.12）这样的优化问题来加以分析了。

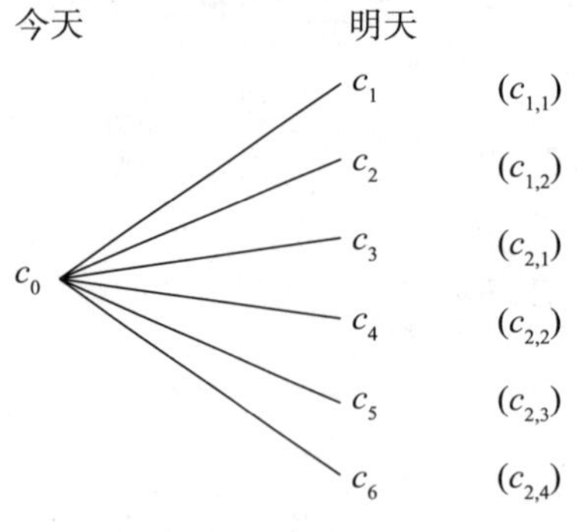

图 12－2　等价于两期树图的单期树图

眼尖的人可能已经发现了，前文中这种记号上的改变虽然把动态问题纳入了静态分析的框架中，但其实把动态的一个重要特征给抹杀掉了。当我们讨论动态问题的时候，重要的是，决策是在不同时间多次做出的。以前文中的两期模型为例，消费者在今天和明天都要做决策，而在静态的阿罗-德布鲁模型中，决策只在一开始做出，且只做一次。这样，当我们用阿罗-德布鲁模型来分析两期模型时，其实隐含假定了消费者只在今天做决策。通过今天的这一决策，明天和后天的行为都已经被选择好了。所以，消费者在明天和后天只是按照今天制订好的计划行事，而不再做决策了，这种决策方式显然与现实世界是不相符的。

经济学家们当然不是没有看到这一理论与现实的落差。事实上，经济学家也对这种决策序贯做出的方式进行了建模，即所谓的伦德纳（Radner）模型。而经济学家们也证明了，在很宽泛的条件下，阿罗-德布鲁模型与伦德纳模型产生的结果是一致的。因此，我们完全可以用阿罗-德布鲁模型来分析多期的动态情形。因此，我们前文中所介绍的理论框架完全可以应用到多期状况中。换言之，前文中所得到的结论在多期动态的环境中仍然成立。①

进一步阅读指南

皮埃尔与唐纳德所著的《中级金融理论》的第 9 章专门讨论了 C-CAPM，该章是本讲内容的一个不错扩展阅读。

练习题

12.1　能否找到一个相对风险厌恶系数来同时化解风险溢价之谜和无风险利率之谜？为什么？

12.2　时间分为第 0 期和第 1 期两个时期，在经济中存在两个聚宝盆 A 和 B。在第 1 期，有$\frac{1}{3}$可能性 A 里出现 2 单位消费品，同时 B 里什么也没有；有$\frac{1}{3}$的可能性 B 里有 1 单位消费品，同时 A 里什么也没有；还有$\frac{1}{3}$的可能性 A 和 B 里同时都有 1 单位消费品。这两个聚宝盆是经济中所有可选的风险资产。另外，还有一种无风险资产，它在第 1 期确定性地支付 1 单位消费品给其所有者。消费品是不能储存的（因此不能通过储存将第 0 期的消费品保留到第 1 期）。

经济中还有三位消费者，他们的效用函数均为

$$u_k(c_{k,0}, \tilde{c}_{k,1}) = \ln c_{k,0} + 0.9 \times E(\ln \tilde{c}_{k,1}), k = 1, 2, 3$$

消费者 1 的禀赋为 1 单位第 0 期的消费品和 1 个聚宝盆 A；消费者 2 的禀赋为 1 个聚宝盆 A 和 1 个聚宝盆 B；消费者 3 的禀赋为 1 单位第 0 期消费品和 1 个聚宝盆 B。三位消费者在第 0 期可以自由交易经济中的资产。

（a）请分别列出三位消费者的优化问题。

（b）在均衡的状态下，聚宝盆 A、聚宝盆 B，以及无风险资产在第 0 期的价格分别是多少？

（c）在第 0 期与第 1 期之间的无风险利率是多少？它与消费者的主观贴现率为什么一致或不一致？如果计算出的无风险利率不是 0，请解释为什么它是正的或是负的。

---

① Andreu Mas-Colell, Michael D. Whinston and Jerry R. Green. *Microeconomic Theory* [M]. Oxford: Oxford University Press, 1995: 691 - 699.

第 13 讲

多因子模型与套利资产定价理论

13.1 从绝对定价到相对定价

从这一讲开始，我们对金融问题（尤其是资产定价问题）的讨论将会在思想上做一个重大的转换。

前文中从均值-方差分析一直到 C-CAPM 模型，都可以算是均衡资产定价（equilibrium asset pricing，简称均衡定价）理论。对于该理论，就其目标来说，是试图以消费者偏好、禀赋分配等为最基本前提条件，推导出所有资产的价格。就其方法来说，是使用经济学的均衡经济分析方法，在理性人的假设下（特别是在期望效用的假设下），通过求解一般均衡来分析包括资产价格在内的经济市场中各种变量的性质。而从其结果来说，均衡资产定价可从基本的偏好、禀赋假设，从无到有地定出所有资产的价格。因此，均衡资产定价也被称为绝对定价。

均衡资产定价理论有利有弊。其利在于用统一而完整的理论模型将我们所关心的各种因素糅合在一起，因而能够让我们看到经济市场的全貌，并理解其中的各种运行机制。而其最大的弊在于不精确，实践中使用不便。均衡资产定价理论以消费者偏好、禀赋分布等基本假设为前提，但是，我们对消费者偏好的假设显然不可能十分精确地反映真实世界中形形色色的人，禀赋假设也必然是十分抽象而模糊的。而为了分析和求解，我们在构建一般均衡模型时也必然会对现实做大量的抽象。虽然我们可以用弗里德曼的“工具论”思想来安慰自己说假设没那么重要，但一般均衡模型的数量结果与现实存在明显落差也是不争的事实（想想风险溢价之谜）。因此，试图将均衡资产定价理论直接应用到实践——比如用它来研究现在该买什么资产，该给某个资产定多高的价格——很难成功。

在金融业实务中，如在投资银行每天给各种资产定价的实践中，应用得更多的是无套利资产定价（no-arbitrage asset pricing，简称无套利定价）理论。这套理论不像均衡资产定价理论那样雄心勃勃，并不试图从无到有地给所有资产定出价格，只是问：在已知某些资产的价格之后，怎样给其他一些相关的资产定价？从这个意义上来说，无套利资产定价也被称为相对定价。

无套利资产定价理论的思想就是资产市场中应当不存在套利机会，这对应着**一价定律**（law of one price，简称 LOOP）这个简单却又基本的思想——相同的东西应该卖相同的价格。如果我们知道了一个汉堡和一个可乐的价格，那么我们就可以精确地预期，一个包含汉堡和可乐的套餐的价格是汉堡和可乐价格之和。相比而言，如果我们要用均衡资产定价理论来给套餐定价，则需要假设消费者对汉堡和可乐的偏好，还要知道汉堡和可乐的生产技术及其原材料的数量和分布，然后通过一般均衡模型同时求解汉堡、可乐，以及汉堡和可乐套餐的价格，这显然会存在很大误差。而在无套利资产定价中，我们无须对消费者的偏好做出特别的假设，只需要知道消费者都是喜欢更多而胜过更少，因而一定会把能够发现的套利机会都利用起来就足够了。自然地，无套利资产定价能够给出更为精确的资产定价结果，因而能够较为方便地在实务界被利用起来。

但是，这并不意味着无套利资产定价理论就比均衡资产定价理论更优越。两套理论分别代表了两条不同的思路，都有着各自的利弊。事实上，在后文的介绍中，大家可以看到无套利资产定价理论与均衡资产定价理论之间有着紧密的联系。只有透过均衡资产定价理论的视角，我们才能对一些无套利资产定价理论中的概念进行深层次的阐释。

经过多年的发展，无套利资产定价理论已经形成了宏大而严谨的理论框架。对该理论的介绍理应从资产定价基本定理、复制及对冲、风险中性概率等底层思想和结论出发。但在这一讲中，我们首先介绍罗斯（Ross）于 1976 年首次提出的套利资产定价理论（arbitrage asset pricing theory，简称套利定价理论或 APT）。这一理论是 CAPM 在逻辑上的自然延伸，同时又包含了一些无套利思想，因此，我们在这里介绍它，以作为从均衡资产定价理论向无套利资产定价理论的过渡。

13.2　从单因子到多因子

让我们先来回忆一下 CAPM 模型。在前文中，我们推导出了证券市场线，如下所示，

$$E(\tilde{r}_j)=r_f+\beta_{M,j}[E(\tilde{r}_M)-r_f] \tag{13.1}$$

其中，$\tilde{r}_j$ 与 $\tilde{r}_M$ 分别为资产 j 和市场组合的回报率，$E(\tilde{r}_j)$ 与 $E(\tilde{r}_M)$ 分别是第 j 种资产和市场组合的期望回报率，r_f 是无风险利率，$\beta_{M,j}=\frac{\sigma_{Mj}}{\sigma_M^2}$。在实践中，可用如下 OLS 回归方程来估计各种资产的 $\beta_{M,j}$，

$$\tilde{r}_j-r_f=\alpha_j+\beta_{M,j}(\tilde{r}_M-r_f)+\tilde{\varepsilon}_j \tag{13.2}$$

可以把回归方程［式(13.2)］理解为资产 j 回报率的生成过程。这个方程将资产 j 的回报率分解成了三部分：第一，针对特定资产 j 的常数 α_j。第二，会影响到所有资产的共同影响项 $\tilde{r}_M$——市场组合的回报率。它的系数 $\beta_{M,j}$ 衡量了资产 j 的回报率对共同影响项波动的敏感度。第三，特定资产的随机项 $\tilde{\varepsilon}_j$。它包含了只针对资产 j 的所有随机成分。

仔细的人可能已经注意到了，在解释回归方程的时候，我们并没有用 CAPM 的语言来陈述，而是用了比较绕口的“共同影响项”等词语。这是因为虽然我们是用 CAPM 引出的回归方程，但这个方程可被归属为**因子模型**（factor model），从而可以在更宽泛的意义上来加以理解。

在因子模型中，资产的期望回报率由一些共同因素决定，这些共同因素就是因子(factor)。CAPM 认为，所有资产的期望回报率由市场组合回报率这一个因素决定，与市场组合回报率的相关性（β）决定了资产期望回报率的高低，所以，CAPM 给出的定价方程可叫作单因子模型或单一指数模型（single index model）。

尽管 CAPM 在理论上看上去很漂亮，但它与现实数据的拟合效果不太理想。从计量经济学的思路来思考，模型解释力不够，那就增加解释变量好了。换言之，我们在市场组合之外，再找一些能够影响资产回报率的其他共同因素加入回归模型中，从而把单因子模型变成多因子模型。在这一方面，法马（Fama）与弗伦奇（French）提出的三因子模型(Fama，French，1993）具有开创性。在这个模型中，法马与弗伦奇用市场组合的超额回报率、规模和账面价值与三个因子的比值来解释资产回报率的不同，其模型为

$$\tilde{r}_i - r_f = \alpha_i + \beta_{iM}(\tilde{r}_M - r_f) + \beta_{is}\widetilde{SMB} + \beta_{ih}\widetilde{HML} + \tilde{\varepsilon}_i$$

其中，$\widetilde{SMB}$ 是市值因子，表示上市公司的规模大小；$\widetilde{HML}$ 是账面市值比（book to market），等于公司的账面价值除以公司股票总市值。这个三因子模型的解释效果就比 CAPM 所对应的单因子模型好了很多。

13.3 多因子模型的直觉

13.3.1 C-CAPM 框架下的单因子模型

从计量经济学的角度来看，从单因子模型到多因子模型的扩展似乎是很直接的。但从金融学的角度来看，这是很大一步跨越，必须要有坚实的理论基础。把资产回报率向一些解释变量做回归，总能得到回归方程和一些回归系数。但是，这个回归方程真的能够用来给其他资产定价吗？这些回归系数又该做何种解读？这是我们在运用计量结果之前需要回答的问题。在这一节中，我们借助 C-CAPM 的框架来给出多因子模型背后的直觉。下一节，我们再利用套利资产定价理论（APT）来论证确实可以用多因子回归方程来给资产定价。

作为起点，我们先在 C-CAPM 的框架下推导 CAPM 的证券市场线。在 C-CAPM 中，代表性消费者的优化问题可以写成

$$\max u(c_0)+\delta E[u(\tilde{c}_1)]$$
$$\text{s. t.}\quad \tilde{c}_1=(1+\tilde{r}_w)(w_0-c_0)$$

其中，w_0 是消费者在第 0 期期初持有的财富，$\tilde{r}_w$ 是第 0 期到第 1 期之间财富的回报率。我们可以把 $\tilde{r}_w$ 理解为资产市场中所有资产（包括无风险资产和所有风险资产）所取得的总体回报率（或称资产市场总回报率，简称总回报率）。容易推出，以上优化问题的一阶条件为

$$1=E\left[\delta\frac{u'(\tilde{c}_1)}{u'(c_0)}(1+\tilde{r}_w)\right]$$

其中，$\frac{\delta u'(\tilde{c}_1)}{u'(c_0)}$是随机折现因子。

我们假设消费者的效用函数为二次型，

$$u(c)=-\frac{1}{2}(a-c)^2$$

其中，a 是一个大于 0 的常数。在这样的效用函数下，边际效用为

$$u'(c)=a-c$$

为确保消费的边际效用一直为正，我们要求消费 c 一直小于 a（即 a 很大）。在这样的二次型效用函数下，随机折现因子为

$$\tilde{m}=\delta\frac{a-\tilde{c}_1}{a-c_0}=\delta\frac{a-(1+\tilde{r}_w)(w_0-c_0)}{a-c_0}=\delta\frac{a}{a-c_0}-\delta\frac{w_0-c_0}{a-c_0}(1+\tilde{r}_w)$$

如果定义常数 A 和 B 为

$$A=\delta\frac{a}{a-c_0}-\delta\frac{w_0-c_0}{a-c_0},\quad B=\delta\frac{w_0-c_0}{a-c_0}$$

则随机折现因子可以写成如下线性形式，

$$\tilde{m}=A-B\tilde{r}_w \tag{13.3}$$

我们知道，

$$1=E[\tilde{m}(1+\tilde{r}_j)]$$
$$\Rightarrow 1=E(\tilde{m})[1+E(\tilde{r}_j)]+\text{cov}(\tilde{m},\tilde{r}_j)$$

将随机折现因子的线性公式（13.3）代入上式可得，

$$\begin{aligned}E(\tilde{r}_j)&=\frac{1}{E(\tilde{m})}-1-\frac{\text{cov}(\tilde{m},\tilde{r}_j)}{E(\tilde{m})}=r_f-\frac{\text{cov}(\tilde{m},\tilde{r}_j)}{E(\tilde{m})}\\&=r_f-\frac{\text{cov}(A-B\tilde{r}_w,\tilde{r}_j)}{E(\tilde{m})}\\&=r_f+\frac{\text{cov}(\tilde{r}_w,\tilde{r}_j)}{\text{var}(\tilde{r}_w)}\frac{B\text{var}(\tilde{r}_w)}{E(\tilde{m})}\end{aligned}$$

如果定义

$$\beta_{j,w} \triangleq \frac{\text{cov}(\tilde{r}_w, \tilde{r}_j)}{\text{var}(\tilde{r}_w)}$$

是资产 j 相对资产市场总回报率 $\tilde{r}_w$ 的β，并定义常数 λ_w 如下所示，

$$\lambda_w = \frac{B\text{var}(\tilde{r}_w)}{E(\tilde{m})}$$

则资产 j 的期望回报率可以写成

$$E(\tilde{r}_j) = r_f + \beta_{j,w}\lambda_w \tag{13.4}$$

上式便是描述资产回报率的单因子模型，即 CAPM 定价方程。

13.3.2 C-CAPM 框架下的多因子模型

现在我们假设消费者除了拥有初始财富 w_0 外，还在第 0 期与第 1 期分别拥有工资性收入 y_0 与 $\tilde{y}_1$。我们还假设第 1 期的工资性收入与资产市场总回报率相互独立 [$\text{cov}(\tilde{y}_1, \tilde{r}_w)=0$]。这样，消费者的优化问题变成

$$\begin{aligned} &\max u(c_0) + \delta E[u(\tilde{c}_1)] \\ &\text{s. t.} \quad \tilde{c}_1 = (1+\tilde{r}_w)(w_0 + y_0 - c_0) + \tilde{y}_1 \end{aligned}$$

如果消费者的效用函数仍然是二次型，那么随机折现因子可写为

$$\begin{aligned} \tilde{m} &= \delta \frac{a - (1+\tilde{r}_w)(w_0 + y_0 - c_0) - \tilde{y}_1}{a - c_0} \\ &= \delta \frac{a}{a - c_0} - \delta \frac{w_0 + y_0 - c_0}{a - c_0}(1+\tilde{r}_w) - \delta \frac{1}{a - c_0}\tilde{y}_1 \end{aligned}$$

如果定义三个常数 A'、B'、C'分别为

$$A' = \delta \frac{a}{a - c_0} - \delta \frac{w_0 + y_0 - c_0}{a - c_0}, \quad B' = \delta \frac{w_0 + y_0 - c_0}{a - c_0}, \quad C' = \delta \frac{1}{a - c_0}$$

则随机折现因子可以写成如下线性形式，

$$\tilde{m} = A' - B'\tilde{r}_w - C'\tilde{y}_1 \tag{13.5}$$

与式（13.3）相比，式（13.5）中的随机折现因子除了受到 $\tilde{r}_w$ 的影响外，还受到工资性收入 $\tilde{y}_1$ 的影响。将这一公式代入资产 j 的期望回报率公式，有

$$\begin{aligned} E(\tilde{r}_j) &= r_f - \frac{\text{cov}(\tilde{m}, \tilde{r}_j)}{E(\tilde{m})} \\ &= r_f - \frac{\text{cov}(A' - B'\tilde{r}_w - C'\tilde{y}_1, \tilde{r}_j)}{E(\tilde{m})} \\ &= r_f + \frac{B'\text{cov}(\tilde{r}_w, \tilde{r}_j)}{E(\tilde{m})} + \frac{C'\text{cov}(\tilde{y}_1, \tilde{r}_j)}{E(\tilde{m})} \end{aligned}$$

$$=r_f+\frac{\operatorname{cov}(\tilde{r}_w,\tilde{r}_j)}{\operatorname{var}(\tilde{r}_w)}\frac{B'\operatorname{var}(\tilde{r}_w)}{E(\widetilde{m})}+\frac{\operatorname{cov}(\tilde{y}_1,\tilde{r}_j)}{\operatorname{var}(\tilde{y}_1)}\frac{C'\operatorname{var}(\tilde{y}_1)}{E(\widetilde{m})}$$

如果定义

$$\beta'_{j,w}=\frac{\operatorname{cov}(\tilde{r}_w,\tilde{r}_j)}{\operatorname{var}(\tilde{r}_w)},\ \beta'_{j,y}=\frac{\operatorname{cov}(\tilde{y}_1,\tilde{r}_j)}{\operatorname{var}(\tilde{y}_1)}$$

$$\lambda'_w=\frac{B'\operatorname{var}(\tilde{r}_w)}{E(\widetilde{m})},\ \lambda'_y=\frac{C'\operatorname{var}(\tilde{y}_1)}{E(\widetilde{m})}$$

则有

$$E(\tilde{r}_j)=r_f+\beta'_{j,w}\lambda'_w+\beta'_{j,y}\lambda'_y \tag{13.6}$$

这样，我们就把资产的期望回报率用一个两因子模型表示出来。现在，决定资产期望回报率的既有资产回报率与资产市场总回报率之间的相关性，也有资产回报率与工资性收入之间的相关性。

从以上推演我们可以看到多因子模型背后的直觉。所谓因子，实际上是会影响随机折现因子的不确定性来源。如果像在前文中那样，消费者在第 1 期的消费完全由资产市场总回报率决定，资产价格就只受资产市场总回报率这一个不确定性来源（因子）的影响。而如果像在这一小节中所说的，消费除了受到资产市场总回报率的影响外，还受到工资性收入波动的影响，那么资产价格中就应该包含两个因子了。从这个意义上来说，因子就是那些会影响人对资产选择的不同不确定性来源。为了要补偿消费者承担的这些由因子而来的不确定性，资产就需要根据自身回报率与各个因子的相关性，在期望回报率中给出相应的风险溢价。

13.4　套利资产定价理论

我们在 C-CAPM 的框架下给出了多因子模型的直觉。前文中，我们不仅给出了把资产期望回报率和不同因子联系起来的线性方程，还知道了不同因子的经济学含义。但在实践中，以资产定价为目标的投资者往往不是很关心因子有何经济含义，而只是在乎能否找到对资产期望回报率有解释力的解释变量来提升自己定价的精度。此外，要用一般均衡模型为实践中得到的大量回归方程给出理论根基也是非常困难的，所以，多因子模型的理论根基其实是罗斯提出的套利资产定价理论（APT）。

从多因子模型来看，资产的期望回报率是由一些因子所决定的，不同的资产对不同因子的敏感性不一样，因而造成了不同资产期望回报率的不同。至于这些因子是什么，它们与不同资产之间的关系是怎样的，多因子模型并不从理论上加以回答，而是将其留给实践操作来确认。也就是说，应用多因子模型的投资者需要自行决定哪些因子是重要的，需要用来分析资产回报率。而各种资产对因子的敏感性，也需要投资者自己用经验数据来加以估计。多因子模型只是声称，当所有资产的期望回报率都由一组因子决定的时候，基于无套利思想，不同资产期望回报率之间会具有某种线性关系——这便是 APT 的思想。

所以，从实践的角度来看，APT 和因子模型是相当抽象的，既没有告诉我们因子是什么，该怎么去选取，也没有告诉我们如何估计资产对各个因子的敏感性，但这恰恰是 APT 一般性、灵活性的体现。在因子模型中，因子反映了系统性风险，我们将其称为**因子风险**（factor risk）。因子前的系数 β 叫作资产对因子的**载荷**（loading），与因子风险无关的剩余风险 $\tilde{\varepsilon}_i$ 叫作**个体风险**。

我们可以把 CAPM 视为 APT 的一个特例。从 CAPM 来看，所有资产的期望回报率只由一个因子决定，就是市场组合的回报率，而各种资产对因子的敏感度就是各种资产的 β，所以，我们可以把 CAPM 视为一个单因子模型。

13.4.1 引子：精确单因子模型

我们先用一个简单的单因子模型作为引子，来展现 APT 的推导思路。在这里，我们假设只有一个风险因子，且所有资产的个体风险都为 0（$\tilde{\varepsilon}_i=0$）。为了简化书写，我们将期望回报率写成字母头上带横线的形式，即 $\bar{r}_i=E(\tilde{r}_i)$。这样，资产的回报率可以写成

$$\begin{aligned}\tilde{r}_i&=\bar{r}_i+\beta_i\tilde{f}\\ \tilde{r}_j&=\bar{r}_j+\beta_j\tilde{f}\end{aligned}\tag{13.7}$$

其中，$\tilde{f}$ 是风险因子。为了简化分析，我们假设 $E(\tilde{f})=0$。这并非一个根本性的假设，放松它也不会改变得出的结论。$\bar{r}_i$ 是资产 i 的期望回报率。我们假设至少存在两种资产有不等于 0 且不相同的因子载荷，即存在资产 i 与 j，β_i 与 β_j 均不等于 0，且 $\beta_i\neq\beta_j$。

我们可以构造一个组合 $\tilde{r}_p$，把正规化为 1 的总财富分配到两种资产上。组合中包含 w 份额的资产 i 与 $1-w$ 份额的资产 j，于是有

$$\begin{aligned}\tilde{r}_p&=w\tilde{r}_i+(1-w)\tilde{r}_j\\ &=[w\bar{r}_i+(1-w)\bar{r}_j]+[w\beta_i+(1-w)\beta_j]\tilde{f}\end{aligned}\tag{13.8}$$

由于有两种资产，而因子（不确定性来源）只有一个，所以我们可以通过选择组合权重来消除组合中的不确定性。这样，就能够把组合回报率和无风险利率联系起来。具体来说，可以通过选择 w 来让组合 $\tilde{r}_p$ 的因子载荷为 0。从式（13.7）可以看出，当组合的因子载荷为 0 时，组合的回报率中就不含有不确定性，我们将这样的组合权重叫作 w_0。因此必有

$$w_0\beta_i+(1-w_0)\beta_j=0$$

从中解出

$$w_0=\frac{\beta_j}{\beta_j-\beta_i}$$

将这个权重 w_0 代回组合 $\tilde{r}_p$ 的公式（13.8），可得到一个无风险组合 p_0，其回报率为

$$\tilde{r}_{p0}=w_0\tilde{r}_i+(1-w_0)\tilde{r}_j=\frac{\beta_j}{\beta_j-\beta_i}\bar{r}_i+\left(1-\frac{\beta_j}{\beta_j-\beta_i}\right)\bar{r}_j=\frac{\beta_j\bar{r}_i-\beta_i\bar{r}_j}{\beta_j-\beta_i}$$

由于 p_0 是无风险组合，所以当市场不存在套利机会的时候，其期望回报率应该与无风险利率 r_f 相等，所以，

$$\frac{\beta_j\bar{r}_i-\beta_i\bar{r}_j}{\beta_j-\beta_i}=r_f$$

$$\Rightarrow\frac{\bar{r}_i-r_f}{\beta_i}=\frac{\bar{r}_j-r_f}{\beta_j}$$

上式对任意资产 i 和 j 都成立，所以我们可以定义一个常数 λ 为

$$\lambda\triangleq\frac{\bar{r}_i-r_f}{\beta_i}=\frac{\bar{r}_j-r_f}{\beta_j}\tag{13.9}$$

这样一来，对任意资产 i，其期望回报率必然满足

$$\bar{r}_i=r_f+\beta_i\lambda,\forall i\tag{13.10}$$

要运用式（13.10）来做资产定价，我们还得知道 λ 是多少，接下来我们就来确定 λ 的取值。我们可以通过选择 w 来构造另外一个组合 p_1，使得 p_1 的因子载荷正好为 1。设组合 p_1 中资产 i 的权重为 w_1，于是必有

$$w_1\beta_i+(1-w_1)\beta_j=1$$

$$\Rightarrow w_1=\frac{1-\beta_j}{\beta_i-\beta_j}$$

将权重 w_1 代回式（13.8）可得

$$\begin{aligned}\tilde{r}_{p1}&=\left[\frac{1-\beta_j}{\beta_i-\beta_j}\bar{r}_i+\left(1-\frac{1-\beta_j}{\beta_i-\beta_j}\right)\bar{r}_j\right]+\tilde{f}\\&=\left(\frac{1-\beta_j}{\beta_i-\beta_j}\bar{r}_i+\frac{\beta_i-1}{\beta_i-\beta_j}\bar{r}_j\right)+\tilde{f}\\&=\frac{\bar{r}_i-\beta_j\bar{r}_i+\beta_i\bar{r}_j-\bar{r}_j}{\beta_i-\beta_j}+\tilde{f}\\&=\frac{\beta_i\bar{r}_j-\beta_j\bar{r}_i}{\beta_i-\beta_j}+\frac{\bar{r}_i-\bar{r}_j}{\beta_i-\beta_j}+\tilde{f}\\&=r_f+\lambda+\tilde{f}\end{aligned}$$

上式中最后一个等式用了前文中 r_f 的公式和 λ 的定义式（运用 λ 的定义可得 $\lambda=\frac{\bar{r}_i-\bar{r}_j}{\beta_i-\beta_j}$）。对上式两边取期望，并注意到 $E(\tilde{f})=0$，可得

$$\lambda=\bar{r}_{p1}-r_f\tag{13.11}$$

也就是说，λ 是因子载荷为 1 的资产的超额回报率。我们将因子载荷为 1 的组合叫作**因子组合**（factor portfolio），其风险溢价 λ 叫作**因子溢价**（factor premium）。

于是，在这个精确单因子模型中，任何资产的期望回报率都可以表示为

$$\bar{r}_i=r_f+\beta_i(\bar{r}_{p1}-r_f)\tag{13.12}$$

由此可见，资产的期望超额回报率就等于资产的因子载荷乘以因子溢价。

对于式（13.12）我们要做一些说明。从形式上来看，它与从 CAPM 中推导出来的证券市场线［式（13.1）］是类似的。但二者的含义有本质的不同。在 CAPM 中，市场组合的含义是非常清楚的（包含了所有风险资产的组合）。而在因子模型［式(13.12)］中，组合 p_1 则没有那么明确的经济含义——它只是对 $\tilde{f}$ 这个因子的 β 为 1 而已。至于 $\tilde{f}$ 这个因子究竟是什么，需要满足什么样的条件，这里则完全未做任何规定。这既可以说是因子模型的模糊性，也可以说是其灵活性。此外，CAPM 模型的结论是从资产市场均衡中推导出来的。而在推导式（13.12）时，我们只是要求资产市场中不存在套利的机会。换言之，只要受到 $\tilde{f}$ 这个因子影响的诸多资产之间不存在套利机会，这些资产的回报率就应该满足式（13.12）这个条件。

我们再回过头来看看 APT 的推导思路。由于资产的数量大于因子的数量，所以我们可以构造组合来使得组合对因子的载荷为 0，因此，这个组合的回报率就应该等于无风险利率。这样，我们就把不同资产的期望回报率和它的 β 联系起来了［式(13.9)］。然后，我们再构造一个对某单一因子载荷为 1 的组合（因子组合），这个组合的风险溢价就是对应的 β 的价格［式(13.11)］。把二者结合起来，就得到了资产的定价方程［式(13.12)］。接下来我们在多因子环境下推导 APT 定价方程时遵循的是完全一样的思路。

13.4.2 多因子模型下的 APT

现在我们来考虑更为一般的情况，即包含多个因子且存在个体风险的情况。我们假设有 K 个会影响资产回报率的因子。此外，市场中还存在 N 种资产，每种资产的回报率都同时受到 K 个因子的共同影响。我们还假设资产的数量远远比因子的数量多（N 远大于 K）。于是，任意一种资产 i 的回报率可以用如下形式的公式来描述，

$$\tilde{r}_i=\bar{r}_i+\sum_{k=1}^{K}\beta_{i,k}\tilde{f}_k+\tilde{\varepsilon}_i,i=1,2,\cdots,N$$

为了简化分析，我们假设因子和个体风险的期望均为 0，即对任意的 k 与 i，有 $E(\tilde{f}_k)=E(\tilde{\varepsilon}_i)=0$。我们还假设因子方差为 1，个体风险的方差相等，且不是无穷大，即 $E(\tilde{f}_k{}^2)=1$，$E(\tilde{\varepsilon}_i{}^2)=\sigma_\varepsilon{}^2<\infty$。再假设任意两个因子之间、任意两个个体风险之间，以及任意因子和个体风险之间均相互独立。也就是说，对任意 $k\neq k'$，$i\neq i'$，都有 $E(\tilde{f}_k\tilde{f}_{k'})=E(\tilde{\varepsilon}_i\tilde{\varepsilon}_{i'})=E(\tilde{f}_k\tilde{\varepsilon}_i)=0$。一定程度上放松以上假设仍然可以推导出 APT 的定价方程，只是会增加推导的复杂度而已。接下来，我们在这些简化假设下展开推导。

我们考虑由所有 N 种资产形成的组合 p（组合中资产 i 的份额为 w_i，$\sum_{i=1}^{N}w_i=1$），

$$\tilde{r}_p=\sum_{i=1}^{N}w_i\tilde{r}_i=\sum_{i=1}^{N}w_i\bar{r}_i+\Big(\sum_{i=1}^{N}w_i\beta_{i,1}\Big)\tilde{f}_1+\cdots+\Big(\sum_{i=1}^{N}w_i\beta_{i,K}\Big)\tilde{f}_K+\sum_{i=1}^{N}w_i\tilde{\varepsilon}_i \tag{13.13}$$

类似前文中的思路，我们通过选择权重来将组合 p 中的因子风险完全消除掉。为了做到这一点，要有

$$\begin{cases} \sum_{i=1}^{N} w_i\beta_{i,1}=0 \\ \quad\vdots \\ \sum_{i=1}^{N} w_i\beta_{i,K}=0 \end{cases} \tag{13.14}$$

式（13.14）是一个包含 N 个未知数（$w_1,\cdots,w_N$）和 K 个方程的方程组。当 $N>K$ 时，这个方程组是有解的（解可能不止一组）。将解出的权重代回式（13.13），可以得到

$$\tilde{r}_{p0}=\sum_{i=1}^{N} w_i\bar{r}_i+\sum_{i=1}^{N} w_i\tilde{\varepsilon}_i$$

上式右边还包含个体风险，但是我们知道所有个体风险的方差都为 ${\sigma_\varepsilon}^2$，所以 $\tilde{r}_{p0}$ 的方差如下所示，

$$\sigma^2(\tilde{r}_{p0})=(w_1^2+w_2^2+\cdots+w_N^2)\sigma_\varepsilon^2$$

当资产的数量很大时（N 很大），每个权重就大概为$\frac{1}{N}$。因此，$\sigma^2(\tilde{r}_{p0})$ 的量级就为

$$\left(\frac{1}{N}\right)^2\times N\times\sigma_\varepsilon^2=\frac{\sigma_\varepsilon^2}{N}$$

只要个体风险的方差不是无穷大，那么当 $N\to\infty$时，$\sigma^2(\tilde{r}_{p0})\to 0$。这意味着当资产数量很大时，消除了因子风险的组合几乎是无风险的，它的回报率就应该等于无风险利率，即

$$\tilde{r}_{p0}\approx\sum_{i=1}^{N} w_i\bar{r}_i=r_f$$

注意，上式中的 w_i 均为各个β 的函数［因为 w_i 是式（13.14）的解］，所以上式事实上是把各个资产的期望回报率 $\bar{r}_i$ 表示成了无风险利率与β 的函数。采取前文中单因子模型的推导思路，可以证明在这样的前提下，各种资产的期望回报率可以表示为

$$\bar{r}_i=r_f+\sum_{k=1}^{K}\beta_{i,k}\lambda_k \tag{13.15}$$

其中，λ_k 为第 k 个因子的因子溢价——对因子 k 的载荷为 1，而对其他因子的载荷为 0 的组合的风险溢价。在实践中，因子溢价可以通过估计因子组合的风险溢价得到。式（13.15）便是一般情形下 APT 的定价方程。

这样我们就知道了，当一大类资产的回报率受到几个共同因素影响时，只要资产间不存在套利机会，这些资产的回报率就必须要满足式（13.15）所示的线性关系，这就为我们在实践中得到的多因子计量模型给出了金融理论的支撑。

13.5 对多因子模型的评论

对于多因子模型（同时也是对 APT），我们可以做出四点评论。

第一，对投资者来说，一个重要课题是解释并预测不同资产回报率的差异。在这方面，APT 提供了一个非常灵活的框架。APT 并没有对因子的选取和估计做出任何假设，而只是在无套利的思想之上推导出了各类资产的定价方程。这种因子设定上的模糊性正是 APT 的灵活性所在。投资者可以尽情地搜寻那些被认为对资产回报率有影响的因素，将其作为因子放入自己的数量模型。只要确定了因子，估计出了各种资产的因子载荷 β 以及各个因子的因子溢价 λ，各种资产的期望回报率就可以用 APT 的定价方程［式(13.15)］来加以估计。而在实践中，发掘对资产回报率有解释力的因子已成为热门的研究课题。到目前为止，文献中已经提出了数百个可用来解释资产回报率的因子。比如，卢德维格松（Ludvigson）和吴（Ng）在 2007 年的研究中就用到了上百个因子（Ludvigson，Ng，2007）。

第二，多因子模型让我们对风险的认识又进了一步。在 CAPM 和C-CAPM 中，风险被分为系统性风险和个体风险两部分。系统性风险是整个市场或整个经济的波动，无法被分散。资产所含的系统性风险由资产的 Beta（β）来衡量。从理论上来说，资产的期望回报率只应补偿系统性风险。所以，如果某个投资者能够持续获得高于系统性风险所对应的回报率，我们就说他获得了正的 Alpha（α），有较高的投资水平。但在学过多因子模型之后，我们知道系统性风险并不仅仅是整个市场或经济的波动，还可能来自其他源头。这些产生于其他源头的系统性风险也会在期望回报率中形成风险溢价。因此，我们看到某投资者收获了 Alpha，既有可能确实是因为他投资能力强，也有可能是因为他其实只是承担了一些我们还未观测到的系统性风险。换言之，当我们用越来越多的因子来分析投资者业绩时，他的 Alpha 可能就越来越小，甚至变成负的了。事实上，在多因子环境中究竟是否还存在 Alpha，目前仍然是一个尚未有定论的问题。

第三，在多因子建模时，选取的因子可以是那些直接可观测的变量，比如 GDP 增速、通胀数据、资本市场指数等，也可以是无法观测的因子。这些不可观测的因子被称为潜在因子（latent factor）。对潜在因子的因子载荷和因子溢价的估计方法，这里我们不做介绍，大家只需要知道可以用这样的方法来估计就行了。在研究债券回报率曲线的三因子模型中，三个因子（水平、斜率和曲度三个因子）都是潜在因子。

第四，在因子拟合模型中，用当前因子来解释当前资产回报率的差异，往往可以得到相当不错的拟合优度（R^2 甚至可以超过 90%）。但是，在预测性因子模型中，即用当前的因子预测未来资产回报率，拟合优度就很低，R^2 甚至很难超过 2%。诸多经验已经表明，在真实世界中预测资产回报率是相当困难的，因此，不能被因子拟合模型的高拟合优度所误导，而对利用因子模型进行投资抱有不切实际的过高期待。

13.6　多因子模型的应用

多因子模型在投资实践中被广泛使用。这里，我们简要介绍它在对冲、因子选股和统计套利三方面的用途。

13.6.1　对冲

由于 APT 具有高度的灵活性，所以在因子的选择上投资者有很高的自由度。尽管如此，选取一些市场上可以交易的资产（如跟踪各种金融指数的 ETF 基金）来作为因子有独特的优势，因为这样构建的多因子模型可以用来对冲风险。

假设对某一资产$\tilde{r}_0$，我们用其他 N 种资产的回报率 $\tilde{r}_n$ 来解释这种资产的回报率，构建的多因子模型如下所示，

$$\tilde{r}_0 - r_f = \alpha_0 + \sum_{n=1}^{N} \beta_{0,n} \tilde{r}_n + \tilde{\varepsilon}_0 \tag{13.16}$$

其中，$\sum_{n=1}^{N} \beta_{0,n} \tilde{r}_n$ 可被看成一个由 N 种资产组成的资产组合，其中每种资产的权重为 $\beta_{0,n}$。当我们用计量方法（如最小二乘法）估计式（13.16）中的系数时，我们其实是在通过选择系数 $\beta_{0,n}(n=1,\cdots,N)$，尽可能让组合 $\sum_{n=1}^{N} \beta_{0,n} \tilde{r}_n$ 的回报率接近 $\tilde{r}_0$。于是，估计出了式（13.16），也就找出了用 N 种资产来尽可能逼近资产 $\tilde{r}_0$ 的方法。相应地，组合 $\sum_{n=1}^{N} \beta_{0,n} \tilde{r}_n$ 就可以用来对冲资产 $\tilde{r}_0$。

在 CAPM 中介绍过的 Alpha 与 Beta 的分离（也叫作 Alpha 转移）在这里仍然适用。如果 APT 成立，那么在式（13.16）中，截距项 α_0 应该为 0。但如果因为各种原因（比如 $\tilde{r}_0$ 是一只基金，该基金的基金经理投资能力非常强），截距项 α_0 为正，那么可以通过买入资产 $\tilde{r}_0$，卖出组合 $\sum_{n=1}^{N} \beta_{0,n} \tilde{r}_n$ 来将 α_0 分离出来。由于资产和资产组合的回报率相差很小，所以资产和资产组合的价格十会接近。这样，同时持有一个资产多头和一个组合空头的成本非常小，只要 α_0 稳定为正，就可以通过 Alpha 与 Beta 的分离来获取相当稳定的可观回报。

13.6.2　因子选股

在实践中，多因子模型经常被用来筛选投资标的，最常见的是用来选股。一个因子代表了一个对股票期望回报率有解释力的因素。如果这种解释力很强，那么用因子来给所有股票从好到坏排个序，买入排在前面的股票（卖出排在后面的股票），就应该能获得不错的回报。

我们以市值因子为例来展示因子选股是如何操作的。法马和弗伦奇在 1993 年提出三

因子模型时，就注意到了小股票（市值小的公司）相对大股票（市值大的公司）有超额回报。后续的研究发现，在包括中国 A 股在内的许多股票市场中都有这样的效应。图 13－1 是用 A 股的月度数据对市值因子做的一个历史回测。所谓历史回测，就是用历史数据来测试因子的有效性。说得直白一些，就是看用这个因子给股票排序后，是否能够获得不错的回报。

具体来说，每个月我们都把 A 股市场内数千只股票按市值从小到大排序，分成股票数量相同的 10 组。图 13－1 中的“分位 1”是市值规模最小的 1/10 股票组合；“分位 2”是市值规模第二小的 1/10 股票组合；……；“分位 10”是市值规模最大的 1/10 股票组合。每个月都可以计算出每组股票股价的平均涨幅，将每组股票从 2005 年开始的回报率累加起来，就形成了图 13－1 中的散点图，图中的每一个点都代表了从 2005 年开始到那一点所对应的时间内，对应组股票累计涨了多少。

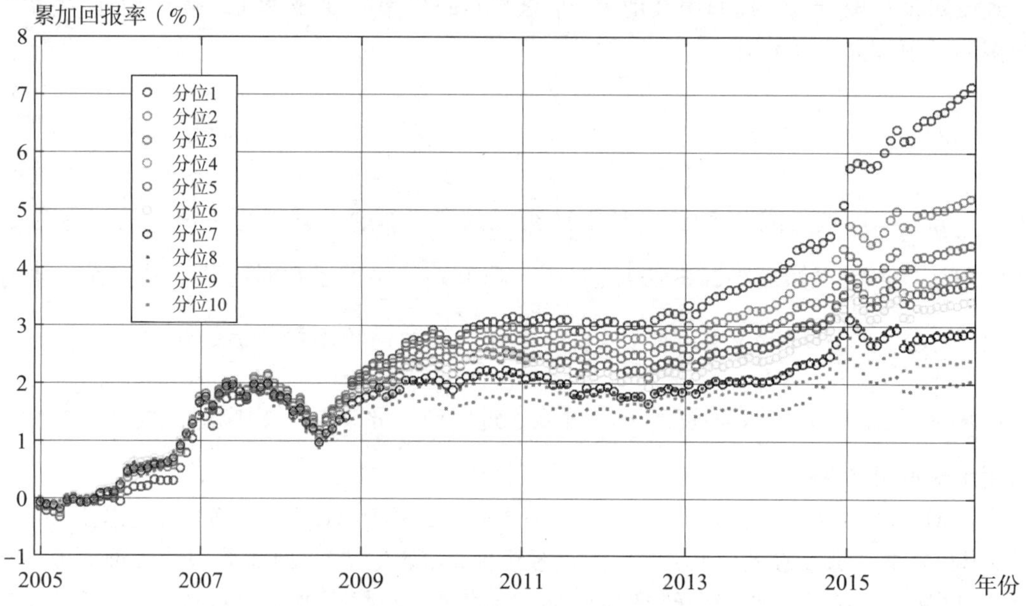

图 13－1 按市值分组的股票累加回报率

在图 13－1 中，我们可以非常清楚地看到，各组股票的回报率基本上是按照市值从小到大排列。在 2005—2016 年这 10 多年里，市值最小的一组股票（分位 1）比市值最大的一组股票（分位 10）累计多涨了约 500 个百分点。这表明，总是买入市值小的股票确实能够在 A 股市场中获得相当不错的回报率，所以在目前 A 股市场中，大多数量化投资者其实都是靠买入小股票，依赖市值因子挣的钱。

当然，现实中的因子选股比这复杂得多。因为不同的因子可能会给出不同的股票排序，而基于不同因子选出的股票组合可能也有不同的风险-回报特性（有些可能波动很大，但超额回报很高，有些则可能波动和回报都较低）。此外，不同因子在不同时间的有效性还可能发生变化。如何把不同的因子组合在一起，构建出符合投资者偏好的资产组合是一个很有吸引力的研究课题。不过，尽管实践比我们这里的介绍复杂很多，但基本思想还是一样的——用因子给不同投资标的按从好到坏排序，做多排在前面的，做空排在后面的

(如果可能的话)。

13.6.3 统计套利

多因子模型还可被用来进行**统计套利**(statistical arbitrage)。这里我们必须要说明,统计套利与我们在金融中通常讲的套利是完全不同的概念。所谓套利,是指确定性获得无风险利润的机会。无套利资产定价中的“套利”二字指的就是这个概念。而统计套利,则是利用统计分析工具来找出相互联系的资产价格之间长期稳定的数量关系。当观测到现实价格数据大幅偏离这种长期稳定的关系时,可进行相应的操作来**赌**这种偏离会消失,所以**统计套利不是无风险的**。因为我们无法保证过去稳定的数量关系在未来不会破裂,因此一旦这种数量关系破裂了,那么下注来赌偏离会消失就会亏损不少(参见专题框 13-1)。

接下来我们来看看怎么用多因子模型来进行统计套利。假设我们总共有 J 只股票可选,这些股票的期望回报率受到总共 K 个因子的影响。对任何一只股票 j,我们都可以通过回归建立如下多因子计量模型,

$$\tilde{r}_j - r_f = \alpha_j + \sum_{k=1}^{K} \beta_{j,k} \tilde{f}_k + \tilde{\varepsilon}_j \tag{13.17}$$

相应地,股票 j 的期望回报率就应该为

$$E(\tilde{r}_j) = r_f + \alpha_j + \sum_{k=1}^{K} \beta_{j,k} E(\tilde{f}_k) \tag{13.18}$$

注意,在前文中推导 APT 时,我们之所以假设因子的期望为 0,只是为了简化代数推演。在实践中应用多因子模型时,因子的期望可以不为 0,所以在上式中我们还保留了因子的期望 $E(\tilde{f}_k)$。这样,上式就给出了各只股票的期望回报率。

可以计算各只股票在过去一段时间内的实际回报率。如果有股票实际回报率超过期望回报率,就说明它前段时间股价涨得太快了,有理由预期它在接下来一段时间里的股价涨幅会慢一些。相反,如果有股票过去一段时间的实际回报率低于式(13.18)中的期望回报率,那就说明它过去涨得太慢了,未来可能会涨得快一些。于是,我们可以做多(买入)实际回报率不及期望回报率的股票,做空(卖出)实际回报率高于期望回报率的股票。只要我们对各只股票构建的计量模型[式(13.17)]保持稳定,这种策略就应该能给出不错的回报率。

专题框 13-1:长期资本管理公司的兴衰

讲到统计套利,长期资本管理公司是必须要谈的案例。这家公司的崩溃凸显了统计套利中存在的巨大风险。

长期资本管理公司(Long-Term Capital Management,LTCM)是一家成立于 1994 年的明星对冲基金公司。其掌门人是华尔街债券套利之父约翰·梅里韦瑟(John Meriwether)。公司合伙人名单中包括 1997 年诺贝尔经济学奖得主罗伯特·默顿(Robert Merton)和迈伦·斯科尔斯(Myron Scholes),美国前财政部副部长及美联储副主席戴

维·莫里斯（David Mullins），以及前所罗门兄弟债券交易部主管罗森菲尔德（Rosenfeld）等在金融界如雷贯耳的名字。

长期资本管理公司主要在国际债券和外汇市场从事固定收益产品的套利活动。他们相信不同市场证券间不合理的价差会自动消失，因而运用数量模型分析并搜索价差消失带来的投资机会。他们利用大量历史数据计算各个不同金融工具间的正常历史价差，一旦发现市场上的价差与历史价差出现较为明显的偏差，LTCM的电脑就会立即利用债券和衍生工具组合入市。当市场上的价差恢复到历史水平后，电脑就会自动平仓，获利了结。

LTCM进行的是高频套利交易，单笔交易利润并不大。为了提高公司资本回报率，LTCM借入了大量资金来放大交易规模，使其杠杆率达到了60倍。高杠杆是一柄双刃剑。一方面，它的确能够提升公司回报率。在1994—1997年间，LTCM取得了辉煌的业绩，这4年的投资回报率分别为28%、43%、41%和17%。投资者在1994年投入LTCM中的1美元，到1997年可以变成2.8美元。另外，高杠杆也让LTCM抵御风险的能力很弱，为其最终的陨落埋下了种子。

LTCM长期下注于债券回报率的收敛。他们相信，随着欧元区的启动，欧洲各国的国债回报率会趋于一致。因此，他们大量买入意大利、丹麦和希腊等国的国债，同时做空德国国债。而在美国市场上，LTCM也大量买入按揭贷款支持债券，同时做空美国国债。在经济平稳运行的时候，随着各类债券回报率的收敛，这类交易能产生可观的利润。

但是，基于历史数据所进行的统计套利往往会忽略一些小概率事件，这些“黑天鹅”事件的发生会对统计套利策略带来致命打击。1998年8月，由于国际油价下跌，俄罗斯经济大幅恶化，并伴随着政局的动荡，为此，1998年8月17日，俄罗斯采取了“非常”之举，宣布停止偿还对外国投资者的欠款。这引发了国际金融市场的大规模恐慌，投资者纷纷从新兴市场国家撤出资金，转而投向安全的美国国债和德国国债，这导致其他债券与美国国债和德国国债利差大幅拉开。由于LTCM通过高杠杆建立了巨大头寸，利差的变化令LTCM在短短150天内就亏掉43亿美元，本金仅余5亿美元，濒临破产边缘。

LTCM手中持有上千亿的各类金融资产，其倒闭势必引发金融市场更大的恐慌。为此，1998年9月23日，在美联储的安排下，以美林证券（Merrill Lynch）、J. P. 摩根（J. P. Morgan）为首的15家大型金融机构向LTCM注资37.25亿美元，换取了其90%的股权，从而共同接管了LTCM。LTCM之前的合伙人则损失了他们投入在公司中的所有资金。

在一次谈话中，巴菲特对长期资本管理公司做出了如下评论：“用对你重要的东西去冒险赢得对你并不重要的东西，简直不可理喻，即使你成功的概率是100比1，或1 000比1。如果你给我一把枪，弹膛里有1 000个甚至100万个位置，然后你告诉我，里面只有一发子弹，你问我，要花多少钱，才能让我对着自己扣动扳机。我的回答是，我是不会去做的。你可以下任何注，即使我赢了，那些钱对我来说也不值一提；如果我输了，那后果是显而易见的。我对这样的游戏没有一点兴趣。可是因为头脑不清楚，总有人犯这样的错。”

巴菲特还说："他们说一个 6 或 7 西格玛的事件是伤不着他们的。他们错了，历史是不会告诉你将来某一金融事件发生的概率的。他们在很大程度上依赖于数学统计，认为关于股票的数据揭示了股票的风险。我认为那些数据根本就不会告诉你股票的风险！我认为数据也不会揭示你破产的风险，也许他们现在也这么想了。事实上，我根本不想用他们来作例子，因为把他们的经历换一种形式，就很可能发生在我们中的每一个人身上。"

作为一个笃信价值投资的投资者，巴菲特对 LTCM 会有这样尖刻的批评并不奇怪。巴菲特的评论可能有些太过负面，但他的话应该成为统计套利投资者脑中时时敲响的警钟。

进一步阅读指南

关于多因子模型和 APT，法马和弗伦奇（1993）与罗斯（1976）的文章自然是经典，只是不特别适合金融初学者阅读。关于因子模型在实际投资中的使用，美国指数编制公司（MSCI）于 2013 年发表的三篇系列研究报告虽然包含广告成分，但也算很好的入门阅读资料。在业界，应用量化研究公司（AQR）是运用因子进行投资的领先机构，在其公司网页（https://www.aqr.com/）上有其发表的大量论文和工作论文可作参考。而在国内，优矿网（https://uqer.io/）是一个不错的量化投资平台，其中有不少教程和文章可供有志于从事量化投资的人入手。

练习题

13.1　资产市场中有两个可以观测的因子 $\tilde{f}_1$ 与 $\tilde{f}_2$ 会影响资产价格。现在已知这两个因子相互独立（协方差为 0），且 $E(\tilde{f}_1)=0$，$E(\tilde{f}_2)=0.02$。假设存在以下三种资产，它们与这两个因子有如下关系，

$$\tilde{r}_1=\alpha_1+0.5\tilde{f}_1+\tilde{f}_2$$
$$\tilde{r}_2=\alpha_2+0.4\tilde{f}_1+0.8\tilde{f}_2$$
$$\tilde{r}_3=\alpha_3+0.8\tilde{f}_1+0.4\tilde{f}_2$$

其中 α_1、α_2 与 α_3 暂时未知。如果无风险利率 $r_f=0.02$。因子组合 1 与 2 的期望回报率都为 0.04。

（a）请利用 APT 的结论，计算在资产市场不存在套利机会时三种资产的期望回报率。

（b）请在不利用 APT 结论的前提下，仿照 APT 的推导过程，计算在资产市场不存在套利机会时三种资产的期望回报率。

第 14 讲

无套利定价初探

在第 13 讲中，我们学习了套利资产定价理论（APT）。尽管套利资产定价理论的名字中有套利这个词，但它与现代的无套利定价理论还是有很大差距。无论是从形式上，还是从理论发展的血脉来看，套利资产定价理论都与 CAPM 更为接近。所以，我们对套利资产定价理论的介绍更应该看成是一个从均衡资产定价理论向无套利定价理论的过渡，而非对无套利定价理论介绍的开始。在这一讲，我们正式进入无套利定价理论的领域。

在过去几十年里，世界见证了无套利定价理论与金融行业的携手共进。在这个过程中，金融理论与金融实践相互促进，共同发展。这要归功于布莱克-斯科尔斯（Black-Scholes）公式带来的第二次金融理论革命（第一次金融理论革命是马科维茨的均值-方差分析）。第二次金融理论革命后，无套利定价理论的进展给金融行业发展带来了强大推动力。反过来，金融行业的欣欣向荣也为无套利定价理论提供了广阔的应用空间，以及来自需求的强大拉力。因此，对很多人来说，无套利定价理论就是金融衍生品定价理论，尽管前者的外延大于后者。自然地，对无套利定价理论的介绍离不开对衍生品的讨论。

根据俗称“华尔街圣经”的《期权、期货及其他衍生产品》一书给出的定义，金融衍生品（derivative）是指“由某种更为基本的变量派生出来的产品，衍生产品的标的变量常常是某种交易资产的价格”。金融衍生品中最为常见的就是期货和期权。因此，我们对无套利定价理论的介绍从认识期货与期权这两种最常见的金融衍生品开始。之后，我们会在非常简单的情况下推导衍生品的定价方程，并从中初识无套利定价理论的核心思想和概念。

14.1　远期与期货

14.1.1　远期价格

最为简单的衍生品是**远期合约**（forward contract）。它是在未来某一约定时刻以约定的价格买卖某产品的合约。远期合约可以帮助交易者锁定未来的价格，规避价格波动的风险。比如，小麦农场主和面粉厂可以签订小麦销售的远期合约，约定在未来以某个商定好的价格交易小麦。这样，农场主规避了未来小麦价格下降的风险，面粉厂则规避了未来小麦价格上升的风险，双方都受益。从这个简单的例子可以看到，金融衍生品在帮助交易者分散风险方面所能起到的作用。

不过，远期合约通常由交易双方直接签订，在合约内容和形式上相对随意。自然地，要将这种非标准合约转让给第三方是困难的——因为合约的内容和形式未必符合第三方的心意。为了解决远期合约非标准、流通不便的问题，目前已发展出了一些标准化的远期合约，这些合约叫作**期货**（futures），在期货交易所交易。与交易双方直接订立的远期合约不同，投资者在期货交易所里买卖期货的时候，甚至不一定知道交易对手是谁，交易双方的履约由期货交易所通过一定的机制来保证。这里，我们并不介绍期货市场运作的机制，感兴趣的读者可以参阅其他相关书籍。

这里我们关心的是期货（同时也是远期合约）的定价方法。[①] 这是对无套利思想的一个简单应用。假设有一个不产生任何收入的资产，它当前的**现货价格**（spot price）为 S_0；而在当前，这一资产在 T 期后的**远期价格**（forward price）为 F_0。合约订立双方同意在未来某个时刻以现在商定好的价格交割标的物，这个现在商定好的未来价格就是远期价格。还假设从现在到 T 时刻的无风险利率为 r（按连续复利计算），那么，依据无套利原则必有

$$F_0 = S_0 e^{rT} \tag{14.1}$$

这是因为如果 $F_0 > S_0 e^{rT}$，那么投资者可以在现货市场上买入资产，并在远期市场上卖空远期合约来套利。投资者可以借入 S_0 的资金在现货市场买入资产，等到 T 时刻，远期合约的交割将给投资者带来 F_0 的收入。而在 0 时刻所借入的 S_0 的资金需要偿还 $S_0 e^{rT}$，在 $F_0 > S_0 e^{rT}$ 成立的情况下，这就会带来无风险的套利收益。类似可知，当 $F_0 < S_0 e^{rT}$ 时，可以通过做空现货，做多远期来套利。所以，式（14.1）必须成立。

14.1.2　远期价格与对未来现货价格的预期

期货（或远期）定价虽然简单，但它给我们提出了一个认识上的难题：怎样理解远期价格与现在对未来某个时期现货价格的预期二者的关系？

---

① 事实上，因为交易方式的不同——远期合约到期才交割，而期货每日都结算——即使是相同期限的远期合约和期货，其价格都可能是不一样的。在这里，我们忽略这种差异，认为二者价格一致。对这个问题感兴趣的读者可以参见《期权、期货及其他衍生产品》一书的 5.8 节。

很自然地，我们可能会认为远期价格是现在所预期的未来某时刻的现货价格。难道不应该是这样的吗？举个例子，如果我们预期 1 年后石油现货价格是 45 美元一桶，那么现在在签订 1 年期石油远期合约时，难道不应该把交割价格定在 45 美元一桶吗？如果不是这样，不就出现套利机会了吗？

但是，式（14.1）又告诉我们，远期价格和现货价格之间存在着精确的数量关系，因此远期价格只是现货价格的一个衍生价格。如果现在石油的现货价格是 40 美元一桶。而从现在开始的 1 年里，利率是 5%。那么用期货定价方程［式（14.1）］来计算，1 年期远期价格应该大概是 42.05（$=40\times e^{0.05}$）美元，这并不等于对未来现货价格所预期的 45 美元。

可以从风险的角度来理解这个问题。假设我们希望在 1 年后卖出石油，这既可以通过现在签订远期合约来实现，也可以等到 1 年后在现货市场再出售。通过签订远期合约，我们锁定了在未来能够获得的收入。而如果等到 1 年后在现货市场出售，其售出价格是不确定的。所以，通过远期合约，投资者获得的是未来确定性的回报。而从现在来看，未来在现货市场出售所获回报是有风险的（因为未来的现货价格是无法确知的），因此，投资者自然会对后一种方式要求风险溢价，因此，现在对 1 年后现货价格的预期（45 美元）会高于当前的远期价格，二者之间的差异就是风险溢价。从这个角度来看，远期价格不是现在对未来现货价格的预期。

我们还可以更严格地推导远期价格和对未来现货价格预期之间的关系。假设投资者在 T 期后需要获得 1 单位资产。他可以选择买入远期合约，从而将未来支付的价格锁定在 F_0。他还可以等到 T 期后，在现货市场上以价格 S_T 买入资产。当不存在套利机会的时候，从当前（0 时刻）来看，这两种选择对投资者应该是无差异的，所以，两种选择带来支付的第 0 期现值应该相等，即

$$F_0 e^{-rT}=E(S_T)e^{-kT} \tag{14.2}$$

上式中有两点值得注意。第一，在第 0 期并不能知道第 T 期的现货价格，所以在式（14.2）中需要在 S_T 前面加上表示期望的符号 E。第二，也是最关键的，在利用远期合约买入未来的资产时，支付的价格已经被锁定在了 F_0，没有不确定性。所以对远期价格贴现时需要用无风险利率 r。但在未来的现货市场中买入时，由于未来现货价格存在不确定性，所以就不能用无风险利率来贴现。在上式中，我们用的贴现率是 k，k 与 r 之间的差异就是风险溢价。

可以把式（14.2）变形为

$$F_0=E(S_T)e^{(r-k)T}$$

这说明，只有当 $r=k$ 时，远期价格才等于对未来现货价格的预期。运用 CAPM 中得到的结论可知，只有当现货价格的 $\beta=0$ 时（即现货价格不包含系统性风险），才有 $r=k$。而绝大多数资产都应该有正的 β，因而会有 $r<k$。这时，远期价格就应该小于对未来现货价格的预期。

不过，虽然远期价格一般来说并不等于对未来现货价格的预期，但这并不代表远期价格与未来的现货价格没有关系。在更高层次上，我们完全可以说现在的现货价格中包含着

对未来现货价格的预期。因为投资者在交易现货的时候，必然会在一定程度上考虑对现货价格未来走势的预期。从这个意义上来说，现在的现货价格、现在对未来现货价格的预期，以及通过无套利与现在现货价格联系起来的远期价格，均包含相同的对未来预期的信息量。在后文中介绍动态模型的时候，我们会更严格地陈述这一思想。从这个角度来说，我们可以认为远期价格包含对未来现货价格的预期，只不过因为风险溢价的存在，二者并不严格相等。

14.2　期　权

14.2.1　期权简介

在无套利定价理论的发展中，其实是先有期权定价理论，然后才有无套利定价理论体系的构建与完善。可以说，期权定价理论（布莱克-斯科尔斯公式）的出现催生了无套利定价理论。所以，在整个无套利定价理论体系中，期权定价有着最为重要的位置。可以说"平生不见 BS[①]，学了定价也枉然"。在这里，我们先对期权这种非常常见的金融衍生品做一个简单的介绍。

简单来说，期权是一种权利，而非义务，而这种权利是有价值的。设想有这么一个神奇的盒子，任意时点在其中放入 100 元，1 年后都能够确定地变成 102 元。而目前的无风险利率为 3%，也就是说，用 100 元购买无风险资产，明年可以确定性地收回 103 元，那么这个神奇的盒子应该值多少钱?

乍看起来，这个盒子似乎不值钱，因为它能给出的回报率（2%）还不及当前的无风险利率。但是，无风险利率是会变化的，未来的无风险利率有可能会下降到 2%以下，那时，神奇盒子所能提供的 2%的回报率就变得有吸引力了。因此，即使目前盒子的回报率不及无风险利率，它在当前也是有价值的。其价值来自这个盒子给其拥有者提供的一种"权利"——一种获得 2%无风险回报率的权利。只不过当市场上无风险利率高于 2%的时候，这个权利不会被使用而已。

期权中最简单、最常见的是欧式和美式的买入或卖出期权。**欧式买入**（European call）期权，是给期权的购买者在未来某一约定时刻，以某一确定价格 K 从期权出售者处买入 1 单位标的资产的权利。而**欧式卖出**（European put）期权，则是给期权的购买者在未来某一约定时刻，以某一确定价格 K 向期权出售者卖出 1 单位标的资产的权利。买入期权和卖出期权又分别被叫作**看涨期权**和**看跌期权**。期权购买者可以执行其权利的约定时刻叫作期权的**到期日**，或是**行权日**（maturity date），K 叫作**执行价格或行权价格**（exercise price，简称行权价）。**标的资产**（underlying asset）可以是股票、债券、外汇合约等任何金融合约。为了表述方便，后文中我们都假设标的资产是股票。

如果期权到期日的股票价格为 S_T，那么买入期权的支付为 $\max(S_T-K，0)$，卖出期权的支付为 $\max(K-S_T，0)$。其支付图形见图 14 - 1 和图 14 - 2 中的实线。不过需要注

---

① 指布莱克-斯科尔斯（Black-Scholes）公式。

意，期权的支付并不等于购买期权的利润，因为期权还有成本。图 14－1 和图 14－2 中的虚线才是买入或卖出期权多头的利润。其中的 C 和 P 分别代表买入期权和卖出期权的价格，它们是获得期权必须要付出的成本。

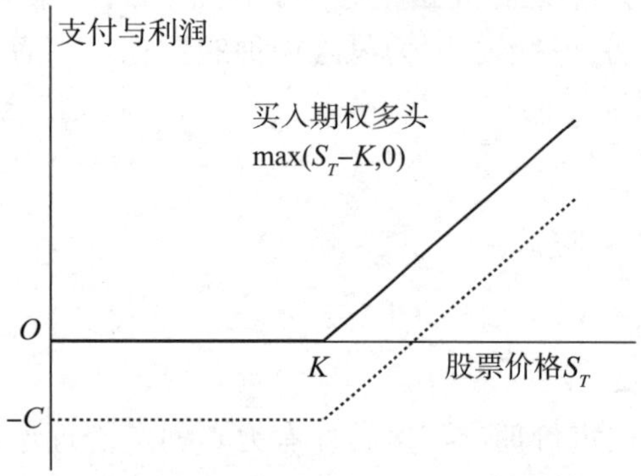

图 14－1　买入期权多头的支付

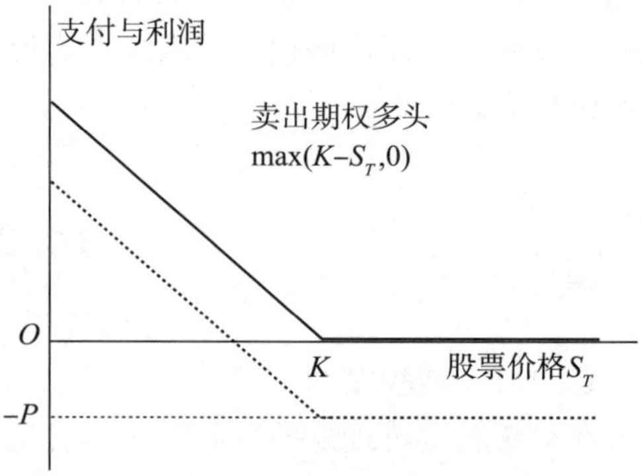

图 14－2　卖出期权多头的支付

有人买了期权（持有期权的多头），就一定意味着有人在卖期权（持有期权的空头）。卖期权一般被叫作写（write）期权。图 14－3 和图 14－4 是买入和卖出期权空头的支付和利润。容易看出，持有期权空头，有可能会遭受很大损失，买入期权空头尤其如此。既然如此，又为什么有人愿意卖期权（写期权）呢？这是因为写期权的人可能并不认为股价走势会很极端。比如，对写出买入期权的人来说，他可能预期股价并不会超过行权价格 K，这样，他就不需要向期权多头进行支付，而只是赚到了期权的价格。但金融市场中没有“免费的午餐”。股价完全有可能大幅突破行权价格，从而让期权的空头方蒙受巨大损失。

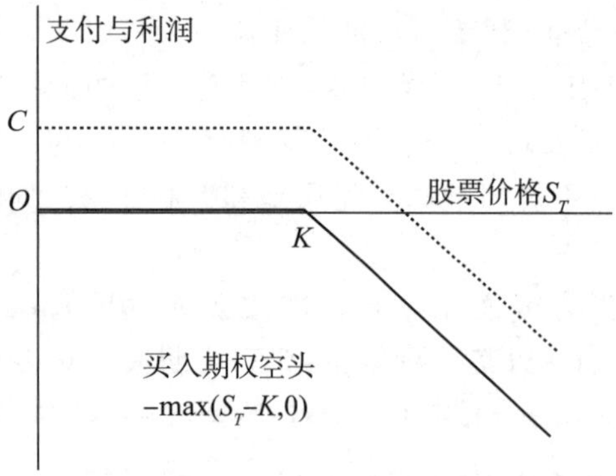

图 14－3　买入期权空头的支付

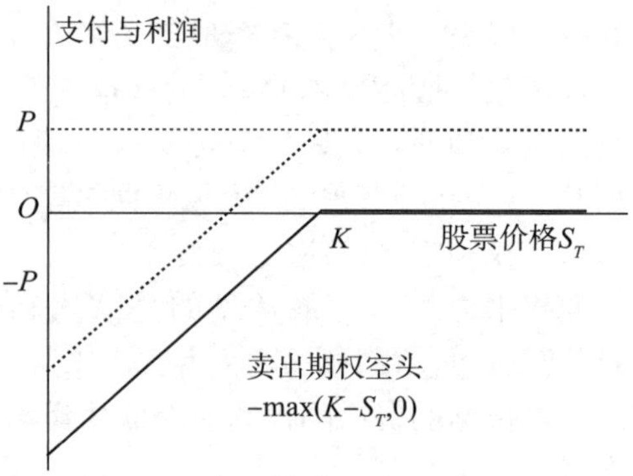

图 14－4　卖出期权空头的支付

像期权空头这样的利润结构在金融市场中并不罕见。很多投资策略都能在正常的市场状况中获得看起来稳定的利润，但在极端市场情况下亏损巨大。如果只看到这些策略在正常状况下的表现，你可能以为它赚取了 Alpha。但在极端情况发生时，你才会知道它其实是通过承担 Beta 风险才获得了利润，专题框 14－1 中所介绍的中信泰富巨亏事件便是一个相关的实例。

按照行权时间的不同规定，期权又可分为欧式和美式两大类。**欧式期权**（European option）只能在到期日选择执行权利，而**美式期权**（American option）则在从期权合约卖出到到期日（包含到期日）这段时间内的任意时点都能选择执行权利。相对欧式期权来说，美式期权赋予期权购买者更多的权利（总是可以把美式期权当成欧式期权来用）。

$S-K$ 被称为买入期权的**内在价值**（intrinsic value），它代表了现在执行看涨期权所能够获得的支付。相应地，$K-S$ 被叫作卖出期权的内在价值。内在价值大于 0 的期权叫作**实值**（in the money）期权，内在价值等于 0 的期权叫作**平值**（at the money）期权，内在价值小于 0 的期权叫作**虚值**（out of the money）期权。

欧式和美式的买入或卖出期权因为很常见，所以被统称为**普通期权**（plain vanilla options）。除了它们之外，金融工程还创设出了很多非标准期权，这些期权被叫作**奇异期权**（exotic options）。

专题框 14-1：中信泰富巨亏事件

2008 年 10 月 20 日，香港上市公司中信泰富发布公告称，公司签订的若干澳大利亚元（在本专题框中简称澳元）杠杆式买卖合约，导致公司损失 155 亿港元。时任中信泰富董事局主席的荣智健因此事黯然辞职。

让中信泰富巨亏的主要是澳元累计期权合约。累计期权英文名叫“Accumulator”，是一种奇异期权。这种期权设有取消价和行权价。行权价通常比签约时的市场价格略低，而取消价则高于行权价。在合约存续期，标的资产的市场价格如果处于取消价及行权价之间，那么期权购买者可以定时以行权价从期权卖方手中买入一定数量的标的资产，从而获得利润（此时市场价格高于行权价）。当标的资产市场价格涨得太多，高于取消价时，合约便终止。而当标的资产的价格低于行权价时，投资者便须定时用行权价买入两倍甚至四倍数量的标的资产，直至合约完结，此时，投资者会遭受重大亏损。

由此可见，购买累计期权的回报和风险是极不对称的。一方面，期权所能带来的回报是有限的。如果标的资产价格涨得太多，超出了取消价，期权卖出方则可以终止合约。相反，如果标的资产价格跌到了行权价之下，那么期权购买者会持续承受巨大损失。不过，一些投资者往往只看到这种期权在价格上涨时带来的回报，而忽视了它的巨大风险。这种投资者往往被这种期权所给的些许甜头所吸引，而在市场价格下跌后损失惨重。因此，有人取累计期权英文名“Accumulator”的谐音，将其戏称为“I kill you later”（我迟些才杀死你）。

中信泰富作为一家香港公司，在澳大利亚经营着一家铁矿，有支付澳元的需求。而在 2008 年之前，澳元相对美元持续升值。为了规避澳元升值的风险，中信泰富在 2007—2008 年间，与花旗、汇丰等 24 家银行签订了数十份外汇合约。其中最多的是澳元累计期权合约，总额为 90.5 亿澳元。根据这种合约，中信泰富可以用 0.87 的汇率（1 澳元兑换 0.87 美元）向对手银行用美元兑换澳元。在合约签订之时，市场普遍预期澳元会相对美元继续升值。在这种升值预期下，中信泰富买入澳元累计期权似乎没什么问题。事实上，在 2008 年 7 月，澳元兑美元汇率还曾涨到 0.97 的高位。但是，随着 2008 年 9 月雷曼兄弟的倒闭以及次贷危机的爆发，澳元大幅贬值，澳元兑美元汇率在 2008 年 10 月就跌到了 0.7 以下，中信泰富因此蒙受巨额亏损。

事后来看，中信泰富买入的累计期权对自己极为不利。利用金融工程来计算，尽管合约签署时的澳元汇率高于期权行权价，但如果把风险考虑进来，这种期权事实上在签订时就给中信泰富带来了负的期望回报。中信泰富之所以会买入这样的期权，要么是公司相关人员违背了审慎原则，将本来的套期保值业务当成了投机来做，要么就是被相关银行给“忽悠”了，未能认清这一期权的真正风险。但不管怎样，中信泰富为自己在期权定价方面的失误付出了巨大代价。

14.2.2 期权买卖权平价关系（put-call parity）

欧式买入期权的价格与欧式卖出期权的价格之间存在着平价关系，这可以通过如下套利分析来证明。假设在 0 时刻有两个组合：

■ **组合 A：** 一个欧式买入期权（在 T 时刻以 K 的价格买入 1 股股票的权利），和现在手上 Ke^{-rT} 的现金（其中 r 是利率，Ke^{-rT} 是将 K 的现金用这一利率水平折现到 0 时刻的现值。换句话说，Ke^{-rT} 的现金在 T 时刻会变成 K 的现金）。

■ **组合 B：** 一个欧式卖出期权（在 T 时刻以 K 的价格卖出 1 股股票的权利），和现在手上的 1 股股票。

假设 T 时刻股票的价格为 S_T，则组合 A 和组合 B 到 T 时刻的价格都为 $\max(S_T, K)$。在 T 时刻，如果 $S_T \geqslant K$，则组合 A 的持有者可以行使买入期权，以手里的现金买入 1 股股票。而组合 B 的持有者则可以继续持有手中的股票，让卖出期权到期作废。这样，两个组合的价值都是 S_T。反过来，如果 $S_T < K$，则组合 A 的持有者可以持有现金 K，而让买入期权到期作废。组合 B 的持有者可以用卖出期权将手中的股票卖出，获得现金 K。所以，无论何种情况，组合 A 和组合 B 在 T 时刻的价值都是一样的。因此，按照无套利原则，它们在 0 时刻的价值也应该是一样的。

假设 0 时刻的欧式买入期权价格是 C，欧式卖出期权价格是 P，股票价格是 S_0，则必有以下买入期权和卖出期权之间的平价关系，

$$C + Ke^{-rT} = P + S_0 \tag{14.3}$$

14.2.3 期权与市场的完备化

在均衡资产定价理论中，我们看到了完备市场的特殊重要性。但是，现实中的市场未必总是完备的，这时，期权的重要性就体现出来了。因为期权的支付与标的资产的支付之间是非线性关系——期权支付并不是标的资产支付的简单倍数——所以可以利用期权来让不完备的市场变得完备。

假设存在 S 种状态，对某种资产的支付为 $\{x_s, s \in S\}$。并且，这种资产在不同状态下的支付均不相同。也就是说，$\forall s, s' \in S$，如果 $s \neq s'$，那么 $x_s \neq x_{s'}$，这种资产就叫作**状态指数资产**（state-index asset），其支付具有**状态分离**（state separating）的性质。不失一般性地，我们假设状态按照状态指数资产的支付来排序。也就是说，如果 $s < s'$，那么 $x_s < x_{s'}$。

如果整个资产市场中只有状态指数资产这一种资产，这显然是一个不完备市场。但是，我们可以通过引入以状态指数资产为标的资产的一系列期权来让市场变得完备。具体地，我们可以引入 $S-1$ 种欧式买入期权，其执行价格分别为 $x_1, x_2, \cdots, x_{S-1}$。由状态

指数资产和这些期权形成的支付矩阵为

$$\begin{bmatrix} x_1 & 0 & \cdots & 0 \\ x_2 & x_2-x_1 & \cdots & 0 \\ \vdots & \vdots & \ddots & \vdots \\ x_S & x_S-x_1 & \cdots & x_S-x_{S-1} \end{bmatrix}$$

其中第 1 列代表状态指数资产的支付，其后的各列分别代表第 $S-1$ 种欧式买入期权的支付。显然，这是一个完备市场。这样，我们就通过期权将一个非完备市场转换成了完备市场。

还可以更为直观地看到期权所具有的让市场完备化的能力。我们可以用**蝶式差价**（butterfly spread）策略来用期权构造出阿罗证券。具体来说，分别买入行权价为 $K-\varepsilon$ 的欧式买入期权和行权价为 $K+\varepsilon$ 的欧式买入期权。同时，卖出两个行权价为 K 的欧式买入期权。这四个期权的支付合起来，就形成图 14－5 所示的在 K 处的蝶式差价支付（呈尖刺形）（请读者自行推导如何从四个期权的支付得到这个蝶式差价支付）。当 $\varepsilon\to 0$ 时，这个蝶式差价支付就只在股价处于 K 时支付为正，而在股价处于其他位置时支付为 0。这就是阿罗证券的支付，于是，通过期权就构造出了阿罗证券，这样市场自然就完备了。

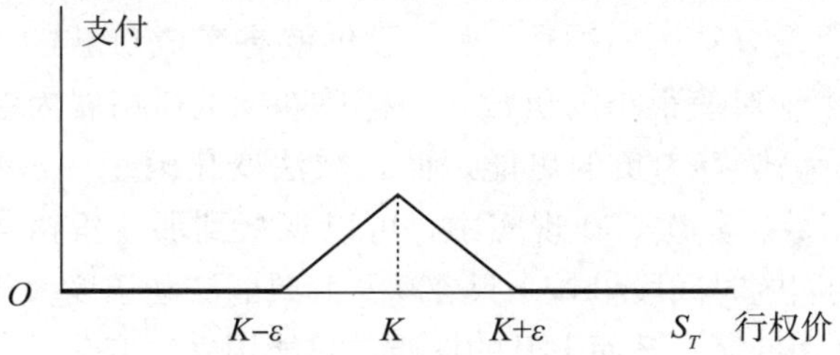

图 14－5　蝶式差价支付

14.3　衍生品定价的三种方法

14.3.1　单期二叉树模型

在这一节中，我们将在一种非常简单的情形下（单期二叉树）来给一个衍生品定价。我们将介绍三种定价方法，这三种方法每种都对应无套利思想的一个侧面，而这三种方法的联系也凸显了无套利定价理论的思想脉络。所以在这里，我们将其作为接下来即将介绍的无套利定价理论体系的一个引子。

在介绍三种定价方法之前，我们先来看看定价的环境——单期二叉树模型。模型中存在两个时刻——0 时刻（当前）与 1 时刻（未来）。市场中存在股票和无风险债券（以下简称债券）。为了简化分析，我们假设股票不分红，所以股票带给其所有者的回报就是股票价格的变化。在 0 时刻，股票价格为 S_0。在 1 时刻，股票价格有两种可能，分别为 uS_0 与 dS_0，其中 u（代表“向上”）与 d（代表“向下”）是表示股价变动幅度的常数，且 $u>d$。股价向上和向下的概率分别为 p 与 $1-p$。债券所支付的无风险利率为 r。在 0 时刻与 1 时刻之间的时间间隔为 1 个单位。这样，如果购买债券，0 时刻的 1 元则可以在 1 时刻变成 e^r 元。为了保证股价不会变成负数，我们假设 $d>0$。而为了保证市场在股票和债券中不存在套利机会，需要假设 $d<e^r<u$。因此，综合起来有 $0<d<e^r<u$。在这个市场中，还存在一种衍生品，它在 1 时刻 u 状态中的价格为 C_u，在 1 时刻 d 状态中的价格为 C_d。我们的任务是求解衍生品在 0 时刻的价格 C_0。我们将以上设定图示如下（图 14－6）。

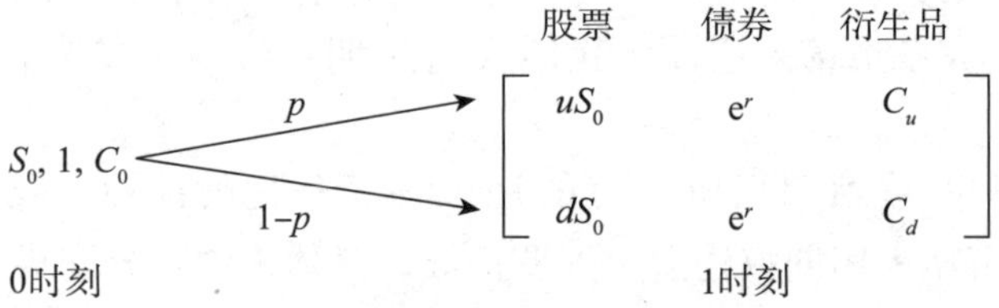

图 14－6　单期二叉树的模型参数

关于这个简单的模型，我们要做两点说明。

第一，我们假设 1 时刻的股价为 0 时刻股价 S_0 乘以一个变化因子（uS_0 或 dS_0），而不是加上一个变化因子（我们并不是假设 1 时刻股价为 S_0+u 或 S_0+d）。相比加法变化因子，假设模型乘法变化因子有两点优势。首先，在加法变化因子中，为了表征股价有下跌的可能，我们必须假设 $d<0$。这样一来，股价就有变成负数的可能性，不符合实际。就算我们假设 d 是一个绝对值很小的负数，当把单期二叉树拓展为多期二叉树时，在经过足够多的步数后，股价仍然有为负的可能。而在乘法变化因子中，只要假设 $d>0$，股价无论怎样变化则都是正数。其次，在现实中，可以观察到那些价格高的股票，波动幅度也更大。平均起来，在相同的时间段里，一只 100 元股票的波动幅度大于一只 1 元股票的波动幅度，而这种波动幅度随价格上升而上升的性质，只能用乘法变化因子而不是加法变化因子来表现。①

第二，在前文的设定中并未给出衍生品在 1 时刻价格（C_u 与 C_d）的具体形式，所以，基于这个模型所得到的定价结论对所有衍生品都适用。只要将 C_u 与 C_d 的具体形式代入我们即将推导出来的定价方程中，就可以得到对应衍生品的定价。比如，如果我们要为 1 时刻到期，执行价格为 K 的欧式买入期权定价，那么 $C_u=\max(uS_0-K,0)$，$C_d=\max(dS_0-K,0)$。

关于第二点说明，我们还要做一下补充。在模型中，C_u 与 C_d 可以是任意的。但我们在介绍无套利定价理论时说过，它是基于一些已知价格的资产来推导与这些资产相关的其他资产的价格。在这里，衍生品与股票的相关性体现在什么地方？它体现在我们知道当 1 时刻股价为 uS_0 时，衍生品价格就一定为 C_u；而当 1 时刻股价为 dS_0 时，衍生品价格就一定为 C_d。至于 C_u 与 C_d 具体取什么值，那是另外一个问题。这是相关性的本质，即知

① 在连续时间模型中，乘法变化因子对应股价服从几何布朗运动的假设，而加法变化因子对应股价服从布朗运动的假设。1900 年，巴黎大学文理学院的路易斯·巴施里耶（Louis Bachelier）写了一篇关于投机理论的重要论文，首次用高等数学对投资进行了讨论，巴施里耶因此成为现代金融学的鼻祖。在巴施里耶 1900 年的这篇文章中，就是用布朗运动来描述股票价格走势。而在现代金融文献中，对股价的基准描述模型都换成了几何布朗运动。

道了股票价格的取值，可以增加我们对衍生品价格取值的了解。在这里，因为 1 时刻只有两种状态，所以知道了股票的价格，我们就能知道衍生品的价格。用 APT 的语言来描述，可以说这里的股票与衍生品的价格受同一个风险因子的影响，这个风险因子在 1 时刻可能有两种状态。

14.3.2　方法一：风险消除法定价

重申一下我们的目标，在 0 时刻和 1 时刻的股价、债券回报率，以及 1 时刻衍生品价格已知的前提下，我们要找出 0 时刻衍生品的价格应该是多少。对于这个问题，我们可以采取在推导 APT 定价方程时（精确单因子模型）曾经用过的方法，通过选择组合权重，构造一个无风险的股票和衍生品组合。这个方法我们在介绍 CAPM 时举的聚宝盆定价例子中也用过。

我们构造这么一个组合，其中包含 1 只衍生品，以及 $-\Delta$ 只股票。我们之所以要在 Δ 前面加个负号，主要是为了在后文中介绍 Δ 的经济含义时更方便。在这里的推导中如果不加上这个负号，也能得到完全相同的定价方程。在这样的定义下，这个组合在 0 时刻的价格应该为

$$\prod_0 = C_0 - \Delta S_0$$

而在 1 时刻的两个状态下，这个组合的支付应该分别为

$$\prod_u = C_u - \Delta u S_0$$

$$\prod_d = C_d - \Delta d S_0$$

我们想完全消去组合的风险，就需要让组合在 1 时刻两个状态下的支付相等，即

$$C_u - \Delta u S_0 = C_d - \Delta d S_0$$

从中解出

$$\Delta = \frac{C_u - C_d}{(u-d)S_0}$$

将这一权重代回两时刻组合价格的公式，可得

$$\prod_0 = C_0 - \frac{C_u - C_d}{u-d} = \frac{(u-d)C_0 - C_u + C_d}{u-d}$$

$$\prod_u = C_u - u\frac{C_u - C_d}{u-d} = \frac{uC_d - dC_u}{u-d}$$

由于组合已经被消除了风险，所以这个组合的回报率应该等于无风险利率。因此必有

$$\prod_0 = \mathrm{e}^{-r}\prod_u$$

$$\frac{(u-d)C_0 - C_u + C_d}{u-d} = \mathrm{e}^{-r}\frac{uC_d - dC_u}{u-d}$$

$$(u-d)C_0 = \mathrm{e}^{-r}(\mathrm{e}^r C_u - \mathrm{e}^r C_d + uC_d - dC_u)$$

化简可得

$$C_0 = e^{-r}\left(\frac{e^r - d}{u - d}C_u + \frac{u - e^r}{u - d}C_d\right) \tag{14.4}$$

上式即为衍生品在 0 时刻的定价方程。

14.3.3 方法二：复制法定价

在方法一中，我们用股票和衍生品构造了一个无风险组合。也可以说，我们用股票和衍生品复制（replicate）了无风险债券。既然可以这样复制，那为什么不用股票和债券的组合来复制衍生品呢？一旦构造出了这样的复制组合，这个组合在时刻 0 的价格就应该等于在时刻 0 时衍生品的价格。

我们构造这样一个组合，其中包含 Δ 单位股票和 B 单位无风险债券。为了复制衍生品，我们需要这个组合在 1 时刻两个状态下的支付与衍生品的支付相等，即

$$\begin{cases} \Delta u S_0 + e^r B = C_u \\ \Delta d S_0 + e^r B = C_d \end{cases}$$

从中解出

$$\begin{cases} \Delta = \dfrac{C_u - C_d}{(u-d)S_0} \\[2ex] B = \dfrac{uC_d - dC_u}{e^r(u-d)} \end{cases}$$

由于这个组合完全复制了衍生品在 1 时刻的支付，根据无套利原则，这个组合在 0 时刻的价格就应该等于衍生品在 0 时刻的价格。因此，衍生品在 0 时刻的价格应为

$$\begin{aligned} C_0 &= \Delta S_0 + B \\ &= \frac{C_u - C_d}{(u-d)S_0}S_0 + \frac{uC_d - dC_u}{e^r(u-d)} \\ &= \frac{e^r(C_u - C_d) + uC_d - dC_u}{e^r(u-d)} \\ &= e^{-r}\left(\frac{e^r - d}{u - d}C_u + \frac{u - e^r}{u - d}C_d\right) \end{aligned}$$

这个公式与方法一中得到的定价方程一模一样。

从方法一和方法二得到的定价方程中，我们可以观察到一个有趣的现象：在括号里的 C_u 与 C_d 前面各有一个系数，这两个系数加起来正好等于 1，如下所示，

$$\frac{e^r - d}{u - d} + \frac{u - e^r}{u - d} = 1$$

因此，定价方程的括号部分看起来像是在给衍生品的支付求数学期望。再乘以 e^{-r} 后，整个定价方程看上去似乎就像是在用无风险利率把衍生品未来支付的期望贴现到现在。只不过求取期望的时候，我们并未使用真实世界中股价上涨和下跌的概率 p 与 $1-p$。如果读

者之前还没有注意到的话，现在也应该已经发现了，在前文中推导出来的定价方程中竟然不包含股价上涨的概率 p！

这样的观察让我们大胆猜想，是否可以用一种看上去相当“任性”的方法来推导衍生品价格——用扭曲股价上涨和下跌概率的方法来推演，这便是下文中的方法三。

14.3.4　方法三：风险中性定价

现在，我们来一点科幻，假想存在一个与真实世界类似的平行世界，我们将这个平行世界叫作**风险中性世界**（risk neutral world）。这个平行世界与真实世界有着相同的资产市场结构和资产价格，但与真实世界不同的是，风险中性世界中的投资者都是风险中性的。我们知道，风险中性的投资者会把资产未来支付的期望值折现来给资产定价。因此，如果用真实世界的概率 p 与 $1-p$ 来计算，那么两时刻的股价是无法满足风险中性投资者的定价思路的。所以，风险中性世界中各种事情发生的概率也必须要与真实世界不同，这样才能让其中的资产价格与投资者都与风险中性的假设相吻合。

现在，我们将前文中的单期二叉树模型放到风险中性世界中。我们假设在这个世界中，股价上涨和下跌的概率分别为 q 与 $1-q$。由于风险中性世界中的投资者都为风险中性，所以股票在 0 时刻的价格应该等于用无风险利率贴现回来的 1 时刻价格的期望，即

$$S_0 = \mathrm{e}^{-r}[quS_0 + (1-q)dS_0] \tag{14.5}$$

从中解出

$$q = \frac{\mathrm{e}^r - d}{u-d} \tag{14.6}$$

这里计算出来的 q 是在风险中性世界中股价上涨的概率，我们称之为**风险中性概率**（risk neutral probability）。在风险中性世界里用风险中性概率来计算，衍生品的价格也应该等于其未来期望支付的贴现值，即

$$\begin{aligned} C_0 &= \mathrm{e}^{-r}[qC_u + (1-q)C_d] \\ &= \mathrm{e}^{-r}\left(\frac{\mathrm{e}^r - d}{u-d}C_u + \frac{u-\mathrm{e}^r}{u-d}C_d\right) \end{aligned} \tag{14.7}$$

我们再次得到了熟悉的定价方程。

14.4　对三种定价方法的评论

最后，关于前文中列举的三种定价方法，我们再做几点评论。

第一，前文介绍的三种方法中，第三种方法（风险中性定价）比前两种应用起来更为简便，但理解起来也最困难。对初次接触这种方法的人来说，将其描述为“魔法”似乎也不为过——莫名其妙地算了一个概率，然后用这个概率求取衍生品的期望，就神奇地得到了衍生品的价格。解释这种神奇的方法为什么是正确的，以及这个风险中性世界与真实世

界有什么联系，将是后文中要介绍的无套利定价理论体系的核心内容。

第二，前文推导出来的定价方程中没有包含真实世界中股价上涨和下跌的概率（p 与 $1-p$）。这似乎意味着真实世界中股价未来的期望涨幅并不影响衍生品的定价，这是一个看似反直觉的结论。以买入期权为例，未来股价越高，买入期权的价值越大，期权当前的价格不也应该越高吗？对这个问题的简单回答是，真实世界概率的影响已经体现在了当前和未来的股价之中。也就是说，0 时刻的股价之所以是 S_0 而不是其他数，是因为 1 时刻股价有 p 的概率变成 uS_0，$1-p$ 的概率变成 dS_0。如果股价在真实世界中上涨的概率不再是 p，那么 0 时刻的股价也不再会是 S_0。从这个角度来说，前文中给出的定价方程其实隐含了真实世界的概率 p。

第三，在方法二中，我们通过用股票和债券来复制衍生品，定出了衍生品的价格。这种复制的方法在帮助我们定价的同时，还给出了对冲衍生品的方法。一个投资者如果卖出了一种衍生品，又不想握有这种衍生品的空头风险，就可以用标的资产和债券复制出一个衍生品，从而对冲自己的风险。而在金融业界，对冲与定价同样重要。

第四，在方法一和方法二的复制中，我们连续碰到了 Δ 这个变量。它是复制组合中股票的数量，同时又等于衍生品价格变化相对标的资产价格变化的敏感度（衍生品价格变化幅度除以标的资产价格变化幅度）。在衍生品定价中，这种衍生品价格相对标的资产价格变化的敏感度有一个专门的名字就叫德尔塔（Delta），并且就用 Δ 来表示（所以我们这里的符号可不是随便乱用的）。这个敏感度与对冲衍生品的组合直接相关，这种对冲方法就叫作 Delta 对冲（Delta hedge）。所谓 Delta 对冲，就是将组合的 Delta 调整成 0。这样无论标的资产的价格如何变化，组合的价值都将保持不变，从而消除了风险。在第一种定价方法中，我们构建的由衍生品和股票组成的组合中，Delta 就是 0。在这个组合中，我们就用股票完全对冲掉了衍生品头寸带来的风险。

进一步阅读指南

约翰·赫尔所著的《期权、期货及其他衍生产品》被称为“华尔街圣经”，包含对期货和期权的详细论述。想更多了解期货交易和定价的读者可以阅读这本书的第 2、3、5 章，而想初步了解期权的读者可以阅读这本书的第 10、11、12 章。

练习题

14.1　我们知道欧式买入期权的支付为 $\max(S_T-K, 0)$，其中 K 为行权价格。用一个行权价为 $K-\varepsilon$ 的欧式买入期权的多头、一个行权价为 $K+\varepsilon$ 的欧式买入期权的多头，以及两个行权价为 K 的欧式买入期权的空头可以构造出蝶式差价。请推导蝶式差价的支付函数。如果将本题中的欧式买入期权全部换成欧式卖出期权，蝶式差价的支付函数又是怎样的？

14.2　在一个单期二叉树模型中存在股票和债券两种资产。股票在 0 时刻的价格为 100 元。在 1 时刻，股票价格有 $\frac{2}{3}$ 的概率上升到 200 元，$\frac{1}{3}$ 的概率下降到 50 元。无风险债券在 0 时刻的价格为 80 元，在 1 时刻确定性地为 100 元。请用这一讲介绍的三种方法计算 1 时刻到期的行权价格为 110 元的欧式卖出期权在 0 时刻的价格。

第 15 讲

无套利定价理论基础

在第 14 讲中，我们在一个简单的单期二叉树模型中用三种方法给出了衍生品的定价方程。其中的前两种属于复制法定价，即用两种资产组合起来复制出第三种资产的支付。根据无套利原则，第三种资产的价格就应该等于资产组合的价格。复制法定价比较直观，理解起来不会有什么问题，但风险中性定价方法着实让人费解。我们用股票的价格计算了一个所谓的风险中性概率，然后用这个概率来计算衍生品支付的期望，就一步得到了衍生品现在的价格。对这种方法我们可以提出许多问题：为什么可以假设投资者是风险中性的？风险中性概率是什么？风险中性世界与真实世界有什么关系？资产价格在风险中性世界里满足什么样的规律？以上这些问题最后都可以汇聚成一个根本性问题：为什么这么一种不直观、反直觉的定价方法是正确的？这一讲的任务就是回答这个问题。这一讲的回答包含两部分——资产定价基本定理的证明和风险中性概率的推导。

15.1 套利的严格定义

所谓无套利定价，顾名思义，就是通过资产之间的无套利原则来给出资产价格的相互关系。如果我们已经知道了一些资产的价格，就可以从这些价格出发，定出与这些资产相关的资产的价格。相比均衡资产定价来说，无套利定价的野心没有那么大。无套利定价并不追求从无到有地把所有资产的价格定出来，它只是从一些已知的资产价格出发，定出那些相关资产的价格，所以，无套利定价又被叫作**相对定价**。正是由于无套利定价以一些已知的资产价格为出发点，除了“资产市场中没有套利机会”这一假设之外别无其他假设——运用无套利分析，我们不需要知道消费者偏好、宏观经济景气程度、收入分配等信息——所以其定价结果可以做到相当精确，因而具有很强的实战性。

既然要讲无套利定价，首先当然需要给出套利的严格定义。套利，直观来说就是“免费的午餐”。我们用前文中给出的描述资产市场的数学框架来解释什么是套利。

时间继续被假设为只有两期（第 0 期代表现在，第 1 期代表未来），但假设第 1 期的状态有 S 种。资产市场中共有 J 种资产，所有资产在第 1 期的支付可以用如下支付矩阵来描述（行代表状态，列代表资产），

$$\mathbf{x} \triangleq \begin{bmatrix} x_1^1 & \cdots & x_1^J \\ \vdots & \ddots & \vdots \\ x_S^1 & \cdots & x_S^J \end{bmatrix}$$

矩阵中第 s 行、第 j 列的元素表示第 j 种资产在第 1 期状态 s 下的支付（以第 1 期的消费品为计价单位）。所有 J 种资产在第 0 期的价格（以第 0 期的消费品为计价物）可写为

$$\mathbf{p} \triangleq [p_1, \cdots, p_J]$$

所谓资产定价，就是给定支付矩阵 $\mathbf{x}$，来定出所有资产当前的价格 $\mathbf{p}$。

一个资产组合表示对所有资产的持有量 $\boldsymbol{\theta}=(\theta_1,\ \cdots,\ \theta_J)^{\mathrm{T}}$。其中，T 是转置符号（表示这是一个列向量）。

$$\boldsymbol{\theta} = \begin{bmatrix} \theta_1 \\ \vdots \\ \theta_J \end{bmatrix}$$

其中，第 j 个元素代表对第 j 种资产的持有数量。注意，对某种资产的持有量可以为负值，负值表明对应资产处于卖空（short）状态，这个资产组合在第 0 期的总价值为

$$\mathbf{p}\boldsymbol{\theta} = \sum_{j=1}^{J} p_j \theta_j$$

上式中等号左边的部分是以向量（vector）相乘的方法描述的组合价值，右边是其计算公式。而这个组合在第 1 期的支付为

$$\mathbf{x}\boldsymbol{\theta} = \begin{bmatrix} \sum_{j=1}^{J} x_1^j \theta_j \\ \vdots \\ \sum_{j=1}^{J} x_S^j \theta_j \end{bmatrix}$$

上式是一个包含 S 个元素的向量，每个元素代表组合在一种状态下的支付。同样地，上式中等号左边的部分是支付矩阵和资产组合向量相乘的记号。对于 $\mathbf{x}\boldsymbol{\theta}$ 这个向量来说，$\mathbf{x}\boldsymbol{\theta}=\mathbf{0}$ 意味着组合在各个状态下的支付都是 0（向量的每个元素都是 0）；$\mathbf{x}\boldsymbol{\theta}\geqslant\mathbf{0}$ 意味着组合在各个状态下的支付都非负（向量的每个元素都大于或等于 0）；$\mathbf{x}\boldsymbol{\theta}>\mathbf{0}$ 意味着组合在各个状态下的支付都非负，且至少在一个状态下的支付严格为正（向量的所有元素都大于或等于 0，

且至少有一个元素严格大于 0）。

有了这些准备后，我们便可以给出套利的严格定义。所谓套利，就是以无风险零代价获得回报的机会。其严格定义如下，

定义 15.1（套利）：同时满足下列 3 个条件的资产组合 $\boldsymbol{\theta}$ 叫作套利：（i）$\mathbf{p}\boldsymbol{\theta} \leqslant 0$；（ii）$\mathbf{x}\boldsymbol{\theta} \geqslant \mathbf{0}$；（iii）前两个不等式中至少有一个是严格不等式。

根据这一定义，可以将套利分为三类：

■ 第一类套利，$\mathbf{p}\boldsymbol{\theta} < 0$ 且 $\mathbf{x}\boldsymbol{\theta} = \mathbf{0}$。也就是说，消费者在第 0 期构造组合时成本为负（消费者在第 0 期获得严格为正的回报）。第一类套利允许消费者在当前获得确定性的回报，在未来却不承担任何责任。

■ 第二类套利，$\mathbf{p}\boldsymbol{\theta} = 0$ 且 $\mathbf{x}\boldsymbol{\theta} > \mathbf{0}$。也就是说，消费者在第 0 期构造组合时成本为 0，但在未来某些状态下能获得严格为正的支付。第二类套利允许消费者在当前不付出任何代价，在未来却能获得正的回报。尽管这种回报是不确定的，但这种不确定性只是获利有多大而已，不会带来任何损失的可能。

■ 第三类套利，$\mathbf{p}\boldsymbol{\theta} < 0$ 且 $\mathbf{x}\boldsymbol{\theta} > \mathbf{0}$。这是第一类套利和第二类套利的组合，当前既能获得确定性的回报，在未来某些状态还能获得正的支付。

从以上定义可以看出，套利只依赖于资产的支付和价格，与各个状态发生的概率无关。而且，以上定义穷尽了所有套利的可能，任何套利机会都可以转化成这三种套利中的一种。在现实世界中，有些套利的当前价格和未来支付可能都是正的，但只要把它的价格和支付都减去一定量，最后都能把这种套利转化成定义中的形式。所以，以后我们讲到套利，都严格地指以上定义的这种套利。在业界，有时也会用套利来指代别的东西。比如，我们在多因子模型中介绍过的统计套利，其实不是套利，只是一种投资策略而已。统计套利的回报不是无风险的，一旦过去的统计关系不再成立，统计套利就会遭受巨大损失。

如果消费者的偏好都是**无餍足**（non-satiation）的——偏好更多胜于更少——那么资产市场中只要还存在套利机会，消费者就一定没有做到最优化。换言之，无餍足偏好的消费者一定会把资产市场中所有的套利机会都利用起来，最终使得市场中没有任何套利的机会。因此，无套利是均衡的一个必要条件，在均衡中，一定没有套利机会。但是，无套利并非均衡的充分条件——即使资产市场中没有套利机会，也未必达到了均衡。另外还需注意，这里我们并不需要假设消费者是风险厌恶的，风险中性的投资者也是无餍足的，也会尽力发掘市场中的套利机会。

15.2　资产定价基本定理

15.2.1　资产定价基本定理的描述

给出了套利的严格定义之后，接下来我们介绍无套利定价理论的基础——**资产定价基本定理**（fundamental theorem of asset pricing）。从这个充满霸气的名字就能知道这个定理的重要性。

在均衡资产定价理论中，我们推导出了所有资产都需要满足的定价方程，如下所示，

$$p_j = E(\tilde{m}\tilde{x}^j) \tag{15.1}$$

其中，p_j 是资产 j 的价格，$\tilde{x}^j$ 是资产 j 的支付。$\tilde{m}$ 是随机折现因子，随机折现因子还被称为**定价核**（pricing kernel）。可以将期望符号用概率的形式写出来，得到

$$p_j = \sum_{s=1}^{S} \pi_s m_s x_s^j$$

其中，π_s 是第 s 种状态发生的概率（真实世界中的概率）。如果定义 $\varphi_s = \pi_s m_s$，上式则可写为

$$p_j = \sum_{s=1}^{S} \varphi_s x_s^j \tag{15.2}$$

这表明，任何资产的价格都是其未来各个状态下支付的一个加权平均，权重为 φ_s。在资产定价理论中，我们给 φ_s 一个专门的名字，叫作**状态价格**（state price）。事实上，**状态价格就是各个状态对应的阿罗证券的价格**，状态价格一定严格大于 0。我们可以回忆一下 C-CAPM 模型，在该模型中，因为 $\tilde{m} = \frac{\delta u'(\tilde{c}_1)}{u'(c_0)}$，所以 $\varphi_s = \frac{\pi_s \delta u'(c_{1,s})}{u'(c_0)}$。由于对任何一个状态 s，都有 $\pi_s > 0$，且边际效用和主观贴现率总是正的，所以必有 $\varphi_s > 0$。①

尽管式（15.2）是从均衡资产定价理论中推导出来的定价方程，但它的成立并不依赖于均衡理论。资产定价基本定理讲的就是，只要资产市场中不存在套利机会，所有资产的价格就都可以表示为式（15.2）这样的形式。接下来我们将这一结论严格地写出来。

定义 15.2（状态价格向量）：状态价格向量 $\boldsymbol{\varphi} = (\varphi_1, \cdots, \varphi_S)^{\mathrm{T}}$ 为一组正数（$\varphi_s > 0$，$\forall s$），使得对于任意资产 j 都有 $p_j = \sum_{s=1}^{S} \varphi_s x_s^j$ 成立。

定理 15.1（资产定价基本定理）：资产市场中不存在套利机会，当且仅当存在状态价格向量时。

15.2.2* 超平面分离定理

资产定价基本定理的证明需要用到相当高端的数学工具，受制于本书对数学的要求水平，这里我们无法严格给出其证明。但是，我们可以将证明过程的直觉给大家介绍一下。事实上，这种直觉比严格证明本身更重要。

证明需要用到一个重要的数学定理——**超平面分离定理**（separating hyperplane theorem），这个定理是一个简单直觉的拓展。如果我们在二维平面上任意画两个相互分离的凸集② A 和 B（A 与 B 的交集为空集），那么我们一定可以画出一条直线，将这两个集合分开，让两个集合分别处在这条线的两边。还需要注意，这条分隔两个集合的直线有可能与两个集合中的一个集合的边界重合（图 15－1）。

---

① 注意，如果某个状态发生的概率为 0，那它根本就不会被包含在所有状态组成的集合 S 中。

② 凸集的定义是，在集合中任意找两个点，连接这两个点的线段上的所有点也在集合中。

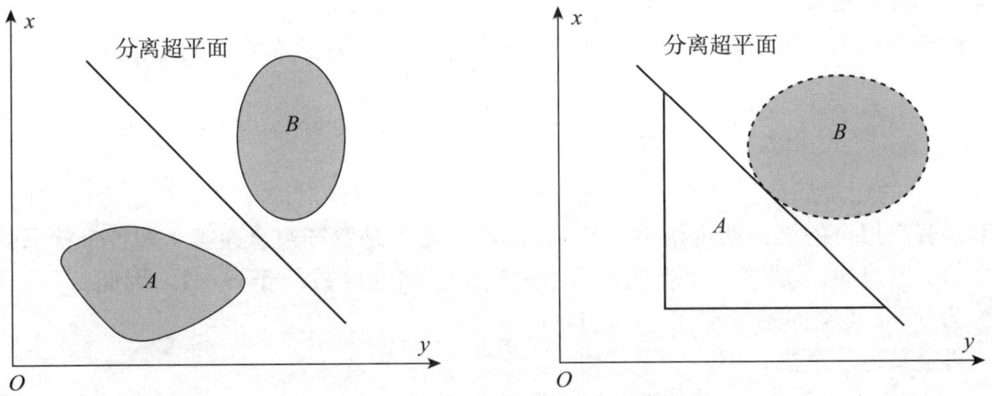

图 15－1　超平面分离定理的图形阐释

可以用数学的语言来描述上图所展示的结论。假设在二维平面上有两个互不相交的凸集 A 和 B（交集为空集），那么我们一定可以用二维平面上的一条直线把这两个集合分开，让 A 与 B 分处这条直线的两边。这条切开了 A 和 B 的直线可以写成方程 $\alpha_1 x+\alpha_2 y=z$，其中 α_1、α_2 与 z 都是常数，那么我们怎么用数学的语言来说明这个直线分开了集合 A 和集合 B 呢？我们可以从 A 与 B 中分别选取一点 a 与 b（$a\in A,b\in B$）。注意，a 与 b 都是二维平面上的点，因此可以将其坐标写为 (x_a,y_a) 与 (x_b,y_b)。将这两个坐标分别代入函数 $F(x,y)=\alpha_1 x+\alpha_2 y$，由于只有在分离了 A 和 B 两个集合的直线上这个函数才为 z（直线方程的定义），所以 a 与 b 两点所对应的函数值一定是一个大于 z，一个小于 z，因此必有 $F(x_a,y_a)<F(x_b,y_b)$，或者 $F(x_a,y_a)>F(x_b,y_b)$，不等号开口方向取决于直线方程是如何设定的。事实上，这里本来应该写非严格不等号（$\geqslant$或$\leqslant$），严格不等号的成立还需要另外一些条件来保证。但就我们接下来要关心的问题来说，这些额外的条件是满足的，所以这里我们就无伤大雅地认为严格不等号成立即可。

类似地，任意在三维空间中画出两个分离的凸集（想象空中的两个球），必定可以找出一个平面，将这两个集合分割开来。推而广之，任何两个在 S 维空间中的分离凸集，都可以用一个 $S-1$ 维的超平面将其分割开来，这就是超平面分离定理的思想。①

用数学的语言来描述以上思想，就是任给两个 S 维空间中相互分离的凸集 A 和 B（二者的交集为空集），在这两个凸集中分别任取一点，$\forall a\in A$，$b\in B$，一定可以找到一个**线性函数** $F(x)=\alpha_1 x_1+\alpha_2 x_2+\cdots+\alpha_S x_S$（其中 $\alpha_1,\alpha_2,\cdots,\alpha_S$ 都是常数），使得 $F(a)<F(b)$。② 特别要注意，由于 F 是线性函数，所以对任意实数 μ，它满足性质 $F(\mu a)=\mu F(a)$。

15.2.3* 资产定价基本定理的证明思路

接下来我们利用超平面分离定理来勾勒资产定价基本定理的证明思路。我们先证明充

---

① 超平面分离定理有非常广泛的用途。比如，我们一直都在用拉格朗日方法求解约束最优化问题，拉格朗日方法就可以由超平面分离定理加以证明。

② 更严格地说，F 是“泛函”（functional），而非仅仅是一个函数。F 的自变量有可能是数字之外的其他集合元素。

分性，即资产市场中不存在套利机会，就一定存在状态价格向量。

给定资产的支付矩阵 **x** 与资产的价格向量 **p**，定义集合 A 如下所示，

$$A \triangleq \{(-\sum_{j=1}^{J} p_j\theta_j, \sum_{j=1}^{J} x_1^j\theta_j, \cdots, \sum_{j=1}^{J} x_S^j\theta_j) : \theta_j \text{ 为实数}, \forall j=1,\cdots,J\}$$

集合 A 中的元素都是包含 $S+1$ 个元素的向量，每个向量对应一个资产组合。它的第 1 个元素是资产组合的第 0 期价格乘以 -1，后 S 个元素是资产组合在第 1 期各个状态的支付。集合 A 事实上也形成了一个空间，只不过这个空间的维数低于 $S+1$，因此，可以把集合 A 称为 $S+1$ 维空间的子空间（subspace）。

再定义另一个集合 B，

$$B \triangleq \{(b_0, b_1, \cdots, b_S) : b_i \geqslant 0, \forall i=0,1,\cdots,S\}$$

集合 B 中的元素也都是包含 $S+1$ 个元素的向量，向量的每个元素都是非负数。直观上来看，集合 B 是一个锥（cone）。在二维的情况下，集合 B 就是二维坐标系的第一象限（包含坐标轴）。

根据前文中给出的套利定义，资产市场中如果没有套利机会，那么集合 A 和集合 B 只相交于 $\mathbf{0}=(0,0,\cdots,0)$ 这一点。也就是说，$A\cap B=\{\mathbf{0}\}$。这很容易理解，如果集合 A 和 B 还相交于非 0 的点，则意味着 $(-\sum_{j=1}^{J} p_j\theta_j, \sum_{j=1}^{J} x_1^j\theta_j, \cdots, \sum_{j=1}^{J} x_S^j\theta_j)$ 中的所有元素都非负，且至少有一个元素严格为正，这就构成了前文中定义的套利。

运用一些想象力，我们可以把集合 A 和集合 B 的图形画出来（图 15－2）。集合 A 是高维空间中一个无限延伸的超平面，集合 B 是一个锥。二者仅仅相交于 **0** 点，以图形表示，就像一个锥子正好戳在一张纸上（正好戳在 **0** 点）。

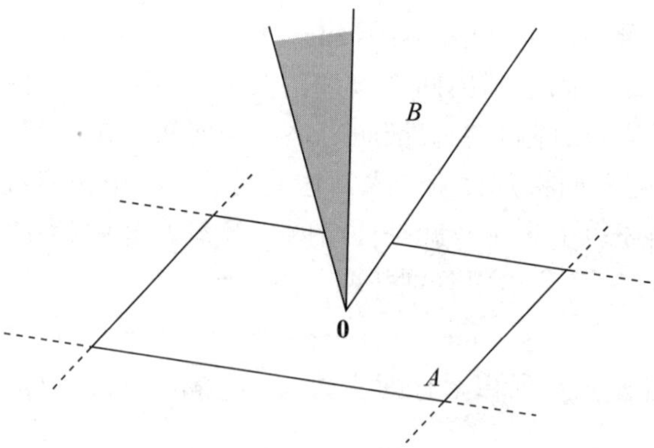

图 15－2　A、B 两个集合的示意图

很容易验证，集合 A 是一个凸集，$B-\{\mathbf{0}\}$（集合 B 去掉 **0** 点）也是一个凸集。由超平面分离定理可以知道，可以找到一个线性函数 $F(x)=\alpha_0x_0+\alpha_1x_1+\cdots+\alpha_Sx_S$，使得 $F(a)<F(b)$，$\forall a\in A$，$b\in B-\{\mathbf{0}\}$。

我们还注意到，如果某个元素 $a\in A$，则任给一个实数 μ，必有 $\mu a\in A$。直观来说，如果一个资产组合的当期价格和未来支付组成的向量在集合 A 中，那么把资产组合各项权

重全部乘以 μ 得到一个新的资产组合后，这个新的资产组合的当期价格和未来支付组成的向量也必然在集合 A 中。

因此，对任意 $a\in A$，必然有 $F(a)=0$。如若不然，则必然存在某个 $a_0\in A$，使得 $F(a_0)\neq 0$。而由线性函数的性质可知，对任意 $\mu\neq 0$，都有 $F(\mu a_0)=\mu F(a_0)\neq 0$（容易验证 $\mu a_0\in A$）。这样，当 $\mu\to\infty$ 的时候［如果 $F(a_0)<0$，则让 $\mu\to-\infty$］，必然有 $F(\mu a_0)\to\infty$。由于在前文中已经得出了，从集合 B 中任意找出一个元素 $b\in B$ 固定下来，都应该有 $F(\mu a_0)<F(b)$，因此当 $F(\mu a_0)\to\infty$ 时，这个不等式显然不能成立，这就产生了矛盾。所以可得出结论，对任意 $a\in A$，必然有 $F(a)=0$。

而由于 $F(a)<F(b)$，对任意的 $b\in B-\{\mathbf{0}\}$，必有 $F(b)>0$。因此，对线性函数 $F(x)=\alpha_0x_0+\alpha_1x_1+\cdots+\alpha_Sx_S$ 来说，必有 $\alpha_i>0$ $(i=0,1,\cdots,S)$。

因此，$F(a)=F(-\sum_{j=1}^{J}p_j\theta_j,\sum_{j=1}^{J}x_1^j\theta_j,\cdots,\sum_{j=1}^{J}x_S^j\theta_j)=0$ 可以写为

$$-\alpha_0\sum_{j=1}^{J}p_j\theta_j+\alpha_1\sum_{j=1}^{J}x_1^j\theta_j+\cdots+\alpha_S\sum_{j=1}^{J}x_S^j\theta_j=0$$

由于权重 θ 可以任意选择，我们完全可以设定某种资产 j 的权重为 1，其他资产的权重全部为 0。所以对任意一种资产 j，都有

$$-\alpha_0p_j+\alpha_1x_1^j+\cdots+\alpha_Sx_S^j=0$$

变形可得

$$p_j=\sum_{s=1}^{S}\frac{\alpha_s}{\alpha_0}x_s^j$$

其中 $\frac{\alpha_s}{\alpha_0}(s=1,\cdots,S)$ 全是正数，这就是所要寻找的状态价格。定理充分性得证。

定理的必要性很容易证明。如果已经存在状态价格 $\varphi_1,\cdots,\varphi_S$，则资产价格必定可以表示为

$$p_j=\sum_{s=1}^{S}\varphi_sx_s^j$$

由于所有的 φ_s 都是正数，所以如果 $\mathbf{x\theta}\geqslant\mathbf{0}$，则必有 $\mathbf{p\theta}\geqslant 0$。而如果 $\mathbf{x\theta}>\mathbf{0}$，则必有 $\mathbf{p\theta}>0$，所以不存在套利机会。定理必要性得证。

至此，资产定价基本定理得证。

15.2.4　完备市场中状态价格的唯一性

资产定价基本定理只是说在无套利的时候存在状态价格，但没有说状态价格是唯一的。以下定理则给出了结论：在市场是完备的时候，状态价格是唯一的。

定理 15.2：（第二资产定价基本定理）在一个完备的资产市场中，如果不存在套利机会，则存在唯一的状态价格向量。

证明：当市场是完备的时候，必然可以用市场中现有资产来构造出各个状态的阿罗证

券，因此，可以认为市场中存在所有状态对应的阿罗证券。如果状态价格不唯一，必然会导致至少一个状态对应两个状态价格，于是，这一状态对应的阿罗证券有两个不同的价格，因而必然出现套利机会，这与无套利的假设矛盾。所以在完备市场中，状态价格向量一定是唯一的。

15.3 风险中性概率

资产定价基本定理说的是，任何资产的价格都可以用状态价格来表示（为了书写简便，略去了表示资产类别的标识 j），如下所示，

$$p=\sum_{s=1}^{S}\varphi_s x_s \tag{15.3}$$

上式中不涉及各个状态发生的概率。这是一个非常重要的观察，这说明在使用无套利定价方法的时候，我们可以完全不关心真实世界中各个状态发生的概率，而只将注意力集中在状态价格上。这并不是说真实世界中各个状态发生的概率对资产价格没有影响。事实上，各个状态的真实发生概率会影响各个状态对应的状态价格，从而间接影响资产定价。不过，在无套利定价中，我们是从已有的资产价格来定出相关资产的价格。已有资产的价格已经包含了各个状态真实发生概率的信息，因此，在做无套利定价的时候，我们就不再需要去关注真实世界的概率了。

这给我们提供了一种简便定价的方法。既然在无套利定价中，真实世界的概率不重要，我们就可以人为构造一种假想的世界。在这个世界中，各个状态发生的概率非常巧妙，使得这个世界中所有资产的价格正好等于其未来支付期望值的贴现值。这个世界就是风险中性世界，这个世界中的概率就是风险中性概率。要注意，风险中性概率与真实世界中的概率是不一样的，它只是我们为了便于计算资产价格而创造出来的一种思维工具。

在详细介绍风险中性概率之前，我们先来看看状态价格和真实世界概率之间的关系。

15.3.1 从状态价格到状态价格密度

如果各个状态发生的物理概率为 π_s（$s=1,\cdots,S$），并定义 $m_s=\dfrac{\varphi_s}{\pi_s}$，那么可以把式（15.3）简单变形为

$$p=\sum_{s=1}^{S}\pi_s\frac{\varphi_s}{\pi_s}x_s=\sum_{s=1}^{S}\pi_s m_s x_s=E(\tilde{m}\tilde{x})$$

上式是把式（15.1）到式（15.2）的推导颠倒了一下。从这里可以看出，前文中介绍的随机折现因子（定价核）其实就是状态价格除以状态发生的物理概率。由于有这种关系，随机折现因子又叫作**状态价格密度**（state price density），或者叫作**状态价格核**（state price kernel）。

在均衡资产定价理论中，都是首先推导出状态价格密度，然后再利用这个状态价格密度为所有资产定价。这是因为在均衡模型中，求取状态价格密度更为方便直接。比如，在

C-CAPM 中，状态价格密度就是消费者的跨期边际效用比$\frac{\delta u'(\tilde{c}_1)}{u'(c_0)}$。

但在无套利定价中，我们其实是直接从现有资产价格的信息中导出状态价格。前文中对第二资产定价基本定理的证明就给出了导出状态价格的方法——用现有资产复制出阿罗证券，进而导出阿罗证券价格，也就是状态价格。所以，在无套利定价中，状态价格比状态价格密度用起来更方便。因此，我们都是直接用状态价格来进行无套利定价，其具体方法就是接下来要介绍的风险中性定价。

15.3.2　风险中性定价

无风险资产在未来（第 1 期）各个状态的支付都为 1 单位消费品。因此，无风险资产在现在（第 0 期）的价格应该为无风险利率的倒数，即 e^{-r}，它应该等于所有状态价格之和，如下所示，

$$\mathrm{e}^{-r}=\sum_{s=1}^{S}\varphi_s$$

观察式（15.3），它看起来跟数学期望的定义式有一些类似，只不过所有的状态价格加起来不一定等于 1，所以状态价格不能被看成是概率。但在该无风险资产价格公式中，我们正好看到了所有状态价格的总和，这正好可以被用来将式（15.3）改写成期望的形式。为了做到这一点，定义

$$q_s\triangleq\frac{\varphi_s}{\sum_{s=1}^{S}\varphi_s}=\mathrm{e}^{r}\varphi_s$$

显然，$\sum_{s=1}^{S}q_s=1$。因此，可以将 $q_1,\cdots,q_S$ 视为各个状态发生的概率（注意，这个概率与真实世界中各个状态发生的概率是两回事）。这样一来，可以将式（15.3）变形为

$$p=\sum_{s=1}^{S}\varphi_s x_s=\mathrm{e}^{-r}\sum_{s=1}^{S}\mathrm{e}^{r}\varphi_s x_s=\mathrm{e}^{-r}\sum_{s=1}^{S}q_s x_s$$

可以用 $E^Q(\tilde{x})$ 来表示以 $q_1,\cdots,q_S$ 为概率计算的随机变量 $\tilde{x}$ 的数学期望。期望符号加上上标 Q，可用于区分用真实世界概率 $\pi_1,\cdots,\pi_S$ 计算的数学期望 $E(\tilde{x})$。运用这样的符号，上式可以写为

$$p=\mathrm{e}^{-r}E^Q(\tilde{x}) \tag{15.4}$$

式（15.4）对所有资产都成立。这意味着，在这个构造出来的假想概率世界 Q 中，所有资产的价格都等于其未来支付在风险中性概率下的期望，再用无风险利率折现的现值。也就是说，在这个假想的世界中，所有消费者看起来都是风险中性的（因此资产价格等于用无风险利率贴现的期望支付），所以，构造的这个概率（$q_1,\cdots,q_S$）叫作**风险中性概率**。在构造风险中性概率之后，资产定价就变成了一个求取数学期望的简单问题。由于资产在第 1 期各个状态下的价格就是其支付，所以用无风险利率折现后的资产价格也应该满足鞅性。

尽管在前文的推导中，是从状态价格推出风险中性概率的，但在实际应用这一理论时，反而更容易求出风险中性概率。我们只需要计算在什么样的概率下，所有资产的价格等于其未来期望支付用无风险利率贴现的现值，就能把风险中性概率计算出来。有了这个概率，求解其他资产价格就是很容易的事情了。

注意，式（15.4）正是单期二叉树模型中得到的衍生品定价方程的一般形式。至此，我们已经给出了风险中性定价方法的理论基础。最后，我们可以将无套利定价方法的步骤总结如下：

（1）验证资产市场不存在套利机会，且是完备的，从而确认存在唯一状态价格向量；

（2）利用现有资产价格信息，直接求出风险中性概率；

（3）利用式（15.4）计算资产价格。

由于在以上步骤中用到了风险中性概率的概念，所以无套利定价理论又叫作风险中性定价（risk-neutral pricing）。

15.3.3 风险中性概率的经济含义

风险中性概率是一个相对资产定价的工具，它的存在只依赖于资产市场中是否有套利机会，所以，风险中性概率的存在是比均衡更弱的条件——均衡的市场一定存在对应的风险中性概率，反过来则不成立。

为了解释风险中性概率的经济含义，我们现在来研究均衡市场对应的风险中性概率。在 C-CAPM 中有如下资产定价方程，

$$p = E\left(\delta \frac{u'(\tilde{c}_1)}{u'(c_0)}\tilde{x}\right) = \sum_{s=1}^{S} \pi_s \delta \frac{u'(c_{1,s})}{u'(c_0)} x_s$$

显然，$\pi_s \delta \dfrac{u'(c_{1,s})}{u'(c_0)}$就是状态价格，$\delta \dfrac{u'(c_{1,s})}{u'(c_0)}$是状态价格密度，对应于状态 s 的风险中性概率为

$$q_s = \frac{\delta \pi_s \dfrac{u'(c_{1,s})}{u'(c_0)}}{\displaystyle\sum_{s'=1}^{S} \delta \pi_{s'} \frac{u'(c_{1,s'})}{u'(c_0)}} = \frac{\pi_s u'(c_{1,s})}{\displaystyle\sum_{s'=1}^{S} \pi_{s'} u'(c_{1,s'})}$$

由上式能够看出，风险中性概率（q_s）其实是对真实世界概率（π_s）的调整，调整的依据就是各个状态所对应的消费边际效用。边际效用高（也就是消费水平低）的状态，其风险中性概率就相对更大。换句话说，风险中性概率是利用各个状态的边际效用（消费）来调整真实世界概率得到的定价工具。**在风险中性概率中，消费更为宝贵（消费边际效用更高）的状态已经在计算概率时得以增大**，因此，在定价的时候，我们可以直接用资产支付的期望来定价。

最后还要说明一下，C-CAPM 与本讲介绍的无套利定价理论是完全不同的两套定价理论体系。无套利定价理论自成体系，并不依赖 C-CAPM 而成立。只不过，用 C-CAPM 的框架来解释真实世界与风险中性世界的差别和联系更为形象直观而已，这就是为什么要在

这一小节用 C-CAPM 的框架来阐述风险中性概率。

15.3.4　风险中性定价的直觉

到这里我们已经清楚了，无套利定价就是风险中性定价。但理论上领会是一回事，直觉上接受则是另一回事。有人可能很难转过弯来：资产定价的核心明明是对风险的处理，这里怎么又假设投资者都是风险中性了？我们接下来就从直觉上来回答这个问题。

我们回到第 1 讲中汉堡和可乐套餐的定价问题。一个汉堡值多少钱，一杯可乐值多少钱，当然取决于消费者的口味。如果消费者喜欢汉堡和可乐，那么汉堡和可乐的价格就更高。有可能在这种情况下，汉堡和可乐分别值 2 元。而如果消费者偏好健康食品，而不太愿意接受汉堡和可乐这样不太健康的饮食，那么汉堡和可乐的价格就会低一些，有可能都只值 1 元。但不管消费者的口味是怎样的，在汉堡和可乐的价格给定之后，只要不存在套利机会，汉堡和可乐套餐的价格就一定等于一个汉堡加上一杯可乐的价格。在前一种情况下，套餐价格为 4 元；而在后一种情况下，套餐价格为 2 元。

如果我们的目的是在给定汉堡和可乐的价格这一前提下，来确定汉堡和可乐套餐的价格，那么消费者的口味就不是我们需要关心的。就算消费者完全不关心饮食的口味，只要他会算账，就一定会把套餐的价格定成汉堡和可乐的价格之和。所以，我们在分析汉堡和可乐套餐价格的时候，就完全可以不考虑消费者的口味。

无套利定价的思想也是一样的。消费者的风险偏好当然会影响资产的价格，但在给定一些资产的价格信息之后，运用无套利条件来给其他一些相关资产定价时，消费者的风险偏好就没有用了。因为套利机会是否存在，与投资者的风险偏好无关，风险厌恶投资者眼中的套利机会，在风险中性投资者眼中也是套利机会。所以，我们可以一开始就假设市场中的所有投资者都是风险中性的，用已知的资产价格信息求取出风险中性概率。而在风险中性概率下，所有资产的定价都可转化为求取期望。

不过需要注意，即使我们是用的风险中性定价，定出来的资产价格也并非与真实世界中投资者的风险偏好无关。真实世界中投资者的风险偏好决定了已知资产价格的高低。在运用这些已知资产价格来给其他资产定价时，其实已经间接地将真实世界中投资者的风险偏好考虑进来了，所以，风险中性定价定出来的价格就应该是真实世界中资产的价格。

15.4　小　结

这一讲介绍的资产定价基本定理与风险中性概率看上去虽然抽象，但思路并不复杂。资产定价的两个基本定理表明，在完备市场中只要不存在套利机会，就一定会存在一个正的状态价格向量来给所有资产定价，即

$$p=\sum_{s=1}^{S}\varphi_s x_s$$

但是，资产定价基本定理除了告诉我们在无套利条件下状态价格向量必然存在外，并没有告诉我们它的形式是怎样的。因此，怎样从已知的资产价格信息中找出状态价格向量就是

无套利定价理论要回答的问题。

我们注意到，所有阿罗证券价格之和是无风险资产的价格。如果把无风险利率设为 r，那么在连续复利下无风险资产的价格就是 e^{-r}。这样，资产价格就能写成期望的形式，如下所示，

$$p=\sum_{s=1}^{S}\varphi_s x_s=e^{-r}\sum_{s=1}^{S}\frac{\varphi_s}{e^{-r}}x_s=e^{-r}\sum_{s=1}^{S}q_s x_s=e^{-r}E^{Q}(\tilde{x})$$

只不过这个期望是在风险中性概率下求取的。换言之，在风险中性概率下，所有资产价格都是用无风险利率计算得出的其未来期望支付的现值。因为一些资产支付和价格的信息已知，所以我们可以用这些信息来反推出风险中性概率。而风险中性概率与状态价格向量是相互联系的——找出了风险中性概率，就找出了状态价格向量。有了风险中性概率，将其他资产的定价转化为一个求期望的问题后，就可以得到结果了。这便是第 14 讲我们给出的第三种定价方法的理论基础，也是整个无套利定价的基本框架。

无套利定价理论看上去很高深，其核心思想不过就是这一小节所讲的这些内容。后文中我们对无套利定价理论的介绍，只不过是在这一核心框架中加入一些更能反映现实的复杂因素而已。

进一步阅读指南

达菲（Duffie）撰写的经典教材《动态资产定价理论》（*Dynamic Asset Pricing Theory*）将资产定价基本定理放到了资产定价的核心地位。这本书的第 1 章就是对状态价格定价的精练介绍，我们这一讲证明资产定价基本定理时给出的图 15 - 2 就出自这本教材（图 1.1）。不过，达菲的这本教材言简意赅，有了一些金融学和金融数学的知识储备之后再读方能有较大收获。

练习题

15.1　风险中性概率与真实世界概率有何差异和联系？

15.2　资产市场在 1 时刻的支付矩阵如下（列代表资产、行代表状态），

$$\begin{matrix} A & B & \\ \begin{bmatrix} 2 & 1 \\ 1 & 2 \end{bmatrix} & & \begin{matrix} 1 \\ 2 \end{matrix} \end{matrix}$$

已知真实世界中状态 1 和状态 2 发生的概率分别为 $\frac{1}{3}$ 和 $\frac{2}{3}$。真实世界中资产 A 和 B 在第 0 期的价格分别为 1 和 b。

（a）请问，当 b 满足什么条件时，资产市场没有套利机会？（提示：利用资产定价基本定理进行分析。）

（b）当 $b=\frac{3}{2}$ 时，请计算状态价格向量、状态价格密度和风险中性概率。并计算此时无风险资产在第 0 期的价格是多少。

第 16 讲

多期二叉树定价

16.1　单期向多期模型的拓展

第 15 讲介绍了无套利定价理论体系，在那里的讨论都在单期模型（包含 0 时刻和 1 时刻两个时点）中展开，消费者只需要在 0 时刻这一时点做一次决策。但在现实世界中，消费者的投资决策在多个时点连续做出。因此，为了更好地将理论运用到现实中，需要把无套利定价理论扩展到多期、动态的状况中。好消息是，这种扩展相当直接，只需要对前文中的一些概念做一些简单的扩展即可，在第 15 讲中得到的一系列结论在动态状况下依然成立。

16.1.1　信息

向动态模型拓展的第一步是描述信息的变化。与单期模型不一样，多期模型中的决策会在多个时刻做出。而在不同时刻，投资者所掌握的信息是不一样的，这些不同的信息显然会影响投资者的行为，因此，需要将其模型化描述出来。

我们讨论如图 16－1 所示的今天、明天、后天 3 天的天气。我们假设明天及后天都有晴和雨两种可能性，那么这个有关明天、后天两天天气的不确定性该怎样用树图进行描述呢？明天比较简单，就从今天的初始状态引出两条路径，分别表示明天晴和雨的两种可能。但要注意，无论是从明天晴的节点还是雨的节点，都可以再引出两条路径，代表后天的晴或雨。这样，对应后天，就会有 4 个节点。

由于要把到达后天的路径也考虑进来（明天是晴或雨），因此后天的可能性就不是 2

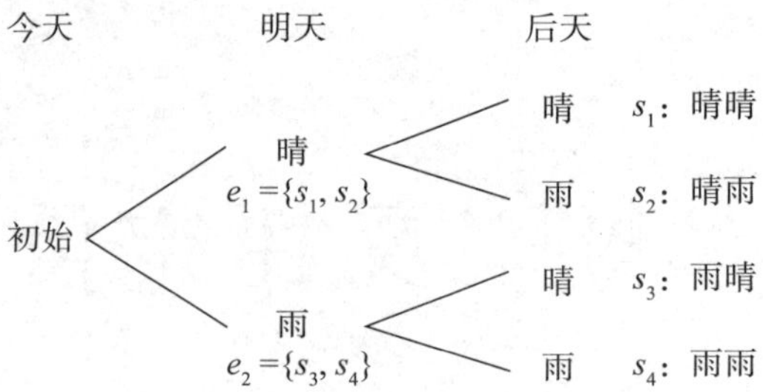

图 16-1　描述动态过程的多期树图

个，而是 4 个（晴晴、晴雨、雨晴、雨雨）。不过，可以将后天的 4 种可能定义为 4 个状态，它们共同组成了状态集。但是，明天晴与雨这两种可能中的任意一种都不等同于后天 4 种状态中的任意一种。但可以发现，明天的任意一种可能都是由后天某几个具有共性的状态所组成。比如，明天晴就等于集合 $\{s_1,s_2\}$，这个集合中两个状态的共性是它们都意味着明天是晴。

可以将明天的某种可能叫作**事件**（event），每个事件是由某几个状态组成的集合。明天所有的事件构成对状态集的一个**划分**（partition）。所谓划分，就是说明天所有的事件相互之间交集为空，而组成的并集为状态集。如果有多个时点，那么在每个非最终时点上都会有一些事件，这些事件都是由最终时点的某些状态组成的集合。在上述例子中，明天晴这个事件就等于集合 $\{s_1,s_2\}$，而明天雨这个事件等于集合 $\{s_3,s_4\}$。

上述例子通过集合划分的形式给出了信息变化的过程。在今天开始的时候，我们不清楚自己会处在 4 个状态（s_1,s_2,s_3,s_4）中的哪一个。但到了明天，我们知道的信息更多了，知道了自己会处在哪两个状态中。而到了后天，我们精确地知道自己处在哪个状态中。这样，就用数学语言描述了信息由粗略到细致的变化过程。

事实上，在数学中有一个严格的概念叫作**信息过滤**（information filtration），就可被用来描述随时间变化的信息。但因为信息过滤的严格定义要用到 σ 代数等较为抽象的数学语言，这里我们就不做详细介绍了。大家只需要知道从直观上来讲，信息过滤就是随着时间的推移，划分越来越细，人也会越来越清楚世界可能处在哪个状态中。

这样的信息结构需要反映在如资产价格、消费计划这样的经济指标中。在某个划分中，同一个划分的元素（事件）所包含的状态，应该对应同样的资产价格。就像在前文的例子中，如果我们要给一把伞定价，在明天，s_1 与 s_2 同属于 e_1 这个事件，那么它们应该对应同样的伞价。换言之，在明天是晴天的状况下，我们并不知道后天到底是晴还是雨，所以只能基于明天是晴天这个信息给伞定出一个而不是两个价格。用数学语言来说，我们要求经济中的所有变量在任何时刻 t，相对 t 时刻的信息结构（划分）都要是**可测**的（measurable）。也就是说，如果两个状态在同一个事件中，这两个状态对应的随机变量取值就应该相等。

一个**随机过程**（stochastic process）是按照时间顺序排列起来的一系列随机变量，可以写为 $\{x_t:t=0,1,\cdots,T\}$。如果在任意时刻 t，x_t 相对 t 时刻的信息结构都是可测的，我们就说这个随机过程相对信息过滤是**适应**（adapted）的。

现在我们来总结一下前文中给出的一大堆定义。状态是世界可能处于的情况，是不确定性的最基本描述元素。由状态组成的集合叫事件。一组两两之间互不相交，且合集为整个状态集的若干事件组成划分。一系列随时间推进而越来越精细的划分叫作信息过滤。给定一个划分，一个随机变量如果对同一个事件中的每一个状态都取相同的取值，就说这个随机变量相对这个划分是可测的。一个随机过程是按时间排列的一系列随机变量。如果一个随机变量在每一时刻对一个信息过滤中的划分都是可测的，那么就说这个随机过程对这个信息过滤是适应的。以上这些定义虽然看上去有些烦琐，却是严格描述信息的变化，以及相关变量依据信息变化而变化所必需的。

16.1.2　动态完备

我们知道，完备市场是一个非常重要的概念。所有的完备市场都是等价的，而完备市场中资产的价格也是唯一的。在单期模型这种静态状况中，资产的数目至少要大于状态的数目，市场才有可能是完备的。要将完备市场的概念拓展到动态的状况，有两步需要迈出。

第一步，我们需要确定状态的数目有多少。以前文中的晴天和雨天为例。其中有今天、明天、后天 3 个时点。在最后一层节点（后天）有 4 个状态（s_1, s_2, s_3, s_4）。但是，明天的两个事件（e_1, e_2）显然不等同于 4 个状态中的任意一个。因此，如果我们要写支付矩阵，那么每种资产应该对应 6 个可能性下的支付（4 个状态加 2 个事件），即所有最终时点的状态加上之前所有的事件。

第二步，确定需要多少资产来构成一个完备市场。从第一步可以很容易看出，当时间期数增加的时候，需要处理的可能性总数会迅速增加。在前文的晴天和雨天例子中，状态加事件的总和是 6，那是不是至少要 6 种资产才能形成完备市场呢？答案是否定的。我们可以通过增加资产在不同时点交易的可能，来减少对资产数目的影响。

长存资产（long-lived asset）是指直到最终时刻才完成所有支付的资产。在无限期的状况下，长存资产被定义为不存在时刻 t，使得对所有 $t'>t$，都有资产支付为 0。形象地说，长存资产就是不到最后一刻不完成所有支付的资产。

我们不加证明地给出结论：**如果长存资产的数目不低于事件树中各个节点引出的直接后继节点数量的最大值，那么市场就是完备的。**这个结论读起来相当绕口，但其思想其实很简单。就是去看一个事件树，如前文中的晴天和雨天例子，找出其中的非最终节点（今天和明天的节点），然后看这些节点分别引出了多少分支。找出引出分支数量的最大值，就是完备市场所需的长存资产的数量。在晴天和雨天的例子中，今天和明天总共 3 个节点，其引出的分支数量都是 2。因此，在这种情况下，如果要形成完备市场，只需要两种长存资产就够了。

16.1.3　多期二叉树模型

在多期模型中，我们用状态树来描述情况的发展。一种在金融中应用非常广泛的状态树是二叉树（binary tree），顾名思义，在二叉树中，从每个节点引出两条分支。接下来我们用一个具体的例子来展示二叉树的应用。2015 年 3 月 22 日，北京首钢篮球队在“7 战 4 胜”制的 CBA 总决赛中击败了辽宁队，卫冕成功。我们可以将两队总决赛的前 3 场结果用二叉树描述如下（图 16－2）。

从根节点出发，北京首钢篮球队在第 1 场有取胜（以 W 表示）与失败（以 L 表示）两种可能，分别对应向上与向下的分支。我们假设在每一场比赛中，北京首钢篮球队获胜的概率都为 p，失败的概率都为 $1-p$，将这一概率标在二叉树的对应分支上。在第一场比赛结束后，北京首钢篮球队有 W 和 L 两种可能。从这两个节点出发，又可以分别分出两支，代表第 2 场的结果。这样，在第 2 场比赛结束之后，会有 WW、WL、LW、LL 共 4 个节点，代表到这个时候的 4 种可能。在第 3 场比赛结束之后，节点数会上升到 8 个。第 4 场比赛结束的时候，节点数上升到 16 个。很明显，每一层的节点数会呈指数形式上升，因此，即使仅有 7 场比赛，其状态树都会复杂到难以画出，这便是所谓的**维度的诅咒**（curse of dimensionality）——随着期数的增加，节点的数目会呈指数形式增加，令处理变得非常困难。

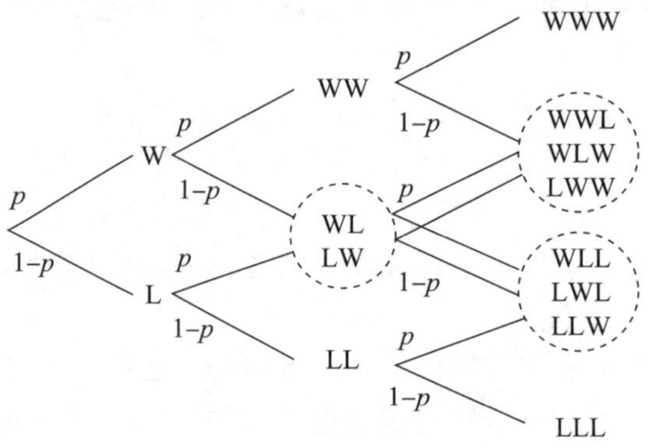

图 16－2　多期二叉树

不过，如果我们只在乎北京首钢篮球队取胜了多少场，而不在乎它究竟是在哪些场次取胜的，那么就可以大大简化前文中的二叉树。我们可以将取胜场数相同的节点合并。比如 WL 与 LW 两个节点就能合并，WWL、WLW、LWW 也可以合并在一起。这样，就可以将上图中的状态树转变为图 16－3 中的**合并二叉树**（又叫作二叉树网格）。这里虽然也只是画出了前 3 场的结果，但复杂程度已经大为下降，变得可以处理了。

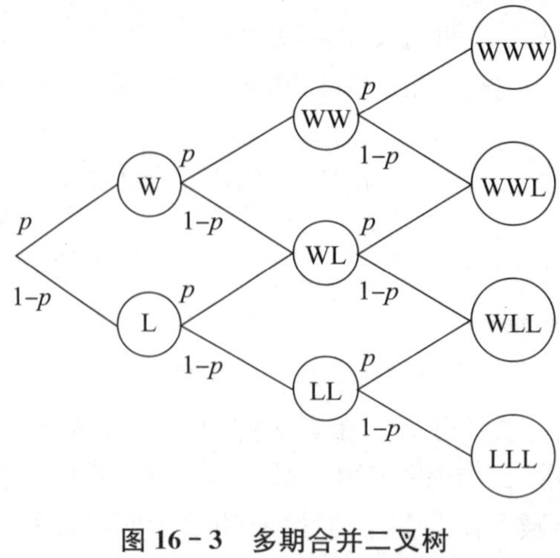

图 16－3　多期合并二叉树

在现实世界中，资产价格总是时涨时跌。但投资者关心的是某个时点资产价格是多少，而并不关心它是通过什么样的涨跌路径达到这一价格的。这与我们在前文篮球比赛的例子中，只关心最终的胜负，而不关心各场次的情况一样。因此，金融研究中常常用类似上图中的合并二叉树来给资产价格建模。因为在实践中，大家使用的都是这种合并二叉树，所以本书一般在谈到二叉树时，都是指合并二叉树。

如果一个资产最终的支付是路径无关的，只取决于最后标的资产的价格，那就可以用合并二叉树来定价。但有些资产的支付是路径依赖的。比如，**亚式期权**（Asian options）是一类很常见的奇异期权。这种期权的支付与一段时间内标的资产的平均价格有关。这样一来，即使标的资产最后达到的价格相同，只要它达到最终价格的路径不一样，路径上的平均价格就可能不一样，因而亚式期权的支付也会不一样。对这种路径依赖的衍生品，就不能用合并二叉树来定价，而必须要用原始的二叉树来跟踪标的资产价格运动的路径。

16.2　叠期望定律

我们知道，无套利定价最终可被归结为在风险中性世界中求取期望的问题。期望可以在不同概率世界中求取（比如真实世界和风险中性世界）。而在介绍了信息结构之后，我们还应该知道期望可以在不同时点，基于不同信息来求取。即使对同一个随机变量（比如半年后的股票价格），在不同的时点求取期望（如现在、1 个月后、2 个月后）的结果都可能是不一样的。因此，在写期望的时候，我们除了要标明求取期望所用的概率，还需要标明求取期望所基于的信息。信息用对状态空间的划分来描述，因此，在 t 时刻对某随机变量 $\tilde{x}$ 的期望应当严格写成

$$E(\tilde{x}\mid F_t)$$

又由于划分 F_t 总是与时刻 t 相联系的，所以期望还可以写为

$$E_t(\tilde{x})=E(\tilde{x}\mid F_t)$$

其中，期望符号 E 的下标表明求取期望的时点。

在动态的状况下，求取期望并不容易。让我们回到前文中篮球比赛的例子。假设北京首钢篮球队和辽宁队采取三局两胜的方式来定胜负，并假设北京首钢篮球队在任意一局比赛中获胜的概率为 60%。我们的问题是：北京首钢篮球队最终赢得三局两胜的概率是多少？可以把这个问题转化为一个求期望的问题。我们可以假设这是一个赌局，如果北京首钢篮球队最终三局两胜，则赌局支付 1 元；而如果辽宁队最终三局两胜，则赌局支付 0 元。于是，北京首钢篮球队最终获胜的概率就等于这个赌局带来的期望回报。不过，这个期望回报虽然从算法上来看没有什么技术难度，但要实际算出来得花些功夫。如果我们要研究的是七局四胜或是更多，期望回报算起来就更复杂了。而在研究资产价格时，因为时间期限会拉得更长，难度就更高了。

不过还好，有一个数学工具可以帮我们大大简化分析，那就是**叠期望定律**（law of iterated expectation），它是统计学中的全期望定律（law of total expectation）应用到时间

序列中的特例。严格地说，对一个随机变量 $\tilde{x}$，有

$$E_t(\tilde{x})=E_t[E_{t+1}(\tilde{x})]$$

我们来解释一下这个公式。所谓期望，就是一个随机变量所有可能取值的加权平均，其中的权重是各种取值出现的概率。随着时间的推移，信息会发生变化，而随机变量不同取值出现的概率也会发生变化。如果北京首钢篮球队已经赢得第一场比赛，那么北京首钢篮球队最终会获胜的概率就比一场都没有打的时候更高。所以，在不同时点对同一个随机变量做出的期望可能是不同的。比如，我们在今天和明天都可以对后天的股价做出预测（做出期望）。虽然都是对后天股价的预测，但时点不一样，做出的预测就很可能是不一样的。而叠期望定律告诉我们，在今天来预测明天我们将会对后天股价做出的预测，就等于今天我们会对后天股价做的预测。

叠期望定律看上去平淡无奇，却是我们在多期状况下计算期望的有力帮手。我们先来看看它能怎样帮助我们计算北京首钢篮球队战胜辽宁队的概率。为了简便，我们先分析北京首钢篮球队和辽宁队通过三局两胜的方式来决定胜负的情况。这可以用一个 4 层的合并二叉树来描述（图 16-4）。在每个节点引出的两条分支中，向上的代表北京首钢篮球队胜一场，向下的表示北京首钢篮球队输一场。二叉树的第 4 层有 4 个节点，表示比完三场后的 4 种可能。第 4 层上面两个节点对应北京首钢篮球队获胜，下面两个节点对应辽宁队获胜。我们将北京首钢篮球队获胜的节点标为 1，表示此时我们 100%知道北京首钢篮球队获胜了。相应地，我们将北京首钢篮球队输掉整个比赛的两个节点标为 0。

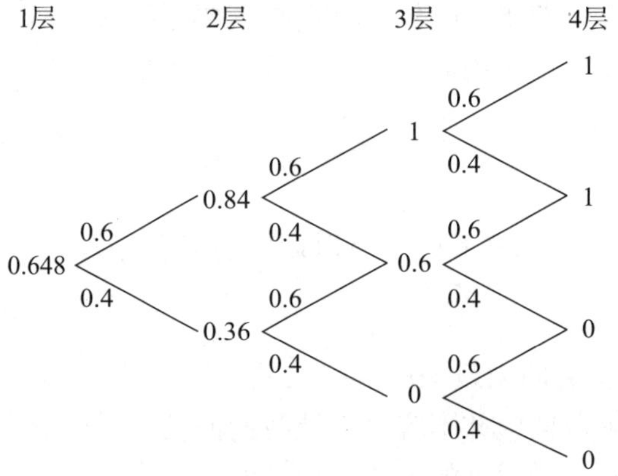

图 16-4　描述三局两胜比赛的合并二叉树

接下来，我们计算第 3 层节点对应的数值。我们先计算 3 个节点中间的那个节点，此时，北京首钢篮球队和辽宁队 1∶1 战平，则比赛会以最后第三场的结果定整个胜负。而在第三场中，北京首钢篮球队获胜的概率是 0.6，所以，1∶1 战平之后，北京首钢篮球队获胜的概率为 0.6（$=0.6\times1+0.4\times0$）。类似地，第 3 层最上和最下两个节点对应的数值分别为 1 和 0。

接下来计算第 2 层的两个节点。首先算上面的那个，这时，北京首钢篮球队已经胜了一场，接下来还有两场。接下来的第二场比赛有两种可能，赢了就进入第 3 层最上面一个节点，输了则进到第 3 层中间的节点。而我们已经计算出这两个节点对应的北京首钢篮球

队最终的获胜概率分别为 1 和 0.6，所以第 2 层上面节点对应的北京队获胜概率为 0.84（=0.6×1+0.4×0.6）。沿着这一思路继续推理，我们可以计算出在一开始的时候，北京首钢篮球队获得最终胜利的概率为 0.648。

可以看见，在叠期望定律的帮助下，我们将一个大问题拆分成了很多小问题，逆向递推地得到了我们想要的答案。而在求解的过程中，我们还得到了很多非常有价值的副产品。比如，我们还知道了北京首钢篮球队先赢一场之后的获胜概率、先输一场后获胜的概率等信息。

随堂问题：在三局两胜的赛制中，如果一方在前两场中都获胜，那么比赛就结束，不再比第三场。这意味着在前文中画出的二叉树图中，有一些节点是肯定不会达到的，因此不应画在图中。这是否意味着我们在前文中的计算是错误的？

16.3　衍生品定价的两期二叉树模型

16.3.1　两期二叉树下的衍生品定价

接下来，我们在一个两期二叉树的框架下来讨论衍生品的定价问题。由于两期与多期并无本质上的差别，所以把两期的定价弄清楚了，也就能很容易理解多期定价。

我们先把术语定义清楚。在一期模型中我们有时会混用**时期**（period）和**时刻**（moment）两个词，但在多期模型中，为了避免混淆，我们要把这两个概念区分开。时期指的是一段时间，而时刻则是指某个时点。我们关心的是各个时刻的资产价格，而资产价格的变化则发生在时期中。当我们说单期或多期模型的时候，指的是模型中包含的时期数。

一期模型只包含一个时期，两个时刻，决策只在第一个时刻（对应现在）做出，因而是静态模型。而多期模型至少包含两个时期，并且会至少在两个时刻做出决策，不同时刻之间的决策是相互影响的，在决策时也会把这种联系考虑进来，所以，多期模型是动态的。

图 16－5 中的两期二叉树就是一个动态模型。模型包含两个时期，因此股价有两次变化的机会。每一次股价都有变成原来的 u 倍或 d 倍的可能。在每一期无风险资产的总回报率都是 e^r。我们要求，股价的变化幅度和无风险利率在每一期都是一样的，这样，多期二叉树无非就是很多个单期二叉树的组合而已。由于真实世界的概率对衍生品定价没有影响，所以我们无须假设每期股价上涨和下跌的概率。由于股价是这个模型中唯一的不确定性因素，所以我们可用股价的高低来标识各个节点。比如，2 时刻的 3 个节点就可以用 uu、ud 和 dd 分别描述，它们分别代表到达这个节点股价连续上涨了两次（uu），上涨和下跌各一次（ud），以及连续下跌了两次（dd）。注意，由于这里采用的是合并二叉树，所以股价变动的路径信息在模型中表达不出来——我们只能知道在路径上股价分别上涨和下跌了多少次，而不能知道上涨和下跌是如何排列的。

在上述模型中，由于每个节点最多只引出两条分支，所以只需要两种长存资产就能形成完备市场。因此，只用股票和无风险债券两种资产就能复制其他所有资产，给其他所有

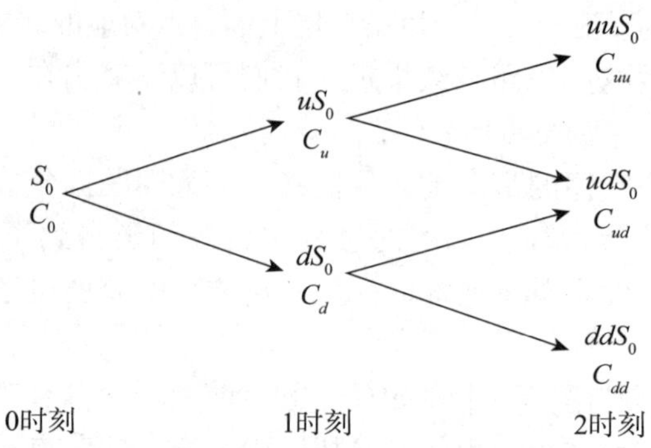

图 16-5　描述股价变化的合并二叉树

资产定价。这里我们还是用风险中性定价方法来给衍生品定价。

由于在每一个分支处，股价上涨与下跌的幅度都是一样的，所以在每个分支处的风险中性概率都是一样的。我们以图 16-5 中 1 时刻的 u 节点为例来计算，如下所示，

$$uS_0 = \mathrm{e}^{-r}[quuS_0 + (1-q)udS_0] \tag{16.1}$$

从中解出

$$q = \frac{\mathrm{e}^r - d}{u - d} \tag{16.2}$$

事实上，不管用哪个节点计算出来的风险中性概率都是这么多。

在 2 时刻衍生品的支付已知，于是可计算得出

$$\begin{aligned} C_u &= \mathrm{e}^{-r}[qC_{uu} + (1-q)C_{ud}] \\ C_d &= \mathrm{e}^{-r}[qC_{ud} + (1-q)C_{dd}] \end{aligned} \tag{16.3}$$

在 0 时刻的衍生品价格应该等于在风险中性概率下，对 2 时刻衍生品支付期望的折现。运用叠期望定律，可以计算出衍生品在 0 时刻的价格应为

$$\begin{aligned} C_0 &= \mathrm{e}^{-r}[qC_u + (1-q)C_d] \\ &= \mathrm{e}^{-2r}[q^2C_{uu} + 2q(1-q)C_{ud} + (1-q)^2C_{dd}] \end{aligned} \tag{16.4}$$

将式（16.2）中计算出的 q 代入上式，即得所求。

这里的两期二叉树模型还可以扩展到多期，在本讲附录中有相关的介绍。如果二叉树的时期数趋向于无穷（每一时期的长度趋向于无穷小），多期二叉树的定价方程就会收敛于连续时间下的布莱克-斯科尔斯期权定价方程，这是推导布莱克-斯科尔斯公式的一种方法。

16.3.2　数值算例

接下来我们通过一个数值算例来计算欧式买入期权的价格。假设 0 时刻的股价为 100 元。1 时刻的股价可能会上涨到 200 元，或是下跌至 50 元。0 时刻到 1 时刻之间的无风险资产总回报率为 1.25（$=\mathrm{e}^r$）。我们想知道在 1 时刻到期、执行价格为 100 元的欧式买入期权的 0 时刻价格是多少。

在风险中性概率下，股价应该满足如下风险中性定价方程，

$$100=\frac{1}{1.25}\times[200\times q+50\times(1-q)]$$

从中解出 $q=0.5$。在 1 时刻的两种情况下，欧式买入期权的价格分别为 100 元与 0 元。于是，欧式买入期权 0 时刻的价格就应该为

$$C_0=\frac{1}{1.25}\times[100\times 0.5+0\times 0.5]=40(\text{元})$$

现在我们从单期扩展到两期。假设 0 时刻的股价为 100 元。在两个时期，股价有翻倍和减半两种可能，每一时期的无风险资产总回报率都为 1.25。现在我们想知道在 2 时刻到期、执行价格为 100 元的欧式买入期权的 0 时刻价格是多少。

正如前文中所计算出来的，模型对应的风险中性概率 $q=0.5$，逆向递推可得

$$C_u=\frac{1}{1.25}\times(0.5\times 300+0.5\times 0)=120(\text{元})$$

$$C_d=\frac{1}{1.25}\times(0.5\times 0+0.5\times 0)=0(\text{元})$$

$$C_0=\frac{1}{1.25}\times(0.5\times 120+0.5\times 0)=48(\text{元})$$

随堂问题： 虽然到期执行价格都是 100 元，但在两期二叉树模型中计算出来的欧式买入期权价格为 48 元，高于单期二叉树模型中计算出来的 40 元，这是为什么？怎样用非数学的浅显语言来解释其道理？

16.4　资产价格的鞅性

从前文的两期二叉树模型中，我们观察到一个非常重要的现象——资产价格符合鞅性。

定义 $\hat{S}_t=e^{-rt}S_t$ 为 t 时刻的**贴现股价**（deflated stock price），这是用无风险资产价格为计价物计算出来的股价。类似地，可以定义 $\hat{C}_t=e^{-rt}C_t$ 为 t 时刻的贴现衍生品价格。显然，任何时刻无风险资产的贴现价格都是 1。图 16－6 中给出了各个节点处的贴现股价和贴现衍生品价格。

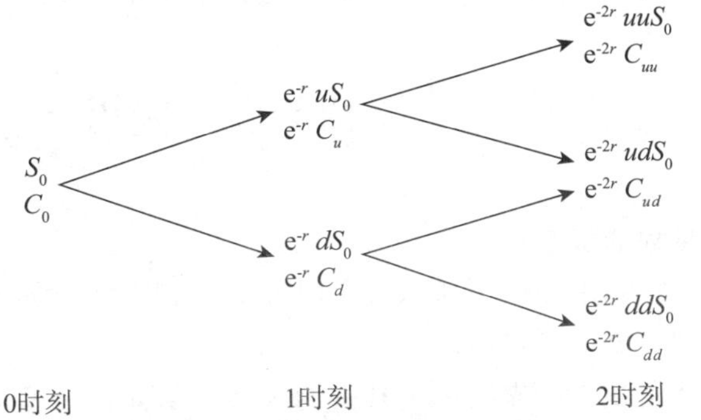

图 16－6　贴现资产价格的运动

接下来我们计算在 1 时刻 u 节点所做的对 2 时刻贴现股价的期望。

$$\begin{aligned}E_u(\hat{S}_2)&=q\hat{S}_{uu}+(1-q)\hat{S}_{ud}\\&=q\mathrm{e}^{-2r}uuS_0+(1-q)\mathrm{e}^{-2r}udS_0\\&=\mathrm{e}^{-2r}[quuS_0+(1-q)udS_0]\\&=\mathrm{e}^{-r}uS_0\\&=\hat{S}_u\end{aligned}$$

其中，期望符号 E 的下标 u 表示这是在 1 时刻 u 节点计算的期望，q 为风险中性概率，第四个等号用到了求取风险中性概率的公式（16.1）。类似地，可以计算

$$E_d(\hat{S}_2)=\hat{S}_d$$

以上两个公式可以统一写成

$$E_1(\hat{S}_2)=\hat{S}_1$$

类似地，也可以得到

$$E_0(\hat{S}_2)=E_0(\hat{S}_1)=\hat{S}_0$$

对衍生品的贴现价格也能得到类似的性质。这就是说，在风险中性概率下，对任何资产未来贴现价格的预期，都等于这一资产当前的贴现价格。因此，可以说在风险中性概率下，任意一种资产的贴现价格序列（是一个随机过程）都是鞅。鞅（martingale）的严格定义如下：

定义 16.1（鞅）：一个随机过程$\{x_t:t=0,1,\cdots,T\}$如果满足如下三个条件，就被叫作鞅。

(i) 这个随机过程对于信息过滤是适应的；

(ii) 在所有时刻 t，都有 $E(|x_t|)<\infty$（期望总是存在的）；

(iii) 对任意 $t\geqslant s$，有 $x_s=E(x_t|F_s)$（对未来的期望等于其当前值）。

因为所有资产的贴现价格序列在风险中性概率下都是鞅，所以风险中性概率又叫作**等价鞅测度**（equivalent martingale measure，简称 EMM）。相应地，风险中性定价又被叫作**鞅方法**（martingale approach）。在数学理论（高等概率论、随机过程）中有大量对鞅的研究，当把资产价格序列转化为鞅后，就能够借用这些数学结论来直接研究资产价格了。

16.5 二叉树的现实应用

16.5.1 二叉树参数的标定

二叉树因为计算起来非常简便，所以被广泛地应用到现实世界的金融市场中，成为实务界进行衍生品定价的主要工具之一。

要把二叉树应用到实践中，先要标定其中的参数，从而让模型刻画出真实世界中无风

险资产和股票的价格运行。由于无风险利率可以在真实世界中被直接观测到，标定参数的核心就在于 u 和 d 的确定。确定了 u 和 d，风险中性概率 q 就能通过式（16.2）简单算出。

确定 u 和 d 的关键是让模型中股价的波动率和真实世界中股价的波动率相等。而在真实世界中，计算波动率所用的时间长度可能与得到的波动率是有关系的。1 天股价涨幅的波动率显然会小于 1 个月股价涨幅的波动率，所以，我们需要找一个与所选时间长度无关的波动率定义。在现实世界中，我们可以在一个任选时长 Δt 上（如 1 年）来估计资产价格的标准差 $stdev$。Δt 选取得不一样，估计出的 $stdev$ 也会不一样。不过，我们可以定义资产价格波动率 $\sigma=\dfrac{stdev}{\sqrt{\Delta t}}$。换言之，$stdev=\sigma\sqrt{\Delta t}$。自然地，在 Δt 的时长上，资产价格方差应该为 $\sigma^2\Delta t$，这样定义的波动率就与时长无关了。有人可能会对这里出现的根号有些疑惑，我们会在后文中介绍连续时间金融的时候再来详细介绍这个根号的由来。

假设一个单位时期的长度为 Δt。在风险中性概率下，一个单位时期内股价回报率为 $u-1$ 的概率为 q，回报率为 $d-1$ 的概率为 $1-q$。运用公式 $\mathrm{var}(X)=E(X^2)-[E(X)]^2$，可得到如下公式，

$$q(u-1)^2+(1-q)(d-1)^2-[q(u-1)+(1-q)(d-1)]^2=\sigma^2\Delta t \qquad (16.5)$$

风险中性概率为

$$q=\frac{\mathrm{e}^{r\Delta t}-d}{u-d}$$

将上式代入式（16.5）并化简，可得

$$\mathrm{e}^{r\Delta t}(u+d)-ud-\mathrm{e}^{2r\Delta t}=\sigma^2\Delta t \qquad (16.6)$$

上式中有 u 和 d 两个未知数，因而无法求解，所以还需另外加上一个条件。因为外加条件的不同，因此有若干个描述股票价格运动的二叉树模型。这里，我们采用考克斯（Cox）与鲁宾斯坦（Rubinstein）在 1979 年提出的模型，假设 $d=\dfrac{1}{u}$。这样，利用 e^x 的级数展开，并略去 Δt 的二阶及更高阶项后，就可以从上式解出

$$u=\mathrm{e}^{\sigma\sqrt{\Delta t}},d=\mathrm{e}^{-\sigma\sqrt{\Delta t}}$$

这便是为了刻画真实世界中的股价运行所需的 u 和 d 的标定值。

有人在这里可能会感到疑惑，前文中的 σ 是用真实世界的股价数据估计出来的，而式（16.5）中用 u 和 d 计算出来的方差却是风险中性世界中的方差。也就是说，等号左边是风险中性世界的方差，等号右边是真实世界中的方差。这两个方差计算所用的概率都是不一样的，让它们相等又有什么意义？

这样做当然是有意义的。这与一个名叫**哥萨诺夫定理**（Girsanov's theorem）的结果有关。这个定理告诉我们，当我们在做概率测度变换的时候（比如从真实世界概率变换到风险中性概率），资产价格回报率的均值一般会发生变化，但其波动率不变。也就是说，不管用什么概率测度来计算，波动率都是一样的，所以式（16.5）是成立的。

16.5.2 一个现实的应用算例

接下来我们来看一个实际的应用例子：计算 A 股市场中华夏上证 50ETF 期权的价格。中国监管机构对衍生品向来持审慎态度，期权也只是刚引入 A 股市场不久。目前，A 股市场中仅有华夏上证 50ETF 期权交易，这一期权的标的资产是华夏基金的上证 50ETF（代码为 510050. OF）。ETF 是“exchange traded funds”的英文缩写，其中文名称是交易型开放式指数基金。ETF 会跟踪某只股票价格指数的走势。投资者购买了一只 ETF，就等于买入了它所跟踪的指数，可取得与这一指数非常接近的回报（跟踪会有微小的误差，所以 ETF 回报率与指数回报率不完全相等）。华夏上证 50ETF 跟踪的是上证 50 指数。

针对华夏上证 50ETF，目前有欧式买入（认购）和欧式卖出（认沽）期权交易。图 16－7 是 2017 年 4 月 21 日从万得金融终端截取的期权交易数据。当日，华夏上证 50ETF 的价格为 2. 341 元。图中列出了 2017 年 5 月 24 日到期的不同行权价的买入期权的价格数据。

代码	名称	现价	涨跌	涨跌幅	今开
510050	50ETF	2.341	0.010	0.43%	2.332

认购						
最新价	涨跌幅	成交量	持仓量	隐含波动率	Delta	行权价
▼ 2017年5月（到期日 2017-05-24；剩余33个自然日、23个交易日；合约乘数 10000）						
0.1387	5.88%	3453	2024	0.00%	0.9966	2.200
0.0898	7.16%	1.28万	25248	0.00%	0.9623	2.250
0.0485	11.24%	3.19万	41685	4.20%	0.8067	2.300
0.0190	3.83%	4.85万	92096	7.06%	0.4893	2.350
0.0060	−11.76%	2.49万	71885	8.08%	0.1840	2.400
0.0022	−8.33%	4815	29685	9.38%	0.0396	2.450
0.0011	0.00%	1710	9406	11.33%	0.0047	2.500

图 16－7　华夏上证 50ETF 期权交易价格数据

接下来我们用多期二叉树来计算行权价为 2. 3 元，到期日为 2017 年 5 月 24 日的欧式认购期权在 2017 年 4 月 21 日的价格。我们把二叉树的每一时期的时长设定为 1 个交易日，这样，由于从 2017 年 4 月 21 日到期权到期日还有 23 个交易日，我们就需要用 23 期的二叉树模型来计算。而在计算之前，先要标定二叉树每期的参数，这需要华夏上证 50ETF 的波动率和无风险利率数据。

先来看无风险利率，可以用银行间市场的 7 天回购利率来代表无风险利率。回购交易实质上是一种质押借款行为。资金的借入方将自己手中的国债质押给资金借出方，并约定在未来某日赎回这些债券。如果资金借入方无法按规定偿还资金，则借出方会获得质押的国债，这样，资金借出方就几乎没有风险，因而可将从中获得的利率视为无风险利率。在银行间市场比较常用的回购期限是隔夜（1 天）和 7 天。7 天回购利率是一个标志性的利率，不过，从图 16－8 可以看出，7 天回购利率波动性非常大，所以我们采用 246 个交易日的移动平均数据作为模型的标定值。之所以滚动计算 246 个交易日的平均值，是因为我国资本市场一年的交易日大概就是 246 天，246 天移动平均也就是 1 年移动平均。

在 2017 年 4 月 21 日，7 天回购利率的 246 个交易日的移动平均值是 2. 75%。由于我们准备在二叉树中把每一时期设成 1 个交易日，所以对应 1 个交易日的无风险利率就是 0.011%（=2.75%÷246）。模型中的 $e^{r\Delta t}=\exp(0.011\%)=1.000\ 11$。

再来看波动率的数据。图 16-9 中描绘了华夏上证 50ETF 的日度回报率序列，以及 246 个交易日移动计算的波动率（标准差）。很明显，波动率在不同时间的差异是很大的。这里需要注意的是，用历史数据计算出来的波动率其实并不是二叉树模型中的 σ。不过在不太严格的情况下，简单用历史数据算出来的波动率来代表 σ 也是可以接受的。①

在 2017 年 4 月 21 日，用过去 246 个交易日的数据计算出的华夏上证 50ETF 波动率是 0.11。由于这里的波动率是用 1 年的数据计算出来的，所以二叉树一个时期对应的时长就是 $\frac{1}{246}$ 年，将其代入式（16.6）有

$$u=e^{\sigma\sqrt{\Delta t}}=e^{0.11\times\sqrt{\frac{1}{246}}}\approx 1.007$$

$$d=\frac{1}{u}\approx 0.993$$

于是，风险中性概率就是

$$q=\frac{e^{r\Delta t}-d}{u-d}=\frac{1.000\ 11-0.993}{1.007-0.993}\approx 0.508$$

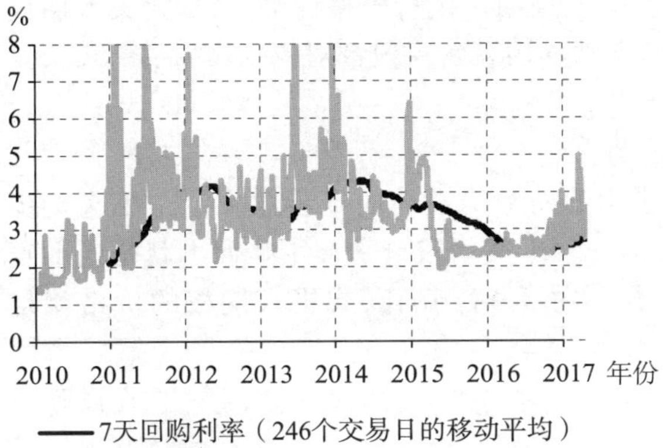

图 16-8　7 天回购利率走势

资料来源：Wind

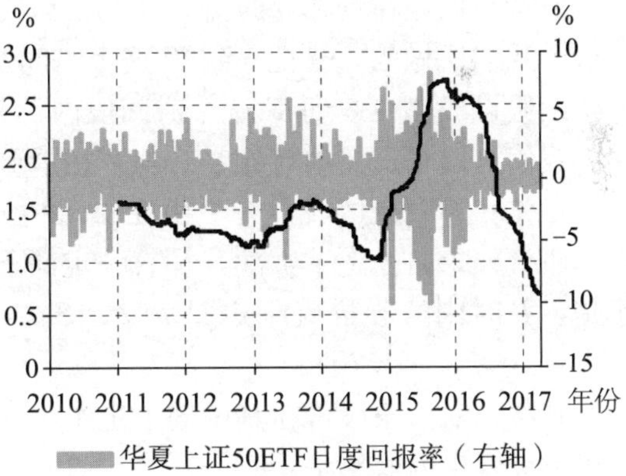

图 16-9　华夏上证 50ETF 日度回报率序列和波动率

资料来源：Wind

利用 Excel 的帮助，可以较容易地计算出 23 期二叉树的结果。在以上参数之下，可以算出 2017 年 4 月 21 日的价格应该为 0.06 元，这个数比图 16-7 中给出的 0.048 5 元的实际成交价格高了一些。之所以会这样，是因为市场所预期的波动率比我们用历史数据估计出来的要低。从图 16-7 中可以看到，0.048 5 元的价格所隐含的波动率是 4.2%。如果

① 若想了解 σ 估计的更多细节，请参见约翰·坎贝尔（John Campbell）等人所著的经典教材《金融市场计量经济学》（*The Econometrics of Financial Markets*）的 9.3.2 节（361 页）。

将 4.2%的波动率代入二叉树模型，可以计算出期权价格应该为 0.047 6 元，这非常接近实际成交价格。

从这一比较可以看出，我们之前计算出的期权价格之所以与市场价格有差别，主要原因在波动率上。市场价格所隐含的波动率低于我们用之前 1 年数据估计出来的 11%。从上图中我们还能看出，其实 11%的年波动率已经算是过去几年历史上的最低水平了，所以期权价格仅隐含 4.2%的波动率是很让人吃惊的。一个可能的解释是，由于我国的期权市场刚刚创立，参与者还很少（我国目前对投资者参与期权交易设置了非常高的门槛），所以对期权的需求还很少。这样，期权的交易价格就有些低，对应的隐含波动率也就很低。

但不管怎么样，这里介绍的期权定价二叉树模型已经可以让我们对市场价格有更深入的理解了，这就是理论的现实意义。

附录 16. A　从期权定价的多期二叉树模型到布莱克-斯科尔斯公式

当我们把二叉树的期数取得越来越大的时候（即每期时间变得越来越短），股价的变化就越来越像在做连续变化。考克斯与鲁宾斯坦在 1979 年证明，当把二叉树模型的期数趋近于无穷大时，就可以得到连续时间下的期权定价方程（布莱克-斯科尔斯公式）。

假设我们现在处在 0 时刻，要为一张在 T 时刻到期，执行价格为 K 的欧式买入期权定价。我们所做的，是把 0 到 T 这个时间段均分成 n 段，每一段都对应二叉树的一步。我们继续假设股票在 0 到 T 这个时间段内不分红。

我们可以很直接地将式（16.4）拓展到 n 期。

首先，T 时刻的股价完全由在二叉树 n 步中的向上步数与向下步数决定。在这 n 步中，股价如果向上走了 j 次，那就一定向下走了 $n-j$ 次（股价每步不是向上就是向下）。于是，T 时刻的股价就一定是 $u^j d^{n-j} S_0$。这样，在 T 时刻的欧式买入期权的价格就是 $\max(u^j d^{n-j} S_0 - K, 0)$。

其次，对一条股价在其中向上走了 j 次，向下走了 $n-j$ 次的路径来说，它在风险中性概率下发生的概率是 $q^j(1-q)^{n-j}$。但是，不止一条路径会达到 $u^j d^{n-j} S_0$ 这个终点，只要包含 j 次上涨的路径，最终都会到达这个终点。因此，需要把所有能达到这个终点的路径的概率加起来，才能得到股价最终达到 $u^j d^{n-j} S_0$ 的概率。这是一个排列组合的问题，由组合的知识我们知道，如果不考虑次序，在 n 步中，有 j 步向上的组合数目为 $\frac{n!}{j!\,(n-j)!}$。

这样，我们能得到如下买入期权定价方程，

$$C_0 = e^{-rT}\left[\sum_{j=0}^{n} \frac{n!}{j!\,(n-j)!} q^j (1-q)^{n-j} \max(u^j d^{n-j} S_0 - K, 0)\right] \tag{16.7}$$

别被这个公式的复杂形式所吓倒，它仍然是我们前文中一直使用的风险中性概率定价方法

的体现。公式中各部分的含义如下所示，

■ $\max(u^j d^{n-j} S_0 - K, 0)$：在 T 时刻，股价为 $u^j d^{n-j} S_0$ 时期权的价格；

■ $q^j (1-q)^{n-j}$：一条让股价最终达到 $u^j d^{n-j} S_0$ 的路径发生的概率（在风险中性概率下）；

■ $\frac{n!}{j!(n-j)!}$：让股价最终达到 $u^j d^{n-j} S_0$ 的路径数目；

■ $\frac{n!}{j!(n-j)!} q^j (1-q)^{n-j}$：股价最终达到 $u^j d^{n-j} S_0$ 的概率（在风险中性概率下）；

■ $\sum_{j=0}^{n}$：将所有最终股价的可能性（由上涨的步数 j 决定）相加；

■ e^{-rT}：无风险利率对应的贴现因子（连续复利）。

接下来，假设 j^* 是使得 $u^j d^{n-j} S_0 > K$ 成立的最小 j。也就是说，在 n 步中，股价至少要有 j^* 步向上，T 时刻的股价才能大于 K。如果股价向上的步数小于 j^*，则 T 时刻的股价将小于 K，对应的买入期权的价值为 0。这样，可以将式（16.7）进一步变形为

$$
\begin{aligned}
C_0 &= e^{-rT}\left[\sum_{j=j^*}^{n} \frac{n!}{j!(n-j)!} q^j (1-q)^{n-j} (u^j d^{n-j} S_0 - K)\right] \\
&= e^{-rT}\left[\sum_{j=j^*}^{n} \frac{n!}{j!(n-j)!} q^j (1-q)^{n-j} u^j d^{n-j} S_0\right] - Ke^{-rT}\left[\sum_{j=j^*}^{n} \frac{n!}{j!(n-j)!} q^j (1-q)^{n-j}\right]
\end{aligned}
\tag{16.8}
$$

式（16.8）中的 $\sum_{j=j^*}^{n} \frac{n!}{j!(n-j)!} q^j (1-q)^{n-j} u^j d^{n-j} S_0$ 是在风险中性概率下，某个随机变量的数学期望。这个随机变量在 $S_T > K$ 的时候等于 S_T，在其他情况下则等于 0。$\sum_{j=j^*}^{n} \frac{n!}{j!(n-j)!} q^j (1-q)^{n-j}$ 代表在风险中性概率下，股价达到 K 的概率，也就是买入期权会被执行的概率。

假设在每一小段时间对应的二叉树一步中都有

$$u = e^{\sigma\sqrt{\frac{T}{n}}}$$

$$d = \frac{1}{u} = e^{-\sigma\sqrt{\frac{T}{n}}}$$

其中，σ 是股票回报率的标准差。而在每一小段时间里，无风险利率带来的总回报率为 $e^{r\frac{T}{n}}$。用式（16.2）可以计算出风险中性概率为

$$q = \frac{e^{r\frac{T}{n}} - e^{-\sigma\sqrt{\frac{T}{n}}}}{e^{\sigma\sqrt{\frac{T}{n}}} - e^{-\sigma\sqrt{\frac{T}{n}}}} = \frac{e^{r\frac{T}{n}+\sigma\sqrt{\frac{T}{n}}} - 1}{e^{2\sigma\sqrt{\frac{T}{n}}} - 1}$$

当 $n \to \infty$ 时，二项分布收敛于正态分布。这时，可以证明式（16.8）将变成如下布莱克-斯科尔斯期权定价方程的经典形式［推导过程请参见考克斯与鲁宾斯坦（1979）］，

$$C_0 = S_0 N(d_1) - Ke^{-rT} N(d_2)$$

$$d_1 = \frac{\ln\left(\frac{S_0}{K}\right) + (r + \frac{\sigma^2}{2})T}{\sigma\sqrt{T}} \tag{16.9}$$

$$d_2 = \frac{\ln\left(\frac{S_0}{K}\right) + (r - \frac{\sigma^2}{2})T}{\sigma\sqrt{T}} = d_1 - \sigma\sqrt{T}$$

其中，函数 $N(x)$是标准正态分布的累积分布函数——$N(x)$ 代表一个标准正态分布的随机变量（均值为 0，标准差为 1）小于 x 的概率。

布莱克-斯科尔斯公式中的 $N(d_2)$ 就是在风险中性概率下，买入期权被执行的概率。$S_0N(d_1)$ 是在风险中性概率下，某个随机变量期望值用无风险利率贴现到 0 时刻的值。这个随机变量在 $S_T>K$ 的时候等于 S_T，在其他情况下则等于 0。

进一步阅读指南

约翰·赫尔所著的《期权、期货及其他衍生产品》一书的第 13 章有对二叉树方法的详细介绍，可以一读。该章的附录有用二叉树推导布莱克-斯科尔斯公式的完整过程，这一推导最早由考克斯与鲁宾斯坦在 1979 年提出。斯塔夫里（Stampfili）与古德曼（Goodman）所著的《金融数学》（*The Mathematics of Finance*）第 4 章专门介绍了怎样用 Excel 来计算二叉树模型，可供参考。

练习题

16.1　假设 0 时刻的股价为 100 元。在两个时期，股价都有翻倍和减半两种可能。每一时期的无风险资产总回报率都为 1.25（$=e^r$）。考虑一个在 2 时刻到期的浮动执行价回望看涨期权（floating strike lookback call option)，它在 2 时刻的支付为 2 时刻的股票价格减去 0、1、2 这三个时刻中股价的最低值。也就是说，它的最终支付为 $\max\{s_2-\min\{s_0, s_1, s_2\}, 0\}$（其中下标 0、1、2 代表时刻）。请求解这个 2 时刻到期的浮动执行价回望看涨期权在 0 时刻的价格。

16.2　华夏上证 50ETF 今天的价格为 2.341 元。如果每一交易日的无风险利率为 0.000 11，华夏上证 50ETF 的年度波动率为 17.7%。请在 Excel 中用多期二叉树（每一期对应一个交易日）计算行权价为 2.5 元，到期日为 49 个交易日之后的欧式卖出期权现在的价格。

第 17 讲

最优停时

第 16 讲中我们在多期二叉树框架下分析了衍生品定价的问题。二叉树应用起来非常简单，只要在风险中性概率下设定好标的资产的价格运动过程，直接从最末一期的衍生品支付一路倒推到最开始，就能给出衍生品的价格。不过，有相当多资产的到期日并不确定。比如，美式期权虽然会规定到期日，但在到期日之前，期权所有者可以随时选择行权来结束期权。又比如，借了房屋按揭贷款的人可以随时选择提前还款，部分或全部地偿还他从银行借入的款项。所以对银行来说，它发放的按揭贷款作为一种资产，其到期日是不确定的。如何给这些到期日不确定的资产定价，是这一讲的内容。

给到期日不确定的资产定价，可以归结为数学上的**最优停时问题**（optimal stopping problem）。最优停时研究的是如何选择结束时间来最优结束一个随机过程。美式期权的持有者需要决定什么时候行权来结束这个期权，从而让自己的利益最大化——这就是一个最优停时问题。对最优停时的数学讨论已经超出我们这本书的范围，这里不会涉及。不过本讲会展示，在第 16 讲的多期二叉树框架下，我们完全能够求解最优停时问题——找出最优停时的时刻，并且给相关的资产定价。在进入这部分内容之前，我们先定性讨论美式期权的行权问题以作热身。

17.1 美式期权的行权时间

17.1.1 美式买入期权

美式期权与欧式期权类似，都会规定行权价和到期日。但它们与欧式期权也有很大不同——欧式期权只能在到期日行权，而美式期权可以在到期日之前任意时间行权。美式期权行权时就以当时的标的资产价格来计算期权支付。在这里，我们先讨论标的资产是不分红股票（无股利）的情形。股票如果有分红，则可能会有不一样的结论。

接下来我们将会论证，**如果标的资产是不分红股票，那么美式买入期权永远都不会被提前行权**（即美式买入期权只会在合约规定的到期日行权）。可以从期权买卖权平价关系中看出这一点。我们曾经推导过，如果欧式买入期权的价格是 C，欧式卖出期权的价格是 P，那么必然有如下平价关系，

$$C+K\mathrm{e}^{-rT}=P+S_0$$

其中，S_0 是现在股票的价格，T 是期权到期的时间，r 是无风险利率。上式左边对应一个买入期权和为行权准备的现金的现值，上式右边对应一个卖出期权和一股股票。左右两边的组合都会在行权日带来 $\max(S_T, K)$ 的支付，所以左右两边两个组合的当前价格必然相等。

买卖权平价关系对非欧式期权未必成立，但这不妨碍我们用它来对美式期权做一些定性分析，从而获得一些直觉。可以对这个买卖权平价关系稍做变形，将买入期权的价格表示为

$$\begin{aligned} C &= P+S_0-K\mathrm{e}^{-rT} \\ &= (S_0-K)+P+K(1-\mathrm{e}^{-rT}) \end{aligned} \tag{17.1}$$

式（17.1）告诉我们，买入期权的价格来自三部分：第一部分是期权的内在价值（intrinsic value），即期权现在马上行权能够得到的支付（S_0-K）；第二部分对应卖出期权的价格（P）；第三部分是行权价的时间价值，即等到到期日再行权而不是现在行权能够节省的行权金额的现值［$K(1-\mathrm{e}^{-rT})$］。

显然，只有当期权处于实值状态时（当前股价大于行权价），期权持有者才有可能选择提前行权，这时，行权能带来 S_0-K 的支付。但由于卖出期权的价格 P 不可能比 0 小，行权价的时间价值 $K(1-\mathrm{e}^{-rT})$ 也一定严格为正，所以从式（17.1）可以看出，此时期权的价格会严格高于行权带来的支付，即必有

$$C>S_0-K$$

所以，美式期权持有者不应行权。由于上式在任意时刻都成立，所以美式买入期权不会被提前行权，而只会在合约到期日才被行权。也就是说，此种情况下美式买入期权等同于欧式买入期权。因此，**在无股利情况下，美式买入期权的价格一定等于欧式买入期权的价格。**

有人可能会觉得这个结论太让人吃惊。假设一个美式买入期权的行权价被定为 10 元，而当前股价已经涨到了 100 元，难道还不提前行权吗？如果未来股价下跌，那么提前行权能够得到的 90(=100－10) 元支付不就打水漂了吗？

要从直觉上理解这一点并不难。90 元支付的产生可被分为两个步骤。第一步是支付 10 元行权价得到 1 股股票。第二步是按市场价格卖掉股票得到 100 元。我们先假设在从提前行权日到期权合约到期日这段时间里，期权行权者并不卖出行权所得的股票。这样，无论他是否提前行权，都会承受股价下跌的损失。不过，如果持有期权而不是股票，则能够

获得一定的保护，从而在股价下跌很多时不至于损失太多。所以相比较而言，还是一直持有期权而不是提前行权换成股票更有利一些。

现在我们来思考第二步，把股票按当时市场价格卖出获得 100 元。提前卖出股票好像规避了未来股价下跌的风险，但同时也带来了未来股价进一步上涨而错失利润的风险。我们要知道，一定是股价未来上涨和下跌的风险相等，当前的股价才会是 100 元。如果股价未来下跌的风险大于上涨的风险，现在的股价就会比 100 元低。换句话说，投资者在持有股票和卖出股票这两个选项之间一定是无差异的，现在的股价才能是 100 元。所以，是否应该在 100 元的价位卖出股票这个决策跟是否行使期权没有关系，不要让这个因素干扰了对期权行权决策的判断。

有人可能会担心，如果不在股价 100 元时行权，那么在股价下跌后会损失本来可以得到的 90 元的行权支付。但是，如果在 100 元行权了，未来股价如果继续上涨也会损失本来可以获得的回报。所以投资者不管是否提前行使期权，都会面临股价波动的风险。而如果不行权，还可以在此之外再享受到期权带来的一定程度的保护。所以从直觉上来说，投资者怎么都不应提前行使美式买入期权。

从直觉上来看，也容易理解为什么在存在股利的时候，美式买入期权有可能被提前行权。现金股利的支付会等额降低股票价格。让我们来设想一种极端情况。假设现在股价为 20 元，突然公司宣布要支付每股 20 元的现金股利，这基本等于公司要清盘，股价会跌到 0。显然，在这样的股利支付之后，这一股票的买入期权基本上就不值钱了，此时，美式期权的持有者显然会选择在股利支付前提前行权。现实中的股利支付当然不会那么夸张，但道理是一样的。由于股利支付会对期权价格产生影响，所以美式期权持有者有可能在股利支付前提前行权。相应地，这时美式买入期权的价格会高于欧式买入期权。

17.1.2　美式卖出期权

与美式买入期权不同，即使是在没有股利的情况下，美式卖出期权也有可能被提前行权。为了验证这一点，我们用买卖权平价关系把卖出期权的价格表示为如下形式，

$$\begin{aligned}P&=C+Ke^{-rT}-S_0\\&=(K-S_0)+C-K(1-e^{-rT})\end{aligned}\tag{17.2}$$

可见，卖出期权的价格来自三部分：期权的内在价值、对应买入期权的价格、期权行权价的时间价值（正好与买入期权的时间价值差一个正负号）。在这里就得不出期权价格总是大于内在价值的结论了，也就是说，美式卖出期权则是有可能被提前行权的。

当然，只有在股价低于行权价时（即卖出期权处于实值状态时），卖出期权才可能被提前行权。从式（17.2）来看，股价越低或是无风险利率 r 越高，美式卖出期权则越可能被提前行权。这是因为股价越低，对应买入期权的价格则越低。而如果无风险利率越高，卖出期权的时间价值就越低。这都会让 $C-K(1-e^{-rT})$ 变小，从而容易让公式 $P<K-S_0$ 成立。此外，股价的波动率越小，美式卖出期权也越可能被提前行权。设想一种极端情况，如果股价波动率从现在开始为 0，那么期权持有者肯定会选择立即行权来得到行权价 K，而不是等到未来才获得 K。

美式卖出期权会被提前行权的直觉也并不复杂。与买入期权不同，卖出期权的支付是有上限的。一个行权价为 K 的卖出期权，行权所获得的支付最大也就是 K（假设股价跌到 0）。而买入期权行权所获支付理论上可以是无限大（股价涨到无限大）。所以，如果股价跌到了很低的水平，马上行权所获的支付就会接近理论上的最大支付，这时再等下去就没太大意义，反而容易碰到股价涨回去，令期权支付减少的情况。而如果无风险利率很高，则也会让未来行权所获行权价的现值减少，相应地也会增加提前行权的动力。

17.2 最优停时的计算思路

在前文中我们定性地讨论了美式期权的提前行权决策。我们虽然得到结论说美式卖出期权有可能被提前行权，但并没有给出提前行权的时间。接下来，我们要把这个时间计算出来。这里，我们通过一个例子来理解计算最优停时的思路。

我们来思考这么一个赌局。在一个盒子里放着 20 个红球和 20 个绿球。参与赌局的人可以每次从这个盒子里摸出 1 个球来。按照摸出球的颜色，参与者每次可能赢 1 元或者输 1 元。如果摸出来的是红球，那么就赢 1 元；如果摸出来的是绿球，那就输 1 元。在摸球的过程中，参与者可以随时选择停止赌局。如果参与者一直不停止，则赌局在所有 40 个球被摸出后停止。我们的问题是：参与者从赌局中能获得的期望支付是多少？参与者是否应该参与这个赌局？他如果参与了，应该在什么时候选择停止？

由于盒子中的红球和绿球的数量是一样的，所以如果把所有的球都摸出来，参与者则不输也不赢，能从赌局中获得 0 支付。但这并不表明赌局带来的期望支付是 0，也不意味着参与者不应该参与这个赌局。要注意，参与者有随时退出赌局的权利。如果参与者一开始运气不好，一下摸出来了很多绿球，输了不少钱，那么他完全可以一直把所有球都摸完，最后不输也不赢。而如果他一开始运气不错，摸出了不少红球，赢了一些钱，他则可以选择退出，把胜利果实保留下来。这个赌局带给参与者的最差支付也就是 0，同时，他还有可能从赌局中获得正的支付，所以，赌局带来的期望支付一定大于 0。由于参与这个赌局不可能输钱，所以即使是风险厌恶的人也一定会愿意参与进来。不过为了简化计算，我们假设所有的参与者都是风险中性的，只关心赌局带来的期望支付。

这个赌局之所以会带来正的期望支付，关键是参与者拥有一个随时退出的期权。没有这个期权，赌局的支付就一定是 0（把所有球都摸出来）。因此，要计算这个赌局的期望支付，核心是计算这个期权何时会被行权。这看上去似乎是一个很困难的问题，但其实可以采用我们在第 16 讲用过的逆向递推（backward induction）来便捷求解。

我们定义值函数 $V(R,G)$ 为盒中有 R 个红球、G 个绿球的赌局带来的期望支付。在这个例子中，我们要求的便是 $V(20,20)$。我们先研究最末尾，当盒中只剩一个球时的情况。显然，如果盒中只有一个红球，那么这个参与者肯定会选择摸球，从而确定性地赢 1 元。而如果盒中只有一个绿球，参与者肯定会选择不摸球，从而获得 0 支付。这可以写成

$$
\begin{aligned}
V(1,0) &= 1 \\
V(0,1) &= 0
\end{aligned}
\tag{17.3}
$$

上式是我们分析的起点。

接下来我们的任务是找出不同值函数之间的递推公式。具体来说，我们要把值函数 $V(R,G)$ 表示为 $V(R-1,G)$ 和 $V(R,G-1)$ 的函数。我们先来看盒中都是红球或都是绿球这两种特殊情况，容易看出

$$
\begin{aligned}
&V(R,0)=1+V(R-1,0)\\
&V(0,G)=0
\end{aligned}
\tag{17.4}
$$

这是因为如果盒中只剩红球，那么参与者一定会选择再摸一球。而如果盒中只剩绿球，参与者则一定会停止。

再来看更一般的情况，即盒中既有红球，又有绿球（即 $R>0$ 且 $G>0$）。一方面，当盒中有 R 个红球、G 个绿球时，参与者会以$\frac{R}{R+G}$的概率摸到红球。此时，他会获得摸出这个红球带来的 1 元，并在未来的赌局中获得 $V(R-1,G)$的期望支付。另一方面，参与者会以$\frac{G}{R+G}$的概率摸到绿球，因摸出的这个绿球而损失 1 元，并在未来的赌局中获得 $V(R,G-1)$的期望支付。所以，再摸一个球的期望支付是

$$
\frac{R}{G+R}\left[1+V(R-1,G)\right]+\frac{G}{G+R}\left[-1+V(R,G-1)\right]
$$

不过别忘了，参与者随时有退出的选择。如果摸球带来的期望支付小于 0，那么他就一定不会再摸球了，所以

$$
V(R,G)=\max\left\{0,\frac{R}{G+R}\left[1+V(R-1,G)\right]+\frac{G}{G+R}\left[-1+V(R,G-1)\right]\right\}
\tag{17.5}
$$

有了式（17.4）和式（17.5），我们就可以逆向递推，从 $V(1,0)$ 和 $V(0,1)$ 出发，算出任意值函数 $V(R,G)$ 的取值。

式（17.5）其实就是**动态规划**（dynamic programming）中大名鼎鼎的**贝尔曼方程**（Bellman equation）。动态规划问题，是随着时间的推移需要不断做出最优决策的问题。这些不同时刻的决策会相互影响，因而会让优化求解变得很复杂。在 20 世纪 50 年代，贝尔曼提出了**最优化原理**（principle of optimality），将多阶段的决策问题转化成了一系列单阶段决策问题。转化的关键就是式（17.5）这样的贝尔曼方程，它把相邻期的值函数联系起来，从而把一个大问题拆分成了许多嵌套的小问题。这样，倒着从后向前，就能够较为容易地求解。

为了更形象地看到这个计算过程，我们来计算一下 $V(2,2)$的取值，它对应的是盒子中有 2 个红球和 2 个绿球的情形。运用前文中给出的递推公式可以算出

$$
V(1,1)=\max\left\{0,\frac{1}{1+1}\times\left[1+V(0,1)\right]+\frac{1}{1+1}\times\left[-1+V(1,0)\right]\right\}=\frac{1}{2}(\text{元})
$$

$$
V(1,2)=\max\left\{0,\frac{1}{1+2}\times\left[1+V(0,2)\right]+\frac{2}{1+2}\times\left[-1+V(1,1)\right]\right\}
$$

$$=\max\left\{0,\frac{1}{3}\times 0+\frac{2}{3}\times\left(-\frac{1}{2}\right)\right\}=0(\text{元})$$

$$V(2,1)=\max\left\{0,\frac{2}{2+1}\times\left[1+V(1,1)\right]+\frac{1}{2+1}\times\left[-1+V(2,0)\right]\right\}$$

$$=\max\left\{0,\frac{2}{3}\times\frac{3}{2}+\frac{1}{3}\times 1\right\}=\frac{4}{3}(\text{元})$$

$$V(2,2)=\max\left\{0,\frac{2}{2+2}\times\left[1+V(1,2)\right]+\frac{2}{2+2}\times\left[-1+V(2,1)\right]\right\}$$

$$=\max\left\{0,\frac{1}{2}\times 1+\frac{1}{2}\times\frac{1}{3}\right\}=\frac{2}{3}(\text{元})$$

所以，如果盒中有 2 个红球和 2 个绿球，赌局带来的期望支付就是$\frac{2}{3}$元。

我们把计算过程列在表 17－1 中。表中的第一列和第一行分别标出了盒中剩余的红球数和绿球数，表中除去第一行和第一列的其他单元格中列出了各个值函数的取值。比如，其中 $R=2$ 行、$G=2$ 列的单元格就是 $V(2,2)$ 的取值$\frac{2}{3}$元。

表 17－1　　值函数取值　　（单位：元）

	G=0	**G=1**	**G=2**
R=0		0	0
R=1	1	$\frac{1}{2}$	0
R=2	2	$\frac{4}{3}$	$\frac{2}{3}$

表 17－1 中如果有某个单元格的值函数取值为 0，就表示参与者碰到这种情况时应该结束赌局。很显然，当盒中只剩绿球时一定要结束赌局，所以 $R=0$ 这一行的所有单元格取值都是 0。从表中还可以看到 $R=1$、$G=2$ 的值函数也是 0，这说明当盒中还剩 1 个红球，2 个绿球时也需要退出赌局。这样，我们就把所有需要退出赌局的情形找出来了。

以上计算过程很容易在计算机中实现（比如用 Excel）。可以算出，当盒中有 20 个红球和 20 个绿球的时候，赌局的期望支付为 2.296 元，比 0 大了不少，这就是退出期权的价值。而且还可以算出 $V(16,20)>0$，$V(15,20)=0$。也就是说，即使一开始已经连续摸出了 4 个红球，参与者也需要继续摸下去。一般的人可能会在一开始连续摸出三四个红球后，觉得下一个摸出绿球的概率很大，所以就决定退出了。而根据以上计算，这种想法低估了退出期权的价值。

总结一下最优停时的计算方法：要用逆向递推，从后向前推出每一步的价值。只不过在逆向递推的每一步中，我们都需要比较现在就退出和继续下去哪一个更合算。因此，需要在递推的每一步中加上一个判断。

17.3　美式期权的定价

前文中介绍的方法可以用来给美式期权定价。这里我们还是通过一个具体的算例来介绍相关定价方法。由于在无股利情况下美式买入期权不会被提前行权，所以这里的研究对象是更为有趣的美式卖出期权。

我们在一个两期二叉树模型（有 0、1、2 三个时刻）中先来研究欧式卖出期权的定价（图 17－1）。假设 0 时刻的股价为 100 元。在两个时期内，股价都有翻倍和减半的可能。每一时期的无风险资产总回报率都为 1.25（$=e^r$）。我们先来计算 2 时刻到期，行权价为 100 元的欧式卖出期权的 0 时刻价格，以作为比较的基准。

模型中风险中性概率为 0.5[＝(1.25－0.5)÷(2－0.5)]。于是，可用如下公式计算出欧式卖出期权在 0 时刻的期权价格为 12 元。

$$P_u=\frac{1}{e^r}\left[qP_{uu}+(1-q)P_{ud}\right]=\frac{1}{1.25}(0.5\times 0+0.5\times 0)=0(\text{元})$$

$$P_d=\frac{1}{e^r}\left[qP_{ud}+(1-q)P_{dd}\right]=\frac{1}{1.25}(0.5\times 0+0.5\times 75)=30(\text{元})$$

$$P_0=\frac{1}{e^r}\left[qP_u+(1-q)P_d\right]=\frac{1}{1.25}(0.5\times 0+0.5\times 30)=12(\text{元})$$

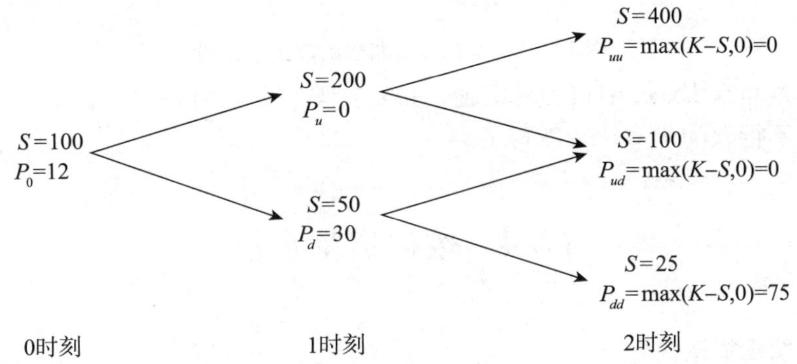

图 17－1　欧式卖出期权的二叉树定价

接下来再计算美式卖出期权的价格（图 17－2）。与欧式期权不同，在分析美式期权时，在每个时刻都需要比较行权和不行权谁更有利。在两期二叉树模型中，由于期权行权价为 100 元，所以它只可能在 1 时刻股价下跌到 50 元时被提前行权。如果在 1 时刻股价下跌到 50 元时不行权，未来期权支付的 1 时刻现值则为

$$\frac{1}{e^r}\left[qP_{ud}+(1-q)P_{dd}\right]=\frac{1}{1.25}(0.5\times 0+0.5\times 75)=30(\text{元})$$

而在此时行权，则可得到

$$\max(K-S_d,0)=\max(100-50,0)=50(\text{元})$$

于是，在1时刻股价跌到50元时，美式卖出期权的价格应该为

$$P_d=\max\left\{\max(K-S_d,0),\frac{1}{e^r}\left[qP_{ud}+(1-q)P_{dd}\right]\right\}=\max\{50,30\}=50(\text{元})$$

这样，期权0时刻的价格就是

$$P_0=\frac{1}{e^r}\left[qP_u+(1-q)P_d\right]=\frac{1}{1.25}(0.5\times0+0.5\times50)=20(\text{元})$$

所以，行权价为100元的美式卖出期权在0时刻的价格为20元，高于欧式期权的价格，能够提前行权的权利提升了美式期权的价格。这个例子也展示了在股价下跌较多的时候，美式卖出期权确实可能被提前行权。

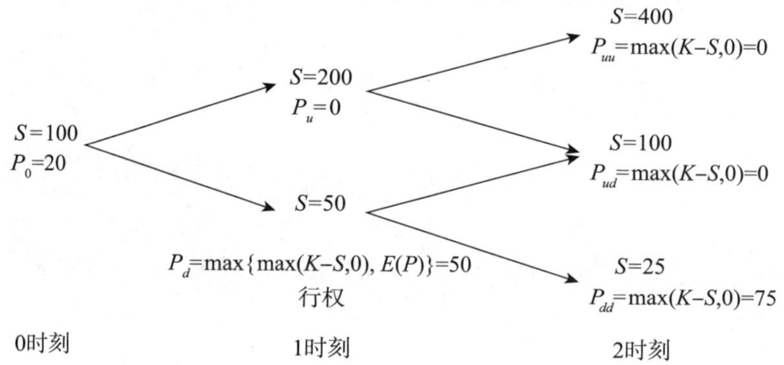

图17-2 美式卖出期权的二叉树定价

以上计算过程在Excel中很容易实现，只需要编写公式时在二叉树的每个节点做一下当时行权还是不行权的优劣比较就行了。

17.4 按揭贷款定价

17.4.1 按揭贷款简介

最优停时的应用远不止于美式期权定价，要给按揭贷款这种非常重要的金融资产定价，也需要运用最优停时的分析。**按揭贷款**（mortgage loan）就是购房抵押贷款。购房者将所购房屋的产权抵押给银行，向银行借入房款支付给卖房者。银行一般会要求购房者自己也掏一部分房款，购房者自己出资的部分叫作**首付**（down payment）。而后，购房者再按月向银行支付借款本息，直至欠款还清。在银行欠款未还清之前，购房者如果停止支付借款本息，银行则可将房屋收归自己所有。而购房者也可以选择提前还清借款本息，结束按揭贷款合同。

按揭贷款的规模非常庞大。截至2017年1季度，我国房屋按揭贷款余额已经达到20.8万亿元人民币，约占我国贷款总量的19%。同期，美国房屋按揭贷款余额也有4.1

万亿美元，大约占美国商业银行信贷总量的$\frac{1}{3}$。次贷危机之所以爆发，很重要的原因是大量按揭贷款被银行卖到了金融市场，并构建起了各种复杂的金融衍生品。而按揭贷款要被银行出售出去，一个重要前提是可以对按揭贷款进行精确定价，但这并不是一件简单的事情。

在按揭贷款中，购房者一次从银行借入大量资金，以后逐步偿还。对一只债券来说，其现金流一般是在债券存续期定期支付利息，然后到债券到期日再还清本金及最后一期利息。房屋按揭贷款的时间很长（一般都是几十年），如果到最后才偿还本金，之前只还利息，购房者很可能在最后偿付本金之前违约。因此，为了降低自己面临的违约风险，银行会要求购房者在贷款存续期逐步还清本金。

有一种按揭贷款的还款方式叫等额本金还款法，即购房者在贷款期限内每月还相同比例的本金。比如，购房者向银行借入了 100 万元，约定按等额本金还款法在 10 年内还清，则每月需还本金 0.83（=100÷120）万元。当然，每月的利息也是必须要还的。但随着时间的推移，本金会越来越少，所需支付的利息也会逐步下降。所以，按照等额本金还款法，购房者的月本息还款额会逐月下降（每月相同的本金偿付额再加上逐步下降的利息支付额）。

另一种更为常见的按揭贷款还款方式是等额本息还款法，即购房者每月向银行还款的数额（本金和利息的支付之和）都一样。这样，在贷款前期，因为利息支付比较多，每月等额的还款金额中，本金的支付会比较少，利息的支付会比较多。而随着时间的推移，未还清本金越来越少，所需支付的利息也越来越少，每月本息偿付中的本金支付就越来越多。按照这种还款方法，本金在前期还得比较慢，而在后期还得越来越快。

给按揭贷款定价的主要难点在于购房者有提前还款的权利，而且银行必须允许购房者有这种权利。因为购房者有可能在房屋按揭贷款的存续期内出售房产，如果不能提前偿还按揭贷款，从银行那里拿回抵押的房屋产权，房屋则不能出售。如果有这样的约束，购房者很可能一开始就不愿意按揭贷款。所以，为了能把按揭贷款发放出去，银行必须允许购房者有提前还款的权利。

提前还款给购房者带来了便利，但给银行带去了麻烦。由于提前还款，按揭贷款所产生的现金流存在不确定性，从而给估计其价值增加了难度。更糟糕的是，按揭贷款的提前还款还倾向于在银行最不希望购房者还款的时候增加。提前还款可能因为购房者出售其房产而产生，也可能由于市场利率下降而增加。假设一个按揭贷款的利率是固定的（即还款利率保持不变），这样，当市场利率降低到按揭贷款利率之下的时候，借款者会发现还掉高利率的按揭贷款，并用较低的市场利率借款会有利可图，从而愿意提前还款。而市场利率较低时，也正是银行不愿意借款人提前还款的时候。因为这时银行收到提前还款的现金之后，难以找到较高回报的投资机会。在很长时间里，按揭贷款这样的资产因为现金流存在较大不确定性，很难对其精准定价，因而也就没法在市场中大规模交易。

也就是在近二十多年，按揭贷款的定价技术才走向成熟，从而催生了巨大的按揭贷款交易市场。这个市场的蓬勃发展也为后来的次贷危机埋下了种子。

17.4.2 按揭贷款的二叉树定价

我们在二叉树模型中给按揭贷款定价。这里，我们把关注的焦点放在市场利率的变化上，因为它是决定按揭贷款是否提前还款的最关键因素。相应地，为了给按揭贷款定价，我们需要给出利率变化的模型描述。事实上，在衍生品定价中，对标的资产价格运动的模型刻画是最关键的一环。即使是对同样的衍生品，如果所用的描述标的资产变化的模型不一样，定价的结果则也不一样。所以，找出更符合真实世界资产价格变化，同时又易于处理的模型就成为研究者们工作的一个重心。在这里，我们非常简单地假设在风险中性世界中，每期市场利率（无风险利率）r_t 由 q 的概率变成原来的 u 倍，由 $1-q$ 的概率变成原来的 d 倍（$u>d$）。

我们假设贷款利率在贷款整个存续期都固定在 $\bar{r}$，不随市场利率 r_t 的变化而变化。我们假设借款人只从利率的角度来决定是否提前还款，不考虑卖房等其他提前还款的原因。我们还假设借款人如果要提前还款，就必须一次性把剩余的本金全部还清。这些假设可以让我们接下来的分析简单一些，但并不会改变问题的本质。就算放松这些假设，计算的思路也是类似的。

设每一时刻本息偿付之后，剩余的未偿付贷款本金为 B_t。$B_{t-1}-B_t$ 就是每一时刻按贷款合同规定需要偿付的本金数额（等于上一时刻的剩余未偿付本金减去这一时刻的剩余未偿付本金）。由于贷款合同中规定的贷款利率是 $\bar{r}$，所以每一时刻借款人的利息支付是 $\bar{r}B_{t-1}$——上一时刻的剩余本金（也就是这一时刻开始时的未偿还本金）乘以贷款利率。因此，每一时刻的本息总支付就是 $\bar{r}B_{t-1}+B_{t-1}-B_t$。在完成了规定的本息偿付后，借款人可以选择将剩余的未偿付本金 B_t 全部还清，从而结束贷款。

如同前文中的例子所展示的，要用逆向递推进行分析，关键是给出递推公式。这里，我们定义在二叉树每个节点完成规定的本息支付后，剩余贷款的价值为 V_s——还款人未来需要偿付的所有款项的现值和。其中，下标 s 表示我们是在哪个节点计算值函数。我们将 s 对应的两个后续节点记为 su 和 sd，分别对应市场利率上升和下降的情形。这样，V_{su} 与 V_{sd} 就分别代表在 su 和 sd 这两个节点完成了规定的本息支付之后剩余贷款的价值。

如果不存在提前还款的选择，则借款人在 s 这个节点偿付了当前时刻应付本息后，剩余贷款的现值（在 s 节点处的现值）是①

$$
\begin{aligned}
V'_s &= \frac{1}{1+r_s}\left[q(\bar{r}B_s+B_s-B_{su}+V'_{su})+(1-q)(\bar{r}B_s+B_s-B_{sd}+V'_{sd})\right] \\
&= \frac{1}{1+r_s}\left[q(\bar{r}B_t+B_t-B_{t+1}+V'_{su})+(1-q)(\bar{r}B_t+B_t-B_{t+1}+V'_{sd})\right]
\end{aligned}
\tag{17.6}
$$

上式中，我们在表示值函数的字母 V 上加了一撇，以表明这是在不存在提前还款可能

① $\bar{r}$ 是真实世界中规定的贷款利率，规定了借款人以什么样的利率偿还贷款。$\bar{r}$ 规定的其实是贷款（作为一种资产）的支付，因此，在风险中性世界中的分析可将 $\bar{r}$ 直接代入。

下的值函数。观察上式可以发现，它仍然有风险中性概率下期望的形式。不过要注意，贴现用的是市场利率（对应 s 节点的市场利率 r_s），而不是贷款利率（$\bar{r}$）。在后续的 su 节点，按照贷款合同，还款人需要偿付当期应付本息 $\bar{r}B_s+B_s-B_{su}$。由于同一时刻所有节点的本金都是一样的，所以当期应付本息又可以写成 $\bar{r}B_t+B_t-B_{t+1}$。需偿还的本息再加上未来的剩余贷款价值 V_{su}，就是 su 节点的支付，sd 节点的支付也是类似的。

但如果存在提前还款可能，值函数就不是式（17.6）那样的形式了。如果可以提前还款，则借款人在每个节点都会比较。如果剩余贷款的价值大于剩余本金，借款人就会选择将剩余本金全部还清。所以，s 节点的值函数应该是

$$V_s=\min\left\{B_t,\frac{1}{1+r_s}\begin{bmatrix}q(\bar{r}B_t+B_t-B_{t+1}+V_{su})\\+(1-q)(\bar{r}B_t+B_t-B_{t+1}+V_{sd})\end{bmatrix}\right\} \tag{17.7}$$

也就是说，在偿付了 s 节点的应付本息后，剩余贷款的价值取提前还款和不提前还款两种情形下的最小值。运用式（17.7）就可以逆向递推算出抵押贷款的价值。

17.4.3　一个算例

接下来我们在一个两期二叉树中计算一下按揭贷款的价值。假设在风险中性世界中，每一期市场利率（也是无风险利率）有$\frac{1}{2}$的概率变为原来的 2 倍，有$\frac{1}{2}$的概率变为原来的$\frac{1}{2}$。在一开始的 0 时刻，市场利率为 4%。按揭贷款总额为 100 万元，在 1 时刻和 2 时刻分别偿还 50 万元。0 时刻是贷款的发放日，借款人不偿还本金和利息。按揭贷款的利率设定为 5%，不随市场利率的变化而变化。模型的参数可见图 17－3。

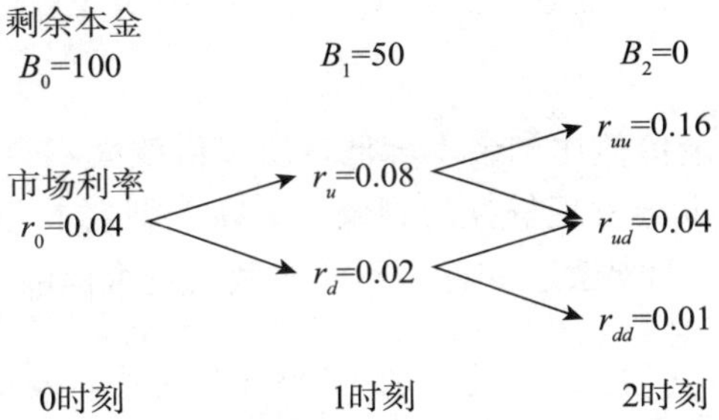

图 17－3　描述无风险利率变化的二叉树

由于在 2 时刻贷款就已到期，所以 2 时刻支付了规定的本息后，贷款的剩余价值为 0，如下所示，

$$V_{uu}=V_{ud}=V_{dd}=0$$

我们先来计算在没有提前还款可能时，按揭贷款在 0 时刻的价值。我们用 V' 来代表不能提前还款时的值函数，运用递推公式（17.6），我们有

$$V'_u=\frac{1}{1+r_u}\begin{bmatrix}0.5\times(\bar{r}B_1+B_1-B_2+V_{uu})\\+0.5\times(\bar{r}B_1+B_1-B_2+V_{ud})\end{bmatrix}$$

$$= \frac{1}{1+0.08}\begin{bmatrix}0.5\times(0.05\times 50+50-0+0)\\ +0.5\times(0.05\times 50+50-0+0)\end{bmatrix}$$
$$= 48.61(\text{万元})$$

$$V'_d = \frac{1}{1+r_d}\begin{bmatrix}0.5\times(\bar{r}B_1+B_1-B_2+V_{ud})\\ +0.5\times(\bar{r}B_1+B_1-B_2+V_{dd})\end{bmatrix}$$
$$= \frac{1}{1+0.02}\begin{bmatrix}0.5\times(0.05\times 50+50-0+0)\\ +0.5\times(0.05\times 50+50-0+0)\end{bmatrix}$$
$$= 51.47(\text{万元})$$

于是，0 时刻按揭贷款的价值为

$$V'_0 = \frac{1}{1+r_0}\begin{bmatrix}0.5\times(\bar{r}B_0+B_0-B_1+V'_u)\\ +0.5\times(\bar{r}B_0+B_0-B_1+V'_d)\end{bmatrix}$$
$$= \frac{1}{1+0.04}\begin{bmatrix}0.5\times(0.05\times 100+100-50+48.61)\\ +0.5\times(0.05\times 100+100-50+51.47)\end{bmatrix}$$
$$=101.00(\text{万元})$$

我们再来分析借款人可以提前还款的情形，我们用递推公式（17.7）来做逆向递推，如下所示，

$$V_u = \min\left\{B_1, \frac{1}{1+r_u}\begin{bmatrix}0.5\times(\bar{r}B_1+B_1-B_2+V_{uu})\\ +0.5\times(\bar{r}B_1+B_1-B_2+V_{ud})\end{bmatrix}\right\}$$
$$=48.61(\text{万元})$$

$$V_d = \min\left\{B_1, \frac{1}{1+r_d}\begin{bmatrix}0.5\times(\bar{r}B_1+B_1-B_2+V_{ud})\\ +0.5\times(\bar{r}B_1+B_1-B_2+V_{dd})\end{bmatrix}\right\}$$
$$=50(\text{万元})$$

在 u 节点，因为贷款的剩余价值比剩余本金低，所以借款人不会提前还款。但在 d 节点不是这样，在 d 节点，借款人会发现贷款的剩余价值高于剩余本金，所以会提前还款。由于 0 时刻是贷款的发放时刻，无须偿还本息，不需要做出是否提前还款的决策，因此有

$$V_0 = \frac{1}{1+r_0}[0.5\times(\bar{r}B_0+B_0-B_1+V_u)+0.5\times(\bar{r}B_0+B_0-B_1+V_d)]$$
$$=100.29(\text{万元})$$

从以上计算可以看出，提前还款的权利降低了贷款的价值，即

$$V_0 < V'_0$$

但是，提前还款权利的存在并不妨碍我们给贷款精确定价。

17.4.4 两点评论

对按揭贷款的定价我们要做两点评论。第一点与次贷危机相关。过去，按揭贷款不为投资者所喜爱，是因为它的现金流及价值都不好确定。直到最近二十多年，按揭贷款的定

价方法才逐步成熟，从而催生了庞大的按揭贷款交易市场。银行由于能够容易地把按揭贷款在市场上卖掉，发放按揭贷款的热情也就比之前更高，对按揭贷款申请人的审核也比之前更松。这在美国带来了次贷危机之前按揭贷款的发放高潮，让许多缺乏还款能力，本来不应获得贷款的人也用按揭贷款买了房。而这反过来助长了房价泡沫，令银行发放按揭贷款的动力更足（只要房价持续上涨，银行就认为发放按揭贷款的风险比较小）。那些发放给还款能力不足者的按揭贷款叫作**次级按揭贷款**（subprime mortgage）。2007 年美国房价触顶回落之后，正是次级按揭贷款的大量违约最终引爆了 20 世纪 30 年代大萧条之后的全球最大金融危机。这场危机就以其导火索为名，被叫作**次贷危机**（subprime crisis）。

虽说没有按揭贷款定价方法的成熟，可能就不会有后来的次贷危机。但把次贷危机的爆发归咎到金融定价技术的发展上并不公允。危机只是说明我们对经济和金融的理解还不够全面和深刻，而不是对相关金融技术进步的否定。金融技术的推进和金融市场的发展都是不可阻挡的潮流，我们不可因为危机的爆发就因噎废食。但同时，我们对金融技术中所蕴含的风险也需保持高度警惕。

第二点评论针对定价过程本身。在前文的计算中，我们只分析了借款人因为利率的变化而提前还款的可能。但在现实世界中，并不是所有的人都会做这样的精细计算。有些人可能不会计算，有些人则可能不愿意费这时间。所以，按揭贷款借款人并不都会因为利率的下降而提前还款。换言之，不是所有的借款人都对利率变化敏感，所以在给按揭贷款定价时，需要把这一点考虑在内。

不同的人对利率有不同的敏感性，这会产生一个有趣的结论。假设一家银行常年保有价值 100 亿元的按揭贷款——这家银行尽管随时有人偿还贷款，又随时有人借新的贷款，但按揭贷款的数量稳定在 100 亿元。某一年，市场利率大幅下降，导致这家银行按揭贷款的借款人有一半选择提前还款了。虽然后来市场利率又回到了原先的水平，但这家银行的按揭贷款规模还是收缩到了以前的一半。我们的问题是，这剩下一半的按揭贷款价值应该比 50 亿多、少还是相等？

很多人可能会认为，既然按揭贷款规模只有之前的一半，那么价值也就应该是以前的一半，也就是 50 亿元。但这个答案不正确。我们要考虑到，当市场利率下降引发借款人提前还款时，那些对利率敏感的人会更多地还款。于是，在剩下的没有提前还款的一半借款人中，对利率不敏感的人的占比会比之前更多。由于这些人动用提前还款期权的可能性更低，对银行而言，贷款的价值就会更高。所以，虽然贷款规模只有之前的一半，但这部分贷款的价值会超过 50 亿元。没有学过抵押贷款定价理论的人是很难想到这个逻辑的。

进一步阅读指南

关于最优停时和美式期权定价，艾利·赫萨（Ali Hirsa）等所著的《金融衍生工具数学导论》（*An Introduction to the Mathematics of Financial Derivatives*）第 22 章是一个技术要求没那么高的介绍。达菲的《动态资产定价理论》一书的第 2、3 章也有一些相关的内容可供参考。

练习题

17.1　华夏上证 50ETF 某天的价格为 2.341 元。如果每一个交易日的无风险利率为 0.000 11，那么华夏上证 50ETF 的年度波动率为 17.7%。请在 Excel 中用多期二叉树模型（一期对应一个交易日）计算行权价为 2.5 元，到期日为 49 个交易日之后的美式卖出期权现在的价格。

17.2　假设在风险中性世界中，每年无风险利率有 $\frac{1}{2}$ 的概率变为之前的 $e^{0.1}$ 倍，$\frac{1}{2}$ 的概率变为之前的 $e^{-0.1}$ 倍。当前的无风险利率为 5%。有一笔 10 年期的按揭贷款在当前发放，按揭贷款的金额为 100 万元，在 10 年内按等额本金还款法还清。按揭贷款利率固定为 5.5%。请在 Excel 中用多期二叉树模型（一期对应一年）计算：

（a）如果借款人不能提前还款，这笔贷款在当前的价值。

（b）如果借款人可以因为利率的变化而提前还款（要提前还款就需一次付清所有未偿付的本金），这笔贷款在当前的价值。

第 18 讲

连续时间金融与布莱克-斯科尔斯公式

在前文介绍的二叉树模型中可以看到，衍生品定价的关键是给出描述标的资产价格运动的数学模型。有了这个模型后，定价就只是在风险中性概率下求期望罢了。怎样找到既贴近真实世界资产价格运动，又便于分析处理的数学模型，是衍生品定价的一个核心问题。

在真实世界中，我们所观察到的所有价格数据都是**离散时间**（discrete time）的。真实世界里能观察到的最高频数据是逐笔交易数据（transaction by transaction data），即每有一笔交易，价格信息就更新一次。在大交易所中，每秒发生的交易数量都是巨大的，因此每秒都有大量价格数据的产生，但即使这样的价格数据也不是连续时间的。

尽管真实世界中的价格数据总是离散的，但将其当成连续时间序列来处理反而会比较便捷。运用在这一讲会讲到的伊藤引理等数学工具，我们就可以在连续时间模型下得到简洁结果。因此，金融理论中的许多模型都是连续时间（continuous time）的，连续时间模型得出的结论对真实世界中观察到的离散价格序列也有很强的指导意义。

初学者容易被连续时间金融（continuous time finance）这个“高大上”的名字所吓住，存在畏难情绪。不过，连续时间金融虽然确实涉及一些看上去很艰深的内容，但其思想并不复杂。要了解连续时间金融的分析方法，也并不需要先去学高等概率、随机过程等课程做准备。在这一讲我们会介绍连续时间金融模型，并推导期权定价的布莱克-斯科尔斯（Black-Scholes）公式。要理解这些内容，我们只需要一部分高等数学和初等概率论的知识、一些要求并不高的代数推演能力、一点耐心，以及最为重要的——一颗不畏惧数学的心。

18.1 准备知识：正态分布与对数正态分布

18.1.1 正态分布

在真实世界中，资产价格每时每刻都会受到很多因素的影响，价格运动取决于这些因素的合力。学过概率统计的人应该知道，当一个随机变量的取值受到大量不同因素的影响，且没有一个因素起支配作用时，这个随机变量的分布就是**正态分布**（normal distribution）——概率论中的中心极限定理讲的就是这个意思。所以，正态分布就是资产价格运动建模的基础。在这里，我们先复习一下正态分布的基本概念。

如果一个随机变量 x 服从正态分布，那么它的均值 $\mu=E(x)$ 与方差 $\sigma^2=\text{var}(x)$ 就完全描述了这个随机变量的分布。可以将 x 记为 $x\sim\Phi(\mu,\sigma^2)$。正态分布的概率密度函数为

$$f(x)=\frac{1}{\sqrt{2\pi\sigma^2}}\mathrm{e}^{-\frac{(x-\mu)^2}{2\sigma^2}}$$

对任意一个服从正态分布的随机变量，总是可以通过减去均值再除以标准差来将其转化为标准正态分布。即如果定义 $t=\frac{x-\mu}{\sigma}$，那么 t 就是一个均值为 0，方差为 1 的正态分布随机变量 $[t\sim\Phi(0,1)]$，其概率密度函数为

$$f(t)=\frac{1}{\sqrt{2\pi}}\mathrm{e}^{-\frac{t^2}{2}}$$

我们一般把标准正态分布随机变量的累积分布函数记为 $N(U)$，它表示一个标准正态分布的随机变量小于等于 U 的概率，如下所示，

$$N(U)=\int_{t=-\infty}^{U}\frac{1}{\sqrt{2\pi}}\mathrm{e}^{-\frac{t^2}{2}}\mathrm{d}t \tag{18.1}$$

由于标准正态分布的概率密度函数以 0 为对称轴左右对称，所以有

$$N(-U)=1-N(U) \tag{18.2}$$

18.1.2 对数正态分布

在对资产价格运动建模时，我们其实并不是把资产价格的变化（S_T-S_0）设定为正态分布。因为如果这样设定，资产价格就有可能小于 0。为了保证资产价格总是为正，建模时我们通常假设资产价格的对数变化（$\ln S_T-\ln S_0$）服从正态分布，即

$$\ln S_T-\ln S_0=x\sim\Phi(\mu,\sigma^2)$$

这样就有

$$S_T=S_0\mathrm{e}^{x}$$

我们称 S_T 服从对数正态分布（取对数后服从正态分布）。由于无套利资产定价最后都归结为求期望，所以我们需要知道如何计算对数正态分布随机变量的期望。

如果随机变量 e^x 服从对数正态分布，由正态分布的概率密度函数可知，其期望应该为

$$E(e^x)=\int_{-\infty}^{+\infty}e^x f(x)dx=\int_{-\infty}^{+\infty}e^x\frac{1}{\sqrt{2\pi\sigma^2}}e^{-\frac{(x-\mu)^2}{2\sigma^2}}dx$$

在上式中做变量替换，定义 $t=\frac{x-\mu}{\sigma}$，则 t 是一个服从标准正态分布的随机变量，并有 $x=\sigma t+\mu$，$dx=\sigma dt$。将其代入上式可得

$$\begin{aligned}E(e^x)&=\int_{-\infty}^{+\infty}e^x\frac{1}{\sqrt{2\pi\sigma^2}}e^{-\frac{(x-\mu)^2}{2\sigma^2}}dx=\int_{-\infty}^{+\infty}\frac{1}{\sqrt{2\pi\sigma^2}}e^{\sigma t+\mu}e^{-\frac{t^2}{2}}\sigma dt=e^{\mu}\int_{-\infty}^{+\infty}\frac{1}{\sqrt{2\pi}}e^{-\frac{t^2-2\sigma t}{2}}dt\\&=e^{\mu}\int_{-\infty}^{+\infty}\frac{1}{\sqrt{2\pi}}e^{-\frac{(t-\sigma)^2-\sigma^2}{2}}dt=e^{\mu+\frac{1}{2}\sigma^2}\int_{-\infty}^{+\infty}\frac{1}{\sqrt{2\pi}}e^{-\frac{(t-\sigma)^2}{2}}dt\\&=e^{\mu+\frac{1}{2}\sigma^2}\end{aligned}$$

最后一个等式之所以成立，是因为 $\frac{e^{-\frac{(t-\sigma)^2}{2}}}{\sqrt{2\pi}}$ 是服从均值为 σ，标准差为 1 的正态分布随机变量的概率密度函数。按照概率密度函数的定义，其从 $-\infty$ 到 $+\infty$ 上的积分应该等于 1。

所以，如果一个随机变量 X 服从对数正态分布，即 $\ln X\sim\Phi(\mu,\sigma^2)$，那么有

$$E(X)=e^{\mu+\frac{1}{2}\sigma^2}\tag{18.3}$$

这是一个非常重要的结论，在后文中我们推导布莱克-斯科尔斯公式时会用到。

图 18-1 来自维基百科，该图给出了正态分布和对数正态分布的概率密度函数图形和二

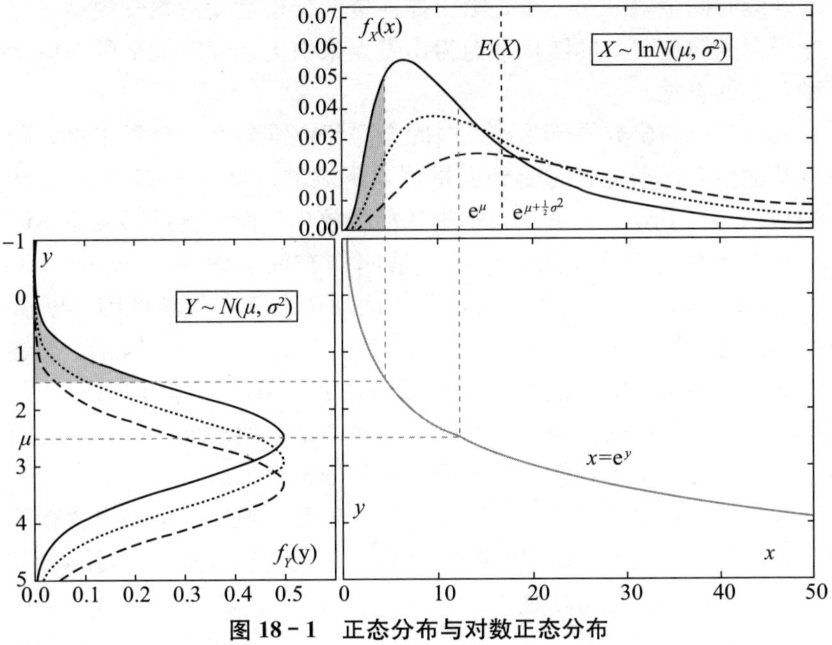

图 18-1　正态分布与对数正态分布

资料来源：https://upload.wikimedia.org/wikipedia/commons/4/4e/Lognormal_Distribution.svg

者之间的联系。左下角的图是正态分布的概率密度函数曲线，是常见的钟形曲线。右上角的图是对数正态分布的概率密度函数曲线。可以看到，对数正态分布的随机变量取值一定是正的。

18.2 连续时间金融基础

接下来，我们在正态分布的基础上构建连续时间金融分析的基本框架。在介绍该基本框架时，我们不追求数学上的严谨性，而重在展现数学公式背后的直觉。我们先提示大家，尽管连续时间金融的数学看上去有些复杂，一些结论也冠以看似深奥的名字，但其背后的思想并不复杂。

我们先从直觉上来想想接下来需要做哪些工作。前文中说了，资产价格每时每刻的变化都应该服从正态分布，因此，第一步的工作应该是构造出描述这种运动的数学模型，这对应着后文中的布朗运动和维纳过程的内容。我们再回忆一下在高等数学中研究运动的思路。对于一个运动，我们首先需要知道在无穷小时间间隔内它是怎样运动的——这对应着微分。此外，还需要知道这些无穷小时间间隔内的运动所产生的总效应是怎样的——这对应着积分。与之类似，对于随机运动，我们也要从微分和积分两个角度来研究，这便是随机微分和随机积分。需要注意的是，尽管都叫微分和积分，但随机微积分（stochastic calculus）和高等数学中的微积分（calculus）很不一样，背后的思想也完全不一样。把这些工具准备好了之后，我们就可以进入布莱克-斯科尔斯公式的推导了。

18.2.1 从随机游走到布朗运动

我们介绍连续时间金融的第一步是给出描述资产价格运动的数学模型，这个模型就是布朗运动。这里以离散情况下的随机游走为出发点来引出连续时间下的布朗运动，以揭示连续时间模型背后的直觉。

事实上，其他学科的研究早已为连续时间金融研究准备好了分析工具，因为除资产价格之外，还有其他很多运动是时时受到大量因素影响的。早在 1827 年，苏格兰植物学家罗伯特·布朗（Robert Brown）就发现水中花粉释放出的微小悬浮颗粒在不停地做不规则的随机运动，布朗所发现的这种随机运动就被叫作**布朗运动**（Brownian motion）。1905 年，爱因斯坦（Einstein）发表论文指出，布朗运动产生于在微粒周围不断做分子热运动的分子对微粒的撞击。1923 年，诺伯特·维纳（Norbert Wiener）构建了描述布朗运动的数学模型。维纳提出的这个随机过程就叫作**维纳过程**（Wiener process）。从数学上来看，资产价格的运动与水中微粒的运动没有本质区别，都是布朗运动。这样，之前其他学科为分析布朗运动所准备的数学工具就可以应用到金融分析上来。

我们以标准正态分布这种最简单的正态分布为砖石，来逐步构建描述布朗运动的维纳过程。我们首先在离散时间下来研究问题。设有一系列随机变量 ε_t 均服从标准正态分布，即 $\varepsilon_t \sim \Phi(0, 1)$，且两两之间相互独立，这一系列 ε_t 则是独立同分布（independent and identically distributed，简写为 i. i. d. ）的。设有一系列随机变量 $\{z_t\}$ 满足如下条件，

$$z_1 - z_0 = \varepsilon_0$$
$$\vdots$$
$$z_{t+1} - z_t = \varepsilon_t$$
$$\vdots$$

也就是说，z_t 的变化是服从标准正态分布的 ε_t。我们可以把 z_t 形象地理解为一个粒子在数轴上的位置，这个物体每一步怎么走都是随机的，服从一个标准正态分布。这一系列随机变量 $\{z_t\}$ 合起来就是一个随机过程，叫作**随机游走**（random walk）。

容易看出，

$$z_t - z_0 = \sum_{j=1}^{t} \varepsilon_{t-j}$$

由于 $\{\varepsilon_t\}$ 是独立同分布的，所以

$$E(z_t - z_0) = E\Big(\sum_{j=1}^{t} \varepsilon_{t-j}\Big) = \sum_{j=1}^{t} E(\varepsilon_{t-j}) = 0$$

$$\mathrm{var}(z_t - z_0) = E\Big(\sum_{j=1}^{t} \varepsilon_{t-j}\Big)^2 = \sum_{j=1}^{t} E(\varepsilon_{t-j})^2 = t \times 1 = t$$

对服从随机游走的粒子来说，它在任意时刻的位置也是随机变量。这个随机变量的期望等于它现在的位置（z_0），而它的方差等于游走的时间 t。注意，相互独立的随机变量的和的方差，等于各个随机变量方差的和，所以，随机变量 $z_t - z_0$ 的方差与时长 t 正相关。相应地，$z_t - z_0$ 的标准差（波动率）就与 $\sqrt{t}$ 正相关。在前文中介绍二叉树模型时，我们曾把股票上涨的幅度设为 $u = e^{\sigma\sqrt{\Delta t}}$，为什么公式中会有个根号，这里就给出了一些线索。

接下来，我们将离散时间的随机游走扩展为连续时间下的布朗运动（维纳过程）。设有这么一个随机过程 $\{z_t\}$，其任意两个时刻之间的差服从正态分布，且正态分布的均值为 0，方差为两个时刻之间的时长，即

$$z_{t+\Delta} - z_t \sim \Phi(0, \Delta), \forall \Delta > 0 \tag{18.4}$$

如果我们规定 Δ 只能为正整数，这就是一个随机游走。而在连续时间中，我们只要求 Δ 是一个正数，而不一定是正整数，这就把离散时间扩展到了连续时间。此外，我们还要求 $\{z_t\}$ 是一个独立增量过程，即在任意一组两两不相交的时间区间上，z_t 的增量都是相互独立的，这是对离散时间下 ε_t 独立同分布的扩展，这样的随机过程 $\{z_t\}$ 就是布朗运动。可见，布朗运动实质上就是连续时间下的随机游走——每一瞬间物体都在随机漫步。接下来我们给出布朗运动的严格数学定义。

定义 18.1：若一个随机过程 $\{X(t), t \geqslant 0\}$ 满足：

（1）$X(t)$ 是独立增量过程；

（2）对任意 s，$t > 0$，$X(s+t) - X(s) \sim \Phi(0, \sigma^2 t)$，即 $X(s+t) - X(s)$ 服从期望为 0，方差为 $\sigma^2 t$ 的正态分布；

（3）$X(t)$ 是关于 t 的连续函数。

则称 $\{X(t), t \geqslant 0\}$ 是维纳过程或布朗运动。如果 $\sigma = 1$，则将其称为标准布朗运动。

对一个做布朗运动的粒子来说，站在任意时刻往未来看，粒子未来位置的期望就等于粒子现在的位置，而粒子未来波动范围的标准差则与预测时长的平方根成正比。为了形成更直观的印象，图 18－2 中给出了一个模拟的布朗运动。从第 1 步一直到第 300 步，都是由计算机模拟的运动轨迹，而从第 301 步开始是对未来位置的期望（也可叫作预测）。预测标准差在图中用虚线绘出。

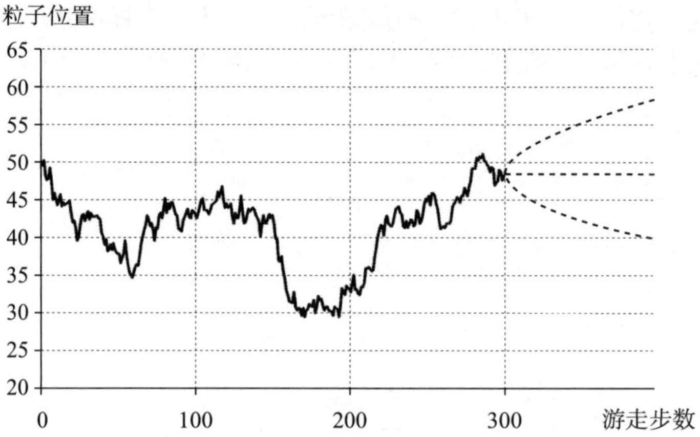

图 18－2　随机游走的模拟

18. 2. 2　随机微分

为了更深入地理解布朗运动，我们需要从微分和积分两个角度去研究它。我们先来看微分。在这里，我们要研究在微小的时间间隔里（$\Delta \to 0$ 时），布朗运动是什么样子的。我们定义布朗运动的微分为

$$dz_t = \lim_{\Delta \to 0}(z_{t+\Delta} - z_t)$$

注意，我们要求时间间隔 Δ 永远都是正的。所以 Δ 总是从上方趋近于 0。在离散时间中，与 dz_t 相对应的应该是

$$\varepsilon_t = z_{t+1} - z_t$$

随机变量的量级由随机变量的标准差（而非方差）决定。这是因为一个随机变量实现值的大小通常应该接近其标准差，所以，当我们说一个随机变量大概是多大的时候，指的是这个随机变量的标准差。这里定义的布朗运动的微分 dz_t 是一个随机变量，且有一个非常神奇的性质——dz_t 与 $\sqrt{\Delta}$ 的量级相当。这是因为按照定义，dz_t 的方差是 Δ，其标准差自然就是$\sqrt{\Delta}$，从这一点能推导出两个非常有趣而重要的结论。

第一，布朗运动处处连续但处处不可导（导数为无穷大）。布朗运动描述了一个不会跳跃的微粒的运行过程，所以布朗运动是连续的（这也是布朗运动的定义条件之一）。但我们需要注意，在 Δ 很小的时候，$\frac{\sqrt{\Delta}}{\Delta}$会是一个很大的数。这是因为在 $\Delta \to 0$ 时，布朗运动变化的量级在$\sqrt{\Delta}$。而按导数的定义，布朗运动的导数应该为 $\lim_{\Delta \to 0} \frac{\sqrt{\Delta}}{\Delta} \to +\infty$（$\Delta$ 是 $\sqrt{\Delta}$

的高阶无穷小)，所以，布朗运动处处不可导。从直观上来说，当我们关注的时间段越来越小的时候，布朗运动 z_t 的波动则看起来越来越剧烈。

第二，不管在多小的时间段里，布朗运动都是随机的。对于这些可导的函数来说，只要你观察的时间段小到一定程度，都会发现这些函数的图像会变成直线。但如果观察布朗运动的图像，你会发现不管观察的时间段小到什么程度，看到的都是上下起伏的随机运动图像。换言之，不可能把布朗运动理解为许多微小的确定性运动的组合。布朗运动已经是最小的不可分的随机过程了，是构成所有随机过程的两大基石之一（另一个基石是泊松过程——用来描述跳跃过程的随机模型）。

初次见到一个随机变量，我们的第一反应一定是计算它的期望和方差，碰到布朗运动的微分也是一样的。按照布朗运动的定义式（18.4)，可以看出 $\mathrm{d}z_t$ 的期望为 0，即

$$E_t(\mathrm{d}z_t)=0$$

注意，上式中的期望符号有一个下标 t，这表明期望是在 t 时刻求取的。因为我们现在研究的是随机过程，所以有很多不同的时刻。即使对同一个随机变量，在不同时刻计算出的期望也可能是不一样的，所以为了避免混淆，有时我们需要把计算期望的时间用下标给标示出来。

从布朗运动的定义还能看出，在 t 时刻计算的 $\mathrm{d}z_t$ 的方差为 $\mathrm{d}t$，即

$$\mathrm{d}t=\mathrm{var}_t(\mathrm{d}z_t)=E_t[\mathrm{d}z_t-E_t(\mathrm{d}z_t)]^2=E_t(\mathrm{d}z_t)^2$$

这意味着 $(\mathrm{d}z_t)^2$ 的量级与 $\mathrm{d}t$ 相同。自然，$\mathrm{d}z_t$ 的量级应该与 $\sqrt{\mathrm{d}t}$ 相同，即

$$\mathrm{d}z_t\sim\sqrt{\mathrm{d}t}\tag{18.5}$$

这是布朗运动的一个非常重要的性质，在后文中会看到这个性质的应用。

以标准布朗运动的微分为基本构件，可以搭建出用以描述资产价格的更复杂的模型。更为广义的布朗运动可以写成

$$\mathrm{d}x_t=\mu\mathrm{d}t+\sigma\mathrm{d}z_t\tag{18.6}$$

其中，$\mathrm{d}x_t$ 是每时刻粒子位置的变化，$\mu\mathrm{d}t$ 是每时刻粒子运动的趋势项（也叫漂移项)——每时刻恒定地增加 μ，σ 是粒子位置变化的标准差。计算如下，

$$\begin{aligned}E_t(\mathrm{d}x_t)&=E_t(\mu\mathrm{d}t+\sigma\mathrm{d}z_t)=\mu\mathrm{d}t\\\mathrm{var}_t(\mathrm{d}x_t)&=E_t[\mathrm{d}x_t-E_t(\mathrm{d}x_t)]^2\\&=E_t(\mu\mathrm{d}t+\sigma\mathrm{d}z_t-\mu\mathrm{d}t)^2\\&=\sigma^2E_t(\mathrm{d}z_t)^2\\&=\sigma^2\mathrm{d}t\end{aligned}$$

18.2.3　伊藤引理

有了布朗运动的数学模型后，我们会问这么一个问题：如果某个随机变量在做布朗运动，那么这个随机变量的函数的运动是怎样的？这是资产定价中常见的问题。比如，我们

知道期权的价格应该是股票价格的函数。我们会问：如果股票价格在做布朗运动，那么期权的价格是如何运动的？

伊藤引理（Ito's lemma）就是回答这类问题的关键数学工具。伊藤引理告诉了我们对随机过程的函数做微分的规则，运用伊藤引理可以非常简洁地回答许多问题。事实上，伊藤引理的存在是人们愿意利用连续时间模型来分析金融问题的最重要原因。伊藤引理虽然听上去很深奥，但用起来很简单。其核心思想可以总结为一句话：**把函数用泰勒展开式展至二阶，仅保留所有 dt 和 dz_t 项，略去其他项，并注意到 $(dz_t)^2=dt$。**

在高等数学中做微分时，我们只用把泰勒展开式展到一阶即可，二阶及二阶以上项作为高阶无穷小都可以被略去。但在做随机微分时，我们却必须要展到二阶，这是因为 $(dz_t)^2$ 与 dt 是同阶的，不能被略去。不熟悉的人可以用伊藤引理微分法则表格来帮助记忆（表 18－1）。

表 18－1　伊藤引理微分法则

	dz_t	dt
dz_t	dt	0
dt	0	0

接下来我们用伊藤引理计算一个随机微分。试思考，如果 x_t 服从式（18.6）的过程，那么 $y_t=f(x_t)$会服从什么过程。用泰勒展开式将 dy_t 展至二阶可得

$$
\begin{aligned}
dy_t &= \frac{\partial f}{\partial x}dx_t + \frac{1}{2}\frac{\partial^2 f}{\partial x^2}dx_t^2 \\
&= \frac{\partial f}{\partial x}(\mu dt+\sigma dz_t)+\frac{1}{2}\frac{\partial^2 f}{\partial x^2}(\mu dt+\sigma dz_t)^2 \\
&= \frac{\partial f}{\partial x}(\mu dt+\sigma dz_t)+\frac{1}{2}\frac{\partial^2 f}{\partial x^2}[\mu^2(dt)^2+2\mu\sigma dt dz_t+\sigma^2(dz_t)^2] \\
&= \frac{\partial f}{\partial x}(\mu dt+\sigma dz_t)+\frac{1}{2}\frac{\partial^2 f}{\partial x^2}\sigma^2 dt \\
&= \left(\frac{\partial f}{\partial x}\mu+\frac{1}{2}\frac{\partial^2 f}{\partial x^2}\sigma^2\right)dt+\frac{\partial f}{\partial x}\sigma dz_t
\end{aligned}
$$

这便是 y_t 所满足的运动规律。可以看到，y_t 作为 x_t 的函数，也在做布朗运动，只不过在 y_t 的漂移项（趋势项）中，还包含了 x_t 的扩散项（波动项）。

18.2.4　随机积分

定义了随机微分之后，我们再来看随机积分。在高等数学中，积分被定义为函数曲线下部的面积，但布朗运动的曲线处处不可导，所以高等数学中所定义的那种积分在这里不存在。因此，我们需要在随机状况下重新定义积分，这便是随机积分。

定义随机积分为

$$
\int_{t=0}^{T} dz_t=\lim_{\Delta\to 0}[(z_\Delta-z_0)+(z_{2\Delta}-z_\Delta)+\cdots+(z_T-z_{T-\Delta})]=z_T-z_0\sim\Phi(0,T)
$$

也就是说，随机积分的结果是一个随机变量，是做布朗运动的粒子在一段时间内位置的改变，位置改变的大小是一个服从正态分布的随机变量。所以，以后看到积分符号 $\int_{t=0}^{T} \mathrm{d}z_t$ 时要立即反应过来，它表示的是一个服从正态分布的随机变量。

随机微分给出了做布朗运动的粒子每一时刻位置的变化规律，而随机积分则可以用来给出任意时刻粒子的位置。我们先来求解式（18.6），对公式左右两边同时积分可得

$$\int_{t=0}^{T} \mathrm{d}x_t = \mu\int_{t=0}^{T} \mathrm{d}t + \sigma\int_{t=0}^{T} \mathrm{d}z_t$$

$$x_T - x_0 = \mu T + \sigma\int_{t=0}^{T} \mathrm{d}z_t$$

所以，

$$E_0(x_T - x_0) = \mu T$$
$$\mathrm{var}_0(x_T - x_0) = \sigma^2 T$$

也就是说，T 时刻粒子的位置是一个服从正态分布的随机变量，其均值为 $x_0 + \mu T$，方差为 $\sigma^2 T$。

18.2.5　几何布朗运动

1900 年，法国的巴施里耶假设股票价格服从式（18.6）这样的运动过程，并用其来研究衍生品的定价问题，巴施里耶可以说是现代金融学的鼻祖。不过对金融分析来说，式（18.6）这样的布朗运动有一个大问题，就是它有可能变成负值，但资产价格肯定不会是负的，所以这种运动不能用来描述资产价格的运动。

现在，金融学多用**几何布朗运动**（geometric Brownian motion）来描述资产价格运动，其微分形式的运动公式为

$$\mathrm{d}S_t = \mu S_t \mathrm{d}t + \sigma S_t \mathrm{d}z_t$$

也可以写成

$$\frac{\mathrm{d}S_t}{S_t} = \mu \mathrm{d}t + \sigma \mathrm{d}z_t$$

在几何布朗运动中，我们假设资产价格的对数变化服从带漂移的布朗运动。后文中我们马上会看到，如果资产价格在做几何布朗运动，那么任意时刻的资产价格都服从对数正态分布。

18.3　布莱克-斯科尔斯公式的偏微分方程推导

有了前文中这些准备工作，我们现在可以开始推导期权定价的布莱克-斯科尔斯公式

了。我们这里用两种方法来推导，一种主要借助于随机微分，另一种主要借助于随机积分。我们先来看随机微分，这是布莱克与斯科尔斯在其 1973 年发表的经典文章中所用的方法。

假设市场中存在股票和无风险债券两种资产，其价格分别为 S_t 与 B_t。两种资产价格的运动方程如下，

$$\begin{cases} dS_t = \mu S_t dt + \sigma S_t dz_t \\ dB_t = rB_t dt \end{cases}$$

除了股票和债券之外，市场中还存在一种衍生品，其价格与时间 t 和股票价格 S_t 有关，因此，可以把衍生品的价格写为 $f(t,S_t)$。我们的任务就是找出函数 $f(t,S_t)$ 的具体形式。

这里我们用在二叉树模型中曾经使用过的方法进行分析——用衍生品和股票构造一个无风险组合。这个无风险组合应该和无风险债券有同样的回报率，这样就可以把衍生品的价格确定出来了。具体来说，我们要求在 $0\leqslant t<T$ 期间的任意时刻 t 都持有这么一个组合，其中包含 1 单位衍生品的空头，以及$\frac{\partial f}{\partial S}$股的股票多头。由于$\frac{\partial f}{\partial S}$可能随时变化，所以这个组合的权重是随时调整的。记这个组合的价值为

$$V(t,S_t) = -f(t,S_t) + \frac{\partial f}{\partial S} S_t \tag{18.7}$$

由伊藤引理我们可以求出组合价值的微分为

$$\begin{aligned} dV(t,S_t) &= -df(t,S_t) + \frac{\partial f}{\partial S} dS_t \\ &= -\left(\frac{\partial f}{\partial t} dt + \frac{\partial f}{\partial S} dS_t + \frac{1}{2}\frac{\partial^2 f}{\partial S^2} dS_t^2\right) + \frac{\partial f}{\partial S} dS_t \\ &= -\frac{\partial f}{\partial t} dt - \frac{1}{2}\frac{\partial^2 f}{\partial S^2}(\mu S_t dt + \sigma S_t dz_t)^2 \\ &= -\frac{\partial f}{\partial t} dt - \frac{1}{2}\frac{\partial^2 f}{\partial S^2}\sigma^2 S_t^2 (dz_t)^2 \\ &= -\left(\frac{\partial f}{\partial t} + \frac{1}{2}\frac{\partial^2 f}{\partial S^2}\sigma^2 S_t^2\right) dt \end{aligned}$$

注意，在上式中求解微分 $dV(t,S_t)$的时候，我们将$\frac{\partial f}{\partial S}$当成一个常数，因而没有对它求导。这是因为组合的权重在股价变化之前就已经被选定了，不能跟随股价的瞬时变化而马上调整。对应到离散时间中，可以理解为权重已在上期决定，这期不能变化，只能在这期的末尾为下期设定权重。用连续时间金融的术语来说，$\frac{\partial f}{\partial S}$是可预知的（previsible），由之前的信息所决定，因而现在就看成常数。

通过以上计算可以看出，组合价值中不包含随机性因素（dz_t），这意味着我们构造的组合是一个无风险组合。不过，由于组合中股票的权重会不断调整（$\frac{\partial f}{\partial S}$会变化），所以我

们还得验证这个动态调整组合的策略是可以实现的。但在这里我们就不过多进入技术细节，大家知道这个策略是可行的就行了。

由于组合无风险，所以组合的价值理应按照无风险利率 r 增长，即

$$\mathrm{d}V(t,S_t)=rV(t,S_t)\mathrm{d}t$$

于是有

$$-\left(\frac{\partial f}{\partial t}+\frac{1}{2}\frac{\partial^2 f}{\partial S^2}\sigma^2 S_t^2\right)\mathrm{d}t=rV(t,S_t)\mathrm{d}t$$

将式（18.7）代入上式可得

$$-\left(\frac{\partial f}{\partial t}+\frac{1}{2}\frac{\partial^2 f}{\partial S^2}\sigma^2 S_t^2\right)\mathrm{d}t=r\left[-f(t,S_t)+\frac{\partial f}{\partial S}S_t\right]\mathrm{d}t$$

上式左右两边 $\mathrm{d}t$ 前的系数一定要相等，所以必有

$$\frac{\partial f}{\partial t}+rS_t\frac{\partial f}{\partial S}+\frac{1}{2}\sigma^2 S_t^2\frac{\partial^2 f}{\partial S^2}=rf \tag{18.8}$$

上式是任何衍生品都必须满足的偏微分方程。结合具体的边界条件，就能解出具体的衍生品价格。比如，对欧式买入期权来说，边界条件就是 $f(T,S_T)=\max\{S_T-K,0\}$。而对欧式卖出期权来说，边界条件就是 $f(T,S_T)=\max\{K-S_T,0\}$。式（18.8）叫作**布莱克-斯科尔斯偏微分方程**。在期权对应的边界条件下，求解这个偏微分方程，就能得到布莱克-斯科尔斯公式。

偏微分方程一般是很难求出解析解的，但式（18.8）有一些特别，在期权对应的边界条件下恰好可以得出解析解。而且，这类方程之前已经有人求解过了。在 1905 年爱因斯坦发表了研究布朗运动的文章后，人们就知道布朗运动产生于花粉微粒周围分子所做的热运动。这样，布朗运动就与统计热力学联系了起来，在研究热的扩散时，就会碰到布朗运动。物理学家曾经研究过，如果在一根均匀的金属棒两端加热，金属棒内部的温度会如何分布。研究这个课题时就碰到了形如式（18.8）这样的偏微分方程，而物理学家们已经把这个方程给解了出来。所以，布莱克与斯科尔斯利用物理学家们曾经使用过的方法解出了改变金融学的布莱克-斯科尔斯公式。

不过在这里我们不打算给出布莱克-斯科尔斯偏微分方程的求解过程，有兴趣的读者可以参见本讲“进一步阅读指南”中的参考文献。我们要用更为简便的方法来推导布莱克-斯科尔斯公式，就是前文中一直在用的风险中性定价方法。在连续时间中，它被叫作鞅方法。

18.4　布莱克-斯科尔斯公式的鞅方法推导

用求解偏微分方程来推导布莱克-斯科尔斯公式既困难，又不直观。接下来，我们要介绍一种更简单的方法——鞅方法。

有人可能觉得用微分形式来表现价格运动不太直观，我们可以用随机积分直接把价格的公式给解出来。先来看简单的无风险债券的价格。在计算无风险债券价格对数（$\ln B_t$）的微分时，由于在无风险债券的价格运动中不包含随机成分（dz_t），所以这里用一阶泰勒展开就行了，如下所示，

$$d(\ln B_t)=\frac{1}{B_t}dB_t=\frac{1}{B_t}rB_t dt=r dt$$

上式左右两边同时求积分可得

$$\int_{t=0}^{T}d(\ln B_t)=\int_{t=0}^{T}r dt$$

$$\ln B_T-\ln B_0=rT$$

$$B_T=B_0e^{rT}$$

这便是无风险债券在 T 时刻价格的公式。

接下来再利用伊藤引理来求解股票价格的公式，可以推出 $\ln S_t$ 的微分为

$$\begin{aligned}d(\ln S_t)&=\frac{1}{S_t}dS_t-\frac{1}{2}\frac{1}{S_t^2}dS_t^2\\&=\mu dt+\sigma dz_t-\frac{1}{2S_t^2}(\mu S_t dt+\sigma S_t dz_t)^2\\&=\mu dt+\sigma dz_t-\frac{1}{2}\sigma^2 dt\\&=(\mu-\frac{1}{2}\sigma^2)dt+\sigma dz_t\end{aligned}$$

对上式左右两边同时求积分可得

$$\int_{t=0}^{T}d(\ln S_t)=\int_{t=0}^{T}\left(\mu-\frac{1}{2}\sigma^2\right)dt+\sigma\int_{t=0}^{T}dz_t$$

$$\ln S_T-\ln S_0=\left(\mu-\frac{1}{2}\sigma^2\right)T+\sigma\int_{t=0}^{T}dz_t$$

$$S_T=S_0e^{(\mu-\frac{1}{2}\sigma^2)T+\sigma\int_{t=0}^{T}dz_t}$$

注意，$\left(\mu-\frac{1}{2}\sigma^2\right)T+\sigma\int_{t=0}^{T}dz_t$ 是一个正态分布的随机变量，均值为 $\left(\mu-\frac{1}{2}\sigma^2\right)T$，方差为 σ^2T。根据对数正态分布的性质，可以知道

$$E(S_T)=S_0e^{\mu T}$$

显然，这里的股票价格并不符合鞅性，即 $E(S_T)\neq S_0e^{rT}$。这是在真实世界的概率测度下求取的期望，自然不存在鞅性的结论。不过我们知道，当市场中不存在套利机会时，一定存在一个等价鞅测度，股票价格在这个测度下符合鞅性。也就是说，

$$\widetilde{E}(S_T)=S_0e^{rT}$$

上式中我们在期望符号上加了一个波浪号，以表示这是在等价鞅测度下求取的期望。基于前文中对 S_T 的推导，我们可以知道在等价鞅测度下，股价 S_T 应该满足

$$S_T = S_0 \mathrm{e}^{(r-\frac{1}{2}\sigma^2)T+\sigma\int_{t=0}^{T}\mathrm{d}\tilde{z}_t} \tag{18.9}$$

上式中我们在 $\mathrm{d}z_t$ 头上加上了波浪符号，以表示它是在等价鞅测度下的布朗运动。之所以可以这么做，是基于我们之前曾经提过的哥萨诺夫定理，在这里就不详述了。

接下来我们计算 T 时刻到期，行权价为 K 的欧式买入期权在 0 时刻的价格。由于这个期权在 T 时刻的支付为

$$\max\{S_T - K, 0\}$$

所以在等价鞅测度下，这个期权在 0 时刻的价格应该为

$$C_0 = \mathrm{e}^{-rT}\tilde{E}\left\{\max\{S_T - K, 0\}\right\}$$

我们接下来的任务就是把这个等价鞅测度下的期望给求出来，以下推导都在等价鞅测度下进行。

由式（18.9）可知，从 0 时刻来看，$\ln S_T$ 是一个正态分布的随机变量，

$$\ln S_T \sim \Phi\left[\ln S_0 + \left(r - \frac{1}{2}\sigma^2\right)T, \sigma^2 T\right]$$

为了简化书写，我们将 $\ln S_T$ 写成

$$\ln S_T = a + bu$$

其中，u 是一个服从标准正态分布的随机变量［$u \sim \Phi(0, 1)$］，而 a、b 两个参数分别为

$$a = \ln S_0 + (r - \frac{1}{2}\sigma^2)T$$

$$b = \sigma\sqrt{T}$$

令

$$\mathrm{e}^{a+bU} = K$$

可以解出

$$U = \frac{\ln K - a}{b} = \frac{\ln K - \ln S_0 - (r - \frac{1}{2}\sigma^2)T}{\sigma\sqrt{T}}$$

接下来我们来计算期望，如下所示，

$$\begin{aligned}&\tilde{E}\left\{\max\{S_T - K, 0\}\right\}\\&= \int_U^{+\infty}(\mathrm{e}^{a+bu} - K)\frac{1}{\sqrt{2\pi}}\mathrm{e}^{-\frac{1}{2}u^2}\mathrm{d}u\end{aligned}$$

$$
\begin{aligned}
&=\int_U^{+\infty}\frac{1}{\sqrt{2\pi}}\exp\left(a+bu-\frac{1}{2}u^2\right)\mathrm{d}u-K\int_U^{+\infty}\frac{1}{\sqrt{2\pi}}\mathrm{e}^{-\frac{u^2}{2}}\mathrm{d}u\\
&=\int_U^{+\infty}\frac{1}{\sqrt{2\pi}}\exp\left[-\frac{1}{2}(u-b)^2+a+\frac{1}{2}b^2\right]\mathrm{d}u-K[1-N(U)]\\
&=\mathrm{e}^{a+\frac{1}{2}b^2}\int_{U-b}^{+\infty}\frac{1}{\sqrt{2\pi}}\exp\left[-\frac{1}{2}(u-b)^2\right]\mathrm{d}(u-b)-KN(-U)\\
&=\mathrm{e}^{a+\frac{1}{2}b^2}[1-N(U-b)]-KN(-U)\\
&=\mathrm{e}^{rT}S_0N(b-U)-KN(-U)\quad\left(\because a+\frac{1}{2}b^2=\ln S_0+rT\right)
\end{aligned}
$$

其中 $N(U)$是标准正态分布的累积分布函数（即一个标准正态分布的随机变量取值小于 U 的概率）。有了这个期望之后，就有

$$C_0=\mathrm{e}^{-rT}\tilde{E}\left\{\max\{S_T-K,0\}\right\}=S_0N(b-U)-\mathrm{e}^{-rT}KN(-U)$$

如果定义

$$d_1\triangleq b-U=\sigma\sqrt{T}-\frac{\ln K-\ln S_0-(r-\frac{1}{2}\sigma^2)T}{\sigma\sqrt{T}}=\frac{\ln\frac{S_0}{K}+(r+\frac{1}{2}\sigma^2)T}{\sigma\sqrt{T}}$$

$$d_2\triangleq -U=d_1-b=d_1-\sigma\sqrt{T}$$

则有

$$C_0=S_0N(d_1)-\mathrm{e}^{-rT}KN(d_2)\tag{18.10}$$

上式即为欧式买入期权价格的布莱克-斯科尔斯公式。

布莱克-斯科尔斯公式中的 $N(d_2)$是在等价鞅测度（风险中性概率）下买入期权被执行的概率。$S_0N(d_1)$则是在等价鞅测度下，某个随机变量期望值用无风险利率贴现到 0 时刻的值。这个随机变量在 $S_T>K$ 的时候等于 S_T，在其他情况下则等于 0。

18.5 小　结

这一讲我们介绍了连续时间金融的基本理论框架，并利用其中的工具求解了布莱克-斯科尔斯公式。从中可以看出，用连续时间模型来处理金融问题是非常简便的。在连续时间下，许多在离散时间下的近似相等关系变成了严格相等，从而让我们能得到如伊藤引理这样简洁的结果，这是连续时间模型被大量应用到金融分析中的主要原因。事实上，本书前文中介绍的所有内容都有连续时间下的版本。

从这一讲我们还可以发现，连续时间模型虽然看上去很高深，也涉及很多高等数学知识，但其基本思想并不复杂。对于一个金融学的学生来说，对这些数学工具不仅要知其然，了解其结论，而且一定要抓住这些数学知识背后的思想。同学们就算以后要再深入学

习金融数学方面的知识，也一定要记住，我们的目的是拿数学来为我所用，而不是变成数学的"奴隶"。所学所用的数学工具越是复杂而抽象，就越是需要抓住其背后简单而直观的思想，只有这样才不至于迷失。

进一步阅读指南

连续时间金融起源于布莱克-斯科尔斯公式，但理论体系的搭建是由罗伯特·默顿来完成的。所以，布莱克与斯科尔斯发表于 1973 年的期权定价经典文章所用的方法与现代连续时间金融理论并不十分一致，因而不推荐初学者阅读。连续时间奠基性的文献当属罗伯特·默顿发表于 1973 年的期权定价文章。据说当年罗伯特·默顿在了解了布莱克与斯科尔斯的成果后，发现他们的方法可以改进，于是就写下了自己的期权定价文章。但为了让期权定价的桂冠落在布莱克与斯科尔斯的头上，罗伯特·默顿推迟了自己文章发表的时间，让布莱克与斯科尔斯的文章先发了出来。不过，如果要讲对期权定价理论的贡献，罗伯特·默顿绝对不逊于布莱克与斯科尔斯。所以，期权定价方程有时又被称为布莱克-斯科尔斯-默顿（Black-Scholes-Merton）模型。1997 年，斯科尔斯与默顿因对衍生品定价理论的贡献而分享了诺贝尔经济学奖。布莱克因为已于 1995 年去世，所以未能获颁诺贝尔奖（诺贝尔奖只发给在世的人），但诺贝尔奖委员会高度肯定了布莱克的贡献。

对于初学者来说，赫尔所著的《期权、期货及其他衍生产品》的第 14、15 两章是相当不错的参考资料。史树中《金融经济学十讲》的第十讲"连续时间金融学"是一个数学程度略高于本书，但又不是那么高不可攀的不错介绍。在《金融经济学十讲》第十讲的附录中还给出了布莱克-斯科尔斯公式的求解过程。对于想严肃学习连续时间金融理论的人来说，默顿所著的《连续时间金融》(*Continuous-Time Finance*) 是必读的经典教材。

练习题

18.1　在真实世界中，股票价格与无风险债券价格的运动方程如下，

$$\begin{cases} \mathrm{d}S_t = S_t(\mu \mathrm{d}t + \sigma \mathrm{d}z_t) \\ \mathrm{d}B_t = rB_t \mathrm{d}t \end{cases}$$

在本书中，我们推导了 0 时刻欧式买入期权的价格。在这里，请推导在到期日 T 之前任意时刻 t 的期权价格。

第 19 讲

动态对冲

19.1 引 言

无套利衍生品定价理论有两大重要应用。其一当然是给衍生品定价；其二与定价同等重要，是对冲（hedge）。英文的“hedge”是“树篱”的意思，若当动词来用，则是“用树篱围起”的意思。用树篱围起来，当然是为了做出防御，避免损失。在金融中，对冲指一项旨在抵消掉另一项相伴投资的亏损或回报的投资。通过对冲，投资者可以降低自己投资价值对价格变化的敏感度。在完美对冲的情况下，投资价值将不受价格变动的影响。对冲作为一种控制风险的手段，在衍生品交易中尤其重要。

以期权为例。期权是一种权利，在支付了一些固定成本后（如期权售价），期权投资者有收获巨大回报的可能（比如，理论上看涨期权可能带来无限回报）。相应地，期权卖出者（有时也叫作写期权的人）承担了期权空头的成本，则可能会遭受重大损失。这种风险如果没有妥善处理，有可能置期权卖出者于死地。因此，期权卖家（往往是投资银行）在卖出期权时会对冲掉这个头寸，从而确保自己不承担风险。

最简单的对冲方式当然是做一个反向操作。卖出一个期权的同时买入一个同样的期权。对投资银行来说，在市场中同时找到这样完全相反的投资机会不能说全无可能，但也至少是概率很小。别忘了，期权与股票不一样，它是一个高度个性化的金融产品，就算标的资产是同一只股票，到期日、执行价格不同的期权都是不同的金融资产。因此，更为实际的方式是用标的资产来对冲期权的头寸。

其实在前文中我们已经碰到过对冲的例子了。比如，之前讲到 Alpha 与 Beta 的分离时，就是用一个组合对冲掉另一个组合的 Beta 风险，而只留下 Alpha。但在静态情况下看起来很简单的对冲——用一个组合的相反头寸来对冲这个组合的风险——在动态状况下会变得更为复杂。在动态情况下，组合本身的情况会不断发生变化，其对应的对冲组合也需要时时调整。如何在动态情况下设计对冲组合的策略，尤其是对冲衍生品头寸的策略，是这一讲我们关心的主要问题。

19.2 不成功的对冲思路

在进入对衍生品对冲的更深入讨论之前，我们先来看看一些不怎么成功的对冲思路。

19.2.1 裸头寸与抵补头寸

如果一个期权卖出者不做任何对冲，而只持有期权的空头，则称其持有一个**裸头寸**（naked position）。不用说都能知道，这种裸头寸对应着很大的风险。期权卖出者所收获的只是期权确定的卖价，但如果标的资产的走势不利，期权卖出者的损失可能会远超期权卖价。

举个例子，假设某机构卖出了标的资产为 100 万股不分红股票的欧式买入期权，售价为 40 万元。我们假设股票当前价格为 10 元，执行价格为 11 元，无风险利率为 5%（年利率），股票价格的标准差为每年 20%，期权到期期限为半年。这意味着，

$$S_0=10, K=11, r=0.05, \sigma=0.2, T=0.5$$

利用布莱克-斯科尔斯公式可以计算出这个标的资产为 100 万股股票的期权理论价格约为 29 万元。

理论上，期权卖出者把期权卖到了 40 万元，赚了 11(=40−29) 万元的利润。但是，如果半年后股价涨到 15 元，期权卖出者会因为他持有期权空头的裸头寸而损失 400[=(15−11)×100] 万元，远远大于他出售期权获得的 40 万元收入。

与裸头寸相反，期权卖出者可以在卖出期权的同时买入对应数量的标的资产，这种情况称为**抵补头寸**（covered position）。尽管这样做期权卖出者将无惧股票价格上涨的风险，却会因股价下跌而遭受损失。还是在上述算例中，股票价格从开始的 10 元下跌到了 6 元，这时卖出者会因为持有的股票头寸而损失 400[=(10−6)×100]万元，仍远大于 40 万元期权的售价。

显然，无论是裸头寸还是抵补头寸都不是好的对冲方法。由于理论上这个期权的价格应该是 29 万元，一个好的对冲方法是应该让期权卖出者的成本稳定在 29 万元左右。

19.2.2 止损策略

一个看似不错的对冲策略是**止损策略**（stop-loss strategy）。具体来说，就是当卖掉的期权处在虚值状况时持有裸头寸，而当卖掉的期权处在实值状况时持有抵补头寸。就前文中的卖出欧式买入期权的例子来说，止损策略就是当股票价格涨到执行价格（11 元）之

上的时候，买入 100 万股股票，而当股价跌到 11 元以下时卖出 100 万股股票。

止损策略看起来不错，但实际上也不是一种好的对冲方法。原因有两点：第一，尽管每次股票的买卖都发生在 11 元，但不同时点交易金额的贴现值是不一样的，因此相互之间未必能够完全抵消。第二，也是更加重要的，因为股价涨跌的不可预测性，交易不可能正好以 11 元成交，再加上还存在买卖价差（bid-ask spread）和其他交易成本，所以不断地买卖也会带来不小的成本（尤其是股价多次穿越期权执行价格的时候）。

19.3 Delta 对冲

在现实中，金融机构会采用比前文中介绍的两种策略更加复杂的对冲方法，这些对冲方法会利用期权（衍生品）对各种参数的导数为指导来进行交易。在衍生品定价中，以**希腊字母**（the Greek letters，简称 Greeks）为一个专有名词，来指代期权对各种参数的导数。在对冲中，用得最多的是 Delta、Gamma 与 Vega 三个字母。这一节我们介绍 Delta。

所谓 Delta(Δ)，是期权价格对标的资产价格的偏导数，它衡量了期权价格对标的资产价格变化的敏感性，公式如下所示，

$$\Delta = \frac{\partial C}{\partial S} \tag{19.1}$$

19.3.1 单期 Delta 对冲

我们在一个单期二叉树模型中来解释怎样用 Delta 做对冲（图 19－1）。

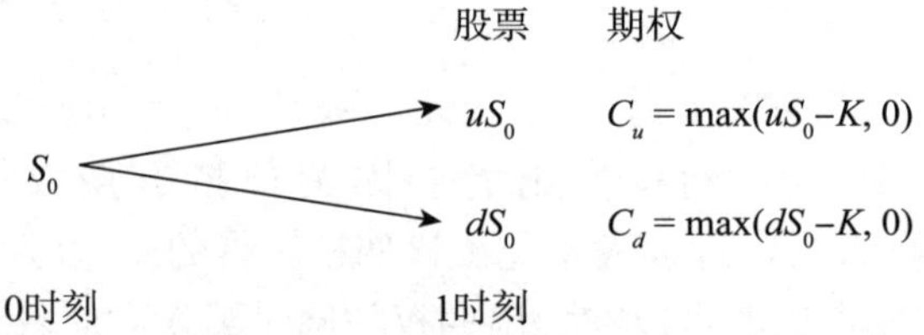

图 19－1 单期二叉树模型

事实上，在无套利定价初探那一讲中，我们在通过复制法计算期权价格的时候其实已经给出了对冲期权的方法。我们用股票和债券所组成的组合来复制期权，组合中包含 Δ 单位股票和价值 B 的债券。在股价向上与向下的两种情况下，这一组合在 1 时刻的支付分别为 $\Delta uS_0 + e^r B$ 与 $\Delta dS_0 + e^r B$。令这一组合在 1 时刻的支付完全与买入期权相同，则有

$$\begin{cases} \Delta uS_0 + e^r B = C_u \\ \Delta dS_0 + e^r B = C_d \end{cases}$$

从中可以解出

$$\begin{cases}\Delta = \dfrac{C_u - C_d}{S_0(u-d)} \\ B = \dfrac{uC_d - dC_u}{e^r(u-d)}\end{cases} \tag{19.2}$$

容易看出，其中 Δ 的公式就是式（19.1）的离散版本。

因此，为了对冲一份买入期权合约的空头（short position），只需要用 Δ 股股票的多头（long position）和价值 B 的无风险债券的多头即可，这就是 **Delta 对冲**（delta hedge）。通过这种方式构造的包括期权空头、股票和债券多头的资产组合，其价值并不随股票价格的波动而波动，这样的组合叫作 **Delta 中性**（delta neutral）的组合。

这里我们需要注意，所谓对冲，是指通过一个反向的头寸来对冲别的头寸。我们要对冲买入期权的空头，就需要一个买入期权的多头，而这个买入期权的多头实际上是用股票和债券复制出来的期权。这就是 Delta 对冲的核心含义——用复制的衍生品的头寸来**抵消**掉一个反向的衍生品头寸。

19.3.2　动态 Delta 对冲

需要注意，Delta 对冲是一个动态的过程。因为期权对标的资产的偏导数会因为资产价格的变化而变化——Δ 值会因为标的资产价格的变化而变化，因此，需要不断地对组合做调整，使得它持续处在 Delta 中性的状态。

我们通过一个两期二叉树模型来演示这一过程（图 19－2），其中所采用的对冲过程可以很容易扩展到多期的状况。这是前文中用过的算例，0 时刻的股价为 100 元。在两个时期，股价有翻倍和减半两种可能，每一时期无风险资产的总回报率都是 1.25。我们要为一张在 2 时刻到期，执行价格为 100 元的欧式买入期权的空头做对冲。

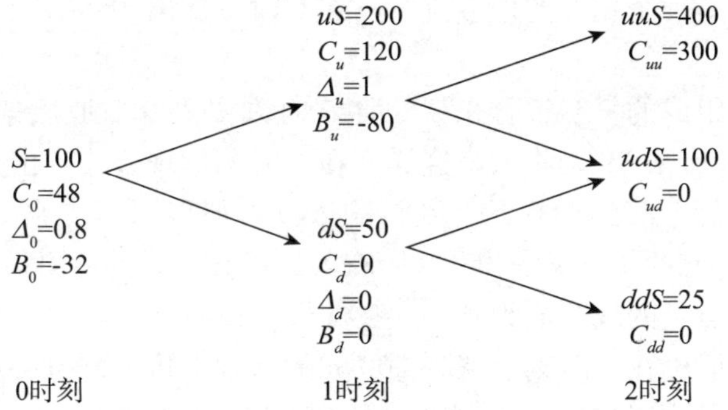

图 19－2　两期二叉树模型中的 Delta 对冲

这个模型中的风险中性概率 $q=0.5$，依此可以计算出 $C_u=(300\times0.5+0\times0.5)\div1.25=120$（元），$C_d=(0\times0.5+0\times0.5)\div1.25=0$（元），以及 $C_0=(120\times0.5+0\times0.5)\div1.25=48$（元）。利用式（19.2）可以计算出，在 0 时刻，

$$\begin{cases}\Delta_0=\dfrac{C_u-C_d}{S(u-d)}=\dfrac{120-0}{200-50}=0.8\\ B_0=\dfrac{uC_d-dC_u}{e^r(u-d)}=\dfrac{2\times 0-0.5\times 120}{1.25\times(2-0.5)}=-32(\text{元})\end{cases}$$

在 1 时刻的两种状态下（股价上涨和下跌），分别有

$$\begin{cases}\Delta_u=\dfrac{C_{uu}-C_{ud}}{S(u^2-ud)}=\dfrac{300-0}{400-100}=1\\ B_u=\dfrac{uC_{ud}-dC_{uu}}{e^r(u-d)}=\dfrac{2\times 0-0.5\times 300}{1.25\times(2-0.5)}=-80(\text{元})\end{cases}$$

$$\begin{cases}\Delta_d=\dfrac{C_{ud}-C_{dd}}{S(ud-d^2)}=\dfrac{0-0}{100-25}=0\\ B_d=\dfrac{uC_{dd}-dC_{ud}}{e^r(u-d)}=\dfrac{2\times 0-0.5\times 0}{1.25\times(2-0.5)}=0(\text{元})\end{cases}$$

所以，为了对冲在 0 时刻卖出的欧式买入期权，在 0 时刻应该买入 0.8 股股票，并借入 32 元。而在 1 时刻，如果股价涨到 200 元，则需要用 1 股股票进行对冲。这意味着此时除了继续持有 0 时刻购入的 0.8 股，还要追加购买 0.2 股。增购股票的成本再加上之前借款的本息，令总借款上升至 80 元。而在 1 时刻如果股价下跌到 50 元，就不需要股票的多头来对冲期权，因此，需要将 0 时刻购入的 0.8 股全部卖掉，卖出股票的收入用来偿还借款的本息。

我们现在来验证股票和债券所构成的对冲组合确实能复制期权的现金流。对一个买入期权的空头来说，其在 0 时刻有现金流流入 48 元（销售期权的收入），而在 2 时刻股价涨到 400 元时支出 300 元。在其他节点上的现金流均为 0。要对冲这个期权空头，我们就需要用股票和债券来构造一个相反的现金流——在 0 时刻支出 48 元，2 时刻股价涨到 400 元时收入 300 元。

对由股票和债券组成的复制组合来说，在 0 时刻买入 0.8 股股票支出 80 元，而以无风险利率借入 32 元又带来 32 元收入，这样，在 0 时刻的现金流支出是 48 元。

在 1 时刻如果股价上涨到 200 元，则再购入 0.2 股股票，支出 40(=0.2×200) 元。偿还 0 时刻借入的 32 元的本息又支出 40(=32×1.25) 元。然后再借入 80 元，带来 80 元的收入。因此，此节点上的现金流为 0。

在 2 时刻，如果股价在 1 时刻上涨到 200 元的基础上再上涨到 400 元，卖出所持有的 1 股股票，则收入 400 元。支付 1 时刻 80 元欠款所产生的本息 100(=80×1.25) 元后，正好剩下 300 元的收入现金流，与期权此时的现金流相等。相反，如果 2 时刻股价在 1 时刻 200 元的基础上又跌回 100 元，则卖出股票的收入 100 元正好抵消支付欠款本息的 100 元。最终的现金收入为 0 元，与此种状况下的期权现金流相等。

而如果在 1 时刻股价下跌到 50 元，则卖出之前买入的 0.8 股股票，得收入 40(=0.8×50) 元。这 40 元正好可以用来还清 0 时刻借入的 32 元本息，从而在这个节点上产生 0 元的现金流。这样一来，持有 0 股股票，欠款也为 0。接下来到 2 时刻，无论股价是涨回 100 元还是跌至 25 元，期权的现金流都是 0，与同时刻股票和债券组合的现金流

相等。

事实上，在进行 Delta 对冲时，我们只需要把注意力放在股票的头寸上（也就是 Δ 上）即可。至于无风险资产上的头寸，就等于期权和股票头寸带来现金流的负数。比如在 0 时刻，卖出 1 单位期权收入 48 元，而购买 0.8 股股票需要支出 80 元。这里面所差的 32 元就用无风险利率借入，因此，0 时刻无风险资产上的头寸就是－32 元。

19.3.3　关于动态 Delta 对冲的几点评述

第一，前文中所介绍的动态对冲方法实际上也是一种动态套利的方法。如果投资者在市场上发现了一个被错误定价的衍生品，那就可以一方面在市场上买卖这个衍生品，另一方面又通过动态对冲构造出这个衍生品的现金流。这样，投资者就可以在市场提供的衍生品和自己构造的衍生品之间无风险套利。

以前文中的两期二叉树模型为例，假设市场上 0 时刻的期权价格为 40 元，而不是 48 元，显然，这个期权的价格被低估了。因此，投资者可以在 0 时刻以 40 元的价格买入这个期权，同时按照二叉树中所给出的 Delta 对冲的方式来构造这个买入期权的相反头寸。具体来说，在 0 时刻做空 0.8 股股票（收入 80 元），同时用无风险利率借出 32 元（支出 32 元）。这样，在支付了期权的买价 40 元后，还是剩下 8 元。在 1 时刻的 u、d 两个状态下，分别把股票的头寸数调整到－1 股与 0 股，并用无风险利率进行借贷。这样，在 2 时刻，股票与债券的头寸所产生的现金流会正好与这个买入期权的买入现金流抵消。这样，投资者就在 0 时刻白赚了 8 元，而在未来不需要任何支出，这便是用动态对冲进行的无风险套利。

第二，前文中介绍了用标的资产来对冲某一衍生品的方法。这一方法可以拓展至对某个由衍生品组成的资产组合的对冲，这需要计算资产组合的 Delta。与单个衍生品相类似，某个总价值为 $\prod$ 的资产组合的 Delta，就是 $\dfrac{\partial \prod}{\partial S}$。一个包含 N 种期权的组合，其 Delta 可以由如下公式计算，

$$\Delta \prod = \sum_{i=1}^{N} w_i \Delta_i$$

其中，w_i 为第 i 种期权的合约数量，Δ_i 为这种期权的 Delta。

举个例子，假设一个组合包含两种标的资产为某股票的期权。其一是 10 万份 3 个月后到期，执行价格为 50 元的买入期权多头，每张这种期权的 Delta 为 0.55。其二是 20 万份 6 个月后到期，执行价格为 49 元的卖出期权空头，每张这种期权的 Delta 为－0.50。则组合的 Delta 是 15.5[＝10×0.55＋(－20)×(－0.5)]万。于是，在组合中增加 15.5 万股股票的空头，就可以使这个组合为 Delta 中性。

第三，动态对冲的实现依赖于市场的持续交易。市场参与者在买入或卖出衍生品之后，需要持续不断地交易来对冲掉衍生品头寸带来的风险。在这个过程中，如果市场交易停止（比如因为“9・11”这样的重大突发事件），那么动态对冲就无法实现，这会让很多衍生品头寸变成裸头寸，极大增加市场参与者所面临的风险。因此，越是发生重大突发

事件的时候，越需要确保市场中有足够流动性来保证交易的进行，这是市场监管者在重大事件发生时的首要责任。否则，容易引发市场参与者的大面积破产，从而引发系统性金融危机。

第四，观察前文中对冲期权空头的股票头寸。当股价上涨的时候，股票头寸反而要增加，看起来有“追涨杀跌”（越涨越买、越跌越卖）的特性。这是因为要对冲的衍生品空头在股价越高的时候，带来的亏损越多，因而需要越多的股票多头来对冲。所以，这里的“追涨杀跌”是完全理性的行为，但在特定的市场状况下，这会加大市场的波动。在后文中我们讲组合保险的时候，就能看到一个活生生的例子。

19.4 Gamma、Vega与其他希腊字母

19.4.1 Gamma

一个组合的Gamma（Γ），是这个组合的Delta对标的资产价格的偏导数，即组合价值对标的资产价格的二阶偏导数，如下所示，

$$\Gamma=\frac{\partial \Delta}{\partial S}=\frac{\partial^2 \prod}{\partial S^2}$$

在二叉树模型中，我们很难推导出Gamma的公式。但在连续时间下，利用布莱克-斯科尔斯公式可以很容易计算出一个欧式买入期权的Gamma为

$$\Gamma=\frac{N'(d_1)}{S_0\sigma\sqrt{T}}$$

其中，d_1为布莱克-斯科尔斯公式中所定义的d_1。

组合的Gamma越小，意味着组合的Delta对标的资产价格的变化越不敏感，因而变化越缓慢。这样，为了保持组合处于Delta中性状态所需的调整也不需要太频繁。相反，如果组合的Gamma很大，组合就很容易因为标的资产价格的变化而明显偏离Delta中性的状态。这样一来，如果不对组合做频繁调整，就会面临相当大的风险。

我们用图形来分析这一点。图19-3中画出了某一股票买入期权价格随股票价格变化而变化的轨迹。由于买入期权价格和股票价格之间是非线性关系，所以这条轨迹是曲线而非直线。

当股票价格从S变为S'时，Delta对冲假设买入期权价格从C变化到C'。但事实上，买入期权价格是从C变化到C''，C'与C''之间的差异就是**对冲误差**（hedging error）。对冲误差的大小取决于描述买入期权价格与股票价格关系的这条曲线的**曲率**（curvature）。组合的Gamma越大，这条曲线的曲率就越大，Delta对冲的对冲误差就越大，所以，Gamma有时被业内人员称为期权的曲率。

股票和股票期货的价格都是股票价格的线性函数，因此，股票及股票期货的Gamma是0，将它们加入组合也不会改变组合的Gamma。为了调整某个组合的Gamma，需要在组合中加入如期权这样Gamma非零的资产。

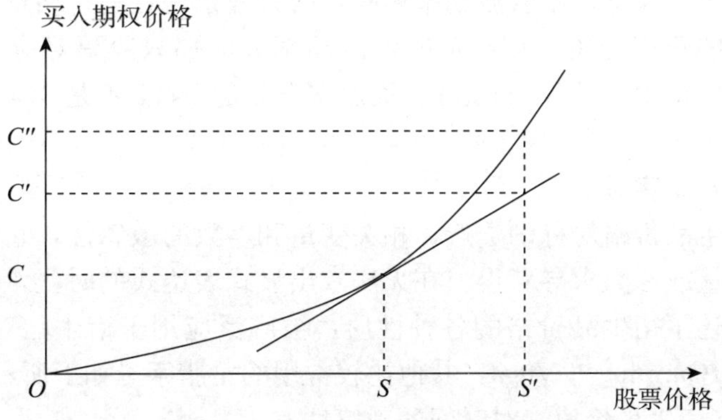

图 19-3 Delta 对冲的对冲误差

假设某个原本 Delta 中性的组合的 Gamma 为Γ，而某个期权 A 的 Gamma 为Γ_A。在这个组合中加入 w 单位的期权 A，可使组合的 Gamma 变成 $w\Gamma_A+\Gamma$，因此，通过在组合中加入$\frac{-\Gamma}{\Gamma_A}$单位的期权 A，可以将组合的 Gamma 变成 0。Gamma 为 0 的组合则是 **Gamma 中性**（Gamma neutral）的。当然，加入了期权 A 后，组合不再为 Delta 中性，所以需要再加入一定量的股票，使得组合重新变回 Delta 中性。由于股票不改变组合的 Gamma，所以这样调整之后的组合将变成既是 Gamma 中性，又是 Delta 中性。

我们可以将 Delta 中性理解为，对两次组合调整之间所发生的股票价格的**小变化**的保护。而 Gamma 中性则是对两次组合调整之间所发生的股票价格的**大变化**的保护。

19.4.2 Vega

组合的 Vega（ν）是组合价值对标的资产波动率的偏导数[①]，如下所示，

$$\nu=\frac{\partial \prod}{\partial \sigma}$$

利用布莱克-斯科尔斯公式，可以计算出欧式买入期权的 Vega 为

$$\nu=S_0\sqrt{T}N'(d_1)$$

Vega 的绝对值很高的组合对标的资产波动率的变化很敏感。由于标的资产本身的 Vega 是 0，所以为了改变组合的 Vega，需要在组合中加入期权。类似前文中的 Gamma，在某个 Vega 为 v 的组合中加入$-\frac{v}{v_B}$单位 Vega 为 v_B 的期权 B，可以将组合的 Vega 调整为 0（Vega 中性）。

标的资产的 Vega 之所以会是 0，是因为标的资产当前的价格已经给定，与波动率无关。想象有两只股票，其当前价格都是 100 元，而一只股票过去的波动率很大，另一只股

① Vega 是期权定价的希腊字母中的一个，但它本身并不是一个希腊字母，在写的时候，我们通常用希腊字母 nu(v) 代表它。

票过去的波动率很小。显然，不管波动率多高，两只股票现在的价格都是 100 元。但对分别以两只股票为标的资产的买入期权而言，波动率大的那只股票对应的期权价格应该更高，所以说，股票价格本身的 Vega 是 0，而股票期权的 Vega 不是 0。

19.4.3 其他希腊字母

希腊字母是衍生品价格对标的资产、相关变量和参数的敏感性，它们可以通过用衍生品价格表达式对变量或参数求导获得。在无法求出显式表达式的时候，可以利用数值方法计算。希腊字母描述了衍生品价格的各种性质，被广泛应用于衍生品对冲中。在前文中，我们看到了 Delta、Gamma 与 Vega，其他比较常用的希腊字母如下所示，

Theta：组合价值（衍生品价值）对时间的敏感性，

$$\Theta=\frac{\partial \prod}{\partial t}$$

Rho：组合价值（衍生品价值）对无风险利率的敏感性，

$$\rho=\frac{\partial \prod}{\partial r}$$

还有其他很多希腊字母，大家了解即可，如下所示，

$$\text{Speed}=\frac{\partial^3 \prod}{\partial S^3}=\frac{\partial \Gamma}{\partial S}$$

$$\text{Charm}=\frac{\partial^2 \prod}{\partial S \partial t}=\frac{\partial \Delta}{\partial t}$$

$$\text{Colour}=\frac{\partial^3 \prod}{\partial S^2 \partial t}=\frac{\partial \Gamma}{\partial t}$$

$$\text{Vanna}=\frac{\partial^2 \prod}{\partial S \partial \sigma}=\frac{\partial \Delta}{\partial \sigma}$$

$$\text{Volga}=\frac{\partial^2 \prod}{\partial \sigma^2}=\frac{\partial \nu}{\partial \sigma}$$

19.4.4 现实中的对冲

理想情况下，可以调整组合使得组合持续处在 Delta 中性、Gamma 中性、Vega 中性的状态。这可以通过在组合中加入两种不同的期权，以及若干标的资产来实现。但在现实中，由于期权市场的深度和流动性有限，一般很难以较小的成本来实现 Gamma 中性和 Vega 中性。因此，在实际操作中，一般是通过加入标的资产的头寸，至少在每日收市时都实现 Delta 中性（或至少接近 Delta 中性），同时，监测组合的 Gamma 与 Vega 及其他希腊字母。

金融机构一般都会对其持有的组合给出各种希腊字母的上限。当某个组合达到某个希

腊字母上限时，就会触发调整。如果某个组合需要突破某个希腊字母的上限，必须获得机构的特别批准，这是机构控制自己衍生品仓位风险的惯常做法。

19.5 组合保险

19.5.1 组合保险的思路

前文中我们讲的都是用股票来对冲股票期权头寸的风险，但实际上也可以反过来，用股票期权来对冲股票头寸的风险，这本就是期权被创设出来的初衷。不过，投资者所需要的期权未必是存在的。比如，投资者拥有由"一篮子"股票组成的一个组合，希望能够对组合下跌的风险加以对冲。对于这种个性化的组合的期权在市场上恐怕很难找到，但前文中的介绍提示我们，就算没有现成的期权在市场上交易，投资者也完全可以通过动态交易股票，构造出一个这样的期权来保护自己的组合，这就是**组合保险**（portfolio insurance）的思路。

接下来我们用一个具体的例子来阐述组合保险的方法（图 19-4）。为简化起见，假设一位投资经理持有一个仅包含 1 股股票 A 的组合。股票 A 在 0 时刻的价格为 100 元，在 1 时刻价格可能会上涨到 200 元或下跌到 50 元。无风险利率为 25%。投资经理希望能够确保自己的这个组合在未来价格不会跌到 80 元以下。为了做到这一点，最简单的办法就是买一个 1 时刻到期，执行价格为 80 元的卖出期权。这样，就算股价跌至 80 元以下，投资经理仍然可以以 80 元的价格出售自己手中的组合。但别忘了，购买这个期权本身是需要付出成本的。也就是说，尽管期权可以保护股票头寸价值不会跌到 80 元以下，但扣除了期权的成本后，整个组合的价值也会低于 80 元。

这样一个卖出期权在股价涨到 200 元的时候价值为 0（$P_u=0$）元，在股价跌到 50 元时价值为 30（$=80-50$，$P_d=30$）元。用风险中性概率的方法可计算出期权在 0 时刻的理论价格为 12（$=0\times0.5+30\times0.5\div1.25$）元。也就是说，为了保证自己的股票头寸价值不会跌至 80 元以下，投资经理需要在 0 时刻额外付出 12 元的成本来购买期权。由于无风险利率为 25%，这 12 元 0 时刻的成本在 1 时刻会变成 15（$=12\times1.25$）元。也就是说，在 1 时刻该投资的组合价值应该是 65（$=80-15$）元以上。

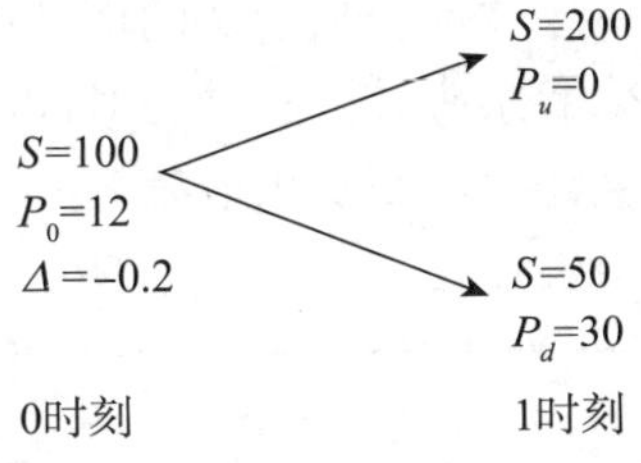

图 19-4 用卖出期权来保护组合价值

投资经理可以自己通过交易股票来构造这个期权，可以计算出

$$\Delta=\frac{P_u-P_d}{S_0(u-d)}=\frac{0-30}{200-50}=-0.2$$

这意味着投资经理应该在 0 时刻卖出 0.2 股，把组合中股票的头寸降到 0.8 股。卖出股票所得的 20（=0.2×100）元可用来购买无风险债券。

到 1 时刻，如果股价上涨到 200 元，则组合价值变成 185（=0.8×200+20×1.25）元。而在 1 时刻如果股价下跌到 50 元，则组合价值变成 65（=0.8×50+20×1.25）元。这正是购买了卖出期权后整个资产组合（包含股票、债券和期权头寸）在 1 时刻的价值。这样一来，投资者实现了对组合下跌风险的保险。

随堂问题：在前文的例子中，尽管股票头寸的价值被保护在了 80 元以上，但如果加上期权的成本，整个资产组合的价值只能保证在 65 元以上。如果投资经理希望最终保证自己的整个资产组合的价值不跌至 80 元以下，他应该采用怎样的策略？

19.5.2 对组合保险的几点评论

第一，在前文中的单期二叉树模型中，用合成期权的方式来实现组合保险的思路看起来似乎有些笨拙。由于模型中存在股票和债券两种资产，1 时刻的状态又只有两种，因此完全可以通过直接构造股票和债券的组合来实现想达成的支付状况。但在多期甚至是连续时间的情况下，构建组合保险思路的优势就体现出来了。这种思路可以很容易地扩展到多期和连续时间下，在复杂的状况下应用起来也很简便。

第二，现实中，组合保险更容易通过股指期货来实现。在现实中的资产组合不太可能只包含一只股票，而往往由多只股票组成，这时，更加方便的方法是通过股指期货进行对冲。但股指期货反映的是市场指数（如沪深 300、标准普尔 500）的走势，市场指数的组成未必与投资经理自己组合的构成一致，此时，可以先计算出自己组合的 Beta。如果 Beta 为 1，则按照前文中计算的数量进行对冲即可。

也就是说，如果在前文例子中的股票头寸是一个 Beta 为 1 的“股票篮子”，为了保护这一头寸的价值不低于 80 元，卖出价值 20 元的股指期货即可。如果“股票篮子”的 Beta 是 0.5，则应卖出价值 10（=20×0.5）元的股指期货进行对冲。基本的规律是，为了做组合保险所需要的期权数量，应当将组合的 Beta 乘以当 Beta 等于 1 时对冲所需的期权数量。

第三，组合保险很可能放大市场波动。从前文的例子中可以看到，为了对冲股票头寸的下跌风险，需要提前卖出一部分股票头寸。在动态对冲的过程中，如果股票价格持续下跌，依照前文的组合保险策略，就需要不断卖出股票头寸，从而形成越跌越卖的格局。在有些时候，这会放大市场的波动。

专题框 19-1：“黑色星期一”

1987 年 10 月 19 日（星期一），美国道琼斯工业平均指数（以下简称道琼斯指数）在一天之内下跌超过 20%，史称“黑色星期一”。许多人认为组合保险在这次下跌中发挥了重要作用。根据估计，在 1987 年 10 月，大概有 600 亿美元到 900 亿美元的股票头寸被组合保险所保护。在“黑色星期一”之前的三个交易日中（1987 年 10 月 14—16

日），道琼斯指数下跌了大概 10%，其中相当大部分的跌幅发生在 10 月 16 日（周五）的下午。根据组合保险的算法，应该相应出售约 120 亿美元股指期货的头寸来实现对股票头寸的保护，但是估计在 10 月 16 日只有大概 40 亿美元的交易得以完成。相应地，在 10 月 19 日开盘之前，就已经有大量由组合保险算法所生成的股指期货卖单生成。考虑到这些卖单的存在，其他投资者也大量做空股票，因而导致市场在消息面相对平静的背景下大幅下跌。

这一事件之后，组合保险的发展明显减速。这是因为在“黑色星期一”，市场下跌非常迅速，交易量明显放大，超过了交易系统的承受能力，因而很多交易未能及时完成，这让很多组合保险未能成功实现。这一事件也凸显了跟随同一个交易策略是相当危险的，哪怕这个策略的初衷是为了避免风险。

19.5.3　2015 年 A 股的股灾

组合保险这种策略在国内金融市场虽然很少见，但这种策略的思想在我国 A 股市场中已经大行其道，并且成为 2015 年 6—7 月 A 股爆发股灾的重要推手。

从 2010 年 3 月开始，我国 A 股市场引入了融资融券业务（简称两融）。所谓融资，就是证券公司借钱给股票投资者买股票。所谓融券，就是证券公司借股票给股票投资者供其卖空。这给股票投资加杠杆及卖空股票提供了便利。在推出的前几年，A 股市场中的两融交易并不多。直到 2014 年年初，融资余额还不到 4 000 亿元人民币。但随着 A 股市场情绪在 2014 年下半年逐步向好，融资业务得到了爆发性的增长，到 2015 年 6 月，融资余额已接近 2.3 万亿元。在融资业务这种正规的加杠杆方式之外，2015 年上半年 A 股市场中还大量出现了场外配资等非正规的杠杆业务。杠杆资金的大量膨胀，给 A 股市场火上浇油，令股指在经济持续低迷的背景下大幅走强，上证综合指数（简称上证综指）一举在 2015 年 6 月突破 5 000 点，创下了 2008 年以来的最高点位。

A 股市场所吹出的大泡沫在 2015 年 6 月底时难以为继，股指开始掉头向下。这时，融资资金成为股指下跌的放大器。券商在向投资者借出资金时，为了借出资金的安全，会设立强制平仓的规定。当投资者持有的股票价值跌到接近其借入资金量的时候，券商会强行卖出投资者的股票，这样一来，融资资金所购入的股票事实上也采用了组合保险的策略。于是，当股指下跌时，融资资金就会大量卖出股票，而这反过来又进一步打压了股指，导致更多融资资金卖出股票。于是，在 2015 年 6—7 月，融资资金的平仓与股指下跌形成了相互加强的恶性循环，二者走势高度共振，从而引发了 A 股股灾（图 19 - 5）。

与以往历次 A 股熊市大跌相比，在 2015 年股灾中，股指下跌得尤其急促。从 2015 年 6 月 12 日上证综指的阶段性高点向后看，在不到 20 个交易日里，股指就跌了 30%。而在过去历次 A 股大熊市中（2010 年、2007 年、2001 年等），从股指阶段性高点向后看 20 个交易日，股指最大跌幅也就在 15%左右。换言之，在 2015 年股灾中，股指下跌速度是以往熊市的两倍（图 19 - 6）。

图 19-5　2015 年股灾前后，A 股融资资金与股指走势高度共振

资料来源：Wind

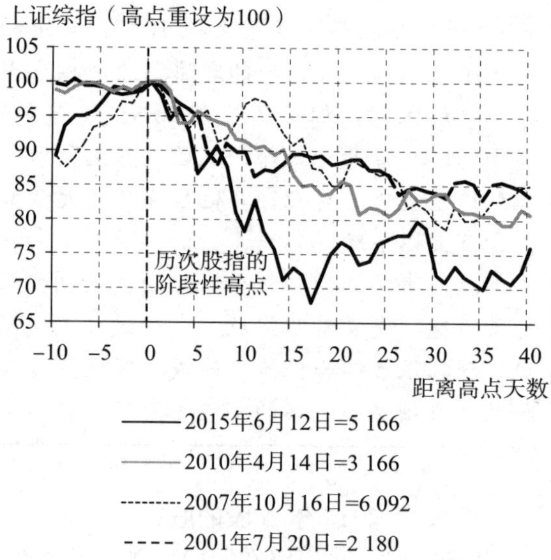

图 19-6　2015 年股灾期间，A 股下跌速度远超过去历次 A 股熊市

资料来源：Wind

由于股指下跌得非常急促，因而导致了 A 股市场流动性的缺失，进而引发了更严重的危机。在 2015 年 6 月底、7 月初，A 股市场出现早上一开盘就千股跌停的“壮观”景象。在此期间，有接近一半的上市公司为了自保而主动停牌。于是，股票投资者试图卖出股票时发现，其持有的股票要么停牌，要么跌停，总之是无法卖出的。这样一来，基金公司无法卖出手中股票来应付基金持有者的赎回，陷入了流动性危机。而证券公司借出的融资也因为无法强制平仓也逐步变成了坏账。银行因为大量参与了场外配资，也面临不小的坏账风险。这样，股市下跌就威胁到了基金、证券、银行等重要金融机构的稳定性，于是，A 股下跌第一次对我国金融体系的稳定性构成了威胁。面临这样的局面，政府别无选择，只能通过各种强力手段来救市。最终，市场的跌势在 2015 年 7 月中旬被止住了，但各方付出的代价也是沉重的。

这个故事向我们展示了金融风险爆发的复杂性，融资这么一个看似无害的股市业务，在特定情况下却能产生如此之大的破坏力。因此，在充分掌握相关金融运行规律之前，金融创新必须要慎重。

进一步阅读指南

关于对冲，斯塔夫里的《金融数学》一书的第 7 章可供参考。赫尔的《期权、期货及其他衍生产品》的第 19 章是个更偏实践的介绍，值得一读。

练习题

19.1　某金融机构持有关于英镑的场外交易期权组合如下：

期权类型	头寸（英镑）	Delta	Gamma	Vega
买入	−1 000	0.50	2.2	1.8
买入	−500	0.80	0.6	0.2
卖出	−2 000	−0.40	1.3	0.7
买入	−500	0.70	1.8	1.4

（a）请计算该金融机构资产组合的 Delta、Gamma 和 Vega。

（b）若某交易所提供一种期权，Delta 为 0.6，Gamma 为 1.5，Vega 为 0.6。请问使用该期权时，什么样的头寸可以使得资产组合为 Gamma 中性与 Delta 中性？

（c）对于问题（b）中的这种期权，如何才能使资产组合为 Vega 中性与 Delta 中性？

19.2　假设一位投资经理持有一个仅包含 1 股股票 A 的组合。股票 A 在 0 时刻的价格为 100 元。在接下来的 1 时刻和 2 时刻，股价都有翻倍或减半两种可能。每两个时刻之间的无风险利率都是 25%（按连续复利计算）。投资经理希望自己的组合在时刻 2 价值不低于 150 元。

（a）假设投资者可以购买一个 2 时刻到期的欧式卖出期权，投资者应该购买执行价格为多少的卖出期权来实现自己的目标（不要忘记购买期权的成本）？

（b）投资者可以通过什么样的动态对冲策略来复制问题（a）中的期权？

（c）投资者只能投资于股票和债券。为了实现组合价值在时刻 2 不低于 150 元的目标，投资者应该采取什么样的动态策略？

第 20 讲

道德风险与信贷配给

20.1 从阿罗-德布鲁世界到金融摩擦

我们对金融问题的讨论再次走到了一个转折点。无论是在均衡定价中，还是在套利分析中，前文中我们一直都是在阿罗-德布鲁（Arrow-Debreu）世界中分析金融问题。在这个理想的世界里，世界所处的状态（或是事件）是公共信息，所有人都知道。市场是完备的，所有状态都有对应的阿罗证券存在。人们可以自由地交易阿罗证券，从而在任意两个状态之间调配资源。任意阿罗证券的价格可以被唯一确定下来——无论是通过均衡定价方法还是无套利定价方法。由于任意一种资产都可被视为由若干阿罗证券所组成的组合，所以任意资产的价格也可以被唯一地确定下来。

尽管阿罗-德布鲁世界给出了不少分析真实世界的洞察，但它太过于理想化，无法被用来讨论很多现实世界中重要的金融现象。在真实世界中，广泛存在着各种各样的**金融摩擦**（financial frictions）。这些金融摩擦包括**信息不对称**（asymmetric information）、**期限错配**（maturity mismatch）、**交易成本**（transaction cost）等。这些金融摩擦的广泛存在，让许多在阿罗-德布鲁世界中可以进行的交易在真实世界中无法发生。将这些金融摩擦忽略掉，很多真实世界中的金融现象就无从分析。

比如，在阿罗-德布鲁世界中，所有金融交易都通过一个统一的市场直接完成，无须依赖银行等金融中介机构的协助。换言之，在阿罗-德布鲁世界中没有金融中介机构存在的空间，自然地也就无法用阿罗-德布鲁模型来分析金融机构。而在真实世界中，像商业银行这样的金融机构往往是金融市场的中心，有时也是金融动荡乃至金融危机发生的源头。为了分析真实世界中的这些重要的金融现象，我们有必要跳出阿罗-德布鲁的框架。

所以从这一讲开始，我们进入对金融摩擦的讨论。这将颠覆我们之前得到的许多结论，但同时也会让我们对真实世界的金融运行有更深的认识。

我们可以用这么一个比喻来展现分析金融摩擦的意义。在阿罗-德布鲁世界中，不同资产风险调整之后的回报率都是一样的。如若不然，资金则会自动流向回报率更高的资产，从而将其价格推上去，回报率压下来。更为形象地，可以把资金想象成水，把各类资产想象成一个个相互连通的湖泊。如果水可以在不同湖泊之间无摩擦地自由流动，那么所有湖泊中的水位都应该是一致的。

但是，如果水在不同湖泊之间的流动会受到摩擦力的阻碍，并非完全顺畅，那么不同湖泊之间的水位可能就不一样了。只有把摩擦力纳入分析框架中，才有可能理解不同湖泊间水位差异的由来。此外，正因为水流会受到阻碍，所以人们在不同湖泊之间可能会建起输水的泵站。搞不清楚摩擦力在哪里，就不可能懂得这些泵站为什么会出现，以及它起着何种作用。把金融摩擦引入金融分析中，可以帮助我们弄清楚真实世界中更为复杂的资产价格分布，也可以让我们懂得金融机构这种“金融泵站”的逻辑。

20.2　信息不对称与委托代理

20.2.1　道德风险和逆向选择

在这一讲和下一讲，我们聚焦于**信息不对称**这种特殊的金融摩擦。信息不对称，指不同的经济主体之间对信息的掌握并不一致。在均衡定价和套利分析中，我们都假设所有人对世界所处的状态有同样的认知，这便是对称信息，即所有人的信息都是一样的。但如果并非所有人都清楚知道世界所处的状态，那信息就不再是在人与人之间对称分布了。当有些人对世界所处状态都不清楚时，自然就不是所有阿罗证券都可以自由交易，我们也就不再处于阿罗-德布鲁世界中。事实上，信息不对称不仅仅在金融分析中会碰到，在许多经济学研究领域中，都有信息不对称的身影，以至于经济学中专门出现了**信息经济学**（information economics）这一分支。

信息不对称可以分为两大类。第一类是**事后**（ex-post）的信息不对称，即发生在交易合约签订之后的信息不对称，也叫作**道德风险**（moral hazard）。另一类是**事前**（ex-ante）的信息不对称，即存在于交易合约签订之前的信息不对称，也叫作**逆向选择**（adverse selection）。

道德风险，是指当交易一方的行为不为另一方所知，且行为的成本由另一方承担时，做出行为的一方会变得更加不审慎。比如，一个为自己房屋投保了全额火灾险的人，可能更加疏于防范火灾。而**逆向选择，是指当交易的双方存在信息不对称时，有私人信息的一方可能会选择性地进行那些对自己有利的交易，而不进行对自己不利的交易，从而让另一方受损**。比如，身体不好的人会有更强的动力去参与医疗保险，而身体健康的人反而可能不太愿意买保险，于是，保险公司就会承担更高的赔付风险。

我们会从道德风险和逆向选择两个角度来分析金融市场中的信息不对称。在这一讲中，我们以信贷配给这种金融现象为例来介绍道德风险对金融行为的影响。在第 21 讲中，我们会转向对金融市场中逆向选择的讨论。

20.2.2 委托-代理模型

分析信息不对称的常用工具是**委托-代理模型**（principal-agent model）。模型中有两个主体：掌握信息的**代理方**（agent）与没有掌握信息的**委托方**（principal）。代理方掌握的私人信息对双方的福利都有影响。如果不做更多的假设，委托方与代理方的讨价还价很容易产生多重均衡（多种结果都可能产生），因而无法得到有意义的结论。为此，在委托-代理模型中，假设所有讨价还价的权力都在委托方，委托方会设计一个合约，代理方只能选择接受还是不接受，而不能提出自己的合约。这样一来，委托-代理模型就描述了一个斯塔克尔伯格（Stackelberg）博弈，委托方是先行者（leader），代理方是跟随者（follower）。

委托-代理模型简化了分析。如果代理方不接受委托方设计的合约，博弈就会结束。因此，只要合约提供给代理方的效用高于其保留效用，代理方就一定会接受。这种简化假设听上去有些武断，但并没有让我们失掉太多一般性。因为求解双方帕累托最优的一种方式就是固定一方的效用，而最大化另一方的效用，所以，用委托-代理模型可以刻画帕累托最优（也是真实世界可能发生的状况）的性质。因此，委托-代理模型已经发展成了经济学的一个专门分支——**契约理论**（contract theory）。

需要注意的是，委托-代理模型中的委托方与代理方不能直接按字面意思去解读。也就是说，代理方未必一定是在为委托方打工。委托与代理的含义分别只是前者在博弈中先动，后者在博弈中后动。接下来会介绍的信贷配给模型，就是一个非常简单的委托-代理模型，通过这个模型，我们可以初步体会契约理论的特色和威力。

20.3 信贷配给

在这里，我们会分析一种在金融市场中普遍存在的现象——**信贷配给**（credit rationing）。**信贷配给，是指借款人即使愿意支付资金出借人所要求的利率水平（甚至更高），但仍无法获得贷款的现象。**这在包括中国在内的转型中国家十分常见。在这些国家中，利率往往会因为行政管制的原因，被压低至低于市场出清利率的水平。此时，贷款市场上出现供不应求的状况，因而需要对信贷的投放做非市场化的配给。

但是，在成熟的市场经济国家中，信贷配给也相当普遍。与转型中国家的行政管制不同，这些国家的信贷配给往往产生于借贷双方信息的不对称。这种因信息不对称而产生的金融摩擦广泛存在，是许多现实世界中金融运行与理想状况发生偏差的关键。从信贷配给出发，将信息不对称引入金融分析框架，进而将我们对金融的理解往真实世界再推进一步，是这一节的任务。

2014 年诺贝尔经济学奖得主让·梯若尔（Jean Tirole）在 2006 年出版了一本名为《公司金融理论》(*The Theory of Corporate Finance*) 的教科书。在这本书中，梯若尔以信贷配给模型为基础，用契约理论系统地阐述了公司金融理论的方方面面，从而将之前较为零散的理论整合到了一个统一的框架中。我们在这里介绍的即是梯若尔给出的信贷配给模型。

所有的经济模型都是在讲一个故事。模型越复杂，找出模型所讲的故事就越重要。梯若尔构建的信贷配给模型其实讲了这么一个简单的故事：有一位厨师掌握了技术，可以把面粉烤成美味的大饼。厨师自有的面粉数量有限，为了烤出尽可能大的饼，需要找别人借入面粉。在烤饼的过程中，厨师可以通过偷懒来减轻自己的劳累。但厨师如果偷懒，烤饼的成功率则会下降。厨师是否偷懒只有厨师自己知道，是厨师的私人信息。换句话说，当烤饼失败了，借出面粉的人并不知道这是因为厨师偷了懒，还是纯粹就因为这次烤饼时运气不好。

按照委托-代理模型，借出面粉的人应当是委托方，厨师应当是代理方。在这种情况下，委托方会给厨师设计什么样的合约？很显然，考虑到厨师有使坏的可能，委托方绝对不会借给厨师很多面粉（即使委托方知道厨师有不错的烤饼手艺）。为了维护自己的利益，委托方会想办法让厨师也在乎饼是否能够烤成功。要做到这一点，委托方必须要保证在烤饼的面粉中，厨师自己的面粉占了足够大的比例，从而使得烤饼失败带给厨师的损失，大于厨师偷懒所获得的回报。这样一来，即使厨师烤饼手艺不错，也不可能借到很多面粉，于是就出现了“面粉配给”的现象。

将上述故事中的厨师换成投资项目经理，委托方换成出资方，就是信贷配给的故事。我们将这个故事用数学模型严格阐释如下。

20.3.1　模型设定

假设借款人掌握一种规模报酬不变的投资技术。对初始投资 $I\in[0,+\infty)$ 的任意项目，都有一定概率成功，一定概率失败。在成功的时候，初始投资可以产生 RI 的总回报（$R>1$，是一个常数）。但在失败的时候，投资项目的总回报为 0。借款人（borrower，对应于前文故事中的厨师）需要从出借人（lender，对应于前文故事中借出面粉的人）那里借钱来进行投资。双方都是风险中性的，依照自己的期望回报来做决策。假设市场利率为 0，并且资金出借人进行完全竞争，因而获得 0 利润。

借款人获得借款之后，有两种选择。第一，他可以选择“努力”（behaving）。在这种情况下，投资项目有 p_H 的概率成功，而借款人不能从项目中获得任何私人回报。第二，借款人也可以选择“偷懒”（misbehaving，对应前文故事中厨师偷懒）。此时，他从项目中获得 BI 的私人回报（B 是大于 0 的常数），但代价是项目成功的概率下降到 p_L，并且 $p_L=p_H-\Delta p<p_H$。

我们假设当借款人努力时，投资项目有正的净现值——项目期望总回报率高于无风险资产的总回报率（由于无风险利率为 0，所以无风险资产总回报率为 1）。

$$p_HR>1 \tag{20.1}$$

但当借款人偷懒时，即使算上项目带给借款人的私人回报，项目也只有负的净现值。

$$p_LR+B<1 \tag{20.2}$$

也就是说，只有当借款人努力的时候，项目才值得投资。而当借款人偷懒的时候，投资项目只是浪费资源，没有投资价值。

我们还假设，是努力还是偷懒，以及是否获得了私人回报，都是借款人的私人信息，出借人无从获知，也无法从项目最后的成败来加以推测（因为就算借款人努力，项目也有一定的概率失败）。借款人拥有 A 的初始资金。因此，为了做一个规模为 I 的项目，借款人需要从出借人那里借入 $I-A$ 的资金来启动项目。

按照委托-代理模型的惯例，拥有私人信息的借款人是代理方，而出借人是委托方。双方之间的合同由出借人（委托方）订立，借款人（代理方）选择接受还是不接受。很合乎常理地，我们会假设合同是一个有限责任（limited liability）合同，即借款人的回报不能低于 0（不能让借款人交罚款）。这样一来，由于项目失败时的回报是 0，所以合同中需规定，投资项目失败时出借人和借款人都只从项目中获得 0 回报。这里要注意，如果借款人偷懒了，即使项目失败，借款人也能获得私人回报。只不过这个回报是否存在，出借人无法知道，因而也无法在借款合同中订立相关的条款。合同还规定，当项目成功时，出借人和借款人将分别获得 R_l 与 R_b（$R_l+R_b=RI$）的回报。至于 R_l 与 R_b 是如何瓜分项目总回报的，则是下文中模型分析的重点。

在这种情况下，出借人面临委托-代理问题。借款人有偷懒的可能，带来了代理成本（我们接下来会分析这个成本究竟是多少）。如果不存在代理成本，即借款人不管怎样都会努力，那么投资项目肯定会带来正的回报率。在这样的情况下，出借人多少钱都会愿意借。换言之，在不存在代理成本的时候，借贷是否会发生只取决于回报率。这样一来，资金在项目之间的自由流动会确保所有项目风险调整后的回报率相等。

但当存在代理成本，委托方在订立贷款合同时，需要想办法来激励借款人努力。这就为借款的发生施加了在回报率之外的新的约束，信贷配给因此而产生。

20.3.2 模型分析

由于借款人不努力时投资项目不具有投资价值（净现值为负），所以贷款合同必须设计得使借款人有动力努力而不是偷懒。借款人努力时的期望回报为 $p_H R_b$，偷懒时的期望回报为 $p_L R_b+BI$。要激励借款人努力工作，前者必须大于后者，如下所示，

$$p_H R_b \geqslant p_L R_b + BI$$

这等价于

$$(\Delta p) R_b \geqslant BI \tag{20.3}$$

上式被称为**激励相容约束**（incentive compatibility constraint）。这个约束的意思是，必须要让借款人在投资项目这张大饼中分得足够大的份额，才会让他有动力努力把项目做好，而不是偷懒来获取私人回报。

借款人要在项目大饼中分得足够大的份额，就意味着出借人从项目回报中拿走的份额不能太大。所以必然有

$$R_l = RI - R_b \leqslant \left(R - \frac{B}{\Delta p}\right) I \tag{20.4}$$

出借人借给借款人的贷款数量为 $I-A$。而出借人从项目中获得的期望回报为 $p_H R_l$。出借人愿意提供借款的前提条件是期望回报不低于提供的贷款数量

$$p_H R_l \geqslant I - A \tag{20.5}$$

上式被称为出借人的**参与约束**（participation constraint），或者叫作出借人的**个人理性约束**（individual rationality constraint）。由于出借人处于完全竞争之中，所以他们应该获得 0 利润，不等号应取等号。将式（20.4）代入取等号的式（20.5）中，得到

$$I - A = p_H R_l \leqslant p_H\left(R - \frac{B}{\Delta p}\right)I \tag{20.6}$$

从中可以解出

$$I \leqslant kA \tag{20.7}$$

其中，

$$k = \frac{1}{1 - p_H R + \dfrac{p_H B}{\Delta p}}$$

为了保证投资项目的规模总是有限的，我们要求 k 的分母是个大于零的有限数。要看出这一点，我们来看看 k 的分母如果小于 0 会怎样。因为

$$1 - p_H R + \frac{p_H B}{\Delta p} < 0$$

$$\Rightarrow p_H\left(R - \frac{B}{\Delta p}\right)I > I$$

所以，在这种情况下式（20.6）肯定会成立。这样 I 会变成无限大，k 也就失去了意义。所以，我们会要求

$$1 - p_H R + \frac{p_H B}{\Delta p} > 0$$

上式可以整理为

$$p_H R - 1 < \frac{p_H B}{\Delta p} \tag{20.8}$$

式（20.8）说的是，每单位投资的期望回报率 $p_H R-1$ 小于每单位投资的代理成本 $\dfrac{p_H B}{\Delta p}$。如果这个条件不满足，就意味着代理成本比较小，资金出借人愿意借无限的资金给借款人，因而不存在信贷配给现象。在现实中，投资项目的边际回报一定是递减的，而不会像这个模型里假定的这样不变，所以投资项目规模有限的性质自然能满足。

又由前文中对项目净现值的假设［式(20.1)］与［式(20.2)］可知，

$$p_L R + B < p_H R$$

所以有 $R>\frac{B}{\Delta p}$，这意味着 $k>1$。这说明借款人可以利用借入的资金来加杠杆，杠杆倍数就是 k。

20.3.3　对信贷配给的讨论

根据前文模型中所描述的逻辑，信贷配给之所以存在，是因为出借人和借款人之间的利益导向不完全一致。出借人的回报完全来自项目的成功，而借款人的回报则除了项目成功之外，还可能来自偷懒所带来的私人回报。这种利益导向的不一致，导致在二者的委托-代理关系中，出借人作为委托方，必须支付**代理成本**（$\frac{B}{\Delta p}$）来激励借款人，以便让二者的目标协调一致。

具体来说，借款人自己在项目初始投资中占据的份额越大，借款人在项目回报中能分得的比例就越大，借款人就越关心项目是否成功。因此，只有借款人自己持有的初始资金比较多，出借人才会相信借款人会努力工作，因而才敢把资金借给借款人。于是，尽管成功的项目总能带来正的回报，出借人也仅会按照借款人的自有资金量（A）提供有限的贷款[$(k-1)A$]，其中 k 称为**资本乘数**（equity multiplier）。

当私人回报率 B 越小的时候，借款人偷懒的动力越小，资本乘数就越大。而当努力与偷懒表现在项目上的差异（Δp）越大的时候，借款人也越有动力努力，资本乘数也越大。

这个信贷配给模型也体现了**声誉**（reputation）的价值。出借人（委托方）与借款人（代理方）之间利益不一致，会导致明明可以获得回报却最终无法获得（规模大于 kA 的项目无法启动）。如果一个借款人有极高的声誉，可以可信地承诺不会偷懒，那么这个人可以融资的规模会大于别人，从而能够做别人做不了的项目。

在这个模型中，由于出借人是完全竞争的，所以其期望回报率是 0。项目所有的超额回报率 $p_H R-1$ 均由借款人获得。如果一个借款人有从来不偷懒的声誉，那么他可以借入无限资金，从而获得无限回报。也就是说，在这个模型中不偷懒声誉的价值是无限大!

所以，对刚踏入社会的同学们来说，要像爱护眼睛一样爱护自己的声誉。不要因为一些短期利益而损害自己的声誉（不要偷懒去收获私人回报）。建立起一个“不偷懒”的声誉，在长期可以产生巨大的回报。

20.4　信贷配给理论的应用

20.4.1　金融加速器

当存在信贷配给时，企业资本的多寡（或者说企业的资产负债表状况）决定了企业的融资能力，这样就形成了金融波动（尤其是资产价格的波动）向经济波动传导的机制。经济中资产价格的上升放松了企业的融资约束，导致银行信贷投放增加。而更多的信贷投放往往又会进一步推升资产价格，并进一步放松融资约束。因此，资产价格泡沫和经济过热就伴随而生。而在经济衰退期，以上链条会反向运行。资产价格下降收紧企业融资约束，随之而来的信贷紧缩会令资产价格进一步走低，从而进一步压缩信贷投放。这样，资产价格的波动就成为放大经济波动的原因。

美国次贷危机前后的状况凸显了金融加速器（financial accelerator）的效应。次贷危机爆发之前的几年，美国房价的上涨令银行贷款投放的意愿明显增强，从而带动全社会信贷增长加速（图 20－1）。但随着房地产泡沫的破灭，房地产和其他资产价格的大幅下跌令美国银行大幅收紧了放贷条件，令信贷增速大幅放缓，最终导致了经济的长期低迷（图 20－2）。

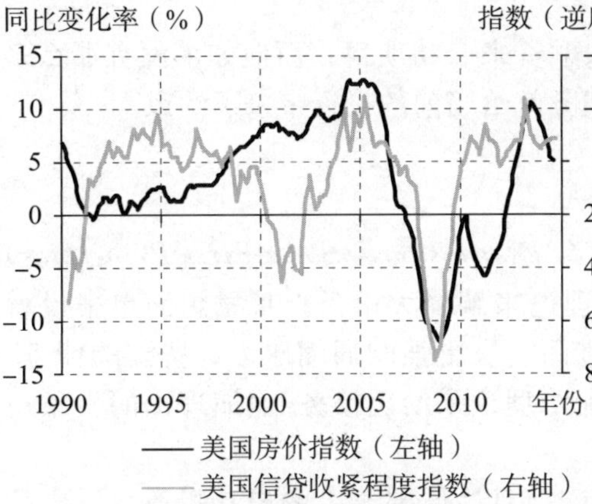

图 20－1　次贷危机之前，美国房价涨幅的回落引发了美国银行放贷意愿的大幅下滑

资料来源：CEIC

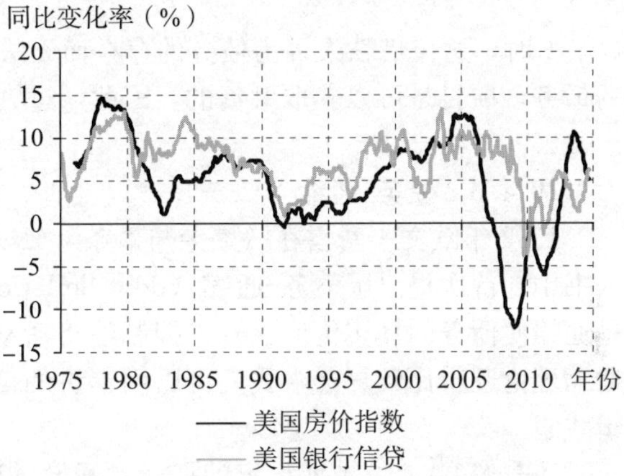

图 20－2　美国信贷增长在次贷危机爆发后急剧下滑

资料来源：CEIC

同样的情况在日本和中国也有发生。日本 1990 年前的泡沫时期，房价的快速上涨刺激了信贷增长（图 20－3）。而这一切在房地产泡沫破灭之后又走向了反面，资产价格和信贷持续负增长，令日本在随后的 20 年中持续处在通缩的陷阱之中。观察中国地产开发商获得的银行信贷与房价之间的关系，也能看到这种明显的正相关关系（图 20－4）。所以说，金融加速器的现象在世界各国都普遍存在。

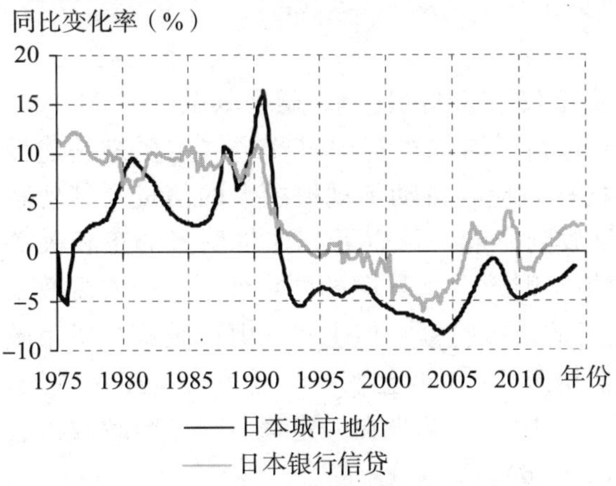

图 20－3　日本 1991 年房地产泡沫的破灭引发了信贷的急剧收缩

资料来源：Wind

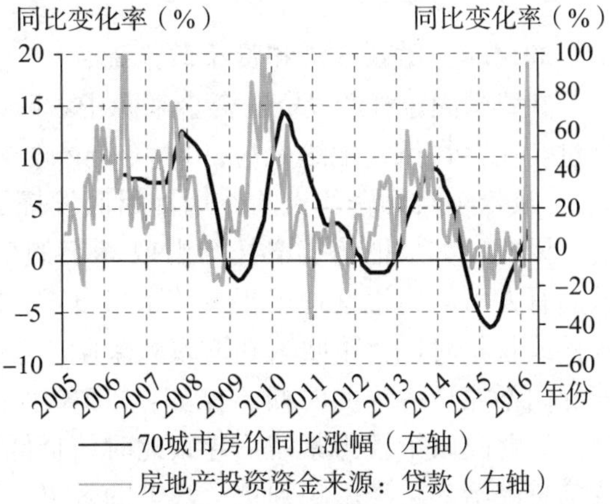

图 20－4　中国地产开发商获得的银行信贷与房价走势正相关

资料来源：CEIC

20.4.2 债务悬挂

债务悬挂（debt overhang）指借款人因为已经债台高筑，所以无法为可以获得盈利的投资项目获取融资。

我们假设一项投资项目最低需要 $\bar{I}$ 的投资量。为了启动这个项目，借款人至少需要 $\bar{A}=\frac{\bar{I}}{k}$ 的自有资本金。假设某借款人拥有 $A>\bar{A}$ 的资本金，但身背总量为 D 的债务。当 $A-D<\bar{A}$ 时，这位借款人因为债务的存在而无法获取融资来启动项目。而他如果没有那么多的债务，项目是可以获取融资的，因此，过去的债务就给当前的投资带来了约束。

20.4.3 债务-通缩

1932 年欧文·费雪在《繁荣与萧条》(*Booms & Depressions: Some First Principles*) 一书中，首次提出了债务-通缩（debt-deflation）理论来解释大萧条。其思想简单来说就是通缩使债务的真实价值上升，抑制经济活动，进而引发更强的通缩压力。费雪的债务-通缩理论逻辑比较复杂，我们可以用本讲的信贷配给理论来给出债务-通缩理论的一条逻辑线索。

还是像 20.4.2 节所设定的那样，假设一项投资项目最低需要 $\bar{I}$ 的启动投资量。借款人是否能够获取融资来启动投资项目，关键取决于其净资产（扣除了债务之后的资产）是否超过了启动项目所需要的最低资本金 $\bar{A}$，$\bar{A}=\frac{\bar{I}}{k}$。而借款人的资产 A 受到资产价格（股价、房价等）的影响很大，名义价格很容易表现出极大的波动性。负债则经常是固定收益类的产品（贷款、债券等），名义价格比资产更有“刚性”。

因此，在经济周期向下的时候，资产价格往往明显下降，导致企业净资产缩水。这会导致企业的融资约束收紧，经济中信贷增长减速，经济活动进一步减弱，物价进一步下降，资产价格进一步缩水，企业净资产再进一步缩水……在这样的情况下，经济陷入债务-通缩状况。

20.4.4 财政政策和货币政策配合

在我国固定资产投资的资金来源中，财政资金仅占 5%的比例，微乎其微（图 20-5）。不过，在存在信贷配给效应的时候，财政支出起到了增加投资项目资金（主要是基建投资），放松项目融资约束的作用，因而发挥了杠杆效应，撬动了规模更大的信贷及其他融资。因此，如果把信贷增长与财政赤字的变化放到一起，可以看到非常明显的正相关关系。有人可能会说这种正相关关系来自货币政策与财政政策导向的同步性——当宏观政策放松或收紧时，货币政策和财政政策倾向于同时放松或收紧。但也存在财政政策与货币政策导向不完全一致的时候。比如，2012 年下半年至 2013 年上半年，货币政策相对宽松。但由于财政政策较为紧缩，导致此时信贷低增长。因此，至少在一定程度上，财政政策会从信贷配给的路径影响到货币政策的效果（图 20-6）。

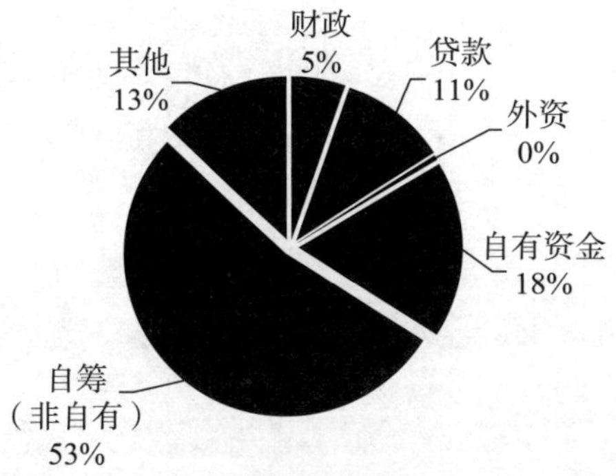

图 20－5　2015 年我国固定资产投资资金来源中，财政资金占比仅 5%

资料来源：Wind

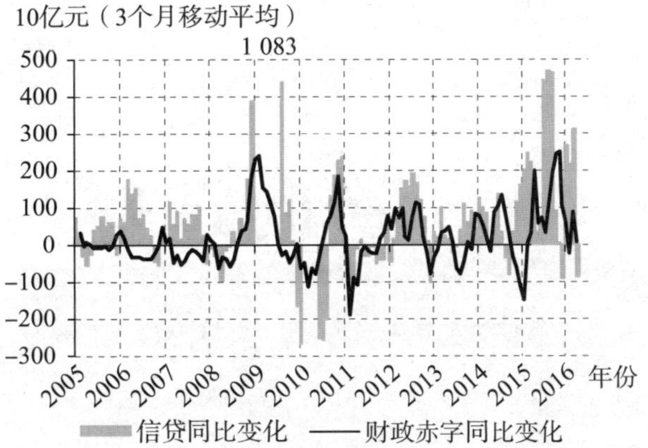

图 20－6　信贷配给效应的存在，使我国财政支出在带动融资方面有了杠杆效应

资料来源：Wind

所以，宽松的货币政策需要宽松的财政政策来配合。如果财政政策力度不足，宽松的货币政策就难以有效缓解实体经济的融资难问题。

进一步阅读指南

让·梯若尔是 2014 年诺贝尔经济学奖得主，他所著的《公司金融理论》用信息经济学系统梳理了公司金融理论，本讲的信贷配给模型即取自这本书的 3.4 节。这本书第 3 章的其他内容与本讲内容也相关，很值得一读。

练习题

20.1　一位风险中性的企业家拥有一个投资项目。这个项目需要初始投资 10 单位。企业家的自有资金 A（$0<A<10$）不到 10，因而需要从市场上寻找融资来启动项目。项目如果成功，将带来 16 单位的回报；如果失败，则没有任何回报。企业家如果努力工作，项目成功的概率为$\frac{3}{4}$。企业家如果偷懒，项目成功概率则只有$\frac{1}{2}$。但企业家如果偷懒，则可以从项目中获得 2 单位的私人回报。企业家是否努力工作以及是否获得私人回报是企业家的私人信息，别人无从得知。市场上存在大量完全竞争且风险中性的投资者可以为企业家提供融资。

（a）请列出保证企业家不偷懒的激励相容约束。

（b）请列出投资者愿意为企业家提供融资的参与约束。

（c）当 A 满足什么条件的时候，企业家可以获得投资者提供的融资？

第 21 讲

逆向选择与资本结构

21.1 逆向选择

与第 20 讲介绍的道德风险一样，逆向选择也是一种由信息不对称引起的扭曲。但与道德风险不同，逆向选择发生在交易协议签订之前，是事前的信息不对称产生的问题。具体来说，逆向选择指由于信息不对称所导致的在市场中劣质商品驱除优质商品的现象。在严重情况下，逆向选择会摧毁整个市场。

1970 年，乔治·阿克罗夫（George Akerlof）发表了名为《柠檬市场：质量不确定性和市场机制》（The markets for "lemons": quality uncertainty and the market mechanism）的文章，首次提出了逆向选择的问题。阿克罗夫以二手车市场为例，说明了逆向选择对市场的伤害。在二手车市场，卖家比买家更了解二手车的车况和公允价值。由于买家知道自己可能会买到坏车，因而只愿意按市场平均的车况来出价。但这样一来，那些质量好于市场平均状况的二手车卖家就会退出市场，令市场平均车况下降。而这会进一步降低买家的出价，令更多卖家退出市场。这一情况演绎到极端，就会导致整个二手车市场的瓦解。在这里由于信息不对称的存在，本来可以对买卖双方都有益的二手车交易无法实现。

同样的道理对金融市场也适用，并尤其容易发生在公司从金融市场上募集资金时。显然，对于募集资金所能获得的投资回报率，公司比市场上的投资者了解得更清楚，因而带来了信息不对称的问题。投资者会怀疑公司募集资金时可能会吹嘘其投资回报率，以便获得融资。当投资者存在这样的怀疑时，即使那些投资回报率确实很不错的公司可能也无法获得融资。在极端情况下，所有的企业都可能无法获得投资者的融资支持，导致**市场崩溃**

(market breakdown)。就算市场没有崩溃，也会产生**交叉补贴**（cross-subsidization）的问题，即因为存在公司欺骗投资者的可能，即使高回报的公司要融资，也必须要接受更为苛刻的融资条件。

在这一讲，我们用逆向选择来研究公司的融资决策，并把注意力放在公司对资本结构的选择问题上。我们会看到，在阿罗-德布鲁市场中，公司价值与是用股票还是用债券来融资没有关系，这是大名鼎鼎的 MM 定理的结论。而把信息不对称引入公司融资决策的研究中，就产生了资本结构的现代理论。其中一个非常有趣的结论是啄序假说（pecking order hypothesis)，即在为自己的投资项目融资时，公司会优先选择内部融资（留存收益)，然后是债券融资，最后才是股票融资。我们的介绍从 MM 定理开始，这个在阿罗-德布鲁市场中得到的结论可以作为后续分析的比较基准。

21. 2　资本结构的经验事实

公司可以通过普通股、优先股、债券、可转换债券、银行信贷等多种方式来融资。一个公司的融资结构就是它的**资本结构**（capital structure)，公司金融的一个核心问题就是公司该如何选择其资本结构。有没有最优的资本结构来使公司的价值最大化或是融资成本最低？这是公司必然会碰到的现实问题。

学术界有大量对资本结构的实证研究。用美国与欧洲等国的数据，研究者得到了以下一些大家基本都认可的经验事实。

(1) 盈利越多的公司借债越少。

(2) 有形资产较多的公司(如厂房、机床等)债务率较高;无形资产(intangible assets)较多的公司借债较少。无形资产一般用公司的研发和广告等费用占收入的比重来衡量。

(3) 公司增发股票时股价会下跌。

(4) 公司发行债券时股价的下跌并不明显。

(5) 公司在做资本结构变换时（比如发行股票来还债，或是借债回购股票)，公司的价值会随负债率的上升而上升。

除了这些没有太大争议的事实总结外，还有一些目前仍存在争议的经验发现。其中最重要的是公司融资的啄序偏好（pecking order preference)。有人发现，公司在筹集资金时，首先会选择内部融资（留存收益)，其次是发行债券，再次是发行股票。这一现象在成熟的上市公司中可以很容易被观察到。但是，这种融资偏好的啄序现象很难用实证方法来证明，因此目前仍未被研究者普遍接受，所以，啄序仍然只是假说而非理论。

21. 3　MM 定理

1958 年，莫迪利亚尼（Modigliani）和米勒（Miller）两人发表了研究资本结构的文章，这是公司金融理论奠基性的文章。他们在文章中指出，在完美的市场中公司价值与资本结构无关。换言之，在完美的市场中讨论资本结构是没有意义的，这便是 MM 定理的结论。莫迪利亚尼与米勒二人所说的完美市场可被理解为阿罗-德布鲁市场——一个没有任何金融摩擦的理想世界。

接下来我们证明 MM 定理。设公司的价值为 V，公司股票的总价值为 E，公司发行债券的总价值为 D。公司的总价值应当等于其股票价值和债券价值之和，

$$V=E+D$$

设公司的利润（息税前利润）为 Π，公司为债务支付的利息为 I。

假设有两家公司 A 和 B，除了资本结构不同之外，其他完全相同。A 公司完全不借债，只靠发行股票融资；B 公司则既发行股票也借债。我们还可以将 A 和 B 两家公司理解为同一家公司不借债和借债的两种状态。以 V_A 和 V_B 来代表两家公司的价值，有

$$V_A=E_A$$
$$V_B=E_B+D_B$$

有两种投资策略：第一种是买入 A 公司所有的股票 E_A。第二种是买入 B 公司所有的股票和债券（E_B+D_B）。我们来看这两种投资策略的回报。由于 A 公司和 B 公司除资本结构外其他情况完全相同，所以其利润也相等，即 $\Pi_A=\Pi_B=\Pi$。A 公司的利润全部归股东所有，而 B 公司利润中的 I_B 流向其债权人，剩余的 Π_B-I_B 才归 B 公司股东所有。策略一的回报为 Π，策略二的回报为 $I_B+(\Pi-I_B)=\Pi$。这两种策略有同样的回报，由无套利条件可知它们的成本也应该相等，因此有

$$V_A=V_B$$

这便是 MM 定理的结论。

MM 定理的论证是相当简单的，但其结论相当令人惊讶。这是因为从实证研究的结果来看，杠杆率（债务占公司总价值比重）越高的公司，其公司价值一般也越高。MM 定理显然与这一实证结果不符，但这也正是 MM 定理的价值所在。这一定理告诉我们，要想解释在真实世界里观察到的企业资本结构的规律，必须从市场的非完美性出发。换句话说，这些不完美市场中存在的各种摩擦是公司资本结构的决定性因素。

在真实世界中，债务的利息会被计入企业成本，并在税前支付。如果公司所得税税率为 t，企业就能通过发行债券而节省 tI 的所得税支付。tI 被称为**税盾**（tax shield）。把税盾效应考虑进来，在股权与债权两种融资方式下，企业会更偏好于债权融资。在这种情况下，企业的资本结构就与公司价值有关了。

尽管多借债能增大税盾，但也会令企业破产风险上升，增加企业的破产成本。破产成本分为直接破产成本和间接破产成本。直接破产成本包括破产过程中的律师费、会计费等。间接破产成本指当企业面临较大破产风险时所遭受的损失，如雇员流失、客户和供应商流失，以及更高的融资成本等。

把税盾效应和破产成本考虑进来，企业就会有一个最优的股权与债权融资比例，这便是资本结构的**权衡理论**（tradeoff theory）。这时，负债的 B 公司的价值就不再等于 A 公司的价值，而是要加上税盾的现值，并减去破产成本的现值，如下所示，

$$V_B = V_A + PV_{税盾} - PV_{破产成本}$$

其中，$PV_{税盾}$为税盾的现值，$PV_{破产成本}$为破产成本的现值。

21.4 信息不对称条件下的资本结构

20 世纪 70 年代以来，信息经济学的内容被越来越多地引入金融分析中，基于信息不对称的资本结构理论也发展了起来。这里，我们借助梯若尔所著的《公司金融理论》第 6 章的模型来介绍其核心思想。

21.4.1 信息对称

融资市场中存在大量风险中性的企业，它们手里都没有自有资金，需要从市场上的投资者那里借入数量为 I 的资金来投资各自的投资项目（这里我们假设 I 是个不变的常数）。各个企业投资项目的规模都一样。项目如果成功，将产生总计为 R 的回报；如果失败，则只有 0 回报。市场中还存在大量风险中性且完全竞争的投资者，均获得 0 利润。市场利率被正规化为 0。由于企业并无初始资金，所以在项目失败时，企业不可能补偿投资者。只有项目成功时，投资者才可能从项目的总回报 R 中分得一部分作为借出资金的回报。

企业分为两种。好企业有 p 的概率让投资项目成功，坏企业只有 q 的概率令项目成功，且 $p>q$。我们还假设至少好企业的项目是值得投资的，有正的净现值（$pR>I$）。在所有企业中，好企业的比例为 α，坏企业的比例为 $1-\alpha$。

我们先来看不存在信息不对称的情况，以作为后文中的比较基准。此时，投资者知道企业的类型。由于好企业的项目总是值得投资的，所以好企业总能借到钱。好企业与投资者之间签订的一种最优合约是，在项目失败时，好企业获得 0 收入；而在项目成功时，好企业获得 R_f^G 的回报，项目回报中剩余的部分 $R-R_f^G$ 则支付给投资者作为借款的回报。在这种情况下，投资者的 0 利润条件需要满足

$$p(R-R_f^G)=I \tag{21.1}$$

坏企业项目的净现值如果为负（$qR<I$），将无法获得融资。而如果坏企业项目的净现值非负（$qR\geqslant I$），则可以得到融资支持，并且在项目成功时得到 R_f^B 的回报，项目失败时得到 0 回报。在这种情况下，投资者的 0 利润条件需要满足

$$q(R-R_f^B)=I$$

很显然，

$$R_f^G > R_f^B$$

21.4.2 信息不对称下的市场崩溃与交叉补贴

现在我们来看信息不对称的情况。假设企业的类型只有企业自己知道，投资者在事前与事后都无法分辨自己面对的企业是好还是坏。所以从投资者的角度来看，将资金借给一

个企业后项目成功的概率为

$$m \triangleq \alpha p+(1-\alpha)q$$

在这个模型中，我们不考虑第 20 讲所介绍的道德风险。具体来说，我们并不假设企业可以通过偷懒来获得私人回报。当然，把道德风险加进来也是完全可以的，但忽略道德风险可以帮助我们将注意力完全集中在逆向选择上。

在存在信息不对称时，坏企业如果伪装成好企业，则可以获得 qR_f^G 的期望回报，高于它们向投资者揭示其类型后所得的期望回报（qR_f^B 或 0）。所以，坏企业总是要伪装成好企业。

假设企业与投资者之间只能签订这样的合同：规定企业在项目成功时获得 $r_f\geqslant 0$ 的回报，而在项目失败时获得 0 回报。由于投资者无法分辨企业的类型，且坏企业不会向投资者揭示其类型，所以所有的企业都会用同样的合约来从市场获得融资。这样，投资者从合约中获得的期望回报将为

$$m(R-r_f)-I=[\alpha p+(1-\alpha)q](R-r_f)-I$$

根据情况的不同，市场会出现无借贷和有借贷两种情况。

（1）市场中无借贷（$mR<I$）：市场崩溃。

如果坏企业项目的净现值为负，且坏企业的占比足够大，就可能会导致 $mR<I$。具体来说，当如下条件满足时，市场则崩溃，

$$\alpha<\alpha^*$$

其中，

$$\alpha^* pR+(1-\alpha^*)qR=I$$

这时，投资者从融资契约中获得的期望回报不可能大于 0，因而他不会给任何企业提供融资。市场中没有任何融资行为，融资市场崩溃。由于此时即使好企业也无法获得融资，所以相比信息对称的状况，此时存在**投资不足**（under-investment）。

（2）市场中有借贷（$mR\geqslant I$）：交叉补贴。

如果坏企业项目的净现值为正，或者虽然坏企业净现值为负，但其比例较小（$\alpha\geqslant\alpha^*$），则都会使得 $mR\geqslant I$ 成立。此时，所有企业都可以获得投资者的融资支持。项目成功时企业所能获得的回报由以下投资者 0 利润条件决定，

$$m(R-r_f)=I$$

上式可以化为

$$\alpha[p(R-r_f)-I]+(1-\alpha)[q(R-r_f)-I]=0$$

这意味着投资者从好企业那里获得了正的利润$[p(R-r_f)>I]$，从坏企业那里得到了负的利润$[q(R-r_f)<I]$。

容易看出，好企业在信息不对称情况下得到的回报小于信息对称情况下的回报，即

$$r_f<R_f^G$$

而坏企业则在信息不对称情况下获得了比信息对称时更高的回报，这便形成了好企业对坏企业的交叉补贴，代价则是好企业的回报受损。此外，即使坏企业投资项目的净现值小于 0，坏企业仍然能够获得融资来建成投资项目，从而导致**过度投资**（over-investment）。

我们还可以来看好企业在项目成功时支付的资金利息率。设在信息不对称情况下的利息率为 r，则有 $R-r_f=(1+r)I$，在信息对称情况下好企业支付的利息率为 r^G，则有 $R-R_f^G=(1+r^G)I$。由于 $r_f<R_f^G$，所以 $r>r^G$。也就是说，在信息不对称情况下，好企业支付了更高的利息率，承担了更高的融资成本。

21.4.3 啄序假说

可以给不同融资方式按照**信息强度**（information intensity）从低到高来排序：内部融资（企业自有现金、留存收益）、债券、股票。信息强度可被理解为对某种融资方式的价值评估在多大程度上与获取的信息相关。从企业的外部来看，信息强度越高的融资方式，越需要获取更多信息来评估其价值。这也意味着在信息强度越高的融资方式中，企业越可能利用自己的信息优势来占外部投资者的便宜。考虑到这一点，外部投资者对信息强度越高的融资方式则会越审慎，越会要求更高的回报率。这样，那些质地优良的企业就会倾向于选择信息强度低的融资方式来获取融资，以降低自己的融资成本。所以，企业在融资方式的选择上会有一个按信息强度从低到高的偏好关系，这便是啄序假说的基本观点。

注意在前文的分析中，我们的思维在企业和投资者之间进行了数次切换，思路也转了几个弯。但其基本思想比较简单，说的就是逆向选择会让企业在债券和股票两种融资方式中更倾向于债券，这是信息不对称条件下公司财务研究的一个重要主题。

接下来我们在前文模型的基础上推导啄序假说的结论。为了区分债券与股票两种融资方式，现在我们假设投资项目在失败时也会带来正的回报，即 $R^F>0$。而在项目成功时，项目回报 $R^S=R^F+\Delta R>R^F$。其中，ΔR 为一个正数，代表了成功与失败两种情况下的项目回报差异。

我们继续假设市场中存在好企业和坏企业两类企业，占比分别为 α 与 $1-\alpha$。好企业投资项目成功的概率为 p，坏企业投资项目成功的概率为 q，且 $q<p$。企业类型是企业的私人信息，投资者无法知晓。m 仍然被定义为在投资者眼中借钱给一家企业后项目成功的概率，即

$$m \triangleq \alpha p+(1-\alpha)q=p-(1-\alpha)(p-q) \tag{21.2}$$

我们还假设市场并未因为信息不对称而崩溃，即

$$mR^S+(1-m)R^F>I \tag{21.3}$$

投资者之间仍然是完全竞争的，从而使得所有投资者都只获得 0 利润。

令 $\{R_f^S, R_f^F\}$ 为融资合约中规定的，在项目成功及失败两种情况下企业所获得的回报。我们要求 R_f^S 与 R_f^F 均为非负，以体现企业的“有限责任”属性。我们接下来的任务就是求解出对好企业来说最优的合约（最优的 R_f^S 与 R_f^F）。好企业会选择 R_f^S 与 R_f^F，使得在满足投资者 0 利润条件的前提下，企业自身所得的期望回报尽可能高。于是，好企业的契约优化问题可写为

$$\max_{R_f^S, R_f^F} pR_f^S + (1-p)R_f^F$$
$$\text{s. t. } m(R^S - R_f^S) + (1-m)(R^F - R_f^F) - I = 0$$

利用式（21.2）中给出的 m 的定义式，上述优化问题的约束条件可转化为

$$[p-(1-\alpha)(p-q)](R^S - R_f^S) + [1-p+(1-\alpha)(p-q)](R^F - R_f^F) - I = 0$$

上式可以进一步变形为

$$\underbrace{pR_f^S + (1-p)R_f^F}_{\text{好企业的期望回报}} = \underbrace{[pR^S + (1-p)R^F - I]}_{\text{好企业的净现值}} - \underbrace{(1-\alpha)(p-q)[(R^S - R_f^S) - (R^F - R_f^F)]}_{\text{逆向选择给好企业带来的折扣}}$$

上式说明，好企业的期望回报由两方面因素决定。一方面是好企业的净现值，它也是在信息对称情况下好企业的期望回报，另一方面是逆向选择给好企业带来的折扣。

逆向选择给好企业带来的折扣是 R_f^S 的减函数，R_f^F 的增函数。于是对好企业来说，最优的契约一定是

$$R_f^F = 0$$

即项目失败时企业没有任何回报。而项目成功时的企业回报则由投资者 0 利润条件决定，如下所示，

$$m(R^S - R_f^S) + (1-m)R^F = I$$

从直觉上可以这样来理解这一结果：逆向选择给好企业带来的折扣体现了好企业向坏企业所做的补贴。为了减小这个补贴，好企业会愿意把回报尽可能多地放在只有自己容易获得的地方。相比坏企业，好企业成功的概率更大，失败的概率更小。自然地，好企业有动力把项目成功时的回报 R_f^S 设定得高一些，而项目失败时的回报 R_f^F 设定得低一些。

对投资者来说，在项目失败时他获得 R^F 作为回报。而在项目成功时，投资者的回报为

$$R^S - R_f^S = R^F + \frac{I - R^F}{m}$$

可以知道，一定有 $I > R^F$，否则项目一定会给出严格为正的投资回报率，市场利率就不可能是 0。所以投资者在项目成功时获得的回报一定大于项目失败时获得的回报。

让我们来看看前文中求解出来的最优契约意味着什么。投资者的回报可以分为两部分。一部分是 R^F，无论项目成功还是失败都能得到，这部分可以被认为是无风险债券。另一部分是 $\frac{I-R^F}{m}$，只有在项目成功时才会有，这部分可被看作股票，回报是不确定的。所以在融资时，企业会先发行无风险债券来筹资，不足的部分再用股票来弥补（项目所需投资 I 越大，需要发行的股票就越多）——这便是啄序假说的结论。

顺着上文中讨论逆向选择的思路，我们也不难从直觉上来理解这个结论。对投资者来说，无风险债券是一种信息强度较低的融资方式。也就是说，即使投资者不了解企业类型，也不会对债券价值的估计有太大偏差。因此，投资者在购买债券时不会要求太高的溢

价，好企业因而会愿意选择这种成本较低的融资方式。只有债券融资所不能覆盖的部分，好企业才会愿意用股票这种成本更高的方式来融资。股票融资之所以成本更高，是因为它是一种信息强度较高的融资方式。投资者在缺乏企业类型的信息时，知道有坏企业会伪装成好企业。相应地，投资者会对股票融资要求较高的溢价，以补偿自己在信息上的劣势，从而令股票融资的成本较高。

有人可能会有疑问，为什么前文中的分析全部是站在好企业的角度进行，并由好企业设计契约？为什么不考虑坏企业的选择？这是因为坏企业有动力伪装成好企业。如果坏企业的行为与好企业不同，它的类型就被揭示给了投资者，坏企业的回报就会下降。所以，不管好企业如何行动，坏企业都只有跟随，所以契约完全由好企业来设计。

21.5 分离均衡与增发股票带来的股价下跌

在对啄序假说的模型分析中，我们看到坏企业总是想伪装成好企业。这种投资者无法分辨两类企业的均衡叫作**混合均衡**（pooling equilibrium）。有人可能会想知道，有没有可能坏企业会自己向投资者揭示其类型，从而在市场均衡时投资者可以把两类企业区分开来？对这个问题的答案是肯定的，这样的均衡叫作**分离均衡**（separating equilibrium）。接下来，我们通过对公司增发股票进行分析，来看一个分离均衡的例子。

我们仍然沿用前文中的模型，假设市场中存在好企业和坏企业两类企业（占比仍然为 α 与 $1-\alpha$）。现在我们假设两类企业都已经有了初始投资。在没有追加投资的情况下，好企业和坏企业分别有 p 和 q 的概率成功，获得数量为 R 的总回报。而如果失败，回报则为 0。

现在我们来考虑企业深化投资（investment deepening）的融资决策。假设两类企业都可以通过再投资 I 来将自己的成功概率提升 τ 的幅度。我们假设两类企业自己手中都没有现金进行这项投资，投资 I 所需的所有现金都要从市场上获得。如果能够通过获得融资进行深化投资，好企业和坏企业成功的概率会分别变成 $p+\tau$ 与 $q+\tau$。我们要求深化投资对两类企业都是有利的，即深化投资 I 的回报率高于市场利率（仍然假设为 0），

$$\tau R > I$$

这里的一个关键假设是，深化投资的回报无法与原来项目的回报区分开来。也就是说，企业无法把这个深化投资产生的现金流单拎出来寻求融资。

由于企业在失败时没有任何回报，所以企业无法通过发行债券进行融资，只能通过发行股票来为 I 筹集资金。我们假设在深化投资之前，企业拥有自己所有的股票。为了给深化投资融资，企业需要在成功时从项目回报 R 中拿出 R_l 给投资者，作为投资者购买股票的回报。于是，在获取融资的过程中，企业自己持有的股权被稀释，因而需要在成功时给购买了企业股份的投资者以回报。

21.5.1 混合均衡

我们先来研究混合均衡，即好、坏两类企业都在市场上为深化投资寻求融资。在这种

情况下，投资者的 0 利润条件可以写成

$$[\alpha(p+\tau)+(1-\alpha)(q+\tau)]R_l=I$$

运用式（21.2）中定义的 m，可将其变形为

$$(m+\tau)R_l=I \tag{21.4}$$

存在一个唯一的在 0 到 R 之间的 R_l，使得上式成立。

对好企业来说，它可以不进行深化投资，从而保证自己有 pR 的期望回报。因此，为了让好企业愿意进行深化投资，深化投资之后好企业的回报应该不低于其不进行深化投资的回报，即

$$(p+\tau)(R-R_l)\geqslant pR \tag{21.5}$$

将式（21.4）代入上式可得

$$(p+\tau)R-(p+\tau)\frac{I}{m+\tau}\geqslant pR$$

$$\Rightarrow\tau R\geqslant\frac{p+\tau}{m+\tau}I$$

当 τ 足够大时，上式总是能够成立的。这意味着如果深化投资带来的效果足够好，好企业是会愿意稀释自己的股权来做深化投资的。

坏企业愿意进行深化投资的条件是

$$(q+\tau)(R-R_l)\geqslant qR \tag{21.6}$$

它等价于

$$\tau(R-R_l)\geqslant qR_l$$

而式（21.5）等价于

$$\tau(R-R_l)\geqslant pR_l$$

所以，如果好企业深化投资的条件［式（21.5）］成立，坏企业深化投资的条件［式（21.6）］必然也成立。也就是说，如果好企业愿意进行深化投资，坏企业也一定愿意。但这个结论反过来未必成立。这个结论从数学上来验证是简单的，从直觉上来看也容易理解。站在企业的角度，好企业的股权一定比坏企业的股权更值钱（好企业的期望回报更高）。如果好企业都愿意稀释其更值钱的股票，坏企业肯定会愿意用同样的比例稀释其股权。

所以，如果式（21.5）得以满足，则好、坏两类企业都会在市场上通过增发股票来为深化投资融资。投资者无法通过增发股票这个行为来分辨企业类型，所以，在股票增发前后，好、坏两类企业的股票总价值都是

$$(m+\tau)R-I$$

即股价不对股票增发这个事件做出反应。

21.5.2　分离均衡

更加有趣的情形发生在式（21.5）不成立的时候。此时，好企业不愿意通过增发股票进行深化投资，而坏企业愿意增发股票。不过，此时投资者会知道只有坏企业会增发股票，所以会要求在项目成功时获得更多的回报以满足其 0 利润条件，即

$$(q+\tau)R_l^B=I$$
$$\Rightarrow R_l^B=\frac{I}{q+\tau}>R_l$$

由于我们假设此时连式（21.5）都不成立，所以必然有

$$(p+\tau)(R-R_l^B)<pR \tag{21.7}$$

这验证了好企业确实不愿意增发股票。

我们来计算一家坏企业在股票增发前后的股价。在增发之前，投资者知道这家企业有 α 的概率是不会进行深化投资的好企业，还有 $1-\alpha$ 的概率是会进行深化投资的坏企业。所以，这家企业股票增发前的股票总价值为

$$V_0=\alpha pR+(1-\alpha)[(q+\tau)R-I]$$

而在股票增发消息出来后，这家企业的股票总价值为

$$V_1=(q+\tau)R-I$$

可以计算二者的差为

$$\begin{aligned}V_0-V_1&=\alpha pR+(1-\alpha)[(q+\tau)R-I]-[(q+\tau)R-I]\\&=\alpha[pR-(q+\tau)R+I]\end{aligned} \tag{21.8}$$

这个差是正还是负，取决于上式第二个等号后方括号这部分的符号。而从式（21.7）我们可以推得

$$pR>(p+\tau)(R-R_l^B)=(p+\tau)\left(R-\frac{I}{q+\tau}\right)>(q+\tau)\left(R-\frac{I}{q+\tau}\right)=(q+\tau)R-I$$

这说明式（21.8）中方括号内的部分一定为正，所以必有

$$V_0>V_1$$

即股票增发的消息会让企业的股票总价值下降。

21.5.3　一点评论

在 20 世纪 80 年代，实证研究发现了上市公司增发股票的行为会降低股价，这一现象很难用经典的公司金融理论来理解。因为公司是以最大化企业股票价值为目标来运营的，企业要增发股票，一定是发现了有利可图，会让股东受益的投资项目，所以增发股票似乎应当让股价上升才对。

从信息的角度来看，我们能看出这背后的道理。公司增发股票所做的投资性项目确实

可能带来正的净现值（前文中我们假设 $\tau R>1$）。但是，公司增发股票的行为可能向投资者揭示了自己的类型，改变了投资者的信息，而信息的改变令投资者对公司的估价发生变化，从而让股价下跌。

21.6 小 结

这一讲的重点是用逆向选择来探讨公司金融的问题，其要点有两点。第一，在企业与投资者之间存在信息不对称时（企业有信息优势），坏企业有模仿好企业的动机。投资者由于无法区分企业类型，就只能给所有企业的融资都打上一个折扣，以弥补自己碰上坏企业会遭受的损失。这会让好企业面临更为不利的融资条件，形成了好企业对坏企业的交叉补贴。在坏企业数量较大的时候，甚至会让整个融资市场都崩溃。

第二，在一定条件下，企业也有可能通过其行为来揭示其类型。这样，企业的价值就会因为投资者掌握信息的不同而发生变化，正如分离均衡中坏企业股票增发的消息令股价走低一样。

从这些分析我们可以看到，当把信息引入金融分析中来的时候，信息结构就成为一个重要的状态变量。即使其他条件都一样，信息分布的不同也可能带来很不一样的资产价格，而这些价格表现是我们用理想化的阿罗-德布鲁模型所不能理解的。

进一步阅读指南

本讲的内容主要取自梯若尔所著的《公司金融理论》的 6.2 节。这本书第 6 章还包含其他信息不对称条件下公司金融理论的介绍。

练习题

21.1 在存在信息不对称的情况下，企业在寻求外部融资时会优先选择信息强度高的还是低的融资方式？为什么？

21.2 （市场择时）在这道习题中，我们来研究企业发行股票的择时（market timing）问题。这里继续沿用 21.4 节的设定，不过，现在项目成功的概率还受宏观经济景气度 η 的影响——好企业和坏企业项目成功的概率分别为 $p+\eta$ 与 $q+\eta$。宏观经济景气度 η 可正可负，是一个能被所有人精确观测到的公开信息。经济越好的时候，η 越大。

（a）请推导企业获取融资的约束式。企业是在经济好的时候还是在经济坏的时候更容易获得外部融资？

（b）请用简洁平白的语言解释问题（a）的结论。

第22讲

银行与期限错配

22.1 问题的提出

我们之前介绍的金融理论中都不包含银行及其他金融中介（financial intermediary），这是因为在阿罗-德布鲁市场中，没有金融中介存在的空间。在完备市场中，消费者通过交易阿罗证券可以实现最优的风险分散，金融中介因而没有发挥作用的余地，也就没有存在的必要。这当然不意味着现实世界中不需要存在金融中介，只是表明在阿罗-德布鲁市场中的思考过于理性化，因而无法让我们看到金融中介所发挥的重要作用。

金融中介是一种促进金融交易，实现资金融通的机构，它们存在的意义是克服金融交易双方之间存在的摩擦。如果我们把企业和居民想象成一个个小水池，那么金融中介就是联结这些水池的水利工程（水渠、水库），其价值在于促进水流在水池间的流动。如果水流本来就能够在水池间自由畅流，水利工程自然是多余的。因此，要理解水利工程的价值所在，就需要看到阻碍水流的障碍和摩擦。相应地，理解金融中介的关键就在于在金融分析框架中引入金融摩擦。当然，现实世界中存在着多种多样的金融摩擦，怎样抓出最重要的摩擦，从而凸显金融中介最本质的功能，就是分析的关键。

在前文中，我们看到了信息不对称作为一种金融摩擦对金融市场的影响。克服信息不对称是金融中介的一大功能，也正是从这一角度出发，有些人相信随着互联网技术的发展，金融市场中的信息不对称会逐步消失，从而让所有金融中介都消亡，让金融市场变成一张“去中心”的扁平大网。

但仅从信息的角度来理解金融中介有些狭隘。克服信息不对称虽然是金融中介的重要功能之一，但绝非其唯一功能。金融中介还会从其他方面发挥促进市场运行，提升资源配置效率的功能。这里面最重要的功能就是通过金融中介的**期限错配**（maturity mismatch）来发挥**期限转换**（maturity transformation）的作用，从而为金融市场提供**流动性**（liquidity）。这几个概念的含义将在接下来的讨论中变得清晰。从这个角度来讨论金融中介的最重要文献（没有之一）是戴蒙德与迪布维格在1983年发表的《银行挤兑、存款保险与流动性》一文。① 在这一讲，我们将利用这篇文章给出的模型来讨论银行这种重要的金融机构。

从很多角度来看，银行是相当独特的一种经济主体。**银行是一种以吸收公众存款和发放贷款为经常性业务的金融中介。**银行将资金从富余者的手里转移到需求者手里，在这个过程中需要克服资金供需双方所面临的各种摩擦。在我国，银行更是金融市场的绝对中心，是资金融通的主体。

此外，银行还是金融稳定的关键。发生在20世纪30年代的"大萧条"即为银行的挤兑风潮（bank run）所引发。正是因为认识到了银行挤兑的重大危害，许多国家在"大萧条"之后逐步建立起了存款保险（deposit insurance）制度，以预防银行挤兑的发生。但在2008年，随着雷曼兄弟公司这一投资银行的倒闭，金融市场再次出现了类似银行挤兑风潮般的金融危机。只不过这一次，危机并非发生在从事传统存贷款业务的商业银行身上，而是产生于从事影子银行（shadow banking）业务的投资银行以及货币市场基金等金融机构。尽管如此，其危害同样显著，世界经济至今尚未从危机中完全恢复。

为了理解银行，有以下一些关键问题需要回答。

■ 有关银行本质的问题：什么是银行？银行这个概念的内涵与外延分别是什么？而思考银行的内涵是什么，其实就是思考：银行所起的最为核心的、无可替代的功能是什么？根据这一内涵，什么样的金融机构可被称为银行？什么样的金融业务可被称为银行业务？

■ 有关银行风险的问题：银行的风险从何而来？为什么会发生银行挤兑风潮？银行的风险怎样预防和化解？

■ 有关影子银行的问题：什么是影子银行？怎样评价影子银行？影子银行与银行有什么关系？影子银行因何而生？影子银行的风险在哪里？期限错配的影子银行是庞氏骗局（Ponzi scheme）吗？如何处理影子银行的风险？

■ 有关互联网金融的问题：随着互联网技术的进步，信息传递的成本越来越低。这种技术进步的趋势会不会让金融中介消失，让金融体系变得"去中心"化？

要回答这些问题，就需要在理论层面对银行有一个深刻的认识。这就需要借助接下来将要介绍的戴蒙德-迪布维格（Diamond-Dybvig）银行模型。

银行的特殊性还表现在它在货币体系中所处的重要位置。银行是货币创造者，在纸币（fiat money）体系中，货币的创造分为两个阶段。第一阶段是中央银行向银行体系投放基础货币（base money）。在中国的货币统计体系中，基础货币又叫作储备货币（reserve money）。第二阶段，商业银行获得了央行的基础货币后，通过信贷投放派生出实体经济

① Diamond, D. and P. Dybvig. Bank runs, deposit insurance, and liquidity. *Journal of Political Economy*, 1983, 91, 401-419.

中的货币总量（M1，M2，…）。从这个角度来看，银行是非常特殊的一种支付者。银行对非银行机构或个人的支付会造成货币总量的扩张，而非银行机构或个人之间的支付行为只是带来货币分布的变化，并不增加货币总量。这部分与货币政策相关的内容是货币银行学的重点讨论对象，就不在本书中展开了。

22.2　戴蒙德-迪布维格银行模型

戴蒙德与迪布维格的经典文章从流动性的角度探讨了银行的功能，他们讲了这么一个故事：一方面，经济中存在着回报率较高的长期投资项目。另一方面，作为储蓄者的消费者又可能碰到流动性的冲击，因而在储蓄的时候想保留灵活性，所以更偏好于做短期储蓄。这样，短期储蓄与长期资金需求之间便存在不匹配的状况。如果所有消费者处于自给自足的状况，那么他们就会因为流动性冲击的可能，而不敢把太多资源放到高回报的长期项目上，从而失去了获取高回报的机会。就算在流动性冲击发生之后消费者有了相互交易的机会，也无法实现最优的资源配置。只有引入银行这种机构才能实现最优配置，但这样做并非全无代价，因为会带来银行挤兑的风险。

在戴蒙德-迪布维格银行模型（简称DD模型）中，最重要的是流动性的概念，所以我们需要先思考什么是**流动性**。尽管在现实中，我们对流动性这个词有多种用法，但究其核心，我们在使用流动性这一词的时候，最想表达的意思还是灵活性。一种资产如果能够非常灵活地运用到我们所需要的用途上（比如变成消费品或者变成其他资产），那么我们就说这种资产具有流动性。显然，货币具有最高的流动性，这就是我们有时直接用流动性来指代货币的原因（有时我们会说："央行向金融市场注入了流动性"）。反过来，不灵活的资产，就被称为缺乏流动性。

我们之所以需要资产具有流动性，或者反过来说，流动性之所以对资产的持有者是好的，是因为我们处在不确定的世界中。我们需要持有的资产具有流动性（灵活性），从而应付不确定的需求。

在DD模型中，流动性被赋予以下两个含义。第一，一种资产如果能够及时且无损失地转化为消费品，我们则称其为**流动性资产**（liquid asset）。第二，如果消费者不能确定其消费的时间，因而渴望持有流动性资产，我们则称这样的消费者具有**流动性偏好**（liquidity preference）。

22.2.1　DD模型设定

这是一个包含$t=0$，1，2三个时刻的模型。模型中仅存在一种消费品，既可以用来消费，也可以用来投资。在$t=0$时刻，每位消费者均有1单位消费品禀赋。在$t=1$，2时刻，消费者不再获得新的禀赋。在各个时刻之间，消费者的贴现因子均为1。

资产

存在两种资产可被用来投资，消费者可以用它们将0时刻的消费品转移到1时刻或2时刻（图22-1）。两种资产分别是：

■短期资产（流动性资产）：短期资产是一种储藏技术。它可以将 t 时刻的 1 单位消费品转化为 $t+1$ 时刻的 1 单位消费品（$t=0$，1）。

■长期资产（非流动性资产）：长期资产需要两期才能获得回报。在 $t=0$ 时刻将 1 单位消费品投资到长期资产上，在 $t=2$ 时刻可以产生 R（$R>1$）单位消费品。我们还能假设在 $t=1$ 时刻可以提前变现长期资产，获得 r 的回报（$0<r\leqslant 1$）。不过，为了分析的简便，我们在讨论银行挤兑之前，都假设长期资产不能在 1 时刻提前变现。这并不会给我们的分析带来实质性的变化，但能简化推理。

与短期资产相比，长期资产牺牲了流动性（灵活性），但可以获得更高的投资回报。这种流动性与回报率之间的权衡（tradeoff）在现实世界中非常普遍。

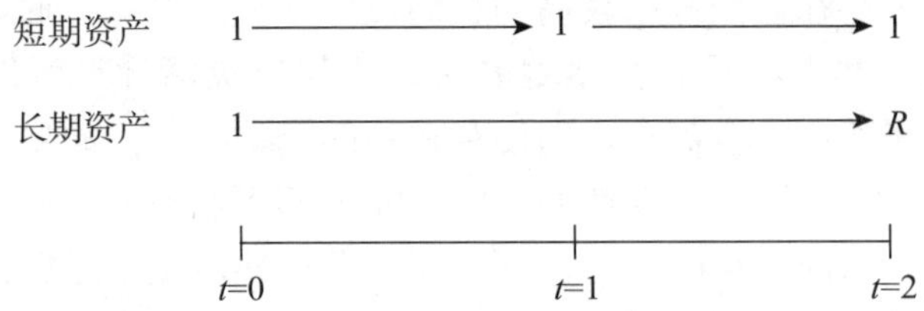

图 22-1　短期资产与长期资产的回报率

流动性偏好

假设消费者只在 1 时刻或 2 时刻消费。也就是说，消费者获得消费品禀赋的时间与消费的时间不相同。因此，消费者必须要借助两种资产来将 0 时刻的禀赋转移到 1 时刻或 2 时刻。

消费者在消费时间的偏好上存在不确定性。消费者有 λ 的概率成为一个前期消费者（无耐心），只能够通过 1 时刻的消费获得效用。消费者还有 $1-\lambda$ 的概率可成为一个后期消费者（有耐心），只能通过 2 时刻的消费获得效用。因此，对前期（后期）消费者来说，2 时刻（1 时刻）的消费没有价值。消费者的效用函数为

$$U(c_1,c_2)=\begin{cases}u(c_1),\text{概率为 }\lambda\\u(c_2),\text{概率为 }1-\lambda\end{cases}$$

在 0 时刻，消费者并不知道自己是前期消费者还是后期消费者，但他知道自己成为前期消费者的概率为 λ。在 0 时刻，消费者必须在这样的不确定性下做投资决策，决定将多少禀赋投资在短期资产上，又将多少禀赋投资在长期资产上。在 0 时刻决策时，消费者需要通过对禀赋的配置来最大化其期望效用，其目标函数如下所示，

$$EU=\lambda u(c_1)+(1-\lambda)u(c_2)$$

由于成为两种状态的可能性都存在，所以消费者如果仅靠自己，在 0 时刻必然会在长期资产和短期资产上都投资一些。而在 1 时刻获知了自己的类型之后，前期消费者肯定会后悔投资在了长期资产上（因为长期资产在 1 时刻没有回报），而后期消费者则会后悔投资了短期资产（因为他损失了本可以通过长期资产获得的更高回报）。显然，在资产期限和时间偏好之间存在着不匹配的问题，金融中介就是来解决这一问题的。

22.2.2 自给自足状况下的配置

在自给自足的情况下，消费者完全靠自己在 0 时刻投资所产生的回报来支持其 1 时刻或 2 时刻的消费。令 θ 为消费者在 0 时刻投资在短期资产中的禀赋比例，自然地，0 时刻投资在长期资产中的比例就为 $1-\theta$。由于消费者在 0 时刻的禀赋为 1，所以 1 时刻和 2 时刻的消费分别为

$$\begin{cases} c_1=\theta \\ c_2=\theta+(1-\theta)R \end{cases} \tag{22.1}$$

将上式代入消费者的期望效用函数可得

$$EU(\theta)=\lambda u(\theta)+(1-\lambda)u[\theta+(1-\theta)R]$$

在内点解上，θ 的最优值满足

$$\lambda u'(c_1^{ATK})=(1-\lambda)(R-1)u'(c_2^{ATK}) \tag{22.2}$$

假设 θ^{ATK} 为上式的解，将其代入消费者在 0 时刻的期望效用函数，可得这种情况下的效用水平为 EU^{ATK}。EU^{ATK} 可被视为消费者的保留效用，如果其他安排无法达到这个效用水平，消费者就会退回到自给自足的状态，这是我们接下来进行福利比较的一个基准。

22.2.3 最佳配置（中央计划者配置）

我们注意到虽然在消费者的微观层面存在不确定性，但在许多消费者加总起来的宏观层面其实没有不确定性。大数定律告诉我们，不管单个消费者的类型是怎样的，总人口中总有 λ 比例的前期消费者，以及 $1-\lambda$ 比例的后期消费者。因此，如果让一个中央计划者来配置资源，可以让每个消费者都达到最高的 0 时刻的期望效用，这将产生最佳配置。我们假设经济中有总数量为 N 的消费者（N 足够大，以使得大数定律生效），则经济中 0 时刻消费品总禀赋为 N，经济中前期消费者的数量为 λN，后期消费者数量为 $(1-\lambda)N$。

中央计划者将所有消费者的禀赋集中起来投资到短期资产和长期资产中（投入到短期资产的比例为 θ）。并在 1 时刻和 2 时刻分别给前期消费者和后期消费者提供 c_1 与 c_2 的人均消费品。这样，1 时刻经济中消费品的需求量为 λNc_1，2 时刻消费品的需求量为 $(1-\lambda)Nc_2$。注意到 1 时刻和 2 时刻经济中消费品的总需求量是确定的，不存在不确定性，因此，中央计划者会选择资产组合，精确地在 1 时刻和 2 时刻满足经济中的消费品需求量，所以，

$$\begin{cases} \lambda Nc_1=\theta N \\ (1-\lambda)Nc_2=(1-\theta)NR \end{cases} \tag{22.3}$$

我们可以比较一下上式与自给自足状况下两期消费的决定方程［式(22.1)］。在自给自足的状态下，后期消费者手里总会持有短期资产，所以后期消费者在 2 时刻的消费来自短期资产和长期资产带来的回报。后期消费者因为持有短期资产而损失了本来可以在长

期资产上获得的更高回报。而在中央计划者问题中，中央计划者可以精确地知道经济中前期消费者和后期消费者的人数，因而可以精确选择资产配置来使短期资产在1时刻的回报正好等于前期消费者的总消费，这样，就没有损失任何可以获得的高回报。所以在式(22.3)中我们可以看到，后期消费者的消费只来自长期资产的回报。

我们再来看优化的目标函数。中央计划者在式(22.3)的约束之下，最大化所有消费者的总效用，其目标函数如下所示，

$$\lambda N u(c_1)+(1-\lambda)N u(c_2)$$

注意，在目标函数以及约束条件中可以把 N 去掉，而不影响优化问题的本质。因此，中央计划者的优化问题可以写为

$$\begin{aligned}\max_{\theta}\ & \lambda u(c_1)+(1-\lambda)u(c_2)\\ \text{s.t.}\quad & \lambda c_1=\theta\\ & (1-\lambda)c_2=(1-\theta)R\end{aligned}$$

事实上，我们可以更加简单地假设经济中消费者的总数量为1而非 N，这样可以直接得到上述优化问题。假设总规模为1是宏观模型分析里面常用的简化技巧，但千万不要将总量问题与单个消费者的问题混淆起来。如果你弄不清楚，那就假设人数总规模为 N 进行分析。

将中央计划者优化问题的约束条件代入目标函数可得

$$\max_{\theta}\ \lambda u\left(\frac{\theta}{\lambda}\right)+(1-\lambda)u\left[\frac{(1-\theta)R}{1-\lambda}\right]$$

这一优化问题的一阶条件为

$$u'(c_1^{BST})=u'(c_2^{BST})R \tag{22.4}$$

由于 $R>1$，所以必然有 $c_1^{BST}<c_2^{BST}$。假设 θ^{BST} 为上式的解，那么在对应的中央计划者的情况下，消费者的期望效用为 EU^{BST}。EU^{BST} 就是消费者可能达到的最高效用水平，这是我们比较的另一个基准。

22.2.4 市场均衡（market equilibrium）

在自给自足的情况下，消费者在发现自己是前期消费者时，总是会后悔自己投资了长期资产。而后期消费者则总会后悔自己投资了短期资产。很容易想到，如果让两类消费者可以相互交易，他们的效用就都能得到提升。

理论上来说，如果能够构造出阿罗-德布鲁市场，就能达到前文中通过中央计划者问题求出的最优配置。但这个阿罗-德布鲁市场在现实中可能存在吗？在这里的模型中，每个消费者的类型（前期、后期）是决定世界状态的因素。如果市场中有 N 个消费者，世界的状态就会有 2^N 个。而且，这 2^N 个阿罗证券在0时刻就需要完成交易。令问题变得更加棘手的是，消费者在1时刻的类型只是消费者自己的私人信息，就算有再发达的技术，只要没有读心术，别人都无法知道消费者的类型（后期消费者总是可以伪装成前期消费

者)。由于有这样的障碍，因此在这个模型中不存在阿罗-德布鲁市场。

在模型中真正可能实现的市场是在 1 时刻，当消费者获知了自己的类型之后，前期消费者和后期消费者在市场上交易其资产。前期消费者将自己手中的长期资产出售给后期消费者，换取后期消费者手中的短期资产。

还是像之前一样，假设消费者在 0 时刻将 θ 份额的禀赋投资在短期资产上，$1-\theta$ 份额的禀赋投资在长期资产上。在 1 时刻的资产交易市场上，如果以消费品为计价单位的长期资产的价格为 p（短期资产 1 时刻的价格显然为 1)，则前期消费者和后期消费者的人均消费分别为

$$\begin{aligned} c_1 &= \theta + (1-\theta)p \\ c_2 &= \left(1-\theta+\frac{\theta}{p}\right)R \end{aligned} \tag{22.5}$$

求解两时刻消费的关键是资产价格 p 的确定。用简单的经济推理可以知道，p 一定等于 1。我们用如下命题来阐述这个结论。

命题 22.1：在 1 时刻的市场中，长期资产的价格一定为 1（$p=1$)。

证明：可用反证法来证明。先假设 $p>1$，则在 0 时刻没有任何消费者会愿意持有短期资产。因为总是可以在 1 时刻将 1 单位长期资产转换成数量更多的短期资产，于是，当前期消费者在 1 时刻出售长期资产时，将没有人购买。这样，1 时刻长期资产的价格必然跌至 0。这与前文中的假设矛盾。

再假设 $p<1$。这时短期资产完全占优于长期资产，在 0 时刻没有人愿意持有长期资产。到 1 时刻时，后期消费者会试图购买长期资产，以获得 $\frac{R}{p}>1$ 的回报。由于此时没有人持有长期资产，所以长期资产的价格必然会上升到 R，以消除这一套利机会。而这与前文中的假设又矛盾。因此，时刻 1 的长期资产价格一定为 1，命题得证。

有了命题 22.1，我们可以容易地得到以下几个结论。

(1) 市场均衡优于自给自足。

因为 $p=1$，将其代入式（22.5）可知，$c_1^{MKT}=1$，$c_2^{MKT}=R$。这样，市场均衡下消费者在 0 时刻的期望效用为

$$EU^{MKT}=\lambda u(1)+(1-\lambda)u(R)$$

而在自给自足的情况下，

$$\begin{cases} c_1^{ATK} \leqslant 1 \\ c_2^{ATK} \leqslant R \end{cases}$$

且上式中的两个不等式不可能同时取等号，因此，市场均衡下的消费（1 时刻和 2 时刻）严格占优于自给自足时的消费状况。所以，必然有 $EU^{MKT}>EU^{ATK}$。

(2) 一般情况下市场均衡不是最优配置。

前文中已经计算出来了，在中央计划者的安排中［式(22.3)］，1 时刻和 2 时刻的人均消费量分别为

$$\begin{cases} c_1 = \dfrac{\theta}{\lambda} \\ c_2 = \dfrac{(1-\theta)R}{1-\lambda} \end{cases} \tag{22.6}$$

容易验证，点（$c_1=1$，$c_2=R$）在式（22.6）所描述的这条直线上（当 $\theta=\lambda$ 时），中央计划者可以在这条直线上选择配置，以达成式（22.4）这一最优条件（图 22-2）。因此，在一般情况下，$EU^{BST}>EU^{MKT}$。只有在 $u'(1)=u'(R)R$ 这一特殊情况下（也就是效用函数为对数效用函数时），$EU^{BST}=EU^{MKT}$。

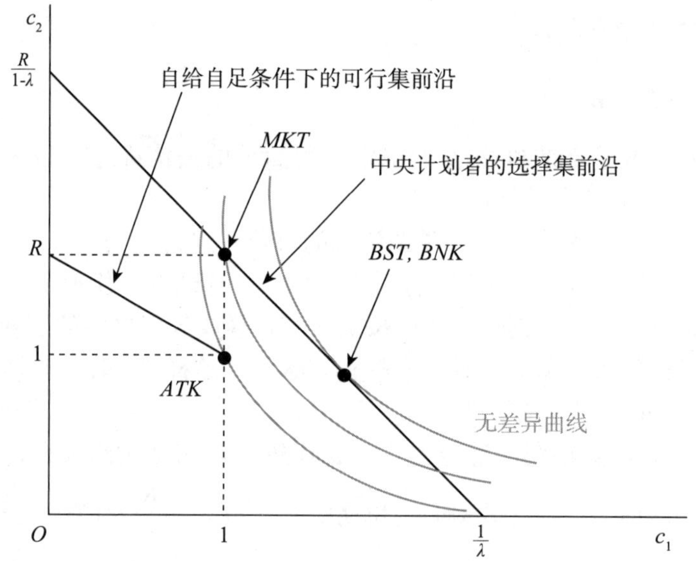

图 22-2 不同方式下的效用比较

在图 22-2 中，自给自足条件下的可行集前沿是从点（1，1）到点（0，R）的线段。在引入了 1 时刻的市场后，两期的消费变为点（1，R），这优于自给自足条件下的可行集里的点。而在中央计划者条件下，中央计划者面临的预算约束是经过点（1，R）的直线，计划者可以在这条直线上找寻与消费者无差异曲线相切的点来取得最佳配置。一般情况下，这个最佳配置会优于市场均衡下的配置。还需要注意图 22-2 只是示意性的。根据前文中的计算，在最优的资源配置下（BST，BNK）应该有 $c_1<c_2$。但为了让图形看起来更清楚，我们在上图中并未严格照此绘图。

（3）市场流动性提供的无效性。

在时刻 1 的资产市场中，长期资产的价格对交易数量完全不敏感，但这恰恰说明了市场对流动性的提供是无效率的。

在时刻 0，消费者根据在时刻 1 时对长期资产价格 $p=1$ 的预期来做决策，而这个价格是在时刻 0 消费者必须愿意同时持有两种资产的前提下决定的。事实上，前期消费者在时刻 0 没有动力持有长期资产，而后期消费者在时刻 0 则没有动力持有短期资产。$p=1$ 这个价格并没有揭示出消费者根据自己未来可能的类型而愿意对长期资产支付的价格。

但是需要注意，这种无效性只是这种特定市场（只在时刻 1 开放）所具有的。如果消费者可以在 0 时刻交易或有要求权（contingent claim，即阿罗证券），这一或有要求权的支付根据消费者在时刻 1 所显现的类型——前期消费者或后期消费者——而定，那么市场是可以达成最优配置的。但正如我们之前所分析的，这样的 0 时刻阿罗-德布鲁市场难以存在。

22.2.5　银行

与前文中介绍的 1 时刻开放市场相比，银行可以做得更好。银行向其储户提供这样的存款合约：对于银行收到的每单位 0 时刻的存款（以消费品作为计量单位），储户有权在 1 时刻提款 c_1^{BNK}，或者在 2 时刻提款 c_2^{BNK}，但不能两者兼有。注意，银行并不区分储户是前期消费者还是后期消费者，也没有区分的能力（是前期消费者还是后期消费者是储户的私人信息），银行只是按照储户提款的时间（时刻 1 或时刻 2）来支付。银行业是自由进入，完全竞争的。银行之间的竞争使得银行取得零利润，而为了尽可能地争取储户，银行会愿意给储户提供尽可能高的 0 时刻期望效用。

我们假设消费者在 0 时刻会将其所有的消费品禀赋都存入银行，而不会自己投资。我们即将会验证，银行存款合同的确会带给消费者比自给自足以及市场均衡状况下更高的期望效用，因此消费者会有动力把所有禀赋都存入银行。

假设银行在 0 时刻从 N 个储户那里吸收了存款（消费品），并将其中的 θ 份额投入短期资产中，$1-\theta$ 份额投入长期资产中。事实上，银行在这里完全处于前文中所探讨的中央计划者的地位。在 1 时刻和 2 时刻，银行分别面临预算约束如下，

$$\begin{cases}\lambda N c_1 \leqslant \theta N \\ (1-\lambda) N c_2 \leqslant (1-\theta) R N\end{cases}$$

如果将上式中的不等号取等号，就得到了与前文中中央计划者一样的约束条件。而银行为了尽可能吸引储户，也会把最大化储户 0 时刻期望效用作为自己的优化目标，从而形成与中央计划者完全一致的优化目标函数。因此，银行提供给储户的存款合同与中央计划者选择的 1、2 时刻人均消费一致，银行在 0 时刻的资产组合也与中央计划者的选择一致（$\theta^{BNK}=\theta^{BST}$），银行带给储户的 0 时刻期望效用 $EU^{BNK}=EU^{BST}$。所以，将消费品存入银行，会带给消费者比自给自足和市场均衡状况下更高的期望效用。

在前文中央计划者的优化问题中，我们已经解出了 $c_1^{BST}<c_2^{BST}$。由于银行配置与中央计划者配置完全一样，所以必然有 $c_1^{BNK}<c_2^{BNK}$。因此，后期消费者没有动力伪装成前期消费者在 1 时刻从银行提款。如果他这样做了，他只能在 2 时刻获得 c_1^{BNK}（而非 c_2^{BNK}）的消费量，他的效用则会因此而降低。

这样，银行就实现了全社会最优的资源配置，带给了消费者最高的期望效用。既然银行能够帮助消费者实现最高的 0 时刻期望效用，那么消费者在 0 时刻也会愿意参与银行合约。

22.2.6　银行挤兑与存款保险

银行帮助社会实现了资源的最优配置。银行提供的最优存款合约（c_1^{BNK}，c_2^{BNK}）与银

行的最优资产组合（θ^{BNK}，$1-\theta^{BNK}$）构成了一个均衡。具体来说，前期消费者和后期消费者在1时刻和2时刻分别取款，将分别最大化其消费，而参与银行的存款合约也最大化了消费者在0时刻的期望效用。

尽管银行这一机制看上去很不错，但它存在一个内生的脆弱性——**银行挤兑**（bank run）。用经济学的术语来说，在银行这一制度安排下存在多重均衡——除了前文中给出的前期消费者与后期消费者分期取款，进而达成各自消费最大化这一均衡之外，还存在着另外一个银行挤兑均衡。

现在，我们假设长期资产在1时刻清算，可以带来$r(0<r\leqslant 1)$单位的商品（这个假设并不会改变前文中得到的所有结论）。这时，如果所有储户（不管是前期消费者还是后期消费者）都在1时刻取款，则银行只能保证每位储户取得$r(1-\theta^{BNK})+\theta^{BNK}\leqslant 1$。如果$r$较小，使得$r(1-\theta^{BNK})+\theta^{BNK}\leqslant c_1^{BNK}$，则银行在1时刻就资不抵债，只能支付承诺数量的一部分。更加严重的是，银行的所有资产将在1时刻耗尽，等到时刻2再提款的储户将什么也得不到。因此，如果一个后期消费者认为其他所有人都会在1时刻提款，那么他的最优选择就是在1时刻也到银行提款。

所以，在银行这一制度安排下，存在两个纳什均衡：

（1）**正常均衡**：如果所有后期消费者相信别的后期消费者都会等到2时刻去提款，那么所有后期消费者就会等到2时刻去提款，这样，最优的资源配置可以达成。

（2）**银行挤兑均衡**：如果所有后期消费者相信别的后期消费者会抢在时刻1去提款，那么在这种信念之下，所有后期消费者都会在1时刻提款，此时发生银行挤兑。

这两个均衡哪个会变为现实，取决于后期消费者的信念。无论是“没有挤兑”的信念，还是“有挤兑”的信念，都会**自我实现**（self-fulfilling），即信念会将信念自己所预期的结果生成出来。

所以，银行挤兑是根植于银行这种金融机制内部的风险，与银行发挥的提供流动性的功能是同一枚硬币的两面。仅靠银行自身是不能消除银行挤兑风险的，因此，银行体系的稳定需要外力加以保证。这种外力的关键是稳定后期消费者的预期，让他们没有提前提款的动力。一种常见的方式是设立**存款保险**（deposit insurance），以保证后期消费者即使在银行出现问题的时候也能在2时刻确定地获得其应得支付。这样一来，后期消费者就没有动力抢在1时刻提款，银行挤兑也就不会发生。

22.3 对银行的讨论

基于前文中的分析，我们现在可以对银行有更深入的理解。在这里，我们做四点评论。

第一，银行的最本质功能是实现资金的期限转换，从而向外提供流动性（活期存款）和长期稳定的资金流。可以说，期限转换是银行最本质的功能（当然，这不是银行唯一的功能）。银行进行期限转换的关键在于将许多短期灵活的资金汇聚成了**资金池**（cash pool）。池中虽然随时有资金流入和流出，但能够形成一个大体稳定的资金规模，从而能够从中获得长期稳定的资金流来支持长期投资。所以，银行的核心功能也可以说成是汇聚(pooling)——通过汇聚资金来实现短期资金向长期资金的转换。银行的很大一部分利润就来自短期资金和长期资金之间的利差。

但在发挥期限转换这个功能的同时，银行也面临着期限错配的风险，因而需要如存款保险这样的外部机制来确保其稳定性，消除银行挤兑的可能。不过，尽管期限错配有风险，也不能谈期限错配就色变。期限错配和期限转换其实是同义语，为了发挥期限转换的功能，就必然会有期限错配的状况。事实上，所有银行都是期限错配的，这是银行发挥其核心功能的方式。对期限错配可能带来的风险需要警惕，但要完全在金融市场中消除期限错配也是不可能且不应当的，而把期限错配与庞氏骗局等同起来更是错误的认知。

第二，银行必须要受到管制。像所有的保险一样，存款保险也会带来道德风险问题。银行有可能因为存款保险的存在而在经营活动中变得更加不审慎，比如极端地扩大期限错配的程度，又或者将资金投向过高风险的项目来博取高回报。为了减轻道德风险，金融监管者需要对银行进行管制，对银行的业务加以引导。而在管制的过程中，监管者和银行之间又存在着程度极高的信息不对称。如何对银行进行监管，如何在促进银行业发展与控制风险之间寻找平衡，是一个重要的实践课题，也是理论界的一个研究重点。

第三，并不是只有银行在做银行的本质业务。还有许多非银行机构也在发挥着期限转换的功能，并且，这些机构缺乏存款保险的支持，因此，这些机构也有可能碰上银行挤兑，从而引发金融危机。

一个例子是货币市场基金。有些货币市场基金（如余额宝）一方面向其份额持有人提供非常灵活的取款选择，另一方面又通过形成的资金池来购买期限更长的资产。从广义的角度来说，这些货币市场基金也发挥着银行的功能。这既让它们获得了期限错配产生的利润，也让它们同时面临银行挤兑的风险。在 2008 年雷曼兄弟公司倒闭之后，由于金融市场恐慌情绪上升，投资者从美国货币市场基金中大量抽回资金。而这些货币市场基金持有的资产却因为流动性较低而无法迅速变现，这就让货币市场基金面临着类似银行挤兑一样的危机。作为化解危机的政策之一，美国政府推出了“不良资产救助计划”(TARP)，这个计划实质上对所有投资者在货币市场基金中的资金提供了类似存款保险的保障。在理解了银行机制之后，我们就能够懂得为什么美国政府当时会采取这样的举措，以及为什么这样的措施会有效。

另一个例子是**影子银行**（shadow banking)。所谓影子银行，按照美联储给出的定义，是指那些有着类似银行的功能，但又无法直接获得中央银行流动性和公共部门信用担保支持的金融中介。[①] 我国近年来大行其道的银行理财就属于影子银行业务。商业银行设立一个理财计划，从储户中吸收资金，然后将这些资金通过各种方式配置到各类资产上。与银行传统的存贷款业务不同，银行理财并不进入银行的资产负债表，它是一种表外业务(off-balance-sheet activity)，因而可以绕开对银行存贷款业务的各种监管政策。而随着时间的推移，非银行机构也逐步涉入影子银行业务。例如，有部分证券公司的资产管理公司

---

① 请参见美联储波萨（Pozsar）等人所著的报告《影子银行》(*Shadow Banking*)。文章电子版可见于 http://www.ny.frb.org/research/staff_reports/sr458.pdf。

就构建了规模庞大的资金池业务。从前文中对银行的分析我们能看出，这些影子银行业务存在着巨大的风险。

第四，互联网金融不会消灭银行。互联网金融（internet finance）是近年来的一个热词。互联网便利了信息的流动，从而形成了一张“去中心”的扁平网络。有人据此认为，互联网技术应用到了金融行业后，会便利资金供需双方的信息流动，从而让供需双方直接进行金融交易，让金融体系也成为一张“去中心”的扁平网络。换言之，这些人相信互联网金融最终会淘汰掉银行这样的金融中介。在学习这一讲的内容后，我们应该会知道，这是基于对金融中介的肤浅认识而产生的错误结论。就期限转换这种银行的本质功能来说，并不会因为互联网技术的应用而失去其用武之地。即使信息的流动因为互联网而变得非常便捷，流动性（灵活性）与长期稳定资金供给之间的矛盾仍然会存在，并仍然需要通过金融中介来构造资金池，发挥期限转换的功能。所以，互联网金融的发展不会导致金融中介的消失。

进一步阅读指南

戴蒙德与迪布维格发表于 1983 年的文章是研究银行的经典文献，文章难度并不高，却是少有的可被推荐给金融初学者的经典文献。艾伦（Allen）与盖尔（Gale）所著的《理解金融危机》（*Understanding Financial Crises*）是一本介绍金融危机理论的优秀教科书，值得推荐，本讲的内容便主要借鉴了这本书的第 2 章和第 3 章。如果对银行理论感兴趣，弗雷克斯（Freixas）和罗歇（Rochet）所著的《微观银行经济学》（*Microeconomics of Banking*）是一本内容相当充实的参考书。

练习题

22.1 互联网会让金融中介消失吗？为什么？

22.2 （长期资产可以提前变现情况下的DD模型）考虑一个包含 $t=0$，1，2 三个时刻的模型。模型中仅存在一种消费品，既可以用来消费，也可以用来投资。在 $t=0$ 的时刻，每位消费者均有 1 单位消费品禀赋。在 $t=1$，2 时刻，消费者不再获得新的禀赋。在各个时刻之间，消费者的贴现因子均为 1。

经济中存在两种资产可被用来投资。其中，短期资产（流动性资产）是一种储藏技术，它可以将 t 时刻的 1 单位消费品转化为 $t+1$ 时刻的 1 单位消费品（$t=0$，1）。另一种是长期资产（非流动性资产），在 $t=0$ 时刻将 1 单位消费品投资到长期资产上，在 $t=2$ 时刻可以产生 $R(R>1)$ 单位的消费品。我们假设在 $t=1$ 时刻可以提前变现长期资产，获得 r 的回报（$0<r<1$）。

消费者在消费时间的偏好上存在不确定性。消费者有 λ 的概率成为一个前期消费者（无耐心），只能够通过 1 时刻的消费获得效用。消费者还有 $1-\lambda$ 的概率成为一个后期消费者（有耐心），只能通过 2 时刻的消费获得效用。消费者的效用函数为

$$U(c_1,c_2)=\begin{cases}u(c_1),\text{概率为 }\lambda\\u(c_2),\text{概率为 }1-\lambda\end{cases}$$

(a) 在自给自足状况下，消费者 0 时刻的期望效用是多少?

(b) 如果由中央计划者来优化配置资源，消费者 0 时刻的期望效用是多少?

(c) 如果在 1 时刻存在一个市场让两类消费者相互交易资产，那么消费者在 0 时刻的期望效用是多少?

(d) 如果经济中既存在银行，又存在 1 时刻的市场，那么消费者在 0 时刻的期望效用是多少?

第 23 讲

行为金融学初探

23.1 引 言

到目前为止，我们一直都在理性（rationality）的框架下讨论金融问题。所谓理性，是说人会在约束条件下选择对其最有利的选项。这是经济分析的基本假设，均衡资产定价理论直接就构筑在理性人假设之上，而无套利分析中的无套利假设也是理性的一个必要条件。支撑理性假设的理念是，在激烈的市场竞争中，不理性的人和不理性的行为会逐步被淘汰，从而让市场行为向理性收敛。而在这个过程中，套利起着尤其重要的作用。套利者可以通过套利从市场的非理性行为中获取无风险套利回报，从而加速市场向理性的收敛。

上述逻辑应用在资产价格上，就意味着如果资产价格因为市场中的非理性行为而偏离了它所对应的基本面价值（fundamental value），那么一个无风险套利的机会就被创造了出来。理性人会抓住这个套利机会，在收获无风险套利回报的同时将资产价格推回到基本面价值。因此，市场中的价格总是反映了资产的基本面价值，价格总是正确的（prices are right）——这便是所谓的**有效市场**（efficient market）。弗里德曼早在 1953 年就在文章中阐述了这一逻辑。[①]

依照文献中的惯例，我们将非理性的交易者（投资者）称为**噪声交易者**（noise traders），而将理性的投资者称为**套利者**（arbitrageurs）。我们还将**套利**（arbitrage）称为无风险获

---

① Friedman，M. The case for flexible exchange rates. Essays in Positive Economics（University of Chicago Press），1953，pp. 157 - 203.

取回报的机会。用以上术语来翻译弗里德曼的逻辑就是：一旦噪声交易者让资产价格偏离了基本面价值，就能马上在市场上创造套利机会，从而吸引套利者进入，套利者在收取套利回报的同时也让资产价格回归基本面价值。

以上逻辑有两点需要仔细分析。第一，是不是噪声交易者一旦推动资产价格偏离了基本面价值，套利行为就一定会让资产价格快速回归基本面价值？第二，类似噪声交易者这样的非理性行为是否会在市场上长期存在？对这两个问题的回答分别属于有限套利和非理性偏差的内容，这二者便是**行为金融学**（behavioral finance）的两大主体内容。

如果存在对套利这样或那样的限制，那么市场中的套利力量就有可能不够强，从而无法使得市场达到无套利或者理性的状况。市场中的非理性行为如果长期存在，也会将价格推至偏离理性的水平。而观察现实世界，对套利的限制和非理性投资者似乎都普遍存在。因此，尽管理性和无套利框架为我们理解金融构建了完整的思维框架，但为了对现实世界有更深入的理解，尤其是去解释现实世界中的各种复杂现象，我们有必要将有限套利与非理性行为纳入分析框架中，这正是行为金融学的主要内容所在。在接下来的几小节中，我们将分别介绍有限套利与非理性两部分内容，以管窥行为金融学。

23.2　有限套利简介

行为金融学认为，市场中存在诸多因素，有可能使得套利仅能在有限程度上展开。这种**有限套利**（limits to arbitrage）可能导致资产价格偏离基本面价值。大体来说，对套利的限制来自**基本面风险**（fundamental risk）、**实施成本**（implementation costs）和**噪声交易者风险**（noise trader risk）等因素。

■ 基本面风险：假设汽车厂 A 的股价被噪声交易者压到了基本面价值之下。但是，仅仅做多汽车厂 A 的股票并不构成一个套利，因为汽车厂 A 的基本面价值本身可能会下滑，从而进一步压低股价。为了对冲掉这种来自基本面价值变化的风险，套利者可以同时做空汽车厂 A 的竞争对手——汽车厂 B。只要汽车厂 A 和汽车厂 B 的基本面价值同步变化，套利者就可以消除掉基本面风险。不过，问题是替代资产未必是完美的——两个汽车厂的基本面价值未必同步变化，因此，很难利用在替代资产上的反向头寸来完全消除基本面风险。更何况，那些仅与汽车厂 A 相关的事件（如汽车厂 A 里出现了质量事故）所带来的基本面风险也无法通过做空汽车厂 B 的股票来消除。

■ 实施成本：真实世界中的交易需要支付成本，比如交易佣金、买卖价差、冲击成本等，而在市场中搜寻并确认错误定价也需要成本。这些成本可能会妨碍套利行为的实施，从而导致资产错误定价的长期存在。

■ 噪声交易者风险：由噪声交易者所引起的资产错误定价（mispricing）可能在短期内进一步加剧。只要套利者能够动用的资金量不是无限的，套利者则都有可能因为资产错误定价加剧所带来的短期浮亏而被迫清算其持有的头寸，从而遭受大幅损失。考虑到这种风险，套利者在套利时会有所保留，因而无法完全消除资产的错误定价。在某些情况下，套利者的存在反而还会加大资产错误定价的程度。

除了以上这些妨碍套利的风险之外，套利还可能面临**模型风险**（model-based risk），这是因为套利者必须要通过数量模型才能发现套利的机会。对于那些比较复杂的资产（如衍生品），模型尤其重要。但是套利者自己所使用的模型有可能是错误的，从而让套利者误判套利机会。对自己模型信心的不足可能让套利者在套利时有所保留。不过，模型风险在理论处理上会带来很多困难，因而还没有建立起非常完善的理论。

23.3 投资绩效约束下的有限套利

如前文中介绍的，有限套利产生的原因有很多。在这里，我们利用施莱弗（Shleifer）与维什尼（Vishny）（1997）给出的模型来介绍一种特殊的有限套利来源——投资绩效约束下的有限套利。① 之所以要选取这种有限套利的方式进行介绍，是因为它蕴含了对所有投资者都十分重要的道理——永远要敬畏市场。市场有时像一个任性的小孩，向错误的方向越跑越远。这时，理性的投资者可能会因为坚信自己是正确的，而市场是错误的，所以在市场运行的反方向下注很多，但这种交易并不总能成功。如果成功了，固然能带来巨大回报，就像电影《大空头》（*The Big Short*）里所描绘的那些在次级按揭贷款崩盘上下注的投资者一样。但如果失败了，损失也是非常巨大的，美国长期资本管理公司的倒闭就来自于此。

所以投资者永远不能忘记这一句流传甚广的名言：**“市场在证明你正确之前，可能已经先把你消灭掉了。”**即使对自己的判断有充分的信心，投资者也需要敬畏市场，投资时留有余地，为市场更不利的走势做好准备。

对基金经理来说，情况就更加复杂了。在面对市场走势与自己的判断相反之时，基金经理像所有投资者一样，都会有怀疑和动摇。但除此以外，更大的压力来自资金的提供者。对于一个基金经理来说，坚信自己判断正确是一回事，但说服自己的客户们自己是正确的则是另一回事。很可能发生的情况是，客户们因为对市场短期走势的判断与基金经理的判断不一致，而抽回自己的资金，从而让基金经理倒在市场证明其正确之前。有鉴于此，基金经理即使发现了市场定价的错误，也可能因为担心市场短期的不利走势而不敢对错误定价进行套利，施莱弗与维什尼的这篇文章就是对这一思想的刻画。

施莱弗与维什尼这篇文章所蕴含的思想对我国A股市场的投资者有特别重要的意义。我国A股市场的投资者中，散户占绝大多数，市场波动经常由俗称为“大妈”的散户所主导。而A股市场的公募基金经理又随时受到市场排名的压力，因而有很强动力跟随市场趋势而动。这样，A股市场中的公募基金就愈发散户化，行为与散户类似，有时甚至比散户还散户，与成熟股票市场中的公募基金形成了巨大反差。A股基金的这种散户化的行为就可以用施莱弗与维什尼的这篇文章加以解释。

23.3.1 模型设定

模型中有三个时刻，$t=1, 2, 3$。三个时刻之间没有折现，无风险利率为0（可以将

① Shleifer, A. and R. Vishny. The limits of arbitrage. *Journal of Finance*, 1997, 52: 35-55.

其理解为把现金直接储存到下一期）。经济中存在一种总供给量被正规化为 1 的资产，该资产在 1 时刻和 2 时刻没有支付，但在 3 时刻会确定性地带来支付 V。经济中存在两种投资者：**噪声交易者**与风险中性的**套利者**。在 3 时刻，两类投资者都清楚无误地知道资产的支付 V，因此，3 时刻的资产价格 p_3 必定为 V。

不过，噪声交易者在 1 时刻与 2 时刻可能会对资产在 3 时刻的支付产生错误的认识。在 1 时刻和 2 时刻，噪声交易者认为 3 时刻的资产支付为 $V-S_t(S_t\geqslant 0)$。其中的 S_t 为噪声交易者对资产支付的误判程度（认知偏差），S_t 前面的负号意味着我们假设噪声交易者总是悲观的。之所以会这样假设，是因为在后文中我们将会看到，噪声交易者的悲观预期加大会给套利者的套利行为带来重要影响。给定噪声交易者的错误认知，在 $t=1$，2 时，噪声交易者对资产的总需求为

$$N(t)=\frac{V-S_t}{p_t} \tag{23.1}$$

式（23.1）中的需求函数是假设出来的，并非是从效用最大化问题中推导出来的。这是因为噪声交易者本来就不理性，他们的行为自然不能从优化问题中导出。之所以把需求函数假设成这样的形式，是为了反映这么一种观念，即噪声交易者对资产的需求与其对资产的估价成正比。具体来说，当噪声交易者认为资产的价值为 $V-S_t$ 的时候，他们就愿意支付总量为 $V-S_t$ 的资金来购买资产。因此，其购入资产的数量为 $\frac{V-S_t}{p_t}$。在后文中我们会看到，p_t 总是比 $V-S_t$ 大。有人可能会疑惑噪声交易者为什么会买入价格高于自己估价的资产，因为噪声交易者本来就是非理性的，做出这样的事情也不奇怪。

当然，式（23.1）中需求函数的假设带有任意性。有人可能质疑为什么会假设成这样而不是那样。这种假设就属于经济学中常说的任意假设（ad hoc assumption）。均衡经济分析之所以要求所有结论都从理性假设推导出来，就是要避免出现这种任意假设。因为如果任意做假设，看起来似乎能够解释很多问题，但其实什么也解释不了。针对这一点，在这一讲后半部分还会展开更详细的论述。但在这里我们要知道，这里是在对非理性的噪声交易者的行为做假设，是不可能从理性出发来推演的，所以任意假设是无法避免的。这其实也是行为金融学在方法论上存在的问题，即离开了理性假设，就很难给理论推演找到坚实的落脚点。但在这里让我们先抛开这些疑问，接受式（23.1）中需求函数的假设。

接下来我们再来看套利者（图 23-1）。在 1 时刻，套利者知道当期噪声交易者的认知偏差为 S_1。套利者在做 1 时刻的投资决策时，可以利用这一信息。但是，套利者在 1 时刻并不清楚噪声交易者在 2 时刻的认知偏差 S_2 会是多少，而只知道 S_2 有如下概率分布，

$$S_2=\begin{cases}S>S_1\text{，概率为 } q\\ 0\text{，概率为 } 1-q\end{cases}$$

也就是说，在 2 时刻，噪声交易者有 q 的概率对资产支付的悲观错误认知进一步加深（$S_2>S_1$），还有 $1-q$ 的概率噪声交易者的认知偏差消失，并能正确地认识到 3 时刻的资产支付为 V。如果 2 时刻噪声交易者的认知偏差消失（$S_2=0$），那么此时一定有 $p_2=V$。

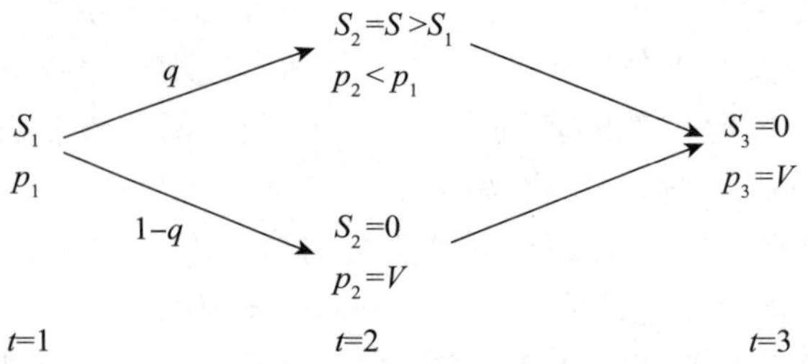

图 23-1　资产价格变动路径

在 1 时刻，套利者有**外生给定**的 F_1 的资金可用来投资到资产上。在 2 时刻，套利者的可用资金将变成 F_2。套利者在 2 时刻所拥有的资金量 F_2 由其在 1、2 两时刻间的投资绩效所决定（这是这个模型的关键点）。我们在后文中会详细分析 F_2 是如何被决定的，在这里，我们先研究套利者在 2 时刻会怎样运用其拥有的资金 F_2。

如果在 2 时刻噪声交易者认知偏差消除，此时资产价格会等于 3 时刻资产的支付 V。这样一来，2、3 两时刻的资产价格相等，套利者无法通过在资产上的投资来获利。我们假设此时套利者不在资产上投资，而将其所有资金 F_2 都放到现金上。

如果 2 时刻噪声交易者认知偏差加深（$S_2=S>S_1$），套利者会考虑到由于在 3 时刻资产价格一定会上涨到 V，所以会在 2 时刻把自己所有的资金都投到资产上。所以在这种情况下，2 时刻套利者的资产总需求为 $A(2)=\dfrac{F_2}{p_2}$。因为资产的总供给量为 1，所以有

$$\frac{V-S_2}{p_2}+\frac{F_2}{p_2}=1$$

从中解出

$$p_2=V-S_2+F_2 \tag{23.2}$$

我们假设 $F_2<S_2$，即套利者所拥有的资金量不足以使 2 时刻的资产价格回到其基本面所对应的价格 V。

在 1 时刻，套利者不一定愿意把所有资金 F_1 都投入资产中。假设在 1 时刻，套利者投入 D_1 的资金量（$D_1\leqslant F_1$）在资产中，则利用类似前文中计算 2 时刻资产价格的方式，可以计算出 1 时刻的资产价格为

$$p_1=V-S_1+D_1 \tag{23.3}$$

我们继续假设 $F_1<S_1$，即 1 时刻的价格也无法被套利者推回至基本面对应的价格 V。

23.3.2　基于投资绩效的套利

套利者的套利能力受到其投资绩效的约束（performance-based arbitrage，简称 PBA），这是模型中存在有限套利的原因。我们可以把套利者设想为基金经理，他们从资产管理市场上募集资金进行套利活动。他们在 2 时刻能够获取的资金量 F_2 与其在 1 时刻与 2 时刻之间所获投资总回报率（假设为 R）正相关。具体地，我们假设

$$F_2 = F_1[1 + a(R - 1)] = F_1(aR + 1 - a) \tag{23.4}$$

其中，$a \geqslant 1$ 为一个参数。这一公式形式意味着，如果套利者在 1、2 两时刻间的投资回报率为正（$R-1>0$），则套利者在 2 时刻可掌握的资金量会多于 1 时刻。反之，如果投资回报率为负（$R-1<0$），则套利者会遭遇基金赎回，即在 2 时刻可掌握的资金量将低于 1 时刻。而如果投资回报率为 0（$R-1=0$），则套利者在 1、2 两时刻可支配的资金量相等。

对套利者来说，他们在 1、2 两时刻间的投资总回报率为

$$R = \frac{D_1}{F_1} \cdot \frac{p_2}{p_1} + \frac{F_1 - D_1}{F_1} \tag{23.5}$$

上式不难理解。在套利者 1 时刻所拥有的 F_1 的资金中，投入资产的$\frac{D_1}{F_1}$份额可获得$\frac{p_2}{p_1}$的总回报率，剩余的$\frac{F_1-D_1}{F_1}$份额以现金形式存在，没有增值，只能获得 1 的总回报。将式（23.5）代入式（23.4），可得

$$\begin{aligned} F_2 &= F_1(aR + 1 - a) \\ &= F_1 a\left(\frac{D_1}{F_1} \cdot \frac{p_2}{p_1} + \frac{F_1 - D_1}{F_1}\right) + (1 - a)F_1 \\ &= a\left(\frac{D_1 p_2}{p_1} + F_1 - D_1\right) + (1 - a)F_1 \\ &= F_1 + aD_1\left(\frac{p_2}{p_1} - 1\right) \end{aligned} \tag{23.6}$$

从上式中我们可以清楚地看出，2 时刻套利者的资金量相对 1 时刻资金量的变化，取决于 1 时刻投资在资产上的资金在 2 时刻获得的回报率。

23.3.3　套利者的优化问题

我们假设套利者以恒定的管理费率收取资金管理费，其目标是最大化 3 时刻所收取的管理费，这等价于最大化 3 时刻所掌管的资金量。根据前文中的设定，模型中只有一个不确定性的来源，就是 2 时刻噪声交易者的认知偏差——以 q 的概率进一步增大为 S，或是以 $1-q$ 的概率完全消失。

当噪声交易者在 2 时刻的认知偏差完全消除时（$S_2=0$），资产价格会在 2 时刻就回到 V。此时，无论投资者在 2 时刻是将所有资金都投入资产，还是以现金方式留在手中，都会得到相同的 3 时刻资金量，如下所示，

$$W = F_1 + aD_1\left(\frac{V}{p_1} - 1\right)$$

当噪声交易者在 2 时刻的认知偏差增大时（$S_2 = S > S_1$），套利者应该将所有资金都投入资产中（因为套利者知道 3 时刻的资产价格一定为 V，因而可以在 2 时刻和 3 时刻之间收获资产价值的升值部分）。这样，3 时刻的套利者资金量为

$$W=\frac{V}{p_2}\left[F_1+aD_1\left(\frac{p_2}{p_1}-1\right)\right]$$

于是，套利者在 3 时刻资金量的期望为

$$E(W)=(1-q)\left[F_1+aD_1\left(\frac{V}{p_1}-1\right)\right]+q\,\frac{V}{p_2}\left[F_1+aD_1\left(\frac{p_2}{p_1}-1\right)\right] \tag{23.7}$$

套利者是在约束条件 $0\leqslant D_1\leqslant F_1$ 的约束下最大化目标函数［式（23.7）］。这是带不等式约束的优化问题，可以用库恩-塔克方法求解。不过，用经济学直觉也能求出其解。期望资金量对 D_1 的偏导数为

$$\frac{\partial E(W)}{\partial D_1}=a(1-q)\left(\frac{V}{p_1}-1\right)+aq\,\frac{V}{p_2}\left(\frac{p_2}{p_1}-1\right) \tag{23.8}$$

注意，这里我们是在求解套利者的微观优化问题，所以要将 p_1 与 p_2 当成外生给定的常数。当然，在均衡时最终 p_1 与 p_2 的取值会受到 D_1 的影响，与这里不在同一个思考层次上。

式（23.8）中的偏导数代表了在 1 时刻边际上增加一元在资产上的投资，带给 3 时刻期望资金量的边际增量。它由两项组成，第一项是 1 时刻每增加一元投资在资产上，当 2 时刻资产价格回归基本面价值时的回报；第二项是当 2 时刻噪声交易者的悲观认知偏差进一步加剧时，在资产上投资带来的损失。显然，当 $\left[\frac{\partial E(W)}{\partial D_1}\right]_{D_1=0}<0$ 时，$D_1=0$。而当 $\left[\frac{\partial E(W)}{\partial D_1}\right]_{D_1=F_1}>0$ 时，$D_1=F_1$。在这两个条件都不满足时，存在内点解 $0<D_1<F_1$。

可以证明，给定其他参数（V，S_1，S，F_1，a），存在一个 q^*，使得当 $q>q^*$ 时，$D_1<F_1$；而当 $q<q^*$ 时，$D_1=F_1$。这个结论的直觉相当直接：q 越小，说明 2 时刻资产价格回归基本面价值的可能性越大，套利者自然越有动机在 1 时刻多投资在资产上。当 q 小到一定程度时，套利者会愿意把他在 1 时刻所有的资金都放在资产上。

23.3.4 套利者全投资情形

为了简化分析，我们只研究套利者在 1 时刻把所有资金都投入资产的情形（$D_1=F_1$），按照前文中给出的结论，这意味着假设 $q<q^*$。将其代入 1 时刻资产价格的公式（23.3），可得

$$p_1=V-S_1+F_1$$

再将 $D_1=F_1$ 代入决定 2 时刻套利者可获资金量的公式（23.6）中，可得

$$F_2=F_1\left[1+a\left(\frac{p_2}{p_1}-1\right)\right] \tag{23.9}$$

这说明，1 时刻和 2 时刻之间资产价格涨幅越大，2 时刻套利者能支配的资金量则越多。反过来，如果两个时刻间资产价格下跌，则 2 时刻套利者能支配的资金量相比 1 时刻则会减少。这便是投资绩效对套利行为的约束。我们接下来就会看到，这种套利非但不能使资

产价格回归基本面价值，反而还会加大资产价格的波动。

我们来分析 2 时刻噪声交易者悲观认知偏差进一步加大（$S_2=S>S_1$）的情形。将式（23.9）代入 2 时刻资产价格的公式（23.2）中，并注意到此时 $S_2=S$，则有

$$p_2=V-S+F_2$$
$$=V-S+F_1\left[1+a\left(\frac{p_2}{p_1}-1\right)\right]$$

从中可以解出

$$p_2=\frac{p_1[V-S+F_1(1-a)]}{p_1-aF_1} \tag{23.10}$$

我们关心的是在不同情况下，噪声交易者的认知偏差 S 对 2 时刻资产价格的影响。由上式可知

$$\frac{\mathrm{d}p_2}{\mathrm{d}S}=-\frac{p_1}{p_1-aF_1}<-1 \tag{23.11}$$

如果经济中完全不存在套利者（$F_1=0$），那么 2 时刻资产价格为 $p_2=V-S$，此时 $\frac{\mathrm{d}p_2}{\mathrm{d}S}=-1$。所以，当存在套利行为受限的套利者时，2 时刻的资产价格反而对噪声交易者的认知偏差更加敏感（$\frac{\mathrm{d}p_2}{\mathrm{d}S}$绝对值更大）。换句话说，受限套利者的存在反而加大了 2 时刻资产价格的波动。进一步说，套利者在 2 时刻的资金量对其投资业绩越敏感（a 越大），2 时刻的资产价格对噪声交易者的认知偏差则越敏感（$\frac{\mathrm{d}p_2}{\mathrm{d}S}$绝对值越大）。而如果经济中存在不受资金约束的套利者（其资金量无限），那么不管 2 时刻噪声交易者的认知偏差是多少，2 时刻的资产价格将必定为 V，此时$\frac{\mathrm{d}p_2}{\mathrm{d}S}=0$。

以上结论简单来说就是，不受任何约束的套利者，可以将资产价格推回其基本面价值对应的水平，从而降低资产价格的波动。但如果套利者受到投资绩效的约束，那么这样反而会放大资产价格的波动，从而让资产价格的波动性比不存在套利者时更高。之所以会这样，是因为噪声交易者带来的短期不利价格波动让套利者短期亏损，从而让套利者的套利能力受损。这样，套利者对资产的需求会按照价格的上下波动而增减，从而放大了价格的波动。换言之，噪声交易者在 2 时刻的认知偏差越大，就会让套利者在 1、2 两个时刻间的亏损越严重，从而导致套利者在 2 时刻能够用来套利的资金量越小。这样，在最好套利机会出现的时候（2 时刻资产价格进一步下降时），套利的力量反而下降。

以上结论都是在套利者把 1 时刻资金全部投入资产上得到的。但如果假设套利者只在 1 时刻把一部分资金投入资产中（$D_1<F_1$），也能得到类似的结论，只不过在这种情况下，套利者的存在未必会加大资产价格波动了。感兴趣的人可以验证在 $D_1<F_1$ 的状况下，也有$\frac{\mathrm{d}p_2}{\mathrm{d}S}<0$——噪声交易者认知偏差的变化会导致资产价格的变化。

23.3.5 模型的讨论

以上模型中所讨论的情况在现实中普遍存在，在中国资本市场上表现得尤其明显。短视投资者给基金经理带来短期业绩的压力——国内公募基金经理每日都会进行全市场排名。这让基金经理必须在一定程度上跟随市场的短期情绪波动而"追涨杀跌"，偏离价值投资的基准。

但是，我们也不能批评基金持有人的短视，因为基金持有人本身是在做一个信号萃取的工作，他需要通过观察基金经理的短期表现来判断基金经理的能力。在我国快速发展的金融市场中，资产管理行业才刚刚起步。市场中履历最长的基金经理也不过十几年，这与外国基金经理动辄几十年的业绩历史（track record）相比，无疑太短了。因为缺乏长期的考验，所以国内基金经理普遍处在未被投资者充分信赖的状态，这导致其掌管的资金量对其短期业绩高度敏感。

在这样的情况下，我国的公募基金未能发挥出机构投资者所应有的市场稳定器的作用，反而在一定程度上放大了市场波动。前文中介绍的这个模型就描述了这一状态背后的主要机制。

23.4 非理性认知偏差

噪声交易者是对非理性行为的一种简化的，但同时也是不那么令人满意的假设。比如，在前文中施莱弗与维什尼（1997）的模型中假设噪声交易者是过度悲观的，会低估资产的价值。看到这一假设，我们自然会想，如果噪声交易者是过度乐观的会怎样。我们还可以想，噪声交易者一会过度悲观、一会过度乐观又会怎样。事实上，对噪声交易者的假设可以有无数种，而在每种假设下都能构建起一套逻辑，这种灵活性对理论分析来说是灾难。

如果我们可以对人的行为做任意假设，那么我们看起来能够解释任何事情。比如，为了解释股价为什么今天涨了，我们可以说是因为今天的投资者过度乐观了。而如果明天股价又跌了，我们则可以说明天投资者变得过度悲观了。这种所谓的理论其实只是把股价的涨跌换了种说法（投资者乐观与悲观）而已，没有任何解释力，也无法增进我们对现实世界的理解，更不具有预测能力。

所以，**任意做非理性的假设看起来能解释所有的事情，但实际上什么也解释不了。**因为我们做理论研究的目的，是要通过理论来预测未来。要做到这一点，则应在需要预测的事件与某些可观测的变量之间建立起稳定的关系——我们称之为规律。这样，就可以通过利用变量的观测和规律来推断未来。**规律都是建立在推演规律时所做的假设之上的。**如果任意做非理性的行为假设，那所推得的规律就只在特定假设上才会成立，而并非普遍适用，这样的规律就没有应用价值。

在做人的行为假设时，这一点尤为重要。因为人的意识是一个"黑箱"，我们很难确定我们所做的行为假设到底在人心中成立还是不成立。比如，我们可以假设当投资者看见股票上涨时，就认为股票会一直涨下去，因而得出结论说上涨的股票会持续上涨。但我们也可以假设当投资者看见股票上涨时就会担心股票下跌，因而股价一上涨就会下跌。那么在现实世界中我们看到一只股票上涨，到底应该预期它接下来是上涨还是下跌呢？这取决于人看到股价上涨后的心理行为方式，而这种心理行为方式又是无从观测的。所以，尽管我们好像有了两个预测股价的理论，但实际上仍是一无所知。

所以，理论研究必须在做假设时十分小心。**只有在做假设时束缚住自己的手脚，理论才有解释力。**在这一方面，理性假设是一个构建理论的很好的纪律工具，因为**理性是唯一的，而不像非理性那样有无穷种可能。**

行为金融学之所以在近二十多年才取得长足的发展，关键原因是研究者找到了对非理性行为做假设的约束方法。研究者早就发现了市场中存在的非理性行为，但直到最近二三十年，心理学家通过实验确定了一些普遍存在的人的行为和认知偏差后，从这些普遍存在且被公认的认知偏差出发来做非理性假设，才避免了假设的任意性。也正因为此，行为金融学才进入了快速发展的轨道。

根据心理学家的研究，人在信念与偏好两方面存在一些系统性偏差（systematic biases）。我们接下来会罗列一些比较常见的行为偏差，这并非是系统性偏差的完整罗列，而只是给大家一个概念，更详细的内容读者可参阅本讲“进一步阅读指南”中推荐的文献。

23.4.1　非理性的信念与偏好

心理学研究发现，人通常表现出如下行为偏差。

■ **过度自信**（overconfidence）：人们在做出判断时往往过度自信。比如，当人们被要求对未来某些事件的发生给出概率预期时，人们认为未来一定会发生的事情其实只有大概80%的概率会出现。而那些人们认为一定不会发生的事情，发生的概率大概有 20%。

■ **乐观与一厢情愿**（optimism and wishful thinking）：研究者发现，当要求人们对自己的能力做出评价时，有超过 90%的人认为自己属于前$\frac{1}{2}$，而这显然是不可能的。

■ **信念保持**（belief perseverance）：当人们形成了自己的观点时，往往对这些观点过于坚持。一方面，人们不太愿意去搜集那些与自己观点相反的证据；另一方面，就算发现了这样的证据，人们对待这些证据的态度也过于审慎。

除了信念之外，行为金融学也提出了与期望效用（expected utility）理论不一样的偏好理论。期望效用理论一直是分析人在不确定性下决策的主要工具。但正如我们在前文中所看到的那样，人的一些行为无法用期望效用理论来解释，如阿莱悖论。

期望效用理论是一个与评价起点无关的效用理论。也就是说，不管一个人的初始财富是多少，他眼中的某张“彩票”带来的效用都是一样的。但事实上，初始财富对一个人评价彩票的效用有很大影响。在心理实验中，研究者发现人对损失更加敏感。举例来说，得到 1 万元带来的效用增加远远低于失去 1 万元的效用损失。基于这一观察，行为金融学提出了展望理论（prospect theory），它具有如下效用函数图形（图 23-2）。

正因为人对损失特别敏感，因而会表现出**损失规避**（loss aversion）的行为。相应地，人会对那些会带来确定回报的东西更加看重，从而表现出**确定性效应**（certainty effect）。

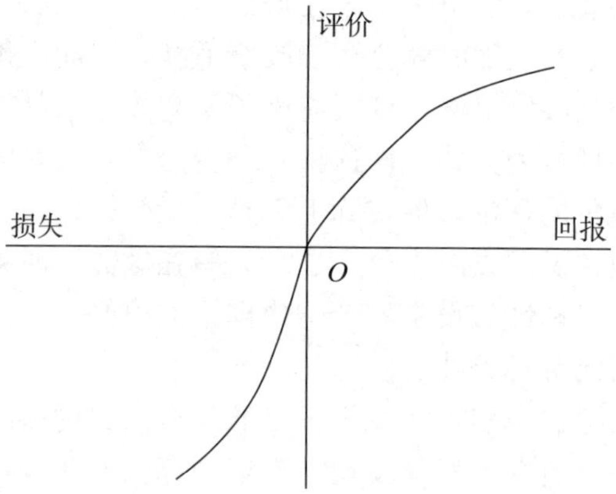

图 23-2 展望理论给出的效用函数

人也讨厌那些未来概率分布不确定的赌博，从而表现出**模糊规避**（ambiguity aversion）。

23.4.2 对非理性偏差的评论

类似以上这样的行为偏差还有很多，这里就不一一罗列了。经济学家对这些由心理实验所确认的偏差还存在不少疑虑。经济学家们相信，通过不断重复，人们可以克服这些偏差。另外，金融市场里的专家，如大型金融机构的交易员，会更少发生这样的偏差。而在给予了更强的激励之后，这样的偏差也能被克服。这是构建在行为偏差假设上的行为金融理论面临的最大挑战。

而从逻辑上来看，行为金融学的发展还存在一个巨大障碍。**对理性行为的最优对策是理性的行为**。在金融市场中，如果你确定除你自己以外的所有交易者都是理性的，那么理性是你自己最好的选择。但是**对非理性的行为偏差的最优对策不是非理性**，因此，一旦行为金融学引为前提的这些行为偏差为人所广泛知晓（行为金融学本身就起到了宣传这些行为偏差的作用），那么这些偏差是否会为其他理性投资者所利用，从而被打败和消失，便存在很大疑问。这一方面，实验结果并不能给我们太多帮助。就算实验表明这些偏差一直都存在，也并不代表它们还会继续存在下去，这是建立在非理性假设之上的行为金融学的不可逾越的逻辑障碍。

因此，行为金融学只能成为理性金融理论的一个有益补充，但不可能取而代之。

进一步阅读指南

如果想更详细地了解行为金融学的知识，董志勇编著的《行为金融学》是一本还算不错的综述性教材，可以参考。如果想更多了解行为金融学在资产定价方面的应用，可以参考舍夫林（Shefrin）所著的《资产定价的行为方式》（*A Behavioral Approach to Asset Pricing*）一书。《金融经济学手册》（*Handbook of the Economics of Finance*）1B 卷中巴伯斯（Barberis）与塞勒（Thaler）所著的文章“行为金融学概况”（A survey of behavioral finance）是一篇权威的综述文章。行为金融学的旗手罗伯特·希勒所著的《非理性繁荣》（*Irrational Exuberance*）是一本从行为的视角来分析现实世界的经典书籍，值得推荐。

练习题

23.1　模型中有三个时刻，$t=1$，2，3。经济中存在一种总供给量为 1 的资产，该资产在 1 时刻和 2 时刻没有支付，但在 3 时刻会确定性带来 100 的支付。经济中存在两种投资者：噪声交易者与风险中性的套利者。在 3 时刻，两类投资者都清楚无误地知道资产的支付为 100。在 1 时刻和 2 时刻，噪声交易者存在认知偏差，会认为 3 时刻的资产支付为 $V-S_t(t=1, 2)$。在 1 时刻和 2 时刻，噪声交易者对资产的总需求为

$$N(t)=\frac{V-S_t}{p_t}$$

在 1 时刻，噪声交易者的认知偏差为 $S_1=30$。套利者在 1 时刻知道当期噪声交易者的认知偏差，并在做 1 时刻的投资决策时可以利用这一信息。但是，套利者在 1 时刻时并不清楚 2 时刻噪声交易者的认知偏差 S_2 会是多少，而只知道 S_2 有如下的概率分布，

$$S_2=\begin{cases}50,\text{概率 }50\%\\0,\text{概率 }50\%\end{cases}$$

在 1 时刻，套利者初始拥有的资金量为 $F_1=30$。它可以选择将其中的一部分或是全部投在资产上。当然，套利者也可以完全不投资资产。没有投资在资产上的资金将会被全部带到下一时刻（这一部分资金产生 1 的总回报率）。

在 2 时刻，基于套利资金在 1 时刻的投资绩效，套利者所能掌管的资金量将会发生变化。具体来说，套利者在 2 时刻可用来投资的资金量为 $F_2=F_1\times[1+2\times(R-1)]$。其中的 R 为 1 时刻投资的总回报率。

（a）请列出套利者在 1 时刻的优化目标函数。

（b）请计算套利者在 1 时刻应该将多少资金投在资产上（结果保留至小数点后一位，注意讨论角点解情况）。

（c）请计算 1 时刻和 2 时刻的资产价格（结果保留至小数点后一位）。

第 24 讲

风险管理与次贷危机

24.1 引 言

金融的核心就是对风险的管理。在前文中，我们把注意力集中在风险与资产价格之间的关系上。我们看到了在完备市场中个体风险是如何被分散，而只留下系统性风险的；看到了资产期望回报率是如何与系统性风险联系起来，从而形成了 CAPM、C-CAPM 的定价方程；看到了如何通过复制的方法来对冲掉风险，从而给出资产价格的方法；看到了金融摩擦是如何改变了人对风险的认知，从而影响资产价格。由于风险与资产价格密不可分，所以这些对资产价格的讨论事实上也是对风险的分析。

尽管如此，出于两个原因，我们还是必须要拿出一讲来专门讨论风险管理的问题。首先，风险管理本身是金融活动的一个重要组成部分。对金融机构来说，风险管理甚至可以说是最重要的问题。给资产正确定价固然重要，但控制好风险才是金融机构能够在市场中长期存活下去的第一前提。尽管在介绍对冲时已经涉及了一些风险控制的内容，但并不系统。我们有必要对风险管理有一个整体性的了解，以补全对金融的认识。

其次，对风险管理的讨论可以让我们对风险有更加直观，更加贴近真实世界的理解。之前我们对风险的讨论都处在较为抽象的层面，而一旦进入真实世界，仅用总体风险和个体风险来分类概括投资者和金融机构会碰到的风险就不够了。对真实世界中的各种风险因素，需要从其来源、性质和处理方法等方面做更详细的分类讨论。此外，从风险管理的角度来讨论风险，也会与从资产定价角度进行的讨论有不同的侧重点。

从实务的角度来看，金融风险的控制在微观和宏观两个层面展开。在微观层面，金融机构（以及其他市场参与者）需要控制好它所面临的市场风险、信用风险和操作风险，以规避损失，保证机构的稳健运行。相应地，有希腊字母、*VaR* 等工具来帮助机构识别和管理风险。但是，并不是所有市场参与者把自己的风险控制好后，宏观层面就没有风险了。次贷危机的爆发再次清楚地表明了，宏观层面的风险管理并非只是微观风险控制的加总。有可能发生的是，即使所有微观市场参与者都做好了自身的风险控制，整个市场却还是会出现较大风险。所以，我们对风险管理的介绍也会从微观和宏观两个层面来展开，一方面讨论微观市场参与者（主要是金融机构）对各种风险评估和管理的方法，另一方面以次贷危机为线索来讨论宏观层面对金融风险的防控。

风险管理的内容十分庞杂，仅相关的专著就数不胜数。在这短短的一讲中，哪怕在最低限度上都不可能涉及风险管理的所有内容。在这里，我们只能勾勒出相关理论的大致轮廓，着重介绍几个较为常用的风险管理思路和工具。如果想了解更多相关内容，读者可以参考本讲“进一步阅读指南”部分给出的参考资料。

24.2　微观层面的风险管理

我们先来介绍微观层面的风险管理。由于金融机构面临的金融风险最为多样，其风险管理体系也最为成熟，所以这里的讨论集中于金融机构。一个金融机构所面临的金融风险大体可分为**市场风险**（market risk）、**信用风险**（credit risk）以及**操作风险**（operation risk）。

市场风险是指由市场变化（如资产价格涨跌、利率升降、流动性变化等）带来的风险。信用风险是指由机构持有资产或是机构交易对手违约带来的风险。操作风险的含义相对更模糊一些，有些人把除市场风险和信用风险之外的所有风险都归于操作风险；也有人不同意如此广义的定义，而狭义地认为操作风险指由业务操作而带来的风险（如交易时下错单、记账时记错数等）。

24.2.1　从希腊字母到风险价值度

我们先来看市场风险的管理。一个金融机构的内部部门分为**前台**（front office）、**中台**（middle office）和**后台**（back office）三大块。其中，前台是直接面对客户和市场的经营部门，其活动围绕服务客户和市场交易展开。中台是为前台部门提供管理和指导，并进行风险控制的部门，包括计划财务部、风险控制部、法律合规部、人力资源部等。后台是业务和交易的处理和支持部门，包括信息技术、会计等支持型部门。

金融机构可以用自有的或是来自客户的资金在市场中交易，交易让机构建立起了各种各样的头寸，因而将自己暴露在了市场风险中。一个金融机构在两个层次上管理交易带来的市场风险。首先是位居前台的交易员通过各种对冲手段来控制单一风险。其次是中台管理人员将所有交易员的风险暴露汇总，测算机构的整体风险状况，检验其是否可以接受。接下来我们分别讨论这两个风险控制的环节。

在前台交易的层面，控制风险的最重要工具是希腊字母，在前文中讲动态对冲时我们已经见过它们了。希腊字母反映了组合头寸对各种市场变量的敏感性。在交易层面做风险管理，主要就是通过对冲将头寸的各种希腊字母都调整到 0（称之为中性）。这样，组合价值就不会因为市场因素的变化而变化，也就控制住了市场风险。由于组合的希腊字母可能随时变化，所以基于希腊字母的对冲操作也就必须持续动态进行。在实践中，将头寸的所有希腊字母都调整到 0 并不现实（希腊字母有几十个），所以往往是将几个重要的希腊字母持续地对冲到 0，同时监控其他希腊字母的数值，只在它们超过预设的限额时进行对冲操作。

最重要的希腊字母是 Delta。它衡量了组合价值对标的资产价格变化的敏感性。通常来说，交易员需要每天都将自己的组合对冲至 Delta 中性的状态。除此以外，Gamma（组合 Delta 对标的资产价格的敏感性）、Vega（组合价值对标的资产波动率的敏感性）、Theta（组合价值对时间的敏感性）、Rho（组合价值对利率的敏感性）也是常用的希腊字母。在介绍对冲时，我们已经看到了如何利用动态对冲来调节组合的希腊字母，从而管理风险。

但仅在前台用希腊字母来管理风险是不够的。这是因为希腊字母的对冲发生在交易员层面，而每个交易员往往只负责范围很小的一部分金融资产交易（金融交易是高度专业化的），这意味着每个交易员所对冲的只是数量有限的几个风险因子，因而只涵盖了市场风险的一小部分。而不同交易员建立起来的头寸之间可能有复杂的相互关系，即使所有交易员都管理好自己的那一块风险，总体头寸可能还是会有不低的风险度，因此，有必要在更为统筹的层面上来管理风险。而站在机构高管和监管者的角度来看，他们也需要比希腊字母更为宏观的指标来形成关于机构整体风险的完整图景，这是 *VaR* 这个概念被提出来的原因。

风险价值度（value at risk，简称 *VaR*）是最早由 J. P. 摩根（J. P. Morgan）公司提出的风险管理工具，它是对一个金融机构所有资产组合风险度的单一度量（图 24-1）。***VaR* 说的是从现在到未来时长为 *T* 的时间段里，机构有 *X*%的把握其损失不会大于 *V*。**这里的 V 就是风险价值度，所以，*VaR* 是时间展望期长度（T）与置信度（$X\%$）的函数。

由于损失是回报的负值，所以 *VaR* 既可以用回报的概率分布计算，也可以用损失的概率分布计算，两种计算方式完全等价。举个简单的例子。假设一个 1 年期的项目最终回报在－5 亿元与 15 亿元之间均匀分布，那么，其损失大于 4 亿元（支付小于－4 亿元）的概率就为 5%。这样一来，在 1 年期里，这个项目在 95%置信度下的 *VaR* 则为 4 亿元（在 95%的概率下损失不会超过 4 亿元）。

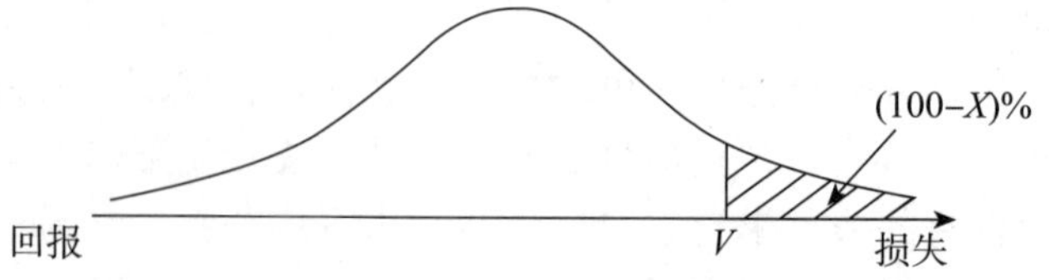

图 24-1 风险价值度

24.2.2 *VaR* 的计算

从 *VaR* 的计算可以看出，评估一个金融机构的风险状况时，机构持有资产回报的波动率，以及不同资产回报率之间的相关性是很关键的。如果单看在一种资产上的风险，那么给定置信度，回报波动率更大的资产对应的 VaR 值更大（风险更高）。如图 24-2 所示，用虚线表示的概率密度函数的标准差更小，因而其概率密度曲线向两边伸展的程度比实线绘出的概率密度曲线更低。所以，在同样的置信度下，用虚线表示的概率密度函数对应的 VaR（V'）就更小一些。

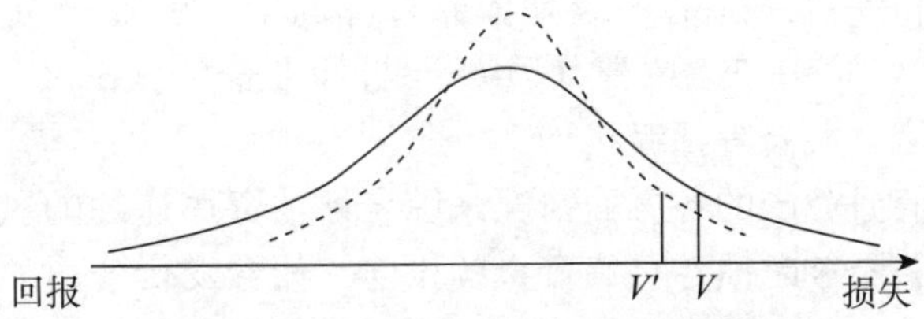

图 24-2　不同回报波动率资产对应的 *VaR*

再举一个例子。假设一个公司持有两处房产价值均为 100 万元的房产，如果单独地看，每处房产遭受火灾完全倒塌的概率均为 1%。换言之，每处房产都有 1%的概率损失 100 万元。假设在剩下 99%的可能性中，房产的损失都不会超过 10 万元。这样，单独一处房产的 VaR 就是 10 万元——在 99%的置信度上，单一房产的损失不超过 10 万元。那么两处房产合起来，其 VaR 是多少呢？我们来看两种情形。一种情形下，两处房产分处两个城市。另一种情形下，两处房产紧挨在一起。显然，在后一种情形下，两处房产遭受损失的相关性会很大，因此两处房产所形成组合的 VaR 会更大。

所以，要计算 VaR 还得知道不同资产之间的相关性。更精确地说，需要知道不同资产组成的总组合回报的多元分布函数。多元分布函数的估计和处理都是困难的，所以金融实务中广泛采用的是利用连接函数（Copula 函数）来简化处理这个问题。简单来说，Copula 函数可以让我们将一个多元联合分布函数分为两个独立的部分来分别处理——随机变量间的相关性结构和每个随机变量的边缘分布，这样可以将复杂的多元联合分布函数转化为容易处理的多元正态分布函数。关于 Copula 函数的更多技术细节可以参见附录 24. A。在这里我们只需要知道，Copula 函数可以帮助我们给出资产组合的多元联合分布函数，从而让我们可以计算 VaR 就够了。

在计算 VaR 时我们有两种方法可选。第一种是用过去的历史数据来估计市场各个变量的联合分布状况。这样算出的 VaR 反映了从市场的历史走势来看，机构面临的风险是怎样的。这种计算方法叫作历史模拟法，是分析金融机构风险状况的常用方法。第二种是对市场变量的联合分布状况构建模型，计算在一定的假设前提下（反映了对市场未来走势的预判）机构的 VaR。由于要考虑模型的可处理性，所以这种方法往往把联合分布假设为多元正态分布。此外，在组合的 Delta 接近 0 的时候，模型给出的结果会很不稳定，而正如前文中所说，金融机构都会把它的组合 Delta 对冲到 0 附近。所以在分析金融机构的风险状况时，这种模型构建法所产生的 VaR 并不常用。

24.2.3　信用风险

信用风险是由机构持有资产或是机构交易对手违约带来的风险。我们先看机构持有资产的信用风险。由于只有固定收益类产品才会承诺回报率，所以资产的信用风险具体来说就是债券的发行人、贷款的借款人，以及衍生产品的交易对手违约的可能性。

管理这部分信用风险的最主要方式是对资产进行**信用评级**（credit rating），并按照评级的结果来构建交易策略——决定是否可以买入，买入多少，以及买入时要求多高的风险溢价等。信用评级分为内部评级和外部评级。内部评级是机构自己组织力量来对各种资产的信用情况加以分析和评价。外部评级是依靠外部的第三方评级机构来评定信用风险高低。国际上现有穆迪（Moody）、惠誉（Fitch）与标准普尔（S&P）三家大的评级机构，而我国国内也有中诚信、大公等评级机构。

信用评级公司会依据资产的各方面情况来综合评估资产违约的风险。比如，评定一只债券的信用等级时，需要考虑债券募集资金的投向、债券发行公司的财务状况、债券发行公司所属行业的前景、宏观经济走势等多种因素。对国家和公司这样的发债主体，评级公司也会给出信用评级。

信用评级公司还会用历史数据来统计不同评级债券的违约概率是多少，从而形成从信用评级到违约概率的对应。这样，知道了债券的评级，投资者就对自己面临的违约风险心中有了数，甚至可以计算自己购买债券后遭受损失的概率。表 24-1 是穆迪统计的美国债券和美国贷款的违约率，这些数据都是利用历史数据估计的。

表 24-1　　美国债券和美国贷款的违约率（截至 2013 年）(%)

评级	美国债券	美国贷款
Aaa	0	0
Aa	0	0
A	0	0
Baa	0	0
Ba	0	0
B	0.5	1.7
Caa-C	7.8	52.0

资料来源：穆迪

评级机构除了统计违约概率之外，还会做很多细致的数据统计和处理工作。比如，穆迪还会定期计算不同评级之间的迁徙率（migration rate）——从某个评级转到别的评级的概率。表 24-2 中列出了穆迪计算的 2012 年 4 月至 2013 年 3 月全球评级的迁徙率。其中显示，Aaa 评级会有 70.6%的概率继续停留在 Aaa 级，有 16.2%的概率降级到 Aa1，8.8%的概率降级到 Aa2。这些信息能帮助投资者更好地评估自己面临的信用风险。

表 24-2　　2012—2013 年全球评级迁徙率（%）

	Aaa	Aa1	Aa2	Aa3	A1	A2	A3	Baa1	Baa2	Baa3	Ba1	Ba2	Ba3	B1	B2	B3	Caa1	Caa2	Caa3	Ca-C
Aaa	70.6	16.2	8.8	0.0	0.0	0.0	0.0	0.0	0.0	0.0	0.0	0.0	0.0	0.0	0.0	0.0	0.0	0.0	0.0	0.0
Aa1	0.0	54.8	19.2	11.0	9.6	0.0	0.0	1.4	0.0	0.0	0.0	0.0	0.0	0.0	0.0	0.0	0.0	0.0	0.0	0.0
Aa2	0.0	0.0	41.3	28.6	17.5	3.2	1.6	0.0	1.6	0.0	0.0	0.0	0.0	0.0	0.0	0.0	0.0	0.0	0.0	0.0

续前表

	Aaa	Aa1	Aa2	Aa3	A1	A2	A3	Baa1	Baa2	Baa3	Ba1	Ba2	Ba3	B1	B2	B3	Caa1	Caa2	Caa3	Ca-C
Aa3	0.0	0.0	0.0	58.5	5.8	25.7	0.0	0.0	2.9	4.1	0.0	0.0	0.0	0.0	0.0	0.0	0.0	0.0	0.0	0.0
A1	0.0	0.0	0.0	3.0	72.0	13.1	6.8	0.8	1.3	0.4	0.0	0.0	0.0	0.0	0.0	0.0	0.0	0.0	0.0	0.0
A2	0.0	0.0	0.0	0.0	2.4	64.4	11.9	5.8	7.8	1.7	1.0	0.0	0.0	0.0	0.0	0.0	0.0	0.0	0.0	0.0
A3	0.0	0.0	0.0	0.0	0.0	2.1	72.1	10.4	8.3	0.8	0.3	0.0	0.0	0.3	0.0	0.0	0.0	0.0	0.0	0.0
Baa1	0.0	0.0	0.0	0.0	0.0	0.0	4.4	72.9	13.9	2.2	1.0	0.7	0.2	0.0	0.2	0.2	0.0	0.0	0.0	0.0
Baa2	0.0	0.0	0.0	0.0	0.0	0.0	0.4	6.1	78.3	9.4	1.3	0.0	0.2	0.0	0.0	0.0	0.0	0.0	0.0	0.0
Baa3	0.0	0.0	0.0	0.3	0.0	0.0	0.0	0.5	9.3	79.0	4.3	2.5	1.0	0.0	0.0	0.0	0.0	0.0	0.0	0.0
Ba1	0.0	0.0	0.0	0.0	0.0	0.6	0.0	0.0	2.2	11.2	64.2	7.3	6.1	2.2	0.0	0.0	0.6	0.0	0.6	0.0
Ba2	0.0	0.0	0.0	0.0	0.0	0.0	0.0	0.0	0.0	4.7	5.6	70.9	8.5	2.3	0.0	1.4	0.0	0.0	0.0	0.0
Ba3	0.0	0.0	0.0	0.0	0.0	0.0	0.0	0.0	0.4	0.9	1.7	7.7	60.9	10.2	7.7	0.4	0.4	0.4	0.9	0.0
B1	0.0	0.0	0.0	0.0	0.0	0.0	0.0	0.0	0.0	0.0	0.0	0.7	8.4	61.3	9.8	5.2	0.7	0.0	0.0	0.0
B2	0.0	0.0	0.0	0.0	0.0	0.0	0.0	0.0	0.0	0.0	0.0	0.3	0.5	8.9	53.4	16.0	4.9	0.3	0.5	0.5
B3	0.0	0.0	0.0	0.0	0.0	0.0	0.0	0.0	0.0	0.0	0.2	0.0	0.0	0.8	7.7	63.5	9.7	1.6	0.2	0.0
Caa1	0.0	0.0	0.0	0.0	0.0	0.0	0.0	0.0	0.0	0.0	0.0	0.0	0.0	0.0	0.6	13.9	60.4	10.5	0.9	0.6
Caa2	0.0	0.0	0.0	0.0	0.0	0.0	0.0	0.0	0.0	0.0	0.0	0.0	0.0	0.0	0.0	3.0	9.0	54.9	6.0	3.0
Caa3	0.0	0.0	0.0	0.0	0.0	0.0	0.0	0.0	0.0	0.0	0.0	0.0	0.0	0.0	0.0	2.6	0.0	15.4	41.0	5.1
Ca-C	0.0	0.0	0.0	0.0	0.0	0.0	4.0	0.0	0.0	0.0	0.0	0.0	0.0	0.0	0.0	0.0	0.0	0.0	4.0	24.0

资料来源：穆迪

信用评级公司通常的商业模式是：债券发行人向信用评级公司付费，要求信用评级公司给自己发行的债券出具评级报告。债券发行人之所以愿意这样做，是因为有了权威评级机构的评级之后，投资者对债券的接受度会更高，债券发行起来会更容易。但这种商业模式也带来了一定的利益冲突。信用评级公司在相互竞争时，有动力通过给债券评出更高评级来吸引发行人，从而提升自己的收入和利润，这会影响到评级公司的客观性。次贷危机之前，信用评级公司对很多由次级按揭贷款打包组合成的衍生品给出了最高的 AAA 评级。在这些 AAA 级资产大量违约后，信用评级公司之间的这种利益冲突广受诟病。

有人可能会想，为什么一定需要通过信用评级来估计违约概率？为什么不可以直接用市场中的价格来反推违约概率？由于存在违约风险，信用债券的回报率一定高于国债回报率。从二者回报率的差异似乎应该能够算出信用债券的违约概率，但这一想法不能实现。因为用资产价格（如信用利差）估计出来的违约概率是风险中性世界中的概率，不是真实世界中的概率，而我们对风险的管理必须要基于真实世界的概率进行。比如，我们计算 VaR 时需要使用资产回报率在真实世界中的概率分布。如果用风险中性世界中的违约概率进行风险管理，则会让风险管理的措施变得过于保守——因为风险中性世界中违约事件发生的概率高于真实世界，这方面更详细的讨论可参见附录 24.B。

除了发债主体违约带来的信用风险外，信用风险还来自交易对手的违约。这种风险主要存在于双边清算的场外市场中。在场内市场（如证券交易所）和有交易中心的场外市场中，交易都通过一个中心机构（如交易所和中心清算机构）进行。这个中心机构对交易双方都有严格的保证金规定，从而保证交易会按约定完成。但在双边清算的场外市场中，并没有一个中心机构来确保所有交易的履约，因此，市场参与者有可能会碰到交易对手违约的情况，这种风险叫作**对手风险**（counterparty risk）。一旦市场参与者普遍担心对手风险，市场交易就会大幅萎缩，从而引发更严重的后果（想想我们在前文中介绍对冲时强调的持续交易的重要性）。我国的银行间市场是国内最大的债券交易市场，同时也是一个双边清算的场外市场。2016 年 12 月国海证券“萝卜章”事件就是这个市场中对手风险爆发的一个实例。

专题框 24－1：国海证券“萝卜章”事件

2016 年 4 季度，随着宏观经济数据的向好，以及货币政策的收紧，我国长达两年的债券牛市走到了终点，债券回报率明显上行，债券价格显著下跌。在之前的债券牛市中，不少机构通过债券代持的方式建立了较高的债券杠杆头寸。

债券代持是一种游走在灰色地带的债券业务方式。具体来说，一家机构（A 机构）可以请求另一家机构（B 机构）帮自己买入债券并持有。A 机构并不在债券买入时向 B 机构支付现金，而只是按照约定的利率向 B 机构支付利息。双方还会约定，B 机构帮 A 机构持有债券所产生的所有损益（利息收入、资本利得）都归 A 机构所有。在第三者看来，债券是 B 机构买入，且为 B 机构持有。但实际上这些债券的所有权是归 A 机构所有，B 机构只是帮着持有并收取一些手续费而已。

在债券代持中，B 机构实质上把自己的钱借给了 A 机构，让 A 机构来买债券。这样，A 机构就绕开了监管机构对债券杠杆的规定，能够建立起很高的杠杆倍数。对于债券代持这样以规避监管为出发点的业务，自然不可能有什么中央机构来加以清算，而只能由机构双方签订协议进行。有时，这些协议甚至只是“抽屉协议”，即签好之后就放在抽屉里，并不公之于众。在债券牛市中，A 机构通过债券代持可以加大自己的杠杆，从债券价格的上涨中获得丰厚的回报。但在债券熊市中，债券代持会让 A 机构损失巨大。

在国海证券“萝卜章”事件中，国海证券就扮演了 A 机构的角色。2016 年 12 月 14 日，有媒体报道说国海证券让某银行代持的债券出现了较大亏损，国海证券相关债券团队的负责人失联，国海证券拒不承认债券代持协议的消息。2016 年 12 月 15 日，20 余家与国海证券有债券代持协议的机构齐聚国海证券讨要说法。国海证券宣称并未授权其相关债券团队进行债券代持业务，债券团队对外签订的债券代持协议上加盖的均是私刻伪造的公章（俗称“萝卜章”），且债券团队负责人已经失去联系，另一责任人则已经向公安机关投案自首。据此，国海证券不准备认可相关团队签订的债券代持协议，不准备承担这些协议带来的亏损。

国海证券的这一态度让整个债券市场为之震动，因为并不是只有国海证券参与了债券代持协议。如果债券代持协议不被认可，那所有相关机构都会担心自己的交易对手不遵守债券代持协议，这势必会引发债券代持协议的大规模终止，以及债券抛售风潮。

为了抑制债市中的对手风险，2016年12月20日，证监会一位副主席专程赶往国海证券协调。协调会议上，国海证券与各方达成共识，国海证券认可与各方签订的债券代持协议，愿意承担债券代持协议带来的大部分损失。债券市场中的紧张情绪就此得到了一定程度的平息。

2017年5月19日，证监会公布了对国海证券及相关责任人的处罚决定。证监会将冻结国海证券开展若干新业务的资格一年，并注销相关责任人的证券执业资格及证券公司高管任职资格。

24.2.4　操作风险

最为广义地来说，操作风险是除市场风险和信用风险之外的所有其他风险。因此，有人又把操作风险叫作剩余风险（residual risk）。尽管不是所有人都同意这样的定义，但它至少表明了操作风险涵盖的范围很广。可以根据巴塞尔银行监管委员会就银行操作风险的分类，来看看金融机构面临的操作风险具体包含什么内容。巴塞尔银行监管委员会将操作风险分为以下7大类：

■ 内部欺诈（internal fraud）：如内部员工盗窃、交易报告作假、内部人交易（insider trading）等。

■ 外部欺诈（external fraud）：如遭受抢劫、支票连续透支、信息技术（IT）系统被黑等。

■ 雇员行为以及工作场所的安全性：如员工对公司提起的索赔、客户因在公司场所出现安全性事件向公司提起的索赔等。

■ 客户、产品及业务活动：指因为公司的疏忽而没有尽到对客户的责任，或者使用了不当的产品或业务。比如违反诚信、洗钱、账户的不合法交易等。

■ 对有形资产的破坏：如自然灾害、火灾及人为造成的对有形资产的破坏。

■ 业务中断及系统故障：如IT系统软硬件的失效、通信故障等。

■ 交易执行交付及过程管理：包括与交易对手的交易过程中出现的问题及争议。如交易指令输入错误、交易法律文本不完整、与交易对手的争端等。

从以上分类来看，操作风险的来源很多，头绪不少，对不同操作风险的管理也没有统一的规则可循。但是，尽管具体操作风险的爆发具有偶然性，但偶然背后有必然。风险的高低很大程度上取决于机构的内部管理是否严密有效。专题框24－2中介绍了发生在2013年的光大证券“8·16乌龙指”事件，这一事件是操作风险爆发的典型例子。尽管这一事件的直接原因是交易程序错误，但程序编写后未经校验就投入实际交易环境，且交易系统未被纳入公司风控体系，都表明在“8·16乌龙指”事件之前光大证券的内部管理存在明显漏洞。

专题框24－2：光大证券“8·16乌龙指”事件

2013年8月16日上午11：05，A股市场突现巨额买单，瞬间让包括中国石化、中国工商银行在内的71只权重股涨停，并让上证综指在1分钟内上涨超过5%。当天下午光大证券发布公告称，公司自营部门套利交易系统出现故障，计算机程序错误下单 234 亿元，实际成交 72 亿元。公司发布公告后，市场情绪迅速转冷，上证综指也“回吐”了上午的全部涨幅，当日收跌 0.75%。

由于我国 A 股市场实行 T+1 的制度（当日买入的股票不能当日卖出），光大证券无法立即卖出其错误买入的价值数十亿元的股票。为了对冲风险，光大证券将股票组合成 ETF 在市场卖出，并同时大幅做空股指期货。由于光大证券的这些自救行为开始于公司公告之前，因而最终证监会认定这一行为为内幕交易，判罚光大证券缴纳罚款 5.2 亿元，包括公司总裁和事件直接责任人在内的 4 人也受到了罚款及证券市场终身禁入的处罚。

从技术上来说，“8·16 乌龙指”事件产生于光大证券策略投资部套利交易系统中的一个错误。策略投资部是光大证券的自营部门，利用公司的自有资金进行套利交易。该部门因为过去业绩良好，因而在公司内部有较大话语权。由于该部门从事的是高频套利交易，对交易速度有很高要求，所以其 IT 系统并未接入光大证券的风控体系，而是直接与交易所的服务器连接，直接下单。

2013 年 8 月 16 日上午 11:02，策略投资部进行了当天第 3 次 180ETF 套利下单。下单后，交易员发现其中有 24 个成分股的申购不成功，因此，交易员在程序员的协助下，利用了系统中的“重下”功能，试图重新申购这 24 只股票。但系统“重下”功能的程序编写有误，把买入 24 只成分股的申购命令变成了买入 24 组 180ETF 成分股的命令。2013 年 8 月 16 日上午 11:05:08，交易员点击了“重下”命令，在之后的 2 秒钟内，系统生成了 26 082 笔市价委托订单，并直接发至交易所的服务器，从而在市场内形成了 234 亿元的买入订单，大错就此酿成。

事实上，因这种交易指令输入错误而引发的事件在世界上并不新鲜。2005 年 12 月 8 日，日本瑞穗证券公司的一名交易员接到客户指令，要求以 61 万日元的价格卖出 1 股 J-Com 公司的股票。但这名交易员将其误输入为以每股 1 日元的价格卖出 61 万股，这一错误最终让瑞穗证券公司在 15 分钟内损失了 270 亿日元。由于这样的错误时有发生，所以这样的事件有一个专门的名字叫作“乌龙指交易”（fat finger trade）。

严重的交易错误虽然在国际上已有许多先例，但光大证券的“8·16 乌龙指”事件是我国金融市场里的第一次。这次事件以“8·16 乌龙指”为名被记入了中国金融市场的发展历史中。

24.3 次贷危机

前文中我们介绍了微观层面金融风险的来源和管理方法，但要维护宏观层面整个金融市场的稳定，仅靠微观层面的风险管理是不够的。用更为学术化的语言来说，宏观风险管理并非微观风险管理的加总，风险在不同机构间可能有复杂的传递路径。有可能发生的是，尽管微观风险管理似乎到位了，宏观层面却还是爆发比较严重的危机，所以目前金融监管的发展趋势是在继续做好微观审慎管理的基础上，愈发强调宏观审慎的重要性。

这一节将通过对次贷危机的分析来介绍宏观层面的金融风险管理。从中我们将会看到，微观层面的一些看似无害的行为是如何在宏观层面积聚为巨大风险，最终引发金融海啸的。次贷危机爆发的背景有三点，分别是全球失衡格局下全球贸易顺差国源源不断地给美国提供的资本供给，美国国内的房地产泡沫，以及美国金融市场对房屋按揭贷款的过度证券化。全球失衡是宏观经济学课程讨论的内容，这里就不展开了。接下来，我们先简单介绍美国次贷危机之前的房地产泡沫，然后再详细分析对房屋按揭贷款的过度证券化。

24.3.1　美国的房地产泡沫

从 20 世纪 90 年代开始，美国房地产市场进入了长期繁荣期，房价持续上涨。2001 年互联网泡沫破灭后，美联储为了提振经济，将联邦基金利率下调到了 30 年来的最低水平，这一宽松货币政策进一步推升了房价涨幅。在次贷危机爆发之前的几年，越来越多的人相信房价会一直涨上去，从而进一步刺激了购房热情（图 24－3）。

在房价持续上涨的预期之下，美国商业银行发放的房屋按揭贷款数量大幅增加。**次级按揭贷款**（subprime mortgage loan）也被商业银行大量发放了出去。次级按揭贷款是指发放给低信用评分人员的按揭贷款，在银行通常的信用评估标准下，这些人本来是不应该能够拿到贷款的。但在房价上涨预期之下，银行明显下调了发放按揭贷款的标准，令次级按揭贷款大行其道。更夸张的是，有些银行甚至把房屋按揭贷款发放给了没有收入、没有工作、没有资产的人，由于这几个英文单词的首字母缩写正好是 Ninja，即日语“忍者”的英文音译，所以这些贷款又被叫作“忍者贷款”。贷款发放标准松弛至此，房地产贷款的数量也就快速攀升。到次贷危机爆发前夕，美国房地产贷款占 GDP 比重上升到了创纪录的 25%（图 24－4）。

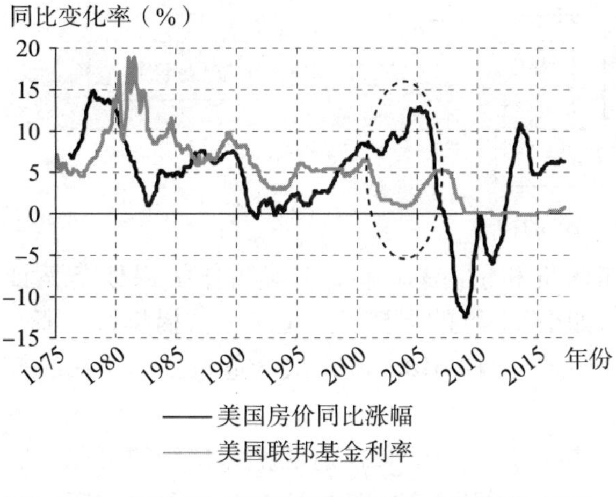

图 24－3　2001 年互联网泡沫破灭后，美联储极低的利率水平进一步推升了房价涨幅

资料来源：CEIC

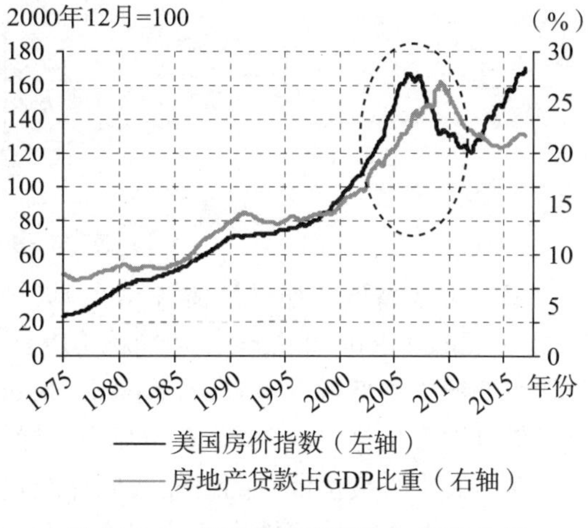

图 24－4　美国房地产贷款占 GDP 比例在次贷危机前快速上升

资料来源：CEIC

24.3.2 ABS 与 CDO

按揭贷款的发放会大量占用银行的资金，为了发放更多贷款，银行将其贷款打包成为**资产支持证券**（asset backed security，简称 **ABS**）在二级市场出售。图 24－5 描绘了 ABS 的构造方法。

一开始，银行正常地向借款人发放贷款。借款人得到了银行借出的资金，并承诺按期偿还本息。这笔贷款成为银行的资产，进入银行的资产负债表。尽管传统的信贷业务到这里就结束了，但 ABS 的构造才刚刚开始。接下来，银行成立一个**特殊目的公司**（special purpose vehicle，简称 **SPV**），将信贷资产放入其中。SPV 可以做到破产隔离——就算银行倒闭了，放入 SPV 的资产也不会被清算。SPV 作为发行人，在市场上向投资者发行以信贷资产支持的证券，这些证券的支付来自贷款的回报（借款人的本息偿付）。在 ABS 的发行过程中，需要承销商（一般是投资银行）进行承销，以及评级机构给出信用评级。如果需要的话，还会有增信机构来做增信。由于借款人按期支付的本息需要转移到 ABS 的投资者，所以还需要一个服务人（servicer，往往就是发放贷款的银行本身）来进行日常的记账、现金交割等工作。如此一来，银行在贷款到期之前就可以收回资金，而这些资金可以用来发放更多的贷款。这样，银行发放贷款的能力就不再受到其资本金的约束，可以大大增加。

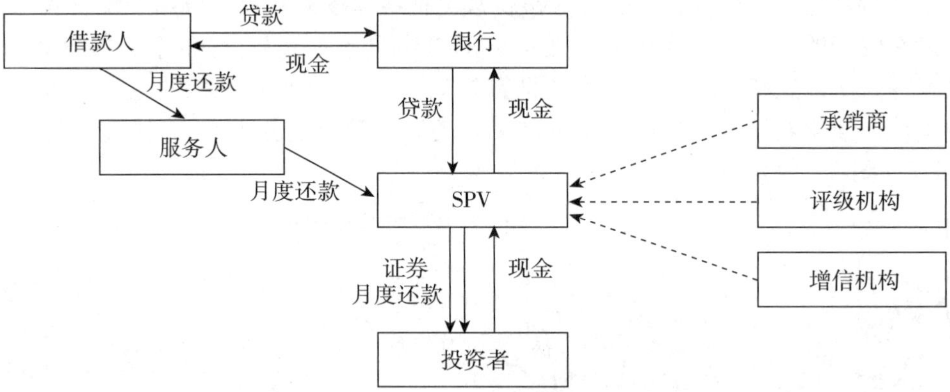

图 24－5　ABS 的构造

ABS 的支持资产如果是债务型工具（如信贷和债券），那么它就叫作**担保债务凭证**（collateralized debt obligation，简称 **CDO**）。如果 CDO 的支持资产是房屋按揭贷款，那么它就叫**抵押支持债券**（mortgage-backed security，简称 **MBS**）。在次贷危机之前，次级按揭贷款也被大量打包成 MBS 在市场上出售。

在前文中讲最优停时的时候我们介绍过，按揭贷款由于有提前还款和违约的可能，所以其现金流存在不确定性，不为投资者所喜欢。为了让 MBS 在市场上容易卖出，银行会将许多笔房屋按揭贷款打包，寄希望于大数定律来让整包贷款的现金流变得更加可预测。包中所有贷款产生的现金流会被**分层处理**（tranching），一般来说，会分成**优先层**（senior tranche）、**中间层**（mezzanine tranche）和**股本层**（equity tranche）。现金流按照瀑布形式进行分配，优先满足优先层，然后才是中间层。如果还有剩余，再满足股本层。通常来说，优先层、中间层和股本层占比分别为 75%、20%和 5%。

从次贷危机之前的历史数据来看，按揭贷款违约率达到 25%的情况没有发生过，所以大家相信优先层份额是十分安全的，因而给了它们 AAA 级的最高信用评级。这一层资产的购买者中不乏像养老基金这样相当审慎的投资者。中间层和股本层的优先度逊于优先层，风险更高，因而有时难以找到销路，所以金融机构将多个这样的劣后层级再打包，形成 CDO，从中再次划分出优先层，构造出 AAA 级的资产在市场上出售，这样就构造出了衍生品的衍生品。多个 CDO 中的劣后层级可以再次打包，构造出 CDO^2，从中再划分出优先层，构造出 AAA 级的资产出售。这一过程可以多次嵌套，构造出 CDO^3 和 CDO^4。

要想分层处理的策略奏效，前提是打包里的贷款相互之间违约的相关性不高。如果所有贷款会同时违约，那再怎么分层也没有意义。在后文中我们会看到，这个贷款违约相关性不高的假设酿成了大错。

24.3.3 CDS 与合成 CDO

如果你觉得 CDO^2、CDO^3 等已经达到了疯狂的极致，那么你就错了。接下来我们来看看金融市场中的“核武器”——**合成 CDO**（synthetic CDO）。但在讲它之前，我们先得知道什么是**信用违约互换**（credit default swap，简称 **CDS**）。

CDS 是一种常见的信用衍生产品，是在一定期限内，买卖双方互换某一参照实体（reference entity）信用风险的合约。CDS 的买方在合约期限内，参照实体发生信用事件前，定期向 CDS 的卖方支付费用。如果在合约期限内参照实体发生信用事件，CDS 的卖方则向买方支付赔偿。CDS 的参照实体往往是企业或某个政府，而并非 CDS 的交易双方。

CDS 可以算是一种特殊的保险。它的特殊性在于购买保险的人不需要拥有对应的资产。举个例子，通常的房屋火灾保险只能由房主购买，并且规定保险额不能超过房屋的价值，这当然是为了降低道德风险问题。而购买 CDS 就像是房主之外的人给某栋房屋投保火灾保险一样，这些人可能无法做些什么来增加房屋着火的概率，但房屋一旦发生火灾，保险公司的赔付额可能远大于房屋的价值，于是，CDS 就放大了一个信用事件能够造成的损失。

如果某个 CDS 合约的参照实体是按揭贷款，则 CDS 空头的现金流会与按揭贷款的现金流类似。在按揭贷款没有违约之前，CDS 空头（卖方）会定期收到 CDS 多头的现金支付，如同银行定期收到按揭贷款借款人的本息偿付一样。而一旦按揭贷款违约，则 CDS 空头会损失一大笔钱（向多头进行偿付），如同银行损失其贷款应得本息偿付一样。这样，以按揭贷款为参照实体的 CDS 空头就可被视为一个按揭贷款，投资银行就能以 CDS 空头为基础资产，用类似打包按揭贷款的方法构造出 CDO，这种 CDO 叫作合成 CDO。与 CDO 不同，合成 CDO 的数量不受存量按揭贷款数量的限制，想做出多少就能做出多少，这样，按揭贷款违约可能在金融市场里产生的损失就成倍地上升。

持有合成 CDO 的客户（包括持有其中拆分出来的 AAA 级优先层的客户）事实上成了 CDS 空头，即 CDS 多头的对手方。在察觉按揭贷款质量开始恶化之后，美国有些投资银行一边继续用 CDS 构造合成 CDO 卖给客户，一边又自己买入大量 CDS 多头，事实上与自己的客户形成了对赌关系。

24.3.4 风险的积聚

前文中介绍的房屋按揭贷款的资产证券化链条中存在严重的利益冲突，蕴含着巨大风险。对准备买房的按揭贷款申请者来说，其在乎的是赶紧借到贷款来买房子，从而赶上房价上涨的列车。对发放贷款的商业银行来说，其在乎的是把贷款尽快发放出去，然后拿到市场上卖掉，从而获得其中的手续费。对承销 ABS 的投资银行来说，其在乎的是尽可能多地构造和卖出 ABS，从而挣到手续费。对评级机构来说，其在乎的是尽可能多地招揽评级客户，从而挣到评级费用。而投资者则在乎获取不错的回报率，并相信链条上的其他各方做好了风险控制的工作。

但很显然，在整个链条上，没有人真正关心风险在哪里。过去，商业银行因为会完整持有按揭贷款的整个生命周期，因而在发放贷款时很审慎。但有了 ABS 之后，商业银行可以将贷款卖出去，马上拿到回报，这样，商业银行就不像之前那样关注贷款质量，反而更关心怎样多放贷款。投资银行、评级机构也有动力尽量把交易数量做大，以赚取更多手续费。而由于金融衍生品的结构相当复杂，最终持有资产的投资者往往并不清楚自己买入的究竟是什么。

最为关键的，按揭贷款之间违约相关性不高的假设并不成立。在房地产泡沫破裂的时候，按揭贷款之间会有很强的违约相关性，从而导致贷款的违约率远远超过之前预想，令 AAA 级的优先层资产也遭受重大损失。

24.3.5 次贷危机的爆发

2007 年 6 月，美国房价触顶回落，延绵十多年的房价上涨趋势就此终结。在房价回落的过程中，次级按揭贷款开始大面积违约，令所有建立在它们之上的衍生品的质量同时恶化。

2007 年 8 月 1 日，当时美国的第五大投资银行贝尔斯登（Bear Stearns）宣布，其旗下两只投资次级按揭贷款 ABS 的基金倒闭，损失超过 15 亿美元。之后，贝尔斯登的损失额不断扩大，经营日渐困难。2008 年 3 月 14 日，美联储决定通过摩根大通向贝尔斯登提供资金，以缓解其面临的流动性危机。这是自 20 世纪 30 年代大萧条以来，美联储首次向非商业银行提供应急资金。2008 年 3 月 16 日，摩根大通宣布将以每股 2 美元的价格收购贝尔斯登。后来经过多轮协商后，收购价定在每股约 10 美元，但即使这样，也与贝尔斯登 2007 年 159 美元的股价高点相去甚远。尽管救助贝尔斯登的行动暂时让市场平静了下来，但它也让美联储和美国财政部的政治资源明显受损，许多人对美联储和美国财政部用纳税人的钱来救助华尔街富商的行为非常愤怒。

2008 年 9 月 10 日，当时美国的第四大投资银行雷曼兄弟提前发布 3 季度财报，显示其 3 季度亏损达到 39 亿美元，大幅超过市场预期。至此，雷曼兄弟这家创立于 1850 年的老牌投资银行也走到了破产的边缘。由于之前救助贝尔斯登已经广受指责，这次美联储和美国财政部并未出手化解雷曼兄弟的危机，在求救无果后，雷曼兄弟于 2008 年 9 月 15 日宣布申请破产保护。次贷危机就此全面引爆。

雷曼兄弟的倒闭宣告次贷危机高潮来临。当一个有着 158 年历史，美国排名第四的投资银行都能倒闭的时候，市场中的交易者不再相信任何与它做交易的对手，整个市场中对手风险弥漫，交易活动走向停滞。同时，交易者也大幅抛售资产，将资金从市场撤回到手中。货币市场基金首当其冲，正如我们之前在分析银行时所说的，货币市场基金存在期限错配的问题，当基金持有人大量从基金中撤回资金时，基金很难快速变现其资产来应付赎回压力，这让货币市场基金面临了银行挤兑式的压力。而货币市场基金又是许多实体经济企业流动资金的提供方。货币市场基金在压力之下也四处抽回资金，从而导致许多实体企业也面临流动性危机。金融市场的动荡开始向经济的方方面面蔓延，金融危机就此升级成为经济危机。

在金融市场整体崩溃（meltdown）的恐怖前景下，美国政府不得不出台大规模的救助计划。在时任美国财政部长保尔森（Paulson）的主导下，美国国会于 2008 年 10 月 3 日通过了《2008 年经济稳定紧急法案》（*Emergency Economic Stabilization Act of 2008*）。该法案的核心是总额为 7 000 亿美元的“不良资产救助计划”（troubled asset relief program，简称 TARP）。利用这笔资金，美国政府向大量金融机构提供了流动性援助，并援救了房利美、房地美、美国国际集团（AIG）等重要金融机构。同时，美联储也大幅放松了货币政策来向市场补充流动性。在强力政策的干预下，美国金融市场终于没有崩塌，但危机对全球金融市场和全球经济已经造成了巨大冲击。直到次贷危机过去了近十年的现在，全球经济仍未能走出次贷危机的阴影，没能回到危机前的繁荣状态。

24.3.6　教训

将次贷危机的爆发完全归咎于金融市场是不公允的。从宏观经济分析可以知道，全球失衡格局下全球储蓄向美国积聚，因而导致了美国资产价格膨胀，债务率上升。这种经济运行模式不可持续，必然会调整，次贷危机就是这种调整的体现。但是，次贷危机前美国金融市场的过度活跃，尤其是衍生品市场的过度发展，无疑对危机前资产价格的膨胀起到了推波助澜的作用，并放大了危机造成的伤害。

我们能从次贷危机中学到些什么？次贷危机告诉我们，尽管我们已经在金融理论和实务方面取得了长足的进步，但正像索罗斯（Soros）所说的，“我们仍然没有完全弄懂它是怎样运行的。”微观层面的风险管理相对容易，但在宏观层面，风险因素如何相互影响、相互传递、相互加强则更难把握。一些看似无害的假设（如按揭贷款违约的相关性不高）有可能带来灾难性的后果，而金融从业者在巨大利益诱惑下的行为异化也是不能忽视的风险来源。

2002 年，巴菲特（Buffett）曾说过：“衍生品是金融的大规模杀伤性武器。它们带来的危险尽管现在还未显露，却是致命的。”巴菲特的话尽管有些夸张，但确实也点出了误用金融技术可能会带来的严重后果。我们要时刻牢记金融技术是一柄双刃剑，既能杀敌，也能伤己。

附录 24. A　连接函数

一个随机变量的分布可以用累积分布函数来刻画，累积分布函数给出了随机变量不大

于任意一个实数的概率，

$$F(x)=\Pr\{\tilde{X}\leqslant x\}$$

类似地，多个相互联系的随机变量的分布可以用多元分布函数来刻画，

$$F(x_1,\cdots,x_n)=\Pr\{\tilde{X}_1\leqslant x_1,\cdots,\tilde{X}_n\leqslant x_n\}$$

要计算 VaR，就需要估计如上式的机构资产总组合的多元分布函数。这样的多元分布函数无论是处理还是估计都是非常困难的，为了简化其分析，金融分析引入了一个被称为**连接函数**（copula function）的工具。1959 年，数学家斯克拉（Sklar）证明了如下定理。

定理 24.1（斯克拉定理）：令 F 为一个 n 维随机变量的联合分布函数，其中各个变量的边缘分布函数分别记为 F_i，那么，存在一个 n 维连接函数 C，使得

$$F(x_1,\cdots,x_n)=C[F_1(x_1),\cdots,F_n(x_n)]$$

若边缘分布函数 F_i 均是连续的，则连接函数 C 是唯一的。并且对于所有 $\mathbf{u}\in[0,\ 1]^n$，均有

$$C(\mathbf{u})=F[F_1^{-1}(u_1),\cdots,F_n^{-1}(u_n)]$$

直观地理解，斯克拉定理的意思是可以将联合分布分为两个独立的部分分别处理——随机变量间的相关性结构和每个随机变量的边缘分布。其中的相关性结构用连接函数来描述，这种方法的优点在于可以不要求边缘分布都一样。任意的边缘分布经连接函数连接都可构成联合分布。

图 24-6 显示了如何用连接函数来定义联合分布。假设存在两个随机变量 $\tilde{V}_1$ 与 $\tilde{V}_2$，概率分布无法归结到常见的分布函数上去。假设二者的分布函数分别为 G_1 与 G_2，由于 G_1 与 G_2 可能连解析形式都写不出来，研究 $\tilde{V}_1$ 与 $\tilde{V}_2$ 的联合分布就非常困难。但我们可以把这两个非标准分布的随机变量映射到正态分布上，构造两个正态分布的随机变量 $\tilde{U}_1$ 与 $\tilde{U}_2$（其分布函数均为正态分布函数 N）。映射时，采用分数位对分数位（percentile-to-percentile）的一一对应，如下所示，

$$G_1(v_1)=N(u_1)$$
$$G_2(v_2)=N(u_2)$$

这样一来，

$$u_i=N^{-1}[G_i(v_i)],\ v_i=G_i^{-1}[N(u_i)],\quad i=1,2$$

$\tilde{U}_1$ 与 $\tilde{U}_2$ 就可以假设服从二元正态分布，处理起来就相对简便了。可以用计量方法把 $\tilde{U}_1$ 与 $\tilde{U}_2$ 的分布函数，以及二者之间的连接函数给估计出来，这样，就可以计算 VaR 了。在这个过程中，$\tilde{V}_1$ 与 $\tilde{V}_2$ 的边缘分布（不管其分布是什么样的）并没有因为我们对 $\tilde{U}_1$ 与 $\tilde{U}_2$ 之间相关关系的假定而改变，这正是连接函数的价值所在。除了可将边缘分布映射为正态分布，还可以映射成其他分布（如学生 t 分布），具体选择视情况而定。

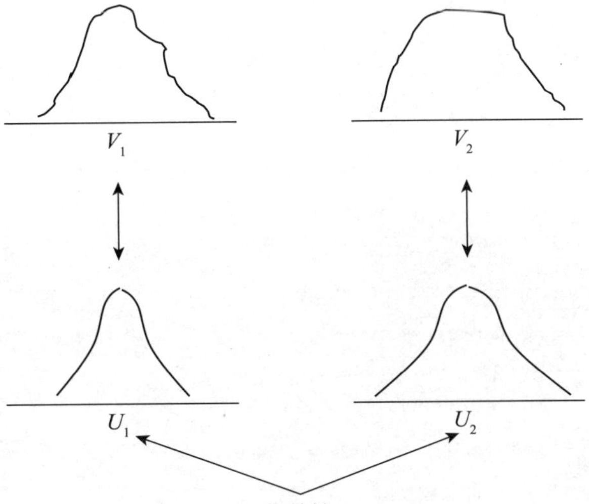

图 24－6　连接函数

附录 24. B　真实世界与风险中性世界概率的对比

从真实世界的历史数据来估计风险发生的分布和概率显得比较麻烦。有人可能会想，为什么不从资产价格的数据中反推出风险发生的概率，毕竟，资产价格都是基于对风险的认知而确定的。这种想法虽然看起来管用，但其实是错误的。用资产价格计算出来的风险发生概率都是在风险中性世界中的概率，而不是真实世界中的概率。换句话说，用资产价格反推出的风险概率来计算 VaR 等风险管理工具的取值其实是错误的。

我们用一个具体的例子来展示其中的错误之处。我们假设在一个单期（包含 0 时刻和 1 时刻）模型中存在两种资产——无风险债券和风险债券。1 时刻世界有两种可能的状态：a 和 b。在真实世界中，两个状态发生的概率均为 0.5。1 时刻两种资产的支付矩阵如下所示，

$$\begin{array}{cc} \text{无风险债券} & \text{风险债券} \\ \end{array}$$
$$\begin{bmatrix} 1 & 1 \\ 1 & 0 \end{bmatrix} \begin{array}{l} \text{状态 } a\text{，概率 } 0.5 \\ \text{状态 } b\text{，概率 } 0.5 \end{array}$$

假设代表性消费者效用函数为（两时刻之间的贴现因子为 0.5）

$$U(c_0, \tilde{c}_1) = \ln c_0 + 0.5E(\ln \tilde{c}_1)$$

经济中的禀赋为 0 时刻 2 单位消费品，以及 1 单位无风险债券和 1 单位风险债券。消费品均不能储存，禀赋均归代表性消费者所有。

设在 0 时刻和 1 时刻两个状态对应的阿罗证券的价格分别为 φ_a 与 φ_b，则代表性消费者的优化问题为

$$\max_{c_0, c_{1a}, c_{1b}} \ln c_0 + 0.5(0.5\ln c_{1a} + 0.5\ln c_{1b})$$
$$\text{s.t.} \quad c_0 + \varphi_a c_{1a} + \varphi_b c_{1b} = 2 + 2\varphi_a + \varphi_b$$

构建拉格朗日函数为

$$\mathcal{L} = \ln c_0 + 0.25\ln c_{1a} + 0.25\ln c_{1b} + \lambda(2 + 2\varphi_a + \varphi_b - c_0 - \varphi_a c_{1a} - \varphi_b c_{1b})$$

其一阶条件为

$$\frac{\partial \mathcal{L}}{\partial c_0} = 0: \quad \frac{1}{c_0} = \lambda$$
$$\frac{\partial \mathcal{L}}{\partial c_{1a}} = 0: \quad \frac{1}{4c_{1a}} = \lambda\varphi_a$$
$$\frac{\partial \mathcal{L}}{\partial c_{1b}} = 0: \quad \frac{1}{4c_{1b}} = \lambda\varphi_b$$

在均衡时，由于消费品不能储存，所以当期消费应该等于当期禀赋，即

$$\begin{cases} c_0 = 2 \\ c_{1a} = 2 \\ c_{1b} = 1 \end{cases}$$

从中解出

$$\varphi_a = \frac{1}{4\lambda c_{1a}} = 0.25$$
$$\varphi_b = \frac{1}{4\lambda c_{1b}} = 0.5$$

因此，在 0 时刻无风险债券的价格为 0.75，风险债券的价格为 0.25。可以计算无风险债券期望回报率为

$$E(r_a) = \frac{1}{0.75} - 1 = \frac{1}{3}$$
$$E(r_b) = \frac{1 \times 0.5}{0.25} - 1 = 1 \tag{24.1}$$

风险债券相对无风险债券的超额回报率为

$$E(r_b) - E(r_a) = 1 - \frac{1}{3} = \frac{2}{3}$$

接下来我们看看能否从资产价格中计算出风险债券的违约概率。从无套利原则出发，1 单位 0 时刻的消费品放在两种债券上的期望回报率应该是一样的。假设风险债券的违约概率为 q（状态 b 发生的概率），则风险债券会产生支付的概率就为 $1-q$，因此可以得到公式

$$\frac{1}{0.75} = (1-q) \times \frac{1}{0.25} \tag{24.2}$$

解出 $q=\frac{2}{3}$。这个概率与在真实世界中状态 b 发生的概率（$\frac{1}{2}$）不一样。

这个算例告诉我们，如果用资产价格来反推风险发生的概率，得到的其实是风险中性世界中的概率，并不是真实世界中的概率，因此不能直接拿来在真实世界中做风险管理。

这种结果看上去似乎很奇怪。在前文的计算中我们用的是均衡定价方法给出的资产价格，并未涉及无套利的风险中性定价方法，那么为什么最后却算出了风险中性世界中的违约概率 q 了呢？关键在于式（24.2）的计算方法，在这个公式中，我们假设了两种资产的期望回报率相等，因而隐含假设了投资者是风险中性的。这样一来，计算出来的违约概率自然就变成了风险中性世界中的概率了。所以之前我们所说的“从无套利原则出发，1 单位 0 时刻的消费品放在两种债券上的期望回报率应该是一样的”这句话，只有在风险中性概率下才成立。而在前文中我们已经计算出了，在真实世界中，两种债券的期望回报率其实是不一样的［式（24.1)］。

进一步阅读指南

赫尔的《风险管理与金融机构》(*Risk Management and Financial Institutions*) 是偏实务的一本风险管理教科书，本讲的内容可算是这本书的一个非常简略的索引。美国金融危机调查委员会 2011 年发布了一份 663 页的《金融危机调查报告》(*The Financial Crisis Inquiry Report*)，对于想了解次贷危机的人来说，这是最权威的参考资料。

练习题

24.1 请简述市场风险、信用风险和操作风险的差异，并将以下风险事件归类：

(a) 公司购买的长期债券因为利率上升而价值缩水；

(b) 公司购买的债券违约；

(c) 公司的交易对手破产，公司预付的货款无法追回；

(d) 公司的交易员涉嫌“老鼠仓”被公安局逮捕；

(e) 公司大楼临时断电导致交易终止；

(f) 公司交易员误判股价走势，导致其资产组合损失严重；

(g) 公司交易员在资产组合亏损后做假账掩盖，最后东窗事发。

24.2 请简述次贷危机爆发的原因。

第 25 讲

金融理论与金融艺术

随着本书接近尾声，我们已经学习了金融理论的大部分领域。尽管因为时间和程度的限制，我们无法深入展开每一部分的讨论，但相信大家已经通过之前的学习建立起了金融理论的整体印象。这些内容可以成为大家日后进一步钻研的坐标系，让大家不至于在浩瀚的金融理论体系中迷失方向。在这一讲，我们会对本书给出的理论简图再做一次浓缩，从理论的逻辑线索和发展的历史脉络两方面串起前文中的各个知识点。相信这能让金融理论体系更加清晰地呈现出来，同时也能让大家感受到理论发展中的那种蓬勃的生命律动。

在串讲了理论体系之后，这一讲还有一个更加重要的任务是介绍金融理论的边界。金融理论固然威力强大，但它是建立在一些核心前提假设之上，基于特定的方法论而导出的逻辑体系。理论不是万能的，更不必然代表真理。只有知道了理论的能与不能，看到了理论适用的边界，我们才真正知道理论能怎么用，该怎么用。所以在这一讲的后半部分，我们会跳出金融理论的框架，站在一个投资者的角度来看金融问题，来分析金融理论的价值。在这个角度上，我们才能看到在金融理论之外，一大片带有艺术成分的重要领域。真实世界中的投资者只有把金融理论和金融艺术结合起来，才能打败市场。

25.1 金融理论体系

接下来，我们将沿着金融根本问题展开的脉络，以及理论构建的历史时间线索来梳理金融理论体系的框架。

25.1.1　金融交易的本质

金融交易的本质是资源在不同时间、不同状态下的调配。其中，**时间**（time）和**状态**（state）是两个关键词。在金融理论中，不确定性用世界可能处在的状态来表示。金融理论就围绕着时间和状态展开讨论。1954 年阿罗和德布鲁所构建的**阿罗-德布鲁市场**模型为讨论金融问题提供了一个直透本质的平台，其中所构想的**阿罗证券**是讨论资产定价的基础概念。

金融交易是用某时间和状态下的资金去换取别的时间或状态下的资金，里面必然涉及**利率**，或者更广义的**回报率**的概念。1930 年，全世界第一个经济学博士，同时也是一位著名的经济学家——欧文·费雪的最著名著作就是出版于 1930 年的《利息理论》。有关利率的许多关键思想，如利息产生于人性的不耐，以及名义利率等于真实利率加通胀率就始见于此。

25.1.2　不确定性下人的行为

金融交易是人为了在不同时间、不同状态下调配资源而做的交易行为。分析金融活动的首要问题是人会怎样在不确定性下做决策，而这又需要了解人在不确定情况下如何形成偏好——怎样在不确定性事件之间做比较。这便是冯·诺伊曼与摩根斯坦于 1944 年创立的**期望效用理论**所要解决的问题。

有了不确定性下的偏好理论，就能够按照经济学中惯常的求解效用最大化方法推导出不确定性下人的决策，进而分析和解释所观察到的消费、储蓄、投资、资产配置等行为。注意，由于人既可能是资金供给方，也可能是资金需求方，所以对人行为的研究同时可以导出资金的供给行为和需求行为。

在这里必须要提到**均值-方差分析**，这是马科维茨在 1952 年提出的理论。马科维茨所思考的问题是：当投资者既关心资产的期望回报率，又关心资产回报率的方差时，他会怎样构建其资产组合。马科维茨这个简单的思想深刻改变了人们思考金融的方式，掀起了第一次金融革命。尽管马科维茨并不是从期望效用理论构建其思想的，但其实均值-方差分析可被视为期望效用理论的一个特例。当人们的效用函数是 CARA 型时，其不确定性下的选择就遵循均值-方差判别标准。

从马科维茨的均值-方差分析出发，可以构建出最优资产组合。将这一组合理论再往前推一步，可以得到一个令人吃惊的结论：不管投资者的风险偏好怎样，都应该购买构成完全一样的风险资产组合，即所谓的**市场组合**。这便是最早由詹姆斯·托宾（James Tobin）在 1958 年提出来的**两基金分离定理**（two-fund separation theorem）。

在这里我们还必须要补充一下。尽管在日常用语中，甚至在金融理论中，我们都把**风险**与**不确定性**看成是同一个东西。但在经济学家富兰克·奈特（Frank Knight）看来，这二者截然不同。奈特认为风险指可度量的不确定性，可被称为“已知的未知”；而不确定性则是不可度量的不确定性，是“未知的未知”。具体而言，风险是概率分布已知的不确定。面对风险，人们虽然不能确知具体哪种结果会出现，但对各种结果出现的概率是心中有数的。就像扔一个硬币，虽然我们无法知道硬币落下来哪面会朝上，但知道正面与反面朝上的概率都是$\frac{1}{2}$。而像次贷危机这样前所未有的事件，事前根本无从给出其发生的概率，就是奈特所说的不确定性。但是，目前我们根本无法在理论上处理奈特所说的不确定性，因此，金融中都将不确定性理解为奈特所说的风险，也就是未来分布已知的不确定性。

25.1.3 均衡资产定价

将资金供需双方（人）结合在一起综合考虑，研究双方行为的互动，从而分析全社会的消费、投资、资产配置、资产价格等状态的方法是**一般均衡**（general equilibrium）分析。阿罗-德布鲁模型就是一个一般均衡模型。

金融理论中的一个主要部分是资产定价（asset pricing）。由于求解一般均衡可以得到包括资产价格在内的所有经济变量的取值，因此一般均衡分析就给出了一种资产定价的方法，称为**均衡资产定价**。这种定价方法的优势在于它可以从无到有，从投资者偏好、资源禀赋等初始假设出发，给出各种资产的价格，所以，这种定价方法也被称为**绝对定价**。均衡资产定价的主要理论有 CAPM 和 C-CAPM。

我们先来看 CAPM。1964—1966 年，夏普（Sharpe）、林特纳（Lintner）与莫辛（Mossin）等人分别发表了文章，给出了 CAPM 的思想。他们的问题是：如果所有投资者都按照马科维茨的均值-方差分析方法来构建其资产组合，那么这些行为反过来会形成什么样的资产价格？其答案是，在这样的状况下，不同资产的回报率之间应该满足一个线性关系。决定资产回报率差异的是各个资产与市场组合之间的相关性，即所谓的β。

CAPM 是基于均值-方差这个特殊的偏好假设给出的资产定价理论。一个自然浮现的问题是：当投资者的偏好更为一般时，资产价格是怎样的？在 1978 年，罗伯特·卢卡斯（Robert Lucas）构建了著名的**树模型**（tree model），给出了宽泛偏好形式下资产的定价方程。这个方程有着类似于 CAPM 定价方程的形式，因而被称为基于消费的 CAPM（C-CAPM）。

虽然均衡资产定价方法能够给所有资产定价，但这种方法给出的结果高度依赖于偏好、禀赋等假设。而且由于一般均衡模型是对整个经济建模，因而要做很多简化假设。所以，均衡资产定价方法无法给资产价格精确定价，这限制了这种方法在现实中的应用。

25.1.4 无套利资产定价

与均衡资产定价相并行的，是金融理论中另一条资产定价的思路——**无套利资产定价**。无套利资产定价并不追求从无到有地把资产价格给确定下来，它只是试图基于一些已知的资产价格，把其他一些相关资产的价格给确定下来。正因为此，无套利资产定价也叫作**相对定价**。由于野心不像均衡资产定价那么大，无套利资产定价并不要求做出偏好、禀赋等假设，而只是要求市场中没有套利机会。容易看出，**无套利是均衡的必要但非充分条件**。

目前，大家公认法国数学家巴施里耶是现代金融（以及无套利资产定价理论）的鼻祖。在 1900 年他写出了题为《投机理论》的博士论文（Bachelier，1900）。文中，他构建了股价运动的随机模型（布朗运动），并讨论了期权定价的问题。这是历史上第一篇分析期权定价的文章，也是第一篇运用高等数学来分析金融问题的文章，因而被公认为现代金融理论的起点。但可惜的是，巴施里耶远远超越了他的时代，生前几乎默默无闻，他工作的巨大价值直到其死后才被发现和认可。

在巴施里耶博士论文发表 73 年后，布莱克-斯科尔斯期权定价方程（简称 B-S 公式）的发现才让无套利资产定价理论的发展进入了快车道。但在那之前，莫迪利亚尼和米勒在 1958 年证明的 **MM 定理**也值得一提。MM 定理本身是公司金融理论的一个重要结论，它说的是企业的价值与企业的融资方式（股权或债权）无关。在证明这个定理的时候，莫迪利亚尼和米勒用到了无套利的思想。

1973 年，布莱克与斯科尔斯发表了一篇可以说改变了世界的期权定价文章（Black，Scholes，1973）。人们震惊于像期权这么复杂的金融产品居然可以用一个优雅的数学公式来定价。不过，布莱克与斯科尔斯这篇文章并非是基于无套利原则。基于无套利原则的期权定价方程推导由默顿在 1973 年给出。默顿的推导本身给出了对冲期权的方法，这让业界的实务者既可以给期权定价，又可以对冲其期权的头寸，从而获取稳定的利润，这刺激了衍生品市场的发展，而市场的发展带来的需求又刺激了相关理论的爆发性发展。

1979 年，考克斯、罗斯与鲁宾斯坦给出了期权定价的二叉树（binomial tree）方法（Cox，Ross，Rubinstein，1979）。他们证明了，当二叉树的步数趋向无限时，二叉树定价方程就收敛至 B-S 公式。但相比 B-S 公式，二叉树方法简单许多，从而大大降低了给期权定价的知识门槛，从此，二叉树方法在金融业界被广泛使用。

在 20 世纪 70 年代，无套利资产定价的基础理论也快速成熟。1978 年，罗斯证明了**资产定价基本定理**，表明只要市场中不存在套利机会，就一定存在一组**状态价格**（state price）来给出所有资产的定价（Ross，1978）。1979 年，哈里森（Harrison）与克雷普斯（Kreps）提出了**等价鞅测度**的概念，从而可将无套利资产定价转化为在某个概率测度下求数学期望的问题。至此，无套利资产定价的理论框架已经搭建起来。

在无套利资产定价理论中，还有一个显得比较“另类”的理论，即罗斯于 1976 年提出的**套利资产定价理论**（Ross，1976）。从其名字可以看出，它是基于无套利的思想，但它与 CAPM 也有非常紧密的关系。套利资产定价理论假定风险资产的回报是一些共同风险因素（如经济增速、通胀率等）的线性函数。

25.1.5　有效市场的争论与行为金融学

近几十年来，行为金融学是金融理论研究的一个热点。行为金融学的发展与有效市场争论是紧密联系的，由于这一争论至今仍然没有定论，所以目前更严格的说法是“有效市场假说”，而不是“有效市场理论”。有效市场假说是指，资产价格包含了所有信息，是资产的合理定价。换言之，想通过发掘市场的错误定价来打败市场是不可能的。

法马是有效市场假说的旗手。1970 年，法马发表了支持有效市场的实证文章，扛起了这面大旗。当面对来自其他研究者对有效市场假说的攻击时，法马也没有认输，而是在 1993 年提出了著名的三因子模型，指出了资产的回报率可以由市场溢价、规模溢价和价值溢价三个因子来很好地解释。

面对有效市场假说这个靶子，许多研究者有不同的观点。早在1980年，格罗斯曼与斯蒂格利茨就提出了著名的格罗斯曼-斯蒂格利茨悖论，从逻辑上论证了有效市场的不可能。他们的推理很简单：搜集信息是需要付出成本的，如果市场是有效的，所有信息都已经包含在了资产价格中，那么支付成本来搜集信息就没有任何意义，于是就没有人愿意去搜集信息。但这样一来，信息又怎么会被包含到资产价格里去呢？这就形成了悖论。

格罗斯曼与斯蒂格利茨还是站在理性的角度来论证有效市场是否可能。而对有效市场假说的持续而猛烈的攻击则来自**行为金融学**，这一领域的旗手是希勒。在1981年发表的一篇文章中，希勒令人信服地证明了股价波动无法完全为红利变动所解释，因而包含大量非理性成分。行为金融学提出了大量的模型来解释这种非理性成分为何存在。大体上来说，行为金融学理论从有限套利和认知偏差两方面来论证非理性成分的存在。

行为金融学认为市场中存在着对套利力量的限制，从而使市场价格不能回到无套利资产定价理论（以及资产定价均衡理论）所预期的价格水平上。这其中比较有代表性的一篇文章是施莱弗与维什尼发表于1997年的《有限套利》。这篇文章论证了当理性投资者所持有的资金数量有限时，他们将无法纠正市场中非理性投资者所造成的定价偏差，反而会放大这种非理性波动。

行为金融学还用心理学发现的人普遍具有的认知偏差（如厌恶损失、过度自信等）来替换经济学的理性人假设。具有认知偏差的人导致了信息在资产价格上的扭曲表现，这方面的早期经典文献是卡尼曼与特维尔斯基发表于1979年的有关展望理论的文章。

25.1.6 金融摩擦与金融结构

在前文的理论综述中，并不存在金融结构。金融市场的参与者就是简单的人（只不过可能是理性的人，也可能是非理性的人），而市场中的交易也在资金供需双方之间直接进行。但现实中的金融市场比这复杂得多，企业是金融市场的重要参与者，而像银行这样的金融中介也普遍存在，并处于金融市场的核心地位。相应地，公司金融和金融中介理论就是针对这些领域中的问题而形成的金融理论分支。

前文中说过，在分析人的行为时，可以对称地得到资金供给和需求。但在现实中，资金的需求者往往是企业。在理想的状况下，私人所拥有的企业仅仅是蒙在其个人股东身上的一层面纱，企业的行为与其个人股东的行为并无分别。在这种情况下，完全忽略掉企业并不影响金融分析。但在现实中，信息不对称在企业及其股东之间，以及企业内部均广泛存在。有时，必须要将这些信息摩擦考虑进来，才能对我们所关心的金融问题给出令人满意的解答。这方面的内容主要归于公司金融（corporate finance）理论。**公司金融**研究企业的投资、融资、分红决策和行为，以及企业的资本结构等问题。而公司要将自己的经营状况报告给股东（包括潜在的股东）、政府（税务部门、金融监管者）等利益相关方（stakeholder），就必须要用**财务报表**，这是**会计学**要处理的问题。而作为投资者，需要估计企业的价值，以做出投资决策，这是**企业估值**和**投资学**要研究的内容。

在分析金融中介的文献中，戴蒙德与迪布维格于1983年发表的讨论银行的文章是经典。这篇文章在一个很简单的框架中展现了银行最本质的功能，以及银行挤兑危机发生的机制，之后许多讨论金融中介以及金融危机的文章都源于此。

25.1.7　几点注释

以上对金融理论的回顾是非常不全面的，其中对文献的引用也主要是根据与本书所讨论的相关内容来决定的。金融理论的范围远远大于前文中所描述的范围，而金融理论中的经典成果也远不止这些。比如，我们并没有引用 1980 年以后的无套利资产定价的文献，这并不是说近 30 多年这方面的研究没有进步。恰恰相反，这部分可以说是近年来金融理论发展最活跃的领域，只不过作为导论性质的教材，我们在这里只关心理论的主要脉络。而整个无套利资产定价分析的体系到 20 世纪 70 年代已经基本搭建完成，后来的进展大多都是在这个大框架下完成的，我们这本书的重点则是放在理论大框架上。

还需要说明的一点是，对金融理论这个词的外延的理解，国内外有比较大的分歧。在国内传统认识中，金融理论主要研究货币银行等内容，所以在前文列出的 2002 年版的《现代汉语词典》中，我们才会看到对“金融”这个词条的释义是：货币的发行、流通和回笼，贷款的发放和收回，存款的存入和提取，汇兑的往来等经济活动。但这些内容在西方经济学的习惯里看来应该属于货币经济学的范畴，是宏观经济学的一个分支。我们在前文综述中所包含的包括资产定价、公司金融在内的领域才是西方学术习惯中金融理论的范围。为了区分，可以将货币经济学、货币银行学这些领域归于宏观金融（macro finance），而将资产定价等内容归于微观金融（micro finance）。这样的划分当然是不严格的，比如，将讨论银行的戴蒙德-迪布维格银行模型归于宏观金融也是可以的。但不管怎样，我们这本书的内容主要集中于微观金融。本书所给出的综述脉络如图 25－1 所示。

25.2　金融艺术

对金融学这么一门应用型的学科来说，理论存在的意义是解释现实。就这一点来说，金融理论做得相当不错。事实上，金融理论不仅解释了现实，而且迅速而深刻地改变了它所研究的现实。但是，这并不意味着金融理论已经回答了所有的现实问题，更不意味着金融理论能够回答所有的现实问题。接下来，我们会从方法论的角度来分析，为什么有广大的现实领域是金融理论所不能触及的。这些金融理论感知范围之外的领域，可被归于金融艺术的范畴。

25.2.1　台球的隐喻

让我们问一个看似简单，却又根本性的问题：如何给资产定价？有人可能会想，前文中的绝对定价和相对定价理论已经完美地回答了这个问题。但从接下来的例子中我们能看到，这个问题的解答远远不像这些人所认为的那样显然。

想象这么一个例子。在一张台球桌上随机摆放着若干台球，台球桌旁站着的球手可以在付出一定的费用后上台击球一杆。我们规定，球手在桌上一杆打出多少分数，他就能得到多少奖金。我们还假设每次球手击球完毕后，台球桌都会完美复原一开始的样子。也就

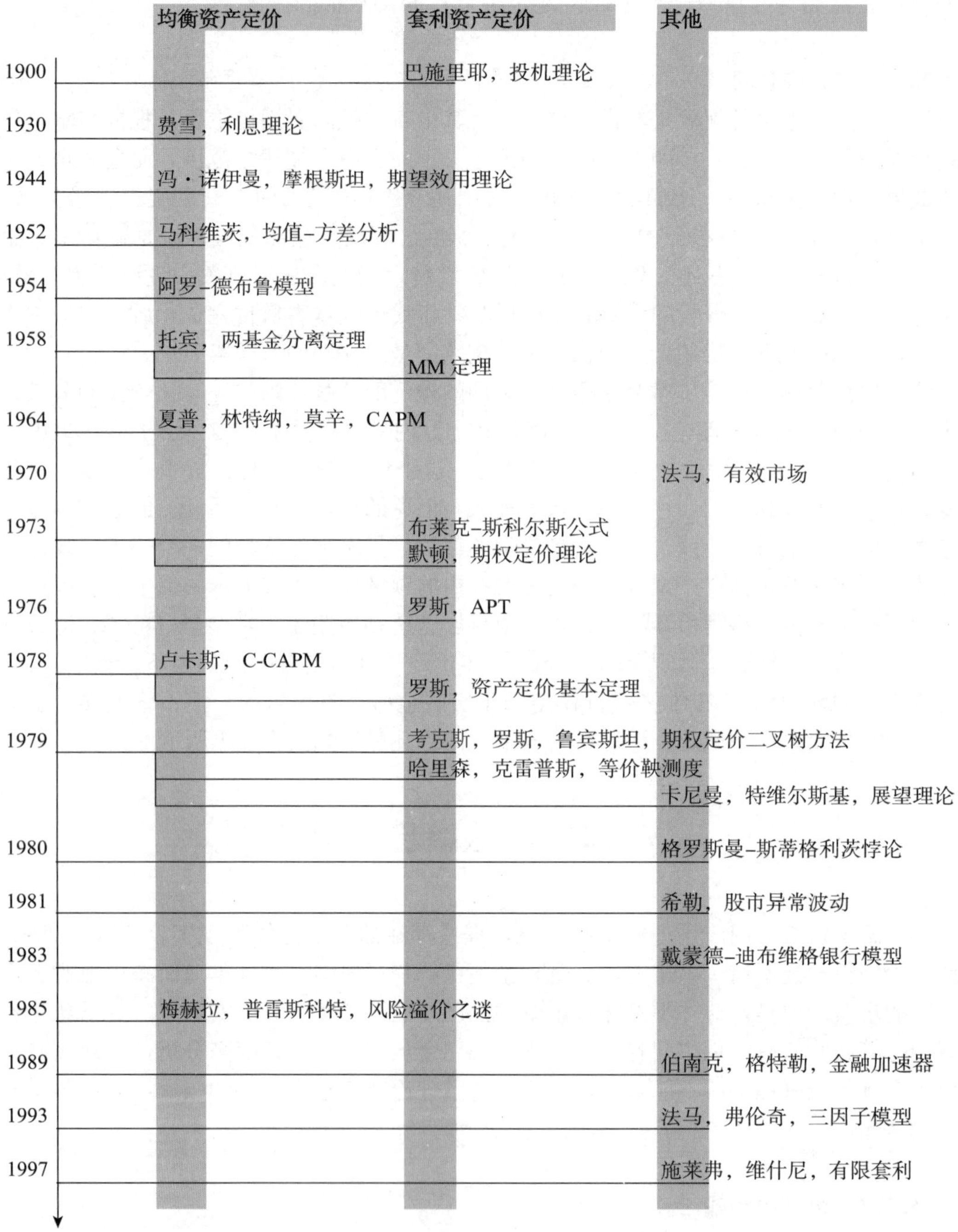

图 25－1　金融理论发展的历史轨迹

是说，不管谁上台击球，面对的都是完全一样的开局（尽管开局时台球的分布是完全随机的）。这张台球桌可被看成是一种资产（更严格地说，在这球桌上击球一杆的机会可被看成一种资产），这一资产的回报是球手击球后获得的奖金，而资产的价格就是球手为上台击球所付出的费用。我们的问题是：这个球桌值多少钱？或者，球手们愿意为击球的机会出价多少?

很显然，球桌上台球的初始摆放位置会影响球手的出价。有可能初始的台球布局很利于球手得分，以至于连没有什么经验的球手也能轻易得到不错的分数。也有可能初始布局很刁钻，甚至连最熟练的球手也很难得分。因此，台球初始布局的不同，会影响球手对自己得分的预判，因而也会影响球手对球桌的出价（球手愿意支付的击打费用）。

但是，仅凭球桌上各球的初始摆放位置也不足以给球桌定价，因为不同的球手可能有不同的击球水平。面对同样的初始布局，技术高的球手可能可以打出很高的分数，而技术差的人甚至可能一分不得。而且，不同球手对自己球技的判断也可能不同。有些人可能天生就比较自信，对自己的能力信心满满。而有些人则可能比较谨慎，对自己信心不足。由于击球水平以及判断认知存在不同，即使是相同的初始布局，在不同的球手看来也会有不一样的价值。所以，**仅凭可观测的客观状况（台球的初始分布状况）不足以给资产（球桌）定价。**

客观不行，再来看看主观。能从分析球手的主观心理找出球桌的估价吗？答案是否定的。我们怎样能知道某位球手上桌后会选择什么样的击球方式和顺序（不同的击球选择可能产生不一样的得分）？又怎样能知道某个球手对自己击球能力的信心高还是低？这个困局反映了如下事实：**人的主观想法对外人来说完全是个不可穿透的黑箱，人的主观选择又具有高度的自由度，因此试图仅以人的主观想法为依据来给资产定价的尝试必然失败。**

这就是我们在分析资产市场，乃至分析经济社会时所碰到的困局。**当我们的研究对象是市场或经济这样客观与主观相结合的事物时，自然科学的研究方法不再适用。**所谓自然科学的研究方法（简称为科学研究方法），简单来说就是从观察和实验中找出事物运行的规律，然后用规律来预测未来的方法。伽利略在比萨斜塔上同时扔下了一轻一重两个铁球，发现二者同时落地。不管谁去做这个实验，哪怕是笃信较重物体下落更快的亚里士多德去扔，也会得到两个铁球同时落地的结果。通过这样的观察和实验，人们可以得出规律说不管物体重量如何，下落的速度都是一样的。运用这个规律，人们就能预测当再有人从高处同时扔下两个铁球时，两个铁球必定是同时落地。

但在台球桌定价的这个例子中，这样的科学研究方法就不太好用了。我们可以让许许多多的球手都上桌击球，试图从中找出规律。但我们会发现，不同球手的击球结果会有差异，很难从中找出规律来。这样，我们就无法知道下一个球手会在桌上击出多少分，也无法知道他会愿意给这张球桌出多高的价格。

所以对金融学来说（同时也是对经济学来说），人的主观意识是必须掌握的一个维度，但也是无法把握的一个维度。无法捉摸人的主观意识，就无法预料人的主观行为，也就无法分析和预测市场的运行，这就是金融经济研究所面临的方法论困局（图 25－2）。但如果要等到把人的意识规律弄清楚了之后再来研究相关问题，金融经济学就根本无从发展。

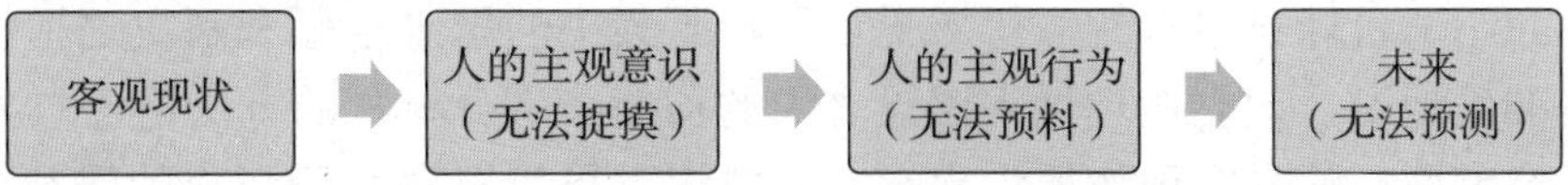

图 25－2　金融经济研究面临的方法论困局

25.2.2 行家假设

从客观与主观两条思路来看，台球桌定价这个例子都似乎是无解的。**但如果站在台球桌旁边的并不是一般的球手，而是那些在各个台球比赛中一路过关斩将胜出的冠军，是真正的台球行家，情况就会大不一样。**

我们完全可以相信这些行家拥有完美的击球技艺，并对自己的能力有充分自信。这样，即使对我们这些并非台球行家的旁观者来说，要找出这些行家们心中球桌的估价也是可能的。我们可以测量台球的初始位置，相互之间形成的角度，利用力学公式预估击球后各个球的运行轨迹以及停下来的新位置。这样的计算可以重复下去，直到我们计算出给定台球的初始位置后可能打出的最高分数。这个可能获得的最高分数，便应该是台球行家们心中对这张球桌的估价。**之所以能这样做，并不是因为我们认为这些球手在击球时就进行着精密的测量和计算，而是因为我们清楚，如果他们打不出我们计算出来的这个最优结果，他们就算不上是台球行家。**

于是，**我们用一个行家假设克服了之前碰到的方法论上的障碍：因为行家总会做到最好，所以行家主观意识所产生的行动并不是任意的，而是一种能获得最高分的最优击球方式。**这种最优击球方式，再结合台球在桌上初始分布的客观环境，决定了行家最终能够获得的分数。这样，**客观环境再结合最优的主观行动，就产生了一个可预测的结果——在一张球桌上可能取得的最高得分，这个结果就是我们想知道的球桌的估价。**球桌定价的问题就此解决。

当然，前文中给出的球桌定价高度依赖于行家假设。但这个假设可信吗？基于这个假设所做出的定价多大程度上符合现实？的确，没有这个行家假设，球桌定价的问题便无从分析，但这并不是对行家假设的有效辩护。球桌在现实中怎样都会有价格，我们的任务是通过逻辑分析推演出它们的价格。没有别的分析方法能够找出这个价格，并不代表这个基于行家假设的分析结论就一定符合现实。

但如果台球手们处于不断竞争之中，那些球技差的选手逐渐被淘汰出了球手行列，情况就不一样了。在这种竞争的压力下，球手们会不断磨炼精进自己的球艺，以免被淘汰。于是，**在竞争中，球手们的技艺会越来越向行家逼近。**在竞争氛围下，将球手们假设为行家，就是一个对现实不错的近似。而基于这个假设所得出的资产价格，也应该和现实中球手们认定的价格非常接近。所以，**与其说我们假设球手们都是行家，还不如说我们假设球手之间在进行持续的激烈竞争。只要现实中球手之间的竞争确实激烈存在着，我们基于行家假设得到的资产定价结果就是对现实的一个不错近似。**

25.2.3 金融理论中的理性人假设

前文中介绍了台球桌定价的假想场景，分析了其中的思维难题和解决之道。金融经济学（或者更准确地说，建立在理性人假设之上的均衡经济分析）的方法论已包含其中。

金融研究者面对的是客观物质世界与主观意识世界相互融合所形成的研究对象——经济社会、市场。在这样的研究对象面前，单纯从客观或是主观的角度来研究都无法得到结果。为了让研究变得可能，**金融分析（也是经济分析）必须引入理性人假设——假设人都**

是理性的，会在其可选范围内挑选对其最有利的选择。理性人假设就像前文中台球比喻里的行家假设一样，局限了主观意识的自由度。在没有这个假设的时候，人在自由意志之下，可能在其可行范围内做出任意的行为。而在理性人假设之下，人的选择就是其可选范围内对他最有利的行为。[①] 这样，基于可观测的客观物质环境，人的最优行为会产生的结果也就可以推知。于是，客观与主观交织的经济社会的运行就变得可以分析和预测。

所以，金融研究其实是一种客观与主观相结合的研究方法。客观世界与理性人假设下的主观世界结合起来，形成了一种可用科学研究方法加以研究的对象。在这里，自由的意识被理性所替代，因而变得完全可以预测。**给定一定的客观现状，理性就会相应做出特定的最优反应。这便在客观唯物与主观理性之间形成了一一对应的关系。**即客观决定了主观。从这个意义上来说，**金融经济研究又是一种唯物的研究方法**。

理性人假设在多大程度上可以被接受？这与台球例子中的行家假设一样，取决于现实中人与人之间的竞争有多激烈。激烈的竞争会淘汰不理性的行为，让人逐步向理性收敛。这里的淘汰并非指肉体上的消灭，而是市场中话语权的下降。不理性的人在竞争中要么赚得比别人少，要么亏得比别人多，持有的财富占比会越来越少。而在市场经济中，财富是一个人表达自己意愿的选票。因此，不理性的人将会在竞争中损失其表达意愿的选票，对市场的影响会越来越小，而将其话语权让位给更理性的人。观察真实世界，人与人之间的竞争长期存在着，因此，用理性人假设来近似人群的行为应该相差不远。

需要注意，**理性人并不是对个人行为所做的假设**。有人可能会说，现实中的人并不像经济学所假设的理性人那样时时刻刻做着复杂而冷静的计算，因此理性人假设并不符合现实，这其实是对理性人假设的误解。就像在台球例子中，我们之所以可以假设行家会通过仔细测量、精准计算来击出最高分，并不是因为我们认为他们的确是这样做的，而是因为他们如果不能殊途同归地得到我们计算的结果，他们就算不上台球行家。类似地，**我们并不认为现实中的人都是冷静计算的理性人，但激烈的竞争会让他们的行为看起来像是理性人的行为**，所以本质上，**理性人是对现实世界中存在激烈竞争的假设**。

金融学家怎样分析现实世界？他们从每个人的理性出发，将每个人的行为选择问题转化为在约束条件下的优化问题。当所有人都和谐地实现了他们的最优（即实现了他们的理性），就达到了所谓的均衡，这个均衡就是现实世界收敛的方向。通过对均衡的分析，经济学家就能获得理解现实世界的洞察，这是均衡定价的基本思路。具体来说，金融学家将每个人的偏好和面临的约束用数学语言表达出来，然后利用优化方法求解出每个人的最优行为，再分析所有人的优化行为如何同时和谐地实现，从而达到均衡，最后讨论均衡的诸般性质。因此，当我们看到金融学家在利用复杂而抽象的数学模型讨论现实问题时，可能会觉得反差很大，但这正是思考金融经济问题的科学方法（图25-3）。

---

① 有些时候理性人的优化问题可能有多个最优解。这时，经济分析并不能告诉我们理性人会从这多个最优行为中选择哪一个，而只能说都有可能。经济学中的多重均衡（如戴蒙德-迪布维格银行模型中银行的正常经营均衡和挤兑均衡）即与此相关。我们在这里忽略这种情况，而假设所有的选择问题都有唯一的最优解，这并不会损害这里的论证。

图 25－3　理性人假设让金融经济研究绕开了人的意识这个分析的障碍

25.2.4　资产价格与资产价值

投资者一般都认为资产价格围绕资产价值波动。德国投资大师安德烈·科斯托兰尼（Andre Kostolany）[1] 有一个著名的小狗与主人的比喻。科斯托兰尼认为，股市就像小狗，而经济就是狗主人。小狗有时跑在主人前面，有时又落在后面，但他俩最后会一起抵达目的地。资产价格与资产价值的关系也可被类比为小狗与主人。

但究竟**什么是资产价格？什么是资产价值？它们分别由什么决定？有什么区别？又有什么联系？**这是投资者必须要回答的问题。在前文的讨论中，本书并没有严格区分这两个概念，而只是笼统地说资产定价。而现在，是到详细界定这些概念的时候了。

让我们再次借用前文中的台球例子来思考。当球桌旁都是普通的球手，而并非行家时，这个球桌的价格应该是多少？尽管球手不一定都是行家，但球手之间的竞争还是存在的。他们会相互观察，相互学习，并努力磨炼自己的球技，以期获得更高回报（奖金减去击球费用）。假设有这么一个初始布局，行家在上面能打出 100 分。刚开始的时候，球手们可能不清楚自己在这张桌上能打出什么样的分数，也可能对自己的球技没什么信心，所以一开始出价可能只有 50 元。但在有人支付 50 元上桌，并打出高于 50 的分数而挣了钱之后，别的球手就会愿意以更高的出价来上桌击球。而当有人过度自信，出价 110 元上桌，然后亏钱出局后，球手们也不大愿意再出那么高的价了。出价上桌的过程一直持续下去，球手们会越来越清楚在这桌布局下，自己能够打出多少分，而球手们的球技也会越来越精湛。最后，出价会向 100 元收敛，收敛到台球行家对这张球桌的出价上。

所以，**尽管真实世界中的球手们并非都是行家，但行家会给出的球桌估价仍然是非常有用的参考。因为在球手之间的竞争下，球桌价格最终会向行家的估价收敛。**于是，我们就可以用行家对球桌的估价来预测球桌价格变动的方向。在这里，“行家对球桌的估价”就是科斯托兰尼所说的主人，“球桌价格”就是小狗。盯住了主人，就能知道小狗的动向。

真实世界中的资产价格和资产价值可以类比以上台球例子加以分析。**资产价格就是市场上资产的交易价格，可以被观测到，并实时反映真实世界中市场情绪对资产的评估。**但是，市场是由活生生的并不完美的人组成的，所以市场并非时刻对资产状况有精准的认识。前文例子中的球手们，就对应着真实世界中的市场参与者。球手们未必清楚某一球桌的布局能够打出多少分，就像真实世界中的市场情绪未必清楚资产未来能够产生多少现金流一样。但是，**市场参与者之间的竞争会让市场对资产的认识越来越准确，直至收敛到理性人世界中的资产价格。所谓理性人世界，是一个假想的完美世界。**其中，所有人都是理性的，都对客观物质世界有准确无误的认知，也都能够做出对自己最有利的选择。**理性人**

① 科斯托兰尼的简介可见 https://en.wikipedia.org/wiki/Andr%C3%A9_Kostolany。

假想世界中资产的价格，就是真实世界中的资产价值。

所以，**资产价值本质上只是一个抽象概念，只存在于我们的想象之中，也只能用建立在理性人假设之上的严谨经济分析加以推算。但它就像前文台球例子中行家给球桌的估价一样，是我们把握真实世界中资产价格的有用参照**。在真实世界的投资研究中，金融理论分析就是找出这一参照的方法。

以上逻辑推演看上去挺不错，但有一个软肋。事实上，我们并没有切实证据证明在竞争中，人的行为确实会向理性人行为收敛。这种收敛是否一定会发生？如果发生，收敛的时间有多长？收敛的方式又是怎样的？对于这些问题，我们并没有令人信服的证据来给出答案。因此，**竞争会让人向理性人收敛只是我们的一个信念。因此，我们也只能相信（而非确知）资产价格会向资产价值收敛**。不过值得宽慰的是，金融经济分析的有效性已经在实践中得到了大量证实，这反过来表明现实世界可能确实处于向理性人世界收敛的过程中。

25.2.5　金融艺术的领域

有了前文中的准备，现在我们可以理清真实世界中投资研究的整体思路了。正如著名投资家霍华德·马克斯（Howard Marks）所说的："最古老也最简单的投资原则是低买高卖"。投资者总是想预测资产价格，从而实现低买高卖来获取利润。而资产价格是真实世界中市场情绪的反映，**要预测资产价格的走向，有两条路径可走**。其一，**直接把握真实世界中市场情绪的运动**，预判其方向。这是一个唯心的领域，无法按部就班地运用唯物科学的研究方法来实现。其二，通过金融经济分析**找出真实世界中市场的收敛方向**——理性人假想世界中的市场状况。这样，也就找到了真实世界中资产价格收敛的方向——资产价值，这是一个可以运用科学研究方法来科学地研究的领域。

在这里出现了投资研究思路的分叉口：**投资者既可以跟踪真实世界中的资产价格，也可以研究资产价值（理性人世界中的资产价格）**。这就好比在小狗和主人的比喻中，如果要预测小狗的行动，一来可以直接观察并预判小狗的行为；二来可以通过研究主人的行为来间接推知小狗行动的方向。

真实世界中的资产价格需要艺术性地来把握。因为真实世界中的资产价格实时反映着市场参与者的情绪。这一市场情绪并非不能把握，而只是不能科学地来研究。注意，"不能科学"在这里并不含贬义。要把握市场情绪，就需要参与到市场中，与不同投资者交流，积极萃取价格中包含的信号。把握市场情绪的工作，正是许多投资者日常在做的事情。但是，由于这里需要把握的对象是投资者的意识，以及由无数投资者意识综合而成的市场情绪，所以无法像我们研究自然世界那样，运用从观察到规律，由规律到预测的唯物科学研究方法。在这里，也没有可以遵循的步骤能按部就班地给出结论。这里更多需要依赖投资者自己的经验和灵性。所以，**把握市场主流意识是一门艺术，无法在学校中学到，而只能靠自己在市场的摸爬滚打中体味和感悟出来**。

资产价值却能够被客观地分析和研究。这是因为尽管资产价值也是人对资产的一种主观判断，但是，这里做出判断的是理想化的理性人。理性人对最优的追求给其意识施加了额外的约束条件，因而在其意识与客观唯物世界之间建立起了一一对应的关系。这样，根据客观唯物世界的状况，再结合理性人的优化决策，我们总能预测理性人的行为。于是，资产价值就变成一个可以用严密逻辑推演，依照成熟科学研究方法按部就班来研究的问题。所以，**金融经济分析方法是一门科学，可以总结在书本上，也可以在课堂上传授**。

投资者要在真实世界的市场中取得成功，需要将金融理论与金融艺术有机地结合起来。投资决策中总是既包含客观分析的成分，也包含主观判断的成分（图 25－4）。

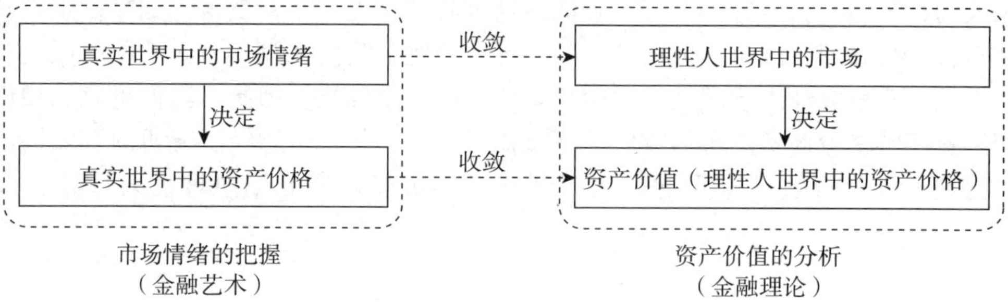

图 25－4　真实世界投资研究的思维体系

25.2.6　从理性人假设到有效市场

有了以上方法论的讨论做准备，现在我们可以回答市场是否有效这个问题了。从方法论上来说，**有效市场是将理性人假设应用到金融市场后必然会得到的结论**。一个力求做到最优的理性人，当然会充分利用他能获得的一切信息。而当他在运用这些信息的时候，也就同时把信息散布到资产价格中去了。当市场参与者都是理性人的时候，所有信息就都会被及时而充分地包含到市场价格中去，形成有效市场。既然有效市场是理性人假设的一个必然推论，它就自然而然地继承了理性人假设所带来的便利和局限。

有效市场的分析框架简化了对资产价格运行的研究。让我们随便设想一种资产的价格运行，在市场参与者不断的买卖之中，这个价格时上时下。要预判价格的走势方向，需要去揣摩各个投资者的心理活动，以及他们在互动中的心理变化。要弄清影响价格的所有心理活动，显然是一个不可能完成的任务。而在有效市场的框架下，对人心理的把握被理性人的优化求解所取代，从而将看似不可知的资产价格运行变成了相对容易分析的问题。

但对有效市场不假思索地接受，也会给思维戴上枷锁。**有效市场建立在理性人假设之上，但这一假设从根本上排除了战胜市场的可能——谁都不可能比已经做到了最好的理性人做得更好**。这意味着**以战胜市场为目标的投资行为，根本就不在基于理性人假设的金融学的研究范畴之内**。这并不是说市场不可战胜，而是因为要打败市场，就必须要借助于市场参与者的非理性行为（或者说市场非有效的地方），而这本来就是建立在理性人假设之上的金融理论刻意绕开的课题。我们必须知道，**当我们接受了理性人的分析框架，视线就已经被方法论所限制。在理性人的假设之下，我们只能看到有效市场，但这并不代表世界本来就是这样的，更不代表市场是不可被打败的**。

只不过，打败市场的方法不可能来自金融经济学，而必须深入到唯心的领域，从对人心的把握来入手。这已经不再是唯物科学的范畴，而是进入了金融艺术的领域。这也是为什么投资大师需要天分和训练，而不能仅仅通过对唯物科学的学习来造就。

当然，学者们早就觉察到了有效市场理论的局限。尤其是以希勒为代表的行为金融学家们，更是通过对心理学研究成果的借鉴，向有效市场发起了挑战。心理学研究发现，人类普遍存在着一些行为偏差。比如，人总是过度自信，高估自己的能力。又比如，人总是厌恶损失，因此总是在投资的时候给“不亏钱”设定过高的权重。行为金融学家们从这些行为偏差出发，对金融市场中许多不能为有效市场理论所解释的现象找出了合理的原因。同时，越来越多的实证研究也在金融市场中找到了人类行为偏差存在的证据。这些进展让行为金融学得到了迅速发展，并逐渐广为人知。

不过，行为金融学发展同样面临方法论方面的障碍，因而最多只能成为有效市场理论（或者更严格地说，建立在理性人假设上的金融学理论）的有益补充，却无法动摇后者的地位。还是前文中所说的问题，心理学虽然确认了一些人类的行为偏差，但离揭开意识黑箱的距离仍然非常遥远。而越来越多的人认识到这些行为偏差后，会不会让其逐渐消失，也存在很大疑问。这些都制约着行为金融学的发展。

所以，虽然存在着这样或那样的问题，有效市场理论仍然占据着金融理论的核心地位。而行为金融学的发展虽然对有效市场理论提出了挑战，但同时也刺激了后者的发展。以往很多看似不容于有效市场的现象，已经通过在理论中引入新的约束条件而被解释了。学者们也逐渐认识到，很多看起来市场失灵的现象，其实是在现实的约束之下市场另一种有效运行的表现。这方面的研究还在继续进行，并在扩展着有效市场理论的解释范围。

25.3　小　结

这一讲首先梳理了之前我们所学过的金融理论的逻辑和历史线索，但这个完整而美妙的理论体系构建在一个非常重要的假设——人是理性的（理性人选择对自己最有利的选择，包括消除所有套利机会）之上。这个假设帮助我们绕开了人的意识这个黑箱，从而可以以科学的方法研究金融市场这样主观与客观相结合的研究对象。但同时，这个假设也为思维设置了界限。

为了知道为什么金融分析需要理性人假设，我们需要跳出理论的框架，在金融理论之外来分析现实世界中的金融问题。在这一讲的第二部分，我们用一个台球桌定价的隐喻指出了在真实世界中资产定价所碰到的思维难题。人的主观意识有很大的任意性，同时也无法为外人所精确掌握，而主观意识又对金融市场的走向有直接的影响。因此，金融市场的运行、资产价格的走向看似无法捉摸。

为了变不可能为可能，金融理论（其实也是经济理论）需要引入理性人假设，通过理性人的最优性来消除主观意识的自由度，从而让人的行为变得可以预测。这样，我们其实在理论中人为构造了一个完全由理性人组成的假想世界。在这个世界中，人的行为是可以预测的，资产价格也是可以计算的。而我们又相信真实世界市场中持续存在的激烈竞争会通过优胜劣汰的方式，让人的行为逐步向理性人行为收敛，这样，理论中假想的理性人世界就成为真实世界收敛的方向，对理性人世界的分析就可以帮助我们把握真实的世界。

如果把理性人世界比作狗主人，真实世界就是围绕狗主人跑来跑去的小狗，我们的目的是分析和预判小狗的行动。这既可以通过分析狗主人的行为来进行，也可以通过观察小狗的行为来达到。分析狗主人是金融理论的领域，可以用科学的方法推进。而观察小狗则是处于金融理论之外的范畴，没有科学的方法可以应用，而只能艺术性地去把握，这就是金融艺术的领地。

真实世界的投资者需要结合金融理论和金融艺术，才能打败市场而获得超额回报。

进一步阅读指南

这一讲里列出了不少金融经济学的经典理论文献。这些文献未必需要一一阅读，但它们的思想是所有学习金融理论的学生需要掌握的。而要在真实世界中投资，仅凭金融理论是远远不够的，还必须要掌握金融艺术的技巧。这些技巧无法像理论这样严格习得，却可以通过阅读投资大师的文章而逐步体味到。霍华德·马克斯写的《投资最重要的事》（*The Most Important Thing*）是所有想在金融市场中弄潮的人必须要看的一本书。乔治·索罗斯写的《金融炼金术》（*The Alchemy of Finance*）也是一本值得推荐的书籍，尽管其中一些有关金融理论的观点并不正确。

练习题

25.1　在《金融炼金术》第一章，索罗斯说人与客观世界之间的互动可用两个递归的函数来概括。一个是认识函数 $y=f(x)$，其自变量 x 是客观世界，因变量 y 是人的认识。这个函数表示人的认识是基于客观世界的。另一个函数是参与函数 $x=g(y)$，其自变量和因变量的位置与认识函数正好相反，表明客观世界会受到人的认识的影响。索罗斯认为，两个递归的函数不会产生均衡结果，只有一个永无止期的变化过程。你认同索罗斯的说法吗？从均衡经济学方法论的角度来看，索罗斯说得对吗？

25.2　一个基金经理在选股的时候，他的哪些分析属于金融理论分析，哪些又属于金融艺术的范畴？

参考文献

［1］ Allen，F. and D. Gale. *Understanding Financial Crises*. Oxford University Press，2007.

［2］ Arrow，K. J. and G. Debreu. Existence of an equilibrium for a competitive economy. *Econometrica*，1954，22:265－290.

［3］ Bachelier，L. Théorie de la spéculation. Annales Scientifiques de l'École Normale Supérieure，1900，3（17）：21－86.

［4］ Barberis，N. and R. Thaler. A Survey of Behavioral Finance. *Handbook of the Economics of Finance*，2003，Vol 1B，pp. 1053－1123.

［5］ Bernanke，B. and M. Gertler. Agency costs，net worth and business fluctuations. *American Economic Review*，1989，79：14－31.

［6］ Black，F. and M. Scholes. The pricing of options and corporate liabilities. *Journal of Political Economy*，1973，81：637－654.

［7］ Cox，J. and M. Rubinstein. *Option Markets*. NJ：Prentice-Hall，1979.

［8］ Cox，J. C.，S. Ross and M. Rubinstein. Option pricing：A simplified approach. *Journal of Financial Economics*，1979，3：145－166.

［9］ Danthine，Donaldson. *Intermediate Financial Theory*（*2nd*）. Elsevier，2000.

［10］ Diamond，D. and P. Dybvig. Bank runs，deposit Insurance，and liquidity. *Journal of Political Economy*，1983，91，401－419.

［11］ Duffie，Darrell. *Dynamic Asset Pricing Theory*（*3rd*）. Princeton University Press，2005.

［12］ Fama，E. Efficient capital markets：a review of theory and empirical work. *Journal of Finance*，1970，25：383－417.

［13］ Fama，E. and K. R. French. Common risk factors in the returns on stocks and bonds.

Journal of Financial Economics, 1993, 33: 3－56.

［14］Financial Crisis Inquiry Commission. The Financial Crisis Inquiry Report: Final Report of the National Commission on the Causes of the Financial and Economic Crisis in the United States. https: //www. gpo. gov/fdsys/pkg/GPO-FCIC/content-detail. html.

［15］Fisher, Irving. *The Theory of Interest*. Macmillan Company, 1930.

［16］Freixax, X. and J. Rochet. *Microeconomics of Banking* (*2nd*). MIT Press, 2008.

［17］Gollier. *The Economics of Risk and Time*. MIT Press, 2004.

［18］Grossman, S. J. and J. E. Stiglitz. On the impossibility of informationally efficient markets. *American Economic Review*, 1980, 70: 393－408.

［19］Harrison, J. M. and D. M. Kreps. Martingales and arbitrage in multiperiod securities market. *Journal of Economic Theory*, 1979, 20: 318－408.

［20］Hull, John. *Risk Management and Financial Institutions* (*3rd Edition*). Wiley Finance, 2012.

［21］Kahneman, D. and A. Tversky. Prospect theory: an analysis of decision under risk. *Econometrica*, 1979, 47: 263－291.

［22］Lengwiler, Yvan. *Microfoundations of Financial Economics—An Introduction to General Equilibrium Asset Pricing*. Princeton University Press, 2004.

［23］Lintner, John. The valuation of risk assets and the selection of risky investments in stock portfolios and capital budgets. *Review of Economics and Statistics*, 1965, 47 (1): 13－37.

［24］Lucas, R. E. Jr. Asset prices in an exchange economy. *Econometrica*, 1978, 46: 1429－1445.

［25］Ludvigson, Sydney C. and Serena Ng. The empirical risk-return relation: a factor analysis approach. *Journal of Financial Economics*, 2007, 83: 171－222.

［26］Markowitz, H. Portfolio selection. *Journal of Finance*, 1952, 7: 77－91.

［27］Mas-Colell, Whinston and Green. *Microeconomic Theory*. Oxford University Press, 1995.

［28］Merton, Robert C. Theory of rational option pricing. *Bell Journal of Economics and Management Science* (The RAND Corporation), 1973, 4 (1): 141－183.

［29］Modigliani, F. and M. Miller. The cost of capital, corporation finance, and the theory of investment. *American Economic Review*, 1958, 48: 261－297.

［30］Mossin, Jan. Equilibrium in a capital asset market. *Econometrica*, 1966, 34 (4): 768－783.

［31］MSCI. Deploying multi-factor index allocations in institutional portfolios. 2003. https: //www. msci. com/documents/10199/9c4fd1ca-867d-49cd-baec-2e96510dc204.

［32］MSCI. Foundations of factor investing. 2003. https: //www. msci. com/documents/10199/71b6daf5-9e76-45ff-9f62-dc2fcd8f2721.

［33］MSCI. Introducing MSCI indexmetrics. 2003. https: //www. msci. com/documents/10199/402635a5-fd5d-498e-985a-1bec8ff8d8b1.

[34] Neftci. *An Introduction to the Mathematics of Financial Derivatives* (*2nd*). Elsevier，2000.

[35] Ross，Stephen. The arbitrage theory of capital asset pricing. *Journal of Economic Theory*，1976，13 (3)：341 - 360.

[36] Sharpe，William F. Capital asset prices：A theory of market equilibrium under conditions of risk. *Journal of Finance*，1964，19 (3)，425 - 442.

[37] Shefrin，H. *A Behavioral Approach to Asset Pricing*. Elsevier Academic Press，2005.

[38] Shiller，R. *Irrational Exuberance* (*2e*). Crown Business，2005.

[39] Shiller，R. J. Do stock prices move too much to be justified by subsequent changes in dividends? *Journal of Financial Economics*，1981，13：253 - 282.

[40] Shleifer，A. and R. Vishny. The limits of arbitrage. *Journal of Finance*，1997，52：35 - 55.

[41] Stampfli，Goodman. *The Mathematics of Finance*：*Modeling and Hedging*. Brooks/Cole，2001.

[42] Tobin，J. Liquidity preference as behavior toward risk. *Review of Economic Studies*，1958，25：65 - 86.

[43] von Neumann，J. and Morgenstern. *Theory of Games and Economic Behavior*. Princeton University Press，1944.

[44] 伯恩斯坦. 投资革命：源自象牙塔的华尔街理论. 上海：上海远东出版社，2001.

[45] 博迪，罗伯特·默顿. 金融学. 北京：中国人民大学出版社，2010.

[46] 董志勇. 行为金融学. 北京：北京大学出版社，2009.

[47] 多尔西. 股市真规则（第二版）. 北京：中信出版社，2010.

[48] 法博齐. 债券市场：分析和策略. 北京：中国人民大学出版社，2016.

[49] 法博齐，埃德温·尼夫，周国富. 金融经济学. 北京：机械工业出版社，2015.

[50] 法博齐等. 金融市场与金融机构基础（第 4 版）. 北京：机械工业出版社，2010.

[51] 赫尔. 期权、期货及其他衍生产品（第 9 版）. 北京：机械工业出版社，2014.

[52] 黄奇辅，李兹森博格. 金融经济学基础. 北京：清华大学出版社，2003.

[53] 马克斯. 投资最重要的事. 北京：中信出版社，2012.

[54] 默顿. 连续时间金融（修订版）. 北京：中国人民大学出版社，2013.

[55] 史树中. 金融经济学十讲. 上海：格致出版社，2011.

[56] 索罗斯. 金融炼金术. 海南：海南出版社，2011.

[57] 王江. 金融经济学. 北京：中国人民大学出版社，2006.

[58] 中国人民银行. 中国金融稳定报告（2016）. http://www.pbc.gov.cn/jinrongwendingju/146766/146772/3094028/index.html.

[59] 中国债券信息网. 中国债券市场概览（2015）. http://www.chinabond.com.cn/cb/cn/zqsc/scjs/20160728/24146263.shtml.

索 引

（词条之后的数字为章节号）

“327 国债”事件，incident of treasury bond 327	2.4
“72 法则”，rule of 72	3.2.3
“8·16 乌龙指”事件，fat finger incident in August 16th，2013	24.2.4
A	
阿莱悖论，Allais paradox	8.2.4
阿罗-德布鲁市场，Arrow-Debreu market	10.2.2
阿罗-普拉特近似，Arrow-Pratt approximation	9.A.1
阿罗证券，Arrow security	10.2.2
α：Alpha 与 Beta 的分离，Alpha Beta separation	7.3.4；13.6.1
Alpha 转移，Alpha transport	7.3.4
可携 Alpha，portable Alpha	7.3.4
詹森阿尔法/詹森指数，Jensen's Alpha / Jensen Index	7.3.3
按揭贷款，mortgage loan	17.4.1
B	
保均展形，mean-preserving spread	8.A.1
贝尔曼方程，Bellman equation	17.2
β，Beta	7.2

本金，principle	3.1
波动率，volatility	5.2.5
布莱克-斯科尔斯公式，Black-Scholes formula	16.A；18.3；18.4
布朗运动，Brownian motion	18.2.1
C	
彩票，lottery	8.2
彩票空间，space of lotteries	8.2.3
复合彩票，compound lottery	8.2.3
简单彩票，simple lottery	8.2.3
长存资产，long-lived asset	16.1.2
长期资本管理公司，Long-Term Capital Management	13.6.3
超平面分离定理，separating hyperplane theorem	15.2.2
抽屉协议，drawer agreement	24.2.3
次贷危机，subprime crisis	2.2.3；17.4.4；24.3
次级按揭贷款，subprime mortgage loan	17.4.4；24.3.1
存款保险，deposit insurance	22.2.6
存款类金融机构，depository financial institution	2.3.1
D	
代表性消费者，representative consumer	11.2.2
担保债务凭证（CDO），collateralized debt obligation	24.3.2
道德风险，moral hazard	20.2.1
到期收益率，yield to maturity	3.4.1
等价鞅测度（EMM），equivalent martingale measure	16.4
抵补头寸，covered position	19.2.1
抵押支持债券（MBS），mortgage-backed security	24.3.2
叠期望定律，law of iterated expectation	16.2
定价核，pricing kernel	15.2.1
动态规划，dynamic programming	17.2
动态市盈率，forward P/E	4.3.3
动态完备，dynamic complete	16.1.2
独立性公理，independence axiom	8.2.3
对冲，hedge	13.6.1；19.1

Delta 对冲，Delta hedge	19.3
对冲误差，hedging error	19.4.1
对数正态分布，log-normal distribution	8.4.2；8.B；18.1.2
E	
二叉树，binary tree	16.1.3
二阶效应，second-order effect	9.A.2
F	
方差，variance	5.2.4；5.2.5
非存款类金融机构，non-depository financial institution	2.3.2
费雪分离定理，Fisher separation theorem	4.4.2
分层处理，tranching	24.3.2
分离均衡，separating equilibrium	21.5
分散化，diversification	5.3.2；7.1.1
风险，risk	5.2.4；7.1
操作风险，operation risk	24.2.4
对手风险，counterparty risk	24.2.3
风险分担，risk sharing	11.1
个体风险，idiosyncratic risk	11.1.3；13.4
市场风险，market risk	24.2
信用风险，credit risk	24.2.3
总体风险，aggregated risk	11.1.3
风险价值度（VaR），value at risk	24.2.1
风险厌恶，risk averse	8.3
二阶风险厌恶，second-order risk aversion	9.A.1
绝对风险厌恶系数，coefficient of absolute risk aversion	8.3.2
相对风险厌恶系数，coefficient of relative risk aversion	8.3.3
风险溢价，risk premium	5.2.2；8.3.1；12.2
风险溢价之谜，risk premium puzzle	9.5.2；12.4.2；12.4.3
风险中性概率，risk neutral probability	14.3.4；15.3；24.B
风险中性世界，risk neutral world	14.3.4
福利经济学第二定理，second theorem of welfare economics	11.1.1
福利经济学第一定理，first theorem of welfare economics	11.1.1

G	
概率测度，probability measure	10.1.1
戈登股利增长模型，Gordon dividend growth model	4.2.1
哥萨诺夫定理，Girsanov's theorem	16.5.1
格罗斯曼-斯蒂格利茨悖论，Grossman-Stiglitz paradox	1.2.4；25.1.5
公开发行，public offering	2.2.2
共同基金定理，mutual fund theorem	5.4
股本层，equity tranche	24.3.2
股利贴现模型（DDM），dividend discount model	4.2
股票，stock	2.2.1；4.1
股灾，stock market crash	19.5.3
规范经济学，normative economics	1.3.2
滚动市盈率（市盈率 TTM），trailing P/E	4.3.3
国海证券“萝卜章”事件，fake seal incident of Guohai securities	24.2.3
H	
合成 CDO，synthetic CDO	24.3.3
黑色星期一，black Monday	19.5.2
横截性条件，transversality condition	4.2.2
后台，back office	24.2.1
互联网金融，internet finance	22.3
划分，partition	16.1.1
回报，return	1.2.1
回报率，rate of return	1.2.1；5.2.1
期望回报率，expected rate of return	5.2.2
事后回报率，ex post rate of return	5.2.2
事前回报率，ex ante rate of return	5.2.2
回购，repo	3.1
混合均衡，pooling equilibrium	21.5
J	
基于消费的资本资产定价模型，consumption-based CAPM	12.1
集中竞价，centralized bidding	2.2.4
几何布朗运动，geometric Brownian motion	18.2.5

交叉补贴，cross-subsidization	21.4.2
金融，finance	1.1；25.1
金融工具，financial instrument	2.1
金融加速器，financial accelerator	20.4.1
金融经济学，financial economics	1.1
金融摩擦，financial frictions	20.1
金融市场，financial market	2.1
场外交易市场（OTC 市场），over-the-counter market	2.2.4
二级市场，secondary market	2.2.2
固定收益市场，fixed-income market	2.2.1
货币市场，money market	2.2.4
交易所市场，exchange market	2.2.4
权益市场，equity market	2.2.1
一级市场，primary market	2.2.2
资本市场，capital market	2.2.4
金融艺术，financial arts	25.2
金融中介，financial intermediary	22.1
金融资产，financial asset	2.1
净现值（NPV），net present value	3.3.2
净现值法则，net present value rule	3.3.2
久期，duration	3.4.4
修正久期，modified duration	3.4.4
均衡，equilibrium	6.1
部分均衡，partial equilibrium	7.4；10.5
完备市场中一般均衡，general equilibrium in a complete market	10.3
一般均衡，general equilibrium	10.5
均值，mean	5.2.5
均值-方差分析，mean-variance analysis	5.1
K	
可测的，measurable	16.1.1
可转换债券，convertible bond	2.2.1
L	
利率，interest rate	3.1

单利，simple interest	3.2.1
复利，compound interest	3.2.2
即期利率，spot rate	3.4.2
连续复利，continuous compounding	3.2.2
零息利率，zero rate	3.4.2
票息率，coupon rate	3.4.1
无风险利率，risk-free interest rate	12.2
远期利率，forward rate	3.4.3
利息，interest	3.1
连接函数，copula function	24.A
两基金分离定理，two-fund separation theorem	5.4
零息债券，zero coupon bond	3.4.2
流动性，liquidity	2.1
裸头寸，naked position	19.2.1
M	
名义变量，nominal variables	12.2
MM 定理，MM theorem	21.3
母基金（FOF），fund of funds	7.3.3
N	
内部收益率（IRR），internal rate of return	3.3.3
内部收益率法则，IRR rule	3.3.3
逆向选择，adverse selection	20.2.1；21.1
P	
泡沫，bubble	4.2.2
偏好，preference	8.2.2
理性偏好，rational preference	8.2.2
连续性，continuous	8.2.2
无餍足，non-satiation	15.1
票息剥离法，bootstrap method	3.4.2
评级机构，rating agency	3.1
Q	
期货，future	2.2.3；14.1.1

期权，option	2.2.3；14.2
标的资产，underlying asset	14.2.1
蝶式差价，butterfly spread	14.2.3
买入期权/看涨期权，call option	14.2.1
卖出期权/看跌期权，put option	14.2.1
美式期权，American options	14.2.1；17.3
内在价值，intrinsic value	14.2.1
欧式期权，European options	14.2.1
平值，at the money	14.2.1
普通期权，plain vanilla options	14.2.1
奇异期权，exotic options	14.2.1
实值，in the money	14.2.1
行权价格，exercise price	14.2.1
行权日/到期日，maturity date	14.2.1
虚值，out of the money	14.2.1
亚式期权，Asian options	16.1.3
期权买卖权平价关系，put-call parity	14.2.2
期望效用定理，expected utility theorem	8.2.3
期望效用函数/vNM效用函数，vNM utility function	8.2.3
期望效用理论，expected utility theory	8.2.3
期限错配，maturity mismatch	22.1；22.3
期限转换，maturity transformation	22.1
契约理论，contract theory	20.2.2
前台，front office	24.2.1
确定性等值，certainty equivalent	8.3.1
R	
认知偏差，cognitive bias	23.4
过度自信，overconfidence	23.4.1
乐观与一厢情愿，optimism and wishful thinking	23.4.1
模糊规避，ambiguity aversion	23.4.1
确定性效应，certainty effect	23.4.1
损失规避，loss aversion	23.4.1

信念保持，belief perseverance	23.4.1

S

社会融资规模，total social financing	2.4
审慎，prudence	9.5.3
绝对审慎系数，coefficient of absolute prudence	9.5.3
相对审慎系数，coefficient of relative prudence	9.5.3
圣彼得堡悖论，St. Petersberg paradox	1.2.2；8.2.1
剩余索取权，residual claim	4.1
时刻，moment	16.3.1
时期，period	16.3.1
实证经济学，positive economics	1.3.2
市场崩溃，market breakdown	21.4.2
市场组合，market portfolio	5.4；6.1
市净率（P/B），price-to-book ratio	4.3.3
市销率（P/S），price-to-sales ratio	4.3.3
市盈率（P/E），price earnings ratio	4.3
事件，event	16.1.1
适应，adapted	16.1.1
收益率赌博，yield curve play	3.4.3
首付，down payment	17.4.1
税盾，tax shield	21.3
私募发行，private placement	2.2.2
随机变量，random variable	10.1.1
随机过程，stochastic process	16.1.1
随机积分，stochastic integration	18.2.4
随机微分，stochastic differentiation	18.2.2
随机游走，random walk	18.2.1
随机占优，stochastic dominance	8.A
二阶随机占优（SSD），second-order stochastic dominance	8.A.1
一阶随机占优，first-order stochastic dominance	8.A.2
随机折现因子（SDF），stochastic discount factor	11.3.1

T

套利，arbitrage	15.1

套利资产定价理论（APT），arbitrage asset pricing theory	13.4
特殊目的公司（SPV），special purpose vehicle	24.3.2
贴现，discount	3.3.1
贴现股价，deflated stock price	16.4
贴现率，discount rate	3.3.1；7.3.1
统计套利，statistical arbitrage	13.6.3
W	
完备市场，complete market	10.2.1；14.2.3
威尔逊定理，Wilson theorem	11.1.2
维度的诅咒，curse of dimensionality	16.1.3
维纳过程，Wiener process	18.2.1
委托代理，principle agent	20.2；20.3
参与约束，participation constraint	20.3.2
代理方，agent	20.2.2
个人理性约束，individual rationality constraint	20.3.2
激励相容约束，incentive compatibility constraint	20.3.2
委托方，principal	20.2.2
委托-代理模型，principal-agent model	20.2.2
未来值（终值），future value	3.3.1
“乌龙指交易”，fat finger trade	24.2.4
无风险利率之谜，risk-free rate puzzle	12.4.1
无泡沫条件，no-bubble condition	4.2.2
X	
希腊字母，the Greek letters	19.3；24.2.1
Delta	19.3
Delta 中性，delta neutral	19.3.1
Gamma	19.4.1
Gamma 中性，Gamma neutral	19.4.1
Rho	19.4.3
Theta	19.4.3
Vega	19.4.2
夏普比，Sharpe ratio	6.4.2

现货价格，spot price	14.1.1
现货交易，spot trade	2.2.3
现值，present value	3.3.1
相关系数，correlation coefficient	5.2.5
效用函数，Utility function	8.3；8.4
二次型，quadratic	8.4.1
风险中性，risk neutral	8.3.4
绝对风险厌恶不变型（CARA），constant absolute risk aversion	8.3.4
双曲绝对风险厌恶型（HARA），hyperbolic absolute risk aversion	8.3.4
相对风险厌恶不变型（CRRA），constant relative risk aversion	8.3.4
协方差，covariance	5.2.5
信贷配给，credit rationing	20.3
信息不对称，asymmetric information	20.2.1
信息过滤，information filtration	16.1.1
信息强度，information intensity	21.4.3
信用利差，credit spread	3.1
信用评级，credit rating	3.1；24.2.3
信用违约互换（CDS），credit default swap	24.3.3
行为金融学，behavioral finance	1.2.4；23.1
幸存者偏差，survivorship bias	5.2.6
Y	
鞅，martingale	16.4
鞅方法，martingale approach	16.4
一价定律（LOOP），law of one price	1.2.2；13.1
一阶效应，first-order effect	9.A.2
伊藤引理，Ito's lemma	18.2.3
因子风险，factor risk	13.4
因子模型，factor model	13.2
单因子模型/单一指数模型，single index model	7.2；13.2；13.4.1
多因子模型，multifactor model	13.3
因子选股，factor based stock selection	13.6.2
因子溢价，factor premium	13.4.1

因子载荷，loading	13.4
因子组合，factor portfolio	13.4.1
银行，bank	22.1
银行挤兑，bank run	22.2.6
影子银行，shadow banking	22.3
优先层，senior tranche	24.3.2
优先股，preferred stock	2.2.1；4.1
有限套利，limits to arbitrage	23.2
基本面风险，fundamental risk	23.2
模型风险，model-based risk	23.2
实施成本，implementation costs	23.2
噪声交易者风险，noise trader risk	23.2
有效前沿，efficient frontier	5.3.3
有效市场，efficient market	1.2.4；23.1；25.2.6
预防性储蓄，precautionary saving	9.5.3；12.2
远期合约，forward contract	2.2.3；14.1.1
远期价格，forward price	14.1.1；14.1.2
Z	
再投资风险，reinvestment risk	3.3.4
债券，bond	2.2.1
债务-通缩，debt-deflation	20.4.3
债务悬挂，debt overhang	20.4.2
展望理论，prospect theory	8.2.5
真实变量，real variables	12.2
正态分布，normal distribution	18.1.1
证券，security	2.1
证券市场线（SML），securities market line	6.5
支付，payoff	1.2.1；10.1.2
支付矩阵，payoff matrix	10.1.2
止损策略，stop-loss strategy	19.2.2
中间层，mezzanine tranche	24.3.2
中台，middle office	24.2.1
中信泰富巨亏，big loss of CITIC Pacific	14.2.1

中央计划者，central planner	11.1.1
状态，state	10.1.1
状态价格，state price	15.2.1
状态价格核，state price kernel	15.3.1
状态价格密度，state price density	15.3.1
状态指数资产，state-index asset	14.2.3
啄序假说，pecking order hypothesis	21.4.3
啄序偏好，pecking order preference	21.2
资本结构，capital structure	21.2
资本市场线（CML），capital market line	5.4；6.5
资本资产定价模型（CAPM），capital asset pricing model	6.3；6.4；11.3.2
资产，assets	1.2.1；10.1.2
资产定价，asset pricing	1.2.2
风险中性定价，risk-neutral pricing	1.2.2
绝对定价，absolute pricing	1.2.2
均衡定价，equilibrium pricing	1.2.2
无套利定价，no-arbitrage pricing	1.2.2
相对定价，relative pricing	1.2.2
资产定价基本定理，fundamental theorem of asset pricing	15.2
第二资产定价基本定理，second fundamental theorem of asset pricing	15.2.4
资产价值，asset value	25.2.4
资产市场，asset market	10.1
资产支持证券（ABS），asset backed security	24.3.2
资产组合，portfolio	10.1.3
资金的时间价值，time value of money	3.3.1
自我实现，self-fulfilling	22.2.6
组合保险，portfolio insurance	19.5
最小二乘法（OLS），ordinary least square	7.2
最优化原理，principle of optimality	17.2
最优停时，optimal stopping	17.2

出版后记

可以说，这本书是十三年等待的一个产物。

十三年前的2005年，当时的我还是北京大学中国经济研究中心（北京大学国家发展研究院的前身）的一名博士研究生，并在做研究生课程“高级宏观经济学”的助教。有感于同学们学习高级宏观经济学的痛苦，我在2005年暑假花了两个月时间写了一篇名为《高级宏观经济学入门导引》的文章。在这份两万多字的文章中，我详细介绍了高级宏观经济学的思想，阐述了我对宏观经济学方法论的理解，梳理了宏观经济理论体系的脉络，以帮助同学们更顺利地完成从中级宏观到高级宏观的切换。

文章写成后，除了受到中国经济研究中心研究生同学们的欢迎之外，还在网络上收获了意想不到的热烈反响，在多个经济学网站和论坛上被转载。很多人也因为这篇文章而认识了我。最让我惊讶的是一封来自中国人民大学出版社的信，在信中，出版社的编辑问我是否可以将这篇文章扩充成一本教材出版，并让我致电出版社的领导详谈出版事宜。

我本科和硕士都是在西南交通大学读的工科，2003年进入北京大学中国经济研究中心读博后，才算开始接受正规的经济学训练。这么一个正规学习经济学才两年的研究生，骤然接到出版社的出书邀请，心中的欣喜和惶恐是不难想象的。欣喜的自然是自己的能力得到了认可；惶恐的则是自己的储备还不够，虽然能写出两万多字的让自己满意的文章，但写不出几十万字让自己满意的书。出于对自己不足的认知，我婉拒了中国人民大学出版社的邀请。尽管如此，这件事已经在我心中留下了深深的印象。

博士毕业之后，我先后在世界银行、瑞银证券、光大证券做经济分析工作。虽然一直在业界发展，但对经济理论的学习和思考一直没有放下。也正是在对现实问题的持续思考中，我愈发感受到了理论的力量，并认识到了理论的不足，对经济和市场的运行逐步形成了自己的一套分析框架。在不断的研究和写作中，我写书的欲望和信心也越来越强。

契机产生于2014年。当年，受姚洋老师的邀请，我回到北京大学国家发展研究院做了一名兼职研究员。从那时起，我每学期都给国家发展研究院的双学位同学们开课——秋季学期讲宏观经济学，春季学期讲金融理论——至今已快四年。尽管我非常享受讲课的过程，但最大的目标还是希望通过这些课程的教学来写出我心中的书。每次课前，我都会撰写详细的讲稿；课后我还会对讲稿再做修订。而每年上课时，我都会对前一年的讲稿做大幅度的扩充和修改，有时甚至使讲稿变得面目全非。如此三年多下来，宏观经济课程和金融课程的讲稿都已进化到第三版，与最初的样子迥然不同。

当宏观经济学课程的讲稿改到第三版时，我自己仍然不甚满意。但金融课程的第三版讲义，也就是这本书，我觉得可以见人了。我想这主要是出于两方面的原因。第一，相比宏观经济学来说，金融理论的体系架构更为清晰，组织起来相对容易。第二，我自己的主业是做宏观经济研究，对现实世界中金融市场的了解不像对宏观经济那样知之甚深。相应地，金融讲义中对现实问题的阐述就没有那么多，而是更多地停留在理论介绍的层面，这也降低了写书的难度。所以，这本金融经济学讲义能够比宏观经济学讲义更快付梓。

因为曾在十三年前接收到邀约，所以在这份书稿成型后，我第一个想到的就是中国人民大学出版社。遗憾的是，因为雅虎中国邮箱已经停止服务，我十三年前的邮件已经找不到，无法再与当年的编辑取得联系。于是我托中国人民大学的聂辉华教授帮我将书稿转给中国人民大学出版社。我与聂辉华相识，也是因为十三年前的那篇《高级宏观经济学入门导引》。十多年过去，我俩已成老友。

书稿发给聂辉华后不久，我就收到了中国人民大学出版社经济分社副社长高晓斐的邮件。在信中，他对书稿表示出了很大兴趣。之后我俩一见面，很痛快地就把出版的事情给定了下来。见面时我聊起那段十多年前的往事，不想高社长竟然也有印象，原来他就是当年联系我的那位编辑。他甚至将 2005 年 10 月我俩通信的邮件也找出来，重见十多年前的电邮，不禁让我感慨万千。

十三年过去了，我已不再是当年那个底气不足的研究生，而高晓斐也已从编辑升为经济分社副社长。但冥冥中似乎有定数，一定要让我在高编辑那里把书出版出来。世间事情之奇妙，这里又见一例证。十三年的等待看上去有些长，但没有这十三年的积累，就不可能有现在这本书。能够将一本自己还算满意的书写出来，并让它与广大读者见面，我已心满意足。

徐高

2018 年 5 月 31 日

于水清木华园

图书在版编目(CIP)数据

金融经济学二十五讲 / 徐高著. -- 北京 ：中国人民大学出版社，2018.7
21世纪经济学系列教材
ISBN 978-7-300-25823-2

Ⅰ. ①金… Ⅱ. ①徐… Ⅲ. ①金融学—高等学校—教材 Ⅳ. ①F830

中国版本图书馆CIP数据核字（2018）第106978号

21世纪经济学系列教材
金融经济学二十五讲
徐 高 著
Jinrong Jingjixue Ershiwu Jiang

出版发行	中国人民大学出版社		
社　址	北京中关村大街31号	**邮政编码**	100080
电　话	010－62511242（总编室）		010－62511770（质管部）
	010－82501766（邮购部）		010－62514148（门市部）
	010－62515195（发行公司）		010－62515275（盗版举报）
网　址	http://www.crup.com.cn		
经　销	新华书店		
印　刷	天津鑫丰华印务有限公司		
开　本	787 mm×1092mm 1/16	**版　次**	2018年7月第1版
印　张	25 插页1	**印　次**	2025年4月第15次印刷
字　数	582 000	**定　价**	52.00元

面向21世纪课程教材
Textbook Series for 21st Century

经济管理类课程教材
金融系列

证券投资技术分析

第七版

李向科 编著

ZHENGQUAN TOUZI JISHU FENXI

FINANCE

中国人民大学出版社
· 北京 ·